2014 年

江苏普通高等学校社科统计资料汇编

本书课题组　编著

东南大学出版社
SOUTHEAST UNIVERSITY PRESS
·南京·

图书在版编目(CIP)数据

2014年江苏普通高等学校社科统计资料汇编 / 《2014年江苏普通高等学校社科统计资料汇编》课题组编著. —南京:东南大学出版社,2016.10

ISBN 978-7-5641-6814-8

Ⅰ.①江… Ⅱ.①2… Ⅲ.①高等学校—社会科学—科学研究—统计资料—汇编—江苏—2014 Ⅳ.①G644-66

中国版本图书馆CIP数据核字(2016)第259948号

2014年江苏普通高等学校社科统计资料汇编

编　　著	本书课题组
出版发行	东南大学出版社
出 版 人	江建中
社　　址	南京市四牌楼2号
邮　　编	210096
印　　刷	虎彩印艺股份有限公司
开　　本	787 mm×1092 mm　1/16
印　　张	36.75
字　　数	800千字
版　　次	2016年10月第1版
印　　次	2016年10月第1次印刷
书　　号	ISBN 978-7-5641-6814-8
定　　价	98.00元

(本社图书若有印装质量问题,请直接与营销部联系。电话:025-83791830)

编委会名单

王　伟　　赵玉蓉　　姜倩倩

胡汉辉　　戚啸艳　　顾永红

何玉梅　　谢呈阳　　王贤梅

感谢潘泳、苏州、沈意文、林萍、赵澎、陈赟畅等多位专家在本书的编写过程中提供的建议和意见。

content 目录

一、编 写 说 明

(一) 高校名称说明

本报告中的高校名称和分类以 2014 年底公布的为准，报告编写完成时部分高校做了更名，在此做出说明：

1. 徐州医学院(高校代码：10313)已于 2016 年年初更名为徐州医科大学。

2. 苏州科技学院(高校代码：10332)已于 2016 年年初更名为苏州科技大学。

3. 南京审计学院(高校代码：11287)已于 2015 年年底更名为南京审计大学。

4. 南京化工职业技术学院(高校代码：12920)已于 2015 年年初更名为南京科技职业学院。

5. 苏州港大思培科技职业学院(高校代码：13962)已于 2016 年年初更名为苏州百年职业学院。

(二) 指标说明

1. 社科人力：用于统计本年度从事大专以上人文社会科学教学、研究与咨询工作以及直接为教学、研究与咨询工作服务的教师和其他技术职务人员、辅助人员，按年末实有人数统计。(校机关行政人员、离退休人员和校外兼职人员不在统计范围内，本年度从事社科活动累计工作时间在一个月以上的外籍和高教系统以外的专家和访问学者只录入数据库，不在统计范围。)

2. 社科研究与发展经费：用于统计本年度各个高校人文、社科 R&D 经费收入、支出和结余情况。

3. 社科研究与发展机构：用于统计经学校上级主管部门或非上级主管部门批准以及学校自建的人文、社会科学研究机构。

4. 社科研究、课题与成果：用于统计本年度列入学校上级主管部门、非上级主管部门和学校年度计划，以及虽未列入计划但通过签订协议、合同或计划任务书经学校社科研究管理部门确认并在当年开展活动的人文、社会科学各类研究课题。成果部分用于统计本年度人文、社科研究成果情况，包括立项和非立项研究成果。所有研究成果均由第一署名者单位(以成果的版权页为准)填报。

5. 社科研究、课题与成果(来源)：用于统计本年度列入学校上级主管部门、非上级主管部门和学校年度计划，以及虽未列入计划但通过签订协议、合同或计划任务书经学校社科研究管理部门确认并在当年开展活动的人文、社会科学各类研究课题的来源情况。成果部分用于统计本年度列入学校社科计划课题的研究成果来源情况，均由第一署名者单位(以成果的版权页为准)填报。

6. 社科研究成果获奖：用于统计本年度各个高校人文、社科立项和非立项研究成果获奖情况，只包括国家级、部级和省级奖。

7. 社科学术交流：用于统计本年度高校人文、社会科学学术交流情况。

8. 社科专利：用于统计本年度高校人文、社会科学专利情况。

二、参与统计的高校名单

1. 参与统计的公办本科高校名单

高校代码	高校名称	办学类型	办学层次	举办者	所在地
10284	南京大学	公办	本科	教育部	南京
10285	苏州大学	公办	本科	省教育厅	苏州
10286	东南大学	公办	本科	教育部	南京
10287	南京航空航天大学	公办	本科	工业与信息化部	南京
10288	南京理工大学	公办	本科	工业与信息化部	南京
10289	江苏科技大学	公办	本科	省教育厅	镇江
10290	中国矿业大学	公办	本科	教育部	徐州
10291	南京工业大学	公办	本科	省教育厅	南京
10292	常州大学	公办	本科	省教育厅	常州
10293	南京邮电大学	公办	本科	省教育厅	南京
10294	河海大学	公办	本科	教育部	南京
10295	江南大学	公办	本科	教育部	无锡
10298	南京林业大学	公办	本科	省教育厅	南京
10299	江苏大学	公办	本科	省教育厅	镇江
10300	南京信息工程大学	公办	本科	省教育厅	南京
10304	南通大学	公办	本科	省教育厅	南通
10305	盐城工学院	公办	本科	省教育厅	盐城
10307	南京农业大学	公办	本科	教育部	南京
10312	南京医科大学	公办	本科	教育部	南京
10313	徐州医学院	公办	本科	省教育厅	徐州

续表

高校代码	高校名称	办学类型	办学层次	举办者	所在地
10315	南京中医药大学	公办	本科	省教育厅	南京
10316	中国药科大学	公办	本科	教育部	南京
10319	南京师范大学	公办	本科	省教育厅	南京
10320	江苏师范大学	公办	本科	省教育厅	徐州
10323	淮阴师范学院	公办	本科	省教育厅	淮安
10324	盐城师范学院	公办	本科	省教育厅	盐城
10327	南京财经大学	公办	本科	省教育厅	南京
10329	江苏警官学院	公办	本科	省公安厅	南京
10330	南京体育学院	公办	本科	省体育局	南京
10331	南京艺术学院	公办	本科	省教育厅	南京
10332	苏州科技学院	公办	本科	省教育厅	苏州
10333	常熟理工学院	公办	本科	省教育厅	苏州
11049	淮阴工学院	公办	本科	省教育厅	淮安
11055	常州工学院	公办	本科	省教育厅	常州
11117	扬州大学	公办	本科	省教育厅	扬州
11276	南京工程学院	公办	本科	省教育厅	南京
11287	南京审计学院	公办	本科	省教育厅	南京
11460	南京晓庄学院	公办	本科	市政府	南京
11463	江苏理工学院	公办	本科	省教育厅	常州
11641	淮海工学院	公办	本科	省教育厅	连云港
11998	徐州工程学院	公办	本科	市政府	徐州
12048	南京特殊教育师范学院	公办	本科	省教育厅	南京
12213	南京森林警察学院	公办	本科	国家林业局	南京
12917	泰州学院	公办	本科	市政府	泰州
13573	金陵科技学院	公办	本科	市政府	南京
14436	江苏第二师范学院	公办	本科	省教育厅	南京

2. 参与统计的公办专科高校名单

高校代码	高校名称	办学类型	办学层次	举办者	所在地
10848	无锡职业技术学院	公办	专科	省教育厅	无锡
10849	江苏建筑职业技术学院	公办	专科	省教育厅	徐州
10850	南京工业职业技术学院	公办	专科	省教育厅	南京
10958	江苏工程职业技术学院	公办	专科	省教育厅	南通
10960	苏州工艺美术职业技术学院	公办	专科	省教育厅	苏州
11050	连云港职业技术学院	公办	专科	市政府	连云港
11051	镇江市高等专科学校	公办	专科	市政府	镇江
11052	南通职业大学	公办	专科	市政府	南通
11054	苏州市职业大学	公办	专科	市政府	苏州
11288	沙洲职业工学院	公办	专科	市政府	苏州
11462	扬州职业大学	公办	专科	市政府	扬州
11585	连云港师范高等专科学校	公办	专科	市政府	连云港
12047	江苏经贸职业技术学院	公办	专科	省教育厅	南京
12106	泰州职业技术学院	公办	专科	市政府	泰州
12317	常州信息职业技术学院	公办	专科	省经济和信息化委员会	常州
12679	江苏海事职业技术学院	公办	专科	省教育厅	南京
12681	无锡科技职业学院	公办	专科	市政府	无锡
12682	盐城卫生职业技术学院	公办	专科	省卫生和计划生育委员会	盐城
12684	南通科技职业学院	公办	专科	市政府	南通
12685	苏州经贸职业技术学院	公办	专科	省教育厅	苏州
12686	苏州工业职业技术学院	公办	专科	市政府	苏州
12688	苏州卫生职业技术学院	公办	专科	省卫生和计划生育委员会	苏州
12702	无锡商业职业技术学院	公办	专科	省教育厅	无锡
12703	南通航运职业技术学院	公办	专科	省教育厅	南通
12804	南京交通职业技术学院	公办	专科	省教育厅	南京
12805	淮安信息职业技术学院	公办	专科	省经济和信息化委员会	淮安
12806	江苏农牧科技职业学院	公办	专科	省农业委员会	泰州

续表

高校代码	高校名称	办学类型	办学层次	举办者	所在地
12807	常州纺织服装职业技术学院	公办	专科	省教育厅	常州
12808	苏州农业职业技术学院	公办	专科	省农业委员会	苏州
12920	南京化工职业技术学院	公办	专科	省教育厅	南京
13101	常州轻工职业技术学院	公办	专科	省教育厅	常州
13102	常州工程职业技术学院	公办	专科	省教育厅	常州
13103	江苏农林职业技术学院	公办	专科	省农业委员会	镇江
13104	江苏食品药品职业技术学院	公办	专科	省教育厅	淮安
13107	徐州工业职业技术学院	公办	专科	省教育厅	徐州
13108	江苏信息职业技术学院	公办	专科	省教育厅	无锡
13112	南京信息职业技术学院	公办	专科	省经济和信息化委员会	南京
13114	常州机电职业技术学院	公办	专科	省教育厅	常州
13137	江阴职业技术学院	公办	专科	市政府	无锡
13748	无锡城市职业技术学院	公办	专科	市政府	无锡
13749	无锡工艺职业技术学院	公办	专科	省教育厅	无锡
13751	苏州健雄职业技术学院	公办	专科	市政府	苏州
13752	盐城工业职业技术学院	公办	专科	省教育厅	盐城
13753	江苏财经职业技术学院	公办	专科	省教育厅	淮安
13754	扬州工业职业技术学院	公办	专科	省教育厅	扬州
14000	江苏城市职业学院	公办	专科	省教育厅	南京
14001	南京城市职业学院	公办	专科	市政府	南京
14056	南京机电职业技术学院	公办	专科	市政府	南京
14180	南京旅游职业学院	公办	专科	省旅游局	南京
14255	江苏建康职业学院	公办	专科	省卫生和计划生育委员会	南京
14256	苏州信息职业技术学院	公办	专科	市政府	苏州
14295	苏州工业园区服务外包职业学院	公办	专科	市政府	苏州
14329	徐州幼儿师范高等专科学校	公办	专科	市政府	徐州
14401	徐州生物工程职业技术学院	公办	专科	徐州市	徐州
14475	江苏商贸职业学院	公办	专科	省供销合作总社	南京

3. 参与统计的民办及中外合作办学高校名单

高校代码	高校名称	办学类型	办学层次	举办者	所在地
11122	三江学院	民办	本科	民办	南京
12054	九州职业技术学院	民办	专科	民办	徐州
12056	南通理工学院	民办	本科	民办	南通
12078	硅湖职业技术学院	民办	专科	民办	苏州
12680	应天职业技术学院	民办	专科	民办	南京
12687	苏州托普信息职业技术学院	民办	专科	民办	苏州
12809	苏州工业园区职业技术学院	民办	专科	民办	苏州
12918	太湖创意职业技术学院	民办	专科	民办	无锡
12919	炎黄职业技术学院	民办	专科	民办	淮安
12921	正德职业技术学院	民办	专科	民办	南京
12922	钟山职业技术学院	民办	专科	民办	南京
12923	无锡南洋职业技术学院	民办	专科	民办	无锡
13017	江南影视艺术职业学院	民办	专科	民办	无锡
13100	金肯职业技术学院	民办	专科	民办	南京
13105	建东职业技术学院	民办	专科	民办	常州
13110	宿迁职业技术学院	民办	专科	民办	宿迁
13571	无锡太湖学院	民办	本科	民办	无锡
13750	金山职业技术学院	民办	专科	民办	镇江
13962	苏州港大思培科技职业学院	中外合作办学	专科	民办	苏州
13963	昆山登云科技职业学院	民办	专科	民办	苏州
14160	宿迁学院	民办	本科	民办	宿迁
14163	苏州高博软件技术职业学院	民办	专科	民办	苏州
14293	宿迁泽达职业技术学院	民办	专科	民办	宿迁
16403	西交利物浦大学	中外合作办学	本科	民办	苏州

三、社科研究与发展概况

1. 江苏省十三市高等学校人文、社会科学活动人员情况表

各市名称	编号	总计		按职称划分						按最后学历划分			其他人员	按最后学位划分	
			女性	小计	教授	副教授	讲师	助教	初级	研究生	本科生	其他		博士	硕士
		L01	L02	L03	L04	L05	L06	L07	L08	L09	L10	L11	L12	L13	L14
合计	/	38 143	20 374	38 143	4 028	11 559	18 953	3 381	222	20 928	17 057	158	0	6 523	18 006
南京市	1	15 678	8 235	15 678	2 112	4 880	7 524	10 89	73	10 173	5 435	70	0	4 042	7 116
无锡市	2	2 578	1 585	2 578	164	640	1 327	385	62	1 226	1 346	6	0	236	1 270
徐州市	3	2 953	1 544	2 953	262	892	1 553	236	10	1 578	1 363	12	0	438	1 454
常州市	4	2 489	1 381	2 489	212	679	1 385	202	11	1 079	1 407	3	0	177	1 215
苏州市	5	4 931	2 743	4 931	465	1 363	2 392	665	46	2 437	2 474	20	0	669	2 280
南通市	6	1 567	862	1 567	163	523	797	78	6	764	800	3	0	159	899
连云港市	7	899	483	899	71	362	421	45	0	312	581	6	0	41	391
淮安市	8	1 762	864	1 762	135	489	953	185	0	798	950	14	0	142	829
盐城市	9	1 313	640	1 313	116	413	618	163	3	618	688	7	0	103	730
扬州市	10	1 553	746	1 553	165	551	708	119	10	820	722	11	0	250	666
镇江市	11	1 633	848	1 633	133	521	835	144	0	849	781	3	0	243	714
泰州市	12	484	248	484	28	179	268	9	0	129	352	3	0	19	215
宿迁市	13	303	195	303	2	67	172	61	1	145	158	0	0	4	227

2. 江苏省十三市高等学校人文、社会科学研究与发展经费情况表

	总数					基础研究				
	课题数（项）	当年投入人数（人年）	其中研究生	当年投入经费（百元）	当年支出经费（百元）	课题数（项）	当年投入人数（人年）	其中研究生	当年投入经费（百元）	当年支出经费（百元）
合计	24 167	6 063.9	1 138.8	5 079 911.18	4 890 748.93	10 744	2 854.6	531.4	1 751 796.78	1 758 261.7
南京市	11 024	2 938.2	670	3 041 067.2	3 105 459.21	5 477	1 459.4	321.4	1 040 452.73	1 088 055.44
无锡市	1 599	419.3	155.4	299 563.21	197 801.41	301	81.4	33.1	30 210	18 869.26
徐州市	2 538	715.6	154.4	527 727.65	482 512.7	1 294	392.8	86.9	311 338	276 671.63
常州市	1 575	354.9	0	204 554	169 160.72	302	75.7	0	25 410	23 520.3
苏州市	2 304	531.2	38.4	392 957.63	378 746.12	1 081	294.4	26.6	106 605.56	142 969.77
南通市	988	184.6	3.2	76 601	68 106.1	382	77.2	2.9	26 040	26 358.6
连云港市	331	45.5	0	14 490	11 549.9	134	11.9	0	5 228	4 180
淮安市	924	157.6	0	119 260.49	106 703.4	333	55.4	0	50 021.49	42 886.5
盐城市	742	207.3	0	81 286.5	71 135.5	381	129.8	0	43 086	41 652.5
扬州市	768	135	16.3	105 585	91 106.8	451	75.7	9.8	53 690	35 963.9
镇江市	1 037	292.2	101.1	203 298.5	199 045.3	438	158.1	50.7	54 985	52 354.8
泰州市	145	50.6	0	12 030	7 395.77	37	20	0	3 440	3 090
宿迁市	192	31.9	0	1 490	2 026	133	22.8	0	1 290	1 689

续表

	应用研究					实验与发展				
	课题数（项）	当年投入人数（人年）	其中研究生	当年投入经费（百元）	当年支出经费（百元）	课题数（项）	当年投入人数（人年）	其中研究生	当年投入经费（百元）	当年支出经费（百元）
合计	13 423	3 209.3	607.4	3 328 114.4	3 132 487.23	0	0	0	0	0
南京市	5 547	1 478.8	348.6	2 000 614.47	2 017 403.77	0	0	0	0	0
无锡市	1 298	337.9	122.3	269 353.21	178 932.15	0	0	0	0	0
徐州市	1 244	322.8	67.5	216 389.65	205 841.07	0	0	0	0	0
常州市	1 273	279.2	0	179 144	145 640.42	0	0	0	0	0
苏州市	1 223	236.8	11.8	286 352.07	235 776.35	0	0	0	0	0
南通市	606	107.4	0.3	50 561	41 747.5	0	0	0	0	0
连云港市	197	33.6	0	9 262	7 369.9	0	0	0	0	0
淮安市	591	102.2	0	69 239	63 816.9	0	0	0	0	0
盐城市	361	77.5	0	38 200.5	29 483	0	0	0	0	0
扬州市	317	59.3	6.5	51 895	55 142.9	0	0	0	0	0
镇江市	599	134.1	50.4	148 313.5	146 690.5	0	0	0	0	0
泰州市	108	30.6	0	8 590	4 305.77	0	0	0	0	0
宿迁市	59	9.1	0	200	337	0	0	0	0	0

3. 江苏省十三市高等学校人文、社会科学研究与课题来源情况表

各市名称	课题来源							
	合计	国家社科基金项目	国家社科基金单列学科项目	教育部人文社科研究项目	高校古籍整理研究项目	国家自然科学基金项目	中央其他部门社科专门项目	省、市、自治区社科基金项目
合计	24 167	1 305	117	1 901	40	488	689	1 876
南京市	11 024	807	66	1 000	23	370	495	1 074
无锡市	1 599	26	6	187	0	14	22	120
徐州市	2 538	126	19	167	10	27	40	160
常州市	1 575	24	3	75	0	1	9	83
苏州市	2 304	152	11	152	3	29	29	114
南通市	988	27	4	74	2	0	17	56
连云港市	331	2	0	8	0	0	2	52
淮安市	924	20	0	29	2	1	12	44
盐城市	742	21	2	20	0	1	19	50
扬州市	768	52	1	89	0	0	13	48
镇江市	1037	48	5	100	0	43	31	72
泰州市	145	0	0	0	0	2	0	1
宿迁市	192	0	0	0	0	0	0	2

续表

各市名称	课题来源							
	省教育厅社科项目	地、市厅、局等政府部门项目	国际合作研究项目	与港、澳、台合作研究项目	企事业单位委托项目	学校社科项目	外资项目	其他
合计	4 642	4 033	55	6	3 366	5 551	7	9
南京市	2 028	1 383	53	4	1 473	2 214	7	27
无锡市	265	177	0	0	348	434	0	0
徐州市	452	505	2	1	207	818	0	4
常州市	326	357	0	0	180	481	0	36
苏州市	453	530	0	1	395	435	0	0
南通市	213	220	0	0	71	304	0	0
连云港市	54	86	0	0	13	114	0	0
淮安市	200	185	0	0	224	186	0	21
盐城市	179	207	0	0	127	116	0	0
扬州市	183	89	0	0	119	174	0	0
镇江市	202	165	0	0	208	160	0	3
泰州市	46	37	0	0	1	58	0	0
宿迁市	41	92	0	0	0	57	0	0

4. 江苏省十三市高等学校人文、社会科学研究与发展课题成果表

各市名称	出版著作(部)					古籍整理（部）	译著（部）	发表译文（篇）	电子出版物（件）
	合计	专著	其中被译成外文	编著教材	工具书参考书				
合计	1 899	973	32	900	26	23	126	85	17
南京市	1 041	547	17	477	17	10	72	38	7
无锡市	114	40	2	73	1	1	9	6	2
徐州市	100	48	0	52	0	0	4	9	3
常州市	94	33	2	59	2	0	4	4	1
苏州市	286	159	8	121	6	4	21	22	2
南通市	29	15	1	14	0	0	0	0	0
连云港市	17	12	0	5	0	0	1	0	0
淮安市	53	30	0	23	0	1	0	2	1
盐城市	51	21	0	30	0	0	3	2	0
扬州市	69	37	0	32	0	7	5	1	0
镇江市	32	29	2	3	0	0	7	1	1
泰州市	10	0	0	10	0	0	0	0	0
宿迁市	3	2	0	1	0	0	0	0	0

续表

各市名称	发表论文(篇)				获奖成果数(项)				研究与咨询报告(篇)	
	合计	国内学术刊物	国外学术刊物	港澳台刊物	合计	国家级奖	部级奖	省级奖	合计	其中被采纳数
合计	27 651	26 745	846	60	389	0	3	386	1 578	1 048
南京市	12 695	12 012	637	46	236	0	1	235	701	469
无锡市	1 836	1 813	21	2	15	0	2	13	92	86
徐州市	2 017	1 975	38	4	26	0	0	26	151	57
常州市	1 908	1 897	11	0	18	0	0	18	138	97
苏州市	3 212	3 117	90	5	36	0	0	36	224	146
南通市	1 384	1 364	17	3	7	0	0	7	44	30
连云港市	347	344	3	0	7	0	0	7	12	8
淮安市	971	964	7	0	6	0	0	6	64	35
盐城市	1 161	1 148	13	0	6	0	0	6	57	38
扬州市	827	825	2	0	22	0	0	22	82	71
镇江市	815	811	4	0	9	0	0	9	13	11
泰州市	294	291	3	0	1	0	0	1	0	0
宿迁市	184	184	0	0	0	0	0	0	0	0

5. 江苏省十三市高等学校人文、社会科学学术交流情况表

各市名称	校办学术会议		学术会议参加人次		提交论文(篇)
	本校独办数	与外单位合办数	合计	其中赴境外人次	
合计	482	355	12 296	2 124	9 252
南京市	276	259	7 443	1 691	5 390
无锡市	21	5	416	45	397
徐州市	24	12	1 286	38	875
常州市	11	12	443	49	342
苏州市	82	20	1 176	200	1 115
南通市	15	0	158	46	122
连云港市	0	2	72	1	68
淮安市	13	8	601	24	260
盐城市	2	28	287	12	300
扬州市	31	4	296	5	288
镇江市	3	0	94	12	82
泰州市	4	5	14	1	3
宿迁市	0	0	10	0	10

续表

各市名称	受聘讲学		社科考察		进修学习		合作研究		
	派出人次	来校人次	派出人次	来校人次	派出人次	来校人次	派出人次	来校人次	课题数(项)
合计	1 729	4 871	3 236	3 814	4 241	3 044	1 079	1 021	620
南京市	834	2 706	1 345	1 891	1 934	1 890	682	662	452
无锡市	68	215	313	181	207	54	48	27	22
徐州市	101	405	328	180	395	170	52	53	30
常州市	85	167	290	296	416	197	6	3	1
苏州市	261	636	177	726	415	179	89	108	16
南通市	94	179	274	189	202	326	60	45	15
连云港市	8	15	12	12	16	0	2	2	1
淮安市	93	187	126	105	239	88	26	8	16
盐城市	126	220	125	87	165	61	70	71	35
扬州市	55	47	104	45	97	53	11	6	5
镇江市	0	61	99	55	88	23	28	34	26
泰州市	4	22	43	47	32	3	5	2	1
宿迁市	0	11	0	0	35	0	0	0	0

四、社科人力

1. 全省高等学校人文、社会科学活动人员情况表

		总计		按职称划分						按最后学历划分			其他人员	按最后学位划分	
			女性	小计	教授	副教授	讲师	助教	初级	研究生	本科生	其他		博士	硕士
	编号	L01	L02	L03	L04	L05	L06	L07	L08	L09	L10	L11	L12	L13	L14
合计	/	38 143	20 374	38 143	4 028	11 559	18 953	3 381	222	20 928	17 057	158	0	6 523	18 006
管理学	1	6 385	3 115	6 385	711	1 818	3 239	578	39	3 873	2 497	15	0	1 395	3 152
马克思主义	2	1 660	824	1 660	201	663	696	90	10	963	696	1	0	290	916
哲学	3	598	231	598	119	212	240	26	1	475	122	1	0	249	259
逻辑学	4	67	26	67	10	22	33	2	0	25	42	0	0	8	30
宗教学	5	30	9	30	11	10	8	1	0	28	2	0	0	24	4
语言学	6	6 317	4 632	6 317	273	1 625	3 829	579	11	3 237	3 074	6	0	486	3 311
中国文学	7	1 622	848	1 622	295	615	630	75	7	1 054	566	2	0	571	623
外国文学	8	972	687	972	89	264	544	70	5	636	336	0	0	166	534

续表

艺术学	9	4 639	2 347	4 639	455	1 076	2 333	743	32	2 282	2 335	22	0	376	2 314
历史学	10	572	203	572	133	198	213	28	0	450	122	0	0	271	185
考古学	11	28	2	28	15	6	6	1	0	19	9	0	0	16	3
经济学	12	3 764	1 945	3 764	522	1 250	1 711	264	17	2 357	1 403	4	0	1 004	1 705
政治学	13	507	202	507	88	179	210	26	4	338	169	0	0	131	241
法学	14	1 651	711	1 651	234	583	705	121	8	1 042	608	1	0	403	853
社会学	15	577	286	577	84	179	281	33	0	441	133	3	0	202	271
民族学与文化学	16	23	10	23	4	8	10	1	0	15	8	0	0	11	4
新闻学与传播学	17	476	247	476	61	134	218	59	4	325	151	0	0	105	235
图书、情报、文献学	18	1 966	1 252	1 966	131	512	1 162	127	34	592	1 281	93	0	159	556
教育学	19	2 752	1 466	2 752	336	863	1 313	211	29	1 551	1 197	4	0	411	1 494
统计学	20	213	102	213	36	71	96	8	2	131	82	0	0	56	98
心理学	21	396	251	396	51	119	185	36	5	282	114	0	0	99	210
体育科学	22	2 928	978	2 928	169	1 152	1 291	302	14	812	2 110	6	0	90	1 008

2. 公办本科高校人文、社会科学活动人员情况表

		总计		按职称划分						按最后学历划分			其他人员	按最后学位划分	
			女性	小计	教授	副教授	讲师	助教	初级	研究生	本科生	其他		博士	硕士
	编号	L01	L02	L03	L04	L05	L06	L07	L08	L09	L10	L11	L12	L13	L14
合计	/	25 990	12 977	25 990	3 540	8 567	12 321	1 514	48	16 355	9 547	88	0	6 191	11 671
管理学	1	4 087	1 828	4 087	567	1 273	1 973	267	7	2 823	1 257	7	0	1 295	1 732
马克思主义	2	1 033	444	1 033	172	437	386	37	1	677	356	0	0	268	520
哲学	3	482	164	482	110	174	183	15	0	405	77	0	0	242	184
逻辑学	4	27	9	27	8	7	12	0	0	18	9	0	0	8	13
宗教学	5	30	9	30	11	10	8	1	0	28	2	0	0	24	4
语言学	6	3 950	2 783	3 950	243	1 087	2 410	208	2	2 510	1 438	2	0	458	2 230
中国文学	7	1 186	555	1 186	271	430	449	35	1	890	295	1	0	544	396
外国文学	8	807	564	807	86	227	441	50	3	564	243	0	0	162	441
艺术学	9	2 820	1 357	2 820	405	788	1 317	307	3	1 617	1 192	11	0	363	1 412
历史学	10	509	175	509	131	175	181	22	0	415	94	0	0	266	151
考古学	11	28	2	28	15	6	6	1	0	19	9	0	0	16	3
经济学	12	2 593	1 204	2 593	456	947	1 107	80	3	1 794	798	1	0	928	997
政治学	13	439	170	439	85	157	178	17	2	306	133	0	0	127	204
法学	14	1 323	522	1 323	220	500	531	67	5	882	441	0	0	392	635
社会学	15	493	234	493	83	153	236	21	0	395	96	2	0	194	217
民族学与文化学	16	20	9	20	4	8	8	0	0	15	5	0	0	11	3
新闻学与传播学	17	381	189	381	58	112	175	35	1	289	92	0	0	100	198
图书、情报、文献学	18	1 427	898	1 427	114	417	816	71	9	515	856	56	0	156	428
教育学	19	1 883	949	1 883	272	648	856	105	2	1 202	677	4	0	394	993
统计学	20	157	70	157	33	55	65	4	0	115	42	0	0	56	69
心理学	21	286	164	286	46	99	125	13	3	235	51	0	0	99	141
体育科学	22	2 029	678	2 029	150	857	858	158	6	641	1 384	4	0	88	700

2.1 管理学人文、社会科学活动人员情况表

高校名称		总计		按职称划分						按最后学历划分			其他	按最后学位划分	
			女性	小计	教授	副教授	讲师	助教	初级	研究生	本科生	其他	人员	博士	硕士
	编号	L01	L02	L03	L04	L05	L06	L07	L08	L09	L10	L11	L12	L13	L14
合计	/	4 087	1 828	4 087	567	1 273	1 973	267	7	2 823	1 257	7	0	1 295	1 732
南京大学	1	111	28	111	31	52	26	2	0	106	5	0	0	96	9
东南大学	2	96	34	96	27	34	35	0	0	83	13	0	0	58	25
江南大学	3	101	63	101	11	39	41	10	0	81	20	0	0	29	40
南京农业大学	4	252	100	252	43	83	108	18	0	195	57	0	0	90	111
中国矿业大学	5	181	78	181	23	57	90	11	0	159	22	0	0	93	84
河海大学	6	127	54	127	32	39	54	2	0	108	19	0	0	81	31
南京理工大学	7	103	43	103	14	35	50	4	0	93	10	0	0	59	33
南京航空航天大学	8	95	35	95	28	32	31	4	0	88	7	0	0	56	29
中国药科大学	9	29	16	29	3	9	12	5	0	22	7	0	0	8	14
南京森林警察学院	10	42	17	42	0	11	27	4	0	9	33	0	0	0	16
苏州大学	11	113	46	113	16	39	56	2	0	64	46	3	0	30	43
江苏科技大学	12	140	66	140	21	41	70	8	0	86	54	0	0	36	53
南京工业大学	13	150	78	150	24	63	58	1	4	118	32	0	0	47	79
常州大学	14	60	19	60	10	18	30	2	0	41	18	1	0	25	17
南京邮电大学	15	83	40	83	17	26	39	1	0	73	10	0	0	36	37
南京林业大学	16	48	15	48	4	9	35	0	0	43	5	0	0	17	26
江苏大学	17	149	51	149	25	60	56	8	0	129	20	0	0	60	67
南京信息工程大学	18	125	55	125	26	34	65	0	0	105	20	0	0	76	35
南通大学	19	73	40	73	4	24	41	4	0	54	19	0	0	6	58
盐城工学院	20	91	44	91	11	38	39	3	0	47	44	0	0	7	74
南京医科大学	21	19	6	19	1	3	13	2	0	17	2	0	0	11	6
徐州医学院	22	23	8	23	2	3	16	2	0	10	13	0	0	1	19

续表

高校名称		总计		按职称划分						按最后学历划分			其他	按最后学位划分	
			女性	小计	教授	副教授	讲师	助教	初级	研究生	本科生	其他	人员	博士	硕士
	编号	L01	L02	L03	L04	L05	L06	L07	L08	L09	L10	L11	L12	L13	L14
南京中医药大学	23	58	38	58	6	4	42	5	1	54	4	0	0	19	37
南京师范大学	24	59	25	59	12	24	18	5	0	56	3	0	0	25	32
江苏师范大学	25	105	38	105	9	35	61	0	0	62	43	0	0	12	58
淮阴师范学院	26	82	37	82	3	18	60	1	0	56	26	0	0	7	54
盐城师范学院	27	38	16	38	3	8	19	8	0	29	9	0	0	4	28
南京财经大学	28	125	51	125	22	47	55	1	0	88	37	0	0	65	23
江苏警官学院	29	46	24	46	1	8	21	16	0	15	30	1	0	8	15
南京体育学院	30	19	5	19	1	2	12	3	1	4	15	0	0	0	2
南京艺术学院	31	27	14	27	4	2	19	2	0	18	9	0	0	0	22
苏州科技学院	32	280	142	280	6	45	157	72	0	89	191	0	0	17	80
常熟理工学院	33	54	28	54	5	19	26	4	0	35	19	0	0	9	29
淮阴工学院	34	71	31	71	7	29	29	6	0	38	33	0	0	19	28
常州工学院	35	56	27	56	8	8	40	0	0	36	20	0	0	6	34
扬州大学	36	104	33	104	11	49	44	0	0	55	49	0	0	17	41
南京工程学院	37	119	69	119	3	37	67	12	0	79	40	0	0	25	62
南京审计学院	38	140	65	140	22	47	68	3	0	122	18	0	0	74	54
南京晓庄学院	39	19	10	19	2	4	13	0	0	14	3	2	0	5	11
江苏理工学院	40	71	34	71	12	22	32	4	1	34	37	0	0	7	29
淮海工学院	41	82	37	82	18	22	41	1	0	36	46	0	0	11	34
徐州工程学院	42	145	60	145	17	47	65	16	0	77	68	0	0	14	72
南京特殊教育师范学院	43	12	7	12	4	2	6	0	0	7	5	0	0	2	5
泰州学院	44	18	8	18	3	2	13	0	0	9	9	0	0	2	12
金陵科技学院	45	134	82	134	15	42	66	11	0	70	64	0	0	24	55
江苏第二师范学院	46	12	11	12	0	1	7	4	0	9	3	0	0	1	9

2.2 马克思主义人文、社会科学活动人员情况表

高校名称		总计		按职称划分						按最后学历划分			其他	按最后学位划分	
			女性	小计	教授	副教授	讲师	助教	初级	研究生	本科生	其他	人员	博士	硕士
	编号	L01	L02	L03	L04	L05	L06	L07	L08	L09	L10	L11	L12	L13	L14
合计	/	1 033	444	1 033	172	437	386	37	1	677	356	0	0	268	520
南京大学	1	37	13	37	9	20	8	0	0	30	7	0	0	25	5
东南大学	2	27	8	27	4	10	13	0	0	25	2	0	0	20	5
江南大学	3	38	21	38	7	17	14	0	0	23	15	0	0	10	14
南京农业大学	4	16	5	16	1	4	9	2	0	13	3	0	0	5	8
中国矿业大学	5	29	7	29	6	6	17	0	0	17	12	0	0	8	21
河海大学	6	19	9	19	6	7	6	0	0	16	3	0	0	11	5
南京理工大学	7	12	5	12	3	5	4	0	0	10	2	0	0	6	4
南京航空航天大学	8	18	8	18	1	11	4	2	0	17	1	0	0	7	10
中国药科大学	9	24	10	24	2	8	14	0	0	21	3	0	0	7	14
南京森林警察学院	10	2	1	2	0	1	0	1	0	2	0	0	0	1	1
苏州大学	11	46	18	46	10	24	11	1	0	20	26	0	0	7	20
江苏科技大学	12	35	11	35	6	16	13	0	0	21	14	0	0	4	19
南京工业大学	13	17	10	17	1	6	8	2	0	12	5	0	0	1	15
常州大学	14	13	6	13	2	5	5	1	0	11	2	0	0	2	11
南京邮电大学	15	14	5	14	2	7	5	0	0	11	3	0	0	7	4
南京林业大学	16	34	14	34	5	10	19	0	0	32	2	0	0	13	18
江苏大学	17	15	9	15	2	6	6	1	0	11	4	0	0	2	9
南京信息工程大学	18	49	22	49	8	19	22	0	0	38	11	0	0	17	26
南通大学	19	42	19	42	14	17	9	2	0	30	12	0	0	9	26
盐城工学院	20	50	15	50	10	18	20	2	0	25	25	0	0	5	37
南京医科大学	21	26	15	26	5	14	7	0	0	15	11	0	0	9	9
徐州医学院	22	10	3	10	0	7	3	0	0	8	2	0	0	1	7

续表

高校名称		总计		按职称划分						按最后学历划分			其他	按最后学位划分	
			女性	小计	教授	副教授	讲师	助教	初级	研究生	本科生	其他	人员	博士	硕士
	编号	L01	L02	L03	L04	L05	L06	L07	L08	L09	L10	L11	L12	L13	L14
南京中医药大学	23	11	6	11	0	4	7	0	0	9	2	0	0	4	6
南京师范大学	24	39	11	39	14	19	5	1	0	34	5	0	0	17	17
江苏师范大学	25	21	11	21	2	5	14	0	0	10	11	0	0	3	11
淮阴师范学院	26	17	6	17	7	8	2	0	0	8	9	0	0	0	9
盐城师范学院	27	30	12	30	6	9	13	2	0	21	9	0	0	7	16
南京财经大学	28	19	7	19	4	8	7	0	0	11	8	0	0	4	11
江苏警官学院	29	31	7	31	2	8	11	10	0	7	24	0	0	2	12
南京体育学院	30	7	5	7	2	2	3	0	0	2	5	0	0	1	2
南京艺术学院	31	11	6	11	1	5	5	0	0	9	2	0	0	2	9
苏州科技学院	32	14	4	14	3	4	5	2	0	9	5	0	0	3	8
常熟理工学院	33	22	8	22	1	16	5	0	0	11	11	0	0	6	12
淮阴工学院	34	10	5	10	2	3	5	0	0	6	4	0	0	2	6
常州工学院	35	14	9	14	1	9	4	0	0	2	12	0	0	0	6
扬州大学	36	50	20	50	10	29	10	1	0	30	20	0	0	14	16
南京工程学院	37	17	9	17	0	10	7	0	0	11	6	0	0	2	10
南京审计学院	38	16	8	16	3	6	7	0	0	12	4	0	0	8	6
南京晓庄学院	39	13	11	13	1	5	7	0	0	10	3	0	0	2	9
江苏理工学院	40	34	16	34	2	12	17	2	1	19	15	0	0	3	18
淮海工学院	41	27	11	27	3	14	10	0	0	9	18	0	0	1	13
徐州工程学院	42	17	10	17	3	5	6	3	0	10	7	0	0	0	12
南京特殊教育师范学院	43	9	6	9	0	7	2	0	0	5	4	0	0	2	4
泰州学院	44	5	4	5	0	2	3	0	0	3	2	0	0	0	3
金陵科技学院	45	10	5	10	0	4	6	0	0	9	1	0	0	2	8
江苏第二师范学院	46	16	13	16	1	5	8	2	0	12	4	0	0	6	8

2.3 哲学人文、社会科学活动人员情况表

高校名称		总计		按职称划分						按最后学历划分			其他	按最后学位划分	
			女性	小计	教授	副教授	讲师	助教	初级	研究生	本科生	其他	人员	博士	硕士
	编号	L01	L02	L03	L04	L05	L06	L07	L08	L09	L10	L11	L12	L13	L14
合计	/	482	164	482	110	174	183	15	0	405	77	0	0	242	184
南京大学	1	33	8	33	18	8	6	1	0	32	1	0	0	29	3
东南大学	2	39	17	39	8	16	15	0	0	38	1	0	0	36	2
江南大学	3	11	4	11	2	3	6	0	0	10	1	0	0	9	1
南京农业大学	4	7	1	7	1	1	5	0	0	7	0	0	0	3	4
中国矿业大学	5	14	6	14	1	2	11	0	0	14	0	0	0	11	3
河海大学	6	17	6	17	5	5	7	0	0	14	3	0	0	11	4
南京理工大学	7	10	3	10	0	2	8	0	0	8	2	0	0	6	2
南京航空航天大学	8	8	1	8	1	4	3	0	0	8	0	0	0	3	4
中国药科大学	9	1	0	1	0	0	1	0	0	1	0	0	0	1	0
南京森林警察学院	10	4	1	4	1	0	2	1	0	3	1	0	0	1	3
苏州大学	11	23	4	23	13	8	1	1	0	23	0	0	0	17	5
江苏科技大学	12	8	2	8	0	3	5	0	0	6	2	0	0	3	3
南京工业大学	13	1	1	1	0	1	0	0	0	1	0	0	0	1	0
常州大学	14	7	1	7	1	3	3	0	0	6	1	0	0	5	1
南京邮电大学	15	14	5	14	0	8	6	0	0	11	3	0	0	5	6
南京林业大学	16	5	3	5	0	0	5	0	0	5	0	0	0	2	3
江苏大学	17	12	5	12	2	6	4	0	0	11	1	0	0	6	5
南京信息工程大学	18	8	3	8	0	4	4	0	0	8	0	0	0	4	4
南通大学	19	18	2	18	4	10	4	0	0	13	5	0	0	5	11
盐城工学院	20	16	6	16	5	6	5	0	0	9	7	0	0	0	15
南京医科大学	21	1	0	1	0	0	1	0	0	1	0	0	0	1	0
徐州医学院	22	7	3	7	0	4	2	1	0	4	3	0	0	0	5

续表

高校名称		总计		按职称划分						按最后学历划分			其他	按最后学位划分	
			女性	小计	教授	副教授	讲师	助教	初级	研究生	本科生	其他	人员	博士	硕士
	编号	L01	L02	L03	L04	L05	L06	L07	L08	L09	L10	L11	L12	L13	L14
南京中医药大学	23	13	4	13	3	6	3	1	0	11	2	0	0	8	2
南京师范大学	24	37	15	37	11	15	10	1	0	34	3	0	0	18	16
江苏师范大学	25	24	13	24	7	7	10	0	0	16	8	0	0	10	10
淮阴师范学院	26	18	7	18	6	7	5	0	0	16	2	0	0	6	10
盐城师范学院	27	2	0	2	0	1	1	0	0	1	1	0	0	0	1
南京财经大学	28	7	3	7	2	2	3	0	0	3	4	0	0	3	2
江苏警官学院	29	7	1	7	2	4	1	0	0	5	2	0	0	2	5
南京体育学院	30	2	0	2	0	1	0	1	0	1	1	0	0	0	1
南京艺术学院	31	0	0	0	0	0	0	0	0	0	0	0	0	0	0
苏州科技学院	32	19	5	19	5	6	6	2	0	16	3	0	0	12	4
常熟理工学院	33	1	0	1	0	0	1	0	0	1	0	0	0	0	1
淮阴工学院	34	13	3	13	1	6	6	0	0	11	2	0	0	4	8
常州工学院	35	1	0	1	0	0	1	0	0	0	1	0	0	0	1
扬州大学	36	6	0	6	4	2	0	0	0	5	1	0	0	3	2
南京工程学院	37	12	6	12	2	2	7	1	0	7	5	0	0	5	4
南京审计学院	38	9	6	9	0	4	5	0	0	7	2	0	0	3	4
南京晓庄学院	39	11	4	11	1	4	6	0	0	8	3	0	0	1	7
江苏理工学院	40	10	3	10	1	6	2	1	0	8	2	0	0	3	5
淮海工学院	41	4	2	4	1	0	3	0	0	3	1	0	0	1	2
徐州工程学院	42	12	7	12	0	4	6	2	0	11	1	0	0	0	11
南京特殊教育师范学院	43	1	0	1	0	1	0	0	0	1	0	0	0	0	1
泰州学院	44	1	0	1	0	0	1	0	0	1	0	0	0	1	0
金陵科技学院	45	4	2	4	0	1	2	1	0	3	1	0	0	2	1
江苏第二师范学院	46	4	1	4	2	1	0	1	0	3	1	0	0	1	2

2.4 逻辑学人文、社会科学活动人员情况表

高校名称		总计		按职称划分						按最后学历划分			其他	按最后学位划分	
			女性	小计	教授	副教授	讲师	助教	初级	研究生	本科生	其他	人员	博士	硕士
	编号	L01	L02	L03	L04	L05	L06	L07	L08	L09	L10	L11	L12	L13	L14
合计	/	27	9	27	8	7	12	0	0	18	9	0	0	8	13
南京大学	1	5	0	5	3	0	2	0	0	4	1	0	0	3	1
东南大学	2	0	0	0	0	0	0	0	0	0	0	0	0	0	0
江南大学	3	0	0	0	0	0	0	0	0	0	0	0	0	0	0
南京农业大学	4	0	0	0	0	0	0	0	0	0	0	0	0	0	0
中国矿业大学	5	0	0	0	0	0	0	0	0	0	0	0	0	0	0
河海大学	6	1	1	1	0	1	0	0	0	1	0	0	0	0	1
南京理工大学	7	0	0	0	0	0	0	0	0	0	0	0	0	0	0
南京航空航天大学	8	0	0	0	0	0	0	0	0	0	0	0	0	0	0
中国药科大学	9	0	0	0	0	0	0	0	0	0	0	0	0	0	0
南京森林警察学院	10	0	0	0	0	0	0	0	0	0	0	0	0	0	0
苏州大学	11	0	0	0	0	0	0	0	0	0	0	0	0	0	0
江苏科技大学	12	1	0	1	0	0	1	0	0	0	1	0	0	0	0
南京工业大学	13	0	0	0	0	0	0	0	0	0	0	0	0	0	0
常州大学	14	0	0	0	0	0	0	0	0	0	0	0	0	0	0
南京邮电大学	15	0	0	0	0	0	0	0	0	0	0	0	0	0	0
南京林业大学	16	0	0	0	0	0	0	0	0	0	0	0	0	0	0
江苏大学	17	1	0	1	0	0	1	0	0	1	0	0	0	0	1
南京信息工程大学	18	1	0	1	0	0	1	0	0	1	0	0	0	0	1
南通大学	19	0	0	0	0	0	0	0	0	0	0	0	0	0	0
盐城工学院	20	0	0	0	0	0	0	0	0	0	0	0	0	0	0
南京医科大学	21	0	0	0	0	0	0	0	0	0	0	0	0	0	0
徐州医学院	22	0	0	0	0	0	0	0	0	0	0	0	0	0	0

续表

高校名称		总计		按职称划分						按最后学历划分			其他	按最后学位划分	
			女性	小计	教授	副教授	讲师	助教	初级	研究生	本科生	其他	人员	博士	硕士
	编号	L01	L02	L03	L04	L05	L06	L07	L08	L09	L10	L11	L12	L13	L14
南京中医药大学	23	1	1	1	0	0	1	0	0	1	0	0	0	0	1
南京师范大学	24	0	0	0	0	0	0	0	0	0	0	0	0	0	0
江苏师范大学	25	2	1	2	2	0	0	0	0	0	2	0	0	0	0
淮阴师范学院	26	2	1	2	1	1	0	0	0	2	0	0	0	0	2
盐城师范学院	27	1	1	1	0	1	0	0	0	0	1	0	0	0	0
南京财经大学	28	0	0	0	0	0	0	0	0	0	0	0	0	0	0
江苏警官学院	29	2	1	2	0	0	2	0	0	2	0	0	0	0	2
南京体育学院	30	0	0	0	0	0	0	0	0	0	0	0	0	0	0
南京艺术学院	31	0	0	0	0	0	0	0	0	0	0	0	0	0	0
苏州科技学院	32	0	0	0	0	0	0	0	0	0	0	0	0	0	0
常熟理工学院	33	0	0	0	0	0	0	0	0	0	0	0	0	0	0
淮阴工学院	34	1	0	1	0	1	0	0	0	0	1	0	0	0	0
常州工学院	35	0	0	0	0	0	0	0	0	0	0	0	0	0	0
扬州大学	36	0	0	0	0	0	0	0	0	0	0	0	0	0	0
南京工程学院	37	1	1	1	0	0	1	0	0	0	1	0	0	0	1
南京审计学院	38	0	0	0	0	0	0	0	0	0	0	0	0	0	0
南京晓庄学院	39	0	0	0	0	0	0	0	0	0	0	0	0	0	0
江苏理工学院	40	1	0	1	0	1	0	0	0	1	0	0	0	1	0
淮海工学院	41	1	0	1	0	0	1	0	0	1	0	0	0	0	1
徐州工程学院	42	0	0	0	0	0	0	0	0	0	0	0	0	0	0
南京特殊教育师范学院	43	0	0	0	0	0	0	0	0	0	0	0	0	0	0
泰州学院	44	6	2	6	2	2	2	0	0	4	2	0	0	4	2
金陵科技学院	45	0	0	0	0	0	0	0	0	0	0	0	0	0	0
江苏第二师范学院	46	0	0	0	0	0	0	0	0	0	0	0	0	0	0

2.5 宗教学人文、社会科学活动人员情况表

高校名称		总计		按职称划分						按最后学历划分			其他	按最后学位划分	
			女性	小计	教授	副教授	讲师	助教	初级	研究生	本科生	其他	人员	博士	硕士
	编号	L01	L02	L03	L04	L05	L06	L07	L08	L09	L10	L11	L12	L13	L14
合计	/	30	9	30	11	10	8	1	0	28	2	0	0	24	4
南京大学	1	14	2	14	8	5	1	0	0	14	0	0	0	14	0
东南大学	2	1	1	1	0	1	0	0	0	1	0	0	0	1	0
江南大学	3	0	0	0	0	0	0	0	0	0	0	0	0	0	0
南京农业大学	4	0	0	0	0	0	0	0	0	0	0	0	0	0	0
中国矿业大学	5	0	0	0	0	0	0	0	0	0	0	0	0	0	0
河海大学	6	2	1	2	1	0	1	0	0	2	0	0	0	2	0
南京理工大学	7	0	0	0	0	0	0	0	0	0	0	0	0	0	0
南京航空航天大学	8	0	0	0	0	0	0	0	0	0	0	0	0	0	0
中国药科大学	9	0	0	0	0	0	0	0	0	0	0	0	0	0	0
南京森林警察学院	10	0	0	0	0	0	0	0	0	0	0	0	0	0	0
苏州大学	11	2	0	2	1	1	0	0	0	2	0	0	0	1	1
江苏科技大学	12	0	0	0	0	0	0	0	0	0	0	0	0	0	0
南京工业大学	13	1	1	1	0	1	0	0	0	1	0	0	0	0	1
常州大学	14	0	0	0	0	0	0	0	0	0	0	0	0	0	0
南京邮电大学	15	0	0	0	0	0	0	0	0	0	0	0	0	0	0
南京林业大学	16	0	0	0	0	0	0	0	0	0	0	0	0	0	0
江苏大学	17	0	0	0	0	0	0	0	0	0	0	0	0	0	0
南京信息工程大学	18	0	0	0	0	0	0	0	0	0	0	0	0	0	0
南通大学	19	1	0	1	0	0	1	0	0	1	0	0	0	1	0
盐城工学院	20	0	0	0	0	0	0	0	0	0	0	0	0	0	0
南京医科大学	21	0	0	0	0	0	0	0	0	0	0	0	0	0	0
徐州医学院	22	0	0	0	0	0	0	0	0	0	0	0	0	0	0

续表

高校名称		总计		按职称划分						按最后学历划分			其他	按最后学位划分	
			女性	小计	教授	副教授	讲师	助教	初级	研究生	本科生	其他	人员	博士	硕士
	编号	L01	L02	L03	L04	L05	L06	L07	L08	L09	L10	L11	L12	L13	L14
南京中医药大学	23	0	0	0	0	0	0	0	0	0	0	0	0	0	0
南京师范大学	24	0	0	0	0	0	0	0	0	0	0	0	0	0	0
江苏师范大学	25	1	0	1	1	0	0	0	0	1	0	0	0	1	0
淮阴师范学院	26	0	0	0	0	0	0	0	0	0	0	0	0	0	0
盐城师范学院	27	0	0	0	0	0	0	0	0	0	0	0	0	0	0
南京财经大学	28	0	0	0	0	0	0	0	0	0	0	0	0	0	0
江苏警官学院	29	1	0	1	0	1	0	0	0	1	0	0	0	1	0
南京体育学院	30	0	0	0	0	0	0	0	0	0	0	0	0	0	0
南京艺术学院	31	0	0	0	0	0	0	0	0	0	0	0	0	0	0
苏州科技学院	32	3	2	3	0	1	1	1	0	1	2	0	0	0	1
常熟理工学院	33	0	0	0	0	0	0	0	0	0	0	0	0	0	0
淮阴工学院	34	1	1	1	0	0	1	0	0	1	0	0	0	0	1
常州工学院	35	0	0	0	0	0	0	0	0	0	0	0	0	0	0
扬州大学	36	3	1	3	0	0	3	0	0	3	0	0	0	3	0
南京工程学院	37	0	0	0	0	0	0	0	0	0	0	0	0	0	0
南京审计学院	38	0	0	0	0	0	0	0	0	0	0	0	0	0	0
南京晓庄学院	39	0	0	0	0	0	0	0	0	0	0	0	0	0	0
江苏理工学院	40	0	0	0	0	0	0	0	0	0	0	0	0	0	0
淮海工学院	41	0	0	0	0	0	0	0	0	0	0	0	0	0	0
徐州工程学院	42	0	0	0	0	0	0	0	0	0	0	0	0	0	0
南京特殊教育师范学院	43	0	0	0	0	0	0	0	0	0	0	0	0	0	0
泰州学院	44	0	0	0	0	0	0	0	0	0	0	0	0	0	0
金陵科技学院	45	0	0	0	0	0	0	0	0	0	0	0	0	0	0
江苏第二师范学院	46	0	0	0	0	0	0	0	0	0	0	0	0	0	0

2.6 语言学人文、社会科学活动人员情况表

高校名称		总计		按职称划分						按最后学历划分			其他	按最后学位划分	
			女性	小计	教授	副教授	讲师	助教	初级	研究生	本科生	其他	人员	博士	硕士
	编号	L01	L02	L03	L04	L05	L06	L07	L08	L09	L10	L11	L12	L13	L14
合计	/	3 950	2 783	3 950	243	1 087	2 410	208	2	2 510	1 438	2	0	458	2 230
南京大学	1	141	102	141	21	58	60	2	0	125	16	0	0	59	62
东南大学	2	150	101	150	13	59	78	0	0	105	44	1	0	26	79
江南大学	3	118	99	118	5	27	84	2	0	92	26	0	0	16	79
南京农业大学	4	94	77	94	4	32	55	3	0	61	33	0	0	3	62
中国矿业大学	5	49	33	49	2	18	22	7	0	46	3	0	0	7	42
河海大学	6	23	13	23	2	13	8	0	0	16	7	0	0	8	9
南京理工大学	7	63	45	63	3	9	49	2	0	46	17	0	0	11	32
南京航空航天大学	8	86	55	86	5	35	45	1	0	64	22	0	0	13	51
中国药科大学	9	63	41	63	2	15	36	10	0	45	18	0	0	3	41
南京森林警察学院	10	27	20	27	2	7	16	2	0	10	17	0	0	0	14
苏州大学	11	219	147	219	20	59	116	24	0	135	84	0	0	40	107
江苏科技大学	12	94	75	94	1	16	68	9	0	74	20	0	0	3	69
南京工业大学	13	105	83	105	6	27	66	5	1	64	41	0	0	4	73
常州大学	14	85	65	85	7	17	56	5	0	53	32	0	0	7	54
南京邮电大学	15	67	43	67	7	17	42	1	0	48	19	0	0	9	40
南京林业大学	16	74	56	74	2	13	57	2	0	42	32	0	0	4	37
江苏大学	17	154	108	154	5	41	102	6	0	83	71	0	0	13	70
南京信息工程大学	18	132	90	132	12	18	100	2	0	88	44	0	0	8	87
南通大学	19	129	97	129	9	51	68	1	0	78	51	0	0	13	89
盐城工学院	20	60	36	60	3	20	36	1	0	28	32	0	0	2	47
南京医科大学	21	50	42	50	0	12	36	2	0	33	17	0	0	2	32
徐州医学院	22	39	24	39	1	9	25	4	0	17	22	0	0	0	17

续表

高校名称		总计		按职称划分						按最后学历划分			其他	按最后学位划分	
			女性	小计	教授	副教授	讲师	助教	初级	研究生	本科生	其他	人员	博士	硕士
	编号	L01	L02	L03	L04	L05	L06	L07	L08	L09	L10	L11	L12	L13	L14
南京中医药大学	23	47	37	47	3	11	32	1	0	25	22	0	0	6	27
南京师范大学	24	185	114	185	35	51	94	5	0	165	20	0	0	69	96
江苏师范大学	25	146	81	146	11	36	99	0	0	106	40	0	0	29	82
淮阴师范学院	26	112	72	112	2	30	78	2	0	60	52	0	0	9	53
盐城师范学院	27	78	41	78	6	18	43	11	0	55	23	0	0	10	46
南京财经大学	28	74	48	74	5	27	42	0	0	40	34	0	0	2	38
江苏警官学院	29	31	24	31	0	10	18	2	1	12	19	0	0	3	19
南京体育学院	30	11	8	11	0	1	10	0	0	7	4	0	0	1	5
南京艺术学院	31	18	15	18	0	6	11	1	0	7	11	0	0	0	8
苏州科技学院	32	129	92	129	7	37	65	20	0	89	40	0	0	14	84
常熟理工学院	33	70	50	70	5	25	37	3	0	52	18	0	0	10	46
淮阴工学院	34	70	51	70	2	24	30	14	0	25	45	0	0	1	27
常州工学院	35	102	82	102	2	20	80	0	0	54	48	0	0	3	57
扬州大学	36	165	108	165	11	38	113	3	0	100	65	0	0	16	85
南京工程学院	37	58	41	58	1	13	39	5	0	26	32	0	0	1	29
南京审计学院	38	77	53	77	4	24	44	5	0	60	17	0	0	10	55
南京晓庄学院	39	124	97	124	5	29	90	0	0	69	55	0	0	7	62
江苏理工学院	40	105	78	105	5	22	68	10	0	58	47	0	0	4	57
淮海工学院	41	51	38	51	3	15	32	1	0	23	28	0	0	2	26
徐州工程学院	42	107	74	107	3	29	57	18	0	43	64	0	0	4	42
南京特殊教育师范学院	43	9	7	9	0	6	3	0	0	4	4	1	0	1	4
泰州学院	44	56	37	56	1	13	40	2	0	5	51	0	0	0	19
金陵科技学院	45	70	55	70	0	15	48	7	0	45	25	0	0	4	43
江苏第二师范学院	46	33	28	33	0	14	12	7	0	27	6	0	0	1	27

2.7 中国文学人文、社会科学活动人员情况表

高校名称		总计		按职称划分						按最后学历划分			其他	按最后学位划分	
			女性	小计	教授	副教授	讲师	助教	初级	研究生	本科生	其他	人员	博士	硕士
	编号	L01	L02	L03	L04	L05	L06	L07	L08	L09	L10	L11	L12	L13	L14
合计	/	1 186	555	1 186	271	430	449	35	1	890	295	1	0	544	396
南京大学	1	62	12	62	31	19	11	1	0	59	2	1	0	55	4
东南大学	2	21	11	21	2	8	11	0	0	18	3	0	0	13	5
江南大学	3	28	12	28	8	14	6	0	0	23	5	0	0	15	7
南京农业大学	4	3	1	3	0	1	2	0	0	1	2	0	0	0	1
中国矿业大学	5	29	17	29	4	7	14	4	0	25	4	0	0	11	17
河海大学	6	4	1	4	2	1	1	0	0	3	1	0	0	1	2
南京理工大学	7	9	4	9	2	5	2	0	0	7	2	0	0	3	4
南京航空航天大学	8	0	0	0	0	0	0	0	0	0	0	0	0	0	0
中国药科大学	9	0	0	0	0	0	0	0	0	0	0	0	0	0	0
南京森林警察学院	10	0	0	0	0	0	0	0	0	0	0	0	0	0	0
苏州大学	11	92	30	92	38	29	22	3	0	82	10	0	0	61	23
江苏科技大学	12	13	7	13	1	2	8	2	0	5	8	0	0	3	3
南京工业大学	13	4	2	4	1	1	2	0	0	4	0	0	0	3	1
常州大学	14	4	1	4	1	1	2	0	0	4	0	0	0	1	3
南京邮电大学	15	7	4	7	0	1	6	0	0	4	3	0	0	1	4
南京林业大学	16	23	16	23	2	5	16	0	0	16	7	0	0	4	12
江苏大学	17	17	10	17	3	3	10	1	0	13	4	0	0	8	5
南京信息工程大学	18	34	26	34	3	17	14	0	0	30	4	0	0	25	5
南通大学	20	58	22	58	17	24	17	0	0	50	8	0	0	37	12
盐城工学院	20	23	16	23	0	9	14	0	0	13	10	0	0	3	14
南京医科大学	21	1	1	1	0	0	1	0	0	1	0	0	0	0	1
徐州医学院	22	12	10	12	0	2	10	0	0	7	5	0	0	0	8

续表

高校名称		总计		按职称划分						按最后学历划分			其他	按最后学位划分	
			女性	小计	教授	副教授	讲师	助教	初级	研究生	本科生	其他	人员	博士	硕士
	编号	L01	L02	L03	L04	L05	L06	L07	L08	L09	L10	L11	L12	L13	L14
南京中医药大学	23	3	1	3	0	0	3	0	0	3	0	0	0	2	1
南京师范大学	24	95	42	95	32	36	25	2	0	93	2	0	0	72	21
江苏师范大学	25	66	28	66	17	22	27	0	0	55	11	0	0	32	23
淮阴师范学院	26	71	28	71	18	25	28	0	0	51	20	0	0	23	30
盐城师范学院	27	54	23	54	7	17	27	3	0	35	19	0	0	19	20
南京财经大学	28	16	11	16	2	9	5	0	0	11	5	0	0	7	4
江苏警官学院	29	15	2	15	4	4	6	1	0	7	8	0	0	4	8
南京体育学院	30	0	0	0	0	0	0	0	0	0	0	0	0	0	0
南京艺术学院	31	7	4	7	2	2	3	0	0	5	2	0	0	5	1
苏州科技学院	32	28	14	28	8	11	9	0	0	23	5	0	0	14	11
常熟理工学院	33	11	6	11	4	5	2	0	0	9	2	0	0	8	2
淮阴工学院	34	12	6	12	0	3	8	1	0	7	5	0	0	2	6
常州工学院	35	28	15	28	5	12	11	0	0	11	17	0	0	4	12
扬州大学	36	65	18	65	19	27	16	3	0	56	9	0	0	44	13
南京工程学院	37	5	4	5	0	0	3	2	0	3	2	0	0	0	3
南京审计学院	38	18	10	18	3	8	5	2	0	10	8	0	0	7	3
南京晓庄学院	39	52	31	52	9	21	21	0	1	34	18	0	0	16	18
江苏理工学院	40	24	12	24	7	11	5	1	0	18	6	0	0	8	10
淮海工学院	41	28	16	28	5	9	13	1	0	15	13	0	0	3	17
徐州工程学院	42	43	32	43	1	13	26	3	0	28	15	0	0	6	23
南京特殊教育师范学院	43	7	6	7	0	4	3	0	0	6	1	0	0	1	5
泰州学院	44	45	18	45	4	20	21	0	0	6	39	0	0	4	12
金陵科技学院	45	25	15	25	3	13	6	3	0	17	8	0	0	8	11
江苏第二师范学院	46	24	10	24	6	9	7	2	0	22	2	0	0	11	11

2.8 外国文学人文、社会科学活动人员情况表

高校名称		总计		按职称划分						按最后学历划分			其他人员	按最后学位划分	
			女性	小计	教授	副教授	讲师	助教	初级	研究生	本科生	其他		博士	硕士
	编号	L01	L02	L03	L04	L05	L06	L07	L08	L09	L10	L11	L12	L13	L14
合计	/	807	564	807	86	227	441	50	3	564	243	0	0	162	441
南京大学	1	72	37	72	23	22	27	0	0	71	1	0	0	50	21
东南大学	2	8	7	8	1	2	5	0	0	5	3	0	0	3	2
江南大学	3	14	12	14	2	3	9	0	0	13	1	0	0	3	10
南京农业大学	4	1	1	1	0	1	0	0	0	1	0	0	0	1	0
中国矿业大学	5	1	0	1	0	1	0	0	0	1	0	0	0	0	1
河海大学	6	8	3	8	1	4	3	0	0	6	2	0	0	1	4
南京理工大学	7	17	12	17	1	5	8	3	0	14	3	0	0	3	11
南京航空航天大学	8	12	8	12	2	4	6	0	0	12	0	0	0	5	7
中国药科大学	9	11	7	11	0	0	9	2	0	4	7	0	0	0	4
南京森林警察学院	10	3	3	3	0	0	1	2	0	3	0	0	0	0	3
苏州大学	11	39	26	39	9	11	16	3	0	30	9	0	0	11	17
江苏科技大学	12	19	13	19	1	7	10	1	0	16	3	0	0	1	15
南京工业大学	13	5	4	5	1	2	2	0	0	3	2	0	0	0	5
常州大学	14	3	2	3	0	0	1	2	0	3	0	0	0	1	2
南京邮电大学	15	13	9	13	0	6	6	1	0	9	4	0	0	4	5
南京林业大学	16	1	0	1	0	0	1	0	0	1	0	0	0	0	1
江苏大学	17	9	5	9	1	4	4	0	0	8	1	0	0	2	7
南京信息工程大学	18	7	7	7	0	0	7	0	0	7	0	0	0	1	6
南通大学	19	34	22	34	2	10	21	1	0	25	9	0	0	6	24
盐城工学院	20	22	17	22	1	9	11	1	0	7	15	0	0	0	16
南京医科大学	21	2	2	2	0	0	2	0	0	2	0	0	0	0	2
徐州医学院	22	0	0	0	0	0	0	0	0	0	0	0	0	0	0

续表

高校名称	编号	总计	女性	按职称划分 小计	教授	副教授	讲师	助教	初级	按最后学历划分 研究生	本科生	其他	其他人员	按最后学位划分 博士	硕士
		L01	L02	L03	L04	L05	L06	L07	L08	L09	L10	L11	L12	L13	L14
南京中医药大学	23	10	7	10	0	2	7	0	1	3	7	0	0	0	5
南京师范大学	24	77	62	77	15	26	34	2	0	75	2	0	0	33	42
江苏师范大学	25	37	25	37	2	13	22	0	0	31	6	0	0	5	28
淮阴师范学院	26	33	24	33	1	7	24	1	0	19	14	0	0	2	19
盐城师范学院	27	17	11	17	3	5	8	1	0	14	3	0	0	3	11
南京财经大学	28	9	5	9	1	4	3	0	1	7	2	0	0	1	5
江苏警官学院	29	0	0	0	0	0	0	0	0	0	0	0	0	0	0
南京体育学院	30	13	8	13	0	1	6	6	0	4	9	0	0	0	4
南京艺术学院	31	2	1	2	0	0	1	1	0	2	0	0	0	0	2
苏州科技学院	32	20	16	20	2	5	12	1	0	18	2	0	0	5	13
常熟理工学院	33	18	13	18	1	4	11	2	0	15	3	0	0	0	16
淮阴工学院	34	17	13	17	0	5	9	3	0	4	13	0	0	0	4
常州工学院	35	2	1	2	0	1	1	0	0	0	2	0	0	0	0
扬州大学	36	44	27	44	6	9	29	0	0	25	19	0	0	6	18
南京工程学院	37	17	9	17	0	5	6	6	0	12	5	0	0	3	12
南京审计学院	38	20	15	20	2	6	12	0	0	15	5	0	0	5	12
南京晓庄学院	39	6	4	6	1	1	4	0	0	5	1	0	0	0	5
江苏理工学院	40	18	13	18	1	8	8	0	1	9	9	0	0	1	8
淮海工学院	41	75	56	75	1	24	50	0	0	29	46	0	0	3	34
徐州工程学院	42	38	29	38	3	6	22	7	0	17	21	0	0	2	14
南京特殊教育师范学院	43	20	18	20	1	2	16	1	0	11	9	0	0	0	17
泰州学院	44	5	4	5	0	1	4	0	0	0	5	0	0	0	2
金陵科技学院	45	6	4	6	1	1	1	3	0	6	0	0	0	0	6
江苏第二师范学院	46	2	2	2	0	0	2	0	0	2	0	0	0	1	1

2.9 艺术学人文、社会科学活动人员情况表

高校名称		总计		按职称划分						按最后学历划分			其他	按最后学位划分	
			女性	小计	教授	副教授	讲师	助教	初级	研究生	本科生	其他	人员	博士	硕士
	编号	L01	L02	L03	L04	L05	L06	L07	L08	L09	L10	L11	L12	L13	L14
合计	/	2 820	1 357	2 820	405	788	1 317	307	3	1 617	1 192	11	0	363	1 412
南京大学	1	39	17	39	16	13	10	0	0	27	10	2	0	25	3
东南大学	2	63	25	63	14	21	28	0	0	57	6	0	0	40	17
江南大学	3	203	95	203	33	83	79	8	0	148	55	0	0	42	100
南京农业大学	4	15	7	15	1	6	8	0	0	8	7	0	0	3	5
中国矿业大学	5	25	13	25	2	7	13	3	0	21	4	0	0	4	21
河海大学	6	3	1	3	1	1	1	0	0	1	2	0	0	0	1
南京理工大学	7	31	12	31	4	7	14	6	0	27	2	2	0	8	19
南京航空航天大学	8	52	23	52	13	16	17	6	0	27	25	0	0	10	17
中国药科大学	9	0	0	0	0	0	0	0	0	0	0	0	0	0	0
南京森林警察学院	10	8	6	8	0	2	2	4	0	3	5	0	0	0	4
苏州大学	11	116	51	116	32	32	45	7	0	40	74	2	0	11	33
江苏科技大学	12	3	3	3	0	0	0	3	0	2	1	0	0	0	2
南京工业大学	13	29	10	29	5	11	13	0	0	28	1	0	0	8	19
常州大学	14	46	19	46	5	8	28	5	0	38	8	0	0	7	32
南京邮电大学	15	20	11	20	2	4	11	3	0	18	2	0	0	5	13
南京林业大学	16	54	32	54	5	9	37	3	0	43	11	0	0	9	34
江苏大学	17	50	19	50	5	16	18	11	0	24	26	0	0	5	20
南京信息工程大学	18	37	19	37	5	3	23	6	0	30	7	0	0	5	28
南通大学	19	94	44	94	7	38	39	10	0	46	48	0	0	6	60
盐城工学院	20	47	19	47	2	8	33	4	0	20	27	0	0	2	36
南京医科大学	21	1	1	1	0	0	1	0	0	0	1	0	0	0	0
徐州医学院	22	3	3	3	0	0	3	0	0	1	2	0	0	0	1

续表

高校名称	编号	总计	女性	按职称划分：小计	教授	副教授	讲师	助教	初级	按最后学历划分：研究生	本科生	其他	其他人员	按最后学位划分：博士	硕士
		L01	L02	L03	L04	L05	L06	L07	L08	L09	L10	L11	L12	L13	L14
南京中医药大学	23	3	3	3	0	1	1	1	0	2	1	0	0	0	1
南京师范大学	24	169	75	169	44	55	49	21	0	117	52	0	0	31	88
江苏师范大学	25	101	51	101	11	35	55	0	0	47	54	0	0	11	39
淮阴师范学院	26	100	41	100	5	21	67	7	0	45	54	1	0	4	47
盐城师范学院	27	75	40	75	0	9	30	36	0	32	43	0	0	1	28
南京财经大学	28	39	19	39	2	15	21	0	1	34	5	0	0	2	33
江苏警官学院	29	0	0	0	0	0	0	0	0	0	0	0	0	0	0
南京体育学院	30	1	1	1	0	0	0	1	0	1	0	0	0	0	1
南京艺术学院	31	471	200	471	120	120	206	25	0	285	182	4	0	88	240
苏州科技学院	32	117	50	117	19	33	51	14	0	57	60	0	0	6	60
常熟理工学院	33	55	32	55	7	15	27	6	0	28	27	0	0	2	32
淮阴工学院	34	53	25	53	1	2	28	22	0	28	25	0	0	0	23
常州工学院	35	67	33	67	7	17	40	3	0	33	34	0	0	2	37
扬州大学	36	79	37	79	8	24	41	6	0	32	47	0	0	6	27
南京工程学院	37	56	28	56	3	20	23	10	0	32	24	0	0	2	42
南京审计学院	38	12	7	12	0	4	5	3	0	5	7	0	0	0	9
南京晓庄学院	39	96	61	96	4	21	65	6	0	53	43	0	0	3	51
江苏理工学院	40	71	36	71	5	23	36	5	2	31	40	0	0	3	30
淮海工学院	41	29	14	29	1	2	25	1	0	19	10	0	0	1	18
徐州工程学院	42	72	43	72	1	14	40	17	0	20	52	0	0	1	27
南京特殊教育师范学院	43	53	34	53	3	19	20	11	0	21	32	0	0	4	19
泰州学院	44	38	20	38	3	18	17	0	0	5	33	0	0	1	15
金陵科技学院	45	57	36	57	6	13	27	11	0	28	29	0	0	2	35
江苏第二师范学院	46	67	41	67	3	22	20	22	0	53	14	0	0	3	45

2.10 历史学人文、社会科学活动人员情况表

高校名称		总计		按职称划分						按最后学历划分			其他	按最后学位划分	
			女性	小计	教授	副教授	讲师	助教	初级	研究生	本科生	其他	人员	博士	硕士
	编号	L01	L02	L03	L04	L05	L06	L07	L08	L09	L10	L11	L12	L13	L14
合计	/	509	175	509	131	175	181	22	0	415	94	0	0	266	151
南京大学	1	58	14	58	32	16	10	0	0	58	0	0	0	55	3
东南大学	2	5	1	5	1	0	4	0	0	4	1	0	0	3	1
江南大学	3	3	0	3	1	1	1	0	0	3	0	0	0	2	1
南京农业大学	4	21	5	21	6	13	2	0	0	18	3	0	0	11	7
中国矿业大学	5	3	1	3	1	1	1	0	0	3	0	0	0	3	0
河海大学	6	3	2	3	0	0	3	0	0	3	0	0	0	3	0
南京理工大学	7	8	2	8	2	1	5	0	0	7	1	0	0	5	2
南京航空航天大学	8	3	2	3	0	1	1	1	0	3	0	0	0	2	1
中国药科大学	9	2	1	2	0	0	2	0	0	2	0	0	0	2	0
南京森林警察学院	10	1	0	1	0	0	0	1	0	1	0	0	0	0	1
苏州大学	11	35	8	35	16	12	7	0	0	31	4	0	0	24	8
江苏科技大学	12	6	2	6	1	1	4	0	0	6	0	0	0	2	4
南京工业大学	13	4	2	4	0	3	1	0	0	2	2	0	0	1	1
常州大学	14	4	2	4	2	0	2	0	0	2	2	0	0	1	1
南京邮电大学	15	8	4	8	1	5	2	0	0	6	2	0	0	5	1
南京林业大学	16	2	1	2	0	0	1	1	0	2	0	0	0	0	2
江苏大学	17	14	5	14	2	4	8	0	0	11	3	0	0	7	5
南京信息工程大学	18	10	3	10	2	2	6	0	0	10	0	0	0	7	3
南通大学	19	17	7	17	5	9	1	2	0	13	4	0	0	8	5
盐城工学院	20	4	2	4	1	2	1	0	0	3	1	0	0	2	2
南京医科大学	21	0	0	0	0	0	0	0	0	0	0	0	0	0	0
徐州医学院	22	1	0	1	0	0	1	0	0	1	0	0	0	0	1

续表

高校名称		总计		按职称划分						按最后学历划分			其他人员	按最后学位划分	
			女性	小计	教授	副教授	讲师	助教	初级	研究生	本科生	其他		博士	硕士
	编号	L01	L02	L03	L04	L05	L06	L07	L08	L09	L10	L11	L12	L13	L14
南京中医药大学	23	7	3	7	1	0	5	1	0	7	0	0	0	5	2
南京师范大学	24	42	14	42	14	15	12	1	0	34	8	0	0	26	8
江苏师范大学	25	33	12	33	11	9	13	0	0	27	6	0	0	20	7
淮阴师范学院	26	24	8	24	3	12	9	0	0	20	4	0	0	9	11
盐城师范学院	27	22	9	22	5	5	11	1	0	16	6	0	0	5	11
南京财经大学	28	10	6	10	0	3	7	0	0	7	3	0	0	3	4
江苏警官学院	29	1	0	1	1	0	0	0	0	1	0	0	0	1	0
南京体育学院	30	1	0	1	0	0	1	0	0	0	1	0	0	0	0
南京艺术学院	31	0	0	0	0	0	0	0	0	0	0	0	0	0	0
苏州科技学院	32	28	9	28	9	8	8	3	0	22	6	0	0	12	10
常熟理工学院	33	5	2	5	2	3	0	0	0	4	1	0	0	2	1
淮阴工学院	34	6	2	6	0	1	4	1	0	6	0	0	0	3	3
常州工学院	35	4	2	4	0	2	2	0	0	1	3	0	0	0	1
扬州大学	36	40	8	40	9	19	11	1	0	32	8	0	0	22	11
南京工程学院	37	2	1	2	0	1	0	1	0	1	1	0	0	0	1
南京审计学院	38	7	2	7	1	1	5	0	0	7	0	0	0	4	3
南京晓庄学院	39	13	4	13	0	9	4	0	0	8	5	0	0	5	3
江苏理工学院	40	9	3	9	1	3	2	3	0	5	4	0	0	0	4
淮海工学院	41	4	0	4	0	0	4	0	0	4	0	0	0	1	3
徐州工程学院	42	19	16	19	0	5	9	5	0	10	9	0	0	0	10
南京特殊教育师范学院	43	1	0	1	0	1	0	0	0	0	1	0	0	0	0
泰州学院	44	9	6	9	0	5	4	0	0	5	4	0	0	0	5
金陵科技学院	45	3	1	3	0	0	3	0	0	3	0	0	0	3	0
江苏第二师范学院	46	7	3	7	1	2	4	0	0	6	1	0	0	2	4

2.11 考古学人文、社会科学活动人员情况表

高校名称		总计		按职称划分						按最后学历划分			其他	按最后学位划分	
			女性	小计	教授	副教授	讲师	助教	初级	研究生	本科生	其他	人员	博士	硕士
	编号	L01	L02	L03	L04	L05	L06	L07	L08	L09	L10	L11	L12	L13	L14
合计	/	28	2	28	15	6	6	1	0	19	9	0	0	16	3
南京大学	1	16	1	16	10	4	2	0	0	12	4	0	0	11	1
东南大学	2	0	0	0	0	0	0	0	0	0	0	0	0	0	0
江南大学	3	0	0	0	0	0	0	0	0	0	0	0	0	0	0
南京农业大学	4	0	0	0	0	0	0	0	0	0	0	0	0	0	0
中国矿业大学	5	0	0	0	0	0	0	0	0	0	0	0	0	0	0
河海大学	6	0	0	0	0	0	0	0	0	0	0	0	0	0	0
南京理工大学	7	0	0	0	0	0	0	0	0	0	0	0	0	0	0
南京航空航天大学	8	1	0	1	1	0	0	0	0	1	0	0	0	1	0
中国药科大学	9	0	0	0	0	0	0	0	0	0	0	0	0	0	0
南京森林警察学院	10	0	0	0	0	0	0	0	0	0	0	0	0	0	0
苏州大学	11	0	0	0	0	0	0	0	0	0	0	0	0	0	0
江苏科技大学	12	0	0	0	0	0	0	0	0	0	0	0	0	0	0
南京工业大学	13	0	0	0	0	0	0	0	0	0	0	0	0	0	0
常州大学	14	0	0	0	0	0	0	0	0	0	0	0	0	0	0
南京邮电大学	15	0	0	0	0	0	0	0	0	0	0	0	0	0	0
南京林业大学	16	0	0	0	0	0	0	0	0	0	0	0	0	0	0
江苏大学	17	0	0	0	0	0	0	0	0	0	0	0	0	0	0
南京信息工程大学	18	0	0	0	0	0	0	0	0	0	0	0	0	0	0
南通大学	19	0	0	0	0	0	0	0	0	0	0	0	0	0	0
盐城工学院	20	0	0	0	0	0	0	0	0	0	0	0	0	0	0
南京医科大学	21	0	0	0	0	0	0	0	0	0	0	0	0	0	0
徐州医学院	22	0	0	0	0	0	0	0	0	0	0	0	0	0	0

续表

高校名称		总计		按职称划分						按最后学历划分			其他	按最后学位划分	
			女性	小计	教授	副教授	讲师	助教	初级	研究生	本科生	其他	人员	博士	硕士
	编号	L01	L02	L03	L04	L05	L06	L07	L08	L09	L10	L11	L12	L13	L14
南京中医药大学	23	0	0	0	0	0	0	0	0	0	0	0	0	0	0
南京师范大学	24	6	0	6	4	1	1	0	0	2	4	0	0	1	1
江苏师范大学	25	0	0	0	0	0	0	0	0	0	0	0	0	0	0
淮阴师范学院	26	0	0	0	0	0	0	0	0	0	0	0	0	0	0
盐城师范学院	27	0	0	0	0	0	0	0	0	0	0	0	0	0	0
南京财经大学	28	0	0	0	0	0	0	0	0	0	0	0	0	0	0
江苏警官学院	29	0	0	0	0	0	0	0	0	0	0	0	0	0	0
南京体育学院	30	0	0	0	0	0	0	0	0	0	0	0	0	0	0
南京艺术学院	31	0	0	0	0	0	0	0	0	0	0	0	0	0	0
苏州科技学院	32	2	0	2	0	0	1	1	0	1	1	0	0	0	1
常熟理工学院	33	1	0	1	0	1	0	0	0	1	0	0	0	1	0
淮阴工学院	34	0	0	0	0	0	0	0	0	0	0	0	0	0	0
常州工学院	35	0	0	0	0	0	0	0	0	0	0	0	0	0	0
扬州大学	36	0	0	0	0	0	0	0	0	0	0	0	0	0	0
南京工程学院	37	0	0	0	0	0	0	0	0	0	0	0	0	0	0
南京审计学院	38	0	0	0	0	0	0	0	0	0	0	0	0	0	0
南京晓庄学院	39	0	0	0	0	0	0	0	0	0	0	0	0	0	0
江苏理工学院	40	0	0	0	0	0	0	0	0	0	0	0	0	0	0
淮海工学院	41	0	0	0	0	0	0	0	0	0	0	0	0	0	0
徐州工程学院	42	0	0	0	0	0	0	0	0	0	0	0	0	0	0
南京特殊教育师范学院	43	1	1	1	0	0	1	0	0	1	0	0	0	1	0
泰州学院	44	0	0	0	0	0	0	0	0	0	0	0	0	0	0
金陵科技学院	45	0	0	0	0	0	0	0	0	0	0	0	0	0	0
江苏第二师范学院	46	1	0	1	0	0	1	0	0	1	0	0	0	1	0

2.12 经济学人文、社会科学活动人员情况表

高校名称		总计		按职称划分						按最后学历划分			其他	按最后学位划分	
			女性	小计	教授	副教授	讲师	助教	初级	研究生	本科生	其他	人员	博士	硕士
	编号	L01	L02	L03	L04	L05	L06	L07	L08	L09	L10	L11	L12	L13	L14
合计	/	2 593	1 204	2 593	456	947	1 107	80	3	1 794	798	1	0	928	997
南京大学	1	112	28	112	47	42	22	1	0	109	3	0	0	98	11
东南大学	2	103	41	103	15	51	37	0	0	77	25	1	0	55	23
江南大学	3	52	29	52	7	25	20	0	0	43	9	0	0	24	18
南京农业大学	4	56	25	56	16	15	22	3	0	51	5	0	0	42	8
中国矿业大学	5	36	18	36	5	9	22	0	0	34	2	0	0	14	22
河海大学	6	61	19	61	18	18	25	0	0	54	7	0	0	36	19
南京理工大学	7	68	40	68	12	31	24	1	0	58	10	0	0	30	32
南京航空航天大学	8	28	12	28	9	14	5	0	0	26	2	0	0	13	13
中国药科大学	9	18	8	18	1	8	8	1	0	18	0	0	0	8	10
南京森林警察学院	10	11	8	11	0	7	4	0	0	0	11	0	0	0	1
苏州大学	11	101	50	101	24	51	25	1	0	67	34	0	0	35	43
江苏科技大学	12	60	32	60	5	25	27	3	0	23	37	0	0	7	22
南京工业大学	13	23	11	23	4	10	9	0	0	13	10	0	0	6	12
常州大学	14	38	16	38	6	12	18	2	0	30	8	0	0	17	15
南京邮电大学	15	24	12	24	2	7	15	0	0	21	3	0	0	4	17
南京林业大学	16	39	18	39	9	15	15	0	0	29	10	0	0	10	20
江苏大学	17	89	47	89	9	32	42	6	0	66	23	0	0	23	43
南京信息工程大学	18	58	36	58	6	23	29	0	0	44	14	0	0	24	22
南通大学	19	51	28	51	10	18	21	2	0	39	12	0	0	12	32
盐城工学院	20	54	21	54	5	24	21	4	0	20	34	0	0	4	35
南京医科大学	21	0	0	0	0	0	0	0	0	0	0	0	0	0	0
徐州医学院	22	2	1	2	1	0	1	0	0	0	2	0	0	0	1

续表

高校名称		总计		按职称划分						按最后学历划分			其他人员	按最后学位划分	
			女性	小计	教授	副教授	讲师	助教	初级	研究生	本科生	其他		博士	硕士
	编号	L01	L02	L03	L04	L05	L06	L07	L08	L09	L10	L11	L12	L13	L14
南京中医药大学	23	20	14	20	1	7	12	0	0	19	1	0	0	6	13
南京师范大学	24	80	28	80	24	30	24	2	0	64	16	0	0	40	27
江苏师范大学	25	91	39	91	20	27	44	0	0	71	20	0	0	39	41
淮阴师范学院	26	39	15	39	6	10	23	0	0	29	10	0	0	15	14
盐城师范学院	27	47	20	47	2	11	19	15	0	32	15	0	0	7	26
南京财经大学	28	322	147	322	60	123	137	1	1	211	111	0	0	135	78
江苏警官学院	29	6	2	6	4	1	1	0	0	3	3	0	0	1	1
南京体育学院	30	9	4	9	0	1	4	3	1	1	8	0	0	0	1
南京艺术学院	31	1	0	1	0	1	0	0	0	1	0	0	0	0	1
苏州科技学院	32	42	22	42	8	9	17	8	0	20	22	0	0	4	16
常熟理工学院	33	17	7	17	2	6	9	0	0	11	6	0	0	3	13
淮阴工学院	34	35	16	35	7	9	16	3	0	17	18	0	0	4	16
常州工学院	35	32	16	32	6	9	17	0	0	14	18	0	0	3	16
扬州大学	36	158	66	158	20	64	72	2	0	97	61	0	0	36	63
南京工程学院	37	41	22	41	2	9	28	2	0	20	21	0	0	3	21
南京审计学院	38	259	121	259	47	97	106	9	0	199	60	0	0	129	88
南京晓庄学院	39	42	21	42	4	11	26	0	1	35	7	0	0	9	26
江苏理工学院	40	103	57	103	15	34	52	2	0	44	59	0	0	14	40
淮海工学院	41	33	14	33	2	12	18	1	0	20	13	0	0	3	20
徐州工程学院	42	74	37	74	9	25	35	5	0	35	39	0	0	5	36
南京特殊教育师范学院	43	0	0	0	0	0	0	0	0	0	0	0	0	0	0
泰州学院	44	13	8	13	1	2	10	0	0	6	7	0	0	1	5
金陵科技学院	45	39	25	39	5	10	23	1	0	18	21	0	0	8	12
江苏第二师范学院	46	6	3	6	0	2	2	2	0	5	1	0	0	1	4

2.13 政治学人文、社会科学活动人员情况表

高校名称		总计		按职称划分						按最后学历划分			其他	按最后学位划分	
			女性	小计	教授	副教授	讲师	助教	初级	研究生	本科生	其他	人员	博士	硕士
	编号	L01	L02	L03	L04	L05	L06	L07	L08	L09	L10	L11	L12	L13	L14
合计	/	439	170	439	85	157	178	17	2	306	133	0	0	127	204
南京大学	1	47	16	47	13	11	23	0	0	44	3	0	0	30	14
东南大学	2	15	4	15	1	8	6	0	0	13	2	0	0	7	6
江南大学	3	2	0	2	2	0	0	0	0	1	1	0	0	1	1
南京农业大学	4	4	1	4	1	1	2	0	0	4	0	0	0	1	3
中国矿业大学	5	8	3	8	1	2	4	1	0	7	1	0	0	4	4
河海大学	6	14	7	14	4	5	5	0	0	12	2	0	0	7	6
南京理工大学	7	5	1	5	0	2	3	0	0	4	1	0	0	3	1
南京航空航天大学	8	10	5	10	3	5	2	0	0	10	0	0	0	7	3
中国药科大学	9	0	0	0	0	0	0	0	0	0	0	0	0	0	0
南京森林警察学院	10	8	2	8	1	4	3	0	0	5	3	0	0	2	4
苏州大学	11	24	9	24	8	11	4	1	0	17	7	0	0	6	9
江苏科技大学	12	12	5	12	2	3	4	3	0	8	4	0	0	3	5
南京工业大学	13	4	2	4	0	3	0	1	0	2	2	0	0	0	3
常州大学	14	6	1	6	2	0	4	0	0	5	1	0	0	3	3
南京邮电大学	15	7	2	7	5	1	1	0	0	6	1	0	0	3	3
南京林业大学	16	1	0	1	0	1	0	0	0	1	0	0	0	0	1
江苏大学	17	9	4	9	1	6	2	0	0	5	4	0	0	4	1
南京信息工程大学	18	14	6	14	4	4	6	0	0	9	5	0	0	3	7
南通大学	19	10	3	10	2	6	1	1	0	6	4	0	0	2	6
盐城工学院	20	2	1	2	0	1	1	0	0	2	0	0	0	0	2
南京医科大学	21	0	0	0	0	0	0	0	0	0	0	0	0	0	0
徐州医学院	22	2	1	2	0	0	2	0	0	2	0	0	0	2	0

续表

高校名称		总计		按职称划分						按最后学历划分			其他	按最后学位划分	
			女性	小计	教授	副教授	讲师	助教	初级	研究生	本科生	其他	人员	博士	硕士
	编号	L01	L02	L03	L04	L05	L06	L07	L08	L09	L10	L11	L12	L13	L14
南京中医药大学	23	5	3	5	0	0	4	1	0	4	1	0	0	1	3
南京师范大学	24	24	10	24	7	7	10	0	0	24	0	0	0	11	13
江苏师范大学	25	15	6	15	1	8	6	0	0	11	4	0	0	4	7
淮阴师范学院	26	28	7	28	4	9	15	0	0	21	7	0	0	4	17
盐城师范学院	27	4	0	4	1	0	2	1	0	4	0	0	0	1	3
南京财经大学	28	5	2	5	1	1	3	0	0	4	1	0	0	0	4
江苏警官学院	29	6	1	6	2	3	1	0	0	5	1	0	0	2	3
南京体育学院	30	4	3	4	0	0	1	1	2	4	0	0	0	0	4
南京艺术学院	31	0	0	0	0	0	0	0	0	0	0	0	0	0	0
苏州科技学院	32	24	10	24	1	6	12	5	0	12	12	0	0	3	10
常熟理工学院	33	0	0	0	0	0	0	0	0	0	0	0	0	0	0
淮阴工学院	34	13	5	13	3	5	4	1	0	3	10	0	0	0	7
常州工学院	35	5	2	5	1	0	4	0	0	4	1	0	0	1	3
扬州大学	36	24	11	24	7	8	9	0	0	15	9	0	0	6	9
南京工程学院	37	18	10	18	0	6	12	0	0	10	8	0	0	2	9
南京审计学院	38	4	1	4	1	1	2	0	0	3	1	0	0	0	3
南京晓庄学院	39	5	3	5	1	3	1	0	0	3	2	0	0	0	3
江苏理工学院	40	7	1	7	2	2	3	0	0	4	3	0	0	1	4
淮海工学院	41	3	1	3	0	2	0	1	0	2	1	0	0	0	3
徐州工程学院	42	12	7	12	1	6	5	0	0	2	10	0	0	0	6
南京特殊教育师范学院	43	0	0	0	0	0	0	0	0	0	0	0	0	0	0
泰州学院	44	14	6	14	1	9	4	0	0	0	14	0	0	0	6
金陵科技学院	45	11	6	11	1	4	6	0	0	5	6	0	0	1	4
江苏第二师范学院	46	4	2	4	0	3	1	0	0	3	1	0	0	2	1

2.14 法学人文、社会科学活动人员情况表

高校名称		总计		按职称划分						按最后学历划分			其他	按最后学位划分	
			女性	小计	教授	副教授	讲师	助教	初级	研究生	本科生	其他	人员	博士	硕士
	编号	L01	L02	L03	L04	L05	L06	L07	L08	L09	L10	L11	L12	L13	L14
合计	/	1 323	522	1 323	220	500	531	67	5	882	441	0	0	392	635
南京大学	1	70	27	70	23	32	14	1	0	65	5	0	0	49	17
东南大学	2	53	18	53	9	26	18	0	0	51	2	0	0	40	10
江南大学	3	34	17	34	3	16	14	1	0	31	3	0	0	17	14
南京农业大学	4	17	6	17	1	6	10	0	0	15	2	0	0	1	16
中国矿业大学	5	15	5	15	3	2	8	2	0	14	1	0	0	7	8
河海大学	6	38	16	38	7	16	15	0	0	37	1	0	0	26	9
南京理工大学	7	22	7	22	3	6	12	1	0	19	3	0	0	11	7
南京航空航天大学	8	20	10	20	4	7	8	1	0	16	4	0	0	5	10
中国药科大学	9	11	4	11	1	4	1	5	0	8	3	0	0	2	6
南京森林警察学院	10	79	33	79	6	28	31	14	0	43	36	0	0	3	61
苏州大学	11	78	20	78	27	31	19	1	0	59	19	0	0	47	17
江苏科技大学	12	7	3	7	1	3	3	0	0	4	3	0	0	1	4
南京工业大学	13	27	12	27	9	11	6	1	0	21	6	0	0	4	13
常州大学	14	15	6	15	1	7	7	0	0	10	5	0	0	2	11
南京邮电大学	15	14	5	14	2	10	1	1	0	10	4	0	0	2	9
南京林业大学	16	12	10	12	2	1	9	0	0	10	2	0	0	1	9
江苏大学	17	57	20	57	6	17	34	0	0	49	8	0	0	13	36
南京信息工程大学	18	31	18	31	3	11	16	1	0	27	4	0	0	9	19
南通大学	19	24	12	24	4	7	13	0	0	16	8	0	0	1	21
盐城工学院	20	8	2	8	1	2	4	1	0	6	2	0	0	2	4
南京医科大学	21	3	1	3	0	0	2	1	0	3	0	0	0	1	2
徐州医学院	22	15	6	15	0	1	10	4	0	7	8	0	0	1	9

续表

高校名称		总计		按职称划分						按最后学历划分			其他	按最后学位划分	
			女性	小计	教授	副教授	讲师	助教	初级	研究生	本科生	其他	人员	博士	硕士
	编号	L01	L02	L03	L04	L05	L06	L07	L08	L09	L10	L11	L12	L13	L14
南京中医药大学	23	13	6	13	2	3	6	2	0	10	3	0	0	3	7
南京师范大学	24	75	16	75	25	30	17	3	0	69	6	0	0	47	22
江苏师范大学	25	32	9	32	6	14	12	0	0	11	21	0	0	6	17
淮阴师范学院	26	32	9	32	4	18	10	0	0	26	6	0	0	6	23
盐城师范学院	27	30	11	30	3	8	15	4	0	16	14	0	0	4	14
南京财经大学	28	41	18	41	9	19	13	0	0	34	7	0	0	9	26
江苏警官学院	29	188	70	188	22	72	79	10	5	50	138	0	0	24	85
南京体育学院	30	2	1	2	1	0	1	0	0	1	1	0	0	0	1
南京艺术学院	31	0	0	0	0	0	0	0	0	0	0	0	0	0	0
苏州科技学院	32	12	5	12	0	5	7	0	0	8	4	0	0	0	11
常熟理工学院	33	1	0	1	0	0	1	0	0	1	0	0	0	0	1
淮阴工学院	34	9	2	9	0	3	6	0	0	7	2	0	0	1	6
常州工学院	35	10	6	10	2	4	4	0	0	2	8	0	0	0	7
扬州大学	36	50	16	50	14	25	10	1	0	32	18	0	0	16	16
南京工程学院	37	11	5	11	0	0	9	2	0	6	5	0	0	1	6
南京审计学院	38	52	32	52	7	22	23	0	0	41	11	0	0	19	25
南京晓庄学院	39	9	5	9	1	2	6	0	0	8	1	0	0	5	3
江苏理工学院	40	13	8	13	2	2	8	1	0	9	4	0	0	2	7
淮海工学院	41	26	12	26	2	9	15	0	0	6	20	0	0	2	10
徐州工程学院	42	32	15	32	1	8	17	6	0	8	24	0	0	0	13
南京特殊教育师范学院	43	0	0	0	0	0	0	0	0	0	0	0	0	0	0
泰州学院	44	10	4	10	1	4	5	0	0	4	6	0	0	0	8
金陵科技学院	45	16	8	16	1	6	8	1	0	6	10	0	0	0	10
江苏第二师范学院	46	9	6	9	1	2	4	2	0	6	3	0	0	2	5

2.15 社会学人文、社会科学活动人员情况表

高校名称		总计		按职称划分						按最后学历划分			其他	按最后学位划分	
			女性	小计	教授	副教授	讲师	助教	初级	研究生	本科生	其他	人员	博士	硕士
	编号	L01	L02	L03	L04	L05	L06	L07	L08	L09	L10	L11	L12	L13	L14
合计	/	493	234	493	83	153	236	21	0	395	96	2	0	194	217
南京大学	1	46	12	46	17	19	10	0	0	43	3	0	0	36	7
东南大学	2	15	9	15	1	4	10	0	0	15	0	0	0	11	4
江南大学	3	13	5	13	2	5	6	0	0	12	1	0	0	9	3
南京农业大学	4	20	14	20	2	7	9	2	0	15	5	0	0	8	7
中国矿业大学	5	6	3	6	1	2	3	0	0	5	1	0	0	1	5
河海大学	6	52	19	52	17	11	24	0	0	49	3	0	0	39	10
南京理工大学	7	8	4	8	1	3	4	0	0	8	0	0	0	4	4
南京航空航天大学	8	5	2	5	0	3	2	0	0	5	0	0	0	4	1
中国药科大学	9	0	0	0	0	0	0	0	0	0	0	0	0	0	0
南京森林警察学院	10	8	6	8	0	2	6	0	0	6	2	0	0	0	8
苏州大学	11	27	9	27	10	9	8	0	0	24	3	0	0	10	14
江苏科技大学	12	8	3	8	2	2	4	0	0	5	3	0	0	4	1
南京工业大学	13	4	2	4	0	2	2	0	0	3	1	0	0	0	4
常州大学	14	9	5	9	0	1	8	0	0	8	1	0	0	1	7
南京邮电大学	15	23	7	23	5	10	8	0	0	20	3	0	0	7	13
南京林业大学	16	4	2	4	0	0	4	0	0	4	0	0	0	2	2
江苏大学	17	3	1	3	0	3	0	0	0	2	1	0	0	0	3
南京信息工程大学	18	15	10	15	1	4	10	0	0	14	1	0	0	6	8
南通大学	19	9	3	9	2	5	2	0	0	7	2	0	0	5	1
盐城工学院	20	4	4	4	0	0	3	1	0	3	1	0	0	0	4
南京医科大学	21	2	1	2	0	1	1	0	0	2	0	0	0	0	2
徐州医学院	22	3	3	3	0	1	1	1	0	2	1	0	0	0	2

续表

高校名称		总计		按职称划分						按最后学历划分			其他	按最后学位划分	
			女性	小计	教授	副教授	讲师	助教	初级	研究生	本科生	其他	人员	博士	硕士
	编号	L01	L02	L03	L04	L05	L06	L07	L08	L09	L10	L11	L12	L13	L14
南京中医药大学	23	7	4	7	1	0	6	0	0	6	1	0	0	1	6
南京师范大学	24	25	9	25	7	10	7	1	0	21	4	0	0	12	9
江苏师范大学	25	19	11	19	0	7	12	0	0	11	8	0	0	6	9
淮阴师范学院	26	8	2	8	0	3	5	0	0	7	1	0	0	1	5
盐城师范学院	27	5	1	5	0	1	3	1	0	3	2	0	0	1	2
南京财经大学	28	8	4	8	0	5	3	0	0	7	1	0	0	3	4
江苏警官学院	29	11	7	11	2	1	8	0	0	6	4	1	0	1	7
南京体育学院	30	1	1	1	0	0	1	0	0	1	0	0	0	0	1
南京艺术学院	31	0	0	0	0	0	0	0	0	0	0	0	0	0	0
苏州科技学院	32	12	7	12	1	3	7	1	0	12	0	0	0	4	8
常熟理工学院	33	1	0	1	1	0	0	0	0	1	0	0	0	1	0
淮阴工学院	34	11	8	11	0	2	8	1	0	6	4	1	0	1	5
常州工学院	35	4	1	4	0	1	3	0	0	3	1	0	0	0	4
扬州大学	36	25	10	25	4	11	9	1	0	24	1	0	0	10	14
南京工程学院	37	5	2	5	0	0	4	1	0	5	0	0	0	1	4
南京审计学院	38	0	0	0	0	0	0	0	0	0	0	0	0	0	0
南京晓庄学院	39	13	11	13	1	2	10	0	0	11	2	0	0	3	8
江苏理工学院	40	1	1	1	0	1	0	0	0	1	0	0	0	0	1
淮海工学院	41	0	0	0	0	0	0	0	0	0	0	0	0	0	0
徐州工程学院	42	43	26	43	4	11	19	9	0	8	35	0	0	0	12
南京特殊教育师范学院	43	4	2	4	1	0	2	1	0	4	0	0	0	1	3
泰州学院	44	4	2	4	0	1	3	0	0	4	0	0	0	1	3
金陵科技学院	45	1	1	1	0	0	0	1	0	1	0	0	0	0	1
江苏第二师范学院	46	1	0	1	0	0	1	0	0	1	0	0	0	0	1

2.16 民族学与文化学人文、社会科学活动人员情况表

高校名称		总计		按职称划分						按最后学历划分			其他	按最后学位划分	
			女性	小计	教授	副教授	讲师	助教	初级	研究生	本科生	其他	人员	博士	硕士
	编号	L01	L02	L03	L04	L05	L06	L07	L08	L09	L10	L11	L12	L13	L14
合计	/	20	9	20	4	8	8	0	0	15	5	0	0	11	3
南京大学	1	2	0	2	1	1	0	0	0	2	0	0	0	2	0
东南大学	2	2	0	2	0	1	1	0	0	1	1	0	0	1	0
江南大学	3	0	0	0	0	0	0	0	0	0	0	0	0	0	0
南京农业大学	4	0	0	0	0	0	0	0	0	0	0	0	0	0	0
中国矿业大学	5	0	0	0	0	0	0	0	0	0	0	0	0	0	0
河海大学	6	9	6	9	1	3	5	0	0	7	2	0	0	4	2
南京理工大学	7	0	0	0	0	0	0	0	0	0	0	0	0	0	0
南京航空航天大学	8	0	0	0	0	0	0	0	0	0	0	0	0	0	0
中国药科大学	9	0	0	0	0	0	0	0	0	0	0	0	0	0	0
南京森林警察学院	10	0	0	0	0	0	0	0	0	0	0	0	0	0	0
苏州大学	11	0	0	0	0	0	0	0	0	0	0	0	0	0	0
江苏科技大学	12	0	0	0	0	0	0	0	0	0	0	0	0	0	0
南京工业大学	13	0	0	0	0	0	0	0	0	0	0	0	0	0	0
常州大学	14	0	0	0	0	0	0	0	0	0	0	0	0	0	0
南京邮电大学	15	1	0	1	0	1	0	0	0	1	0	0	0	1	0
南京林业大学	16	0	0	0	0	0	0	0	0	0	0	0	0	0	0
江苏大学	17	1	1	1	0	0	1	0	0	1	0	0	0	1	0
南京信息工程大学	18	0	0	0	0	0	0	0	0	0	0	0	0	0	0
南通大学	19	0	0	0	0	0	0	0	0	0	0	0	0	0	0
盐城工学院	20	0	0	0	0	0	0	0	0	0	0	0	0	0	0
南京医科大学	21	0	0	0	0	0	0	0	0	0	0	0	0	0	0
徐州医学院	22	0	0	0	0	0	0	0	0	0	0	0	0	0	0

续表

高校名称		总计		按职称划分						按最后学历划分			其他	按最后学位划分	
			女性	小计	教授	副教授	讲师	助教	初级	研究生	本科生	其他	人员	博士	硕士
	编号	L01	L02	L03	L04	L05	L06	L07	L08	L09	L10	L11	L12	L13	L14
南京中医药大学	23	1	1	1	0	1	0	0	0	0	1	0	0	0	0
南京师范大学	24	0	0	0	0	0	0	0	0	0	0	0	0	0	0
江苏师范大学	25	2	0	2	2	0	0	0	0	2	0	0	0	2	0
淮阴师范学院	26	0	0	0	0	0	0	0	0	0	0	0	0	0	0
盐城师范学院	27	0	0	0	0	0	0	0	0	0	0	0	0	0	0
南京财经大学	28	0	0	0	0	0	0	0	0	0	0	0	0	0	0
江苏警官学院	29	0	0	0	0	0	0	0	0	0	0	0	0	0	0
南京体育学院	30	1	0	1	0	1	0	0	0	0	1	0	0	0	0
南京艺术学院	31	0	0	0	0	0	0	0	0	0	0	0	0	0	0
苏州科技学院	32	0	0	0	0	0	0	0	0	0	0	0	0	0	0
常熟理工学院	33	1	1	1	0	0	1	0	0	1	0	0	0	0	1
淮阴工学院	34	0	0	0	0	0	0	0	0	0	0	0	0	0	0
常州工学院	35	0	0	0	0	0	0	0	0	0	0	0	0	0	0
扬州大学	36	0	0	0	0	0	0	0	0	0	0	0	0	0	0
南京工程学院	37	0	0	0	0	0	0	0	0	0	0	0	0	0	0
南京审计学院	38	0	0	0	0	0	0	0	0	0	0	0	0	0	0
南京晓庄学院	39	0	0	0	0	0	0	0	0	0	0	0	0	0	0
江苏理工学院	40	0	0	0	0	0	0	0	0	0	0	0	0	0	0
淮海工学院	41	0	0	0	0	0	0	0	0	0	0	0	0	0	0
徐州工程学院	42	0	0	0	0	0	0	0	0	0	0	0	0	0	0
南京特殊教育师范学院	43	0	0	0	0	0	0	0	0	0	0	0	0	0	0
泰州学院	44	0	0	0	0	0	0	0	0	0	0	0	0	0	0
金陵科技学院	45	0	0	0	0	0	0	0	0	0	0	0	0	0	0
江苏第二师范学院	46	0	0	0	0	0	0	0	0	0	0	0	0	0	0

2.17 新闻学与传播学人文、社会科学活动人员情况表

高校名称		总计		按职称划分						按最后学历划分			其他人员	按最后学位划分	
			女性	小计	教授	副教授	讲师	助教	初级	研究生	本科生	其他		博士	硕士
	编号	L01	L02	L03	L04	L05	L06	L07	L08	L09	L10	L11	L12	L13	L14
合计	/	381	189	381	58	112	175	35	1	289	92	0	0	100	198
南京大学	1	33	9	33	15	15	3	0	0	27	6	0	0	23	4
东南大学	2	3	1	3	0	1	2	0	0	3	0	0	0	2	1
江南大学	3	5	3	5	0	2	3	0	0	3	2	0	0	1	2
南京农业大学	4	0	0	0	0	0	0	0	0	0	0	0	0	0	0
中国矿业大学	5	3	2	3	0	3	0	0	0	3	0	0	0	1	2
河海大学	6	16	9	16	2	2	12	0	0	16	0	0	0	9	7
南京理工大学	7	14	4	14	2	2	9	1	0	6	8	0	0	2	5
南京航空航天大学	8	9	5	9	0	5	4	0	0	6	3	0	0	2	4
中国药科大学	9	1	1	1	0	0	0	1	0	1	0	0	0	0	1
南京森林警察学院	10	4	2	4	1	0	2	1	0	3	1	0	0	0	3
苏州大学	11	37	18	37	7	10	14	6	0	34	3	0	0	14	19
江苏科技大学	12	1	1	1	0	0	1	0	0	1	0	0	0	0	1
南京工业大学	13	0	0	0	0	0	0	0	0	0	0	0	0	0	0
常州大学	14	2	1	2	1	1	0	0	0	0	2	0	0	0	1
南京邮电大学	15	10	5	10	0	6	3	1	0	9	1	0	0	2	7
南京林业大学	16	6	3	6	0	1	3	2	0	5	1	0	0	0	5
江苏大学	17	0	0	0	0	0	0	0	0	0	0	0	0	0	0
南京信息工程大学	18	6	4	6	0	3	3	0	0	4	2	0	0	0	4
南通大学	19	7	4	7	1	1	5	0	0	7	0	0	0	1	6
盐城工学院	20	7	4	7	0	4	2	1	0	4	3	0	0	0	5
南京医科大学	21	1	1	1	0	0	1	0	0	1	0	0	0	0	1
徐州医学院	22	1	1	1	0	1	0	0	0	0	1	0	0	0	0

续表

高校名称		总计		按职称划分						按最后学历划分			其他	按最后学位划分	
			女性	小计	教授	副教授	讲师	助教	初级	研究生	本科生	其他	人员	博士	硕士
	编号	L01	L02	L03	L04	L05	L06	L07	L08	L09	L10	L11	L12	L13	L14
南京中医药大学	23	3	3	3	0	2	1	0	0	0	3	0	0	0	0
南京师范大学	24	54	20	54	13	18	19	4	0	43	11	0	0	16	26
江苏师范大学	25	16	7	16	3	6	7	0	0	11	5	0	0	4	8
淮阴师范学院	26	11	3	11	1	4	6	0	0	7	4	0	0	1	6
盐城师范学院	27	5	3	5	0	1	3	1	0	4	1	0	0	0	3
南京财经大学	28	16	9	16	3	4	9	0	0	15	1	0	0	9	6
江苏警官学院	29	3	3	3	1	0	2	0	0	1	2	0	0	1	1
南京体育学院	30	1	0	1	0	1	0	0	0	1	0	0	0	0	1
南京艺术学院	31	0	0	0	0	0	0	0	0	0	0	0	0	0	0
苏州科技学院	32	12	8	12	0	3	6	3	0	8	4	0	0	1	9
常熟理工学院	33	3	3	3	0	0	3	0	0	2	1	0	0	0	2
淮阴工学院	34	0	0	0	0	0	0	0	0	0	0	0	0	0	0
常州工学院	35	12	9	12	1	2	8	1	0	5	7	0	0	0	8
扬州大学	36	32	14	32	5	6	21	0	0	23	9	0	0	4	19
南京工程学院	37	0	0	0	0	0	0	0	0	0	0	0	0	0	0
南京审计学院	38	2	1	2	0	1	0	1	0	1	1	0	0	1	0
南京晓庄学院	39	18	10	18	1	4	9	3	1	16	2	0	0	3	13
江苏理工学院	40	2	1	2	0	0	0	2	0	0	2	0	0	0	0
淮海工学院	41	4	2	4	0	0	2	2	0	4	0	0	0	0	4
徐州工程学院	42	4	2	4	0	0	3	1	0	3	1	0	0	0	3
南京特殊教育师范学院	43	1	1	1	0	0	1	0	0	1	0	0	0	0	1
泰州学院	44	2	2	2	0	0	2	0	0	2	0	0	0	0	2
金陵科技学院	45	7	5	7	1	1	3	2	0	3	4	0	0	1	3
江苏第二师范学院	46	7	5	7	0	2	3	2	0	6	1	0	0	2	5

2.18 图书、情报、文献学人文、社会科学活动人员情况表

高校名称		总计		按职称划分						按最后学历划分			其他	按最后学位划分	
			女性	小计	教授	副教授	讲师	助教	初级	研究生	本科生	其他	人员	博士	硕士
	编号	L01	L02	L03	L04	L05	L06	L07	L08	L09	L10	L11	L12	L13	L14
合计	/	1 427	898	1427	114	417	816	71	9	515	856	56	0	156	428
南京大学	1	48	17	48	23	17	8	0	0	41	6	1	0	33	9
东南大学	2	95	64	95	5	18	69	3	0	44	42	9	0	5	39
江南大学	3	50	35	50	3	21	23	3	0	15	35	0	0	2	19
南京农业大学	4	59	26	59	7	22	29	1	0	46	13	0	0	28	19
中国矿业大学	5	11	9	11	2	3	6	0	0	5	6	0	0	1	9
河海大学	6	31	10	31	7	12	12	0	0	26	5	0	0	19	8
南京理工大学	7	21	11	21	2	5	14	0	0	18	3	0	0	15	4
南京航空航天大学	8	50	37	50	0	7	38	5	0	13	37	0	0	0	14
中国药科大学	9	55	35	55	1	8	34	12	0	19	27	9	0	1	21
南京森林警察学院	10	9	5	9	1	2	5	1	0	3	6	0	0	2	3
苏州大学	11	37	25	37	8	21	7	1	0	23	13	1	0	9	11
江苏科技大学	12	27	14	27	1	3	18	5	0	5	22	0	0	1	3
南京工业大学	13	31	26	31	1	13	11	1	5	21	10	0	0	2	17
常州大学	14	13	10	13	2	0	10	1	0	4	8	1	0	1	3
南京邮电大学	15	33	19	33	1	14	18	0	0	13	20	0	0	0	13
南京林业大学	16	23	19	23	0	8	15	0	0	1	15	7	0	0	2
江苏大学	17	44	25	44	4	11	29	0	0	20	24	0	0	4	16
南京信息工程大学	18	28	20	28	1	7	18	2	0	13	15	0	0	3	11
南通大学	19	47	29	47	9	18	17	3	0	20	27	0	0	4	24
盐城工学院	20	40	24	40	2	19	17	2	0	9	31	0	0	1	16
南京医科大学	21	30	20	30	1	7	22	0	0	13	17	0	0	0	16
徐州医学院	22	39	27	39	1	13	25	0	0	4	29	6	0	0	4

续表

高校名称		总计		按职称划分						按最后学历划分			其他	按最后学位划分	
			女性	小计	教授	副教授	讲师	助教	初级	研究生	本科生	其他	人员	博士	硕士
	编号	L01	L02	L03	L04	L05	L06	L07	L08	L09	L10	L11	L12	L13	L14
南京中医药大学	23	37	25	37	7	9	19	0	2	21	16	0	0	6	19
南京师范大学	24	43	27	43	2	16	24	1	0	16	27	0	0	6	14
江苏师范大学	25	60	41	60	3	12	45	0	0	13	47	0	0	0	13
淮阴师范学院	26	32	16	32	2	8	20	2	0	9	20	3	0	1	11
盐城师范学院	27	23	15	23	0	4	16	3	0	5	18	0	0	0	5
南京财经大学	28	45	29	45	1	17	27	0	0	5	38	2	0	2	6
江苏警官学院	29	19	13	19	2	6	7	2	2	3	15	1	0	0	3
南京体育学院	30	8	4	8	0	3	5	0	0	2	6	0	0	0	1
南京艺术学院	31	25	18	25	1	6	17	1	0	7	13	5	0	0	10
苏州科技学院	32	50	39	50	2	13	29	6	0	9	41	0	0	0	10
常熟理工学院	33	20	12	20	2	9	8	1	0	3	17	0	0	1	1
淮阴工学院	34	26	13	26	1	7	15	3	0	3	20	3	0	0	3
常州工学院	35	13	9	13	0	6	7	0	0	1	12	0	0	0	2
扬州大学	36	20	9	20	0	6	14	0	0	7	13	0	0	4	4
南京工程学院	37	26	20	26	1	3	21	1	0	5	21	0	0	0	6
南京审计学院	38	29	19	29	2	5	13	9	0	10	19	0	0	4	12
南京晓庄学院	39	11	4	11	0	7	4	0	0	2	9	0	0	0	2
江苏理工学院	40	19	13	19	1	6	12	0	0	6	13	0	0	0	6
淮海工学院	41	52	35	52	1	12	39	0	0	1	46	5	0	0	6
徐州工程学院	42	9	5	9	0	1	8	0	0	2	7	0	0	0	2
南京特殊教育师范学院	43	13	9	13	2	2	9	0	0	3	9	1	0	0	3
泰州学院	44	9	7	9	0	3	6	0	0	1	6	2	0	0	1
金陵科技学院	45	8	3	8	1	3	3	1	0	2	6	0	0	0	3
江苏第二师范学院	46	9	6	9	1	4	3	1	0	3	6	0	0	1	4

2.19 教育学人文、社会科学活动人员情况表

高校名称		总计		按职称划分						按最后学历划分			其他	按最后学位划分	
			女性	小计	教授	副教授	讲师	助教	初级	研究生	本科生	其他	人员	博士	硕士
	编号	L01	L02	L03	L04	L05	L06	L07	L08	L09	L10	L11	L12	L13	L14
合计	/	1 883	949	1 883	272	648	856	105	2	1 202	677	4	0	394	993
南京大学	1	16	8	16	6	5	5	0	0	14	2	0	0	12	3
东南大学	2	18	7	18	0	7	11	0	0	11	6	1	0	7	6
江南大学	3	54	31	54	8	11	34	1	0	46	8	0	0	19	26
南京农业大学	4	19	7	19	1	5	13	0	0	12	7	0	0	3	11
中国矿业大学	5	18	6	18	0	4	8	6	0	16	2	0	0	5	13
河海大学	6	17	6	17	4	7	6	0	0	13	4	0	0	4	8
南京理工大学	7	30	18	30	2	7	19	2	0	23	7	0	0	8	16
南京航空航天大学	8	10	5	10	2	3	4	1	0	8	2	0	0	2	6
中国药科大学	9	5	2	5	0	0	4	1	0	4	1	0	0	0	4
南京森林警察学院	10	13	8	13	1	3	6	3	0	6	7	0	0	0	7
苏州大学	11	60	26	60	15	26	19	0	0	36	24	0	0	19	21
江苏科技大学	12	26	17	26	0	3	16	7	0	17	9	0	0	0	17
南京工业大学	13	23	12	23	1	13	9	0	0	8	14	1	0	0	16
常州大学	14	40	14	40	6	14	17	3	0	22	18	0	0	4	21
南京邮电大学	15	44	22	44	4	17	23	0	0	32	12	0	0	8	25
南京林业大学	16	9	3	9	0	0	9	0	0	6	3	0	0	0	6
江苏大学	17	26	10	26	2	10	12	2	0	16	10	0	0	12	3
南京信息工程大学	18	35	23	35	4	9	22	0	0	29	6	0	0	6	26
南通大学	19	108	54	108	26	41	37	4	0	69	39	0	0	20	74
盐城工学院	20	87	37	87	4	29	47	7	0	29	58	0	0	2	61
南京医科大学	21	9	6	9	1	1	5	2	0	3	6	0	0	1	3
徐州医学院	22	40	25	40	0	11	24	5	0	26	14	0	0	1	29

续表

高校名称		总计		按职称划分						按最后学历划分			其他	按最后学位划分	
			女性	小计	教授	副教授	讲师	助教	初级	研究生	本科生	其他	人员	博士	硕士
	编号	L01	L02	L03	L04	L05	L06	L07	L08	L09	L10	L11	L12	L13	L14
南京中医药大学	23	39	22	39	4	7	25	3	0	32	7	0	0	10	21
南京师范大学	24	174	80	174	56	71	41	6	0	167	7	0	0	106	61
江苏师范大学	25	67	33	67	8	25	34	0	0	50	17	0	0	16	37
淮阴师范学院	26	82	30	82	10	19	48	5	0	60	22	0	0	8	58
盐城师范学院	27	42	26	42	6	8	25	3	0	26	16	0	0	4	24
南京财经大学	28	11	8	11	0	3	8	0	0	4	6	1	0	2	3
江苏警官学院	29	17	6	17	2	1	12	2	0	3	14	0	0	0	4
南京体育学院	30	6	3	6	1	0	4	0	1	4	2	0	0	0	5
南京艺术学院	31	0	0	0	0	0	0	0	0	0	0	0	0	0	0
苏州科技学院	32	47	26	47	1	15	28	3	0	22	25	0	0	8	20
常熟理工学院	33	16	8	16	0	10	6	0	0	12	4	0	0	3	11
淮阴工学院	34	16	5	16	1	6	6	3	0	8	8	0	0	2	10
常州工学院	35	22	13	22	4	10	7	1	0	9	13	0	0	4	11
扬州大学	36	59	27	59	8	24	21	6	0	43	16	0	0	20	25
南京工程学院	37	19	9	19	1	6	11	1	0	12	7	0	0	2	12
南京审计学院	38	31	19	31	2	11	15	3	0	22	9	0	0	5	20
南京晓庄学院	39	67	37	67	11	25	31	0	0	44	23	0	0	14	35
江苏理工学院	40	68	31	68	18	20	28	2	0	43	25	0	0	7	40
淮海工学院	41	7	3	7	0	3	3	1	0	2	5	0	0	0	5
徐州工程学院	42	68	41	68	2	24	37	5	0	25	43	0	0	2	35
南京特殊教育师范学院	43	95	67	95	16	45	30	3	1	56	39	0	0	13	54
泰州学院	44	90	36	90	8	38	42	2	0	28	61	1	0	3	42
金陵科技学院	45	13	10	13	1	1	5	6	0	9	4	0	0	0	9
江苏第二师范学院	46	120	62	120	25	50	39	6	0	75	45	0	0	32	49

2.20 统计学人文、社会科学活动人员情况表

高校名称		总计		按职称划分						按最后学历划分			其他人员	按最后学位划分	
			女性	小计	教授	副教授	讲师	助教	初级	研究生	本科生	其他		博士	硕士
	编号	L01	L02	L03	L04	L05	L06	L07	L08	L09	L10	L11	L12	L13	L14
合计	/	157	70	157	33	55	65	4	0	115	42	0	0	56	69
南京大学	1	2	0	2	2	0	0	0	0	2	0	0	0	2	0
东南大学	2	2	1	2	0	0	2	0	0	2	0	0	0	0	2
江南大学	3	0	0	0	0	0	0	0	0	0	0	0	0	0	0
南京农业大学	4	4	1	4	0	3	1	0	0	3	1	0	0	1	2
中国矿业大学	5	2	2	2	1	0	1	0	0	1	1	0	0	0	2
河海大学	6	26	10	26	10	5	11	0	0	26	0	0	0	20	6
南京理工大学	7	0	0	0	0	0	0	0	0	0	0	0	0	0	0
南京航空航天大学	8	1	0	1	0	0	1	0	0	1	0	0	0	1	0
中国药科大学	9	0	0	0	0	0	0	0	0	0	0	0	0	0	0
南京森林警察学院	10	0	0	0	0	0	0	0	0	0	0	0	0	0	0
苏州大学	11	4	3	4	0	3	1	0	0	2	2	0	0	0	2
江苏科技大学	12	3	2	3	0	2	1	0	0	1	2	0	0	0	1
南京工业大学	13	0	0	0	0	0	0	0	0	0	0	0	0	0	0
常州大学	14	3	2	3	0	1	2	0	0	3	0	0	0	0	3
南京邮电大学	15	3	1	3	2	1	0	0	0	3	0	0	0	2	1
南京林业大学	16	1	0	1	0	1	0	0	0	1	0	0	0	1	0
江苏大学	17	16	6	16	3	4	8	1	0	15	1	0	0	7	8
南京信息工程大学	18	3	2	3	1	0	2	0	0	3	0	0	0	0	3
南通大学	19	3	2	3	0	1	2	0	0	2	1	0	0	1	1
盐城工学院	20	7	5	7	1	4	2	0	0	1	6	0	0	0	7
南京医科大学	21	1	1	1	0	1	0	0	0	1	0	0	0	0	1
徐州医学院	22	5	2	5	0	2	2	1	0	4	1	0	0	0	5

续表

高校名称		总计		按职称划分						按最后学历划分			其他	按最后学位划分	
			女性	小计	教授	副教授	讲师	助教	初级	研究生	本科生	其他	人员	博士	硕士
	编号	L01	L02	L03	L04	L05	L06	L07	L08	L09	L10	L11	L12	L13	L14
南京中医药大学	23	3	2	3	1	0	1	1	0	3	0	0	0	1	2
南京师范大学	24	1	0	1	1	0	0	0	0	1	0	0	0	1	0
江苏师范大学	25	4	1	4	1	2	1	0	0	3	1	0	0	2	1
淮阴师范学院	26	1	1	1	0	0	1	0	0	1	0	0	0	0	1
盐城师范学院	27	1	0	1	0	1	0	0	0	0	1	0	0	0	0
南京财经大学	28	21	7	21	8	7	6	0	0	14	7	0	0	8	7
江苏警官学院	29	3	2	3	0	1	2	0	0	1	2	0	0	0	1
南京体育学院	30	0	0	0	0	0	0	0	0	0	0	0	0	0	0
南京艺术学院	31	0	0	0	0	0	0	0	0	0	0	0	0	0	0
苏州科技学院	32	0	0	0	0	0	0	0	0	0	0	0	0	0	0
常熟理工学院	33	4	2	4	0	2	2	0	0	4	0	0	0	1	3
淮阴工学院	34	5	4	5	0	3	1	1	0	1	4	0	0	0	1
常州工学院	35	2	1	2	0	0	2	0	0	2	0	0	0	1	1
扬州大学	36	1	0	1	0	0	1	0	0	1	0	0	0	1	0
南京工程学院	37	0	0	0	0	0	0	0	0	0	0	0	0	0	0
南京审计学院	38	10	4	10	2	6	2	0	0	6	4	0	0	5	1
南京晓庄学院	39	0	0	0	0	0	0	0	0	0	0	0	0	0	0
江苏理工学院	40	4	2	4	0	2	2	0	0	3	1	0	0	1	2
淮海工学院	41	2	2	2	0	0	2	0	0	2	0	0	0	0	2
徐州工程学院	42	7	2	7	0	3	4	0	0	1	6	0	0	0	2
南京特殊教育师范学院	43	0	0	0	0	0	0	0	0	0	0	0	0	0	0
泰州学院	44	0	0	0	0	0	0	0	0	0	0	0	0	0	0
金陵科技学院	45	2	0	2	0	0	2	0	0	1	1	0	0	0	1
江苏第二师范学院	46	0	0	0	0	0	0	0	0	0	0	0	0	0	0

2.21 心理学人文、社会科学活动人员情况表

高校名称		总计		按职称划分						按最后学历划分			其他	按最后学位划分	
			女性	小计	教授	副教授	讲师	助教	初级	研究生	本科生	其他	人员	博士	硕士
	编号	L01	L02	L03	L04	L05	L06	L07	L08	L09	L10	L11	L12	L13	L14
合计	/	286	164	286	46	99	125	13	3	235	51	0	0	99	141
南京大学	1	13	7	13	3	7	3	0	0	10	3	0	0	7	3
东南大学	2	3	2	3	1	0	2	0	0	3	0	0	0	1	2
江南大学	3	0	0	0	0	0	0	0	0	0	0	0	0	0	0
南京农业大学	4	1	1	1	0	0	1	0	0	0	1	0	0	0	0
中国矿业大学	5	0	0	0	0	0	0	0	0	0	0	0	0	0	0
河海大学	6	8	5	8	1	3	4	0	0	7	1	0	0	5	3
南京理工大学	7	1	0	1	1	0	0	0	0	1	0	0	0	1	0
南京航空航天大学	8	1	1	1	0	0	0	1	0	1	0	0	0	1	0
中国药科大学	9	1	1	1	0	0	0	1	0	1	0	0	0	0	1
南京森林警察学院	10	0	0	0	0	0	0	0	0	0	0	0	0	0	0
苏州大学	11	28	12	28	5	16	6	1	0	28	0	0	0	15	9
江苏科技大学	12	6	3	6	0	3	2	1	0	3	3	0	0	1	3
南京工业大学	13	1	1	1	0	1	0	0	0	1	0	0	0	0	1
常州大学	14	1	0	1	1	0	0	0	0	1	0	0	0	0	1
南京邮电大学	15	1	0	1	1	0	0	0	0	1	0	0	0	1	0
南京林业大学	16	1	1	1	0	0	1	0	0	1	0	0	0	0	1
江苏大学	17	7	3	7	2	2	2	1	0	3	4	0	0	1	4
南京信息工程大学	18	6	2	6	0	1	5	0	0	6	0	0	0	0	6
南通大学	19	16	9	16	1	9	5	1	0	12	4	0	0	8	5
盐城工学院	20	0	0	0	0	0	0	0	0	0	0	0	0	0	0
南京医科大学	21	1	1	1	0	0	1	0	0	1	0	0	0	1	0
徐州医学院	22	7	5	7	0	1	4	2	0	4	3	0	0	1	4

续表

高校名称		总计		按职称划分						按最后学历划分			其他	按最后学位划分	
			女性	小计	教授	副教授	讲师	助教	初级	研究生	本科生	其他	人员	博士	硕士
	编号	L01	L02	L03	L04	L05	L06	L07	L08	L09	L10	L11	L12	L13	L14
南京中医药大学	23	20	12	20	2	4	14	0	0	17	3	0	0	6	12
南京师范大学	24	47	24	47	15	22	10	0	0	46	1	0	0	34	11
江苏师范大学	25	18	10	18	4	3	11	0	0	16	2	0	0	4	12
淮阴师范学院	26	12	7	12	1	3	8	0	0	7	5	0	0	1	6
盐城师范学院	27	8	5	8	2	1	3	2	0	7	1	0	0	3	2
南京财经大学	28	8	6	8	1	2	5	0	0	7	1	0	0	1	6
江苏警官学院	29	7	4	7	0	1	6	0	0	5	2	0	0	0	6
南京体育学院	30	0	0	0	0	0	0	0	0	0	0	0	0	0	0
南京艺术学院	31	0	0	0	0	0	0	0	0	0	0	0	0	0	0
苏州科技学院	32	0	0	0	0	0	0	0	0	0	0	0	0	0	0
常熟理工学院	33	4	3	4	0	2	2	0	0	2	2	0	0	1	2
淮阴工学院	34	3	2	3	0	1	2	0	0	2	1	0	0	0	3
常州工学院	35	4	3	4	0	0	4	0	0	4	0	0	0	1	3
扬州大学	36	4	2	4	0	2	1	1	0	2	2	0	0	0	2
南京工程学院	37	1	1	1	0	0	1	0	0	1	0	0	0	0	1
南京审计学院	38	0	0	0	0	0	0	0	0	0	0	0	0	0	0
南京晓庄学院	39	20	14	20	2	7	10	0	1	14	6	0	0	2	12
江苏理工学院	40	5	3	5	0	2	3	0	0	5	0	0	0	1	4
淮海工学院	41	1	1	1	0	0	1	0	0	1	0	0	0	0	1
徐州工程学院	42	1	0	1	0	1	0	0	0	0	1	0	0	0	0
南京特殊教育师范学院	43	6	5	6	0	1	1	2	2	6	0	0	0	0	6
泰州学院	44	2	0	2	1	1	0	0	0	2	0	0	0	0	1
金陵科技学院	45	5	5	5	0	1	4	0	0	2	3	0	0	0	4
江苏第二师范学院	46	7	3	7	2	2	3	0	0	5	2	0	0	2	4

2.22 体育科学人文、社会科学活动人员情况表

高校名称		总计		按职称划分						按最后学历划分			其他	按最后学位划分	
			女性	小计	教授	副教授	讲师	助教	初级	研究生	本科生	其他	人员	博士	硕士
	编号	L01	L02	L03	L04	L05	L06	L07	L08	L09	L10	L11	L12	L13	L14
合计	/	2 029	678	2 029	150	857	858	158	6	641	1 384	4	0	88	700
南京大学	1	44	15	44	4	19	16	5	0	11	33	0	0	2	13
东南大学	2	75	25	75	3	47	25	0	0	19	55	1	0	4	18
江南大学	3	62	26	62	0	26	34	2	0	25	37	0	0	2	25
南京农业大学	4	35	10	35	0	13	15	7	0	15	20	0	0	0	14
中国矿业大学	5	24	7	24	4	11	7	2	0	14	10	0	0	6	18
河海大学	6	17	3	17	5	8	4	0	0	6	11	0	0	2	4
南京理工大学	7	48	16	48	4	29	12	3	0	11	37	0	0	1	11
南京航空航天大学	8	40	7	40	3	14	21	2	0	11	29	0	0	0	10
中国药科大学	9	44	19	44	1	13	24	6	0	13	31	0	0	0	16
南京森林警察学院	10	39	7	39	1	8	24	6	0	8	31	0	0	1	16
苏州大学	11	126	42	126	23	59	36	8	0	50	76	0	0	11	41
江苏科技大学	12	50	18	50	2	21	24	3	0	11	39	0	0	0	27
南京工业大学	13	49	14	49	3	26	19	1	0	9	40	0	0	0	9
常州大学	14	44	14	44	4	10	28	2	0	18	26	0	0	2	16
南京邮电大学	15	36	10	36	1	23	10	2	0	12	24	0	0	2	10
南京林业大学	16	32	8	32	0	12	19	1	0	15	17	0	0	0	17
江苏大学	17	51	18	51	1	30	19	1	0	14	37	0	0	2	13
南京信息工程大学	18	53	24	53	3	12	35	3	0	16	37	0	0	2	15
南通大学	19	81	22	81	6	44	30	1	0	39	42	0	0	5	46
盐城工学院	20	35	11	35	1	19	13	2	0	13	22	0	0	2	18
南京医科大学	21	20	10	20	0	5	9	6	0	3	17	0	0	0	11
徐州医学院	22	24	10	24	1	10	8	5	0	7	17	0	0	0	6

续表

高校名称		总计		按职称划分						按最后学历划分			其他人员	按最后学位划分	
			女性	小计	教授	副教授	讲师	助教	初级	研究生	本科生	其他		博士	硕士
	编号	L01	L02	L03	L04	L05	L06	L07	L08	L09	L10	L11	L12	L13	L14
南京中医药大学	23	23	8	23	0	3	11	9	0	5	18	0	0	0	13
南京师范大学	24	82	34	82	17	41	19	5	0	46	36	0	0	15	37
江苏师范大学	25	62	20	62	8	32	22	0	0	16	46	0	0	4	23
淮阴师范学院	26	48	10	48	6	25	16	1	0	10	38	0	0	0	10
盐城师范学院	27	43	11	43	5	19	11	8	0	15	28	0	0	0	19
南京财经大学	28	36	14	36	1	20	15	0	0	12	24	0	0	2	11
江苏警官学院	29	33	8	33	3	11	15	3	1	6	26	1	0	0	13
南京体育学院	30	215	85	215	10	66	109	25	5	52	163	0	0	7	47
南京艺术学院	31	11	5	11	1	3	6	1	0	2	9	0	0	0	3
苏州科技学院	32	46	19	46	2	17	24	3	0	16	30	0	0	1	15
常熟理工学院	33	23	7	23	3	7	11	2	0	8	15	0	0	1	8
淮阴工学院	34	32	7	32	0	8	18	6	0	6	26	0	0	0	6
常州工学院	35	30	8	30	0	20	9	1	0	4	26	0	0	0	6
扬州大学	36	47	16	47	11	23	13	0	0	27	20	0	0	12	15
南京工程学院	37	47	16	47	1	16	20	10	0	20	27	0	0	0	23
南京审计学院	38	23	10	23	2	7	10	4	0	10	13	0	0	2	8
南京晓庄学院	39	34	11	34	3	14	15	2	0	12	21	1	0	0	13
江苏理工学院	40	31	10	31	2	13	14	2	0	13	18	0	0	0	13
淮海工学院	41	44	14	44	4	19	21	0	0	2	41	1	0	0	10
徐州工程学院	42	37	11	37	1	15	17	4	0	8	29	0	0	0	12
南京特殊教育师范学院	43	11	4	11	0	3	7	1	0	6	5	0	0	0	6
泰州学院	44	11	3	11	0	5	6	0	0	0	11	0	0	0	2
金陵科技学院	45	21	9	21	0	6	12	3	0	5	16	0	0	0	8
江苏第二师范学院	46	10	2	10	0	5	5	0	0	0	10	0	0	0	5

3. 公办专科高校人文、社会科学活动人员情况表

		总计		按职称划分						按最后学历划分			其他	按最后学位划分	
			女性	小计	教授	副教授	讲师	助教	初级	研究生	本科生	其他	人员	博士	硕士
	编号	L01	L02	L03	L04	L05	L06	L07	L08	L09	L10	L11	L12	L13	L14
合计	/	9 868	5 908	9 868	418	2 730	5 337	1 290	93	3 559	6 248	61	0	209	5 127
管理学	1	1 815	1 000	1 815	124	483	984	204	20	779	1 029	7	0	49	1 147
马克思主义	2	522	303	522	26	211	245	38	2	231	290	1	0	19	327
哲学	3	100	58	100	7	34	49	9	1	57	42	1	0	7	62
逻辑学	4	39	16	39	2	14	21	2	0	6	33	0	0	0	16
宗教学	5	0	0	0	0	0	0	0	0	0	0	0	0	0	0
语言学	6	1 867	1 438	1 867	23	473	1 108	261	2	530	1 334	3	0	9	805
中国文学	7	381	252	381	24	172	155	28	2	137	243	1	0	21	200
外国文学	8	140	104	140	2	35	85	17	1	60	80	0	0	3	74
艺术学	9	1 456	780	1 456	43	274	832	286	21	546	903	7	0	13	739
历史学	10	57	25	57	2	22	29	4	0	31	26	0	0	5	30
考古学	11	0	0	0	0	0	0	0	0	0	0	0	0	0	0
经济学	12	922	579	922	47	278	460	126	11	413	507	2	0	40	568
政治学	13	63	30	63	2	20	32	8	1	29	34	0	0	4	34
法学	14	281	158	281	13	71	155	40	2	135	145	1	0	10	186
社会学	15	73	44	73	1	26	37	9	0	40	32	1	0	8	47
民族学与文化学	16	3	1	3	0	0	2	1	0	0	3	0	0	0	1
新闻学与传播学	17	62	40	62	1	18	26	14	3	23	39	0	0	2	25
图书、情报、文献学	18	455	296	455	16	91	297	43	8	63	357	35	0	2	110
教育学	19	746	433	746	59	205	393	76	13	300	446	0	0	15	437
统计学	20	51	28	51	3	16	29	3	0	13	38	0	0	0	25
心理学	21	92	71	92	5	20	49	16	2	39	53	0	0	0	59
体育科学	22	743	252	743	18	267	349	105	4	127	614	2	0	2	235

（注：宗教学、考古学的公办专科高校人文、社会科学活动人员数都为0，在本节将不对这两个学科做细分。）

3.1 管理学人文、社会科学活动人员情况表

高校名称		总计		按职称划分						按最后学历划分			其他	按最后学位划分	
			女性	小计	教授	副教授	讲师	助教	初级	研究生	本科生	其他	人员	博士	硕士
	编号	L01	L02	L03	L04	L05	L06	L07	L08	L09	L10	L11	L12	L13	L14
合计	/	1 815	1 000	1 815	124	483	984	204	20	779	1 029	7	0	49	1 147
无锡职业技术学院	1	38	21	38	3	8	21	5	1	31	7	0	0	6	26
江苏建筑职业技术学院	2	38	21	38	2	11	19	5	1	24	14	0	0	2	27
南京工业职业技术学院	3	61	30	61	4	17	29	11	0	36	25	0	0	5	42
江苏工程职业技术学院	4	23	7	23	0	7	16	0	0	13	10	0	0	1	18
苏州工艺美术职业技术学院	5	8	4	8	1	0	5	2	0	3	5	0	0	0	5
连云港职业技术学院	6	34	19	34	1	16	13	4	0	10	24	0	0	3	17
镇江市高等专科学校	7	66	29	66	6	31	25	4	0	18	48	0	0	2	41
南通职业大学	8	20	12	20	3	8	8	1	0	9	11	0	0	3	7
苏州市职业大学	9	76	46	76	3	24	39	10	0	25	51	0	0	0	46
沙洲职业工学院	10	4	1	4	0	4	0	0	0	1	3	0	0	0	1
扬州职业大学	11	38	17	38	3	13	14	7	1	17	21	0	0	0	26
连云港师范高等专科学校	12	8	1	8	1	2	5	0	0	6	2	0	0	0	6
江苏经贸职业技术学院	13	122	71	122	13	46	58	5	0	69	53	0	0	6	87
泰州职业技术学院	14	19	13	19	0	7	12	0	0	13	6	0	0	1	16
常州信息职业技术学院	15	51	31	51	3	13	23	12	0	14	37	0	0	2	31
江苏海事职业技术学院	16	5	1	5	0	0	5	0	0	1	4	0	0	0	3
无锡科技职业学院	17	25	12	25	1	7	13	4	0	8	17	0	0	0	14
盐城卫生职业技术学院	18	1	0	1	0	0	1	0	0	0	1	0	0	0	0
南通科技职业学院	19	13	8	13	1	2	8	2	0	6	7	0	0	0	10
苏州经贸职业技术学院	20	47	22	47	2	11	31	1	2	20	26	1	0	3	33
苏州工业职业技术学院	21	35	22	35	0	11	22	2	0	7	28	0	0	2	15
苏州卫生职业技术学院	22	21	17	21	0	0	12	6	3	9	12	0	0	0	11
无锡商业职业技术学院	23	117	80	117	6	27	82	2	0	28	89	0	0	0	87
南通航运职业技术学院	24	34	16	34	2	6	24	0	2	8	26	0	0	1	16
南京交通职业技术学院	25	31	17	31	2	10	16	3	0	13	18	0	0	0	20

续表

淮安信息职业技术学院	26	40	14	40	4	8	25	3	0	21	19	0	0	1	27
江苏农牧科技职业学院	27	1	0	1	0	0	1	0	0	1	0	0	0	0	1
常州纺织服装职业技术学院	28	81	42	81	6	22	43	8	2	22	59	0	0	0	38
苏州农业职业技术学院	29	14	8	14	1	2	10	1	0	2	12	0	0	0	12
南京化工职业技术学院	30	44	27	44	3	9	30	2	0	21	23	0	0	0	27
常州轻工职业技术学院	31	45	27	45	0	8	32	5	0	25	20	0	0	1	31
常州工程职业技术学院	32	18	13	18	0	3	14	1	0	7	11	0	0	0	10
江苏农林职业技术学院	33	8	5	8	0	0	7	1	0	3	5	0	0	0	5
江苏食品药品职业技术学院	34	9	2	9	2	3	4	0	0	3	6	0	0	0	3
徐州工业职业技术学院	35	12	5	12	1	2	9	0	0	8	4	0	0	0	11
江苏信息职业技术学院	36	40	23	40	3	10	27	0	0	17	23	0	0	1	23
南京信息职业技术学院	37	51	24	51	4	7	39	1	0	44	7	0	0	0	47
常州机电职业技术学院	38	59	22	59	15	18	26	0	0	20	39	0	0	1	40
江阴职业技术学院	39	22	13	22	0	10	11	1	0	5	17	0	0	0	15
无锡城市职业技术学院	40	16	12	16	0	5	8	1	2	12	4	0	0	1	12
无锡工艺职业技术学院	41	13	6	13	0	2	9	1	1	7	6	0	0	0	11
苏州健雄职业技术学院	42	22	16	22	1	9	9	3	0	10	12	0	0	2	14
盐城工业职业技术学院	43	28	10	28	7	4	11	6	0	15	12	1	0	0	16
江苏财经职业技术学院	44	73	37	73	10	20	35	8	0	20	51	2	0	0	43
扬州工业职业技术学院	45	9	3	9	1	3	4	1	0	6	3	0	0	0	7
江苏城市职业学院	46	45	28	45	3	6	30	6	0	15	30	0	0	2	19
南京城市职业学院	47	37	22	37	2	6	23	5	1	22	15	0	0	0	29
南京机电职业技术学院	48	20	15	20	0	0	6	13	1	3	17	0	0	0	5
南京旅游职业学院	49	48	32	48	1	6	21	20	0	36	11	1	0	3	33
江苏建康职业学院	50	18	13	18	2	2	9	5	0	11	7	0	0	0	15
苏州信息职业技术学院	51	26	14	26	0	15	11	0	0	3	22	1	0	0	10
苏州工业园区服务外包职业学院	52	31	21	31	1	6	7	17	0	25	6	0	0	0	28
徐州幼儿师范高等专科学校	53	0	0	0	0	0	0	0	0	0	0	0	0	0	0
徐州生物工程职业技术学院	54	9	4	9	0	5	2	2	0	0	9	0	0	0	0
江苏商贸职业学院	55	41	24	41	0	11	20	7	3	6	34	1	0	0	10

3.2 马克思主义人文、社会科学活动人员情况表

高校名称		总计		按职称划分						按最后学历划分			其他	按最后学位划分	
			女性	小计	教授	副教授	讲师	助教	初级	研究生	本科生	其他	人员	博士	硕士
	编号	L01	L02	L03	L04	L05	L06	L07	L08	L09	L10	L11	L12	L13	L14
合计	/	522	303	522	26	211	245	38	2	231	290	1	0	19	327
无锡职业技术学院	1	5	2	5	0	3	1	1	0	4	1	0	0	0	4
江苏建筑职业技术学院	2	13	6	13	3	7	3	0	0	5	8	0	0	1	10
南京工业职业技术学院	3	14	10	14	0	3	11	0	0	11	3	0	0	2	10
江苏工程职业技术学院	4	7	4	7	1	0	6	0	0	4	3	0	0	0	6
苏州工艺美术职业技术学院	5	6	4	6	0	4	2	0	0	5	1	0	0	0	6
连云港职业技术学院	6	7	5	7	0	5	1	1	0	3	4	0	0	0	4
镇江市高等专科学校	7	17	9	17	1	6	8	2	0	2	15	0	0	0	9
南通职业大学	8	9	6	9	2	5	1	1	0	3	6	0	0	0	8
苏州市职业大学	9	33	20	33	0	16	15	2	0	15	18	0	0	2	15
沙洲职业工学院	10	3	0	3	0	2	1	0	0	1	2	0	0	0	0
扬州职业大学	11	13	4	13	0	8	5	0	0	2	11	0	0	0	8
连云港师范高等专科学校	12	11	9	11	1	7	3	0	0	6	5	0	0	0	6
江苏经贸职业技术学院	13	15	11	15	1	5	8	1	0	8	7	0	0	1	10
泰州职业技术学院	14	13	7	13	0	8	5	0	0	4	9	0	0	0	8
常州信息职业技术学院	15	8	3	8	1	4	3	0	0	7	1	0	0	2	6
江苏海事职业技术学院	16	28	17	28	1	8	19	0	0	15	13	0	0	2	14
无锡科技职业学院	17	4	4	4	0	2	2	0	0	1	3	0	0	0	3
盐城卫生职业技术学院	18	7	5	7	0	3	2	2	0	2	5	0	0	0	3
南通科技职业学院	19	4	1	4	0	1	1	2	0	1	3	0	0	0	2
苏州经贸职业技术学院	20	3	0	3	0	2	1	0	0	1	2	0	0	0	2
苏州工业职业技术学院	21	13	10	13	1	5	6	1	0	2	11	0	0	1	7
苏州卫生职业技术学院	22	2	1	2	0	0	1	1	0	0	2	0	0	0	1
无锡商业职业技术学院	23	16	11	16	1	5	10	0	0	10	6	0	0	0	13
南通航运职业技术学院	24	21	12	21	3	8	10	0	0	6	15	0	0	0	17
南京交通职业技术学院	25	9	5	9	0	7	2	0	0	2	7	0	0	1	5

续表

淮安信息职业技术学院	26	6	2	6	1	2	3	0	0	2	4	0	0	0	5
江苏农牧科技职业学院	27	7	3	7	0	2	5	0	0	5	2	0	0	0	5
常州纺织服装职业技术学院	28	9	5	9	2	4	3	0	0	6	3	0	0	0	5
苏州农业职业技术学院	29	10	7	10	0	3	7	0	0	4	6	0	0	0	6
南京化工职业技术学院	30	13	8	13	2	2	9	0	0	7	6	0	0	0	11
常州轻工职业技术学院	31	6	3	6	0	3	3	0	0	3	3	0	0	2	3
常州工程职业技术学院	32	6	6	6	0	3	1	2	0	1	5	0	0	0	2
江苏农林职业技术学院	33	5	2	5	0	0	5	0	0	2	3	0	0	0	4
江苏食品药品职业技术学院	34	14	8	14	0	7	6	1	0	6	8	0	0	1	9
徐州工业职业技术学院	35	10	4	10	1	1	7	1	0	4	6	0	0	0	6
江苏信息职业技术学院	36	13	7	13	0	8	5	0	0	3	10	0	0	0	6
南京信息职业技术学院	37	11	8	11	0	3	8	0	0	7	4	0	0	0	9
常州机电职业技术学院	38	10	3	10	0	3	7	0	0	5	5	0	0	0	8
江阴职业技术学院	39	9	8	9	0	5	4	0	0	2	7	0	0	0	4
无锡城市职业技术学院	40	3	1	3	0	0	3	0	0	1	2	0	0	1	2
无锡工艺职业技术学院	41	8	3	8	2	3	3	0	0	2	6	0	0	0	5
苏州健雄职业技术学院	42	6	2	6	0	3	3	0	0	4	2	0	0	0	5
盐城工业职业技术学院	43	5	3	5	0	4	0	1	0	1	4	0	0	0	1
江苏财经职业技术学院	44	13	7	13	0	6	7	0	0	5	8	0	0	0	10
扬州工业职业技术学院	45	9	5	9	0	3	4	1	1	5	4	0	0	0	5
江苏城市职业学院	46	11	7	11	1	4	5	1	0	6	5	0	0	2	6
南京城市职业学院	47	2	1	2	0	1	0	1	0	1	1	0	0	0	2
南京机电职业技术学院	48	5	2	5	0	1	3	1	0	3	2	0	0	0	4
南京旅游职业学院	49	4	3	4	0	1	1	2	0	3	1	0	0	0	3
江苏建康职业学院	50	4	2	4	0	2	2	0	0	2	2	0	0	0	2
苏州信息职业技术学院	51	6	3	6	0	6	0	0	0	0	6	0	0	0	0
苏州工业园区服务外包职业学院	52	6	4	6	0	0	2	4	0	6	0	0	0	1	5
徐州幼儿师范高等专科学校	53	3	2	3	0	1	2	0	0	0	3	0	0	0	2
徐州生物工程职业技术学院	54	4	2	4	0	1	2	0	1	1	2	1	0	0	2
江苏商贸职业学院	55	23	16	23	1	5	8	9	0	14	9	0	0	0	13

3.3 哲学人文、社会科学活动人员情况表

高校名称		总计		按职称划分						按最后学历划分			其他	按最后学位划分	
			女性	小计	教授	副教授	讲师	助教	初级	研究生	本科生	其他	人员	博士	硕士
	编号	L01	L02	L03	L04	L05	L06	L07	L08	L09	L10	L11	L12	L13	L14
合计	/	100	58	100	7	34	49	9	1	57	42	1	0	7	62
无锡职业技术学院	1	5	4	5	0	1	4	0	0	4	1	0	0	1	3
江苏建筑职业技术学院	2	7	6	7	1	2	3	1	0	6	1	0	0	1	6
南京工业职业技术学院	3	6	3	6	0	2	4	0	0	6	0	0	0	0	5
江苏工程职业技术学院	4	1	1	1	0	0	1	0	0	1	0	0	0	0	1
苏州工艺美术职业技术学院	5	0	0	0	0	0	0	0	0	0	0	0	0	0	0
连云港职业技术学院	6	3	0	3	0	1	1	1	0	1	2	0	0	0	1
镇江市高等专科学校	7	1	0	1	0	1	0	0	0	0	1	0	0	0	0
南通职业大学	8	1	0	1	0	0	1	0	0	1	0	0	0	0	1
苏州市职业大学	9	4	3	4	1	2	1	0	0	3	1	0	0	1	3
沙洲职业工学院	10	2	1	2	0	0	2	0	0	0	2	0	0	0	0
扬州职业大学	11	11	7	11	1	5	4	1	0	2	9	0	0	0	7
连云港师范高等专科学校	12	4	2	4	1	3	0	0	0	1	3	0	0	0	1
江苏经贸职业技术学院	13	1	0	1	0	0	1	0	0	1	0	0	0	1	0
泰州职业技术学院	14	0	0	0	0	0	0	0	0	0	0	0	0	0	0
常州信息职业技术学院	15	5	3	5	1	1	2	1	0	1	4	0	0	1	3
江苏海事职业技术学院	16	0	0	0	0	0	0	0	0	0	0	0	0	0	0
无锡科技职业学院	17	2	2	2	0	0	2	0	0	2	0	0	0	0	2
盐城卫生职业技术学院	18	1	0	1	1	0	0	0	0	0	0	1	0	1	0
南通科技职业学院	19	0	0	0	0	0	0	0	0	0	0	0	0	0	0
苏州经贸职业技术学院	20	3	2	3	0	0	3	0	0	2	1	0	0	0	2
苏州工业职业技术学院	21	0	0	0	0	0	0	0	0	0	0	0	0	0	0
苏州卫生职业技术学院	22	1	1	1	0	0	1	0	0	1	0	0	0	0	1
无锡商业职业技术学院	23	0	0	0	0	0	0	0	0	0	0	0	0	0	0
南通航运职业技术学院	24	0	0	0	0	0	0	0	0	0	0	0	0	0	0
南京交通职业技术学院	25	0	0	0	0	0	0	0	0	0	0	0	0	0	0

续表

淮安信息职业技术学院	26	0	0	0	0	0	0	0	0	0	0	0	0	0	0
江苏农牧科技职业学院	27	0	0	0	0	0	0	0	0	0	0	0	0	0	0
常州纺织服装职业技术学院	28	2	2	2	0	0	1	1	0	1	1	0	0	0	1
苏州农业职业技术学院	29	1	1	1	0	0	1	0	0	1	0	0	0	0	1
南京化工职业技术学院	30	3	1	3	0	1	1	1	0	3	0	0	0	0	3
常州轻工职业技术学院	31	0	0	0	0	0	0	0	0	0	0	0	0	0	0
常州工程职业技术学院	32	0	0	0	0	0	0	0	0	0	0	0	0	0	0
江苏农林职业技术学院	33	0	0	0	0	0	0	0	0	0	0	0	0	0	0
江苏食品药品职业技术学院	34	0	0	0	0	0	0	0	0	0	0	0	0	0	0
徐州工业职业技术学院	35	1	1	1	0	0	1	0	0	1	0	0	0	0	1
江苏信息职业技术学院	36	0	0	0	0	0	0	0	0	0	0	0	0	0	0
南京信息职业技术学院	37	1	0	1	0	1	0	0	0	0	1	0	0	0	0
常州机电职业技术学院	38	1	0	1	0	0	1	0	0	1	0	0	0	0	1
江阴职业技术学院	39	0	0	0	0	0	0	0	0	0	0	0	0	0	0
无锡城市职业技术学院	40	2	0	2	0	1	1	0	0	0	2	0	0	0	0
无锡工艺职业技术学院	41	1	1	1	0	0	0	0	1	1	0	0	0	0	1
苏州健雄职业技术学院	42	1	1	1	0	1	0	0	0	0	1	0	0	0	1
盐城工业职业技术学院	43	3	2	3	1	1	1	0	0	1	2	0	0	0	1
江苏财经职业技术学院	44	5	1	5	0	2	3	0	0	3	2	0	0	0	3
扬州工业职业技术学院	45	1	1	1	0	0	1	0	0	1	0	0	0	0	1
江苏城市职业学院	46	1	1	1	0	1	0	0	0	1	0	0	0	0	1
南京城市职业学院	47	1	0	1	0	1	0	0	0	1	0	0	0	0	0
南京机电职业技术学院	48	2	1	2	0	1	1	0	0	0	2	0	0	0	0
南京旅游职业学院	49	1	1	1	0	0	0	1	0	0	1	0	0	0	0
江苏建康职业学院	50	2	1	2	0	1	1	0	0	1	1	0	0	0	1
苏州信息职业技术学院	51	0	0	0	0	0	0	0	0	0	0	0	0	0	0
苏州工业园区服务外包职业学院	52	1	1	1	0	0	0	1	0	1	0	0	0	0	1
徐州幼儿师范高等专科学校	53	7	5	7	0	3	4	0	0	5	2	0	0	1	5
徐州生物工程职业技术学院	54	3	1	3	0	2	1	0	0	1	2	0	0	0	2
江苏商贸职业学院	55	2	1	2	0	0	1	1	0	2	0	0	0	0	2

3.4 逻辑学人文、社会科学活动人员情况表

高校名称	编号	总计	女性	按职称划分：小计	教授	副教授	讲师	助教	初级	按最后学历划分：研究生	本科生	其他	其他人员	按最后学位划分：博士	硕士
		L01	L02	L03	L04	L05	L06	L07	L08	L09	L10	L11	L12	L13	L14
合计	/	39	16	39	2	14	21	2	0	6	33	0	0	0	16
无锡职业技术学院	1	0	0	0	0	0	0	0	0	0	0	0	0	0	0
江苏建筑职业技术学院	2	0	0	0	0	0	0	0	0	0	0	0	0	0	0
南京工业职业技术学院	3	4	1	4	1	2	0	1	0	1	3	0	0	0	1
江苏工程职业技术学院	4	0	0	0	0	0	0	0	0	0	0	0	0	0	0
苏州工艺美术职业技术学院	5	0	0	0	0	0	0	0	0	0	0	0	0	0	0
连云港职业技术学院	6	0	0	0	0	0	0	0	0	0	0	0	0	0	0
镇江市高等专科学校	7	0	0	0	0	0	0	0	0	0	0	0	0	0	0
南通职业大学	8	0	0	0	0	0	0	0	0	0	0	0	0	0	0
苏州市职业大学	9	0	0	0	0	0	0	0	0	0	0	0	0	0	0
沙洲职业工学院	10	0	0	0	0	0	0	0	0	0	0	0	0	0	0
扬州职业大学	11	0	0	0	0	0	0	0	0	0	0	0	0	0	0
连云港师范高等专科学校	12	1	1	1	0	0	1	0	0	1	0	0	0	0	1
江苏经贸职业技术学院	13	0	0	0	0	0	0	0	0	0	0	0	0	0	0
泰州职业技术学院	14	0	0	0	0	0	0	0	0	0	0	0	0	0	0
常州信息职业技术学院	15	0	0	0	0	0	0	0	0	0	0	0	0	0	0
江苏海事职业技术学院	16	2	0	2	1	0	1	0	0	0	2	0	0	0	2
无锡科技职业学院	17	0	0	0	0	0	0	0	0	0	0	0	0	0	0
盐城卫生职业技术学院	18	0	0	0	0	0	0	0	0	0	0	0	0	0	0
南通科技职业学院	19	0	0	0	0	0	0	0	0	0	0	0	0	0	0
苏州经贸职业技术学院	20	0	0	0	0	0	0	0	0	0	0	0	0	0	0
苏州工业职业技术学院	21	0	0	0	0	0	0	0	0	0	0	0	0	0	0
苏州卫生职业技术学院	22	4	2	4	0	0	3	1	0	0	4	0	0	0	0
无锡商业职业技术学院	23	0	0	0	0	0	0	0	0	0	0	0	0	0	0
南通航运职业技术学院	24	0	0	0	0	0	0	0	0	0	0	0	0	0	0
南京交通职业技术学院	25	0	0	0	0	0	0	0	0	0	0	0	0	0	0

续表

淮安信息职业技术学院	26	0	0	0	0	0	0	0	0	0	0	0	0	0	0
江苏农牧科技职业学院	27	0	0	0	0	0	0	0	0	0	0	0	0	0	0
常州纺织服装职业技术学院	28	12	3	12	0	4	8	0	0	3	9	0	0	0	6
苏州农业职业技术学院	29	0	0	0	0	0	0	0	0	0	0	0	0	0	0
南京化工职业技术学院	30	0	0	0	0	0	0	0	0	0	0	0	0	0	0
常州轻工职业技术学院	31	0	0	0	0	0	0	0	0	0	0	0	0	0	0
常州工程职业技术学院	32	0	0	0	0	0	0	0	0	0	0	0	0	0	0
江苏农林职业技术学院	33	0	0	0	0	0	0	0	0	0	0	0	0	0	0
江苏食品药品职业技术学院	34	11	8	11	0	5	6	0	0	0	11	0	0	0	5
徐州工业职业技术学院	35	1	0	1	0	1	0	0	0	0	1	0	0	0	0
江苏信息职业技术学院	36	0	0	0	0	0	0	0	0	0	0	0	0	0	0
南京信息职业技术学院	37	0	0	0	0	0	0	0	0	0	0	0	0	0	0
常州机电职业技术学院	38	0	0	0	0	0	0	0	0	0	0	0	0	0	0
江阴职业技术学院	39	0	0	0	0	0	0	0	0	0	0	0	0	0	0
无锡城市职业技术学院	40	0	0	0	0	0	0	0	0	0	0	0	0	0	0
无锡工艺职业技术学院	41	1	0	1	0	0	1	0	0	0	1	0	0	0	0
苏州健雄职业技术学院	42	2	1	2	0	1	1	0	0	1	1	0	0	0	1
盐城工业职业技术学院	43	0	0	0	0	0	0	0	0	0	0	0	0	0	0
江苏财经职业技术学院	44	0	0	0	0	0	0	0	0	0	0	0	0	0	0
扬州工业职业技术学院	45	0	0	0	0	0	0	0	0	0	0	0	0	0	0
江苏城市职业学院	46	0	0	0	0	0	0	0	0	0	0	0	0	0	0
南京城市职业学院	47	1	0	1	0	1	0	0	0	0	1	0	0	0	0
南京机电职业技术学院	48	0	0	0	0	0	0	0	0	0	0	0	0	0	0
南京旅游职业学院	49	0	0	0	0	0	0	0	0	0	0	0	0	0	0
江苏建康职业学院	50	0	0	0	0	0	0	0	0	0	0	0	0	0	0
苏州信息职业技术学院	51	0	0	0	0	0	0	0	0	0	0	0	0	0	0
苏州工业园区服务外包职业学院	52	0	0	0	0	0	0	0	0	0	0	0	0	0	0
徐州幼儿师范高等专科学校	53	0	0	0	0	0	0	0	0	0	0	0	0	0	0
徐州生物工程职业技术学院	54	0	0	0	0	0	0	0	0	0	0	0	0	0	0
江苏商贸职业学院	55	0	0	0	0	0	0	0	0	0	0	0	0	0	0

3.5 语言学人文、社会科学活动人员情况表

高校名称		总计		按职称划分						按最后学历划分			其他	按最后学位划分	
			女性	小计	教授	副教授	讲师	助教	初级	研究生	本科生	其他	人员	博士	硕士
	编号	L01	L02	L03	L04	L05	L06	L07	L08	L09	L10	L11	L12	L13	L14
合计	/	1 867	1 438	1 867	23	473	1 108	261	2	530	1 334	3	0	9	805
无锡职业技术学院	1	49	37	49	1	7	25	15	1	19	30	0	0	2	16
江苏建筑职业技术学院	2	41	31	41	2	10	26	3	0	14	27	0	0	0	19
南京工业职业技术学院	3	54	45	54	0	14	31	9	0	26	28	0	0	0	32
江苏工程职业技术学院	4	19	17	19	0	4	14	1	0	7	12	0	0	0	9
苏州工艺美术职业技术学院	5	14	13	14	0	5	8	1	0	5	9	0	0	0	11
连云港职业技术学院	6	49	34	49	0	18	20	11	0	5	44	0	0	0	14
镇江市高等专科学校	7	69	48	69	1	15	34	19	0	14	55	0	0	0	20
南通职业大学	8	37	29	37	1	8	25	3	0	10	26	1	0	0	19
苏州市职业大学	9	75	61	75	0	13	57	5	0	39	36	0	0	2	45
沙洲职业工学院	10	19	15	19	0	9	10	0	0	0	19	0	0	0	0
扬州职业大学	11	109	81	109	1	24	58	26	0	50	58	1	0	1	53
连云港师范高等专科学校	12	21	12	21	1	14	6	0	0	11	10	0	0	1	10
江苏经贸职业技术学院	13	52	42	52	2	15	31	4	0	15	37	0	0	0	29
泰州职业技术学院	14	23	18	23	0	10	13	0	0	2	21	0	0	0	5
常州信息职业技术学院	15	66	52	66	0	18	37	11	0	20	46	0	0	0	29
江苏海事职业技术学院	16	63	46	63	2	6	52	3	0	19	44	0	0	0	20
无锡科技职业学院	17	55	37	55	0	12	31	12	0	10	45	0	0	0	22
盐城卫生职业技术学院	18	18	14	18	0	6	12	0	0	1	16	1	0	0	6
南通科技职业学院	19	23	17	23	0	4	13	6	0	10	13	0	0	0	9
苏州经贸职业技术学院	20	31	24	31	0	6	20	5	0	11	20	0	0	0	17
苏州工业职业技术学院	21	52	46	52	2	8	42	0	0	13	39	0	0	0	20
苏州卫生职业技术学院	22	29	27	29	0	7	19	3	0	8	21	0	0	0	9
无锡商业职业技术学院	23	53	38	53	0	14	34	5	0	11	42	0	0	0	28
南通航运职业技术学院	24	41	26	41	1	11	29	0	0	11	30	0	0	0	24
南京交通职业技术学院	25	26	19	26	0	4	19	3	0	8	18	0	0	0	15

续表

淮安信息职业技术学院	26	32	21	32	0	6	20	6	0	4	28	0	0	0	8
江苏农牧科技职业学院	27	5	3	5	0	2	2	1	0	0	5	0	0	0	1
常州纺织服装职业技术学院	28	44	32	44	0	18	19	7	0	7	37	0	0	1	16
苏州农业职业技术学院	29	38	30	38	1	5	29	3	0	4	34	0	0	0	14
南京化工职业技术学院	30	15	13	15	0	5	8	2	0	8	7	0	0	0	11
常州轻工职业技术学院	31	33	28	33	0	9	22	2	0	2	31	0	0	0	14
常州工程职业技术学院	32	26	17	26	0	9	17	0	0	2	24	0	0	0	5
江苏农林职业技术学院	33	5	3	5	0	0	3	2	0	1	4	0	0	0	1
江苏食品药品职业技术学院	34	41	29	41	1	10	23	7	0	7	34	0	0	0	12
徐州工业职业技术学院	35	16	9	16	0	5	11	0	0	4	12	0	0	0	6
江苏信息职业技术学院	36	36	30	36	0	10	19	7	0	10	26	0	0	0	19
南京信息职业技术学院	37	34	26	34	0	14	20	0	0	14	20	0	0	0	22
常州机电职业技术学院	38	30	25	30	0	8	21	1	0	5	25	0	0	0	13
江阴职业技术学院	39	45	36	45	0	14	26	5	0	1	44	0	0	0	13
无锡城市职业技术学院	40	34	21	34	2	9	23	0	0	7	27	0	0	0	9
无锡工艺职业技术学院	41	23	19	23	0	6	14	2	1	6	17	0	0	0	9
苏州健雄职业技术学院	42	40	34	40	0	8	25	7	0	10	30	0	0	0	17
盐城工业职业技术学院	43	28	22	28	2	14	8	4	0	5	23	0	0	0	6
江苏财经职业技术学院	44	22	19	22	0	7	9	6	0	2	20	0	0	0	5
扬州工业职业技术学院	45	21	17	21	0	7	10	4	0	6	15	0	0	0	8
江苏城市职业学院	46	38	29	38	1	10	22	5	0	21	17	0	0	0	26
南京城市职业学院	47	11	7	11	0	6	3	2	0	2	9	0	0	0	5
南京机电职业技术学院	48	12	11	12	0	0	5	7	0	5	7	0	0	0	7
南京旅游职业学院	49	27	21	27	0	2	22	3	0	19	8	0	0	0	21
江苏建康职业学院	50	2	2	2	0	1	1	0	0	1	1	0	0	0	1
苏州信息职业技术学院	51	29	26	29	0	5	24	0	0	5	24	0	0	0	13
苏州工业园区服务外包职业学院	52	28	25	28	2	3	9	14	0	23	5	0	0	2	24
徐州幼儿师范高等专科学校	53	25	21	25	0	11	12	2	0	3	22	0	0	0	3
徐州生物工程职业技术学院	54	10	7	10	0	2	5	3	0	1	9	0	0	0	4
江苏商贸职业学院	55	29	26	29	0	5	10	14	0	6	23	0	0	0	11

3.6 中国文学人文、社会科学活动人员情况表

高校名称		总计		按职称划分						按最后学历划分			其他	按最后学位划分	
			女性	小计	教授	副教授	讲师	助教	初级	研究生	本科生	其他	人员	博士	硕士
	编号	L01	L02	L03	L04	L05	L06	L07	L08	L09	L10	L11	L12	L13	L14
合计	/	381	252	381	24	172	155	28	2	137	243	1	0	21	200
无锡职业技术学院	1	1	1	1	1	0	0	0	0	1	0	0	0	0	1
江苏建筑职业技术学院	2	7	7	7	0	3	3	1	0	3	4	0	0	0	5
南京工业职业技术学院	3	10	8	10	0	2	4	4	0	6	4	0	0	0	6
江苏工程职业技术学院	4	6	5	6	0	3	3	0	0	2	4	0	0	0	3
苏州工艺美术职业技术学院	5	4	2	4	0	2	2	0	0	3	1	0	0	0	4
连云港职业技术学院	6	12	5	12	0	7	5	0	0	1	11	0	0	1	2
镇江市高等专科学校	7	15	10	15	1	9	5	0	0	3	12	0	0	1	7
南通职业大学	8	6	4	6	0	4	2	0	0	2	4	0	0	0	4
苏州市职业大学	9	31	19	31	4	18	9	0	0	15	16	0	0	5	14
沙洲职业工学院	10	1	0	1	0	1	0	0	0	0	1	0	0	0	0
扬州职业大学	11	31	17	31	2	20	9	0	0	7	24	0	0	2	14
连云港师范高等专科学校	12	24	13	24	5	9	8	2	0	18	6	0	0	3	16
江苏经贸职业技术学院	13	4	4	4	1	0	3	0	0	3	1	0	0	0	3
泰州职业技术学院	14	4	1	4	0	2	2	0	0	2	2	0	0	1	1
常州信息职业技术学院	15	3	2	3	0	1	2	0	0	1	2	0	0	1	1
江苏海事职业技术学院	16	0	0	0	0	0	0	0	0	0	0	0	0	0	0
无锡科技职业学院	17	4	3	4	1	0	3	0	0	0	4	0	0	0	0
盐城卫生职业技术学院	18	6	5	6	1	2	2	0	1	2	4	0	0	1	2
南通科技职业学院	19	8	5	8	0	3	5	0	0	1	7	0	0	0	5
苏州经贸职业技术学院	20	5	4	5	0	5	0	0	0	2	3	0	0	0	2
苏州工业职业技术学院	21	4	2	4	0	1	2	1	0	0	4	0	0	0	2
苏州卫生职业技术学院	22	12	10	12	1	2	8	1	0	4	8	0	0	0	6
无锡商业职业技术学院	23	11	10	11	0	5	6	0	0	2	9	0	0	0	6
南通航运职业技术学院	24	0	0	0	0	0	0	0	0	0	0	0	0	0	0
南京交通职业技术学院	25	5	1	5	0	3	2	0	0	4	1	0	0	0	4

续表

淮安信息职业技术学院	26	3	2	3	0	1	2	0	0	2	1	0	0	0	3
江苏农牧科技职业学院	27	0	0	0	0	0	0	0	0	0	0	0	0	0	0
常州纺织服装职业技术学院	28	4	3	4	0	0	4	0	0	2	2	0	0	0	2
苏州农业职业技术学院	29	4	4	4	0	3	1	0	0	2	2	0	0	0	4
南京化工职业技术学院	30	3	1	3	0	2	1	0	0	2	1	0	0	0	2
常州轻工职业技术学院	31	5	4	5	1	3	1	0	0	0	5	0	0	0	0
常州工程职业技术学院	32	6	6	6	0	2	4	0	0	2	4	0	0	0	5
江苏农林职业技术学院	33	0	0	0	0	0	0	0	0	0	0	0	0	0	0
江苏食品药品职业技术学院	34	4	2	4	0	4	0	0	0	0	4	0	0	0	1
徐州工业职业技术学院	35	1	0	1	0	1	0	0	0	0	1	0	0	0	1
江苏信息职业技术学院	36	3	2	3	1	1	1	0	0	1	2	0	0	0	1
南京信息职业技术学院	37	0	0	0	0	0	0	0	0	0	0	0	0	0	0
常州机电职业技术学院	38	3	3	3	0	2	1	0	0	1	2	0	0	0	2
江阴职业技术学院	39	13	8	13	2	6	5	0	0	1	12	0	0	0	4
无锡城市职业技术学院	40	0	0	0	0	0	0	0	0	0	0	0	0	0	0
无锡工艺职业技术学院	41	5	5	5	0	3	1	1	0	0	5	0	0	0	3
苏州健雄职业技术学院	42	2	0	2	0	1	1	0	0	1	1	0	0	0	1
盐城工业职业技术学院	43	1	0	1	0	0	0	1	0	1	0	0	0	0	1
江苏财经职业技术学院	44	16	14	16	0	5	8	3	0	3	13	0	0	0	8
扬州工业职业技术学院	45	3	1	3	0	1	2	0	0	3	0	0	0	0	3
江苏城市职业学院	46	8	5	8	2	5	1	0	0	3	5	0	0	2	3
南京城市职业学院	47	9	7	9	0	2	4	3	0	6	3	0	0	0	6
南京机电职业技术学院	48	2	1	2	0	0	1	1	0	0	2	0	0	0	0
南京旅游职业学院	49	3	3	3	0	0	2	1	0	3	0	0	0	1	2
江苏建康职业学院	50	2	2	2	0	1	1	0	0	1	1	0	0	0	2
苏州信息职业技术学院	51	0	0	0	0	0	0	0	0	0	0	0	0	0	0
苏州工业园区服务外包职业学院	52	6	5	6	0	1	2	3	0	6	0	0	0	1	5
徐州幼儿师范高等专科学校	53	32	24	32	0	16	15	1	0	7	25	0	0	2	17
徐州生物工程职业技术学院	54	15	4	15	0	6	6	3	0	1	13	1	0	0	7
江苏商贸职业学院	55	14	8	14	1	4	6	2	1	7	7	0	0	0	9

3.7 外国文学人文、社会科学活动人员情况表

高校名称		总计		按职称划分						按最后学历划分			其他	按最后学位划分	
			女性	小计	教授	副教授	讲师	助教	初级	研究生	本科生	其他	人员	博士	硕士
	编号	L01	L02	L03	L04	L05	L06	L07	L08	L09	L10	L11	L12	L13	L14
合计	/	140	104	140	2	35	85	17	1	60	80	0	0	3	74
无锡职业技术学院	1	0	0	0	0	0	0	0	0	0	0	0	0	0	0
江苏建筑职业技术学院	2	5	2	5	0	1	4	0	0	1	4	0	0	0	3
南京工业职业技术学院	3	5	5	5	0	0	4	1	0	4	1	0	0	0	4
江苏工程职业技术学院	4	4	4	4	0	1	3	0	0	3	1	0	0	0	3
苏州工艺美术职业技术学院	5	4	2	4	0	3	1	0	0	3	1	0	0	0	4
连云港职业技术学院	6	2	2	2	0	0	2	0	0	2	0	0	0	0	2
镇江市高等专科学校	7	10	9	10	0	6	4	0	0	1	9	0	0	0	1
南通职业大学	8	9	5	9	0	2	5	2	0	1	8	0	0	0	1
苏州市职业大学	9	21	13	21	0	3	16	2	0	9	12	0	0	2	13
沙洲职业工学院	10	1	1	1	0	1	0	0	0	0	1	0	0	0	0
扬州职业大学	11	6	4	6	0	1	3	2	0	3	3	0	0	0	4
连云港师范高等专科学校	12	7	5	7	1	3	3	0	0	7	0	0	0	0	7
江苏经贸职业技术学院	13	0	0	0	0	0	0	0	0	0	0	0	0	0	0
泰州职业技术学院	14	0	0	0	0	0	0	0	0	0	0	0	0	0	0
常州信息职业技术学院	15	0	0	0	0	0	0	0	0	0	0	0	0	0	0
江苏海事职业技术学院	16	0	0	0	0	0	0	0	0	0	0	0	0	0	0
无锡科技职业学院	17	4	4	4	0	0	4	0	0	1	3	0	0	0	2
盐城卫生职业技术学院	18	0	0	0	0	0	0	0	0	0	0	0	0	0	0
南通科技职业学院	19	5	5	5	0	1	3	1	0	2	3	0	0	0	2
苏州经贸职业技术学院	20	1	0	1	0	0	0	0	1	0	1	0	0	0	0
苏州工业职业技术学院	21	0	0	0	0	0	0	0	0	0	0	0	0	0	0
苏州卫生职业技术学院	22	0	0	0	0	0	0	0	0	0	0	0	0	0	0
无锡商业职业技术学院	23	7	2	7	0	5	2	0	0	1	6	0	0	0	2
南通航运职业技术学院	24	1	0	1	1	0	0	0	0	0	1	0	0	0	1
南京交通职业技术学院	25	0	0	0	0	0	0	0	0	0	0	0	0	0	0

续表

淮安信息职业技术学院	26	0	0	0	0	0	0	0	0	0	0	0	0	0	0
江苏农牧科技职业学院	27	0	0	0	0	0	0	0	0	0	0	0	0	0	0
常州纺织服装职业技术学院	28	5	4	5	0	1	4	0	0	0	5	0	0	0	0
苏州农业职业技术学院	29	0	0	0	0	0	0	0	0	0	0	0	0	0	0
南京化工职业技术学院	30	0	0	0	0	0	0	0	0	0	0	0	0	0	0
常州轻工职业技术学院	31	1	1	1	0	0	1	0	0	1	0	0	0	0	1
常州工程职业技术学院	32	0	0	0	0	0	0	0	0	0	0	0	0	0	0
江苏农林职业技术学院	33	0	0	0	0	0	0	0	0	0	0	0	0	0	0
江苏食品药品职业技术学院	34	1	1	1	0	0	1	0	0	0	1	0	0	0	0
徐州工业职业技术学院	35	0	0	0	0	0	0	0	0	0	0	0	0	0	0
江苏信息职业技术学院	36	0	0	0	0	0	0	0	0	0	0	0	0	0	0
南京信息职业技术学院	37	0	0	0	0	0	0	0	0	0	0	0	0	0	0
常州机电职业技术学院	38	7	7	7	0	1	6	0	0	0	7	0	0	0	0
江阴职业技术学院	39	0	0	0	0	0	0	0	0	0	0	0	0	0	0
无锡城市职业技术学院	40	0	0	0	0	0	0	0	0	0	0	0	0	0	0
无锡工艺职业技术学院	41	0	0	0	0	0	0	0	0	0	0	0	0	0	0
苏州健雄职业技术学院	42	1	1	1	0	0	1	0	0	0	1	0	0	0	1
盐城工业职业技术学院	43	0	0	0	0	0	0	0	0	0	0	0	0	0	0
江苏财经职业技术学院	44	0	0	0	0	0	0	0	0	0	0	0	0	0	0
扬州工业职业技术学院	45	0	0	0	0	0	0	0	0	0	0	0	0	0	0
江苏城市职业学院	46	4	3	4	0	1	3	0	0	2	2	0	0	0	3
南京城市职业学院	47	3	3	3	0	1	2	0	0	0	3	0	0	0	1
南京机电职业技术学院	48	0	0	0	0	0	0	0	0	0	0	0	0	0	0
南京旅游职业学院	49	4	3	4	0	0	1	3	0	4	0	0	0	0	4
江苏建康职业学院	50	8	6	8	0	3	5	0	0	3	5	0	0	0	4
苏州信息职业技术学院	51	0	0	0	0	0	0	0	0	0	0	0	0	0	0
苏州工业园区服务外包职业学院	52	13	11	13	0	1	7	5	0	11	2	0	0	1	10
徐州幼儿师范高等专科学校	53	0	0	0	0	0	0	0	0	0	0	0	0	0	0
徐州生物工程职业技术学院	54	0	0	0	0	0	0	0	0	0	0	0	0	0	0
江苏商贸职业学院	55	1	1	1	0	0	0	1	0	1	0	0	0	0	1

3.8 艺术学人文、社会科学活动人员情况表

高校名称		总计		按职称划分						按最后学历划分			其他	按最后学位划分	
			女性	小计	教授	副教授	讲师	助教	初级	研究生	本科生	其他	人员	博士	硕士
	编号	L01	L02	L03	L04	L05	L06	L07	L08	L09	L10	L11	L12	L13	L14
合计	/	1 456	780	1 456	43	274	832	286	21	546	903	7	0	13	739
无锡职业技术学院	1	18	13	18	2	0	10	6	0	12	6	0	0	0	12
江苏建筑职业技术学院	2	26	13	26	2	7	12	4	1	12	14	0	0	0	15
南京工业职业技术学院	3	57	34	57	2	9	38	8	0	26	30	1	0	0	44
江苏工程职业技术学院	4	33	12	33	3	5	23	2	0	6	27	0	0	1	13
苏州工艺美术职业技术学院	5	226	104	226	8	47	140	31	0	96	130	0	0	3	123
连云港职业技术学院	6	23	12	23	0	4	12	7	0	2	21	0	0	0	6
镇江市高等专科学校	7	39	21	39	0	10	23	6	0	5	33	1	0	0	9
南通职业大学	8	31	17	31	3	5	20	3	0	9	22	0	0	0	14
苏州市职业大学	9	83	34	83	4	21	53	5	0	18	65	0	0	0	25
沙洲职业工学院	10	6	2	6	0	0	3	0	3	3	3	0	0	0	4
扬州职业大学	11	78	36	78	1	15	42	18	2	27	48	3	0	1	39
连云港师范高等专科学校	12	41	16	41	2	33	4	2	0	16	25	0	0	2	13
江苏经贸职业技术学院	13	37	25	37	1	3	28	5	0	21	16	0	0	0	25
泰州职业技术学院	14	22	12	22	1	1	18	2	0	5	17	0	0	0	6
常州信息职业技术学院	15	30	20	30	0	3	18	9	0	13	17	0	0	0	22
江苏海事职业技术学院	16	3	2	3	0	1	0	2	0	3	0	0	0	1	2
无锡科技职业学院	17	18	10	18	1	2	9	5	1	3	15	0	0	0	5
盐城卫生职业技术学院	18	0	0	0	0	0	0	0	0	0	0	0	0	0	0
南通科技职业学院	19	0	0	0	0	0	0	0	0	0	0	0	0	0	0
苏州经贸职业技术学院	20	35	20	35	0	8	26	1	0	10	25	0	0	0	21
苏州工业职业技术学院	21	8	4	8	0	3	2	3	0	1	7	0	0	0	3
苏州卫生职业技术学院	22	0	0	0	0	0	0	0	0	0	0	0	0	0	0
无锡商业职业技术学院	23	32	18	32	2	13	16	1	0	11	21	0	0	0	19
南通航运职业技术学院	24	22	11	22	0	4	17	1	0	5	17	0	0	0	10
南京交通职业技术学院	25	15	10	15	1	1	10	3	0	10	5	0	0	0	12

续表

淮安信息职业技术学院	26	17	10	17	0	1	10	6	0	6	11	0	0	0	10
江苏农牧科技职业学院	27	0	0	0	0	0	0	0	0	0	0	0	0	0	0
常州纺织服装职业技术学院	28	86	47	86	2	14	51	17	2	21	65	0	0	0	37
苏州农业职业技术学院	29	0	0	0	0	0	0	0	0	0	0	0	0	0	0
南京化工职业技术学院	30	3	2	3	0	0	3	0	0	0	3	0	0	0	0
常州轻工职业技术学院	31	33	16	33	0	6	22	5	0	7	26	0	0	0	17
常州工程职业技术学院	32	1	0	1	0	0	1	0	0	1	0	0	0	0	1
江苏农林职业技术学院	33	6	1	6	0	0	4	2	0	2	4	0	0	0	3
江苏食品药品职业技术学院	34	3	1	3	0	0	3	0	0	0	3	0	0	0	0
徐州工业职业技术学院	35	2	1	2	0	1	0	1	0	1	1	0	0	0	2
江苏信息职业技术学院	36	35	22	35	2	7	13	13	0	19	16	0	0	1	20
南京信息职业技术学院	37	1	1	1	0	0	1	0	0	0	1	0	0	0	1
常州机电职业技术学院	38	15	5	15	0	1	12	2	0	6	9	0	0	0	10
江阴职业技术学院	39	13	7	13	0	0	12	1	0	2	11	0	0	0	6
无锡城市职业技术学院	40	22	16	22	0	0	18	2	2	16	6	0	0	0	16
无锡工艺职业技术学院	41	104	60	104	4	11	55	30	4	55	47	2	0	0	66
苏州健雄职业技术学院	42	19	7	19	0	4	9	6	0	7	12	0	0	0	10
盐城工业职业技术学院	43	45	33	45	1	13	21	10	0	15	30	0	0	0	15
江苏财经职业技术学院	44	10	9	10	0	1	4	5	0	4	6	0	0	0	4
扬州工业职业技术学院	45	0	0	0	0	0	0	0	0	0	0	0	0	0	0
江苏城市职业学院	46	35	19	35	1	7	19	7	1	20	15	0	0	3	23
南京城市职业学院	47	18	12	18	0	1	7	10	0	11	7	0	0	0	12
南京机电职业技术学院	48	11	10	11	0	0	5	5	1	3	8	0	0	0	5
南京旅游职业学院	49	12	5	12	0	0	5	7	0	9	3	0	0	0	10
江苏建康职业学院	50	1	1	1	0	0	0	1	0	0	1	0	0	0	0
苏州信息职业技术学院	51	0	0	0	0	0	0	0	0	0	0	0	0	0	0
苏州工业园区服务外包职业学院	52	13	7	13	0	0	9	4	0	11	2	0	0	1	11
徐州幼儿师范高等专科学校	53	52	32	52	0	12	19	19	2	11	41	0	0	0	12
徐州生物工程职业技术学院	54	1	1	1	0	0	0	1	0	0	1	0	0	0	0
江苏商贸职业学院	55	15	9	15	0	0	5	8	2	5	10	0	0	0	6

3.9 历史学人文、社会科学活动人员情况表

高校名称		总计		按职称划分						按最后学历划分			其他	按最后学位划分	
			女性	小计	教授	副教授	讲师	助教	初级	研究生	本科生	其他	人员	博士	硕士
	编号	L01	L02	L03	L04	L05	L06	L07	L08	L09	L10	L11	L12	L13	L14
合计	/	57	25	57	2	22	29	4	0	31	26	0	0	5	30
无锡职业技术学院	1	4	2	4	0	2	2	0	0	2	2	0	0	0	2
江苏建筑职业技术学院	2	3	2	3	0	0	2	1	0	3	0	0	0	0	3
南京工业职业技术学院	3	1	1	1	0	1	0	0	0	1	0	0	0	0	1
江苏工程职业技术学院	4	0	0	0	0	0	0	0	0	0	0	0	0	0	0
苏州工艺美术职业技术学院	5	5	2	5	0	1	4	0	0	4	1	0	0	0	5
连云港职业技术学院	6	0	0	0	0	0	0	0	0	0	0	0	0	0	0
镇江市高等专科学校	7	3	1	3	0	1	1	1	0	1	2	0	0	0	1
南通职业大学	8	2	1	2	0	1	1	0	0	1	1	0	0	0	1
苏州市职业大学	9	3	0	3	0	3	0	0	0	3	0	0	0	2	1
沙洲职业工学院	10	0	0	0	0	0	0	0	0	0	0	0	0	0	0
扬州职业大学	11	7	1	7	0	3	4	0	0	2	5	0	0	0	2
连云港师范高等专科学校	12	3	2	3	0	3	0	0	0	2	1	0	0	0	2
江苏经贸职业技术学院	13	0	0	0	0	0	0	0	0	0	0	0	0	0	0
泰州职业技术学院	14	0	0	0	0	0	0	0	0	0	0	0	0	0	0
常州信息职业技术学院	15	1	0	1	0	0	1	0	0	1	0	0	0	0	1
江苏海事职业技术学院	16	0	0	0	0	0	0	0	0	0	0	0	0	0	0
无锡科技职业学院	17	0	0	0	0	0	0	0	0	0	0	0	0	0	0
盐城卫生职业技术学院	18	0	0	0	0	0	0	0	0	0	0	0	0	0	0
南通科技职业学院	19	0	0	0	0	0	0	0	0	0	0	0	0	0	0
苏州经贸职业技术学院	20	0	0	0	0	0	0	0	0	0	0	0	0	0	0
苏州工业职业技术学院	21	1	0	1	0	0	1	0	0	0	1	0	0	0	1
苏州卫生职业技术学院	22	0	0	0	0	0	0	0	0	0	0	0	0	0	0
无锡商业职业技术学院	23	0	0	0	0	0	0	0	0	0	0	0	0	0	0
南通航运职业技术学院	24	0	0	0	0	0	0	0	0	0	0	0	0	0	0
南京交通职业技术学院	25	0	0	0	0	0	0	0	0	0	0	0	0	0	0

续表

淮安信息职业技术学院	26	1	0	1	1	0	0	0	0	1	0	0	0	1	0
江苏农牧科技职业学院	27	0	0	0	0	0	0	0	0	0	0	0	0	0	0
常州纺织服装职业技术学院	28	1	1	1	0	0	1	0	0	0	1	0	0	0	0
苏州农业职业技术学院	29	0	0	0	0	0	0	0	0	0	0	0	0	0	0
南京化工职业技术学院	30	1	1	1	0	1	0	0	0	0	1	0	0	0	0
常州轻工职业技术学院	31	0	0	0	0	0	0	0	0	0	0	0	0	0	0
常州工程职业技术学院	32	0	0	0	0	0	0	0	0	0	0	0	0	0	0
江苏农林职业技术学院	33	0	0	0	0	0	0	0	0	0	0	0	0	0	0
江苏食品药品职业技术学院	34	0	0	0	0	0	0	0	0	0	0	0	0	0	0
徐州工业职业技术学院	35	0	0	0	0	0	0	0	0	0	0	0	0	0	0
江苏信息职业技术学院	36	0	0	0	0	0	0	0	0	0	0	0	0	0	0
南京信息职业技术学院	37	0	0	0	0	0	0	0	0	0	0	0	0	0	0
常州机电职业技术学院	38	2	0	2	0	0	2	0	0	1	1	0	0	0	1
江阴职业技术学院	39	2	1	2	0	2	0	0	0	0	2	0	0	0	0
无锡城市职业技术学院	40	5	4	5	1	1	3	0	0	2	3	0	0	0	4
无锡工艺职业技术学院	41	0	0	0	0	0	0	0	0	0	0	0	0	0	0
苏州健雄职业技术学院	42	0	0	0	0	0	0	0	0	0	0	0	0	0	0
盐城工业职业技术学院	43	1	0	1	0	0	0	1	0	1	0	0	0	0	1
江苏财经职业技术学院	44	2	2	2	0	0	1	1	0	0	2	0	0	0	0
扬州工业职业技术学院	45	2	0	2	0	0	2	0	0	2	0	0	0	0	2
江苏城市职业学院	46	1	0	1	0	1	0	0	0	1	0	0	0	1	0
南京城市职业学院	47	0	0	0	0	0	0	0	0	0	0	0	0	0	0
南京机电职业技术学院	48	0	0	0	0	0	0	0	0	0	0	0	0	0	0
南京旅游职业学院	49	2	1	2	0	0	2	0	0	2	0	0	0	1	1
江苏建康职业学院	50	0	0	0	0	0	0	0	0	0	0	0	0	0	0
苏州信息职业技术学院	51	0	0	0	0	0	0	0	0	0	0	0	0	0	0
苏州工业园区服务外包职业学院	52	1	1	1	0	0	1	0	0	1	0	0	0	0	1
徐州幼儿师范高等专科学校	53	2	2	2	0	2	0	0	0	0	2	0	0	0	0
徐州生物工程职业技术学院	54	1	0	1	0	0	1	0	0	0	1	0	0	0	0
江苏商贸职业学院	55	0	0	0	0	0	0	0	0	0	0	0	0	0	0

3.10 经济学人文、社会科学活动人员情况表

高校名称	编号	总计	女性	按职称划分 小计	教授	副教授	讲师	助教	初级	按最后学历划分 研究生	本科生	其他	其他人员	按最后学位划分 博士	硕士
		L01	L02	L03	L04	L05	L06	L07	L08	L09	L10	L11	L12	L13	L14
合计	/	922	579	922	47	278	460	126	11	413	507	2	0	40	568
无锡职业技术学院	1	17	10	17	1	3	11	2	0	10	7	0	0	2	8
江苏建筑职业技术学院	2	8	4	8	2	2	4	0	0	3	5	0	0	1	4
南京工业职业技术学院	3	20	15	20	2	6	10	2	0	9	11	0	0	2	11
江苏工程职业技术学院	4	18	9	18	0	9	8	1	0	7	11	0	0	0	13
苏州工艺美术职业技术学院	5	0	0	0	0	0	0	0	0	0	0	0	0	0	0
连云港职业技术学院	6	24	18	24	0	5	16	3	0	5	19	0	0	1	12
镇江市高等专科学校	7	7	4	7	1	3	3	0	0	3	4	0	0	1	3
南通职业大学	8	30	17	30	3	10	17	0	0	10	19	1	0	1	21
苏州市职业大学	9	43	26	43	0	14	27	2	0	23	20	0	0	1	33
沙洲职业工学院	10	14	11	14	0	6	5	3	0	3	11	0	0	0	4
扬州职业大学	11	71	42	71	3	21	38	7	2	34	37	0	0	2	46
连云港师范高等专科学校	12	12	6	12	1	8	2	1	0	6	6	0	0	0	8
江苏经贸职业技术学院	13	20	14	20	2	6	10	2	0	14	6	0	0	4	12
泰州职业技术学院	14	14	6	14	0	5	8	1	0	4	10	0	0	0	12
常州信息职业技术学院	15	10	7	10	2	1	3	4	0	9	1	0	0	1	8
江苏海事职业技术学院	16	7	5	7	1	0	5	1	0	4	3	0	0	0	5
无锡科技职业学院	17	17	15	17	1	1	11	2	2	8	9	0	0	1	12
盐城卫生职业技术学院	18	1	0	1	1	0	0	0	0	1	0	0	0	0	1
南通科技职业学院	19	13	10	13	0	5	8	0	0	2	11	0	0	0	7
苏州经贸职业技术学院	20	46	21	46	4	20	22	0	0	18	28	0	0	1	30
苏州工业职业技术学院	21	1	1	1	0	1	0	0	0	1	0	0	0	1	0
苏州卫生职业技术学院	22	5	4	5	0	1	2	2	0	2	3	0	0	0	2
无锡商业职业技术学院	23	27	16	27	2	8	17	0	0	12	15	0	0	2	17
南通航运职业技术学院	24	23	12	23	1	7	15	0	0	9	14	0	0	0	15
南京交通职业技术学院	25	7	5	7	0	4	3	0	0	4	3	0	0	0	4

续表

淮安信息职业技术学院	26	9	5	9	0	2	6	1	0	4	5	0	0	0	5
江苏农牧科技职业学院	27	6	3	6	1	3	2	0	0	2	4	0	0	0	6
常州纺织服装职业技术学院	28	19	12	19	1	4	11	1	2	11	8	0	0	0	13
苏州农业职业技术学院	29	17	11	17	1	10	4	2	0	8	9	0	0	3	13
南京化工职业技术学院	30	12	8	12	0	4	2	6	0	6	6	0	0	0	7
常州轻工职业技术学院	31	6	5	6	0	2	3	1	0	4	2	0	0	0	5
常州工程职业技术学院	32	8	6	8	0	3	4	1	0	4	4	0	0	0	5
江苏农林职业技术学院	33	0	0	0	0	0	0	0	0	0	0	0	0	0	0
江苏食品药品职业技术学院	34	36	21	36	4	8	20	4	0	14	22	0	0	0	15
徐州工业职业技术学院	35	7	2	7	1	3	3	0	0	5	2	0	0	1	6
江苏信息职业技术学院	36	23	16	23	2	6	9	6	0	15	8	0	0	0	15
南京信息职业技术学院	37	13	10	13	0	6	5	2	0	5	8	0	0	0	8
常州机电职业技术学院	38	8	6	8	1	1	5	1	0	5	3	0	0	0	7
江阴职业技术学院	39	23	13	23	0	9	14	0	0	0	23	0	0	0	8
无锡城市职业技术学院	40	18	11	18	0	7	8	2	1	16	2	0	0	6	11
无锡工艺职业技术学院	41	11	7	11	0	5	2	3	1	2	9	0	0	0	4
苏州健雄职业技术学院	42	19	10	19	1	4	12	2	0	9	10	0	0	0	14
盐城工业职业技术学院	43	21	13	21	2	4	9	6	0	9	11	1	0	0	11
江苏财经职业技术学院	44	32	18	32	0	7	19	6	0	11	21	0	0	0	17
扬州工业职业技术学院	45	20	12	20	0	8	6	4	2	9	11	0	0	0	11
江苏城市职业学院	46	25	16	25	3	5	16	1	0	14	11	0	0	2	17
南京城市职业学院	47	27	23	27	1	7	12	7	0	8	19	0	0	1	15
南京机电职业技术学院	48	3	2	3	0	0	0	2	1	0	3	0	0	0	1
南京旅游职业学院	49	32	20	32	0	3	15	14	0	28	4	0	0	4	25
江苏建康职业学院	50	1	0	1	1	0	0	0	0	1	0	0	0	0	1
苏州信息职业技术学院	51	13	10	13	0	1	11	1	0	2	11	0	0	0	12
苏州工业园区服务外包职业学院	52	19	15	19	1	3	8	7	0	16	3	0	0	2	14
徐州幼儿师范高等专科学校	53	1	1	1	0	0	0	1	0	1	0	0	0	0	1
徐州生物工程职业技术学院	54	0	0	0	0	0	0	0	0	0	0	0	0	0	0
江苏商贸职业学院	55	38	25	38	0	17	9	12	0	3	35	0	0	0	13

3.11 政治学人文、社会科学活动人员情况表

高校名称		总计		按职称划分						按最后学历划分			其他	按最后学位划分	
			女性	小计	教授	副教授	讲师	助教	初级	研究生	本科生	其他	人员	博士	硕士
	编号	L01	L02	L03	L04	L05	L06	L07	L08	L09	L10	L11	L12	L13	L14
合计	/	63	30	63	2	20	32	8	1	29	34	0	0	4	34
无锡职业技术学院	1	1	0	1	0	1	0	0	0	0	1	0	0	0	0
江苏建筑职业技术学院	2	4	0	4	0	1	3	0	0	2	2	0	0	0	2
南京工业职业技术学院	3	1	1	1	0	0	1	0	0	0	1	0	0	0	0
江苏工程职业技术学院	4	1	1	1	0	1	0	0	0	0	1	0	0	0	1
苏州工艺美术职业技术学院	5	0	0	0	0	0	0	0	0	0	0	0	0	0	0
连云港职业技术学院	6	0	0	0	0	0	0	0	0	0	0	0	0	0	0
镇江市高等专科学校	7	3	1	3	0	1	2	0	0	1	2	0	0	0	3
南通职业大学	8	1	0	1	0	0	1	0	0	0	1	0	0	0	0
苏州市职业大学	9	2	1	2	0	1	1	0	0	2	0	0	0	1	1
沙洲职业工学院	10	2	0	2	0	0	2	0	0	0	2	0	0	0	0
扬州职业大学	11	0	0	0	0	0	0	0	0	0	0	0	0	0	0
连云港师范高等专科学校	12	6	4	6	1	4	1	0	0	2	4	0	0	1	3
江苏经贸职业技术学院	13	0	0	0	0	0	0	0	0	0	0	0	0	0	0
泰州职业技术学院	14	0	0	0	0	0	0	0	0	0	0	0	0	0	0
常州信息职业技术学院	15	2	1	2	0	2	0	0	0	1	1	0	0	1	0
江苏海事职业技术学院	16	0	0	0	0	0	0	0	0	0	0	0	0	0	0
无锡科技职业学院	17	0	0	0	0	0	0	0	0	0	0	0	0	0	0
盐城卫生职业技术学院	18	0	0	0	0	0	0	0	0	0	0	0	0	0	0
南通科技职业学院	19	0	0	0	0	0	0	0	0	0	0	0	0	0	0
苏州经贸职业技术学院	20	1	1	1	0	0	1	0	0	1	0	0	0	0	1
苏州工业职业技术学院	21	0	0	0	0	0	0	0	0	0	0	0	0	0	0
苏州卫生职业技术学院	22	0	0	0	0	0	0	0	0	0	0	0	0	0	0
无锡商业职业技术学院	23	0	0	0	0	0	0	0	0	0	0	0	0	0	0
南通航运职业技术学院	24	0	0	0	0	0	0	0	0	0	0	0	0	0	0
南京交通职业技术学院	25	4	2	4	0	1	3	0	0	3	1	0	0	0	4

续表

淮安信息职业技术学院	26	0	0	0	0	0	0	0	0	0	0	0	0	0	0
江苏农牧科技职业学院	27	1	0	1	0	0	1	0	0	0	1	0	0	0	0
常州纺织服装职业技术学院	28	1	1	1	0	0	1	0	0	0	1	0	0	0	1
苏州农业职业技术学院	29	0	0	0	0	0	0	0	0	0	0	0	0	0	0
南京化工职业技术学院	30	4	2	4	0	0	1	3	0	3	1	0	0	0	4
常州轻工职业技术学院	31	1	0	1	0	0	1	0	0	1	0	0	0	0	1
常州工程职业技术学院	32	1	0	1	0	0	1	0	0	1	0	0	0	0	1
江苏农林职业技术学院	33	0	0	0	0	0	0	0	0	0	0	0	0	0	0
江苏食品药品职业技术学院	34	2	0	2	0	0	2	0	0	1	1	0	0	0	1
徐州工业职业技术学院	35	4	3	4	0	1	3	0	0	0	4	0	0	0	4
江苏信息职业技术学院	36	0	0	0	0	0	0	0	0	0	0	0	0	0	0
南京信息职业技术学院	37	0	0	0	0	0	0	0	0	0	0	0	0	0	0
常州机电职业技术学院	38	0	0	0	0	0	0	0	0	0	0	0	0	0	0
江阴职业技术学院	39	3	3	3	0	1	2	0	0	0	3	0	0	0	0
无锡城市职业技术学院	40	0	0	0	0	0	0	0	0	0	0	0	0	0	0
无锡工艺职业技术学院	41	1	1	1	0	0	1	0	0	1	0	0	0	1	0
苏州健雄职业技术学院	42	0	0	0	0	0	0	0	0	0	0	0	0	0	0
盐城工业职业技术学院	43	0	0	0	0	0	0	0	0	0	0	0	0	0	0
江苏财经职业技术学院	44	0	0	0	0	0	0	0	0	0	0	0	0	0	0
扬州工业职业技术学院	45	5	1	5	0	1	2	1	1	3	2	0	0	0	2
江苏城市职业学院	46	0	0	0	0	0	0	0	0	0	0	0	0	0	0
南京城市职业学院	47	3	1	3	1	1	1	0	0	3	0	0	0	0	1
南京机电职业技术学院	48	0	0	0	0	0	0	0	0	0	0	0	0	0	0
南京旅游职业学院	49	2	2	2	0	0	0	2	0	1	1	0	0	0	1
江苏建康职业学院	50	0	0	0	0	0	0	0	0	0	0	0	0	0	0
苏州信息职业技术学院	51	0	0	0	0	0	0	0	0	0	0	0	0	0	0
苏州工业园区服务外包职业学院	52	3	1	3	0	1	1	1	0	3	0	0	0	0	3
徐州幼儿师范高等专科学校	53	1	1	1	0	1	0	0	0	0	1	0	0	0	0
徐州生物工程职业技术学院	54	1	0	1	0	1	0	0	0	0	1	0	0	0	0
江苏商贸职业学院	55	2	2	2	0	1	0	1	0	0	2	0	0	0	0

3.12 法学人文、社会科学活动人员情况表

高校名称		总计		按职称划分						按最后学历划分			其他	按最后学位划分	
			女性	小计	教授	副教授	讲师	助教	初级	研究生	本科生	其他	人员	博士	硕士
	编号	L01	L02	L03	L04	L05	L06	L07	L08	L09	L10	L11	L12	L13	L14
合计	/	281	158	281	13	71	155	40	2	135	145	1	0	10	186
无锡职业技术学院	1	15	7	15	1	2	11	0	1	13	2	0	0	2	11
江苏建筑职业技术学院	2	10	3	10	0	1	8	1	0	5	5	0	0	0	8
南京工业职业技术学院	3	4	1	4	0	1	2	1	0	1	3	0	0	0	2
江苏工程职业技术学院	4	7	4	7	1	1	4	1	0	5	2	0	0	0	7
苏州工艺美术职业技术学院	5	0	0	0	0	0	0	0	0	0	0	0	0	0	0
连云港职业技术学院	6	8	4	8	1	5	2	0	0	2	6	0	0	0	5
镇江市高等专科学校	7	12	6	12	0	1	9	2	0	6	6	0	0	0	10
南通职业大学	8	7	3	7	0	2	4	1	0	1	6	0	0	0	1
苏州市职业大学	9	15	9	15	1	4	10	0	0	7	8	0	0	0	12
沙洲职业工学院	10	3	3	3	0	2	1	0	0	0	3	0	0	0	0
扬州职业大学	11	17	11	17	0	8	5	4	0	8	9	0	0	2	13
连云港师范高等专科学校	12	4	1	4	2	2	0	0	0	2	2	0	0	0	3
江苏经贸职业技术学院	13	14	5	14	2	4	8	0	0	9	5	0	0	2	9
泰州职业技术学院	14	1	0	1	0	0	1	0	0	1	0	0	0	0	1
常州信息职业技术学院	15	2	1	2	0	0	2	0	0	2	0	0	0	0	2
江苏海事职业技术学院	16	1	1	1	0	0	1	0	0	1	0	0	0	0	1
无锡科技职业学院	17	2	2	2	0	0	2	0	0	1	1	0	0	0	2
盐城卫生职业技术学院	18	0	0	0	0	0	0	0	0	0	0	0	0	0	0
南通科技职业学院	19	7	5	7	0	4	3	0	0	1	6	0	0	0	2
苏州经贸职业技术学院	20	10	4	10	0	2	7	1	0	4	6	0	0	0	6
苏州工业职业技术学院	21	1	1	1	0	0	1	0	0	0	1	0	0	0	1
苏州卫生职业技术学院	22	6	3	6	0	2	3	1	0	3	3	0	0	1	2
无锡商业职业技术学院	23	7	3	7	2	0	5	0	0	3	4	0	0	0	6
南通航运职业技术学院	24	4	3	4	0	1	3	0	0	3	1	0	0	0	2
南京交通职业技术学院	25	4	1	4	0	3	1	0	0	3	1	0	0	0	4

续表

淮安信息职业技术学院	26	1	1	1	0	0	1	0	0	0	1	0	0	0	1
江苏农牧科技职业学院	27	0	0	0	0	0	0	0	0	0	0	0	0	0	0
常州纺织服装职业技术学院	28	4	3	4	0	0	2	2	0	3	1	0	0	0	3
苏州农业职业技术学院	29	7	2	7	0	4	3	0	0	2	5	0	0	0	6
南京化工职业技术学院	30	4	3	4	0	0	4	0	0	3	1	0	0	0	3
常州轻工职业技术学院	31	2	1	2	0	0	1	1	0	1	1	0	0	0	2
常州工程职业技术学院	32	3	2	3	0	0	2	1	0	1	2	0	0	0	1
江苏农林职业技术学院	33	4	3	4	0	0	4	0	0	2	2	0	0	0	4
江苏食品药品职业技术学院	34	3	1	3	0	1	2	0	0	3	0	0	0	0	3
徐州工业职业技术学院	35	0	0	0	0	0	0	0	0	0	0	0	0	0	0
江苏信息职业技术学院	36	0	0	0	0	0	0	0	0	0	0	0	0	0	0
南京信息职业技术学院	37	2	2	2	0	1	1	0	0	1	1	0	0	0	2
常州机电职业技术学院	38	1	0	1	1	0	0	0	0	1	0	0	0	0	1
江阴职业技术学院	39	2	1	2	0	0	2	0	0	0	2	0	0	0	0
无锡城市职业技术学院	40	2	1	2	0	2	0	0	0	0	2	0	0	0	1
无锡工艺职业技术学院	41	4	2	4	0	0	0	4	0	2	2	0	0	0	2
苏州健雄职业技术学院	42	3	3	3	0	0	1	2	0	3	0	0	0	0	3
盐城工业职业技术学院	43	2	0	2	0	0	2	0	0	0	2	0	0	0	0
江苏财经职业技术学院	44	15	9	15	0	3	9	3	0	8	7	0	0	1	9
扬州工业职业技术学院	45	4	3	4	0	0	3	1	0	1	3	0	0	0	1
江苏城市职业学院	46	11	6	11	1	5	3	1	1	6	5	0	0	1	8
南京城市职业学院	47	12	9	12	0	4	5	3	0	2	9	1	0	0	6
南京机电职业技术学院	48	4	4	4	0	0	3	1	0	2	2	0	0	0	2
南京旅游职业学院	49	1	0	1	1	0	0	0	0	1	0	0	0	1	0
江苏建康职业学院	50	5	3	5	0	1	2	2	0	2	3	0	0	0	3
苏州信息职业技术学院	51	1	1	1	0	0	1	0	0	0	1	0	0	0	1
苏州工业园区服务外包职业学院	52	3	2	3	0	0	2	1	0	3	0	0	0	0	3
徐州幼儿师范高等专科学校	53	2	1	2	0	1	1	0	0	1	1	0	0	0	1
徐州生物工程职业技术学院	54	4	3	4	0	0	4	0	0	0	4	0	0	0	1
江苏商贸职业学院	55	14	11	14	0	4	4	6	0	6	8	0	0	0	9

3.13 社会学人文、社会科学活动人员情况表

高校名称		总计		按职称划分						按最后学历划分			其他	按最后学位划分	
			女性	小计	教授	副教授	讲师	助教	初级	研究生	本科生	其他	人员	博士	硕士
	编号	L01	L02	L03	L04	L05	L06	L07	L08	L09	L10	L11	L12	L13	L14
合计	/	73	44	73	1	26	37	9	0	40	32	1	0	8	47
无锡职业技术学院	1	0	0	0	0	0	0	0	0	0	0	0	0	0	0
江苏建筑职业技术学院	2	2	0	2	0	0	2	0	0	1	1	0	0	0	1
南京工业职业技术学院	3	6	4	6	0	3	2	1	0	5	1	0	0	2	3
江苏工程职业技术学院	4	2	0	2	0	0	2	0	0	1	1	0	0	0	1
苏州工艺美术职业技术学院	5	2	1	2	0	1	1	0	0	1	1	0	0	0	2
连云港职业技术学院	6	2	0	2	0	0	2	0	0	0	2	0	0	0	1
镇江市高等专科学校	7	1	1	1	0	1	0	0	0	0	1	0	0	0	0
南通职业大学	8	2	1	2	0	1	1	0	0	1	0	1	0	0	1
苏州市职业大学	9	2	2	2	0	2	0	0	0	1	1	0	0	0	2
沙洲职业工学院	10	0	0	0	0	0	0	0	0	0	0	0	0	0	0
扬州职业大学	11	0	0	0	0	0	0	0	0	0	0	0	0	0	0
连云港师范高等专科学校	12	2	0	2	0	2	0	0	0	2	0	0	0	0	2
江苏经贸职业技术学院	13	5	2	5	0	1	3	1	0	5	0	0	0	2	3
泰州职业技术学院	14	1	1	1	0	0	1	0	0	1	0	0	0	0	1
常州信息职业技术学院	15	1	0	1	0	0	1	0	0	1	0	0	0	0	1
江苏海事职业技术学院	16	7	3	7	1	3	3	0	0	3	4	0	0	1	3
无锡科技职业学院	17	0	0	0	0	0	0	0	0	0	0	0	0	0	0
盐城卫生职业技术学院	18	0	0	0	0	0	0	0	0	0	0	0	0	0	0
南通科技职业学院	19	2	2	2	0	0	1	1	0	1	1	0	0	0	1
苏州经贸职业技术学院	20	0	0	0	0	0	0	0	0	0	0	0	0	0	0
苏州工业职业技术学院	21	0	0	0	0	0	0	0	0	0	0	0	0	0	0
苏州卫生职业技术学院	22	0	0	0	0	0	0	0	0	0	0	0	0	0	0
无锡商业职业技术学院	23	0	0	0	0	0	0	0	0	0	0	0	0	0	0
南通航运职业技术学院	24	8	8	8	0	0	8	0	0	1	7	0	0	0	5
南京交通职业技术学院	25	0	0	0	0	0	0	0	0	0	0	0	0	0	0

续表

淮安信息职业技术学院	26	4	2	4	0	4	0	0	0	2	2	0	0	1	2
江苏农牧科技职业学院	27	0	0	0	0	0	0	0	0	0	0	0	0	0	0
常州纺织服装职业技术学院	28	0	0	0	0	0	0	0	0	0	0	0	0	0	0
苏州农业职业技术学院	29	0	0	0	0	0	0	0	0	0	0	0	0	0	0
南京化工职业技术学院	30	1	1	1	0	1	0	0	0	1	0	0	0	0	1
常州轻工职业技术学院	31	1	1	1	0	0	0	1	0	1	0	0	0	0	1
常州工程职业技术学院	32	0	0	0	0	0	0	0	0	0	0	0	0	0	0
江苏农林职业技术学院	33	1	1	1	0	0	1	0	0	0	1	0	0	0	1
江苏食品药品职业技术学院	34	0	0	0	0	0	0	0	0	0	0	0	0	0	0
徐州工业职业技术学院	35	2	1	2	0	1	1	0	0	0	2	0	0	0	1
江苏信息职业技术学院	36	0	0	0	0	0	0	0	0	0	0	0	0	0	0
南京信息职业技术学院	37	1	1	1	0	0	1	0	0	0	1	0	0	0	1
常州机电职业技术学院	38	1	1	1	0	1	0	0	0	1	0	0	0	0	1
江阴职业技术学院	39	2	1	2	0	1	1	0	0	1	1	0	0	0	1
无锡城市职业技术学院	40	1	1	1	0	0	0	1	0	1	0	0	0	0	1
无锡工艺职业技术学院	41	1	1	1	0	0	0	1	0	1	0	0	0	1	0
苏州健雄职业技术学院	42	1	1	1	0	0	0	1	0	1	0	0	0	0	1
盐城工业职业技术学院	43	0	0	0	0	0	0	0	0	0	0	0	0	0	0
江苏财经职业技术学院	44	5	3	5	0	0	4	1	0	1	4	0	0	0	3
扬州工业职业技术学院	45	0	0	0	0	0	0	0	0	0	0	0	0	0	0
江苏城市职业学院	46	1	0	1	0	1	0	0	0	1	0	0	0	0	1
南京城市职业学院	47	3	2	3	0	1	2	0	0	2	1	0	0	0	3
南京机电职业技术学院	48	0	0	0	0	0	0	0	0	0	0	0	0	0	0
南京旅游职业学院	49	1	1	1	0	1	0	0	0	1	0	0	0	1	0
江苏建康职业学院	50	1	0	1	0	1	0	0	0	1	0	0	0	0	1
苏州信息职业技术学院	51	0	0	0	0	0	0	0	0	0	0	0	0	0	0
苏州工业园区服务外包职业学院	52	1	1	1	0	0	0	1	0	1	0	0	0	0	1
徐州幼儿师范高等专科学校	53	0	0	0	0	0	0	0	0	0	0	0	0	0	0
徐州生物工程职业技术学院	54	0	0	0	0	0	0	0	0	0	0	0	0	0	0
江苏商贸职业学院	55	0	0	0	0	0	0	0	0	0	0	0	0	0	0

3.14 民族学与文化学人文、社会科学活动人员情况表

高校名称		总计		按职称划分						按最后学历划分			其他	按最后学位划分	
			女性	小计	教授	副教授	讲师	助教	初级	研究生	本科生	其他	人员	博士	硕士
	编号	L01	L02	L03	L04	L05	L06	L07	L08	L09	L10	L11	L12	L13	L14
合计	/	3	1	3	0	0	2	1	0	0	3	0	0	0	1
无锡职业技术学院	1	0	0	0	0	0	0	0	0	0	0	0	0	0	0
江苏建筑职业技术学院	2	0	0	0	0	0	0	0	0	0	0	0	0	0	0
南京工业职业技术学院	3	0	0	0	0	0	0	0	0	0	0	0	0	0	0
江苏工程职业技术学院	4	0	0	0	0	0	0	0	0	0	0	0	0	0	0
苏州工艺美术职业技术学院	5	0	0	0	0	0	0	0	0	0	0	0	0	0	0
连云港职业技术学院	6	0	0	0	0	0	0	0	0	0	0	0	0	0	0
镇江市高等专科学校	7	0	0	0	0	0	0	0	0	0	0	0	0	0	0
南通职业大学	8	0	0	0	0	0	0	0	0	0	0	0	0	0	0
苏州市职业大学	9	0	0	0	0	0	0	0	0	0	0	0	0	0	0
沙洲职业工学院	10	0	0	0	0	0	0	0	0	0	0	0	0	0	0
扬州职业大学	11	0	0	0	0	0	0	0	0	0	0	0	0	0	0
连云港师范高等专科学校	12	0	0	0	0	0	0	0	0	0	0	0	0	0	0
江苏经贸职业技术学院	13	0	0	0	0	0	0	0	0	0	0	0	0	0	0
泰州职业技术学院	14	0	0	0	0	0	0	0	0	0	0	0	0	0	0
常州信息职业技术学院	15	0	0	0	0	0	0	0	0	0	0	0	0	0	0
江苏海事职业技术学院	16	0	0	0	0	0	0	0	0	0	0	0	0	0	0
无锡科技职业学院	17	0	0	0	0	0	0	0	0	0	0	0	0	0	0
盐城卫生职业技术学院	18	0	0	0	0	0	0	0	0	0	0	0	0	0	0
南通科技职业学院	19	0	0	0	0	0	0	0	0	0	0	0	0	0	0
苏州经贸职业技术学院	20	0	0	0	0	0	0	0	0	0	0	0	0	0	0
苏州工业职业技术学院	21	0	0	0	0	0	0	0	0	0	0	0	0	0	0
苏州卫生职业技术学院	22	0	0	0	0	0	0	0	0	0	0	0	0	0	0
无锡商业职业技术学院	23	0	0	0	0	0	0	0	0	0	0	0	0	0	0
南通航运职业技术学院	24	0	0	0	0	0	0	0	0	0	0	0	0	0	0
南京交通职业技术学院	25	0	0	0	0	0	0	0	0	0	0	0	0	0	0

续表

淮安信息职业技术学院	26	2	1	2	0	0	2	0	0	0	2	0	0	0	1
江苏农牧科技职业学院	27	0	0	0	0	0	0	0	0	0	0	0	0	0	0
常州纺织服装职业技术学院	28	0	0	0	0	0	0	0	0	0	0	0	0	0	0
苏州农业职业技术学院	29	0	0	0	0	0	0	0	0	0	0	0	0	0	0
南京化工职业技术学院	30	0	0	0	0	0	0	0	0	0	0	0	0	0	0
常州轻工职业技术学院	31	1	0	1	0	0	0	1	0	0	1	0	0	0	0
常州工程职业技术学院	32	0	0	0	0	0	0	0	0	0	0	0	0	0	0
江苏农林职业技术学院	33	0	0	0	0	0	0	0	0	0	0	0	0	0	0
江苏食品药品职业技术学院	34	0	0	0	0	0	0	0	0	0	0	0	0	0	0
徐州工业职业技术学院	35	0	0	0	0	0	0	0	0	0	0	0	0	0	0
江苏信息职业技术学院	36	0	0	0	0	0	0	0	0	0	0	0	0	0	0
南京信息职业技术学院	37	0	0	0	0	0	0	0	0	0	0	0	0	0	0
常州机电职业技术学院	38	0	0	0	0	0	0	0	0	0	0	0	0	0	0
江阴职业技术学院	39	0	0	0	0	0	0	0	0	0	0	0	0	0	0
无锡城市职业技术学院	40	0	0	0	0	0	0	0	0	0	0	0	0	0	0
无锡工艺职业技术学院	41	0	0	0	0	0	0	0	0	0	0	0	0	0	0
苏州健雄职业技术学院	42	0	0	0	0	0	0	0	0	0	0	0	0	0	0
盐城工业职业技术学院	43	0	0	0	0	0	0	0	0	0	0	0	0	0	0
江苏财经职业技术学院	44	0	0	0	0	0	0	0	0	0	0	0	0	0	0
扬州工业职业技术学院	45	0	0	0	0	0	0	0	0	0	0	0	0	0	0
江苏城市职业学院	46	0	0	0	0	0	0	0	0	0	0	0	0	0	0
南京城市职业学院	47	0	0	0	0	0	0	0	0	0	0	0	0	0	0
南京机电职业技术学院	48	0	0	0	0	0	0	0	0	0	0	0	0	0	0
南京旅游职业学院	49	0	0	0	0	0	0	0	0	0	0	0	0	0	0
江苏建康职业学院	50	0	0	0	0	0	0	0	0	0	0	0	0	0	0
苏州信息职业技术学院	51	0	0	0	0	0	0	0	0	0	0	0	0	0	0
苏州工业园区服务外包职业学院	52	0	0	0	0	0	0	0	0	0	0	0	0	0	0
徐州幼儿师范高等专科学校	53	0	0	0	0	0	0	0	0	0	0	0	0	0	0
徐州生物工程职业技术学院	54	0	0	0	0	0	0	0	0	0	0	0	0	0	0
江苏商贸职业学院	55	0	0	0	0	0	0	0	0	0	0	0	0	0	0

3.15 新闻学与传播学人文、社会科学活动人员情况表

高校名称		总计		按职称划分						按最后学历划分			其他	按最后学位划分	
			女性	小计	教授	副教授	讲师	助教	初级	研究生	本科生	其他	人员	博士	硕士
	编号	L01	L02	L03	L04	L05	L06	L07	L08	L09	L10	L11	L12	L13	L14
合计	/	62	40	62	1	18	26	14	3	23	39	0	0	2	25
无锡职业技术学院	1	1	0	1	0	1	0	0	0	0	1	0	0	0	0
江苏建筑职业技术学院	2	0	0	0	0	0	0	0	0	0	0	0	0	0	0
南京工业职业技术学院	3	1	1	1	0	0	0	1	0	1	0	0	0	0	1
江苏工程职业技术学院	4	2	2	2	0	0	2	0	0	1	1	0	0	0	1
苏州工艺美术职业技术学院	5	3	0	3	0	2	1	0	0	2	1	0	0	1	1
连云港职业技术学院	6	1	1	1	0	0	1	0	0	1	0	0	0	0	1
镇江市高等专科学校	7	3	3	3	0	1	2	0	0	1	2	0	0	0	2
南通职业大学	8	0	0	0	0	0	0	0	0	0	0	0	0	0	0
苏州市职业大学	9	2	1	2	1	0	1	0	0	1	1	0	0	0	1
沙洲职业工学院	10	0	0	0	0	0	0	0	0	0	0	0	0	0	0
扬州职业大学	11	4	4	4	0	0	3	1	0	2	2	0	0	0	2
连云港师范高等专科学校	12	11	5	11	0	7	3	1	0	5	6	0	0	1	4
江苏经贸职业技术学院	13	1	1	1	0	0	1	0	0	0	1	0	0	0	0
泰州职业技术学院	14	0	0	0	0	0	0	0	0	0	0	0	0	0	0
常州信息职业技术学院	15	0	0	0	0	0	0	0	0	0	0	0	0	0	0
江苏海事职业技术学院	16	0	0	0	0	0	0	0	0	0	0	0	0	0	0
无锡科技职业学院	17	0	0	0	0	0	0	0	0	0	0	0	0	0	0
盐城卫生职业技术学院	18	0	0	0	0	0	0	0	0	0	0	0	0	0	0
南通科技职业学院	19	0	0	0	0	0	0	0	0	0	0	0	0	0	0
苏州经贸职业技术学院	20	2	1	2	0	2	0	0	0	1	1	0	0	0	2
苏州工业职业技术学院	21	0	0	0	0	0	0	0	0	0	0	0	0	0	0
苏州卫生职业技术学院	22	0	0	0	0	0	0	0	0	0	0	0	0	0	0
无锡商业职业技术学院	23	0	0	0	0	0	0	0	0	0	0	0	0	0	0
南通航运职业技术学院	24	4	2	4	0	1	1	0	2	0	4	0	0	0	0
南京交通职业技术学院	25	0	0	0	0	0	0	0	0	0	0	0	0	0	0

续表

淮安信息职业技术学院	26	0	0	0	0	0	0	0	0	0	0	0	0	0	0
江苏农牧科技职业学院	27	0	0	0	0	0	0	0	0	0	0	0	0	0	0
常州纺织服装职业技术学院	28	1	1	1	0	0	1	0	0	0	1	0	0	0	0
苏州农业职业技术学院	29	1	1	1	0	0	1	0	0	0	1	0	0	0	1
南京化工职业技术学院	30	2	2	2	0	0	1	1	0	0	2	0	0	0	0
常州轻工职业技术学院	31	0	0	0	0	0	0	0	0	0	0	0	0	0	0
常州工程职业技术学院	32	0	0	0	0	0	0	0	0	0	0	0	0	0	0
江苏农林职业技术学院	33	0	0	0	0	0	0	0	0	0	0	0	0	0	0
江苏食品药品职业技术学院	34	1	1	1	0	0	0	1	0	0	1	0	0	0	0
徐州工业职业技术学院	35	0	0	0	0	0	0	0	0	0	0	0	0	0	0
江苏信息职业技术学院	36	0	0	0	0	0	0	0	0	0	0	0	0	0	0
南京信息职业技术学院	37	0	0	0	0	0	0	0	0	0	0	0	0	0	0
常州机电职业技术学院	38	0	0	0	0	0	0	0	0	0	0	0	0	0	0
江阴职业技术学院	39	0	0	0	0	0	0	0	0	0	0	0	0	0	0
无锡城市职业技术学院	40	1	1	1	0	0	1	0	0	1	0	0	0	0	1
无锡工艺职业技术学院	41	0	0	0	0	0	0	0	0	0	0	0	0	0	0
苏州健雄职业技术学院	42	2	0	2	0	1	0	1	0	0	2	0	0	0	0
盐城工业职业技术学院	43	0	0	0	0	0	0	0	0	0	0	0	0	0	0
江苏财经职业技术学院	44	2	1	2	0	0	2	0	0	0	2	0	0	0	0
扬州工业职业技术学院	45	0	0	0	0	0	0	0	0	0	0	0	0	0	0
江苏城市职业学院	46	4	3	4	0	2	2	0	0	1	3	0	0	0	2
南京城市职业学院	47	7	5	7	0	1	1	5	0	5	2	0	0	0	5
南京机电职业技术学院	48	4	2	4	0	0	0	3	1	0	4	0	0	0	0
南京旅游职业学院	49	0	0	0	0	0	0	0	0	0	0	0	0	0	0
江苏建康职业学院	50	0	0	0	0	0	0	0	0	0	0	0	0	0	0
苏州信息职业技术学院	51	0	0	0	0	0	0	0	0	0	0	0	0	0	0
苏州工业园区服务外包职业学院	52	1	1	1	0	0	1	0	0	1	0	0	0	0	1
徐州幼儿师范高等专科学校	53	1	1	1	0	0	1	0	0	0	1	0	0	0	0
徐州生物工程职业技术学院	54	0	0	0	0	0	0	0	0	0	0	0	0	0	0
江苏商贸职业学院	55	0	0	0	0	0	0	0	0	0	0	0	0	0	0

3.16 图书、情报、文献学人文、社会科学活动人员情况表

高校名称		总计		按职称划分						按最后学历划分			其他	按最后学位划分	
			女性	小计	教授	副教授	讲师	助教	初级	研究生	本科生	其他	人员	博士	硕士
	编号	L01	L02	L03	L04	L05	L06	L07	L08	L09	L10	L11	L12	L13	L14
合计	/	455	296	455	16	91	297	43	8	63	357	35	0	2	110
无锡职业技术学院	1	7	6	7	0	3	4	0	0	1	6	0	0	0	1
江苏建筑职业技术学院	2	5	3	5	0	1	3	0	1	3	2	0	0	0	4
南京工业职业技术学院	3	19	10	19	2	4	8	5	0	3	15	1	0	0	8
江苏工程职业技术学院	4	11	5	11	1	3	7	0	0	2	9	0	0	0	5
苏州工艺美术职业技术学院	5	9	6	9	0	1	6	2	0	4	5	0	0	0	4
连云港职业技术学院	6	18	14	18	0	3	13	2	0	0	18	0	0	0	4
镇江市高等专科学校	7	23	20	23	1	6	15	1	0	1	20	2	0	0	3
南通职业大学	8	4	3	4	0	3	1	0	0	0	4	0	0	0	2
苏州市职业大学	9	20	10	20	0	2	18	0	0	5	15	0	0	0	9
沙洲职业工学院	10	12	8	12	1	3	8	0	0	0	8	4	0	0	1
扬州职业大学	11	16	9	16	0	3	12	1	0	3	10	3	0	0	3
连云港师范高等专科学校	12	8	6	8	0	5	3	0	0	3	5	0	0	0	3
江苏经贸职业技术学院	13	6	1	6	0	3	3	0	0	2	4	0	0	1	2
泰州职业技术学院	14	6	4	6	0	2	4	0	0	0	6	0	0	0	2
常州信息职业技术学院	15	13	6	13	0	0	6	7	0	2	11	0	0	0	4
江苏海事职业技术学院	16	14	10	14	1	2	10	0	1	0	14	0	0	0	1
无锡科技职业学院	17	9	6	9	1	1	6	1	0	1	8	0	0	0	3
盐城卫生职业技术学院	18	5	4	5	0	0	5	0	0	0	3	2	0	0	0
南通科技职业学院	19	9	8	9	0	5	4	0	0	0	9	0	0	0	0
苏州经贸职业技术学院	20	7	4	7	0	1	3	2	1	2	5	0	0	0	2
苏州工业职业技术学院	21	4	2	4	0	1	3	0	0	0	1	3	0	0	0
苏州卫生职业技术学院	22	5	2	5	0	3	2	0	0	1	4	0	0	0	1
无锡商业职业技术学院	23	8	7	8	0	3	5	0	0	1	7	0	0	0	4
南通航运职业技术学院	24	2	0	2	0	1	1	0	0	0	2	0	0	0	0
南京交通职业技术学院	25	17	11	17	0	0	12	1	4	5	12	0	0	0	5

续表

淮安信息职业技术学院	26	8	1	8	0	0	6	2	0	1	7	0	0	0	2
江苏农牧科技职业学院	27	2	1	2	0	1	1	0	0	1	1	0	0	0	2
常州纺织服装职业技术学院	28	12	7	12	1	1	10	0	0	0	12	0	0	0	3
苏州农业职业技术学院	29	17	12	17	2	3	11	1	0	0	17	0	0	0	0
南京化工职业技术学院	30	2	2	2	0	0	2	0	0	0	1	1	0	0	1
常州轻工职业技术学院	31	5	3	5	0	3	2	0	0	0	5	0	0	0	1
常州工程职业技术学院	32	19	13	19	0	0	19	0	0	1	17	1	0	0	1
江苏农林职业技术学院	33	11	10	11	0	0	7	4	0	0	11	0	0	0	1
江苏食品药品职业技术学院	34	14	11	14	0	6	6	2	0	1	10	3	0	0	1
徐州工业职业技术学院	35	3	0	3	0	0	3	0	0	1	2	0	0	0	3
江苏信息职业技术学院	36	7	5	7	1	0	6	0	0	2	5	0	0	0	3
南京信息职业技术学院	37	3	2	3	1	0	2	0	0	0	2	1	0	0	1
常州机电职业技术学院	38	5	3	5	0	1	4	0	0	2	3	0	0	0	2
江阴职业技术学院	39	4	4	4	0	1	3	0	0	0	4	0	0	0	0
无锡城市职业技术学院	40	8	5	8	0	1	6	0	1	1	7	0	0	0	2
无锡工艺职业技术学院	41	5	3	5	0	0	5	0	0	0	5	0	0	0	1
苏州健雄职业技术学院	42	5	3	5	0	1	3	1	0	2	3	0	0	0	2
盐城工业职业技术学院	43	4	1	4	1	2	1	0	0	0	3	1	0	0	0
江苏财经职业技术学院	44	6	2	6	0	1	4	1	0	1	5	0	0	0	1
扬州工业职业技术学院	45	10	8	10	1	2	5	2	0	0	7	3	0	0	0
江苏城市职业学院	46	8	5	8	0	3	5	0	0	3	5	0	0	0	4
南京城市职业学院	47	7	6	7	1	2	3	1	0	2	3	2	0	1	1
南京机电职业技术学院	48	3	1	3	0	0	1	2	0	0	3	0	0	0	1
南京旅游职业学院	49	10	7	10	0	0	8	2	0	3	5	2	0	0	2
江苏建康职业学院	50	4	3	4	1	0	3	0	0	1	3	0	0	0	3
苏州信息职业技术学院	51	1	1	1	0	0	1	0	0	0	0	1	0	0	0
苏州工业园区服务外包职业学院	52	2	2	2	0	0	1	1	0	1	1	0	0	0	0
徐州幼儿师范高等专科学校	53	5	5	5	0	1	3	1	0	1	2	2	0	0	1
徐州生物工程职业技术学院	54	4	3	4	0	1	3	0	0	0	2	2	0	0	0
江苏商贸职业学院	55	4	2	4	0	2	1	1	0	0	3	1	0	0	0

3.17 教育学人文、社会科学活动人员情况表

高校名称		总计		按职称划分						按最后学历划分			其他	按最后学位划分	
			女性	小计	教授	副教授	讲师	助教	初级	研究生	本科生	其他	人员	博士	硕士
	编号	L01	L02	L03	L04	L05	L06	L07	L08	L09	L10	L11	L12	L13	L14
合计	/	746	433	746	59	205	393	76	13	300	446	0	0	15	437
无锡职业技术学院	1	16	12	16	1	4	8	3	0	9	7	0	0	0	10
江苏建筑职业技术学院	2	15	8	15	0	6	9	0	0	7	8	0	0	0	12
南京工业职业技术学院	3	7	5	7	0	1	4	2	0	6	1	0	0	0	6
江苏工程职业技术学院	4	15	6	15	1	1	13	0	0	7	8	0	0	0	10
苏州工艺美术职业技术学院	5	25	11	25	1	8	14	2	0	14	11	0	0	1	17
连云港职业技术学院	6	10	5	10	1	7	1	1	0	1	9	0	0	0	7
镇江市高等专科学校	7	23	8	23	3	9	10	1	0	3	20	0	0	0	5
南通职业大学	8	13	6	13	0	4	7	2	0	5	8	0	0	0	6
苏州市职业大学	9	19	14	19	2	4	12	1	0	12	7	0	0	1	13
沙洲职业工学院	10	6	6	6	0	0	6	0	0	0	6	0	0	0	1
扬州职业大学	11	16	12	16	1	3	8	4	0	7	9	0	0	0	12
连云港师范高等专科学校	12	22	9	22	6	12	4	0	0	10	12	0	0	0	13
江苏经贸职业技术学院	13	2	2	2	0	0	2	0	0	1	1	0	0	0	2
泰州职业技术学院	14	2	1	2	1	0	1	0	0	0	2	0	0	0	1
常州信息职业技术学院	15	5	2	5	3	2	0	0	0	1	4	0	0	0	3
江苏海事职业技术学院	16	20	15	20	1	4	15	0	0	9	11	0	0	0	16
无锡科技职业学院	17	7	3	7	0	3	4	0	0	2	5	0	0	2	2
盐城卫生职业技术学院	18	16	7	16	1	3	11	0	1	5	11	0	0	0	6
南通科技职业学院	19	5	4	5	1	0	1	3	0	3	2	0	0	0	4
苏州经贸职业技术学院	20	7	5	7	0	2	3	1	1	3	4	0	0	0	4
苏州工业职业技术学院	21	14	11	14	0	6	8	0	0	0	14	0	0	0	8
苏州卫生职业技术学院	22	13	11	13	0	4	6	2	1	7	6	0	0	0	11
无锡商业职业技术学院	23	10	6	10	0	2	7	0	1	4	6	0	0	0	7
南通航运职业技术学院	24	28	24	28	1	2	24	0	1	9	19	0	0	0	15
南京交通职业技术学院	25	15	8	15	0	2	12	1	0	6	9	0	0	0	7

续表

淮安信息职业技术学院	26	28	16	28	3	6	9	10	0	5	23	0	0	1	18
江苏农牧科技职业学院	27	5	2	5	0	1	4	0	0	1	4	0	0	0	3
常州纺织服装职业技术学院	28	32	17	32	2	9	19	2	0	14	18	0	0	2	17
苏州农业职业技术学院	29	15	6	15	2	6	7	0	0	5	10	0	0	0	9
南京化工职业技术学院	30	18	10	18	3	7	7	1	0	10	8	0	0	1	10
常州轻工职业技术学院	31	5	4	5	0	2	2	1	0	4	1	0	0	0	5
常州工程职业技术学院	32	13	5	13	0	5	8	0	0	3	10	0	0	0	3
江苏农林职业技术学院	33	0	0	0	0	0	0	0	0	0	0	0	0	0	0
江苏食品药品职业技术学院	34	19	11	19	1	4	13	1	0	7	12	0	0	0	13
徐州工业职业技术学院	35	8	0	8	0	4	4	0	0	6	2	0	0	0	6
江苏信息职业技术学院	36	8	5	8	2	2	3	1	0	3	5	0	0	0	6
南京信息职业技术学院	37	3	3	3	0	1	2	0	0	1	2	0	0	0	3
常州机电职业技术学院	38	59	26	59	6	21	32	0	0	21	38	0	0	2	37
江阴职业技术学院	39	9	4	9	0	7	2	0	0	0	9	0	0	0	3
无锡城市职业技术学院	40	5	2	5	0	1	4	0	0	3	2	0	0	0	4
无锡工艺职业技术学院	41	14	12	14	0	0	3	5	6	3	11	0	0	0	4
苏州健雄职业技术学院	42	9	7	9	2	2	4	1	0	6	3	0	0	1	5
盐城工业职业技术学院	43	13	3	13	2	6	4	1	0	2	11	0	0	0	3
江苏财经职业技术学院	44	6	4	6	0	1	4	1	0	2	4	0	0	0	3
扬州工业职业技术学院	45	9	3	9	2	4	1	1	1	4	5	0	0	1	4
江苏城市职业学院	46	31	23	31	5	5	18	2	1	20	11	0	0	0	26
南京城市职业学院	47	9	7	9	0	2	7	0	0	3	6	0	0	0	6
南京机电职业技术学院	48	8	4	8	0	0	3	5	0	0	8	0	0	0	2
南京旅游职业学院	49	7	4	7	1	0	5	1	0	4	3	0	0	0	4
江苏建康职业学院	50	5	4	5	0	1	2	2	0	2	3	0	0	0	2
苏州信息职业技术学院	51	7	7	7	0	1	6	0	0	2	5	0	0	0	4
苏州工业园区服务外包职业学院	52	12	8	12	1	2	7	2	0	9	3	0	0	1	9
徐州幼儿师范高等专科学校	53	41	26	41	3	11	16	11	0	25	16	0	0	2	25
徐州生物工程职业技术学院	54	5	3	5	0	1	3	1	0	1	4	0	0	0	1
江苏商贸职业学院	55	12	6	12	0	4	4	4	0	3	9	0	0	0	4

3.18 统计学人文、社会科学活动人员情况表

高校名称		总计		按职称划分						按最后学历划分			其他	按最后学位划分	
			女性	小计	教授	副教授	讲师	助教	初级	研究生	本科生	其他	人员	博士	硕士
	编号	L01	L02	L03	L04	L05	L06	L07	L08	L09	L10	L11	L12	L13	L14
合计	/	51	28	51	3	16	29	3	0	13	38	0	0	0	25
无锡职业技术学院	1	0	0	0	0	0	0	0	0	0	0	0	0	0	0
江苏建筑职业技术学院	2	1	0	1	0	1	0	0	0	1	0	0	0	0	1
南京工业职业技术学院	3	0	0	0	0	0	0	0	0	0	0	0	0	0	0
江苏工程职业技术学院	4	1	0	1	0	1	0	0	0	0	1	0	0	0	1
苏州工艺美术职业技术学院	5	1	1	1	0	0	0	1	0	1	0	0	0	0	1
连云港职业技术学院	6	1	0	1	0	0	1	0	0	0	1	0	0	0	0
镇江市高等专科学校	7	0	0	0	0	0	0	0	0	0	0	0	0	0	0
南通职业大学	8	0	0	0	0	0	0	0	0	0	0	0	0	0	0
苏州市职业大学	9	0	0	0	0	0	0	0	0	0	0	0	0	0	0
沙洲职业工学院	10	1	0	1	0	1	0	0	0	0	1	0	0	0	0
扬州职业大学	11	2	2	2	0	2	0	0	0	0	2	0	0	0	0
连云港师范高等专科学校	12	0	0	0	0	0	0	0	0	0	0	0	0	0	0
江苏经贸职业技术学院	13	0	0	0	0	0	0	0	0	0	0	0	0	0	0
泰州职业技术学院	14	0	0	0	0	0	0	0	0	0	0	0	0	0	0
常州信息职业技术学院	15	0	0	0	0	0	0	0	0	0	0	0	0	0	0
江苏海事职业技术学院	16	0	0	0	0	0	0	0	0	0	0	0	0	0	0
无锡科技职业学院	17	1	1	1	0	0	1	0	0	1	0	0	0	0	1
盐城卫生职业技术学院	18	0	0	0	0	0	0	0	0	0	0	0	0	0	0
南通科技职业学院	19	2	2	2	0	0	2	0	0	1	1	0	0	0	1
苏州经贸职业技术学院	20	2	1	2	0	2	0	0	0	0	2	0	0	0	0
苏州工业职业技术学院	21	1	0	1	1	0	0	0	0	1	0	0	0	0	1
苏州卫生职业技术学院	22	0	0	0	0	0	0	0	0	0	0	0	0	0	0
无锡商业职业技术学院	23	0	0	0	0	0	0	0	0	0	0	0	0	0	0
南通航运职业技术学院	24	3	1	3	0	0	3	0	0	0	3	0	0	0	1
南京交通职业技术学院	25	6	5	6	0	2	4	0	0	3	3	0	0	0	3

续表

淮安信息职业技术学院	26	0	0	0	0	0	0	0	0	0	0	0	0	0	0
江苏农牧科技职业学院	27	0	0	0	0	0	0	0	0	0	0	0	0	0	0
常州纺织服装职业技术学院	28	2	1	2	2	0	0	0	0	0	2	0	0	0	0
苏州农业职业技术学院	29	0	0	0	0	0	0	0	0	0	0	0	0	0	0
南京化工职业技术学院	30	0	0	0	0	0	0	0	0	0	0	0	0	0	0
常州轻工职业技术学院	31	1	0	1	0	0	1	0	0	0	1	0	0	0	0
常州工程职业技术学院	32	1	0	1	0	0	1	0	0	0	1	0	0	0	0
江苏农林职业技术学院	33	0	0	0	0	0	0	0	0	0	0	0	0	0	0
江苏食品药品职业技术学院	34	2	2	2	0	0	1	1	0	0	2	0	0	0	0
徐州工业职业技术学院	35	6	3	6	0	5	1	0	0	1	5	0	0	0	3
江苏信息职业技术学院	36	1	0	1	0	0	1	0	0	0	1	0	0	0	0
南京信息职业技术学院	37	9	5	9	0	2	7	0	0	3	6	0	0	0	7
常州机电职业技术学院	38	3	3	3	0	0	3	0	0	0	3	0	0	0	3
江阴职业技术学院	39	0	0	0	0	0	0	0	0	0	0	0	0	0	0
无锡城市职业技术学院	40	0	0	0	0	0	0	0	0	0	0	0	0	0	0
无锡工艺职业技术学院	41	0	0	0	0	0	0	0	0	0	0	0	0	0	0
苏州健雄职业技术学院	42	0	0	0	0	0	0	0	0	0	0	0	0	0	0
盐城工业职业技术学院	43	0	0	0	0	0	0	0	0	0	0	0	0	0	0
江苏财经职业技术学院	44	0	0	0	0	0	0	0	0	0	0	0	0	0	0
扬州工业职业技术学院	45	0	0	0	0	0	0	0	0	0	0	0	0	0	0
江苏城市职业学院	46	1	0	1	0	0	1	0	0	1	0	0	0	0	1
南京城市职业学院	47	0	0	0	0	0	0	0	0	0	0	0	0	0	0
南京机电职业技术学院	48	1	0	1	0	0	1	0	0	0	1	0	0	0	0
南京旅游职业学院	49	1	0	1	0	0	0	1	0	0	1	0	0	0	0
江苏建康职业学院	50	0	0	0	0	0	0	0	0	0	0	0	0	0	0
苏州信息职业技术学院	51	1	1	1	0	0	1	0	0	0	1	0	0	0	1
苏州工业园区服务外包职业学院	52	0	0	0	0	0	0	0	0	0	0	0	0	0	0
徐州幼儿师范高等专科学校	53	0	0	0	0	0	0	0	0	0	0	0	0	0	0
徐州生物工程职业技术学院	54	0	0	0	0	0	0	0	0	0	0	0	0	0	0
江苏商贸职业学院	55	0	0	0	0	0	0	0	0	0	0	0	0	0	0

3.19 心理学人文、社会科学活动人员情况表

高校名称		总计		按职称划分						按最后学历划分			其他	按最后学位划分	
			女性	小计	教授	副教授	讲师	助教	初级	研究生	本科生	其他	人员	博士	硕士
	编号	L01	L02	L03	L04	L05	L06	L07	L08	L09	L10	L11	L12	L13	L14
合计	/	92	71	92	5	20	49	16	2	39	53	0	0	0	59
无锡职业技术学院	1	0	0	0	0	0	0	0	0	0	0	0	0	0	0
江苏建筑职业技术学院	2	0	0	0	0	0	0	0	0	0	0	0	0	0	0
南京工业职业技术学院	3	2	2	2	0	0	2	0	0	2	0	0	0	0	2
江苏工程职业技术学院	4	0	0	0	0	0	0	0	0	0	0	0	0	0	0
苏州工艺美术职业技术学院	5	2	2	2	0	1	1	0	0	2	0	0	0	0	2
连云港职业技术学院	6	0	0	0	0	0	0	0	0	0	0	0	0	0	0
镇江市高等专科学校	7	5	4	5	1	3	0	1	0	2	3	0	0	0	3
南通职业大学	8	1	1	1	0	1	0	0	0	0	1	0	0	0	0
苏州市职业大学	9	9	4	9	0	4	5	0	0	1	8	0	0	0	7
沙洲职业工学院	10	1	1	1	0	0	1	0	0	1	0	0	0	0	1
扬州职业大学	11	4	1	4	0	3	1	0	0	0	4	0	0	0	3
连云港师范高等专科学校	12	4	1	4	2	1	1	0	0	1	3	0	0	0	2
江苏经贸职业技术学院	13	3	3	3	0	0	3	0	0	2	1	0	0	0	2
泰州职业技术学院	14	1	0	1	0	0	1	0	0	1	0	0	0	0	1
常州信息职业技术学院	15	0	0	0	0	0	0	0	0	0	0	0	0	0	0
江苏海事职业技术学院	16	0	0	0	0	0	0	0	0	0	0	0	0	0	0
无锡科技职业学院	17	2	2	2	0	1	1	0	0	0	2	0	0	0	0
盐城卫生职业技术学院	18	4	3	4	0	0	3	1	0	1	3	0	0	0	1
南通科技职业学院	19	3	3	3	1	0	1	1	0	1	2	0	0	0	2
苏州经贸职业技术学院	20	2	1	2	0	1	1	0	0	2	0	0	0	0	2
苏州工业职业技术学院	21	0	0	0	0	0	0	0	0	0	0	0	0	0	0
苏州卫生职业技术学院	22	2	2	2	0	0	0	2	0	1	1	0	0	0	1
无锡商业职业技术学院	23	0	0	0	0	0	0	0	0	0	0	0	0	0	0
南通航运职业技术学院	24	3	3	3	0	0	3	0	0	2	1	0	0	0	3
南京交通职业技术学院	25	1	1	1	0	0	1	0	0	1	0	0	0	0	1

续表

淮安信息职业技术学院	26	6	4	6	1	0	5	0	0	3	3	0	0	0	3
江苏农牧科技职业学院	27	1	1	1	0	0	1	0	0	0	1	0	0	0	0
常州纺织服装职业技术学院	28	4	3	4	0	1	1	2	0	0	4	0	0	0	0
苏州农业职业技术学院	29	1	1	1	0	0	1	0	0	1	0	0	0	0	1
南京化工职业技术学院	30	0	0	0	0	0	0	0	0	0	0	0	0	0	0
常州轻工职业技术学院	31	0	0	0	0	0	0	0	0	0	0	0	0	0	0
常州工程职业技术学院	32	0	0	0	0	0	0	0	0	0	0	0	0	0	0
江苏农林职业技术学院	33	0	0	0	0	0	0	0	0	0	0	0	0	0	0
江苏食品药品职业技术学院	34	2	2	2	0	0	1	1	0	2	0	0	0	0	2
徐州工业职业技术学院	35	0	0	0	0	0	0	0	0	0	0	0	0	0	0
江苏信息职业技术学院	36	0	0	0	0	0	0	0	0	0	0	0	0	0	0
南京信息职业技术学院	37	5	4	5	0	1	4	0	0	1	4	0	0	0	4
常州机电职业技术学院	38	1	1	1	0	0	1	0	0	0	1	0	0	0	0
江阴职业技术学院	39	1	1	1	0	0	1	0	0	0	1	0	0	0	0
无锡城市职业技术学院	40	2	2	2	0	1	1	0	0	1	1	0	0	0	2
无锡工艺职业技术学院	41	0	0	0	0	0	0	0	0	0	0	0	0	0	0
苏州健雄职业技术学院	42	2	1	2	0	0	2	0	0	1	1	0	0	0	1
盐城工业职业技术学院	43	1	0	1	0	0	1	0	0	1	0	0	0	0	1
江苏财经职业技术学院	44	0	0	0	0	0	0	0	0	0	0	0	0	0	0
扬州工业职业技术学院	45	1	1	1	0	0	0	1	0	1	0	0	0	0	1
江苏城市职业学院	46	3	3	3	0	1	1	0	1	1	2	0	0	0	3
南京城市职业学院	47	1	1	1	0	0	0	1	0	1	0	0	0	0	1
南京机电职业技术学院	48	3	3	3	0	0	0	2	1	2	1	0	0	0	2
南京旅游职业学院	49	2	2	2	0	0	2	0	0	1	1	0	0	0	2
江苏建康职业学院	50	4	4	4	0	0	1	3	0	1	3	0	0	0	1
苏州信息职业技术学院	51	1	1	1	0	1	0	0	0	0	1	0	0	0	0
苏州工业园区服务外包职业学院	52	0	0	0	0	0	0	0	0	0	0	0	0	0	0
徐州幼儿师范高等专科学校	53	1	1	1	0	0	1	0	0	1	0	0	0	0	1
徐州生物工程职业技术学院	54	0	0	0	0	0	0	0	0	0	0	0	0	0	0
江苏商贸职业学院	55	1	1	1	0	0	0	1	0	1	0	0	0	0	1

3.20 体育科学人文、社会科学活动人员情况表

高校名称		总计		按职称划分						按最后学历划分			其他	按最后学位划分	
			女性	小计	教授	副教授	讲师	助教	初级	研究生	本科生	其他	人员	博士	硕士
	编号	L01	L02	L03	L04	L05	L06	L07	L08	L09	L10	L11	L12	L13	L14
合计	/	743	252	743	18	267	349	105	4	127	614	2	0	2	235
无锡职业技术学院	1	15	3	15	0	3	9	3	0	7	8	0	0	0	7
江苏建筑职业技术学院	2	16	4	16	1	5	10	0	0	3	13	0	0	0	5
南京工业职业技术学院	3	22	9	22	0	4	14	4	0	9	13	0	0	0	12
江苏工程职业技术学院	4	10	4	10	1	4	3	2	0	3	7	0	0	0	4
苏州工艺美术职业技术学院	5	13	5	13	0	5	7	1	0	4	9	0	0	0	7
连云港职业技术学院	6	17	4	17	0	14	3	0	0	0	17	0	0	0	5
镇江市高等专科学校	7	20	7	20	0	7	13	0	0	0	20	0	0	0	5
南通职业大学	8	11	5	11	0	9	2	0	0	0	11	0	0	0	5
苏州市职业大学	9	22	11	22	1	11	10	0	0	5	17	0	0	0	8
沙洲职业工学院	10	8	2	8	0	5	3	0	0	0	8	0	0	0	0
扬州职业大学	11	45	17	45	2	22	16	5	0	2	42	1	0	1	5
连云港师范高等专科学校	12	26	9	26	3	19	4	0	0	1	25	0	0	0	1
江苏经贸职业技术学院	13	24	6	24	1	7	13	3	0	9	15	0	0	0	11
泰州职业技术学院	14	9	3	9	0	7	1	1	0	1	8	0	0	0	3
常州信息职业技术学院	15	15	4	15	0	7	7	1	0	5	10	0	0	0	7
江苏海事职业技术学院	16	22	9	22	1	7	13	1	0	1	21	0	0	0	2
无锡科技职业学院	17	11	5	11	0	1	3	6	1	0	11	0	0	0	3
盐城卫生职业技术学院	18	11	4	11	0	5	5	0	1	1	10	0	0	0	3
南通科技职业学院	19	5	2	5	0	2	3	0	0	0	5	0	0	0	0
苏州经贸职业技术学院	20	12	5	12	0	4	6	2	0	4	8	0	0	0	4
苏州工业职业技术学院	21	16	4	16	1	3	8	4	0	1	15	0	0	0	7
苏州卫生职业技术学院	22	13	6	13	0	2	10	1	0	3	10	0	0	0	5
无锡商业职业技术学院	23	16	4	16	0	5	8	3	0	2	14	0	0	0	5
南通航运职业技术学院	24	14	2	14	1	2	11	0	0	6	8	0	0	0	8
南京交通职业技术学院	25	18	5	18	0	7	8	3	0	2	16	0	0	0	7

续表

淮安信息职业技术学院	26	13	4	13	0	2	4	7	0	2	11	0	0	0	3
江苏农牧科技职业学院	27	3	2	3	0	2	1	0	0	0	3	0	0	0	0
常州纺织服装职业技术学院	28	12	3	12	0	3	8	1	0	1	11	0	0	0	3
苏州农业职业技术学院	29	9	6	9	0	3	4	2	0	0	9	0	0	0	5
南京化工职业技术学院	30	15	5	15	0	5	10	0	0	4	11	0	0	0	6
常州轻工职业技术学院	31	15	4	15	0	4	8	3	0	0	15	0	0	0	2
常州工程职业技术学院	32	21	5	21	0	6	12	3	0	3	18	0	0	0	3
江苏农林职业技术学院	33	4	0	4	0	0	2	2	0	0	4	0	0	0	1
江苏食品药品职业技术学院	34	12	3	12	0	4	7	1	0	1	10	1	0	0	2
徐州工业职业技术学院	35	15	7	15	2	3	9	1	0	2	13	0	0	0	6
江苏信息职业技术学院	36	9	2	9	0	4	5	0	0	0	9	0	0	0	1
南京信息职业技术学院	37	15	6	15	1	2	11	1	0	4	11	0	0	0	9
常州机电职业技术学院	38	5	2	5	0	1	2	2	0	4	1	0	0	0	3
江阴职业技术学院	39	22	7	22	1	13	7	1	0	0	22	0	0	0	9
无锡城市职业技术学院	40	10	4	10	0	3	5	2	0	3	7	0	0	0	4
无锡工艺职业技术学院	41	9	2	9	0	1	6	2	0	4	5	0	0	1	3
苏州健雄职业技术学院	42	9	4	9	0	5	3	1	0	1	8	0	0	0	1
盐城工业职业技术学院	43	9	2	9	0	7	1	1	0	0	9	0	0	0	0
江苏财经职业技术学院	44	19	5	19	1	6	8	4	0	3	16	0	0	0	8
扬州工业职业技术学院	45	15	3	15	0	5	8	2	0	4	11	0	0	0	4
江苏城市职业学院	46	9	3	9	0	7	0	2	0	2	7	0	0	0	6
南京城市职业学院	47	4	1	4	0	0	1	3	0	3	1	0	0	0	3
南京机电职业技术学院	48	9	5	9	0	0	5	3	1	0	9	0	0	0	3
南京旅游职业学院	49	13	6	13	0	1	1	11	0	5	8	0	0	0	5
江苏建康职业学院	50	6	2	6	0	3	3	0	0	2	4	0	0	0	3
苏州信息职业技术学院	51	7	3	7	0	2	5	0	0	0	7	0	0	0	0
苏州工业园区服务外包职业学院	52	9	3	9	0	0	8	1	0	9	0	0	0	0	9
徐州幼儿师范高等专科学校	53	12	3	12	1	4	4	3	0	1	11	0	0	0	1
徐州生物工程职业技术学院	54	9	4	9	0	2	6	1	0	0	9	0	0	0	2
江苏商贸职业学院	55	13	7	13	0	2	5	5	1	0	13	0	0	0	1

4. 民办及中外合作办学高校人文、社会科学活动人员情况表

		总计		按职称划分						按最后学历划分			其他	按最后学位划分	
			女性	小计	教授	副教授	讲师	助教	初级	研究生	本科生	其他	人员	博士	硕士
	编号	L01	L02	L03	L04	L05	L06	L07	L08	L09	L10	L11	L12	L13	L14
合计	/	2 285	1 489	2 285	70	262	1 295	577	81	1 014	1 262	9	0	123	1 208
管理学	1	483	287	483	20	62	282	107	12	271	211	1	0	51	273
马克思主义	2	105	77	105	3	15	65	15	7	55	50	0	0	3	69
哲学	3	16	9	16	2	4	8	2	0	13	3	0	0	0	13
逻辑学	4	1	1	1	0	1	0	0	0	1	0	0	0	0	1
宗教学	5	0	0	0	0	0	0	0	0	0	0	0	0	0	0
语言学	6	500	411	500	7	65	311	110	7	197	302	1	0	19	276
中国文学	7	55	41	55	0	13	26	12	4	27	28	0	0	6	27
外国文学	8	25	19	25	1	2	18	3	1	12	13	0	0	1	19
艺术学	9	363	210	363	7	14	184	150	8	119	240	4	0	0	163
历史学	10	6	3	6	0	1	3	2	0	4	2	0	0	0	4
考古学	11	0	0	0	0	0	0	0	0	0	0	0	0	0	0
经济学	12	249	162	249	19	25	144	58	3	150	98	1	0	36	140
政治学	13	5	2	5	1	2	0	1	1	3	2	0	0	0	3
法学	14	47	31	47	1	12	19	14	1	25	22	0	0	1	32
社会学	15	11	8	11	0	0	8	3	0	6	5	0	0	0	7
民族学与文化学	16	0	0	0	0	0	0	0	0	0	0	0	0	0	0
新闻学与传播学	17	33	18	33	2	4	17	10	0	13	20	0	0	3	12
图书、情报、文献学	18	84	58	84	1	4	49	13	17	14	68	2	0	1	18
教育学	19	123	84	123	5	10	64	30	14	49	74	0	0	2	64
统计学	20	5	4	5	0	0	2	1	2	3	2	0	0	0	4
心理学	21	18	16	18	0	0	11	7	0	8	10	0	0	0	10
体育科学	22	156	48	156	1	28	84	39	4	44	112	0	0	0	73

（注：宗教学、考古学、民族学与文化学的民办及中外合作办学高校人文、社会科学活动人员数都为0，在本节将不对这三个学科做细分。）

4.1 管理学人文、社会科学活动人员情况表

高校名称		总计		按职称划分						按最后学历划分			其他	按最后学位划分	
			女性	小计	教授	副教授	讲师	助教	初级	研究生	本科生	其他	人员	博士	硕士
	编号	L01	L02	L03	L04	L05	L06	L07	L08	L09	L10	L11	L12	L13	L14
合计	/	483	287	483	20	62	282	107	12	271	211	1	0	51	273
三江学院	1	58	37	58	3	10	43	2	0	40	18	0	0	1	42
九州职业技术学院	2	19	11	19	1	0	15	1	2	10	9	0	0	0	12
南通理工学院	3	21	6	21	3	3	14	1	0	12	9	0	0	2	13
硅湖职业技术学院	4	16	8	16	0	1	11	3	1	6	10	0	0	1	9
应天职业技术学院	5	18	15	18	0	2	16	0	0	10	8	0	0	0	18
苏州托普信息职业技术学院	6	35	23	35	1	1	16	17	0	9	25	1	0	1	8
苏州工业园区职业技术学院	7	22	14	22	0	9	8	5	0	9	13	0	0	0	20
太湖创意职业技术学院	8	8	3	8	0	1	4	1	2	3	5	0	0	0	3
炎黄职业技术学院	9	5	3	5	0	0	5	0	0	1	4	0	0	0	2
正德职业技术学院	10	26	17	26	2	4	16	4	0	13	13	0	0	1	15
钟山职业技术学院	11	14	10	14	0	3	8	3	0	2	12	0	0	0	7
无锡南洋职业技术学院	12	12	7	12	0	3	7	1	1	6	6	0	0	0	8
江南影视艺术职业学院	13	3	2	3	0	0	0	3	0	0	3	0	0	0	0
金肯职业技术学院	14	24	21	24	0	1	21	0	2	9	15	0	0	0	11
建东职业技术学院	15	7	4	7	0	0	5	2	0	2	5	0	0	0	3
宿迁职业技术学院	16	2	1	2	0	0	0	2	0	0	2	0	0	0	0
无锡太湖学院	17	37	23	37	1	1	29	4	2	31	6	0	0	1	35
金山职业技术学院	18	11	7	11	0	0	2	9	0	1	10	0	0	0	2
苏州港大思培科技职业学院	19	15	9	15	0	0	1	14	0	9	6	0	0	0	9
昆山登云科技职业学院	20	29	17	29	0	1	11	17	0	9	20	0	0	0	10
宿迁学院	21	27	14	27	0	5	21	1	0	27	0	0	0	1	26
苏州高博软件技术职业学院	22	17	13	17	0	0	9	8	0	10	7	0	0	0	11
宿迁泽达职业技术学院	23	3	3	3	0	0	0	3	0	0	3	0	0	0	0
西交利物浦大学	24	54	19	54	9	17	20	6	2	52	2	0	0	43	9

4.2 马克思主义人文、社会科学活动人员情况表

高校名称		总计		按职称划分						按最后学历划分			其他	按最后学位划分	
			女性	小计	教授	副教授	讲师	助教	初级	研究生	本科生	其他	人员	博士	硕士
	编号	L01	L02	L03	L04	L05	L06	L07	L08	L09	L10	L11	L12	L13	L14
合计	/	105	77	105	3	15	65	15	7	55	50	0	0	3	69
三江学院	1	16	13	16	0	0	16	0	0	6	10	0	0	0	6
九州职业技术学院	2	3	3	3	0	0	2	1	0	2	1	0	0	0	2
南通理工学院	3	5	3	5	0	4	1	0	0	3	2	0	0	0	5
硅湖职业技术学院	4	7	5	7	1	0	4	1	1	2	5	0	0	1	3
应天职业技术学院	5	3	3	3	0	0	3	0	0	1	2	0	0	0	2
苏州托普信息职业技术学院	6	3	2	3	0	1	1	1	0	1	2	0	0	0	1
苏州工业园区职业技术学院	7	2	1	2	0	0	2	0	0	0	2	0	0	0	1
太湖创意职业技术学院	8	1	0	1	0	0	0	0	1	1	0	0	0	0	1
炎黄职业技术学院	9	1	1	1	0	0	1	0	0	0	1	0	0	0	1
正德职业技术学院	10	4	1	4	0	0	3	0	1	1	3	0	0	0	2
钟山职业技术学院	11	7	6	7	0	2	2	2	1	3	4	0	0	0	5
无锡南洋职业技术学院	12	2	2	2	0	0	2	0	0	0	2	0	0	0	1
江南影视艺术职业学院	13	2	0	2	1	0	1	0	0	2	0	0	0	0	2
金肯职业技术学院	14	9	8	9	0	0	8	1	0	4	5	0	0	0	6
建东职业技术学院	15	3	3	3	0	3	0	0	0	1	2	0	0	0	2
宿迁职业技术学院	16	2	2	2	0	0	1	1	0	1	1	0	0	0	1
无锡太湖学院	17	9	7	9	0	0	5	1	3	8	1	0	0	0	9
金山职业技术学院	18	2	1	2	1	0	0	1	0	1	1	0	0	0	1
苏州港大思培科技职业学院	19	4	3	4	0	0	4	0	0	4	0	0	0	1	3
昆山登云科技职业学院	20	2	2	2	0	0	1	1	0	1	1	0	0	0	1
宿迁学院	21	11	7	11	0	4	7	0	0	9	2	0	0	0	11
苏州高博软件技术职业学院	22	2	1	2	0	1	0	1	0	0	2	0	0	0	0
宿迁泽达职业技术学院	23	2	2	2	0	0	0	2	0	1	1	0	0	0	1
西交利物浦大学	24	3	1	3	0	0	1	2	0	3	0	0	0	1	2

4.3 哲学人文、社会科学活动人员情况表

高校名称		总计		按职称划分						按最后学历划分			其他	按最后学位划分	
			女性	小计	教授	副教授	讲师	助教	初级	研究生	本科生	其他	人员	博士	硕士
	编号	L01	L02	L03	L04	L05	L06	L07	L08	L09	L10	L11	L12	L13	L14
合计	/	16	9	16	2	4	8	2	0	13	3	0	0	0	13
三江学院	1	1	0	1	0	0	1	0	0	0	1	0	0	0	0
九州职业技术学院	2	0	0	0	0	0	0	0	0	0	0	0	0	0	0
南通理工学院	3	1	1	1	1	0	0	0	0	0	1	0	0	0	0
硅湖职业技术学院	4	0	0	0	0	0	0	0	0	0	0	0	0	0	0
应天职业技术学院	5	3	1	3	0	2	1	0	0	2	1	0	0	0	2
苏州托普信息职业技术学院	6	0	0	0	0	0	0	0	0	0	0	0	0	0	0
苏州工业园区职业技术学院	7	0	0	0	0	0	0	0	0	0	0	0	0	0	0
太湖创意职业技术学院	8	0	0	0	0	0	0	0	0	0	0	0	0	0	0
炎黄职业技术学院	9	0	0	0	0	0	0	0	0	0	0	0	0	0	0
正德职业技术学院	10	1	1	1	0	0	0	1	0	1	0	0	0	0	1
钟山职业技术学院	11	0	0	0	0	0	0	0	0	0	0	0	0	0	0
无锡南洋职业技术学院	12	0	0	0	0	0	0	0	0	0	0	0	0	0	0
江南影视艺术职业学院	13	1	0	1	0	0	1	0	0	1	0	0	0	0	1
金肯职业技术学院	14	0	0	0	0	0	0	0	0	0	0	0	0	0	0
建东职业技术学院	15	0	0	0	0	0	0	0	0	0	0	0	0	0	0
宿迁职业技术学院	16	0	0	0	0	0	0	0	0	0	0	0	0	0	0
无锡太湖学院	17	0	0	0	0	0	0	0	0	0	0	0	0	0	0
金山职业技术学院	18	0	0	0	0	0	0	0	0	0	0	0	0	0	0
苏州港大思培科技职业学院	19	0	0	0	0	0	0	0	0	0	0	0	0	0	0
昆山登云科技职业学院	20	2	2	2	0	0	2	0	0	2	0	0	0	0	2
宿迁学院	21	4	3	4	0	2	2	0	0	4	0	0	0	0	4
苏州高博软件技术职业学院	22	2	0	2	1	0	1	0	0	2	0	0	0	0	2
宿迁泽达职业技术学院	23	1	1	1	0	0	0	1	0	1	0	0	0	0	1
西交利物浦大学	24	0	0	0	0	0	0	0	0	0	0	0	0	0	0

4.4 逻辑学人文、社会科学活动人员情况表

高校名称	编号	总计		按职称划分						按最后学历划分			其他	按最后学位划分	
			女性	小计	教授	副教授	讲师	助教	初级	研究生	本科生	其他	人员	博士	硕士
		L01	L02	L03	L04	L05	L06	L07	L08	L09	L10	L11	L12	L13	L14
合计	/	1	1	1	0	1	0	0	0	1	0	0	0	0	1
三江学院	1	0	0	0	0	0	0	0	0	0	0	0	0	0	0
九州职业技术学院	2	0	0	0	0	0	0	0	0	0	0	0	0	0	0
南通理工学院	3	0	0	0	0	0	0	0	0	0	0	0	0	0	0
硅湖职业技术学院	4	0	0	0	0	0	0	0	0	0	0	0	0	0	0
应天职业技术学院	5	0	0	0	0	0	0	0	0	0	0	0	0	0	0
苏州托普信息职业技术学院	6	0	0	0	0	0	0	0	0	0	0	0	0	0	0
苏州工业园区职业技术学院	7	1	1	1	0	1	0	0	0	1	0	0	0	0	1
太湖创意职业技术学院	8	0	0	0	0	0	0	0	0	0	0	0	0	0	0
炎黄职业技术学院	9	0	0	0	0	0	0	0	0	0	0	0	0	0	0
正德职业技术学院	10	0	0	0	0	0	0	0	0	0	0	0	0	0	0
钟山职业技术学院	11	0	0	0	0	0	0	0	0	0	0	0	0	0	0
无锡南洋职业技术学院	12	0	0	0	0	0	0	0	0	0	0	0	0	0	0
江南影视艺术职业学院	13	0	0	0	0	0	0	0	0	0	0	0	0	0	0
金肯职业技术学院	14	0	0	0	0	0	0	0	0	0	0	0	0	0	0
建东职业技术学院	15	0	0	0	0	0	0	0	0	0	0	0	0	0	0
宿迁职业技术学院	16	0	0	0	0	0	0	0	0	0	0	0	0	0	0
无锡太湖学院	17	0	0	0	0	0	0	0	0	0	0	0	0	0	0
金山职业技术学院	18	0	0	0	0	0	0	0	0	0	0	0	0	0	0
苏州港大思培科技职业学院	19	0	0	0	0	0	0	0	0	0	0	0	0	0	0
昆山登云科技职业学院	20	0	0	0	0	0	0	0	0	0	0	0	0	0	0
宿迁学院	21	0	0	0	0	0	0	0	0	0	0	0	0	0	0
苏州高博软件技术职业学院	22	0	0	0	0	0	0	0	0	0	0	0	0	0	0
宿迁泽达职业技术学院	23	0	0	0	0	0	0	0	0	0	0	0	0	0	0
西交利物浦大学	24	0	0	0	0	0	0	0	0	0	0	0	0	0	0

4.5 语言学人文、社会科学活动人员情况表

高校名称		总计		按职称划分						按最后学历划分			其他	按最后学位划分	
			女性	小计	教授	副教授	讲师	助教	初级	研究生	本科生	其他	人员	博士	硕士
	编号	L01	L02	L03	L04	L05	L06	L07	L08	L09	L10	L11	L12	L13	L14
合计	/	500	411	500	7	65	311	110	7	197	302	1	0	19	276
三江学院	1	64	51	64	2	10	48	4	0	43	21	0	0	1	42
九州职业技术学院	2	6	5	6	0	2	3	1	0	2	4	0	0	0	5
南通理工学院	3	22	20	22	0	3	17	2	0	4	18	0	0	0	4
硅湖职业技术学院	4	9	9	9	0	0	8	1	0	2	7	0	0	0	3
应天职业技术学院	5	18	16	18	1	3	14	0	0	3	15	0	0	0	11
苏州托普信息职业技术学院	6	16	13	16	0	0	10	6	0	6	10	0	0	0	6
苏州工业园区职业技术学院	7	23	19	23	0	2	15	6	0	7	16	0	0	0	14
太湖创意职业技术学院	8	16	12	16	0	3	5	6	2	6	10	0	0	0	6
炎黄职业技术学院	9	14	11	14	1	0	12	1	0	1	13	0	0	0	3
正德职业技术学院	10	15	13	15	0	3	11	1	0	2	13	0	0	0	9
钟山职业技术学院	11	24	18	24	0	3	21	0	0	0	24	0	0	0	22
无锡南洋职业技术学院	12	15	14	15	1	0	13	0	1	2	13	0	0	1	4
江南影视艺术职业学院	13	31	29	31	0	0	5	23	3	4	27	0	0	0	4
金肯职业技术学院	14	14	13	14	0	0	13	1	0	5	9	0	0	0	9
建东职业技术学院	15	11	6	11	0	2	7	2	0	2	9	0	0	0	3
宿迁职业技术学院	16	7	6	7	0	1	2	4	0	2	5	0	0	0	2
无锡太湖学院	17	37	29	37	1	1	21	14	0	28	9	0	0	0	29
金山职业技术学院	18	4	3	4	0	1	2	1	0	0	4	0	0	0	0
苏州港大思培科技职业学院	19	24	20	24	0	0	4	20	0	20	4	0	0	1	19
昆山登云科技职业学院	20	15	12	15	0	0	12	3	0	2	12	1	0	0	4
宿迁学院	21	71	57	71	1	25	43	2	0	23	48	0	0	0	61
苏州高博软件技术职业学院	22	20	18	20	0	1	14	5	0	15	5	0	0	0	14
宿迁泽达职业技术学院	23	6	6	6	0	0	0	6	0	1	5	0	0	0	1
西交利物浦大学	24	18	11	18	0	5	11	1	1	17	1	0	0	16	1

4.6 中国文学人文、社会科学活动人员情况表

高校名称		总计		按职称划分						按最后学历划分			其他	按最后学位划分	
			女性	小计	教授	副教授	讲师	助教	初级	研究生	本科生	其他	人员	博士	硕士
	编号	L01	L02	L03	L04	L05	L06	L07	L08	L09	L10	L11	L12	L13	L14
合计	/	55	41	55	0	13	26	12	4	27	28	0	0	6	27
三江学院	1	8	5	8	0	2	6	0	0	6	2	0	0	2	4
九州职业技术学院	2	1	0	1	0	0	1	0	0	0	1	0	0	0	0
南通理工学院	3	0	0	0	0	0	0	0	0	0	0	0	0	0	0
硅湖职业技术学院	4	0	0	0	0	0	0	0	0	0	0	0	0	0	0
应天职业技术学院	5	2	2	2	0	1	1	0	0	2	0	0	0	0	2
苏州托普信息职业技术学院	6	0	0	0	0	0	0	0	0	0	0	0	0	0	0
苏州工业园区职业技术学院	7	1	0	1	0	1	0	0	0	0	1	0	0	0	1
太湖创意职业技术学院	8	0	0	0	0	0	0	0	0	0	0	0	0	0	0
炎黄职业技术学院	9	1	1	1	0	0	1	0	0	0	1	0	0	0	1
正德职业技术学院	10	1	1	1	0	0	0	1	0	1	0	0	0	0	1
钟山职业技术学院	11	0	0	0	0	0	0	0	0	0	0	0	0	0	0
无锡南洋职业技术学院	12	3	3	3	0	0	2	1	0	0	3	0	0	0	2
江南影视艺术职业学院	13	7	6	7	0	0	1	5	1	2	5	0	0	0	2
金肯职业技术学院	14	0	0	0	0	0	0	0	0	0	0	0	0	0	0
建东职业技术学院	15	0	0	0	0	0	0	0	0	0	0	0	0	0	0
宿迁职业技术学院	16	0	0	0	0	0	0	0	0	0	0	0	0	0	0
无锡太湖学院	17	4	3	4	0	1	2	1	0	3	1	0	0	1	2
金山职业技术学院	18	6	5	6	0	2	4	0	0	0	6	0	0	0	0
苏州港大思培科技职业学院	19	0	0	0	0	0	0	0	0	0	0	0	0	0	0
昆山登云科技职业学院	20	2	2	2	0	0	0	2	0	0	2	0	0	0	0
宿迁学院	21	14	9	14	0	6	8	0	0	9	5	0	0	2	9
苏州高博软件技术职业学院	22	1	0	1	0	0	0	1	0	0	1	0	0	0	0
宿迁泽达职业技术学院	23	0	0	0	0	0	0	0	0	0	0	0	0	0	0
西交利物浦大学	24	4	4	4	0	0	0	1	3	4	0	0	0	1	3

4.7 外国文学人文、社会科学活动人员情况表

高校名称		总计		按职称划分						按最后学历划分			其他	按最后学位划分	
			女性	小计	教授	副教授	讲师	助教	初级	研究生	本科生	其他	人员	博士	硕士
	编号	L01	L02	L03	L04	L05	L06	L07	L08	L09	L10	L11	L12	L13	L14
合计	/	25	19	25	1	2	18	3	1	12	13	0	0	1	19
三江学院	1	6	4	6	1	2	2	1	0	6	0	0	0	1	5
九州职业技术学院	2	0	0	0	0	0	0	0	0	0	0	0	0	0	0
南通理工学院	3	0	0	0	0	0	0	0	0	0	0	0	0	0	0
硅湖职业技术学院	4	0	0	0	0	0	0	0	0	0	0	0	0	0	0
应天职业技术学院	5	3	3	3	0	0	3	0	0	2	1	0	0	0	2
苏州托普信息职业技术学院	6	1	1	1	0	0	1	0	0	1	0	0	0	0	1
苏州工业园区职业技术学院	7	1	1	1	0	0	1	0	0	1	0	0	0	0	1
太湖创意职业技术学院	8	0	0	0	0	0	0	0	0	0	0	0	0	0	0
炎黄职业技术学院	9	0	0	0	0	0	0	0	0	0	0	0	0	0	0
正德职业技术学院	10	3	1	3	0	0	2	1	0	0	3	0	0	0	2
钟山职业技术学院	11	0	0	0	0	0	0	0	0	0	0	0	0	0	0
无锡南洋职业技术学院	12	0	0	0	0	0	0	0	0	0	0	0	0	0	0
江南影视艺术职业学院	13	0	0	0	0	0	0	0	0	0	0	0	0	0	0
金肯职业技术学院	14	0	0	0	0	0	0	0	0	0	0	0	0	0	0
建东职业技术学院	15	0	0	0	0	0	0	0	0	0	0	0	0	0	0
宿迁职业技术学院	16	0	0	0	0	0	0	0	0	0	0	0	0	0	0
无锡太湖学院	17	0	0	0	0	0	0	0	0	0	0	0	0	0	0
金山职业技术学院	18	0	0	0	0	0	0	0	0	0	0	0	0	0	0
苏州港大思培科技职业学院	19	0	0	0	0	0	0	0	0	0	0	0	0	0	0
昆山登云科技职业学院	20	1	0	1	0	0	0	1	0	1	0	0	0	0	1
宿迁学院	21	8	7	8	0	0	8	0	0	1	7	0	0	0	7
苏州高博软件技术职业学院	22	0	0	0	0	0	0	0	0	0	0	0	0	0	0
宿迁泽达职业技术学院	23	1	1	1	0	0	1	0	0	0	1	0	0	0	0
西交利物浦大学	24	1	1	1	0	0	0	0	1	0	1	0	0	0	0

4.8 艺术学人文、社会科学活动人员情况表

高校名称		总计		按职称划分						按最后学历划分			其他	按最后学位划分	
			女性	小计	教授	副教授	讲师	助教	初级	研究生	本科生	其他	人员	博士	硕士
	编号	L01	L02	L03	L04	L05	L06	L07	L08	L09	L10	L11	L12	L13	L14
合计	/	363	210	363	7	14	184	150	8	119	240	4	0	0	163
三江学院	1	32	16	32	1	3	24	4	0	21	11	0	0	0	24
九州职业技术学院	2	0	0	0	0	0	0	0	0	0	0	0	0	0	0
南通理工学院	3	0	0	0	0	0	0	0	0	0	0	0	0	0	0
硅湖职业技术学院	4	14	8	14	0	2	10	1	1	1	13	0	0	0	3
应天职业技术学院	5	19	12	19	0	0	19	0	0	7	12	0	0	0	14
苏州托普信息职业技术学院	6	20	8	20	0	1	10	9	0	2	18	0	0	0	2
苏州工业园区职业技术学院	7	0	0	0	0	0	0	0	0	0	0	0	0	0	0
太湖创意职业技术学院	8	20	7	20	0	1	6	11	2	10	10	0	0	0	10
炎黄职业技术学院	9	1	0	1	0	0	1	0	0	1	0	0	0	0	1
正德职业技术学院	10	8	6	8	0	0	6	2	0	3	5	0	0	0	6
钟山职业技术学院	11	15	10	15	0	2	13	0	0	6	9	0	0	0	15
无锡南洋职业技术学院	12	0	0	0	0	0	0	0	0	0	0	0	0	0	0
江南影视艺术职业学院	13	98	57	98	5	1	11	76	5	10	85	3	0	0	10
金肯职业技术学院	14	4	4	4	0	1	2	1	0	1	3	0	0	0	3
建东职业技术学院	15	9	7	9	0	0	5	4	0	0	9	0	0	0	1
宿迁职业技术学院	16	4	3	4	0	0	1	3	0	0	4	0	0	0	0
无锡太湖学院	17	49	29	49	0	0	40	9	0	29	20	0	0	0	36
金山职业技术学院	18	0	0	0	0	0	0	0	0	0	0	0	0	0	0
苏州港大思培科技职业学院	19	2	1	2	1	0	0	1	0	1	0	1	0	0	1
昆山登云科技职业学院	20	9	7	9	0	0	6	3	0	2	7	0	0	0	3
宿迁学院	21	20	9	20	0	3	14	3	0	7	13	0	0	0	14
苏州高博软件技术职业学院	22	29	19	29	0	0	13	16	0	12	17	0	0	0	14
宿迁泽达职业技术学院	23	10	7	10	0	0	3	7	0	6	4	0	0	0	6
西交利物浦大学	24	0	0	0	0	0	0	0	0	0	0	0	0	0	0

4.9 历史学人文、社会科学活动人员情况表

高校名称		总计		按职称划分						按最后学历划分			其他	按最后学位划分	
			女性	小计	教授	副教授	讲师	助教	初级	研究生	本科生	其他	人员	博士	硕士
	编号	L01	L02	L03	L04	L05	L06	L07	L08	L09	L10	L11	L12	L13	L14
合计	/	6	3	6	0	1	3	2	0	4	2	0	0	0	4
三江学院	1	1	0	1	0	1	0	0	0	0	1	0	0	0	0
九州职业技术学院	2	0	0	0	0	0	0	0	0	0	0	0	0	0	0
南通理工学院	3	0	0	0	0	0	0	0	0	0	0	0	0	0	0
硅湖职业技术学院	4	1	1	1	0	0	0	1	0	0	1	0	0	0	0
应天职业技术学院	5	0	0	0	0	0	0	0	0	0	0	0	0	0	0
苏州托普信息职业技术学院	6	0	0	0	0	0	0	0	0	0	0	0	0	0	0
苏州工业园区职业技术学院	7	0	0	0	0	0	0	0	0	0	0	0	0	0	0
太湖创意职业技术学院	8	0	0	0	0	0	0	0	0	0	0	0	0	0	0
炎黄职业技术学院	9	0	0	0	0	0	0	0	0	0	0	0	0	0	0
正德职业技术学院	10	0	0	0	0	0	0	0	0	0	0	0	0	0	0
钟山职业技术学院	11	0	0	0	0	0	0	0	0	0	0	0	0	0	0
无锡南洋职业技术学院	12	0	0	0	0	0	0	0	0	0	0	0	0	0	0
江南影视艺术职业学院	13	1	1	1	0	0	0	1	0	1	0	0	0	0	1
金肯职业技术学院	14	0	0	0	0	0	0	0	0	0	0	0	0	0	0
建东职业技术学院	15	0	0	0	0	0	0	0	0	0	0	0	0	0	0
宿迁职业技术学院	16	0	0	0	0	0	0	0	0	0	0	0	0	0	0
无锡太湖学院	17	0	0	0	0	0	0	0	0	0	0	0	0	0	0
金山职业技术学院	18	0	0	0	0	0	0	0	0	0	0	0	0	0	0
苏州港大思培科技职业学院	19	0	0	0	0	0	0	0	0	0	0	0	0	0	0
昆山登云科技职业学院	20	1	1	1	0	0	1	0	0	1	0	0	0	0	1
宿迁学院	21	2	0	2	0	0	2	0	0	2	0	0	0	0	2
苏州高博软件技术职业学院	22	0	0	0	0	0	0	0	0	0	0	0	0	0	0
宿迁泽达职业技术学院	23	0	0	0	0	0	0	0	0	0	0	0	0	0	0
西交利物浦大学	24	0	0	0	0	0	0	0	0	0	0	0	0	0	0

4.10 经济学人文、社会科学活动人员情况表

高校名称		总计		按职称划分						按最后学历划分			其他	按最后学位划分	
			女性	小计	教授	副教授	讲师	助教	初级	研究生	本科生	其他	人员	博士	硕士
	编号	L01	L02	L03	L04	L05	L06	L07	L08	L09	L10	L11	L12	L13	L14
合计	/	249	162	249	19	25	144	58	3	150	98	1	0	36	140
三江学院	1	22	14	22	2	5	14	1	0	20	2	0	0	3	17
九州职业技术学院	2	12	10	12	2	2	7	1	0	6	6	0	0	0	8
南通理工学院	3	16	12	16	2	1	8	5	0	7	9	0	0	0	15
硅湖职业技术学院	4	7	5	7	0	0	7	0	0	2	5	0	0	0	5
应天职业技术学院	5	7	6	7	0	1	6	0	0	4	3	0	0	0	6
苏州托普信息职业技术学院	6	6	4	6	0	1	2	3	0	2	4	0	0	0	2
苏州工业园区职业技术学院	7	6	5	6	1	1	2	2	0	1	5	0	0	0	2
太湖创意职业技术学院	8	4	4	4	0	0	3	1	0	2	2	0	0	0	2
炎黄职业技术学院	9	6	4	6	0	0	2	4	0	0	6	0	0	0	2
正德职业技术学院	10	12	8	12	0	0	12	0	0	7	5	0	0	0	7
钟山职业技术学院	11	9	6	9	0	3	5	0	1	3	6	0	0	0	6
无锡南洋职业技术学院	12	2	2	2	0	0	1	1	0	2	0	0	0	0	2
江南影视艺术职业学院	13	0	0	0	0	0	0	0	0	0	0	0	0	0	0
金肯职业技术学院	14	2	1	2	0	0	2	0	0	2	0	0	0	0	2
建东职业技术学院	15	12	11	12	0	2	3	7	0	2	10	0	0	0	3
宿迁职业技术学院	16	5	4	5	0	0	2	3	0	3	2	0	0	0	3
无锡太湖学院	17	31	13	31	8	0	22	0	1	17	14	0	0	1	16
金山职业技术学院	18	0	0	0	0	0	0	0	0	0	0	0	0	0	0
苏州港大思培科技职业学院	19	16	12	16	0	0	1	15	0	15	1	0	0	1	14
昆山登云科技职业学院	20	9	5	9	0	0	6	3	0	4	4	1	0	0	4
宿迁学院	21	16	12	16	0	3	10	2	1	13	3	0	0	1	15
苏州高博软件技术职业学院	22	6	4	6	1	0	3	2	0	2	4	0	0	0	2
宿迁泽达职业技术学院	23	10	8	10	0	0	4	6	0	3	7	0	0	0	4
西交利物浦大学	24	33	12	33	3	6	22	2	0	33	0	0	0	30	3

4.11 政治学人文、社会科学活动人员情况表

高校名称		总计		按职称划分						按最后学历划分			其他	按最后学位划分	
			女性	小计	教授	副教授	讲师	助教	初级	研究生	本科生	其他	人员	博士	硕士
	编号	L01	L02	L03	L04	L05	L06	L07	L08	L09	L10	L11	L12	L13	L14
合计	/	5	2	5	1	2	0	1	1	3	2	0	0	0	3
三江学院	1	1	0	1	0	1	0	0	0	0	1	0	0	0	0
九州职业技术学院	2	0	0	0	0	0	0	0	0	0	0	0	0	0	0
南通理工学院	3	1	1	1	1	0	0	0	0	1	0	0	0	0	1
硅湖职业技术学院	4	0	0	0	0	0	0	0	0	0	0	0	0	0	0
应天职业技术学院	5	0	0	0	0	0	0	0	0	0	0	0	0	0	0
苏州托普信息职业技术学院	6	0	0	0	0	0	0	0	0	0	0	0	0	0	0
苏州工业园区职业技术学院	7	0	0	0	0	0	0	0	0	0	0	0	0	0	0
太湖创意职业技术学院	8	0	0	0	0	0	0	0	0	0	0	0	0	0	0
炎黄职业技术学院	9	0	0	0	0	0	0	0	0	0	0	0	0	0	0
正德职业技术学院	10	1	0	1	0	1	0	0	0	1	0	0	0	0	1
钟山职业技术学院	11	0	0	0	0	0	0	0	0	0	0	0	0	0	0
无锡南洋职业技术学院	12	0	0	0	0	0	0	0	0	0	0	0	0	0	0
江南影视艺术职业学院	13	0	0	0	0	0	0	0	0	0	0	0	0	0	0
金肯职业技术学院	14	0	0	0	0	0	0	0	0	0	0	0	0	0	0
建东职业技术学院	15	0	0	0	0	0	0	0	0	0	0	0	0	0	0
宿迁职业技术学院	16	0	0	0	0	0	0	0	0	0	0	0	0	0	0
无锡太湖学院	17	0	0	0	0	0	0	0	0	0	0	0	0	0	0
金山职业技术学院	18	0	0	0	0	0	0	0	0	0	0	0	0	0	0
苏州港大思培科技职业学院	19	0	0	0	0	0	0	0	0	0	0	0	0	0	0
昆山登云科技职业学院	20	0	0	0	0	0	0	0	0	0	0	0	0	0	0
宿迁学院	21	0	0	0	0	0	0	0	0	0	0	0	0	0	0
苏州高博软件技术职业学院	22	0	0	0	0	0	0	0	0	0	0	0	0	0	0
宿迁泽达职业技术学院	23	0	0	0	0	0	0	0	0	0	0	0	0	0	0
西交利物浦大学	24	2	1	2	0	0	0	1	1	1	1	0	0	0	1

4.12 法学人文、社会科学活动人员情况表

高校名称	编号	总计		按职称划分						按最后学历划分			其他人员	按最后学位划分	
			女性	小计	教授	副教授	讲师	助教	初级	研究生	本科生	其他		博士	硕士
		L01	L02	L03	L04	L05	L06	L07	L08	L09	L10	L11	L12	L13	L14
合计	/	47	31	47	1	12	19	14	1	25	22	0	0	1	32
三江学院	1	12	8	12	1	6	5	0	0	11	1	0	0	1	10
九州职业技术学院	2	3	2	3	0	1	2	0	0	1	2	0	0	0	2
南通理工学院	3	0	0	0	0	0	0	0	0	0	0	0	0	0	0
硅湖职业技术学院	4	4	3	4	0	0	2	2	0	1	3	0	0	0	3
应天职业技术学院	5	0	0	0	0	0	0	0	0	0	0	0	0	0	0
苏州托普信息职业技术学院	6	2	0	2	0	0	1	1	0	0	2	0	0	0	0
苏州工业园区职业技术学院	7	1	1	1	0	1	0	0	0	0	1	0	0	0	1
太湖创意职业技术学院	8	0	0	0	0	0	0	0	0	0	0	0	0	0	0
炎黄职业技术学院	9	1	1	1	0	0	1	0	0	0	1	0	0	0	0
正德职业技术学院	10	2	1	2	0	0	1	1	0	1	1	0	0	0	1
钟山职业技术学院	11	1	0	1	0	1	0	0	0	0	1	0	0	0	0
无锡南洋职业技术学院	12	0	0	0	0	0	0	0	0	0	0	0	0	0	0
江南影视艺术职业学院	13	2	1	2	0	0	0	1	1	0	2	0	0	0	0
金肯职业技术学院	14	1	1	1	0	0	1	0	0	0	1	0	0	0	0
建东职业技术学院	15	1	1	1	0	0	1	0	0	0	1	0	0	0	1
宿迁职业技术学院	16	0	0	0	0	0	0	0	0	0	0	0	0	0	0
无锡太湖学院	17	2	2	2	0	0	0	2	0	2	0	0	0	0	2
金山职业技术学院	18	0	0	0	0	0	0	0	0	0	0	0	0	0	0
苏州港大思培科技职业学院	19	1	1	1	0	0	0	1	0	1	0	0	0	0	1
昆山登云科技职业学院	20	4	3	4	0	0	1	3	0	3	1	0	0	0	3
宿迁学院	21	6	4	6	0	3	3	0	0	3	3	0	0	0	6
苏州高博软件技术职业学院	22	1	0	1	0	0	1	0	0	1	0	0	0	0	1
宿迁泽达职业技术学院	23	2	2	2	0	0	0	2	0	0	2	0	0	0	0
西交利物浦大学	24	1	0	1	0	0	0	1	0	1	0	0	0	0	1

4.13 社会学人文、社会科学活动人员情况表

高校名称		总计		按职称划分						按最后学历划分			其他	按最后学位划分	
			女性	小计	教授	副教授	讲师	助教	初级	研究生	本科生	其他	人员	博士	硕士
	编号	L01	L02	L03	L04	L05	L06	L07	L08	L09	L10	L11	L12	L13	L14
合计	/	11	8	11	0	0	8	3	0	6	5	0	0	0	7
三江学院	1	0	0	0	0	0	0	0	0	0	0	0	0	0	0
九州职业技术学院	2	0	0	0	0	0	0	0	0	0	0	0	0	0	0
南通理工学院	3	0	0	0	0	0	0	0	0	0	0	0	0	0	0
硅湖职业技术学院	4	0	0	0	0	0	0	0	0	0	0	0	0	0	0
应天职业技术学院	5	1	1	1	0	0	1	0	0	1	0	0	0	0	1
苏州托普信息职业技术学院	6	0	0	0	0	0	0	0	0	0	0	0	0	0	0
苏州工业园区职业技术学院	7	0	0	0	0	0	0	0	0	0	0	0	0	0	0
太湖创意职业技术学院	8	0	0	0	0	0	0	0	0	0	0	0	0	0	0
炎黄职业技术学院	9	2	2	2	0	0	2	0	0	0	2	0	0	0	0
正德职业技术学院	10	0	0	0	0	0	0	0	0	0	0	0	0	0	0
钟山职业技术学院	11	0	0	0	0	0	0	0	0	0	0	0	0	0	0
无锡南洋职业技术学院	12	0	0	0	0	0	0	0	0	0	0	0	0	0	0
江南影视艺术职业学院	13	1	1	1	0	0	0	1	0	0	1	0	0	0	0
金肯职业技术学院	14	0	0	0	0	0	0	0	0	0	0	0	0	0	0
建东职业技术学院	15	0	0	0	0	0	0	0	0	0	0	0	0	0	0
宿迁职业技术学院	16	0	0	0	0	0	0	0	0	0	0	0	0	0	0
无锡太湖学院	17	1	1	1	0	0	1	0	0	1	0	0	0	0	1
金山职业技术学院	18	0	0	0	0	0	0	0	0	0	0	0	0	0	0
苏州港大思培科技职业学院	19	0	0	0	0	0	0	0	0	0	0	0	0	0	0
昆山登云科技职业学院	20	0	0	0	0	0	0	0	0	0	0	0	0	0	0
宿迁学院	21	5	2	5	0	0	4	1	0	4	1	0	0	0	5
苏州高博软件技术职业学院	22	0	0	0	0	0	0	0	0	0	0	0	0	0	0
宿迁泽达职业技术学院	23	0	0	0	0	0	0	0	0	0	0	0	0	0	0
西交利物浦大学	24	1	1	1	0	0	0	1	0	0	1	0	0	0	0

4.14 新闻学与传播学人文、社会科学活动人员情况表

高校名称	编号	总计	总计：女性	按职称划分：小计	教授	副教授	讲师	助教	初级	按最后学历划分：研究生	本科生	其他	其他人员	按最后学位划分：博士	硕士
		L01	L02	L03	L04	L05	L06	L07	L08	L09	L10	L11	L12	L13	L14
合计	/	33	18	33	2	4	17	10	0	13	20	0	0	3	12
三江学院	1	7	2	7	1	2	4	0	0	4	3	0	0	1	3
九州职业技术学院	2	0	0	0	0	0	0	0	0	0	0	0	0	0	0
南通理工学院	3	0	0	0	0	0	0	0	0	0	0	0	0	0	0
硅湖职业技术学院	4	0	0	0	0	0	0	0	0	0	0	0	0	0	0
应天职业技术学院	5	1	0	1	0	0	1	0	0	1	0	0	0	0	1
苏州托普信息职业技术学院	6	0	0	0	0	0	0	0	0	0	0	0	0	0	0
苏州工业园区职业技术学院	7	0	0	0	0	0	0	0	0	0	0	0	0	0	0
太湖创意职业技术学院	8	0	0	0	0	0	0	0	0	0	0	0	0	0	0
炎黄职业技术学院	9	0	0	0	0	0	0	0	0	0	0	0	0	0	0
正德职业技术学院	10	3	2	3	0	0	2	1	0	1	2	0	0	0	2
钟山职业技术学院	11	0	0	0	0	0	0	0	0	0	0	0	0	0	0
无锡南洋职业技术学院	12	0	0	0	0	0	0	0	0	0	0	0	0	0	0
江南影视艺术职业学院	13	14	9	14	1	1	3	9	0	3	11	0	0	0	3
金肯职业技术学院	14	0	0	0	0	0	0	0	0	0	0	0	0	0	0
建东职业技术学院	15	0	0	0	0	0	0	0	0	0	0	0	0	0	0
宿迁职业技术学院	16	0	0	0	0	0	0	0	0	0	0	0	0	0	0
无锡太湖学院	17	0	0	0	0	0	0	0	0	0	0	0	0	0	0
金山职业技术学院	18	0	0	0	0	0	0	0	0	0	0	0	0	0	0
苏州港大思培科技职业学院	19	0	0	0	0	0	0	0	0	0	0	0	0	0	0
昆山登云科技职业学院	20	1	1	1	0	0	1	0	0	0	1	0	0	0	0
宿迁学院	21	5	4	5	0	0	5	0	0	2	3	0	0	0	3
苏州高博软件技术职业学院	22	0	0	0	0	0	0	0	0	0	0	0	0	0	0
宿迁泽达职业技术学院	23	0	0	0	0	0	0	0	0	0	0	0	0	0	0
西交利物浦大学	24	2	0	2	0	1	1	0	0	2	0	0	0	2	0

4.15 图书、情报、文献学人文、社会科学活动人员情况表

高校名称		总计		按职称划分						按最后学历划分			其他	按最后学位划分	
			女性	小计	教授	副教授	讲师	助教	初级	研究生	本科生	其他	人员	博士	硕士
	编号	L01	L02	L03	L04	L05	L06	L07	L08	L09	L10	L11	L12	L13	L14
合计	/	84	58	84	1	4	49	13	17	14	68	2	0	1	18
三江学院	1	4	2	4	0	1	3	0	0	0	4	0	0	0	0
九州职业技术学院	2	7	5	7	0	1	4	0	2	2	5	0	0	0	1
南通理工学院	3	12	9	12	0	1	10	0	1	1	11	0	0	0	2
硅湖职业技术学院	4	2	0	2	0	0	1	0	1	0	2	0	0	0	0
应天职业技术学院	5	1	0	1	0	0	1	0	0	1	0	0	0	0	0
苏州托普信息职业技术学院	6	1	1	1	0	0	1	0	0	0	1	0	0	0	0
苏州工业园区职业技术学院	7	4	3	4	1	0	2	1	0	0	4	0	0	0	1
太湖创意职业技术学院	8	1	0	1	0	0	1	0	0	0	1	0	0	0	0
炎黄职业技术学院	9	1	1	1	0	0	0	1	0	1	0	0	0	0	1
正德职业技术学院	10	2	2	2	0	0	0	2	0	0	2	0	0	0	0
钟山职业技术学院	11	1	1	1	0	0	0	1	0	0	1	0	0	0	1
无锡南洋职业技术学院	12	4	4	4	0	0	4	0	0	0	3	1	0	0	0
江南影视艺术职业学院	13	3	1	3	0	0	1	0	2	0	3	0	0	0	0
金肯职业技术学院	14	7	6	7	0	0	7	0	0	0	6	1	0	0	1
建东职业技术学院	15	4	4	4	0	0	4	0	0	0	4	0	0	0	0
宿迁职业技术学院	16	1	1	1	0	0	1	0	0	0	1	0	0	0	0
无锡太湖学院	17	2	1	2	0	0	0	0	2	0	2	0	0	0	0
金山职业技术学院	18	1	1	1	0	0	0	1	0	0	1	0	0	0	0
苏州港大思培科技职业学院	19	2	2	2	0	0	0	2	0	0	2	0	0	0	0
昆山登云科技职业学院	20	3	1	3	0	0	3	0	0	0	3	0	0	0	1
宿迁学院	21	3	0	3	0	1	2	0	0	1	2	0	0	0	3
苏州高博软件技术职业学院	22	3	2	3	0	0	3	0	0	0	3	0	0	0	0
宿迁泽达职业技术学院	23	4	2	4	0	0	0	4	0	0	4	0	0	0	0
西交利物浦大学	24	11	9	11	0	0	1	1	9	8	3	0	0	1	7

4.16 教育学人文、社会科学活动人员情况表

高校名称		总计		按职称划分						按最后学历划分			其他	按最后学位划分	
			女性	小计	教授	副教授	讲师	助教	初级	研究生	本科生	其他	人员	博士	硕士
	编号	L01	L02	L03	L04	L05	L06	L07	L08	L09	L10	L11	L12	L13	L14
合计	/	123	84	123	5	10	64	30	14	49	74	0	0	2	64
三江学院	1	5	2	5	3	0	2	0	0	2	3	0	0	0	2
九州职业技术学院	2	8	6	8	0	0	7	1	0	0	8	0	0	0	4
南通理工学院	3	4	4	4	0	1	3	0	0	3	1	0	0	0	4
硅湖职业技术学院	4	7	3	7	0	0	3	4	0	0	7	0	0	0	0
应天职业技术学院	5	6	4	6	0	2	4	0	0	3	3	0	0	0	4
苏州托普信息职业技术学院	6	3	3	3	0	0	2	1	0	0	3	0	0	0	0
苏州工业园区职业技术学院	7	4	3	4	0	1	3	0	0	3	1	0	0	0	4
太湖创意职业技术学院	8	0	0	0	0	0	0	0	0	0	0	0	0	0	0
炎黄职业技术学院	9	0	0	0	0	0	0	0	0	0	0	0	0	0	0
正德职业技术学院	10	4	3	4	0	0	2	2	0	1	3	0	0	0	2
钟山职业技术学院	11	8	6	8	0	1	4	1	2	1	7	0	0	0	3
无锡南洋职业技术学院	12	0	0	0	0	0	0	0	0	0	0	0	0	0	0
江南影视艺术职业学院	13	14	11	14	0	0	3	10	1	7	7	0	0	0	7
金肯职业技术学院	14	4	3	4	0	0	4	0	0	3	1	0	0	0	3
建东职业技术学院	15	4	4	4	0	0	2	2	0	0	4	0	0	0	0
宿迁职业技术学院	16	1	0	1	0	0	0	1	0	0	1	0	0	0	0
无锡太湖学院	17	1	1	1	1	0	0	0	0	1	0	0	0	0	1
金山职业技术学院	18	2	1	2	0	0	2	0	0	0	2	0	0	0	0
苏州港大思培科技职业学院	19	1	0	1	0	0	1	0	0	1	0	0	0	0	1
昆山登云科技职业学院	20	10	5	10	0	0	5	5	0	5	5	0	0	0	5
宿迁学院	21	16	9	16	0	5	11	0	0	8	8	0	0	0	15
苏州高博软件技术职业学院	22	7	4	7	1	0	4	2	0	3	4	0	0	0	3
宿迁泽达职业技术学院	23	0	0	0	0	0	0	0	0	0	0	0	0	0	0
西交利物浦大学	24	14	12	14	0	0	2	1	11	8	6	0	0	2	6

4.17 统计学人文、社会科学活动人员情况表

高校名称		总计		按职称划分						按最后学历划分			其他	按最后学位划分	
			女性	小计	教授	副教授	讲师	助教	初级	研究生	本科生	其他	人员	博士	硕士
	编号	L01	L02	L03	L04	L05	L06	L07	L08	L09	L10	L11	L12	L13	L14
合计	/	5	4	5	0	0	2	1	2	3	2	0	0	0	4
三江学院	1	0	0	0	0	0	0	0	0	0	0	0	0	0	0
九州职业技术学院	2	0	0	0	0	0	0	0	0	0	0	0	0	0	0
南通理工学院	3	0	0	0	0	0	0	0	0	0	0	0	0	0	0
硅湖职业技术学院	4	0	0	0	0	0	0	0	0	0	0	0	0	0	0
应天职业技术学院	5	0	0	0	0	0	0	0	0	0	0	0	0	0	0
苏州托普信息职业技术学院	6	0	0	0	0	0	0	0	0	0	0	0	0	0	0
苏州工业园区职业技术学院	7	0	0	0	0	0	0	0	0	0	0	0	0	0	0
太湖创意职业技术学院	8	0	0	0	0	0	0	0	0	0	0	0	0	0	0
炎黄职业技术学院	9	0	0	0	0	0	0	0	0	0	0	0	0	0	0
正德职业技术学院	10	0	0	0	0	0	0	0	0	0	0	0	0	0	0
钟山职业技术学院	11	0	0	0	0	0	0	0	0	0	0	0	0	0	0
无锡南洋职业技术学院	12	0	0	0	0	0	0	0	0	0	0	0	0	0	0
江南影视艺术职业学院	13	0	0	0	0	0	0	0	0	0	0	0	0	0	0
金肯职业技术学院	14	1	1	1	0	0	1	0	0	0	1	0	0	0	1
建东职业技术学院	15	0	0	0	0	0	0	0	0	0	0	0	0	0	0
宿迁职业技术学院	16	0	0	0	0	0	0	0	0	0	0	0	0	0	0
无锡太湖学院	17	0	0	0	0	0	0	0	0	0	0	0	0	0	0
金山职业技术学院	18	0	0	0	0	0	0	0	0	0	0	0	0	0	0
苏州港大思培科技职业学院	19	0	0	0	0	0	0	0	0	0	0	0	0	0	0
昆山登云科技职业学院	20	0	0	0	0	0	0	0	0	0	0	0	0	0	0
宿迁学院	21	1	0	1	0	0	1	0	0	1	0	0	0	0	1
苏州高博软件技术职业学院	22	0	0	0	0	0	0	0	0	0	0	0	0	0	0
宿迁泽达职业技术学院	23	0	0	0	0	0	0	0	0	0	0	0	0	0	0
西交利物浦大学	24	3	3	3	0	0	0	1	2	2	1	0	0	0	2

4.18 心理学人文、社会科学活动人员情况表

高校名称		总计		按职称划分						按最后学历划分			其他	按最后学位划分	
			女性	小计	教授	副教授	讲师	助教	初级	研究生	本科生	其他	人员	博士	硕士
	编号	L01	L02	L03	L04	L05	L06	L07	L08	L09	L10	L11	L12	L13	L14
合计	/	18	16	18	0	0	11	7	0	8	10	0	0	0	10
三江学院	1	0	0	0	0	0	0	0	0	0	0	0	0	0	0
九州职业技术学院	2	1	1	1	0	0	1	0	0	0	1	0	0	0	0
南通理工学院	3	0	0	0	0	0	0	0	0	0	0	0	0	0	0
硅湖职业技术学院	4	4	3	4	0	0	1	3	0	2	2	0	0	0	2
应天职业技术学院	5	1	1	1	0	0	1	0	0	1	0	0	0	0	1
苏州托普信息职业技术学院	6	0	0	0	0	0	0	0	0	0	0	0	0	0	0
苏州工业园区职业技术学院	7	1	1	1	0	0	1	0	0	0	1	0	0	0	1
太湖创意职业技术学院	8	0	0	0	0	0	0	0	0	0	0	0	0	0	0
炎黄职业技术学院	9	0	0	0	0	0	0	0	0	0	0	0	0	0	0
正德职业技术学院	10	3	3	3	0	0	2	1	0	1	2	0	0	0	1
钟山职业技术学院	11	1	1	1	0	0	1	0	0	0	1	0	0	0	1
无锡南洋职业技术学院	12	0	0	0	0	0	0	0	0	0	0	0	0	0	0
江南影视艺术职业学院	13	1	1	1	0	0	0	1	0	0	1	0	0	0	0
金肯职业技术学院	14	2	2	2	0	0	1	1	0	1	1	0	0	0	1
建东职业技术学院	15	0	0	0	0	0	0	0	0	0	0	0	0	0	0
宿迁职业技术学院	16	1	0	1	0	0	0	1	0	1	0	0	0	0	1
无锡太湖学院	17	1	1	1	0	0	1	0	0	1	0	0	0	0	1
金山职业技术学院	18	0	0	0	0	0	0	0	0	0	0	0	0	0	0
苏州港大思培科技职业学院	19	0	0	0	0	0	0	0	0	0	0	0	0	0	0
昆山登云科技职业学院	20	0	0	0	0	0	0	0	0	0	0	0	0	0	0
宿迁学院	21	1	1	1	0	0	1	0	0	1	0	0	0	0	1
苏州高博软件技术职业学院	22	1	1	1	0	0	1	0	0	0	1	0	0	0	0
宿迁泽达职业技术学院	23	0	0	0	0	0	0	0	0	0	0	0	0	0	0
西交利物浦大学	24	0	0	0	0	0	0	0	0	0	0	0	0	0	0

4.19 体育科学人文、社会科学活动人员情况表

高校名称		总计		按职称划分						按最后学历划分			其他	按最后学位划分	
			女性	小计	教授	副教授	讲师	助教	初级	研究生	本科生	其他	人员	博士	硕士
	编号	L01	L02	L03	L04	L05	L06	L07	L08	L09	L10	L11	L12	L13	L14
合计	/	156	48	156	1	28	84	39	4	44	112	0	0	0	73
三江学院	1	17	7	17	0	4	13	0	0	8	9	0	0	0	6
九州职业技术学院	2	4	2	4	0	1	2	1	0	1	3	0	0	0	3
南通理工学院	3	12	4	12	0	4	7	1	0	2	10	0	0	0	5
硅湖职业技术学院	4	6	1	6	0	0	6	0	0	0	6	0	0	0	1
应天职业技术学院	5	2	0	2	0	0	2	0	0	0	2	0	0	0	0
苏州托普信息职业技术学院	6	8	3	8	0	1	1	6	0	0	8	0	0	0	0
苏州工业园区职业技术学院	7	8	4	8	0	0	3	5	0	4	4	0	0	0	5
太湖创意职业技术学院	8	1	0	1	0	0	1	0	0	1	0	0	0	0	1
炎黄职业技术学院	9	4	0	4	0	0	2	2	0	0	4	0	0	0	0
正德职业技术学院	10	8	2	8	0	4	4	0	0	1	7	0	0	0	6
钟山职业技术学院	11	6	2	6	0	1	4	1	0	0	6	0	0	0	2
无锡南洋职业技术学院	12	4	2	4	0	0	4	0	0	1	3	0	0	0	2
江南影视艺术职业学院	13	6	2	6	0	0	0	6	0	0	6	0	0	0	0
金肯职业技术学院	14	6	1	6	0	1	5	0	0	2	4	0	0	0	2
建东职业技术学院	15	5	2	5	0	1	3	1	0	0	5	0	0	0	1
宿迁职业技术学院	16	1	1	1	0	0	0	1	0	1	0	0	0	0	1
无锡太湖学院	17	8	1	8	0	0	3	1	4	6	2	0	0	0	5
金山职业技术学院	18	3	0	3	0	1	1	1	0	0	3	0	0	0	1
苏州港大思培科技职业学院	19	1	1	1	0	0	1	0	0	0	1	0	0	0	1
昆山登云科技职业学院	20	5	2	5	0	0	4	1	0	1	4	0	0	0	1
宿迁学院	21	24	6	24	1	9	14	0	0	9	15	0	0	0	22
苏州高博软件技术职业学院	22	4	1	4	0	1	3	0	0	0	4	0	0	0	1
宿迁泽达职业技术学院	23	6	1	6	0	0	1	5	0	1	5	0	0	0	1
西交利物浦大学	24	7	3	7	0	0	0	7	0	6	1	0	0	0	6

五、社科研究与发展经费

1. 全省高等学校人文、社会科学研究与发展经费情况表

经费名称	编号	单位(百元)	经费名称	编号	单位(百元)
上年结转经费	1	2 642 173.05	当年 R&D 经费支出合计	21	7 085 559.94
当年经费收入合计	2	7 346 378.02	转拨给外单位经费	22	100 762.25
政府资金投入	3	4 412 490.8	其中对国内研究机构支出	23	14 754.5
科研活动经费	4	3 199 260.7	对国内高等学校支出	24	31 572.2
其中教育部科研项目经费	5	356 869	对国内企业支出	25	11 656.6
教育部其他科研经费	6	428 400	对境外机构支出	26	312
中央其他部门科研项目经费	7	1 313 475.53	R&D 经费内部支出合计	27	6 984 797.69
省市自治区社科基金项目	8	229 025.6	其中基础研究支出	28	2 609 344.03
省教育厅科研项目经费	9	198 271	应用研究支出	29	4 374 413.66
省教育厅其他科研经费	10	220 868	试验发展支出	30	1 040
其他各类地方政府经费	11	452 351.57	其中政府资金	31	3 581 779.19
科技活动人员工资	12	1 213 230.1	企业资金	32	2 480 706.96
科研基建费	13	0	国外资金	33	141 159.19
非政府资金投入	14	2 933 887.22	其他	34	781 152.35
企、事业单位委托项目经费	15	1 907 620.95	科研人员费	35	1 225 012.78
金融机构贷款	16	0	业务费	36	2 388 061.15
自筹经费	17	883 385.76	科研基建费	37	0
国外资金	18	110 102.51	仪器设备费	38	837 401.5
其他收入	19	32 778	其中单价在 1 万元以上的设备费	39	156 590.46
其中港澳台地区合作项目经费	20	10 904	图书资料费	40	1 616 600.16
			管理费	41	266 957.66
			其他支出	42	650 764.44
			当年结余经费	43	2 902 991.13
			银行存款	44	2 867 371.49
			暂付款	45	35 619.64

2. 公办本科高校人文、社会科学研究与发展经费情况表

	编号	拨入(单位:百元)												
		当年经费收入合计	政府资金投入	其中						非政府资金投入	其中			
				科研活动经费	其中						企、事业单位委托项目经费	自筹经费	国外资金	其他收入
					教育部科研项目经费	中央其他部门科研项目经费	省市自治区社科基金项目	省教育厅科研项目经费	科技活动人员工资					
合计	/	6 743 776.67	3 995 624.62	3 056 574.92	350 414	1 300 874.75	224 835.6	152 761	939 049.7	2 748 152.05	1 787 421.08	821 535.46	108 919.51	30 276
南京大学	1	1 225 197.2	801 499.2	756 483	111 035	239 750	26 140	8 320	45 016.2	423 698	271 721	85 500	56 003	10 474
东南大学	2	331 107.95	242 606	179 606	15 220	52 984	48 088	17 540	63 000	88 501.95	59 539.95	26 180	2 782	0
江南大学	3	309 153.91	109 576	73 576	23 240	33 705	8 601	4 400	36 000	199 577.91	166 977.91	32 600	0	0
南京农业大学	4	441 160.31	266 709.5	237 269	12 970	112 370	7 165	7 410	29 440.5	174 450.81	99 736.42	73 130	1 584.39	0
中国矿业大学	5	243 720.65	135 831.25	100 821.25	20 514	61 250.25	3 757	6 090	35 010	107 889.4	58 144.4	48 145	1 600	0
河海大学	6	535 751.68	234 009	211 209	6 110	105 725	24 300	5 549	22 800	301 742.68	229 324.68	19 606	42 897	9 915
南京理工大学	7	136 639.9	80 455	51 055	6 290	33 585	4 540	3 640	29 400	56 184.9	45 424.9	10 760	0	0
南京航空航天大学	8	122 691	53 311	33 511	4 440	20 030	2 291	3 020	19 800	69 380	47 380	22 000	0	0
中国药科大学	9	48 241.81	17 733	9 608	400	4 629	2 475	100	8 125	30 508.81	29 833.81	675	0	0
南京森林警察学院	10	19 355	11 415	7 840	1 200	6 440	0	200	3 575	7 940	7 400	540	0	0
苏州大学	11	291 522.06	143 686.06	111 148.06	11 970	75 290	5 560	4 250	32 538	147 836	128 158	19 278	0	400
江苏科技大学	12	74 185.2	51 665	38 205	6 025	21 860	1 260	1 990	13 460	22 520.2	3 150	19 370.2	0	0
南京工业大学	13	64 795	60 260	49 370	1 610	26 290	11 360	2 590	10 890	4 535	2 120	2 415	0	0
常州大学	14	87 295	48 375	32 475	2 250	15 500	1 840	1 795	15 900	38 920	26 720	12 200	0	0
南京邮电大学	15	89 653	68217	51 892	6 530	30 700	2 628	6 620	16 325	21 436	16 986	4 450	0	0
南京林业大学	16	46 042.19	42 862.19	28 702.19	5 390	8 830	3 760	5 800	14 160	3 180	300	2 880	0	0
江苏大学	17	183 248.5	74 853.5	50 353.5	3 520	36 368.5	3 550	5 640	24 500	108 395	95 620	12 775	0	0
南京信息工程大学	18	114 867	96 085	68 060	12 020	46 750	2 040	1 914	28 025	18 782	18 782	0	0	0
南通大学	19	90 943	61 872	37 980	10 990	13 050	5 240	3 320	23 892	29 071	26 971	2 100	0	0
盐城工学院	20	40 939.5	30 848	12 748	540	3 300	600	2 270	18 100	10 091.5	8 965.5	1 126	0	0
南京医科大学	21	27 515	26 230	2 093	400	13 700	400	920	5 300	1 285	0	1 210	0	75
徐州医学院	22	4 857	4 847	2 075	665	0	0	1 410	2 772	10	0	10	0	0

续表

	支出(单位:百元)									
	合计	内部支出小计	其中							转拨给外单位经费
			科研人员费	业务费	科研基建费	仪器设备费	图书资料费	管理费	其他支出	
合计	6 547 386.56	6 450 454.31	947 555.7	2 236 443.16	0	815 405.94	1 568 593.46	255 368.18	627 087.87	96 932.25
南京大学	1 276 453.2	1 266 453.2	45 016.2	148 953	0	234 433	669 738	47 904	120 409	10 000
东南大学	306 999.25	304 499.25	63 000	110 136.3	0	25 992.2	43 796.4	15 105.7	46 468.65	2 500
江南大学	213 388.66	208 928.66	36 000	95 548.65	0	29 734.55	34 744.17	12 885.29	16	4 460
南京农业大学	473 410.82	423 017.48	29 440.5	100 861.45	0	94 859.52	104 314.13	16 328.88	77 213	50 393.34
中国矿业大学	223 812.99	223 812.99	35 010	72 114.21	0	29 142.43	38 500.38	9 122.47	39 923.5	0
河海大学	470 281.68	470 281.68	22 800	267 896.69	0	44 719.1	52 013	58 776.26	24 076.63	0
南京理工大学	148 110.82	148 110.82	30 168	28 680	0	10 968.4	24 659.82	6 454.35	47 180.25	0
南京航空航天大学	120 699	120 699	19 800	27 117	0	3 776	38 543.7	8 089.1	23 373.2	0
中国药科大学	52 027.2	51 977.2	8 125	25 098.7	0	241	15 833.5	2 147.5	531.5	50
南京森林警察学院	12 494.56	12 494.56	3 575	4 417.98	0	1 218.45	1 809.01	1 150.4	323.72	0
苏州大学	325 173.66	321 211.66	32 538	38 011.9	0	44 198	138 567.9	18 736	49 159.86	3 962
江苏科技大学	71 688	71 688	17 640	33 330.8	0	3 500	9 060.2	2 339	5 818	0
南京工业大学	58 990.02	36 840.02	10 890	15 436.02	0	3 942	2 532	1 255	2 785	22 150
常州大学	74 445	74 445	15 900	25 370	0	10 160	12 630	1 115	9 270	0
南京邮电大学	79 179	79 179	16 325	34 374.19	0	8 096.8	17 101.4	3 038.61	243	0
南京林业大学	29 596	295 96	14 160	6 610	0	3 280	5 516	0	30	0
江苏大学	180 993.5	180 993.5	24 500	74 932.4	0	0	59 317.4	5 551.18	16 692.52	0
南京信息工程大学	117 220.6	117 220.6	28 025	82 309.6	0	2 757	2 143	1 405	581	0
南通大学	84 580.6	84 580.6	23 892	18 514.7	0	16 700.5	15 095.66	2 362.34	8 015.4	0
盐城工学院	38 722.5	38 122.5	18 100	4 101	0	1 075	11 504.5	3 201	141	600
南京医科大学	22 911.4	22 911.4	5 300	9 945.4	0	200	3 296	75	4 095	0
徐州医学院	4 716	4 716	2 772	1 382	0	0	522	0	40	0
南京中医药大学	28 726.43	28 726.43	17 675	4 849.01	0	336.5	1 890.26	415.25	3 560.41	0
南京师范大学	259 908.08	259 908.08	63 005	129 875.72	0	15 520	36 693.36	6 136	8 678	0

续表

	编号	拨入(单位:百元)												
		当年经费收入合计	政府资金投入	其中						非政府资金投入	其中			
				科研活动经费	其中				科技活动人员工资		企、事业单位委托项目经费	自筹经费	国外资金	其他收入
					教育部科研项目经费	中央其他部门科研项目经费	省市自治区社科基金项目	省教育厅科研项目经费						
南京中医药大学	23	40 126.66	29 132.6	11 457.6	1 330	5 745	1 642.6	2 040	17 675	10 994.06	500	10 494.06	0	0
南京师范大学	24	225 599.44	158 775	95 770	14 180	60 280	9 650	7 210	63 005	66 824.44	66 178.44	60	586	0
江苏师范大学	25	301 038	145 208	100 608	10 430	74 740	6 428	7 500	44 600	155 830	24 330	131 500	0	0
淮阴师范学院	26	124 946	34 637	23 990	3 740	11 300	1 900	2 020	10 647	90 309	16 811	73 498	0	0
盐城师范学院	27	81 090	48 960	28 860	2 490	12 750	3 980	2 560	20 100	32 130	29 800	2 330	0	0
南京财经大学	28	234 762.48	127 843	97 243	6 420	77 315	7 648	2 620	30 600	106 919.48	89 879.48	17 040	0	0
江苏警官学院	29	52 570	29 730	13 230	900	5 400	2 300	1 740	16 500	22 840	180	14 310	0	8 350
南京体育学院	30	21 470	15 020	5 790	800	3 600	320	280	9 230	6 450	0	6 450	0	0
南京艺术学院	31	242 398	235 208	219 288	500	10 410	1 028	1 160	15 920	7 190	5 600	1 590	0	0
苏州科技学院	32	70 886.72	55 774.72	24 749.72	2 900	5 820	2 355	3 860	31 025	15 112	14 367	745	0	0
常熟理工学院	33	30 715.5	19 918	11 218	3 050	2 100	908	880	8 700	10 797.5	9 797.5	1 000	0	0
淮阴工学院	34	46 879.49	17 845	7 745	500	560	2 020	2 360	10 100	29 034.49	28 224.49	720	0	90
常州工学院	35	29 400	13 270	6 990	1 300	0	800	800	6 280	16 130	12 050	4 080	0	0
扬州大学	36	114 935	64 165	47 555	13 605	22 860	7 020	2 920	16 610	50 770	48 245	2 525	0	0
南京工程学院	37	26 605	107 55	2 555	1 280	0	0	295	8 200	15 850	2 820	13 030	0	0
南京审计学院	38	224 882.72	126 474	92 474	9 010	20 668	2 900	7 736	34 000	98 408.72	13 806.6	82 095	2 507.12	0
南京晓庄学院	39	14 920	14 920	6 920	800	3 600	1 200	1 260	8 000	0	0	0	0	0
江苏理工学院	40	142 135	68 380	40 230	7 250	8 350	2 160	4 810	28 150	73 755	43 071	29 742	0	942
淮海工学院	41	14 421	13 346	8 907	1 250	1 800	1 099	1 040	4 439	1 075	580	495	0	0
徐州工程学院	42	77 150	46 410	15 410	1 750	2 600	1 200	1 380	31 000	30 740	18 200	12 540	0	0
南京特殊教育师范学院	43	8 100	6 400	2 900	400	340	240	800	3 500	1 700	0	1 700	0	0
泰州学院	44	15 400	13 820	6 420	0	3 100	200	640	7 400	1 580	0	1 580	0	0
金陵科技学院	45	37 355	15 420	8 820	1 050	1 830	850	550	6 600	21 935	18 925	2 020	960	30
江苏第二师范学院	46	37 108.8	21 267.6	12 527.6	2 150	3 600	1 392	1 512	8 740	15 841.2	800	15 041.2	0	0

续表

	支出(单位:百元)									
	合计	内部支出小计	其中							转拨给外单位经费
			科研人员费	业务费	科研基建费	仪器设备费	图书资料费	管理费	其他支出	
江苏师范大学	277 645.5	277 645.5	44 600	12 4362.5	0	45 622	30 975	2 743.5	29 342.5	0
淮阴师范学院	117 178	117 178	10 647	78 707	0	5 383	15 566	255	6 620	0
盐城师范学院	74 413	74 413	20 100	22 568	0	6 266	22 969	1 281	1 229	0
南京财经大学	221 918.88	221 918.88	30 600	13 6982.5	0	11 363	20 536.05	10 056.25	12 381.08	0
江苏警官学院	42 988.63	42 988.63	16 500	16 466.94	0	2 199.77	3 604.35	410	3 807.57	0
南京体育学院	22 110	22 110	9 230	5 152	0	1 883	3 512	313.5	2 019.5	0
南京艺术学院	264 194.96	264 194.96	15 920	162 413.83	0	71 020.17	12 928.27	884.74	1 027.95	0
苏州科技学院	70 516.7	70 516.7	31025	15 268.5	0	0	15 396.5	2 228	6 598.7	0
常熟理工学院	25 564.76	25 564.76	9 600	11 606.76	0	603	2 677.5	1 027.5	50	0
淮阴工学院	40 624.5	39 744.5	10 100	26 650	0	1 238.2	1 169.3	253	334	880
常州工学院	32 625	32 625	6 280	7 697	0	1 675	8 624	1 100	7 249	0
扬州大学	103 253.9	103 253.9	19 268	25 937.2	0	12 006	7 262.4	2 471.35	36 308.95	0
南京工程学院	13 925.39	13 238.48	8 200	3 332.4	0	483.56	366.84	48.91	806.77	686.91
南京审计学院	258 534.9	258 534.9	34 000	100 895.75	0	58 693.87	43 889.4	2 204.52	18 851.36	0
南京晓庄学院	14 106	14 106	8 000	513	0	55	5 396	72	70	0
江苏理工学院	124 986.95	124 986.95	28 150	68 033.64	0	6 350.12	13 448.61	3 159	5 845.58	0
淮海工学院	12 858.9	12 858.9	4 439	6 864.7	0	0	337.5	396.7	821	0
徐州工程学院	77 107	77 107	31 000	31 570	0	0	10 086.5	588	3 862.5	0
南京特殊教育师范学院	10 467.97	10 467.97	3 500	1 987.4	0	1 950	2 299.8	278	452.77	0
泰州学院	14 435	13 185	7 400	1 470	0	2 115	1 495	345	360	1 250
金陵科技学院	37 308	37 308	6 600	22 026	0	1 520	5 386	1 351	425	0
江苏第二师范学院	16 093.65	16 093.65	8 740	6 071.32	0	128.8	845.65	307.88	0	0

3. 公办专科高校人文、社会科学研究与发展经费情况表

	编号	拨入(单位:百元)												
		当年经费收入合计	政府资金投入	其中						非政府资金投入	其中			
				科研活动经费	其中						企、事业单位委托项目经费	自筹经费	国外资金	其他收入
					教育部科研项目经费	中央其他部门科研项目经费	省市自治区社科基金项目	省教育厅科研项目经费	科技活动人员工资					
合计	/	540 019.57	364 837.4	116 993	4 670	7 130	3 990	41 885	247 844.4	175 182.17	118 799.87	54 152.3	0	2 230
无锡职业技术学院	1	6 012.18	3 588	2 288	900	0	240	948	1 300	2 424.18	0	2 424.18	0	0
江苏建筑职业技术学院	2	17 604	11 820	3 370	0	0	0	1 170	8 450	5 784	4 164	1 120	0	500
南京工业职业技术学院	3	21 648	17 814	6 414	550	2 180	750	1 280	11 400	3 834	1 944	18 90	0	0
江苏工程职业技术学院	4	7 815	6 375	1 300	0	0	0	500	5 075	1 440	0	1 440	0	0
苏州工艺美术职业技术学院	5	6 198	5 398	1 290	0	0	0	840	4 108	800	0	800	0	0
连云港职业技术学院	6	7 888	7 280	4 280	0	0	0	110	3 000	608	210	98	0	300
镇江市高等专科学校	7	8 210	7 215	1 090	0	0	180	400	6 125	995	380	615	0	0
南通职业大学	8	6 385	6 265	1 265	0	0	0	550	5 000	120	0	120	0	0
苏州市职业大学	9	18 380	14 415	2 790	0	0	400	360	11 625	3 965	2 825	1 140	0	0
沙洲职业工学院	10	2 495	1 815	395	0	0	80	150	1 420	680	600	80	0	0
扬州职业大学	11	15 150	12 980	1 380	0	0	100	120	11 600	2 170	670	1 500	0	0
连云港师范高等专科学校	12	7 870	5 970	1 960	100	0	480	120	4 010	1 900	220	1 680	0	0
江苏经贸职业技术学院	13	17 732.5	5 775	2 755	0	1 800	540	330	3 020	11 957.5	10 169	1 788.5	0	0
泰州职业技术学院	14	6 060	3 280	550	0	0	0	300	2 730	2 780	2 000	780	0	0
常州信息职业技术学院	15	15 930	13 740	8 340	400	0	50	740	5 400	2 190	1 580	610	0	0
江苏海事职业技术学院	16	3 190	1 920	420	0	0	120	120	1 500	1 270	0	1 270	0	0
无锡科技职业学院	17	2 005	1 765	740	0	0	0	720	1 025	240	240	0	0	0
盐城卫生职业技术学院	18	4 750	4 750	910	0	0	0	560	3 840	0	0	0	0	0
南通科技职业学院	19	5 507	4 173	1 170	0	0	0	520	3 003	1 334	1 334	0	0	0
苏州经贸职业技术学院	20	30 120.57	18 015	9 390	1 050	0	0	1 400	8 625	12 105.57	11 745.57	360	0	0
苏州工业职业技术学院	21	26 246	14 686	9 386	0	0	0	366	5 300	11 560	11 300	260	0	0
苏州卫生职业技术学院	22	4 488	3 273	1 285	0	0	0	400	1 988	1 215	0	1 215	0	0
无锡商业职业技术学院	23	8 610	7 310	2 610	1 000	0	0	1 470	4 700	1 300	700	600	0	0
南通航运职业技术学院	24	7 601	5 646	1 586	0	0	140	960	4 060	1 955	555	1 400	0	0
南京交通职业技术学院	25	17 920	7 980	2 080	0	0	0	1 800	5 900	9 940	3 500	6 440	0	0
淮安信息职业技术学院	26	9 570	5 440	2 240	0	0	0	1 160	3 200	4 130	0	3 830	0	300

续表

	支出(单位:百元)									
	合计	内部支出小计	其中							转拨给外单位经费
			科研人员费	业务费	科研基建费	仪器设备费	图书资料费	管理费	其他支出	
合计	487 391.05	485 921.05	251 071.08	141 461.32	0	17 174.1	45 098.3	11 177	19 939.25	1 470
无锡职业技术学院	4 371.98	4 371.98	1 676.68	1 289.92	0	0	1 056.58	6	342.8	0
江苏建筑职业技术学院	17 129	17 129	8 450	1 518	0	0	5 833	956	372	0
南京工业职业技术学院	19 591.25	19 591.25	11 400	5 217	0	0	801.2	249.2	1 923.85	0
江苏工程职业技术学院	7 372	7 372	5 075	1 415	0	56	628	154	44	0
苏州工艺美术职业技术学院	5 399.5	5 399.5	4 108	376	0	255.5	474	125	61	0
连云港职业技术学院	7 005	7 005	3 000	2 092	0	354	983	339.5	236.5	0
镇江市高等专科学校	8 068	8 068	6 125	281	0	175	1 088	354	45	0
南通职业大学	6 555	6 555	5 000	1 059	0	123	300	4	69	0
苏州市职业大学	18 798.84	18 798.84	11 625	1 500.5	0	1 882.37	1 633	355.75	1 802.22	0
沙洲职业工学院	2 393	2 393	1 420	847	0	0	56	0	70	0
扬州职业大学	15 320	15 320	12 000	2 960	0	0	300	50	10	0
连云港师范高等专科学校	7 275	7 275	4 340	1 230	0	340	1 080	20	265	0
江苏经贸职业技术学院	10 505.7	10 505.7	3 020	1 817	0	1 636	2 118.25	642.45	1 272	0
泰州职业技术学院	3 080.77	3 080.77	2 730	152.1	0	24	70.27	36	68.4	0
常州信息职业技术学院	9 643	9 643	5 400	2 148	0	1 200	688	150	57	0
江苏海事职业技术学院	2 554.65	2 554.65	1 650	329	0	0	72	63	440.65	0
无锡科技职业学院	1 779	1 779	1 025	388	0	107	101	158	0	0
盐城卫生职业技术学院	7 057	7 057	3 840	1 120	0	930	590	24	553	0
南通科技职业学院	5 389	5 379	3 003	873	0	94	974	192	243	10
苏州经贸职业技术学院	28 523.82	28 523.82	8 625	16 577.03	0	1 126	1 091	1 081.79	23	0
苏州工业职业技术学院	18 829.5	18 829.5	5 300	4 372.5	0	2 962.3	3 357	653.7	2 184	0
苏州卫生职业技术学院	4 066.56	4 066.56	1 988	718.3	0	479	665.59	39.57	176.1	0
无锡商业职业技术学院	7 220	7 220	4 700	349	0	0	2 150	21	0	0
南通航运职业技术学院	6 090	6 090	4 060	1 552.5	0	0	272.75	171.75	33	0
南京交通职业技术学院	19 363.5	19 363.5	5 900	11 897.4	0	0	601.8	225.3	739	0
淮安信息职业技术学院	8 009.9	7 539.9	3 200	1 601.9	0	1 022.3	1 659.6	56.1	0	470
江苏农牧科技职业学院	400	400	400	0	0	0	0	0	0	0

续表

	编号	拨入(单位:百元)											
		当年经费收入合计	政府资金投入	其中						非政府资金投入	其中			
				科研活动经费	其中						企、事业单位委托项目经费	自筹经费	国外资金	其他收入
					教育部科研项目经费	中央其他部门科研项目经费	省市自治区社科基金项目	省教育厅科研项目经费	科技活动人员工资					
江苏农牧科技职业学院	27	900	900	700	0	0	0	700	200	0	0	0	0	0
常州纺织服装职业技术学院	28	15 820	12 710	1 760	0	0	0	740	10 950	3 110	150	2 910	0	50
苏州农业职业技术学院	29	10 028	8 698	3 930	0	1 030	0	330	4 768	1 330	520	810	0	0
南京化工职业技术学院	30	3 675	3 265	865	0	0	0	735	2 400	410	0	410	0	0
常州轻工职业技术学院	31	22 360	19 730	7 880	0	0	0	7 880	11 850	2 630	1 690	860	0	80
常州工程职业技术学院	32	5 214	4 262	2 012	0	0	0	1 180	2 250	952	0	952	0	0
江苏农林职业技术学院	33	690	600	300	0	0	0	300	300	90	0	0	0	90
江苏食品药品职业技术学院	34	46 430	12 890	3 140	0	120	100	1 340	9 750	33 540	32 920	180	0	440
徐州工业职业技术学院	35	5 040	4 940	3 120	0	0	0	1 820	1 820	100	0	100	0	0
江苏信息职业技术学院	36	5 912	4 060	550	0	0	0	420	3 510	1 852	502	1 350	0	0
南京信息职业技术学院	37	6 156	4 956	1 856	0	0	120	940	3 100	1 200	180	840	0	180
常州机电职业技术学院	38	16 932	9 840	2 850	0	0	0	1 030	6 990	7 092	3 984	2 908	0	200
江阴职业技术学院	39	5 155	2 355	780	0	0	0	80	1 575	2 800	2 380	420	0	0
无锡城市职业技术学院	40	4 370	3 570	1 210	670	0	0	450	2 360	800	0	800	0	0
无锡工艺职业技术学院	41	14 329.3	2 870	670	0	0	0	230	2 200	11 459.3	11 149.3	310	0	0
苏州健雄职业技术学院	42	7 368	5 978	1 850	0	0	0	600	4 128	1 390	890	500	0	0
盐城工业职业技术学院	43	8 969	7 904	2 360	0	100	0	460	5 544	1 065	550	515	0	0
江苏财经职业技术学院	44	7 449	5 425	700	0	0	0	470	4 725	2 024	560	1 464	0	0
扬州工业职业技术学院	45	5 930	1 670	950	0	0	0	950	720	4 260	4 260	0	0	0
江苏城市职业学院	46	12 632.62	9 850	400	0	0	50	310	9 450	2 782.62	240	2 542.62	0	0
南京城市职业学院	47	6 538	5 932	316	0	0	0	316	5 616	606	306	300	0	0
南京机电职业技术学院	48	4 272	3 550	150	0	0	0	150	3 400	722	232	400	0	90
南京旅游职业学院	49	11 355.4	6 545.4	2 410	0	1 800	0	380	4 135.4	4 810	3 000	1 810	0	0
江苏建康职业学院	50	4 640	3 930	2 130	0	0	400	1 340	1 800	710	0	710	0	0
苏州信息职业技术学院	51	705	655	80	0	0	0	0	575	50	0	50	0	0
苏州工业园区服务外包职业学院	52	6 790	5 250	600	0	0	0	400	4 650	1 540	1 100	440	0	0
徐州幼儿师范高等专科学校	53	3 530	3 530	950	0	0	0	640	2 580	0	0	0	0	0
徐州生物工程职业技术学院	54	3 142	2 732	400	0	0	0	0	2 332	410	50	360	0	0
江苏商贸职业学院	55	8 302	7 552	790	0	100	240	300	6 762	750	0	750	0	0

续表

	支出(单位:百元)									
	合计	内部支出	其中							转拨给外单位经费
		小计	科研人员费	业务费	科研基建费	仪器设备费	图书资料费	管理费	其他支出	
常州纺织服装职业技术学院	16 629	16 629	10 950	3 651	0	264	1 107	393	264	0
苏州农业职业技术学院	10 567	10 187	4 768	3 898	0	222	992	270	37	380
南京化工职业技术学院	3 795	3 795	2 400	607	0	0	778	10	0	0
常州轻工职业技术学院	15 765	15 765	11 850	2 273	0	56	302	426	858	0
常州工程职业技术学院	4 380	4 380	2 250	580	0	140	680	20	710	0
江苏农林职业技术学院	645	645	300	0	0	0	195	0	150	0
江苏食品药品职业技术学院	43 406	42 796	9 750	26 863	0	0	2 403	1 369	2 411	610
徐州工业职业技术学院	3 470	3 470	1 820	731	0	420	398	47	54	0
江苏信息职业技术学院	5 264.8	5 264.8	3 510	1 341.75	0	0	188.95	47.7	176.4	0
南京信息职业技术学院	5 419	5 419	3 100	1 869	0	140	262	0	48	0
常州机电职业技术学院	16 958.97	16 958.97	6 990	5 588.53	0	1 197.93	1 890.53	805.49	486.49	0
江阴职业技术学院	4 605	4 605	1 575	2 341	0	30	637	0	22	0
无锡城市职业技术学院	3 149.5	3 149.5	2 360	365.5	0	162	131.5	85.5	45	0
无锡工艺职业技术学院	14 610.5	14 610.5	2 510	9 349.5	0	38	933	856	924	0
苏州健雄职业技术学院	7 973	7 973	4 128	3 192	0	165	433	20	35	0
盐城工业职业技术学院	8 049	8 049	5 544	747	0	60	1 615	30	53	0
江苏财经职业技术学院	7 696	7 696	4 725	1 782.7	0	691	436.8	60.5	0	0
扬州工业职业技术学院	6 015.9	6 015.9	720	5 154.9	0	0	123.3	17.7	0	0
江苏城市职业学院	10 556.32	10 556.32	9 450	691.35	0	0	380.97	34	0	0
南京城市职业学院	6 976	6 976	5 616	788	0	5	81	12	474	0
南京机电职业技术学院	3 820.9	3 820.9	3 400	197.9	0	0	143	29	51	0
南京旅游职业学院	10 514.4	10 514.4	5 595.4	2 303	0	534	880	170	1 032	0
江苏建康职业学院	3 102.2	3 102.2	1 800	705.7	0	217	278	99	2.5	0
苏州信息职业技术学院	830.5	830.5	575	161.5	0	29.7	51.5	0	12.8	0
苏州工业园区服务外包职业学院	6 378.89	6 378.89	4 650	920.84	0	0	630.01	154.5	23.54	0
徐州幼儿师范高等专科学校	3 843.2	3 843.2	2 580	0	0	0	318.7	7.5	937	0
徐州生物工程职业技术学院	3 211	3 211	2 332	587	0	0	130	60	102	0
江苏商贸职业学院	7 968	7 968	6 762	1 090	0	36	55	25	0	0

4. 民办及中外合作办学高校人文、社会科学研究与发展经费情况表

	编号	拨入(单位:百元)												
		当年经费收入合计	政府资金投入	其中						非政府资金投入	其中			
				科研活动经费	其中						企、事业单位委托项目经费	自筹经费	国外资金	其他收入
					教育部科研项目经费	中央其他部门科研项目经费	省市自治区社科基金项目	省教育厅科研项目经费	科技活动人员工资					
合计	/	62 581.78	52 028.78	25 692.78	1 785	5 470.78	200	3 625	26 336	10 553	1 400	7 698	1 183	272
三江学院	1	22 163	17 850	13 490	975	100	200	750	4 360	4 313	1 130	2 000	1 183	0
九州职业技术学院	2	990	840	60	0	0	0	0	780	150	0	150	0	0
南通理工学院	3	2 094	1 222	150	0	0	0	0	1 072	872	0	600	0	272
硅湖职业技术学院	4	574	572	72	0	0	0	60	500	2	0	2	0	0
应天职业技术学院	5	690	690	150	0	0	0	150	540	0	0	0	0	0
苏州托普信息职业技术学院	6	140	140	0	0	0	0	0	140	0	0	0	0	0
苏州工业园区职业技术学院	7	2 160	1 920	520	0	0	0	190	1 400	240	70	170	0	0
太湖创意职业技术学院	8	0	0	0	0	0	0	0	0	0	0	0	0	0
炎黄职业技术学院	9	0	0	0	0	0	0	0	0	0	0	0	0	0
正德职业技术学院	10	1 160	1 070	120	0	0	0	120	950	90	0	90	0	0
钟山职业技术学院	11	1 265	1 265	225	0	0	0	225	1 040	0	0	0	0	0
无锡南洋职业技术学院	12	1 615	1 415	150	0	0	0	150	1 265	200	200	0	0	0
江南影视艺术职业学院	13	350	300	100	0	0	0	100	200	50	0	50	0	0
金肯职业技术学院	14	1 990	1 830	280	0	0	0	280	1 550	160	0	160	0	0
建东职业技术学院	15	850	800	80	0	0	0	80	720	50	0	50	0	0
宿迁职业技术学院	16	525	325	100	0	0	0	100	225	200	0	200	0	0
无锡太湖学院	17	1 200	920	580	0	0	0	550	340	280	0	280	0	0
金山职业技术学院	18	400	400	100	0	0	0	0	300	0	0	0	0	0
苏州港大思培科技职业学院	19	5 503	2 177	955	0	0	0	80	1 222	3 326	0	3 326	0	0
昆山登云科技职业学院	20	492	292	110	0	0	0	50	182	200	0	200	0	0
宿迁学院	21	7 590	7 560	1 360	0	0	0	650	6 200	30	0	30	0	0
苏州高博软件技术职业学院	22	2 720	2 330	230	0	0	0	90	2 100	390	0	390	0	0
宿迁泽达职业技术学院	23	0	0	0	0	0	0	0	0	0	0	0	0	0
西交利物浦大学	24	8 110.78	8 110.78	6 860.78	810	5 370.78	0	0	1 250	0	0	0	0	0

续表

	支出(单位:百元)									
	合计	内部支出								转拨给外单位经费
		小计	科研人员费	业务费	科研基建费	仪器设备费	图书资料费	管理费	其他	
合计	50 782.33	48 422.33	26 386	10 156.67	0	4 821.46	2 908.4	412.48	3 737.32	2 360
三江学院	18 239	15 879	4 360	6 175.3	0	1 150	1 305.9	0	2 887.8	2 360
九州职业技术学院	922	922	780	117	0	0	19	6	0	0
南通理工学院	1 370	1 370	1 072	110	0	4	14	35	135	0
硅湖职业技术学院	791.23	791.23	500	84	0	0	83.23	21.48	102.52	0
应天职业技术学院	647	647	540	32	0	4	42	0	29	0
苏州托普信息职业技术学院	185	185	140	15	0	0	20	0	10	0
苏州工业园区职业技术学院	1 991.5	1 991.5	1 400	312	0	20.5	111	38	110	0
太湖创意职业技术学院	0	0	0	0	0	0	0	0	0	0
炎黄职业技术学院	0	0	0	0	0	0	0	0	0	0
正德职业技术学院	1 094	1 094	950	0	0	0	144	0	0	0
钟山职业技术学院	1 270	1 270	1 040	0	0	0	148	0	82	0
无锡南洋职业技术学院	1 359	1 359	1 265	21	0	0	38	0	35	0
江南影视艺术职业学院	320	320	200	59	0	0	61	0	0	0
金肯职业技术学院	2 028.69	2 028.69	1 600	323.96	0	0	104.73	0	0	0
建东职业技术学院	1 120	1 120	720	146	0	80	144	30	0	0
宿迁职业技术学院	385	385	225	0	0	0	100	0	60	0
无锡太湖学院	492	492	340	71	0	0	43	38	0	0
金山职业技术学院	330	330	300	5	0	7	5	8	5	0
苏州港大思培科技职业学院	46 55	4 655	1 222	50	0	3 296	34	10	43	0
昆山登云科技职业学院	205	205	182	0	0	0	10	0	13	0
宿迁学院	8 196	8 196	6 200	1 349	0	119	396	2	130	0
苏州高博软件技术职业学院	2 505	2 505	2 100	240	0	0	71	59	35	0
宿迁泽达职业技术学院	0	0	0	0	0	0	0	0	0	0
西交利物浦大学	2 676.91	2 676.91	1 250	1 046.41	0	140.96	14.54	165	60	0

六、社科研究与发展机构

全省高校人文、社会科学研究机构一览表

机构名称	编号	成立时间	批准部门	组成方式	机构类型	学科分类	服务的国民经济行业	组成类型	R&D活动人员(人) 合计	其中 博士毕业	其中 硕士毕业	R&D经费支出(百元)
			L01	L02	L03	L04	L05	L06	L07	L08	L09	L10
合计	/	/	/	/	/	/	/	/	3 943	2 389	1 015	794 732.73
1. 南京大学	/	/	/	/	/	/	/	/	193	126	52	81 000
长江三角洲经济社会发展研究中心	001	2000/8/10	学校上级主管部门	独立设置研究所	教育部社科重点研究基地	经济学	房地产业	政府部门办	25	16	4	10 000
当代外国文学与文化研究中心	002	2009/12/1	非学校上级主管部门	独立设置研究所	省级社科重点研究基地	外国文学	居民服务业	政府部门办	9	5	2	3 000
公共事务与地方治理研究中心	003	2009/12/1	非学校上级主管部门	独立设置研究所	省级社科重点研究基地	政治学	中国共产党机关	政府部门办	7	4	2	3 000
江苏省城市现代化研究中心	004	2008/1/1	非学校上级主管部门	跨系所	省级社科重点研究基地	社会学	地质勘查业	政府部门办	8	6	2	2 500
江苏省社会风险管理研究中心	005	2008/1/1	非学校上级主管部门	跨系所	省级社科重点研究基地	管理学	中国共产党机关	政府部门办	9	5	3	2 500
马克思主义社会理论研究中心	006	2003/9/8	学校上级主管部门	独立设置研究所	教育部社科重点研究基地	马克思主义	社会福利业	政府部门办	20	14	4	10 000
人力资源战略研究所	007	2004/5/20	学校自建	独立设置研究所	校级社科重点研究基地	管理学	中国共产党机关	单位自办	15	10	5	3 000
儒佛道与中国传统文化研究中心	008	2010/3/1	非学校上级主管部门	独立设置研究所	省级社科重点研究基地	宗教学	国家机构	政府部门办	10	5	5	3 000
社会科学计算实验中心	009	2007/6/1	学校上级主管部门	独立设置研究所	教育部社科重点实验室	经济学	中国共产党机关	政府部门办	15	10	5	20 000
社会舆情分析与决策支持研究中心	010	2013/1/1	非学校上级主管部门	与校外合办所	省级社科重点研究基地	新闻学与传播学	体育	政府部门办	7	5	2	1 000
社会语言学实验室	011	2007/6/1	学校上级主管部门	独立设置研究所	教育部社科重点实验室	语言学	中国共产党机关	政府部门办	8	6	2	1 000
苏南率先基本实现现代化研究中心	012	2013/1/1	非学校上级主管部门	独立设置研究所	省级社科重点研究基地	经济学	房地产业	政府部门办	5	5	0	2 000
中国新文学研究中心	013	1999/12/31	学校上级主管部门	独立设置研究所	教育部社科重点研究基地	中国文学	社会福利业	政府部门办	30	20	6	10 000

续表

机构名称	编号	成立时间	批准部门	组成方式	机构类型	学科分类	服务的国民经济行业	组成类型	R&D活动人员(人) 合计	其中 博士毕业	其中 硕士毕业	R&D经费支出(百元)
			L01	L02	L03	L04	L05	L06	L07	L08	L09	L10
中华民国史研究中心	014	1993/6/18	学校上级主管部门	独立设置研究所	教育部社科重点研究基地	历史学	社会福利业	政府部门办	25	15	10	10 000
2. 苏州大学	/	/	/	/	/	/	/		225	125	72	50 707
国家体育总局机能评定与体能训练重点实验室	001	2008/8/25	非学校上级主管部门	跨系所独立设置研究所	部省共建社科重点研究基地	教育学	新闻出版业	单位自办	15	5	10	3 000
国家体育总局体育社会科学重点研究基地	002	2001/5/18	非学校上级主管部门	与校外合办所	部省共建社科重点研究基地	体育科学	体育	单位自办	17	6	11	3 000
红十字运动与慈善文化研究中心	003	2009/10/1	学校上级主管部门	跨系所独立设置研究所	其他	社会学	社会福利业	单位自办	16	9	4	4 000
江苏省吴文化研究基地	004	1996/12/5	学校上级主管部门	独立设置研究所	省级社科重点研究基地	历史学	教育	单位自办	16	10	5	700
江苏省新型城镇化与社会治理协同创新中心	005	2014/3/20	学校上级主管部门	与校外合办所	省级社科重点研究基地	管理学	居民服务业	与国内高校合办	38	21	17	6 561
老挝——大湄公河次区域国家研究中心	006	2013/6/28	学校上级主管部门	独立设置研究所	省级社科重点研究基地	国际问题研究	居民服务业	单位自办	21	2	4	3 546
社会公共文明研究所	007	2009/6/8	学校自建	与校外合办所	校级社科重点研究基地	管理学	租赁业	政府部门办	9	6	3	600
苏南发展研究院	008	1997/4/7	学校上级主管部门	跨系所	其他	社会学	教育	单位自办	20	15	4	5 000
苏州基层党建研究所	009	2007/6/26	学校上级主管部门	与校外合办所	省级社科重点研究基地	政治学	教育	政府部门办	15	12	1	10 900
台商投资与发展研究所	010	2010/6/8	学校自建	与校外合办所	校级社科重点研究基地	社会学	文教体育用品制造业	政府部门办	7	4	3	400
新媒介与青年文化研究中心	011	2012/1/10	学校自建	跨系所	校级社科重点研究基地	新闻学与传播学	社会保障业	单位自办	15	11	4	800
中国昆曲研究中心	012	1988/10/6	非学校上级主管部门	跨系所	其他	艺术学	文化艺术业	单位自办	15	9	4	2 200
中国特色城镇化研究中心	013	2003/4/28	学校上级主管部门	独立设置研究所	教育部社科重点研究基地	管理学	教育	单位自办	21	15	2	10 000
3. 东南大学	/	/	/	/	/	/	/	/	333	195	117	59 370
产业经济研究中心	001	2004/2/1	学校上级主管部门	独立设置研究所	省级社科重点研究基地	管理学	研究与试验发展	单位自办	8	3	5	3 000
道德国情调查研究中心	002	2013/5/16	学校上级主管部门	独立设置研究所	省级社科重点研究基地	哲学	居民服务业	政府部门办	10	8	2	1 300
道德哲学与中国道德发展研究所	003	2009/11/1	非学校上级主管部门	独立设置研究所	省级社科重点研究基地	哲学	文化艺术业	单位自办	13	9	4	2 790

续表

公民道德提升与人的现代化研究中心	004	2013/1/17	学校上级主管部门	独立设置研究所	省级社科重点研究基地	哲学	居民服务业	政府部门办	11	6	5	1 600
公民道德与社会风尚协同创新中心	005	2014/3/13	非学校上级主管部门	独立设置研究所	省级社科重点研究基地	哲学	居民服务业	政府部门办	21	15	4	15 000
集团经济与产业组织研究中心	006	1999/9/1	学校自建	独立设置研究所	校级社科重点研究基地	管理学	研究与试验发展	单位自办	7	5	2	1 200
江苏创新驱动研究基地	007	2011/9/10	非学校上级主管部门	独立设置研究所	省级社科重点研究基地	经济学	教育	单位自办	12	6	6	1 000
江苏国际智库合作研究基地	008	2013/12/27	学校上级主管部门	独立设置研究所	省级社科重点研究基地	经济学	其他服务业	政府部门办	12	4	6	120
江苏经济全球化研究中心	009	2011/11/17	非学校上级主管部门	与校外合办所	省级社科重点研究基地	经济学	教育	单位自办	12	6	6	1 550
江苏民生幸福研究基地	010	2011/9/10	非学校上级主管部门	独立设置研究所	省级社科重点研究基地	经济学	教育	单位自办	9	5	4	1 550
江苏省非物质文化遗产研究基地	011	2014/6/24	非学校上级主管部门	独立设置研究所	省级社科重点研究基地	艺术学	社会福利业	政府部门办	22	13	7	1 000
江苏省交通运输行业政策法规重点研究基地	012	2012/9/5	非学校上级主管部门	独立设置研究所	省级社科重点研究基地	法学	地质勘查业	政府部门办	43	35	8	10 000
江苏省科技创新体系建设思想库	013	2012/10/24	非学校上级主管部门	独立设置研究所	省级社科重点研究基地	管理学	教育	政府部门办	10	6	4	1 600
江苏省区域经济与发展研究基地	014	2008/8/20	非学校上级主管部门	独立设置研究所	省级社科重点研究基地	管理学	研究与试验发展	单位自办	22	12	7	2 900
江苏省重点物流研究基地	015	2011/4/28	非学校上级主管部门	独立设置研究所	省级社科重点研究基地	管理学	计算机服务业	单位自办	15	10	5	1 900
科技发展研究中心	016	2007/4/16	学校自建	独立设置研究所	其他	管理学	专业技术服务业	单位自办	12	6	6	2 180
科学技术伦理学研究所	017	2006/4/10	学校自建	独立设置研究所	其他	社会学	教育	单位自办	12	5	7	1 800
情报科学技术研究所	018	1994/1/1	学校上级主管部门	独立设置研究所	其他	图书馆、情报与文献学	教育	单位自办	12	6	4	1 300
外国语言学与应用语言学研究所	019	2004/5/1	学校自建	独立设置研究所	其他	语言学	教育	单位自办	8	4	3	900
刑事法研究所	020	2008/11/13	学校自建	独立设置研究所	其他	法学	国家机构	单位自办	12	6	4	700
亚太语言政策研究中心	021	2013/10/23	学校上级主管部门	独立设置研究所	省级社科重点研究基地	语言学	居民服务业	政府部门办	17	4	10	880
艺术学研究中心	022	2010/10/31	非学校上级主管部门	独立设置研究所	省级社科重点研究基地	艺术学	文化艺术业	政府部门办	20	12	5	3 500

续表

机构名称		成立时间	批准部门	组成方式	机构类型	学科分类	服务的国民经济行业	组成类型	R&D活动人员(人)			R&D经费支出(百元)
									合计	其中		
										博士毕业	硕士毕业	
	编号		L01	L02	L03	L04	L05	L06	L07	L08	L09	L10
中国传统艺术的传承与传播研究中心	023	2013/10/23	学校上级主管部门	独立设置研究所	省级社科重点研究基地	艺术学	社会福利业	政府部门办	13	9	3	1 600
4. 南京航空航天大学	/	/	/	/	/	/	/	/	104	41	56	29 050
国际战略与安全研究中心	001	2013/6/28	非学校上级主管部门	独立设置研究所	省级社科重点研究基地	国际问题研究	体育	单位自办	12	3	3	1 000
国家文化产业研究中心	002	2006/12/7	非学校上级主管部门	独立设置研究所	部省共建社科重点研究基地	艺术学	教育	与国内独立研究机构合办	20	10	10	1 000
江苏省非物质文化遗产研究基地	003	2014/6/25	非学校上级主管部门	独立设置研究所	省级社科重点研究基地	艺术学	社会福利业	单位自办	20	10	10	1 000
江苏省后评价研究中心	004	2005/9/6	非学校上级主管部门	独立设置研究所	省级社科重点研究基地	管理学	教育	其他	12	6	6	5 500
科学发展研究中心	005	2010/8/5	非学校上级主管部门	独立设置研究所	省级社科重点研究基地	管理学	研究与试验发展	单位自办	17	6	11	12 000
能源软科学研究中心	006	2010/8/5	非学校上级主管部门	独立设置研究所	省级社科重点研究基地	管理学	研究与试验发展	单位自办	18	6	12	7 750
舞台美术研究所	007	2005/4/1	学校自建	独立设置研究所	其他	艺术学	教育	单位自办	5	0	4	800
5. 南京理工大学	/	/	/	/	/	/	/	/	91	15	36	8 410
江苏产业集群研究基地	001	2011/11/5	非学校上级主管部门	独立设置研究所	省级社科重点研究基地	经济学	其他服务业	单位自办	15	2	5	300
江苏服务型政府建设研究基地	002	2011/11/5	非学校上级主管部门	独立设置研究所	省级社科重点研究基地	社会学	人民政协和民主党派	其他	20	2	7	400
江苏省科技人才思想库	003	2012/10/19	非学校上级主管部门	独立设置研究所	省级社科重点研究基地	统计学	居民服务业	单位自办	15	2	5	400
江苏省知识产权发展研究中心	004	2012/1/1	非学校上级主管部门	独立设置研究所	省级社科重点研究基地	法学	教育	单位自办	15	2	5	310
网络舆情研究中心	005	2011/2/5	学校上级主管部门	独立设置研究所	校级社科重点研究基地	图书馆、情报与文献学	国家机构	单位自办	8	2	4	2 000
现代管理研究所	006	2000/3/1	学校上级主管部门	独立设置研究所	校级社科重点实验室	管理学	国家机构	单位自办	8	2	5	2 000
现代物流研究所	007	2006/3/1	学校自建	独立设置研究所	校级社科重点实验室	管理学	铁路运输业	单位自办	10	3	5	3 000
6. 中国矿业大学	/	/	/	/	/	/	/	/	68	40	28	4 452
国际能源政策研究中心	001	2013/7/1	非学校上级主管部门	独立设置研究所	省级社科重点研究基地	管理学	体育	政府部门办	37	21	16	2 021

续表

江苏省能源经济管理研究基地	002	2008/10/1	非学校上级主管部门	独立设置研究所	省级社科重点研究基地	管理学	体育	政府部门办	31	19	12	2 431
7. 南京工业大学	/	/	/	/	/	/	/	/	20	12	8	500
江苏省社会管理法制建设研究基地	001	2011/11/20	非学校上级主管部门	与校外合办所	省级社科重点研究基地	法学	教育	与国内高校合办	20	12	8	500
8. 常州大学	/	/	/	/	/	/	/	/	27	19	4	3 000
常州科教城产学研创新研究中心	001	2010/11/18	学校自建	与校外合办所	校级社科重点研究基地	管理学	其他服务业	单位自办	7	5	0	1 000
国家与江苏石油石化发展战略研究基地	002	2013/3/19	学校上级主管部门	与校外合办所	省级社科重点研究基地	管理学	林业农、林、牧、渔服务业	政府部门办	10	6	2	1 000
江苏石油石化发展研究基地	003	2012/9/10	学校自建	独立设置研究所	校级社科重点实验室	管理学	林业农、林、牧、渔服务业	单位自办	10	8	2	1 000
9. 南京邮电大学	/	/	/	/	/	/	/	/	102	57	45	6 000
江苏农业信息化研究基地	001	2011/11/15	非学校上级主管部门	独立设置研究所	省级社科重点研究基地	经济学	农业	政府部门办	21	14	7	1 600
江苏省统计科学研究基地	002	2010/6/7	学校上级主管部门	独立设置研究所	省级社科重点研究基地	统计学	零售业	政府部门办	18	6	12	1 100
江苏省物联网产业发展研究基地	003	2010/8/5	学校上级主管部门	独立设置研究所	省级社科重点研究基地	管理学	电信和其他信息传输服务业	政府部门办	40	22	18	1 800
江苏现代信息服务业研究基地	004	2011/12/22	非学校上级主管部门	独立设置研究所	省级社科重点研究基地	管理学	电信和其他信息传输服务业	政府部门办	23	15	8	1 500
10. 河海大学	/	/	/	/	/	/	/	/	276	195	81	27 350
东部资源环境与持续发展研究中心	001	1994/12/1	非学校上级主管部门	与校外合办所	部省共建社科重点研究基地	管理学	体育	政府部门办	56	30	26	3 500
国际河流研究中心	002	2013/7/6	非学校上级主管部门	独立设置研究所	省级社科重点研究基地	管理学	专业技术服务业	单位自办	27	18	9	1 500
江苏企业国际化发展研究基地	003	2011/11/20	非学校上级主管部门	独立设置研究所	省级社科重点研究基地	经济学	商务服务业	政府部门办	24	16	8	350
江苏省科技体制改革科技思想库	004	2012/9/21	非学校上级主管部门	独立设置研究所	省级社科重点研究基地	管理学	体育	政府部门办	10	8	2	500
江苏省科协科技思想库基地——人口老龄化科研基地	005	2014/10/16	非学校上级主管部门	跨系所独立设置研究所	省级社科重点研究基地	社会学	教育	政府部门办	11	8	3	500
江苏省水资源与可持续发展研究中心	006	2010/11/11	非学校上级主管部门	独立设置研究所	省级社科重点研究基地	经济学	水利管理业	政府部门办	12	11	1	8 400
江苏省循环经济工程研究中心	007	2005/12/1	非学校上级主管部门	独立设置研究所	省级社科重点研究基地	管理学	体育	政府部门办	26	19	7	1 500
江苏沿海资源经济研究中心	008	2011/12/31	非学校上级主管部门	独立设置研究所	省级社科重点研究基地	经济学	专业技术服务业	政府部门办	16	14	2	1 500

续表

机构名称	编号	成立时间	批准部门	组成方式	机构类型	学科分类	服务的国民经济行业	组成类型	R&D活动人员(人) 合计	其中 博士毕业	其中 硕士毕业	R&D经费支出(百元)
			L01	L02	L03	L04	L05	L06	L07	L08	L09	L10
全国性别/妇女研究与培训基地	009	2013/9/16	非学校上级主管部门	独立设置研究所	其他	社会学	教育	政府部门办	15	8	7	100
水库移民经济研究中心	010	1992/9/15	非学校上级主管部门	独立设置研究所	部省共建社科重点研究基地	社会学	教育	政府部门办	10	9	1	1 600
水利部人力资源研究院	011	2011/4/29	非学校上级主管部门	与校外合办所	部省共建社科重点研究基地	管理学	水利管理业	政府部门办	20	15	5	2 000
水利经济研究所	012	1985/12/28	非学校上级主管部门	独立设置研究所	部省共建社科重点研究基地	经济学	水利管理业	政府部门办	9	7	2	1 600
水利政策法制研究与培训中心	013	2011/10/18	非学校上级主管部门	独立设置研究所	部省共建社科重点研究基地	法学	科技交流和推广服务业	政府部门办	12	10	2	2 500
中国(南京)人才发展研究中心	014	2012/3/28	非学校上级主管部门	独立设置研究所	省级社科重点研究基地	管理学	文化艺术业	政府部门办	15	13	2	800
中央人才理论研究基地——中国(南京)人才发展研究中心	015	2014/4/16	非学校上级主管部门	跨系所独立设置研究所	省级社科重点研究基地	管理学	教育	政府部门办	13	9	4	1 000
11. 江南大学	/	/	/	/	/	/	/	/	248	143	77	134 731.48
汉族服饰类非物质文化遗产研究基地	001	2014/7/21	非学校上级主管部门	跨系所跨系所	省级社科重点研究基地	艺术学	社会福利业	政府部门办	15	6	7	5 000
江苏党风廉政建设创新研究基地	002	2011/11/1	非学校上级主管部门	独立设置研究所	省级社科重点研究基地	政治学	文化艺术业	单位自办	20	14	6	3 000
江苏省产品创意与文化重点研究基地	003	2010/1/1	非学校上级主管部门	跨系所独立设置研究所	省级社科重点研究基地	艺术学	社会福利业	单位自办	10	6	1	7 000
江苏食品安全重点研究基地	004	2008/12/2	非学校上级主管部门	跨系所	省级社科重点实验室	经济学	食品制造业	单位自办	29	20	9	32 000
教育信息化研究中心	005	2013/10/1	学校上级主管部门	独立设置研究所	校级社科重点研究基地	教育学	居民服务业	单位自办	15	13	2	2 000
开放创新设计研究院	006	2013/5/27	学校自建	与校外合办所	校级社科重点研究基地	艺术学	社会福利业	单位自办	12	10	2	2 000
人文体育研究基地	007	2013/3/6	学校自建	与校外合办所	校级社科重点研究基地	体育科学	新闻出版业	与国内高校合办	12	2	8	1 531.48
无锡党的建设研究基地	008	2013/3/6	学校自建	与校外合办所	校级社科重点研究基地	政治学	居民服务业	政府部门办	15	3	3	2 000
无锡江南文化与影视研究中心	009	2007/12/27	学校上级主管部门	跨系所与校外合办所	校级社科重点研究基地	中国文学	文教体育用品制造业	政府部门办	11	6	3	4 100
无锡节能与循环经济研究中心	010	2007/8/6	学校自建	与校外合办所	校级社科重点研究基地	管理学	科技交流和推广服务业	与国内高校合办	15	6	9	2 000
无锡金融研究中心	011	2003/10/29	学校自建	跨系所	校级社科重点研究基地	经济学	证券业	单位自办	10	4	6	1 500

续表

无锡老龄科学研究中心	012	2010/11/1	学校上级主管部门	与校外合办所	校级社科重点研究基地	社会学	国家机构	其他	11	8	3	1 100
无锡旅游与区域发展研究基地	013	2013/3/6	学校自建	与校外合办所	校级社科重点研究基地	经济学	租赁业	政府部门办	17	5	8	15 000
无锡人力资源开发研究基地	014	2013/3/8	学校自建	与校外合办所	校级社科重点研究基地	管理学	国家机构	与国内高校合办	15	9	0	1 500
行政法治研究中心	015	2013/9/1	学校上级主管部门	独立设置研究所	校级社科重点研究基地	法学	居民服务业	单位自办	16	10	6	1 500
语言认知与技术应用研究中心	016	2013/1/21	学校自建	独立设置研究所	校级社科重点研究基地	语言学	居民服务业	单位自办	15	11	4	50 000
中国物联网发展战略研究基地	017	2012/3/15	非学校上级主管部门	与校外合办所	省级社科重点研究基地	经济学	居民服务业	其他	10	10	0	3 500
12. 南京林业大学	/	/	/	/	/	/	/	/	44	20	21	5 868
江苏环境与发展研究中心	001	2009/12/15	学校上级主管部门	独立设置研究所	省级社科重点研究基地	哲学	科技交流和推广服务业	政府部门办	18	4	13	3 347
生态经济研究中心	002	2010/10/28	学校上级主管部门	独立设置研究所	省级社科重点研究基地	经济学	科技交流和推广服务业	政府部门办	26	16	8	2 521
13. 江苏大学	/	/	/	/	/	/	/	/	25	16	9	8 450
高等教育研究所	001	1983/8/1	学校自建	独立设置研究所	其他	教育学	教育	单位自办	2	1	1	400
江苏省统计应用研究基地	002	2012/1/11	非学校上级主管部门	与校外合办所	省级社科重点研究基地	统计学	公共设施管理业	与国内独立研究机构合办	3	3	0	1 000
江苏省知识产权研究中心	003	2008/9/27	非学校上级主管部门	独立设置研究所	省级社科重点研究基地	管理学	商务服务业	单位自办	4	2	2	800
江苏省中小企业发展研究基地	004	2008/10/3	非学校上级主管部门	跨系所	省级社科重点研究基地	管理学	商务服务业	政府部门办	4	2	2	900
能源发展与环境保护战略研究中心	005	2009/11/11	学校上级主管部门	独立设置研究所	省级社科重点研究基地	经济学	环境管理业	政府部门办	4	4	0	2 800
现代农业经济研究所	006	2004/5/20	非学校上级主管部门	跨系所	其他	经济学	农业	单位自办	4	2	2	800
中小企业研究中心	007	2002/9/1	学校自建	跨系所	其他	管理学	科技交流和推广服务业	单位自办	4	2	2	1 750
14. 南京信息工程大学	/	/	/	/	/	/	/	/	112	58	42	10 878
国家体育总局体育文化研究基地	001	2013/11/3	非学校上级主管部门	独立设置研究所	省级社科重点研究基地	体育科学	新闻出版业	单位自办	6	2	2	985
江苏人才强省建设研究基地	002	2011/10/22	非学校上级主管部门	与校外合办所	省级社科重点研究基地	管理学	体育	其他	14	8	6	826
欧美再工业化战略研究中心	003	2013/7/2	学校上级主管部门	独立设置研究所	省级社科重点研究基地	管理学	仪器仪表及文化、办公用机械制造业	单位自办	12	10	2	984

续表

机构名称		成立时间	批准部门	组成方式	机构类型	学科分类	服务的国民经济行业	组成类型	R&D活动人员(人)			R&D经费支出(百元)
									合计	其中		
										博士毕业	硕士毕业	
	编号		L01	L02	L03	L04	L05	L06	L07	L08	L09	L10
气候变化与公共政策研究院	004	2007/3/6	学校上级主管部门	跨系所	省级社科重点研究基地	政治学	体育	单位自办	18	9	4	1 522
清华大学技术创新研究中心分中心	005	2008/5/15	非学校上级主管部门	与校外合办所	校级社科重点研究基地	管理学	商务服务业	与国内高校合办	11	8	3	854
中国科协科技人力资源研究基地	006	2007/6/3	非学校上级主管部门	与校外合办所	其他	管理学	研究与试验发展	与国内独立研究机构合办	19	5	10	1 145
中国制造业发展研究院	007	2006/5/18	学校上级主管部门	独立设置研究所	省级社科重点研究基地	经济学	仪器仪表及文化、办公用机械制造业	单位自办	32	16	15	4 562
15. 南通大学	/	/	/	/	/	/	/	/	39	17	12	19 904
楚辞研究中心	001	2007/4/12	学校上级主管部门	独立设置研究所	省级社科重点研究基地	中国文学	教育	单位自办	10	6	2	3 912
江苏先进典型研究中心	002	2011/4/18	学校上级主管部门	与校外合办所	省级社科重点研究基地	马克思主义	居民服务业	单位自办	8	5	2	4 410
江苏沿海沿江发展研究院	003	2009/10/12	学校自建	与校外合办所	其他	经济学	科技交流和推广服务业	单位自办	4	1	2	3 240
南通廉政文化研究所	004	2007/4/11	学校自建	与校外合办所	其他	政治学	中国共产党机关	其他	11	3	5	7 032
张謇研究所	005	2004/10/20	学校自建	独立设置研究所	其他	历史学	教育	单位自办	6	2	1	1 310
16. 南京农业大学	/	/	/	/	/	/	/	/	500	320	159	212 821.2
电子商务研究中心	001	2001/6/1	学校自建	独立设置研究所	校级社科重点研究基地	经济学	农业	单位自办	6	5	1	7 800
国际食品与农业经济研究中心	002	2004/6/10	学校自建	独立设置研究所	校级社科重点研究基地	经济学	农业	单位自办	61	51	6	18 896
江苏农业现代化研究基地	003	2011/11/20	非学校上级主管部门	与校外合办所	省级社科重点研究基地	管理学	农业	与国内独立研究机构合办	10	9	1	14 025
江苏省农村发展与土地政策研究基地	004	2008/10/1	非学校上级主管部门	独立设置研究所	省级社科重点研究基地	管理学	农业	单位自办	61	51	6	42 170
江苏省新农村科技创新思想库	005	2012/10/1	非学校上级主管部门	独立设置研究所	省级社科重点研究基地	管理学	农、林、牧、渔服务业	与国内独立研究机构合办	6	5	1	7 835
科技与社会发展研究所	006	2000/10/1	学校上级主管部门	独立设置研究所	校级社科重点研究基地	社会学	农业	单位自办	24	5	16	35
农业经济研究所	007	1986/10/1	学校自建	独立设置研究所	校级社科重点研究基地	经济学	农业	单位自办	61	51	6	14 136
农业园区研究中心	008	1995/1/2	学校自建	独立设置研究所	校级社科重点研究基地	经济学	农业	单位自办	5	4	1	25 132

续表

农业转基因生物安全管理政策研究中心	009	2009/11/2	学校自建	独立设置研究所	校级社科重点研究基地	管理学	农业	单位自办	7	6	1	18 532
日本语言文化研究所	010	2000/10/1	学校自建	独立设置研究所	校级社科重点研究基地	语言学	农业	单位自办	12	1	11	349.84
现代信息技术研究中心	011	2003/6/1	学校自建	独立设置研究所	校级社科重点实验室	图书馆、情报与文献学	农业	单位自办	15	10	3	5 300
英语语言文化研究所	012	2000/10/1	学校自建	独立设置研究所	校级社科重点研究基地	语言学	农业	单位自办	41	7	34	1 070.3
中国粮食安全保障研究中心	013	2009/1/1	学校自建	独立设置研究所	校级社科重点研究基地	管理学	农业	单位自办	61	51	6	34 153
中国农业产业链管理研究与发展中心	014	2006/7/14	学校自建	独立设置研究所	校级社科重点研究基地	管理学	农业	单位自办	10	9	1	5 500
中国农业历史研究中心	015	2009/11/20	学校上级主管部门	跨系所独立设置研究所	省级社科重点研究基地	历史学	农业	政府部门办	12	10	2	158
中国农业遗产研究室	016	1955/8/5	非学校上级主管部门	独立设置研究所	校级社科重点研究基地	历史学	农业	政府部门办	12	10	2	157
中国区域经济与金融研究中心	017	2007/9/18	学校自建	独立设置研究所	校级社科重点实验室	经济学	农业	单位自办	12	9	3	8 000
中国土地问题研究中心	018	2004/10/21	学校自建	独立设置研究所	校级社科重点研究基地	管理学	农业	单位自办	31	18	13	6 882.07
中外语言比较中心	019	2012/10/1	学校自建	独立设置研究所	校级社科重点研究基地	语言学	农业	单位自办	53	8	45	2 690
17. 南京中医药大学	/	/	/	/	/	/	/	/	20	0	1	1 000
中医文化研究中心	001	1994/6/1	学校上级主管部门	独立设置研究所	校级社科重点研究基地	哲学	居民服务业	单位自办	20	0	1	1 000
18. 南京师范大学	/	/	/	/	/	/	/	/	927	708	0	10 461.5
词学研究中心	001	2012/6/1	学校自建	独立设置研究所	校级社科重点研究基地	中国文学	居民服务业	单位自办	15	15	0	500
道德教育研究所	002	2000/9/1	非学校上级主管部门	独立设置研究所	教育部社科重点研究基地	教育学	居民服务业	政府部门办	26	25	0	500
东方社会主义研究所	003	2012/3/1	学校自建	跨系所	校级社科重点研究基地	马克思主义	居民服务业	单位自办	13	10	0	145
东亚国际问题研究中心	004	2013/6/1	学校上级主管部门	跨系所	省级社科重点研究基地	政治学	居民服务业	政府部门办	20	15	0	600
发展与教育心理研究所	005	2012/3/1	学校自建	独立设置研究所	校级社科重点研究基地	心理学	居民服务业	单位自办	14	11	0	600
法制现代化研究中心	006	1995/1/15	学校上级主管部门	独立设置研究所	校级社科重点研究基地	法学	居民服务业	单位自办	32	30	0	500
符号的认知研究	007	2013/8/1	非学校上级主管部门	独立设置研究所	省级社科重点研究基地	外国文学	居民服务业	政府部门办	10	8	0	65

续表

机构名称	编号	成立时间	批准部门	组成方式	机构类型	学科分类	服务的国民经济行业	组成类型	R&D活动人员(人) 合计	其中 博士毕业	其中 硕士毕业	R&D经费支出(百元)
			L01	L02	L03	L04	L05	L06	L07	L08	L09	L10
符号学研究中心	008	2012/6/1	学校上级主管部门	独立设置研究所	校级社科重点研究基地	外国文学	居民服务业	单位自办	6	6	0	615
妇女/性别研究培训基地	009	2006/6/1	学校上级主管部门	跨系所	省级社科重点研究基地	社会学	居民服务业	政府部门办	40	29	0	500
高等教育研究所	010	1986/3/1	学校自建	跨系所	校级社科重点研究基地	教育学	居民服务业	单位自办	7	7	0	500
古典文献研究中心	011	2012/6/30	学校上级主管部门	独立设置研究所	校级社科重点研究基地	中国文学	居民服务业	单位自办	11	10	0	400
国家体育总局体育文化研究中心	012	2007/9/1	非学校上级主管部门	独立设置研究所	省级社科重点研究基地	体育科学	新闻出版业	政府部门办	20	10	0	600
汉语国际教育研究所	013	2012/6/1	学校上级主管部门	独立设置研究所	校级社科重点实验室	中国文学	居民服务业	单位自办	10	10	0	500
汉语言文字学研究中心	014	2012/6/1	学校自建	独立设置研究所	校级社科重点研究基地	中国文学	居民服务业	单位自办	14	12	0	13
基础教育人才培养模式协同创新中心	015	2013/2/1	学校上级主管部门	与校外合办所	省级社科重点研究基地	教育学	居民服务业	与国内高校合办	64	58	0	600
江苏城乡一体研究基地	016	2011/11/1	非学校上级主管部门	独立设置研究所	省级社科重点研究基地	社会学	居民服务业	政府部门办	8	6	0	368
江苏当代作家研究基地	017	2012/11/1	非学校上级主管部门	独立设置研究所	省级社科重点研究基地	中国文学	居民服务业	政府部门办	25	9	0	300
江苏法治发展研究院	018	2007/11/27	学校自建	独立设置研究所	省级社科重点研究基地	法学	居民服务业	单位自办	57	46	0	500
江苏省创新经济研究基地	019	2008/6/30	学校上级主管部门	独立设置研究所	省级社科重点研究基地	经济学	居民服务业	与国内高校合办	24	18	0	430
江苏省老年学研究基地	020	2006/9/1	学校上级主管部门	跨系所	部省共建社科重点研究基地	社会学	居民服务业	政府部门办	16	12	0	420
江苏省民营经济研究基地	021	2011/6/30	非学校上级主管部门	独立设置研究所	省级社科重点研究基地	经济学	居民服务业	与国内高校合办	18	14	0	306
江苏省学生体质健康促进研究中心	022	2012/9/1	学校上级主管部门	与校外合办所	省级社科重点研究基地	体育科学	新闻出版业	政府部门办	30	10	0	10
江苏书画艺术研究中心	023	2012/11/1	学校自建	独立设置研究所	校级社科重点研究基地	艺术学	社会福利业	单位自办	8	5	0	5
江苏文学翻译与研究中心	024	2013/12/1	非学校上级主管部门	与校外合办所	省级社科重点研究基地	外国文学	居民服务业	政府部门办	8	7	0	100
江苏艺术强省建设研究基地	025	2012/11/1	非学校上级主管部门	独立设置研究所	省级社科重点研究基地	艺术学	社会福利业	政府部门办	10	7	0	100
教育科学研究院	026	2012/3/1	学校上级主管部门	独立设置研究所	校级社科重点研究基地	教育学	居民服务业	单位自办	17	17	0	40

续表

教育社会学研究中心	027	2009/6/30	学校上级主管部门	跨系所	省级社科重点实验室	教育学	居民服务业	单位自办	15	15	0	8.5
教育信息工程研究所	028	2012/3/1	学校上级主管部门	独立设置研究所	校级社科重点研究基地	教育学	居民服务业	单位自办	16	14	0	105
金融工程与管理科学研究所	029	2011/6/30	学校自建	独立设置研究所	校级社科重点研究基地	管理学	居民服务业	与国内高校合办	11	9	0	17
经济伦理学研究所	030	2012/6/1	学校上级主管部门	独立设置研究所	校级社科重点研究基地	哲学	居民服务业	与国内高校合办	7	5	0	100
抗日战争研究中心	031	2012/6/30	学校上级主管部门	独立设置研究所	校级社科重点研究基地	历史学	居民服务业	单位自办	7	7	0	100
课程与教学研究所	032	2012/3/1	学校上级主管部门	独立设置研究所	校级社科重点研究基地	教育学	居民服务业	单位自办	41	23	0	62
联合国教科文组织国际农村教育研究与培训中心南京基地	033	1999/1/1	非学校上级主管部门	独立设置研究所	省级社科重点研究基地	教育学	居民服务业	与境外机构合办	8	6	0	6
马克思主义研究院	034	2009/6/30	学校上级主管部门	独立设置研究所	省级社科重点研究基地	马克思主义	居民服务业	与国内高校合办	71	48	0	100
脑认知实验与理论研究中心	035	2005/6/30	学校上级主管部门	独立设置研究所	校级社科重点研究基地	心理学	居民服务业	单位自办	17	4	0	150
社会建设与社会管理创新研究基地	036	2013/12/1	学校自建	独立设置研究所	校级社科重点研究基地	社会学	居民服务业	单位自办	9	7	0	10
社会主义意识形态研究中心	037	2013/12/1	学校上级主管部门	独立设置研究所	校级社科重点研究基地	马克思主义	居民服务业	单位自办	16	15	0	100
司法现代化研究中心	038	2012/3/31	学校上级主管部门	跨系所与校外合办所	省级社科重点研究基地	法学	居民服务业	政府部门办	18	11	0	30
体育社会科学重点研究基地	039	2003/9/1	非学校上级主管部门	独立设置研究所	省级社科重点研究基地	体育科学	新闻出版业	政府部门办	30	16	0	60
外国语言文化研究所	040	2012/3/1	学校上级主管部门	独立设置研究所	校级社科重点研究基地	外国文学	居民服务业	单位自办	10	9	0	30
文体学与文体应用研究中心	041	2013/12/1	学校上级主管部门	独立设置研究所	校级社科重点研究基地	中国文学	居民服务业	与国内高校合办	10	7	0	2
现代司法研究中心	042	2005/6/30	学校自建	跨系所独立设置研究所	校级社科重点研究基地	法学	居民服务业	单位自办	11	9	0	100
学前教育研究所	043	2012/3/1	学校自建	独立设置研究所	校级社科重点研究基地	教育学	居民服务业	单位自办	24	21	0	73
应用伦理学研究所	044	2012/3/1	学校上级主管部门	独立设置研究所	校级社科重点研究基地	哲学	居民服务业	单位自办	12	11	0	20
语言信息科技研究中心	045	2010/8/1	学校上级主管部门	跨系所	省级社科重点研究基地	语言学	居民服务业	单位自办	36	30	0	120
中国古代文学研究中心	046	2012/3/6	学校上级主管部门	独立设置研究所	校级社科重点实验室	中国文学	居民服务业	单位自办	9	8	0	6
中国经济史研究所	047	2012/6/1	学校上级主管部门	独立设置研究所	校级社科重点研究基地	历史学	居民服务业	单位自办	15	15	0	44

续表

机构名称	编号	成立时间	批准部门	组成方式	机构类型	学科分类	服务的国民经济行业	组成类型	R&D活动人员(人) 合计	其中 博士毕业	其中 硕士毕业	R&D经费支出(百元)
			L01	L02	L03	L04	L05	L06	L07	L08	L09	L10
中国现当代文学研究中心	048	2012/3/6	学校上级主管部门	独立设置研究所	校级社科重点研究基地	中国文学	居民服务业	单位自办	11	11	0	1
19. 江苏师范大学	/	/	/	/	/	/	/	/	98	47	51	16 000
澳大利亚研究中心	001	2013/6/18	学校上级主管部门	独立设置研究所	省级社科重点研究基地	历史学	居民服务业	政府部门办	4	2	2	1 000
汉文化研究院	002	2008/12/12	学校上级主管部门	独立设置研究所	省级社科重点研究基地	艺术学	居民服务业	政府部门办	5	3	2	4 000
淮海发展研究院	003	1998/7/1	非学校上级主管部门	独立设置研究所	省级社科重点研究基地	经济学	研究与试验发展	政府部门办	33	15	18	4 000
苏北农村治理创新研究基地	004	2009/3/18	学校上级主管部门	跨系所与校外合办所	省级社科重点研究基地	社会学	中国共产党机关	政府部门办	22	15	7	3 000
语言研究所	005	1997/3/30	学校上级主管部门	独立设置研究所	省级社科重点研究基地	语言学	教育	政府部门办	32	11	21	1 000
中国巴基斯坦教育文化研究中心	006	2013/6/18	学校上级主管部门	独立设置研究所	省级社科重点研究基地	历史学	教育	政府部门办	2	1	1	3 000
20. 淮阴师范学院	/	/	/	/	/	/	/	/	22	14	5	7 000
欧美国家边界争端与化解研究中心	001	2013/10/9	学校上级主管部门	独立设置研究所	其他	历史学	居民服务业	政府部门办	3	3	0	2 000
周恩来精神与青少年教育研究中心	002	2010/10/22	学校上级主管部门	独立设置研究所	其他	教育学	居民服务业	政府部门办	19	11	5	5 000
21. 盐城师范学院	/	/	/	/	/	/	/	/	22	10	0	8 600
江苏沿海发展研究基地	001	2011/12/9	非学校上级主管部门	独立设置研究所	省级社科重点研究基地	经济学	公共设施管理业	政府部门办	12	6	0	2 900
江苏沿海开发研究基地	002	2009/3/1	非学校上级主管部门	独立设置研究所	省级社科重点研究基地	经济学	农业	政府部门办	10	4	0	5 700
22. 南京财经大学	/	/	/	/	/	/	/	/	73	45	18	29 192
公共财政研究中心	001	2010/8/6	学校上级主管部门	独立设置研究所	省级社科重点研究基地	经济学	教育	单位自办	5	4	1	592
江苏产业发展研究院	002	2001/1/15	学校上级主管部门	独立设置研究所	省级社科重点研究基地	经济学	教育	单位自办	10	6	4	1 100
江苏省品牌研究院	003	2012/3/9	非学校上级主管部门	与校外合办所	省级社科重点实验室	管理学	文教体育用品制造业	单位自办	5	3	2	4 050
江苏省质量安全工程研究院	004	2012/3/2	非学校上级主管部门	与校外合办所	省级社科重点研究基地	管理学	文教体育用品制造业	单位自办	8	5	3	15 500

续表

江苏文化产业与市场研究中心	005	2012/5/11	非学校上级主管部门	独立设置研究所	省级社科重点研究基地	经济学	文教体育用品制造业	单位自办	4	3	1	1 400
江苏现代服务业研究院	006	2012/1/1	非学校上级主管部门	与校外合办所	省级社科重点研究基地	经济学	文教体育用品制造业	其他	24	14	1	3 450
粮食安全与战略研究中心	007	1988/4/14	学校上级主管部门	独立设置研究所	省级社科重点研究基地	经济学	农业	单位自办	17	10	6	3 100
23. 江苏警官学院	/	/	/	/	/	/	/	/	7	1	3	2 500
江苏现代警务研究中心	001	2010/7/20	学校上级主管部门	独立设置研究所	其他	法学	国家机构	其他	7	1	3	2 500
24. 南京艺术学院	/	/	/	/	/	/	/	/	31	12	10	24 445.7
江苏省文化创意与综合设计重点实验室	001	2014/9/1	学校上级主管部门	独立设置研究所	省级社科重点实验室	艺术学	社会福利业	单位自办	15	1	6	12 000
江苏省文化艺术发展研究中心	002	2010/8/16	学校上级主管部门	跨系所	省级社科重点研究基地	艺术学	社会福利业	单位自办	4	4	0	2 015.7
江苏省艺术设计材料与工艺重点实验室	003	2010/11/1	学校上级主管部门	独立设置研究所	省级社科重点实验室	艺术学	社会福利业	单位自办	9	5	3	10 000
音乐学研究所	004	2002/7/1	学校自建	独立设置研究所	其他	艺术学	教育	单位自办	3	2	1	430
25. 苏州科技学院	/	/	/	/	/	/	/	/	22	15	4	2 573
苏州城乡一体化改革发展研究院	001	2012/9/1	学校上级主管部门	与校外合办所	省级社科重点研究基地	管理学	中国共产党机关	政府部门办	14	8	3	1 610
亚太国家现代化与国际问题研究中心	002	2013/6/30	学校上级主管部门	跨系所	省级社科重点研究基地	历史学	体育	单位自办	8	7	1	963
26. 江苏建筑职业技术学院	/	/	/	/	/	/	/	/	5	0	4	1 840
中国思想文化研究所	001	2003/9/27	学校自建	独立设置研究所	其他	马克思主义	教育	单位自办	5	0	4	1 840
27. 南京工业职业技术学院	/	/	/	/	/	/	/	/	32	1	10	3 160
高等职业教育研究所	001	2002/11/1	学校自建	独立设置研究所	校级社科重点研究基地	教育学	居民服务业	单位自办	6	0	5	1 160
国际贸易与物流管理研究所	002	2011/5/11	学校自建	独立设置研究所	校级社科重点研究基地	管理学	证券业	单位自办	18	0	0	1 000
黄炎培职业教育思想研究会学术中心	003	2013/11/18	非学校上级主管部门	独立设置研究所	校级社科重点研究基地	教育学	居民服务业	与国内独立研究机构合办	8	1	5	1 000
28. 苏州职业大学	/	/	/	/	/	/	/	/	24	8	12	620
管理哲学研究所	001	2009/12/16	学校自建	独立设置研究所	校级社科重点研究基地	管理学	其他服务业	单位自办	7	4	2	100

续表

机构名称	编号	成立时间	批准部门	组成方式	机构类型	学科分类	服务的国民经济行业	组成类型	R&D活动人员(人) 合计	其中 博士毕业	其中 硕士毕业	R&D经费支出(百元)
			L01	L02	L03	L04	L05	L06	L07	L08	L09	L10
教育与心理发展研究所	002	2008/1/18	学校自建	独立设置研究所	校级社科重点研究基地	心理学	教育	单位自办	4	1	3	200
外国语言文化研究中心	003	2013/6/13	学校自建	独立设置研究所	校级社科重点研究基地	外国文学	居民服务业	单位自办	5	1	3	120
吴文化研究院	004	2000/12/6	学校自建	独立设置研究所	校级社科重点研究基地	历史学	文化艺术业	与国内独立研究机构合办	8	2	4	200
29. 扬州大学	/	/	/	/	/	/	/	/	32	17	6	2 280
邓小平理论研究中心	001	1999/2/12	学校自建	独立设置研究所	校级社科重点研究基地	马克思主义	中国共产党机关	单位自办	4	3	1	200
淮扬文化研究中心	002	2010/8/5	学校上级主管部门	独立设置研究所	省级社科重点研究基地	历史学	文化艺术业	政府部门办	15	2	4	500
江苏苏中发展研究基地	003	2013/8/6	非学校上级主管部门	独立设置研究所	省级社科重点研究基地	管理学	体育	单位自办	3	3	0	120
苏中发展研究院	004	1997/1/1	学校上级主管部门	独立设置研究所	校级社科重点研究基地	经济学	研究与试验发展	政府部门办	5	5	0	900
中国近代史研究中	005	1999/1/10	学校自建	独立设置研究所	校级社科重点研究基地	历史学	文化艺术业	单位自办	5	4	1	560
30. 南京审计学院	/	/	/	/	/	/	/	/	115	87	25	14 150
金融风险管理研究中心	001	2010/11/1	学校上级主管部门	独立设置研究所	其他	经济学	居民服务业	政府部门办	31	28	3	1 500
审计科学研究院	002	2014/3/1	学校自建	独立设置研究所	其他	经济学	居民服务业	单位自办	10	6	3	6 600
现代审计发展研究中心	003	2009/11/11	学校上级主管部门	独立设置研究所	其他	经济学	居民服务业	政府部门办	51	47	2	4 000
中国内部审计发展研究中心	004	2006/4/6	非学校上级主管部门	独立设置研究所	其他	经济学	居民服务业	政府部门办	23	6	17	2 050
31. 南京晓庄学院	/	/	/	/	/	/	/	/	6	2	2	60
陶行知研究所	001	2000/10/6	学校自建	独立设置研究所	其他	教育学	教育	单位自办	6	2	2	60
32. 江苏理工学院	/	/	/	/	/	/	/	/	16	4	7	1 650
江苏省职业技术教育研究中心	001	1989/5/1	学校上级主管部门	独立设置研究所	其他	教育学	教育	政府部门办	16	4	7	1 650
33. 淮海工学院	/	/	/	/	/	/	/	/	8	4	2	2 300

续表

江苏省大学生村官研究所	001	2009/4/1	非学校上级主管部门	独立设置研究所	其他	教育学	居民服务业	单位自办	8	4	2	2 300
34. 徐州工程学院	/	/	/	/	/	/	/	/	15	6	9	2 200
淮海地区非物质文化遗产研究中心	001	2012/6/1	非学校上级主管部门	与校外合办所	省级社科重点研究基地	民族学	社会福利业	与国内独立研究机构合办	15	6	9	2 200
35. 泰州职业技术学院	/	/	/	/	/	/	/	/	6	1	3	85
泰州市工业经济研究院	001	2014/7/2	学校上级主管部门	与校外合办所	其他	经济学	租赁业	政府部门办	6	1	3	85
36. 南京森林警察学院	/	/	/	/	/	/	/	/	4	1	1	487.84
国家林业局职业教育研究中心	001	1984/3/1	学校上级主管部门	独立设置研究所	其他	教育学	教育	政府部门办	4	1	1	487.84
37. 南京交通职业技术学院	/	/	/	/	/	/	/	/	10	1	5	80
交通经济与社会发展研究所	001	2010/12/22	学校自建	独立设置研究所	其他	社会学	水上运输业	单位自办	10	1	5	80
38. 淮安信息职业技术学院	/	/	/	/	/	/	/	/	15	3	5	700
淮安地域文化研究调研点	001	2014/5/4	非学校上级主管部门	独立设置研究所	其他	民族学	社会福利业	单位自办	15	3	5	700
39. 金陵科技学院	/	/	/	/	/	/	/	/	5	0	3	500
数字艺术创意与应用实验室	001	2014/9/10	学校上级主管部门	跨系所	省级社科重点实验室	艺术学	社会福利业	政府部门办	5	0	3	500
40. 江苏财经职业技术学院	/	/	/	/	/	/	/	/	13	1	7	120
周恩来文化研究所	001	2014/3/1	学校自建	跨系所	校级社科重点研究基地	教育学	社会福利业	单位自办	13	1	7	120
41. 江苏城市职业学院	/	/	/	/	/	/	/	/	6	2	3	200
城市形象传播研究所	001	2014/10/31	学校自建	独立设置研究所	校级社科重点研究基地	新闻学与传播学	社会保障业	单位自办	6	2	3	200
42. 南京机电职业技术学院	/	/	/	/	/	/	/	/	2	0	0	36
心理健康教育中心	001	2011/9/1	学校自建	跨系所独立设置研究所	校级社科重点实验室	心理学	居民服务业	单位自办	2	0	0	36

七、社科研究、课题与成果

1. 全省高校人文、社会科学研究与课题成果情况表

学科门类	编号	课题数(项)	当年投入人数(人年)	其中研究生	当年投入经费(百元)	当年支出经费(百元)	出版著作(部) 合计	专著	其中被译成外文	编著教材	工具书参考书合计	古籍整理(部)	译著(部)	发表译文(篇)	电子出版物(件)	发表论文(篇) 合计	国内学术刊物	国外学术刊物	港澳台刊物	获奖成果数(项) 合计	国家级奖	部级奖	省级奖	研究与咨询报告 提交有关部门	其中被采纳数
	编号	L01	L02	L03	L04	L05	L06	L07	L08	L09	L10	L11	L12	L13	L14	L15	L16	L17	L18	L19	L20	L21	L22	L23	L24
合计	/	24 167	6 063.9	1 138.8	5079 911.18	4 890 748.93	1 899	973	32	900	26	23	126	85	17	27 651	26 745	846	60	389	0	3	386	1 578	1 048
管理学	1	5 359	1 335.7	313.8	1 665 582.74	1 611 218.28	299	156	6	140	3	0	5	13	1	5 110	4 736	372	2	68	0	1	67	551	361
马克思主义	2	844	215	38.2	100 924	101 725.54	79	51	1	27	1	0	1	1	0	835	829	6	0	14	0	0	14	18	11
哲学	3	421	110.5	19.4	84 041	74925.59	62	48	5	14	0	1	12	2	0	582	576	4	2	11	0	0	11	6	3
逻辑学	4	16	5.5	1	4510	4 425	2	2	0	0	0	0	2	0	0	35	32	3	0	2	0	0	2	1	0
宗教学	5	59	14.7	3.7	32 850	38 650	8	7	0	1	0	0	0	0	0	91	70	3	18	3	0	0	3	0	0
语言学	6	1 357	379.9	55.3	223 837.49	215 757.71	183	71	1	106	6	1	14	7	0	1 874	1 813	58	3	24	0	0	24	23	8
中国文学	7	898	235.3	41.7	164 794.25	156 986.39	173	99	1	73	1	18	6	9	0	1 286	1 262	12	12	35	0	0	35	21	10
外国文学	8	455	115.8	21.2	66 531.26	67 692.13	35	18	0	17	0	0	44	4	0	707	687	19	1	11	0	0	11	2	0
艺术学	9	1 915	446.1	55.9	330 353.91	285 842.84	267	123	8	139	5	2	10	16	12	3 006	2 964	38	4	32	0	1	31	127	97
历史学	10	451	124.8	38	120 185	135 654.34	65	52	1	13	0	0	1	3	0	584	570	10	4	18	0	0	18	17	13
考古学	11	50	11.6	6.4	57 665	57 654.83	2	2	0	0	0	0	0	0	0	53	51	2	0	1	0	0	1	13	13
经济学	12	2 997	763.4	175.6	662 211.68	679 209.76	182	81	2	100	1	0	2	3	0	2 747	2 582	165	0	39	0	1	38	302	218
政治学	13	441	126.9	30.8	79 094	83 064.33	36	26	0	10	0	0	0	1	0	433	427	4	2	20	0	0	20	29	13
法学	14	10 96	282.4	48.4	180 599.95	166 611.18	85	54	1	31	0	0	8	5	0	1 105	1 084	18	3	21	0	0	21	38	23
社会学	15	1 484	375.7	85	457 585	406 092.91	54	33	1	21	0	0	6	2	0	1 014	979	34	1	13	0	0	13	138	97
民族学与文化学	16	133	33.7	5.6	22 031	18 601.72	5	2	0	3	0	0	1	0	0	79	78	0	1	0	0	0	0	15	10
新闻学与传播学	17	374	94.4	23.8	99 834	104 500.2	23	14	0	9	0	0	2	1	1	413	403	7	3	8	0	0	8	22	17
图书、情报、文献学	18	622	168.1	38.9	277 691.8	241 142.45	27	19	1	8	0	1	3	1	2	1 047	1 014	32	1	11	0	0	11	43	32
教育学	19	3 984	920.6	92.4	292 795.1	274 868.63	201	74	2	121	6	0	6	14	1	5 065	5 045	19	1	40	0	0	40	156	87
统计学	20	126	31.3	9.6	82 200	81 796.63	6	2	0	4	0	0	0	0	0	115	108	7	0	0	0	0	0	18	12
心理学	21	236	56.2	6.7	20 110	16 308.86	28	8	1	19	1	0	2	0	0	292	272	18	2	7	0	0	7	16	11
体育科学	22	849	216.3	27.4	54 484	68 019.61	77	31	1	44	2	0	1	3	0	1 178	1 163	15	0	11	0	0	11	22	12

2. 公办本科高校人文、社会科学研究与课题成果情况表

学科门类	编号	课题数(项) L01	当年投入人数(人年) L02	其中研究生 L03	当年投入经费(百元) L04	当年支出经费(百元) L05	出版著作(部) 合计 L06	专著 L07	其中被译成外文 L08	编著教材 L09	工具书参考书合计 L10	古籍整理(部) L11	译著(部) L12	发表译文(篇) L13	电子出版物(件) L14	发表论文(篇) 合计 L15	国内学术刊物 L16	国外学术刊物 L17	港澳台刊物 L18	获奖成果数(项) 合计 L19	国家级奖 L20	部级奖 L21	省级奖 L22	研究与咨询报告 提交有关部门 L23	其中被采纳数 L24
合计	/	19 143	4 889.8	1 138.3	4 794 286.9	4 664 239.43	1 574	910	30	641	23	16	115	82	11	19 668	18 839	770	59	376	0	2	374	1 156	775
管理学	1	4 304	1 090	313.3	1 566 452.13	1 541 243.29	233	143	6	87	3	0	5	11	1	3 677	3 320	355	2	67	0	1	66	390	257
马克思主义	2	701	182.8	38.2	97 732	98 711.61	65	48	1	17	0	0	1	1	0	643	637	6	0	13	0	0	13	15	9
哲学	3	401	105.6	19.4	83 731	74 380.59	62	48	5	14	0	1	12	2	0	552	546	4	2	11	0	0	11	6	3
逻辑学	4	15	5.3	1	4 270	4 335	2	2	0	0	0	0	2	0	0	29	26	3	0	2	0	0	2	0	0
宗教学	5	54	14.3	3.7	32 630	38 430	8	7	0	1	0	0	0	0	0	91	70	3	18	3	0	0	3	0	0
语言学	6	1 114	311.3	55.3	213 686.49	208 175.22	143	65	1	74	4	1	9	6	0	1 339	1 285	51	3	23	0	0	23	14	5
中国文学	7	808	211.9	41.7	160 509.25	154 889.39	156	89	0	66	1	11	6	9	0	1 097	1 073	12	12	32	0	0	32	21	10
外国文学	8	425	108.7	21.2	65 425.26	67 148.54	34	17	0	17	0	0	44	4	0	613	595	17	1	11	0	0	11	1	0
艺术学	9	1 572	371.2	55.9	316 611.61	272 632.43	225	110	8	110	5	2	8	16	9	2 150	2 118	28	4	30	0	0	30	100	78
历史学	10	429	117.1	38	118 342	132 355.34	62	50	1	12	0	0	1	3	0	549	535	10	4	18	0	0	18	15	12
考古学	11	50	11.6	6.4	57 665	57 654.83	2	2	0	0	0	0	0	0	0	52	50	2	0	1	0	0	1	13	13
经济学	12	2 409	621.9	175.6	628 607.94	648 438.51	127	79	2	47	1	0	1	3	0	2 038	1 901	137	0	38	0	1	37	220	158
政治学	13	402	117.5	30.8	77 439	82 072.33	30	26	0	4	0	0	0	1	0	326	320	4	2	19	0	0	19	26	12
法学	14	1 037	268.7	48.4	179 469.95	165 373.17	82	53	1	29	0	0	8	5	0	1 006	985	18	3	21	0	0	21	36	22
社会学	15	1 191	298.4	85	414 531	371 449.04	44	32	1	12	0	0	6	2	0	776	745	30	1	12	0	0	12	108	74
民族学与文化学	16	89	23.2	5.6	15 710	14 010.22	3	1	0	2	0	0	1	0	0	55	54	0	1	0	0	0	0	7	3
新闻学与传播学	17	350	89.3	23.8	99 348	104 181.2	22	14	0	8	0	0	2	1	0	383	373	7	3	8	0	0	8	20	15
图书、情报、文献学	18	557	152.2	38.9	274 906.8	238 837.63	26	19	1	7	0	1	3	1	1	797	764	32	1	11	0	0	11	42	31
教育学	19	2 242	537.3	92.4	242 391.48	233 046.72	153	66	2	81	6	0	4	14	0	2 383	2 369	14	0	38	0	0	38	79	43
统计学	20	109	28.3	9.6	75 735	77 587.63	4	2	0	2	0	0	0	0	0	95	88	7	0	0	0	0	0	16	11
心理学	21	160	38.4	6.7	18 440	15 000.42	22	7	1	14	1	0	2	0	0	192	172	18	2	7	0	0	7	12	9
体育科学	22	724	184.8	27.4	50 653	64 285.32	69	30	0	37	2	0	0	3	0	825	813	12	0	11	0	0	11	15	10

2.1 管理学人文、社会科学研究与课题成果情况表

高校名称	编号	课题数(项)	当年投入人数(人年)	其中研究生	当年投入经费(百元)	当年支出经费(百元)	出版著作(部) 合计	专著	其中被译成外文	编著教材	工具书参考书合计	古籍整理(部)	译著(部)	发表译文(篇)	电子出版物(件)	发表论文(篇) 合计	国内学术刊物	国外学术刊物	港澳台刊物	获奖成果数(项) 合计	国家级奖	部级奖	省级奖	研究与咨询报告 提交有关部门	其中被采纳数
		L01	L02	L03	L04	L05	L06	L07	L08	L09	L10	L11	L12	L13	L14	L15	L16	L17	L18	L19	L20	L21	L22	L23	L24
合计	/	4 304	1 090	313.3	1 566 452.13	1 541 243.29	233	143	6	87	3	0	5	11	1	3 677	3 320	355	2	67	0	1	66	390	257
南京大学	1	204	49	26.2	161 305	259 158	26	10	3	15	1	0	2	1	0	398	311	87	0	13	0	0	13	20	16
东南大学	2	165	84.6	35.8	80 486	62 477.8	9	9	0	0	0	0	0	0	0	170	121	49	0	8	0	0	8	6	4
江南大学	3	112	33.2	15.6	38 520	21 190.23	6	5	1	1	0	0	0	1	0	197	190	7	0	1	0	1	0	0	0
南京农业大学	4	521	68.6	23.1	208 609.33	217 070.64	17	17	0	0	0	0	0	0	0	317	303	14	0	9	0	0	9	35	13
中国矿业大学	5	230	52.2	23.2	122 794.4	113 249.43	16	12	0	4	0	0	0	2	0	145	139	6	0	3	0	0	3	4	3
河海大学	6	212	75.1	36.8	176 411.7	168 009.7	17	13	0	2	2	0	0	0	0	206	178	27	1	1	0	0	1	59	42
南京理工大学	7	137	57.9	24.7	65 995	53 722.92	13	1	0	12	0	0	0	0	0	137	113	24	0	0	0	0	0	2	1
南京航空航天大学	8	122	38.5	14.9	63113	61204	5	4	1	1	0	0	0	0	0	163	93	70	0	3	0	0	3	22	8
中国药科大学	9	60	17.9	3.6	30 694.81	27 598.04	0	0	0	0	0	0	0	0	0	39	39	0	0	0	0	0	0	17	10
南京森林警察学院	10	8	1.7	0	2 530	2 342	0	0	0	0	0	0	0	0	0	16	16	0	0	0	0	0	0	0	0
苏州大学	11	114	18.3	2.5	44 495	39 637.5	26	24	0	2	0	0	0	0	0	135	131	3	1	0	0	0	0	7	6
江苏科技大学	12	152	72.2	39.7	26 845	30 503	8	8	0	0	0	0	0	0	0	63	61	2	0	0	0	0	0	3	3
南京工业大学	13	127	17.9	1	28 870	22 905	11	5	0	6	0	0	0	0	0	125	111	14	0	3	0	0	3	12	11
常州大学	14	69	21.9	0	32 530	26 630	3	0	0	3	0	0	0	0	0	45	45	0	0	2	0	0	2	7	7
南京邮电大学	15	119	34.3	20.3	30 638	25 653	5	4	0	1	0	0	0	0	0	48	48	0	0	3	0	0	3	22	6
南京林业大学	16	60	18.1	1.6	17 182.19	6 134	4	3	1	1	0	0	0	0	0	32	32	0	0	0	0	0	0	8	8
江苏大学	17	320	39.4	16.9	116 853.5	113 073.5	2	1	0	1	0	0	1	0	0	145	145	0	0	4	0	0	4	3	2
南京信息工程大学	18	155	35.6	1.5	34 630	33 904.5	4	3	0	1	0	0	1	0	0	86	69	17	0	4	0	0	4	22	21
南通大学	19	59	10.4	0	6 200	4 496.4	1	0	0	1	0	0	0	0	0	61	58	3	0	0	0	0	0	1	1
盐城工学院	20	93	15.4	0	10 982.5	9 852.5	1	0	0	1	0	0	0	0	0	84	82	2	0	0	0	0	0	15	12

续表

南京医科大学	21	27	6.7	1.6	11 590	9 780.4	2	2	0	0	0	0	0	0	0	18	17	1	0	0	0	0	0	0	0
徐州医学院	22	1	0.2	0	50	25	0	0	0	0	0	0	0	0	0	1	1	0	0	0	0	0	0	0	0
南京中医药大学	23	41	19.3	0.5	4 252.6	4 207.58	7	0	0	7	0	0	0	0	0	95	92	3	0	0	0	0	0	3	3
南京师范大学	24	27	7.2	0.8	1 100	2 030	2	0	0	2	0	0	0	1	0	31	29	2	0	0	0	0	0	0	0
江苏师范大学	25	68	23.4	4	8 430	9 642	0	0	0	0	0	0	0	0	0	89	85	4	0	0	0	0	0	3	3
淮阴师范学院	26	67	10.6	0	7 816	6 441	0	0	0	0	0	0	0	0	0	24	20	4	0	0	0	0	0	4	2
盐城师范学院	27	39	10	0	18 240	13 221	2	0	0	2	0	0	0	0	0	66	66	0	0	0	0	0	0	12	9
南京财经大学	28	111	41.2	12	72 013	60 996.1	14	7	0	7	0	0	0	0	0	105	101	4	0	6	0	0	6	2	0
江苏警官学院	29	42	10	0	1 120	910	3	2	0	1	0	0	0	0	0	24	23	1	0	0	0	0	0	3	0
南京体育学院	30	4	0.1	0	260	95	0	0	0	0	0	0	0	0	0	1	1	0	0	0	0	0	0	0	0
南京艺术学院	31	46	9.2	0	716	772.8	2	0	0	2	0	0	0	0	0	48	48	0	0	0	0	0	0	0	0
苏州科技学院	32	101	31.2	3	15 350	14 534.7	1	0	0	1	0	0	0	2	0	44	42	2	0	0	0	0	0	4	2
常熟理工学院	33	61	9.6	0	11 007.5	4 431.55	0	0	0	0	0	0	0	0	0	20	20	0	0	0	0	0	0	16	16
淮阴工学院	34	68	13.3	0	1 2910	10 850	5	3	0	2	0	0	0	0	0	77	76	1	0	0	0	0	0	5	4
常州工学院	35	43	6.2	0	2 640	1 990	2	0	0	2	0	0	0	0	0	30	29	1	0	0	0	0	0	16	16
扬州大学	36	66	9.8	3.6	17 865	18 189.5	4	2	0	2	0	0	1	0	0	11	11	0	0	0	0	0	0	18	15
南京工程学院	37	28	8.1	0	740	1 209.34	3	1	0	2	0	0	0	0	0	22	22	0	0	0	0	0	0	0	0
南京审计学院	38	121	31.5	0.4	23 684.6	29 216.32	4	4	0	0	0	0	0	1	0	117	115	2	0	3	0	0	3	1	1
南京晓庄学院	39	5	0.8	0	1 800	755	2	0	0	2	0	0	0	0	1	7	7	0	0	1	0	0	1	0	0
江苏理工学院	40	93	28.4	0	23 806	17 745.15	0	0	0	0	0	0	0	3	0	30	30	0	0	0	0	0	0	9	7
淮海工学院	41	28	3.7	0	4 861	3 923.4	0	0	0	0	0	0	0	0	0	38	38	0	0	1	0	0	1	2	2
徐州工程学院	42	98	27.1	0	16 665	16 082.5	3	1	0	2	0	0	0	0	0	97	97	0	0	2	0	0	2	22	0
南京特殊教育职业技术学院	43	0	0	0	0	0	0	0	0	0	0	0	0	0	0	5	5	0	0	0	0	0	0	0	0
泰州学院	44	11	4.2	0	1 870	1 745	0	0	0	0	0	0	0	0	0	18	18	0	0	0	0	0	0	0	0
金陵科技学院	45	68	15.5	0	7 980	13 621	3	2	0	1	0	0	0	0	0	40	35	5	0	0	0	0	0	5	3
江苏第二师范学院	46	1	0.5	0	0	16.79	0	0	0	0	0	0	0	0	0	7	7	0	0	0	0	0	0	0	0

2.2 马克思主义人文、社会科学研究与课题成果情况表

高校名称	编号	课题数(项)	当年投入人数(人年)	其中研究生	当年投入经费(百元)	当年支出经费(百元)	出版著作(部) 合计	专著	其中被译成外文	编著教材	工具书参考书合计	古籍整理(部)	译著(部)	发表译文(篇)	电子出版物(件)	发表论文(篇) 合计	国内学术刊物	国外学术刊物	港澳台刊物	获奖成果数(项) 合计	国家级奖	部级奖	省级奖	研究与咨询报告 提交有关部门	其中被采纳数
		L01	L02	L03	L04	L05	L06	L07	L08	L09	L10	L11	L12	L13	L14	L15	L16	L17	L18	L19	L20	L21	L22	L23	L24
合计	/	701	182.8	38.2	97 732	98 711.61	65	48	1	17	0	0	1	1	0	643	637	6	0	13	0	0	13	15	9
南京大学	1	51	10.6	5	11 680	31 545	0	0	0	0	0	0	0	0	0	10	10	0	0	0	0	0	0	0	0
东南大学	2	38	17.5	6.3	6 748	5 487	9	6	0	3	0	0	0	0	0	38	38	0	0	1	0	0	1	0	0
江南大学	3	31	12	6.8	3 340	2 533.58	4	3	0	1	0	0	0	0	0	38	38	0	0	0	0	0	0	2	2
南京农业大学	4	11	1.9	0.7	460	410	1	1	0	0	0	0	0	0	0	10	10	0	0	0	0	0	0	0	0
中国矿业大学	5	79	17.1	1.3	5 313	2 428.92	4	2	0	2	0	0	0	0	0	30	29	1	0	0	0	0	0	0	0
河海大学	6	18	7.2	3.3	3 560	2 902	4	3	0	1	0	0	0	0	0	31	31	0	0	0	0	0	0	5	3
南京理工大学	7	32	9.3	3.8	5 050	5 068	4	4	0	0	0	0	0	0	0	19	19	0	0	0	0	0	0	0	0
南京航空航天大学	8	5	1.8	0.7	50	50	4	4	0	0	0	0	0	0	0	4	4	0	0	0	0	0	0	0	0
中国药科大学	9	8	1.6	0	360	670	0	0	0	0	0	0	0	0	0	4	4	0	0	0	0	0	0	0	0
南京森林警察学院	10	1	0.2	0	160	160	0	0	0	0	0	0	0	0	0	8	8	0	0	0	0	0	0	0	0
苏州大学	11	13	2.6	0.8	7 310	3 342	2	2	0	0	0	0	0	0	0	25	24	1	0	1	0	0	1	1	1
江苏科技大学	12	10	5.7	3.2	4 290	2 056	0	0	0	0	0	0	0	0	0	3	3	0	0	1	0	0	1	0	0
南京工业大学	13	11	2.3	0	1 240	1 363	0	0	0	0	0	0	0	0	0	2	2	0	0	0	0	0	0	0	0
常州大学	14	20	5	0	1 750	1 150	3	1	0	2	0	0	1	0	0	6	6	0	0	0	0	0	0	0	0
南京邮电大学	15	3	1.2	0.4	50	50	0	0	0	0	0	0	0	0	0	5	5	0	0	0	0	0	0	0	0
南京林业大学	16	19	3.5	0.8	290	745	0	0	0	0	0	0	0	0	0	5	5	0	0	0	0	0	0	0	0
江苏大学	17	16	0.1	0	360	360	0	0	0	0	0	0	0	0	0	0	0	0	0	0	0	0	0	0	0
南京信息工程大学	18	12	2	0	3 560	3 031	3	3	0	0	0	0	0	0	0	12	12	0	0	1	0	0	1	0	0
南通大学	19	29	7	0.4	3 380	2 739.8	5	4	1	1	0	0	0	0	0	60	59	1	0	1	0	0	1	0	0
盐城工学院	20	30	6.2	0	1 185	1 105	3	2	0	1	0	0	0	0	0	47	47	0	0	0	0	0	0	1	1

续表

南京医科大学	21	1	0.1	0	0	0	0	0	0	0	0	0	0	0	0	0	0	0	0	0	0	0	0	0	0
徐州医学院	22	6	1.5	0	130	220	0	0	0	0	0	0	0	0	0	1	1	0	0	0	0	0	0	0	0
南京中医药大学	23	1	0.1	0	0	10	0	0	0	0	0	0	0	0	0	3	3	0	0	0	0	0	0	0	0
南京师范大学	24	45	9.4	1.5	7 850	10 260.7	7	6	0	1	0	0	0	0	0	32	32	0	0	1	0	0	1	2	0
江苏师范大学	25	31	13.2	2.3	8 450	3 849	0	0	0	0	0	0	0	0	0	30	28	2	0	1	0	0	1	0	0
淮阴师范学院	26	6	1.6	0	790	450	0	0	0	0	0	0	0	0	0	0	0	0	0	0	0	0	0	0	0
盐城师范学院	27	15	8.5	0	870	1 865	2	2	0	0	0	0	0	0	0	18	18	0	0	1	0	0	1	0	0
南京财经大学	28	11	3.3	0.3	6 340	4 732	0	0	0	0	0	0	0	0	0	19	18	1	0	0	0	0	0	0	0
江苏警官学院	29	6	2.1	0	120	147	0	0	0	0	0	0	0	0	0	7	7	0	0	0	0	0	0	1	0
南京体育学院	30	1	0.6	0	0	10	0	0	0	0	0	0	0	0	0	3	3	0	0	0	0	0	0	0	0
南京艺术学院	31	15	3.3	0	660	223.88	0	0	0	0	0	0	0	0	0	18	18	0	0	0	0	0	0	0	0
苏州科技学院	32	1	0.5	0	0	0	1	0	0	1	0	0	0	0	0	6	6	0	0	0	0	0	0	0	0
常熟理工学院	33	8	1.6	0	530	203.23	0	0	0	0	0	0	0	0	0	12	12	0	0	0	0	0	0	0	0
淮阴工学院	34	5	0.5	0	460	287	0	0	0	0	0	0	0	1	0	24	24	0	0	0	0	0	0	0	0
常州工学院	35	5	0.5	0	300	190	0	0	0	0	0	0	0	0	0	1	1	0	0	0	0	0	0	1	1
扬州大学	36	26	3	0.6	2 400	1 198	2	2	0	0	0	0	0	0	0	36	36	0	0	2	0	0	2	0	0
南京工程学院	37	0	0	0	0	0	0	0	0	0	0	0	0	0	0	4	4	0	0	0	0	0	0	0	0
南京审计学院	38	16	4	0	4 440	4 297.17	2	2	0	0	0	0	0	0	0	21	21	0	0	1	0	0	1	1	1
南京晓庄学院	39	7	2.5	0	120	145	4	0	0	4	0	0	0	0	0	17	17	0	0	0	0	0	0	1	0
江苏理工学院	40	34	4.9	0	2 870	2 265.73	0	0	0	0	0	0	0	0	0	6	6	0	0	0	0	0	0	0	0
淮海工学院	41	5	0.5	0	0	86	0	0	0	0	0	0	0	0	0	4	4	0	0	1	0	0	1	0	0
徐州工程学院	42	9	1.8	0	870	665	0	0	0	0	0	0	0	0	0	1	1	0	0	0	0	0	0	0	0
南京特殊教育职业技术学院	43	0	0	0	0	0	0	0	0	0	0	0	0	0	0	1	1	0	0	0	0	0	0	0	0
泰州学院	44	2	0.9	0	80	80	0	0	0	0	0	0	0	0	0	1	1	0	0	0	0	0	0	0	0
金陵科技学院	45	2	0.3	0	30	30	1	1	0	0	0	0	0	0	0	7	7	0	0	0	0	0	0	0	0
江苏第二师范学院	46	6	3.3	0	286	300.6	0	0	0	0	0	0	0	0	0	14	14	0	0	1	0	0	1	0	0

2.3 哲学人文、社会科学研究与课题成果情况表

高校名称	编号	课题数(项)	当年投入人数(人年)	其中研究生	当年投入经费(百元)	当年支出经费(百元)	出版著作(部) 合计	专著	其中被译成外文	编著教材	工具书参考书合计	古籍整理(部)	译著(部)	发表译文(篇)	电子出版物(件)	发表论文(篇) 合计	国内学术刊物	国外学术刊物	港澳台刊物	获奖成果数(项) 合计	国家级奖	部级奖	省级奖	研究与咨询报告 提交有关部门	其中被采纳数
		L01	L02	L03	L04	L05	L06	L07	L08	L09	L10	L11	L12	L13	L14	L15	L16	L17	L18	L19	L20	L21	L22	L23	L24
合计	/	401	105.6	19.4	83 731	74 380.59	62	48	5	14	0	1	12	2	0	552	546	4	2	11	0	0	11	6	3
南京大学	1	49	8.6	2.9	15 350	17 726	19	13	4	6	0	0	7	0	0	184	181	2	1	1	0	0	1	0	0
东南大学	2	29	10.3	1.8	19 410	20 900	4	4	0	0	0	1	1	0	0	47	47	0	0	0	0	0	0	2	0
江南大学	3	16	2.9	0.2	1 560	1 207.67	0	0	0	0	0	0	0	0	0	18	18	0	0	0	0	0	0	1	1
南京农业大学	4	10	1.5	0.4	990	2 490	2	1	0	1	0	0	0	0	0	3	3	0	0	0	0	0	0	0	0
中国矿业大学	5	18	3.5	0.9	4 150	2 171.69	3	2	0	1	0	0	0	0	0	16	16	0	0	0	0	0	0	0	0
河海大学	6	10	3.2	1.2	5 800	2 300	2	2	0	0	0	0	0	0	0	28	28	0	0	1	0	0	1	3	2
南京理工大学	7	7	1.8	0.3	10	10	0	0	0	0	0	0	0	0	0	3	3	0	0	0	0	0	0	0	0
南京航空航天大学	8	2	1.1	0.6	0	6	0	0	0	0	0	0	0	0	0	1	1	0	0	0	0	0	0	0	0
中国药科大学	9	1	0.3	0	400	240	0	0	0	0	0	0	0	0	0	2	2	0	0	0	0	0	0	0	0
南京森林警察学院	10	1	0.2	0	180	180	0	0	0	0	0	0	0	0	0	9	9	0	0	0	0	0	0	0	0
苏州大学	11	12	2.1	0.4	280	698.7	7	6	0	1	0	0	0	0	0	32	32	0	0	1	0	0	1	0	0
江苏科技大学	12	5	1.7	0.5	0	95	2	2	0	0	0	0	0	0	0	3	3	0	0	0	0	0	0	0	0
南京工业大学	13	4	0.8	0	610	624	0	0	0	0	0	0	1	0	0	0	0	0	0	0	0	0	0	0	0
常州大学	14	4	1.5	0	2 240	910	2	1	0	1	0	0	0	0	0	2	2	0	0	0	0	0	0	0	0
南京邮电大学	15	10	2	0.9	2 070	1 420	1	1	0	0	0	0	0	0	0	6	5	1	0	0	0	0	0	0	0
南京林业大学	16	43	10.5	0.9	2 940	2 182	0	0	0	0	0	0	0	0	0	25	25	0	0	0	0	0	0	0	0
江苏大学	17	15	5.5	3.9	1 100	860	1	1	0	0	0	0	0	0	0	16	16	0	0	1	0	0	1	0	0
南京信息工程大学	18	11	3.7	1	2 510	1 234	1	1	0	0	0	0	0	1	0	22	22	0	0	0	0	0	0	0	0
南通大学	19	19	3.7	0	1 840	1 466.6	0	0	0	0	0	0	0	0	0	0	0	0	0	0	0	0	0	0	0
盐城工学院	20	3	0.6	0	20	18.5	0	0	0	0	0	0	0	0	0	9	9	0	0	0	0	0	0	0	0

续表

南京医科大学	21	2	0.5	0	400	205	2	2	0	0	0	0	0	0	0	2	2	0	0	0	0	0	0	0	0
徐州医学院	22	1	0.2	0	0	30	0	0	0	0	0	0	0	0	0	0	0	0	0	0	0	0	0	0	0
南京中医药大学	23	12	3.9	0	1 970	1 014.5	0	0	0	0	0	0	0	0	0	5	4	1	0	0	0	0	0	0	0
南京师范大学	24	26	6.4	1.4	1 650	4 216	10	8	1	2	0	0	1	1	0	32	31	0	1	5	0	0	5	0	0
江苏师范大学	25	24	8.9	1.4	11 980	4 812.5	0	0	0	0	0	0	1	0	0	30	30	0	0	1	0	0	1	0	0
淮阴师范学院	26	10	2.4	0	2 070	2 230	0	0	0	0	0	0	0	0	0	3	3	0	0	0	0	0	0	0	0
盐城师范学院	27	2	0.4	0	1 250	580	0	0	0	0	0	0	0	0	0	1	1	0	0	0	0	0	0	0	0
南京财经大学	28	0	0	0	0	0	0	0	0	0	0	0	0	0	0	2	2	0	0	0	0	0	0	0	0
江苏警官学院	29	4	0.8	0	120	159	0	0	0	0	0	0	0	0	0	2	2	0	0	0	0	0	0	0	0
南京体育学院	30	2	1.1	0	0	12	0	0	0	0	0	0	0	0	0	0	0	0	0	0	0	0	0	0	0
南京艺术学院	31	0	0	0	0	0	0	0	0	0	0	0	0	0	0	0	0	0	0	0	0	0	0	0	0
苏州科技学院	32	8	3.5	0.1	380	1 965	3	1	0	2	0	0	1	0	0	12	12	0	0	0	0	0	0	0	0
常熟理工学院	33	1	0.4	0	0	500	0	0	0	0	0	0	0	0	0	1	1	0	0	0	0	0	0	0	0
淮阴工学院	34	2	0.4	0	390	201	0	0	0	0	0	0	0	0	0	9	9	0	0	0	0	0	0	0	0
常州工学院	35	0	0	0	0	0	0	0	0	0	0	0	0	0	0	2	2	0	0	0	0	0	0	0	0
扬州大学	36	9	1.7	0.5	365	339.3	0	0	0	0	0	0	0	0	0	0	0	0	0	0	0	0	0	0	0
南京工程学院	37	0	0	0	0	0	0	0	0	0	0	0	0	0	0	0	0	0	0	0	0	0	0	0	0
南京审计学院	38	3	3	0	30	211.1	1	1	0	0	0	0	0	0	0	7	7	0	0	0	0	0	0	0	0
南京晓庄学院	39	3	1	0	120	75	0	0	0	0	0	0	0	0	0	10	10	0	0	0	0	0	0	0	0
江苏理工学院	40	4	0.7	0	0	65	0	0	0	0	0	0	0	0	0	0	0	0	0	0	0	0	0	0	0
淮海工学院	41	1	0.1	0	0	0	0	0	0	0	0	0	0	0	0	0	0	0	0	0	0	0	0	0	0
徐州工程学院	42	3	0.8	0	100	90	0	0	0	0	0	0	0	0	0	1	1	0	0	0	0	0	0	0	0
南京特殊教育职业技术学院	43	0	0	0	0	0	0	0	0	0	0	0	0	0	0	0	0	0	0	0	0	0	0	0	0
泰州学院	44	1	0.3	0	100	100	0	0	0	0	0	0	0	0	0	1	1	0	0	0	0	0	0	0	0
金陵科技学院	45	9	1.5	0	600	700	1	1	0	0	0	0	0	0	0	4	4	0	0	1	0	0	1	0	0
江苏第二师范学院	46	5	2.1	0.1	746	135.03	1	1	0	0	0	0	0	0	0	2	2	0	0	0	0	0	0	0	0

2.4 逻辑学人文、社会科学研究与课题成果情况表

高校名称	编号	课题数(项)	当年投入人数(人年)	其中研究生	当年投入经费(百元)	当年支出经费(百元)	出版著作(部) 合计	专著	其中被译成外文	编著教材	工具书参考书合计	古籍整理(部)	译著(部)	发表译文(篇)	电子出版物(件)	发表论文(篇) 合计	国内学术刊物	国外学术刊物	港澳台刊物	获奖成果数(项) 合计	国家级奖	部级奖	省级奖	研究与咨询报告 提交有关部门	其中被采纳数
		L01	L02	L03	L04	L05	L06	L07	L08	L09	L10	L11	L12	L13	L14	L15	L16	L17	L18	L19	L20	L21	L22	L23	L24
合计	/	15	5.3	1	4 270	4 335	2	2	0	0	0	0	2	0	0	29	26	3	0	2	0	0	2	0	0
南京大学	1	4	1.7	0.5	200	1 631	1	1	0	0	0	0	2	0	0	3	3	0	0	1	0	0	1	0	0
东南大学	2	2	0.7	0.3	1 000	175	0	0	0	0	0	0	0	0	0	0	0	0	0	1	0	0	1	0	0
江南大学	3	0	0	0	0	0	0	0	0	0	0	0	0	0	0	0	0	0	0	0	0	0	0	0	0
南京农业大学	4	0	0	0	0	0	0	0	0	0	0	0	0	0	0	0	0	0	0	0	0	0	0	0	0
中国矿业大学	5	0	0	0	0	0	0	0	0	0	0	0	0	0	0	0	0	0	0	0	0	0	0	0	0
河海大学	6	1	0.3	0.2	0	81	0	0	0	0	0	0	0	0	0	4	4	0	0	0	0	0	0	0	0
南京理工大学	7	0	0	0	0	0	0	0	0	0	0	0	0	0	0	0	0	0	0	0	0	0	0	0	0
南京航空航天大学	8	0	0	0	0	0	0	0	0	0	0	0	0	0	0	0	0	0	0	0	0	0	0	0	0
中国药科大学	9	0	0	0	0	0	0	0	0	0	0	0	0	0	0	0	0	0	0	0	0	0	0	0	0
南京森林警察学院	10	0	0	0	0	0	0	0	0	0	0	0	0	0	0	0	0	0	0	0	0	0	0	0	0
苏州大学	11	0	0	0	0	0	0	0	0	0	0	0	0	0	0	0	0	0	0	0	0	0	0	0	0
江苏科技大学	12	0	0	0	0	0	0	0	0	0	0	0	0	0	0	0	0	0	0	0	0	0	0	0	0
南京工业大学	13	0	0	0	0	0	0	0	0	0	0	0	0	0	0	0	0	0	0	0	0	0	0	0	0
常州大学	14	0	0	0	0	0	0	0	0	0	0	0	0	0	0	0	0	0	0	0	0	0	0	0	0
南京邮电大学	15	0	0	0	0	0	0	0	0	0	0	0	0	0	0	0	0	0	0	0	0	0	0	0	0
南京林业大学	16	0	0	0	0	0	0	0	0	0	0	0	0	0	0	0	0	0	0	0	0	0	0	0	0
江苏大学	17	0	0	0	0	0	0	0	0	0	0	0	0	0	0	0	0	0	0	0	0	0	0	0	0
南京信息工程大学	18	0	0	0	0	0	0	0	0	0	0	0	0	0	0	0	0	0	0	0	0	0	0	0	0
南通大学	19	1	0.2	0	80	80	0	0	0	0	0	0	0	0	0	0	0	0	0	0	0	0	0	0	0
盐城工学院	20	0	0	0	0	0	0	0	0	0	0	0	0	0	0	0	0	0	0	0	0	0	0	0	0

续表

南京医科大学	21	0	0	0	0	0	0	0	0	0	0	0	0	0	0	0	0	0	0	0	0	0	0	0	0
徐州医学院	22	0	0	0	0	0	0	0	0	0	0	0	0	0	0	0	0	0	0	0	0	0	0	0	0
南京中医药大学	23	0	0	0	0	0	0	0	0	0	0	0	0	0	0	0	0	0	0	0	0	0	0	0	0
南京师范大学	24	0	0	0	0	0	0	0	0	0	0	0	0	0	0	1	1	0	0	0	0	0	0	0	0
江苏师范大学	25	0	0	0	0	0	0	0	0	0	0	0	0	0	0	0	0	0	0	0	0	0	0	0	0
淮阴师范学院	26	0	0	0	0	0	0	0	0	0	0	0	0	0	0	1	1	0	0	0	0	0	0	0	0
盐城师范学院	27	0	0	0	0	0	0	0	0	0	0	0	0	0	0	0	0	0	0	0	0	0	0	0	0
南京财经大学	28	0	0	0	0	0	0	0	0	0	0	0	0	0	0	0	0	0	0	0	0	0	0	0	0
江苏警官学院	29	1	0.3	0	700	744	1	1	0	0	0	0	0	0	0	0	0	0	0	0	0	0	0	0	0
南京体育学院	30	0	0	0	0	0	0	0	0	0	0	0	0	0	0	0	0	0	0	0	0	0	0	0	0
南京艺术学院	31	0	0	0	0	0	0	0	0	0	0	0	0	0	0	0	0	0	0	0	0	0	0	0	0
苏州科技学院	32	0	0	0	0	0	0	0	0	0	0	0	0	0	0	0	0	0	0	0	0	0	0	0	0
常熟理工学院	33	0	0	0	0	0	0	0	0	0	0	0	0	0	0	0	0	0	0	0	0	0	0	0	0
淮阴工学院	34	1	0.2	0	80	24	0	0	0	0	0	0	0	0	0	0	0	0	0	0	0	0	0	0	0
常州工学院	35	0	0	0	0	0	0	0	0	0	0	0	0	0	0	0	0	0	0	0	0	0	0	0	0
扬州大学	36	0	0	0	0	0	0	0	0	0	0	0	0	0	0	0	0	0	0	0	0	0	0	0	0
南京工程学院	37	0	0	0	0	0	0	0	0	0	0	0	0	0	0	0	0	0	0	0	0	0	0	0	0
南京审计学院	38	0	0	0	0	0	0	0	0	0	0	0	0	0	0	0	0	0	0	0	0	0	0	0	0
南京晓庄学院	39	0	0	0	0	0	0	0	0	0	0	0	0	0	0	0	0	0	0	0	0	0	0	0	0
江苏理工学院	40	0	0	0	0	0	0	0	0	0	0	0	0	0	0	2	2	0	0	0	0	0	0	0	0
淮海工学院	41	0	0	0	0	0	0	0	0	0	0	0	0	0	0	0	0	0	0	0	0	0	0	0	0
徐州工程学院	42	0	0	0	0	0	0	0	0	0	0	0	0	0	0	0	0	0	0	0	0	0	0	0	0
南京特殊教育职业技术学院	43	0	0	0	0	0	0	0	0	0	0	0	0	0	0	0	0	0	0	0	0	0	0	0	0
泰州学院	44	5	1.9	0	2 210	1 600	0	0	0	0	0	0	0	0	0	18	15	3	0	0	0	0	0	0	0
金陵科技学院	45	0	0	0	0	0	0	0	0	0	0	0	0	0	0	0	0	0	0	0	0	0	0	0	0
江苏第二师范学院	46	0	0	0	0	0	0	0	0	0	0	0	0	0	0	0	0	0	0	0	0	0	0	0	0

2.5 宗教学人文、社会科学研究与课题成果情况表

高校名称	编号	课题数(项)	当年投入人数(人年)	其中研究生	当年投入经费(百元)	当年支出经费(百元)	出版著作(部) 合计	专著	其中被译成外文	编著教材	工具书参考书合计	古籍整理(部)	译著(部)	发表译文(篇)	电子出版物(件)	发表论文(篇) 合计	国内学术刊物	国外学术刊物	港澳台刊物	获奖成果数(项) 合计	国家级奖	部级奖	省级奖	研究与咨询报告 提交有关部门	其中被采纳数
		L01	L02	L03	L04	L05	L06	L07	L08	L09	L10	L11	L12	L13	L14	L15	L16	L17	L18	L19	L20	L21	L22	L23	L24
合计	/	54	14.3	3.7	32 630	38 430	8	7	0	1	0	0	0	0	0	91	70	3	18	3	0	0	3	0	0
南京大学	1	34	6.7	3.3	27 280	35 569	5	4	0	1	0	0	0	0	0	61	40	3	18	3	0	0	3	0	0
东南大学	2	2	0.4	0	0	0	0	0	0	0	0	0	0	0	0	1	1	0	0	0	0	0	0	0	0
江南大学	3	0	0	0	0	0	0	0	0	0	0	0	0	0	0	2	2	0	0	0	0	0	0	0	0
南京农业大学	4	0	0	0	0	0	0	0	0	0	0	0	0	0	0	0	0	0	0	0	0	0	0	0	0
中国矿业大学	5	1	0.1	0	240	240	0	0	0	0	0	0	0	0	0	1	1	0	0	0	0	0	0	0	0
河海大学	6	1	1.2	0.2	0	0	0	0	0	0	0	0	0	0	0	3	3	0	0	0	0	0	0	0	0
南京理工大学	7	0	0	0	0	0	0	0	0	0	0	0	0	0	0	3	3	0	0	0	0	0	0	0	0
南京航空航天大学	8	0	0	0	0	0	0	0	0	0	0	0	0	0	0	0	0	0	0	0	0	0	0	0	0
中国药科大学	9	0	0	0	0	0	0	0	0	0	0	0	0	0	0	0	0	0	0	0	0	0	0	0	0
南京森林警察学院	10	0	0	0	0	0	0	0	0	0	0	0	0	0	0	0	0	0	0	0	0	0	0	0	0
苏州大学	11	1	0.3	0.1	0	0	1	1	0	0	0	0	0	0	0	2	2	0	0	0	0	0	0	0	0
江苏科技大学	12	0	0	0	0	0	0	0	0	0	0	0	0	0	0	3	3	0	0	0	0	0	0	0	0
南京工业大学	13	0	0	0	0	0	0	0	0	0	0	0	0	0	0	0	0	0	0	0	0	0	0	0	0
常州大学	14	1	0.6	0	1 800	600	0	0	0	0	0	0	0	0	0	0	0	0	0	0	0	0	0	0	0
南京邮电大学	15	0	0	0	0	0	0	0	0	0	0	0	0	0	0	0	0	0	0	0	0	0	0	0	0
南京林业大学	16	1	1.1	0	1 000	200	0	0	0	0	0	0	0	0	0	0	0	0	0	0	0	0	0	0	0
江苏大学	17	0	0	0	0	0	0	0	0	0	0	0	0	0	0	0	0	0	0	0	0	0	0	0	0
南京信息工程大学	18	0	0	0	0	0	0	0	0	0	0	0	0	0	0	5	5	0	0	0	0	0	0	0	0
南通大学	19	0	0	0	0	0	0	0	0	0	0	0	0	0	0	0	0	0	0	0	0	0	0	0	0
盐城工学院	20	0	0	0	0	0	0	0	0	0	0	0	0	0	0	0	0	0	0	0	0	0	0	0	0

续表

南京医科大学	21	0	0	0	0	0	1	1	0	0	0	0	0	0	0	0	0	0	0	0	0	0	0	0	0
徐州医学院	22	0	0	0	0	0	0	0	0	0	0	0	0	0	0	0	0	0	0	0	0	0	0	0	0
南京中医药大学	23	0	0	0	0	0	0	0	0	0	0	0	0	0	0	0	0	0	0	0	0	0	0	0	0
南京师范大学	24	3	0.3	0.1	270	1 290	0	0	0	0	0	0	0	0	0	1	1	0	0	0	0	0	0	0	0
江苏师范大学	25	1	0.3	0	0	130	0	0	0	0	0	0	0	0	0	0	0	0	0	0	0	0	0	0	0
淮阴师范学院	26	0	0	0	0	0	0	0	0	0	0	0	0	0	0	0	0	0	0	0	0	0	0	0	0
盐城师范学院	27	2	1.8	0	0	220	0	0	0	0	0	0	0	0	0	0	0	0	0	0	0	0	0	0	0
南京财经大学	28	0	0	0	0	0	0	0	0	0	0	0	0	0	0	0	0	0	0	0	0	0	0	0	0
江苏警官学院	29	1	0.3	0	0	37	0	0	0	0	0	0	0	0	0	0	0	0	0	0	0	0	0	0	0
南京体育学院	30	0	0	0	0	0	0	0	0	0	0	0	0	0	0	0	0	0	0	0	0	0	0	0	0
南京艺术学院	31	0	0	0	0	0	0	0	0	0	0	0	0	0	0	0	0	0	0	0	0	0	0	0	0
苏州科技学院	32	0	0	0	0	0	0	0	0	0	0	0	0	0	0	1	1	0	0	0	0	0	0	0	0
常熟理工学院	33	0	0	0	0	0	0	0	0	0	0	0	0	0	0	0	0	0	0	0	0	0	0	0	0
淮阴工学院	34	0	0	0	0	0	0	0	0	0	0	0	0	0	0	1	1	0	0	0	0	0	0	0	0
常州工学院	35	0	0	0	0	0	0	0	0	0	0	0	0	0	0	0	0	0	0	0	0	0	0	0	0
扬州大学	36	4	0.4	0	0	44	0	0	0	0	0	0	0	0	0	3	3	0	0	0	0	0	0	0	0
南京工程学院	37	0	0	0	0	0	0	0	0	0	0	0	0	0	0	0	0	0	0	0	0	0	0	0	0
南京审计学院	38	0	0	0	0	0	0	0	0	0	0	0	0	0	0	0	0	0	0	0	0	0	0	0	0
南京晓庄学院	39	1	0.4	0	1 800	100	0	0	0	0	0	0	0	0	0	2	2	0	0	0	0	0	0	0	0
江苏理工学院	40	0	0	0	0	0	1	1	0	0	0	0	0	0	0	2	2	0	0	0	0	0	0	0	0
淮海工学院	41	0	0	0	0	0	0	0	0	0	0	0	0	0	0	0	0	0	0	0	0	0	0	0	0
徐州工程学院	42	0	0	0	0	0	0	0	0	0	0	0	0	0	0	0	0	0	0	0	0	0	0	0	0
南京特殊教育职业技术学院	43	0	0	0	0	0	0	0	0	0	0	0	0	0	0	0	0	0	0	0	0	0	0	0	0
泰州学院	44	0	0	0	0	0	0	0	0	0	0	0	0	0	0	0	0	0	0	0	0	0	0	0	0
金陵科技学院	45	0	0	0	0	0	0	0	0	0	0	0	0	0	0	0	0	0	0	0	0	0	0	0	0
江苏第二师范学院	46	1	0.4	0	240	0	0	0	0	0	0	0	0	0	0	0	0	0	0	0	0	0	0	0	0

2.6 语言学人文、社会科学研究与课题成果情况表

高校名称							出版著作(部)					古籍整理(部)	译著(部)	发表译文(篇)	电子出版物(件)	发表论文(篇)				获奖成果数(项)				研究与咨询报告	
		课题数(项)	当年投入人数(人年)	其中研究生	当年投入经费(百元)	当年支出经费(百元)	合计	专著	其中被译成外文	编著教材	工具书参考书合计					合计	国内学术刊物	国外学术刊物	港澳台刊物	合计	国家级奖	部级奖	省级奖	提交有关部门	其中被采纳数
	编号	L01	L02	L03	L04	L05	L06	L07	L08	L09	L10	L11	L12	L13	L14	L15	L16	L17	L18	L19	L20	L21	L22	L23	L24
合计	/	1 114	311.3	55.3	213 686.49	208 175.22	143	65	1	74	4	1	9	6	0	1 339	1 285	51	3	23	0	0	23	14	5
南京大学	1	80	16.9	7.1	44 598	48 448	27	9	0	16	2	0	0	0	0	58	54	3	1	7	0	0	7	0	0
东南大学	2	29	11.5	1.3	4 654	5 372	5	4	0	1	0	0	0	0	0	37	34	3	0	1	0	0	1	0	0
江南大学	3	46	14.6	5.2	3 365	1 468.69	7	4	0	2	1	0	1	0	0	39	38	1	0	0	0	0	0	0	0
南京农业大学	4	32	4.4	1.1	1 240	3 280	1	0	0	1	0	0	0	0	0	43	43	0	0	0	0	0	0	0	0
中国矿业大学	5	48	11.9	2.1	3 933	2 515.4	1	1	0	0	0	0	0	0	0	40	38	2	0	0	0	0	0	0	0
河海大学	6	10	2.9	1.1	1 100	894	2	1	0	1	0	0	0	0	0	25	24	1	0	0	0	0	0	2	1
南京理工大学	7	7	5.1	3.4	300	300	2	1	0	1	0	0	1	0	0	2	2	0	0	0	0	0	0	0	0
南京航空航天大学	8	22	7.5	1.3	3 210	3 580	6	4	0	2	0	0	1	0	0	14	14	0	0	0	0	0	0	0	0
中国药科大学	9	9	1.7	0	455	470	5	3	0	2	0	0	0	2	0	17	17	0	0	0	0	0	0	0	0
南京森林警察学院	10	1	0.1	0	0	0	0	0	0	0	0	0	0	0	0	19	19	0	0	0	0	0	0	0	0
苏州大学	11	72	12.5	2.1	16 750	11 489	9	3	0	6	0	1	0	0	0	68	61	7	0	2	0	0	2	0	0
江苏科技大学	12	26	12.8	5.8	1 070	1 233	0	0	0	0	0	0	0	0	0	42	42	0	0	0	0	0	0	0	0
南京工业大学	13	17	2.6	0	1 910	746	4	4	0	0	0	0	0	0	0	31	31	0	0	0	0	0	0	0	0
常州大学	14	11	2.9	0	420	410	1	1	0	0	0	0	0	0	0	30	30	0	0	0	0	0	0	2	2
南京邮电大学	15	30	10.7	3.9	3 500	3 160	0	0	0	0	0	0	0	0	0	10	10	0	0	0	0	0	0	0	0
南京林业大学	16	12	2.1	0	750	230	1	0	0	1	0	0	0	0	0	9	9	0	0	0	0	0	0	0	0
江苏大学	17	33	30.6	0	12 645	12 645	3	3	0	0	0	0	4	0	0	31	30	1	0	0	0	0	0	0	0
南京信息工程大学	18	51	9.9	0	4 920	4 398	0	0	0	0	0	0	0	0	0	41	40	1	0	1	0	0	1	0	0
南通大学	19	38	7.4	0.4	3 320	1 946.2	0	0	0	0	0	0	0	0	0	46	40	6	0	0	0	0	0	0	0
盐城工学院	20	22	4	0	1 718	15 80	2	1	0	1	0	0	0	0	0	47	46	1	0	0	0	0	0	0	0

续表

南京医科大学	21	5	2.1	0	30	55	3	0	0	3	0	0	0	0	0	11	11	0	0	0	0	0	0	0	0
徐州医学院	22	1	0.2	0	0	30	0	0	0	0	0	0	0	0	0	0	0	0	0	0	0	0	0	0	0
南京中医药大学	23	9	3.7	0	570	482.25	0	0	0	0	0	0	0	0	0	23	22	1	0	0	0	0	0	0	0
南京师范大学	24	77	23.3	3.7	9 390	13 897	25	5	0	20	0	0	1	1	0	89	72	17	0	3	0	0	3	0	0
江苏师范大学	25	93	36.9	14.2	54 760	54 492	0	0	0	0	0	0	0	0	0	72	67	4	1	2	0	0	2	0	0
淮阴师范学院	26	22	3.8	0	4 360	3 625	1	1	0	0	0	0	0	0	0	18	18	0	0	0	0	0	0	1	0
盐城师范学院	27	17	5.9	0	6 160	3 969	3	1	0	2	0	0	0	0	0	13	13	0	0	1	0	0	1	0	0
南京财经大学	28	2	1.4	1	100	189	2	0	0	2	0	0	0	0	0	7	7	0	0	0	0	0	0	0	0
江苏警官学院	29	0	0	0	0	0	0	0	0	0	0	0	0	0	0	4	4	0	0	0	0	0	0	1	0
南京体育学院	30	1	0.2	0	60	0	0	0	0	0	0	0	0	0	0	7	7	0	0	0	0	0	0	0	0
南京艺术学院	31	11	1.5	0	130	65.48	0	0	0	0	0	0	0	0	0	4	4	0	0	0	0	0	0	0	0
苏州科技学院	32	20	9.3	0.6	1 778	1 283	1	0	0	1	0	0	0	2	0	63	62	1	0	2	0	0	2	0	0
常熟理工学院	33	17	5.5	0	2 110	1 814.11	2	2	0	0	0	0	0	0	0	21	21	0	0	0	0	0	0	0	0
淮阴工学院	34	62	6.7	0	3 891.49	3 423	0	0	0	0	0	0	0	0	0	58	58	0	0	0	0	0	0	4	2
常州工学院	35	11	1.3	0	50	360	6	1	1	4	1	0	0	1	0	36	36	0	0	0	0	0	0	0	0
扬州大学	36	50	5.9	1	6 680	6 266.2	7	5	0	2	0	0	1	0	0	34	32	2	0	2	0	0	2	0	0
南京工程学院	37	0	0	0	0	0	1	1	0	0	0	0	0	0	0	23	23	0	0	0	0	0	0	0	0
南京审计学院	38	25	8	0	2 170	2 078.03	4	3	0	1	0	0	0	0	0	21	21	0	0	0	0	0	0	0	0
南京晓庄学院	39	9	2.3	0	120	295	4	1	0	3	0	0	0	0	0	66	65	0	1	1	0	0	1	0	0
江苏理工学院	40	31	7.9	0	9 090	7 952	2	2	0	0	0	0	0	0	0	22	22	0	0	0	0	0	0	1	0
淮海工学院	41	22	2.4	0	985	918	4	4	0	0	0	0	0	0	0	24	24	0	0	1	0	0	1	0	0
徐州工程学院	42	17	4.9	0	480	971	0	0	0	0	0	0	0	0	0	18	18	0	0	0	0	0	0	2	0
南京特殊教育职业技术学院	43	2	0.5	0	400	1 510	2	0	0	2	0	0	0	0	0	6	6	0	0	0	0	0	0	0	0
泰州学院	44	7	3.6	0	250	240	0	0	0	0	0	0	0	0	0	8	8	0	0	0	0	0	0	0	0
金陵科技学院	45	4	0.8	0	150	70	0	0	0	0	0	0	0	0	0	27	27	0	0	0	0	0	0	1	0
江苏第二师范学院	46	3	1.1	0	114	24.86	0	0	0	0	0	0	0	0	0	15	15	0	0	0	0	0	0	0	0

2.7 中国文学人文、社会科学研究与课题成果情况表

高校名称	编号	课题数(项)	当年投入人数(人年)	其中研究生	当年投入经费(百元)	当年支出经费(百元)	出版著作(部) 合计	专著	其中被译成外文	编著教材	工具书参考书合计	古籍整理(部)	译著(部)	发表译文(篇)	电子出版物(件)	发表论文(篇) 合计	国内学术刊物	国外学术刊物	港澳台刊物	获奖成果数(项) 合计	国家级奖	部级奖	省级奖	研究与咨询报告 提交有关部门	其中被采纳数
		L01	L02	L03	L04	L05	L06	L07	L08	L09	L10	L11	L12	L13	L14	L15	L16	L17	L18	L19	L20	L21	L22	L23	L24
合计	/	808	211.9	41.7	160 509.25	154 889.39	156	89	0	66	1	11	6	9	0	1 097	1 073	12	12	32	0	0	32	21	10
南京大学	1	93	17.9	7.7	35 990	44 780	35	21	0	14	0	3	2	7	0	211	203	2	6	3	0	0	3	0	0
东南大学	2	18	6.2	2	5 114	4 461	2	0	0	2	0	0	0	0	0	21	21	0	0	0	0	0	0	0	0
江南大学	3	26	8.1	3.8	5 290	4 217.13	4	2	0	2	0	1	0	0	0	41	38	1	2	1	0	0	1	0	0
南京农业大学	4	2	0.2	0	210	210	2	1	0	1	0	0	0	0	0	3	3	0	0	0	0	0	0	0	0
中国矿业大学	5	35	9.4	3	7 104.25	7 026.5	0	0	0	0	0	0	0	0	0	1	1	0	0	0	0	0	0	2	0
河海大学	6	2	0.4	0.2	0	324	0	0	0	0	0	0	0	0	0	9	9	0	0	0	0	0	0	1	1
南京理工大学	7	0	0	0	0	0	0	0	0	0	0	0	0	0	0	0	0	0	0	0	0	0	0	0	0
南京航空航天大学	8	0	0	0	0	0	0	0	0	0	0	0	0	0	0	1	1	0	0	0	0	0	0	0	0
中国药科大学	9	0	0	0	0	0	0	0	0	0	0	0	0	0	0	0	0	0	0	0	0	0	0	0	0
南京森林警察学院	10	0	0	0	0	0	0	0	0	0	0	0	0	0	0	8	8	0	0	0	0	0	0	0	0
苏州大学	11	45	11.3	3.3	6 320	8 621	37	12	0	25	0	2	0	0	0	63	58	4	1	4	0	0	4	2	2
江苏科技大学	12	2	1.3	0.7	1 600	880	1	1	0	0	0	0	0	0	0	15	15	0	0	0	0	0	0	0	0
南京工业大学	13	1	0	0	0	30	0	0	0	0	0	0	0	0	0	1	1	0	0	0	0	0	0	0	0
常州大学	14	4	1.3	0	200	200	0	0	0	0	0	0	0	0	0	5	5	0	0	0	0	0	0	0	0
南京邮电大学	15	4	1.6	0.8	50	50	0	0	0	0	0	0	0	0	0	1	1	0	0	0	0	0	0	0	0
南京林业大学	16	6	1.2	0	430	290	0	0	0	0	0	0	0	0	0	2	2	0	0	0	0	0	0	0	0
江苏大学	17	9	3.5	0	2 695	2 695	1	1	0	0	0	0	0	0	0	14	14	0	0	0	0	0	0	0	0
南京信息工程大学	18	19	6	0	3 490	4 205	1	1	0	0	0	0	0	0	0	39	39	0	0	0	0	0	0	0	0
南通大学	19	54	11.8	1.3	8 090	8 973.4	0	0	0	0	0	0	0	0	0	55	50	3	2	1	0	0	1	0	0
盐城工学院	20	9	1.7	0	635	625	0	0	0	0	0	0	0	0	0	21	21	0	0	0	0	0	0	0	0

续表

南京医科大学	21	0	0	0	0	0	0	0	0	0	0	0	0	0	0	0	0	0	0	0	0	0	0	0	0
徐州医学院	22	0	0	0	0	0	0	0	0	0	0	0	0	0	0	1	1	0	0	0	0	0	0	0	0
南京中医药大学	23	0	0	0	0	0	0	0	0	0	0	0	0	0	0	0	0	0	0	0	0	0	0	0	0
南京师范大学	24	85	18	1.6	13 980	16 406	23	12	0	11	0	3	1	2	0	113	111	2	0	5	0	0	5	1	1
江苏师范大学	25	84	31.1	13.9	19 180	1 3941	2	2	0	0	0	0	0	0	0	32	32	0	0	2	0	0	2	0	0
淮阴师范学院	26	42	7.6	0	2 380	4 500	6	6	0	0	0	1	0	0	0	34	34	0	0	4	0	0	4	4	1
盐城师范学院	27	26	13.9	0	6 930	5 105	5	2	0	3	0	0	0	0	0	97	97	0	0	1	0	0	1	0	0
南京财经大学	28	3	0.3	0	260	260	0	0	0	0	0	0	0	0	0	0	0	0	0	0	0	0	0	0	0
江苏警官学院	29	2	0.2	0	120	0	0	0	0	0	0	0	0	0	0	1	1	0	0	0	0	0	0	0	0
南京体育学院	30	0	0	0	0	0	0	0	0	0	0	0	0	0	0	0	0	0	0	0	0	0	0	0	0
南京艺术学院	31	6	1.8	0	1 868	882.99	1	1	0	0	0	0	0	0	0	1	1	0	0	0	0	0	0	0	0
苏州科技学院	32	25	6.6	1.2	2 492	3 292	3	2	0	1	0	0	1	0	0	32	31	0	1	0	0	0	0	1	0
常熟理工学院	33	16	5.3	0	870	3 528	5	5	0	0	0	0	0	0	0	33	33	0	0	1	0	0	1	0	0
淮阴工学院	34	5	0.9	0	410	346	0	0	0	0	0	0	0	0	0	3	3	0	0	0	0	0	0	0	0
常州工学院	35	21	3.5	0	3 510	2 820	0	0	0	0	0	0	0	0	0	16	16	0	0	2	0	0	2	5	5
扬州大学	36	57	8.4	2.2	17 360	6 583.4	11	6	0	5	0	0	0	0	0	67	67	0	0	5	0	0	5	0	0
南京工程学院	37	0	0	0	0	0	0	0	0	0	0	0	0	0	0	0	0	0	0	0	0	0	0	0	0
南京审计学院	38	5	2.5	0	750	531.63	4	3	0	0	1	0	1	0	0	4	4	0	0	0	0	0	0	0	0
南京晓庄学院	39	16	5.9	0	360	2 281	4	3	0	1	0	0	1	0	0	41	41	0	0	1	0	0	1	0	0
江苏理工学院	40	16	3.4	0	1 210	1 369.23	1	1	0	0	0	0	0	0	0	16	16	0	0	0	0	0	0	0	0
淮海工学院	41	4	0.5	0	90	90	1	1	0	0	0	0	0	0	0	4	4	0	0	0	0	0	0	0	0
徐州工程学院	42	38	10	0	3 785	3 379	3	3	0	0	0	0	0	0	0	35	35	0	0	0	0	0	0	5	0
南京特殊教育职业技术学院	43	2	0.6	0	0	0	2	1	0	1	0	0	0	0	0	4	4	0	0	0	0	0	0	0	0
泰州学院	44	5	2.9	0	1 160	880	0	0	0	0	0	0	0	0	0	12	12	0	0	1	0	0	1	0	0
金陵科技学院	45	7	1.8	0	1 850	750	1	1	0	0	0	0	0	0	0	23	23	0	0	0	0	0	0	0	0
江苏第二师范学院	46	14	4.8	0	4 726	356.11	1	1	0	0	0	1	0	0	0	17	17	0	0	1	0	0	1	0	0

2.8 外国文学人文、社会科学研究与课题成果情况表

高校名称	编号	课题数（项）	当年投入人数（人年）	其中研究生	当年投入经费（百元）	当年支出经费（百元）	出版著作(部) 合计	专著	其中被译成外文	编著教材	工具书参考书合计	古籍整理（部）	译著（部）	发表译文（篇）	电子出版物（件）	发表论文(篇) 合计	国内学术刊物	国外学术刊物	港澳台刊物	获奖成果数(项) 合计	国家级奖	部级奖	省级奖	研究与咨询报告 提交有关部门	其中被采纳数
		L01	L02	L03	L04	L05	L06	L07	L08	L09	L10	L11	L12	L13	L14	L15	L16	L17	L18	L19	L20	L21	L22	L23	L24
合计	/	425	108.7	21.2	65 425.26	67 148.54	34	17	0	17	0	0	44	4	0	613	595	17	1	11	0	0	11	1	0
南京大学	1	72	14	5.2	7 840	10 784	9	3	0	6	0	0	17	3	0	80	74	5	1	3	0	0	3	0	0
东南大学	2	10	5.9	0.1	2 870	2 605	0	0	0	0	0	0	0	0	0	6	6	0	0	0	0	0	0	0	0
江南大学	3	12	4.8	3.2	5 705.2	4 106.35	1	1	0	0	0	0	0	0	0	13	13	0	0	0	0	0	0	0	0
南京农业大学	4	5	0.9	0	240	240	0	0	0	0	0	0	0	0	0	4	4	0	0	0	0	0	0	0	0
中国矿业大学	5	2	0.4	0.2	0	0	1	1	0	0	0	0	0	0	0	1	1	0	0	0	0	0	0	0	0
河海大学	6	3	1	0.6	200	284	0	0	0	0	0	0	4	0	0	10	10	0	0	0	0	0	0	0	0
南京理工大学	7	16	6.4	1.1	1 900	2 340	1	1	0	0	0	0	0	0	0	19	19	0	0	0	0	0	0	0	0
南京航空航天大学	8	11	4.6	0.4	2 400	2 398	4	4	0	0	0	0	2	0	0	31	30	1	0	0	0	0	0	0	0
中国药科大学	9	1	0.3	0	0	0	0	0	0	0	0	0	0	0	0	0	0	0	0	0	0	0	0	0	0
南京森林警察学院	10	0	0	0	0	0	0	0	0	0	0	0	0	0	0	0	0	0	0	0	0	0	0	0	0
苏州大学	11	17	3.3	0.8	4 698.06	1 999.06	1	0	0	1	0	0	13	0	0	41	40	1	0	1	0	0	1	0	0
江苏科技大学	12	7	1.5	0.2	120	165.8	0	0	0	0	0	0	0	0	0	13	13	0	0	0	0	0	0	0	0
南京工业大学	13	3	0.6	0	0	111	0	0	0	0	0	0	1	0	0	23	23	0	0	0	0	0	0	0	0
常州大学	14	3	0.9	0	180	120	0	0	0	0	0	0	0	0	0	8	8	0	0	0	0	0	0	0	0
南京邮电大学	15	13	5.2	2.6	220	360	1	0	0	1	0	0	0	0	0	4	4	0	0	0	0	0	0	0	0
南京林业大学	16	7	3.2	0	200	393	0	0	0	0	0	0	0	0	0	6	6	0	0	0	0	0	0	0	0
江苏大学	17	6	0.6	0	2 125	2 125	0	0	0	0	0	0	1	0	0	1	1	0	0	0	0	0	0	0	0
南京信息工程大学	18	6	1	0	2 000	1 113	0	0	0	0	0	0	0	0	0	30	29	1	0	1	0	0	1	0	0
南通大学	19	26	3.8	0.2	1 100	1 531.1	0	0	0	0	0	0	0	0	0	37	37	0	0	1	0	0	1	0	0
盐城工学院	20	2	0.7	0	30	25	1	0	0	1	0	0	0	0	0	14	14	0	0	0	0	0	0	1	0

续表

南京医科大学	21	2	0.5	0	30	30	0	0	0	0	0	0	0	0	0	4	3	1	0	0	0	0	0	0	0
徐州医学院	22	0	0	0	0	0	0	0	0	0	0	0	0	0	0	3	3	0	0	0	0	0	0	0	0
南京中医药大学	23	3	0.3	0	150	86	0	0	0	0	0	0	0	0	0	1	1	0	0	0	0	0	0	0	0
南京师范大学	24	39	7	1.1	24 020	28 710	7	3	0	4	0	0	2	0	0	55	51	4	0	4	0	0	4	0	0
江苏师范大学	25	33	11.3	4.1	3 010	2 229	0	0	0	0	0	0	0	0	0	9	7	2	0	1	0	0	1	0	0
淮阴师范学院	26	2	0.2	0	0	90	0	0	0	0	0	0	0	0	0	15	14	1	0	0	0	0	0	0	0
盐城师范学院	27	9	4	0	390	1 154	3	1	0	2	0	0	2	0	0	23	22	1	0	0	0	0	0	0	0
南京财经大学	28	2	1.1	0.3	100	150	0	0	0	0	0	0	0	0	0	0	0	0	0	0	0	0	0	0	0
江苏警官学院	29	0	0	0	0	0	0	0	0	0	0	0	0	0	0	0	0	0	0	0	0	0	0	0	0
南京体育学院	30	2	1.1	0.4	400	216	0	0	0	0	0	0	0	0	0	1	1	0	0	0	0	0	0	0	0
南京艺术学院	31	0	0	0	0	0	0	0	0	0	0	0	0	0	0	5	5	0	0	0	0	0	0	0	0
苏州科技学院	32	8	2.6	0.2	662	307	0	0	0	0	0	0	0	0	0	20	20	0	0	0	0	0	0	0	0
常熟理工学院	33	10	2.3	0	660	436.5	0	0	0	0	0	0	0	0	0	27	27	0	0	0	0	0	0	0	0
淮阴工学院	34	5	0.6	0	260	134	0	0	0	0	0	0	0	0	0	6	6	0	0	0	0	0	0	0	0
常州工学院	35	16	1.6	0	400	240	1	1	0	0	0	0	0	0	0	9	9	0	0	0	0	0	0	0	0
扬州大学	36	20	2.6	0.5	540	415.2	3	1	0	2	0	0	0	1	0	13	13	0	0	0	0	0	0	0	0
南京工程学院	37	2	1.1	0	20	45.8	0	0	0	0	0	0	0	0	0	16	16	0	0	0	0	0	0	0	0
南京审计学院	38	5	3	0	150	313	0	0	0	0	0	0	1	0	0	2	2	0	0	0	0	0	0	0	0
南京晓庄学院	39	3	1	0	120	85	0	0	0	0	0	0	0	0	0	8	8	0	0	0	0	0	0	0	0
江苏理工学院	40	10	1.7	0	160	203.23	0	0	0	0	0	0	0	0	0	19	19	0	0	0	0	0	0	0	0
淮海工学院	41	9	1.1	0	1 865	895	0	0	0	0	0	0	1	0	0	5	5	0	0	0	0	0	0	0	0
徐州工程学院	42	20	5.1	0	590	648.5	0	0	0	0	0	0	0	0	0	18	18	0	0	0	0	0	0	0	0
南京特殊教育职业技术学院	43	0	0	0	0	0	0	0	0	0	0	0	0	0	0	1	1	0	0	0	0	0	0	0	0
泰州学院	44	2	1	0	50	40	0	0	0	0	0	0	0	0	0	2	2	0	0	0	0	0	0	0	0
金陵科技学院	45	0	0	0	0	0	0	0	0	0	0	0	0	0	0	5	5	0	0	0	0	0	0	0	0
江苏第二师范学院	46	1	0.4	0	20	20	1	1	0	0	0	0	0	0	0	5	5	0	0	0	0	0	0	0	0

2.9 艺术学人文、社会科学研究与课题成果情况表

高校名称	编号	课题数(项)	当年投入人数(人年)	其中研究生	当年投入经费(百元)	当年支出经费(百元)	出版著作(部) 合计	专著	其中被译成外文	编著教材	工具书参考书合计	古籍整理(部)	译著(部)	发表译文(篇)	电子出版物(件)	发表论文(篇) 合计	国内学术刊物	国外学术刊物	港澳台刊物	获奖成果数(项) 合计	国家级奖	部级奖	省级奖	研究与咨询报告 提交有关部门	其中被采纳数
		L01	L02	L03	L04	L05	L06	L07	L08	L09	L10	L11	L12	L13	L14	L15	L16	L17	L18	L19	L20	L21	L22	L23	L24
合计	/	1 572	371.2	55.9	316 611.61	272 632.43	225	110	8	110	5	2	8	16	9	2 150	2 118	28	4	30	0	0	30	100	78
南京大学	1	39	8.3	3.5	6 150	9 942	18	9	0	9	0	0	0	0	0	94	91	3	0	1	0	0	1	7	7
东南大学	2	72	25.8	4	20 410	22 094	14	7	0	7	0	0	2	0	0	86	83	3	0	3	0	0	3	1	1
江南大学	3	312	74.2	27	145 387.61	98 875.49	27	7	0	20	0	0	2	2	0	246	241	5	0	6	0	0	6	48	48
南京农业大学	4	9	1.1	0.2	1 300	1 300	0	0	0	0	0	0	0	0	0	11	11	0	0	0	0	0	0	0	0
中国矿业大学	5	24	7.6	3.7	905	929.5	2	0	0	2	0	0	0	2	0	30	29	1	0	0	0	0	0	1	1
河海大学	6	2	0.8	0.4	400	454	0	0	0	0	0	0	0	0	0	5	5	0	0	0	0	0	0	0	0
南京理工大学	7	11	1.6	0.3	0	0	0	0	0	0	0	0	0	0	0	7	7	0	0	1	0	0	1	0	0
南京航空航天大学	8	26	12.5	1.5	6 280	6 832	4	4	0	0	0	0	0	0	0	32	32	0	0	1	0	0	1	0	0
中国药科大学	9	0	0	0	0	0	0	0	0	0	0	0	0	0	0	0	0	0	0	0	0	0	0	0	0
南京森林警察学院	10	0	0	0	0	0	0	0	0	0	0	0	0	0	0	1	1	0	0	0	0	0	0	0	0
苏州大学	11	50	9.5	2	27 576	38 349.8	31	24	6	2	5	1	1	0	0	50	50	0	0	0	0	0	0	4	4
江苏科技大学	12	0	0	0	0	0	0	0	0	0	0	0	0	0	0	4	4	0	0	0	0	0	0	0	0
南京工业大学	13	26	3.8	0	620	786	3	1	0	2	0	0	0	0	0	10	10	0	0	0	0	0	0	1	1
常州大学	14	20	6.4	0	6 915	6 600	2	2	0	0	0	0	0	0	1	40	40	0	0	0	0	0	0	2	2
南京邮电大学	15	8	1.3	0	600	100	1	0	0	1	0	0	0	0	0	5	5	0	0	0	0	0	0	1	0
南京林业大学	16	34	7.3	0.2	3 060	1 532	0	0	0	0	0	0	0	0	0	34	34	0	0	0	0	0	0	1	1
江苏大学	17	38	7.3	4.2	5 665	5 665	1	1	1	0	0	0	0	0	0	9	9	0	0	0	0	0	0	0	0
南京信息工程大学	18	12	4.5	0	328	1149	0	0	0	0	0	0	0	0	0	30	30	0	0	0	0	0	0	0	0
南通大学	19	44	5.9	0	1 950	1 801	3	0	0	3	0	0	0	0	0	66	65	1	0	0	0	0	0	0	0
盐城工学院	20	25	6.3	0	580	275	6	2	0	4	0	0	0	2	0	46	46	0	0	1	0	0	1	0	0

续表

南京医科大学	21	0	0	0	0	0	0	0	0	0	0	0	0	0	0	0	0	0	0	0	0	0	0	0	0
徐州医学院	22	0	0	0	0	0	0	0	0	0	0	0	0	0	0	0	0	0	0	0	0	0	0	0	0
南京中医药大学	23	0	0	0	0	0	0	0	0	0	0	0	0	0	0	2	2	0	0	0	0	0	0	0	0
南京师范大学	24	57	9.7	0.6	5 090	5 974.53	24	6	0	18	0	0	1	2	2	63	62	1	0	1	0	0	1	1	1
江苏师范大学	25	64	22.2	5.2	3 620	3 332	2	1	0	1	0	0	0	0	3	122	118	2	2	0	0	0	0	0	0
淮阴师范学院	26	15	2.1	0	1 270	1 485	3	3	0	0	0	0	0	0	0	27	27	0	0	0	0	0	0	3	0
盐城师范学院	27	24	7.9	0	1 480	2 873	1	1	0	0	0	0	0	0	0	25	24	1	0	0	0	0	0	1	1
南京财经大学	28	11	5.2	0	580	593	2	1	0	1	0	0	0	0	0	19	19	0	0	0	0	0	0	0	0
江苏警官学院	29	0	0	0	0	0	0	0	0	0	0	0	0	0	0	4	4	0	0	0	0	0	0	0	0
南京体育学院	30	0	0	0	0	0	0	0	0	0	0	0	0	0	0	0	0	0	0	0	0	0	0	0	0
南京艺术学院	31	292	62.7	2.3	18 644	10 959.47	29	13	1	16	0	1	1	0	0	419	411	6	2	8	0	0	8	0	0
苏州科技学院	32	27	11.9	0.8	1 354	789	4	3	0	1	0	0	0	6	2	94	93	1	0	0	0	0	0	1	1
常熟理工学院	33	12	2.9	0	1 070	913.5	2	2	0	0	0	0	0	0	0	35	35	0	0	0	0	0	0	1	1
淮阴工学院	34	29	3.3	0	4 128	4 069	0	0	0	0	0	0	0	0	0	33	33	0	0	0	0	0	0	1	1
常州工学院	35	39	6.1	0	11 860	14 930	8	5	0	3	0	0	0	0	0	81	81	0	0	0	0	0	0	3	2
扬州大学	36	41	3.9	0	4 225	2 937.5	13	6	0	7	0	0	0	0	0	46	46	0	0	2	0	0	2	0	0
南京工程学院	37	16	3.3	0	580	585.96	2	0	0	2	0	0	0	0	0	34	34	0	0	0	0	0	0	4	4
南京审计学院	38	0	0	0	0	0	0	0	0	0	0	0	0	0	0	5	4	1	0	0	0	0	0	0	0
南京晓庄学院	39	7	2.1	0	180	135	7	4	0	3	0	0	1	2	0	53	53	0	0	2	0	0	2	0	0
江苏理工学院	40	47	9.2	0	17 240	12 022.14	3	2	0	1	0	0	0	0	0	52	51	1	0	3	0	0	3	1	0
淮海工学院	41	12	1.2	0	99	117	2	2	0	0	0	0	0	0	0	17	17	0	0	0	0	0	0	0	0
徐州工程学院	42	77	19.6	0	2 440	3 198	5	3	0	2	0	0	0	0	0	67	67	0	0	1	0	0	1	16	1
南京特殊教育职业技术学院	43	2	0.6	0	0	161	1	1	0	0	0	0	0	0	0	31	31	0	0	0	0	0	0	0	0
泰州学院	44	4	3.5	0	470	430	3	0	0	3	0	0	0	0	0	15	15	0	0	0	0	0	0	0	0
金陵科技学院	45	28	3.6	0	13 075	9 845	0	0	0	0	0	0	0	0	0	62	60	2	0	0	0	0	0	2	1
江苏第二师范学院	46	16	6	0	1 080	597.54	2	0	0	2	0	0	0	0	1	38	38	0	0	0	0	0	0	0	0

2.10 历史学人文、社会科学研究与课题成果情况表

高校名称	编号	课题数(项)	当年投入人数(人年)	其中研究生	当年投入经费(百元)	当年支出经费(百元)	出版著作(部) 合计	专著	其中被译成外文	编著教材	工具书参考书合计	古籍整理(部)	译著(部)	发表译文(篇)	电子出版物(件)	发表论文(篇) 合计	国内学术刊物	国外学术刊物	港澳台刊物	获奖成果数(项) 合计	国家级奖	部级奖	省级奖	研究与咨询报告 提交有关部门	其中被采纳数
		L01	L02	L03	L04	L05	L06	L07	L08	L09	L10	L11	L12	L13	L14	L15	L16	L17	L18	L19	L20	L21	L22	L23	L24
合计	/	429	117.1	38	118 342	132 355.34	62	50	1	12	0	0	1	3	0	549	535	10	4	18	0	0	18	15	12
南京大学	1	90	17.8	7.9	63 604	75 011	20	15	1	5	0	0	1	1	0	188	178	7	3	9	0	0	9	8	8
东南大学	2	3	1.2	0.1	1 800	1 600	0	0	0	0	0	0	0	0	0	2	2	0	0	0	0	0	0	0	0
江南大学	3	23	10.1	6	3 884	0	4	2	0	2	0	0	0	0	0	9	9	0	0	0	0	0	0	0	0
南京农业大学	4	38	6	2.4	9 430	10 193	2	2	0	0	0	0	0	0	0	35	35	0	0	0	0	0	0	0	0
中国矿业大学	5	8	1.4	0.4	695	138.8	0	0	0	0	0	0	0	1	0	2	2	0	0	0	0	0	0	0	0
河海大学	6	1	0.5	0.4	0	46	0	0	0	0	0	0	0	0	0	7	7	0	0	0	0	0	0	2	2
南京理工大学	7	4	1.7	0.1	0	0	0	0	0	0	0	0	0	0	0	0	0	0	0	0	0	0	0	0	0
南京航空航天大学	8	1	0.4	0	0	0	1	1	0	0	0	0	0	0	0	1	1	0	0	0	0	0	0	0	0
中国药科大学	9	0	0	0	0	0	0	0	0	0	0	0	0	0	0	8	7	1	0	0	0	0	0	0	0
南京森林警察学院	10	0	0	0	0	0	0	0	0	0	0	0	0	0	0	1	1	0	0	0	0	0	0	0	0
苏州大学	11	37	8	1.9	11 820	14 729	14	14	0	0	0	0	0	0	0	32	32	0	0	3	0	0	3	0	0
江苏科技大学	12	12	3.3	0.1	0	218	1	1	0	0	0	0	0	0	0	13	13	0	0	0	0	0	0	0	0
南京工业大学	13	0	0	0	0	0	0	0	0	0	0	0	0	0	0	0	0	0	0	0	0	0	0	0	0
常州大学	14	2	0.9	0	0	0	1	0	0	1	0	0	0	0	0	0	0	0	0	0	0	0	0	0	0
南京邮电大学	15	12	4.1	2.6	2 860	2 185	0	0	0	0	0	0	0	0	0	8	8	0	0	0	0	0	0	0	0
南京林业大学	16	2	0.6	0	300	90	0	0	0	0	0	0	0	0	0	0	0	0	0	0	0	0	0	0	0
江苏大学	17	6	10.2	6.6	2 715	2 715	1	1	0	0	0	0	0	0	0	2	2	0	0	0	0	0	0	0	0
南京信息工程大学	18	4	1.2	0.4	3 600	1 954	2	2	0	0	0	0	0	0	0	14	14	0	0	0	0	0	0	0	0
南通大学	19	10	1.5	0.1	440	662	0	0	0	0	0	0	0	0	0	7	7	0	0	0	0	0	0	0	0
盐城工学院	20	1	0.2	0	100	97.5	0	0	0	0	0	0	0	0	0	7	7	0	0	0	0	0	0	0	0

续表

南京医科大学	21	0	0	0	0	0	0	0	0	0	0	0	0	0	0	0	0	0	0	0	0	0	0	0	0
徐州医学院	22	0	0	0	0	0	0	0	0	0	0	0	0	0	0	0	0	0	0	0	0	0	0	0	0
南京中医药大学	23	8	2.3	0	410	769	1	1	0	0	0	0	0	0	0	1	1	0	0	0	0	0	0	0	0
南京师范大学	24	38	7.5	0.3	5 670	9 040	6	3	0	3	0	0	0	0	0	41	39	2	0	2	0	0	2	0	0
江苏师范大学	25	42	17.5	7.4	4 080	4 832	1	0	0	1	0	0	0	0	0	55	54	0	1	1	0	0	1	2	2
淮阴师范学院	26	15	3.3	0	3 990	2 185	0	0	0	0	0	0	0	0	0	15	15	0	0	0	0	0	0	2	0
盐城师范学院	27	12	5	0	190	1 264	0	0	0	0	0	0	0	0	0	2	2	0	0	0	0	0	0	0	0
南京财经大学	28	0	0	0	0	0	0	0	0	0	0	0	0	0	0	1	1	0	0	0	0	0	0	0	0
江苏警官学院	29	2	0.4	0	0	379	0	0	0	0	0	0	0	0	0	4	4	0	0	0	0	0	0	0	0
南京体育学院	30	0	0	0	0	0	0	0	0	0	0	0	0	0	0	0	0	0	0	0	0	0	0	0	0
南京艺术学院	31	0	0	0	0	0	0	0	0	0	0	0	0	0	0	1	1	0	0	0	0	0	0	0	0
苏州科技学院	32	18	4.2	0	1 280	1 400	3	3	0	0	0	0	0	1	0	18	18	0	0	1	0	0	1	0	0
常熟理工学院	33	1	0.2	0	0	16	0	0	0	0	0	0	0	0	0	4	4	0	0	0	0	0	0	0	0
淮阴工学院	34	0	0	0	0	0	0	0	0	0	0	0	0	0	0	0	0	0	0	0	0	0	0	0	0
常州工学院	35	1	0.5	0	0	1 000	0	0	0	0	0	0	0	0	0	1	1	0	0	0	0	0	0	0	0
扬州大学	36	23	2.4	1.3	340	981.9	2	2	0	0	0	0	0	0	0	36	36	0	0	2	0	0	2	0	0
南京工程学院	37	0	0	0	0	0	0	0	0	0	0	0	0	0	0	0	0	0	0	0	0	0	0	0	0
南京审计学院	38	2	1.6	0	500	258	1	1	0	0	0	0	0	0	0	6	6	0	0	0	0	0	0	0	0
南京晓庄学院	39	0	0	0	0	0	2	2	0	0	0	0	0	0	0	5	5	0	0	0	0	0	0	0	0
江苏理工学院	40	3	1	0	40	181.5	0	0	0	0	0	0	0	0	0	2	2	0	0	0	0	0	0	0	0
淮海工学院	41	1	0.2	0	240	140	0	0	0	0	0	0	0	0	0	9	9	0	0	0	0	0	0	0	0
徐州工程学院	42	1	0.2	0	0	5	0	0	0	0	0	0	0	0	0	0	0	0	0	0	0	0	0	1	0
南京特殊教育职业技术学院	43	0	0	0	0	0	0	0	0	0	0	0	0	0	0	0	0	0	0	0	0	0	0	0	0
泰州学院	44	0	0	0	0	0	0	0	0	0	0	0	0	0	0	1	1	0	0	0	0	0	0	0	0
金陵科技学院	45	4	0.7	0	200	190	0	0	0	0	0	0	0	0	0	5	5	0	0	0	0	0	0	0	0
江苏第二师范学院	46	4	1	0	154	74.64	0	0	0	0	0	0	0	0	0	6	6	0	0	0	0	0	0	0	0

2.11 考古学人文、社会科学研究与课题成果情况表

高校名称	编号	课题数(项)	当年投入人数(人年)	其中研究生	当年投入经费(百元)	当年支出经费(百元)	出版著作(部) 合计	专著	其中被译成外文	编著教材	工具书参考书合计	古籍整理(部)	译著(部)	发表译文(篇)	电子出版物(件)	发表论文(篇) 合计	国内学术刊物	国外学术刊物	港澳台刊物	获奖成果数(项) 合计	国家级奖	部级奖	省级奖	研究与咨询报告 提交有关部门	其中被采纳数
		L01	L02	L03	L04	L05	L06	L07	L08	L09	L10	L11	L12	L13	L14	L15	L16	L17	L18	L19	L20	L21	L22	L23	L24
合计	/	50	11.6	6.4	57 665	57 654.83	2	2	0	0	0	0	0	0	0	52	50	2	0	1	0	0	1	13	13
南京大学	1	32	8.3	5.9	51 375	52 856	0	0	0	0	0	0	0	0	0	21	21	0	0	1	0	0	1	13	13
东南大学	2	1	0.1	0	0	60	0	0	0	0	0	0	0	0	0	0	0	0	0	0	0	0	0	0	0
江南大学	3	0	0	0	0	0	0	0	0	0	0	0	0	0	0	1	1	0	0	0	0	0	0	0	0
南京农业大学	4	0	0	0	0	0	0	0	0	0	0	0	0	0	0	0	0	0	0	0	0	0	0	0	0
中国矿业大学	5	2	0.1	0	0	0	0	0	0	0	0	0	0	0	0	0	0	0	0	0	0	0	0	0	0
河海大学	6	0	0	0	0	0	1	1	0	0	0	0	0	0	0	0	0	0	0	0	0	0	0	0	0
南京理工大学	7	0	0	0	0	0	0	0	0	0	0	0	0	0	0	0	0	0	0	0	0	0	0	0	0
南京航空航天大学	8	1	0.1	0	4 000	3 100	0	0	0	0	0	0	0	0	0	1	1	0	0	0	0	0	0	0	0
中国药科大学	9	0	0	0	0	0	0	0	0	0	0	0	0	0	0	0	0	0	0	0	0	0	0	0	0
南京森林警察学院	10	0	0	0	0	0	0	0	0	0	0	0	0	0	0	0	0	0	0	0	0	0	0	0	0
苏州大学	11	0	0	0	0	0	0	0	0	0	0	0	0	0	0	0	0	0	0	0	0	0	0	0	0
江苏科技大学	12	0	0	0	0	0	0	0	0	0	0	0	0	0	0	1	1	0	0	0	0	0	0	0	0
南京工业大学	13	0	0	0	0	0	0	0	0	0	0	0	0	0	0	7	7	0	0	0	0	0	0	0	0
常州大学	14	0	0	0	0	0	0	0	0	0	0	0	0	0	0	0	0	0	0	0	0	0	0	0	0
南京邮电大学	15	0	0	0	0	0	0	0	0	0	0	0	0	0	0	0	0	0	0	0	0	0	0	0	0
南京林业大学	16	0	0	0	0	0	0	0	0	0	0	0	0	0	0	0	0	0	0	0	0	0	0	0	0
江苏大学	17	0	0	0	0	0	0	0	0	0	0	0	0	0	0	0	0	0	0	0	0	0	0	0	0
南京信息工程大学	18	1	0.2	0	30	30	0	0	0	0	0	0	0	0	0	1	1	0	0	0	0	0	0	0	0
南通大学	19	1	0.2	0	0	0	0	0	0	0	0	0	0	0	0	0	0	0	0	0	0	0	0	0	0
盐城工学院	20	0	0	0	0	0	0	0	0	0	0	0	0	0	0	0	0	0	0	0	0	0	0	0	0

续表

南京医科大学	21	0	0	0	0	0	0	0	0	0	0	0	0	0	0	0	0	0	0	0	0	0	0	0	0
徐州医学院	22	0	0	0	0	0	0	0	0	0	0	0	0	0	0	0	0	0	0	0	0	0	0	0	0
南京中医药大学	23	0	0	0	0	0	0	0	0	0	0	0	0	0	0	0	0	0	0	0	0	0	0	0	0
南京师范大学	24	8	1	0	2 260	1 276.83	1	1	0	0	0	0	0	0	0	16	14	2	0	0	0	0	0	0	0
江苏师范大学	25	2	1.2	0.5	0	103	0	0	0	0	0	0	0	0	0	1	1	0	0	0	0	0	0	0	0
淮阴师范学院	26	0	0	0	0	0	0	0	0	0	0	0	0	0	0	0	0	0	0	0	0	0	0	0	0
盐城师范学院	27	0	0	0	0	0	0	0	0	0	0	0	0	0	0	0	0	0	0	0	0	0	0	0	0
南京财经大学	28	0	0	0	0	0	0	0	0	0	0	0	0	0	0	0	0	0	0	0	0	0	0	0	0
江苏警官学院	29	0	0	0	0	0	0	0	0	0	0	0	0	0	0	0	0	0	0	0	0	0	0	0	0
南京体育学院	30	0	0	0	0	0	0	0	0	0	0	0	0	0	0	0	0	0	0	0	0	0	0	0	0
南京艺术学院	31	0	0	0	0	0	0	0	0	0	0	0	0	0	0	0	0	0	0	0	0	0	0	0	0
苏州科技学院	32	0	0	0	0	0	0	0	0	0	0	0	0	0	0	1	1	0	0	0	0	0	0	0	0
常熟理工学院	33	0	0	0	0	0	0	0	0	0	0	0	0	0	0	0	0	0	0	0	0	0	0	0	0
淮阴工学院	34	0	0	0	0	0	0	0	0	0	0	0	0	0	0	0	0	0	0	0	0	0	0	0	0
常州工学院	35	0	0	0	0	0	0	0	0	0	0	0	0	0	0	0	0	0	0	0	0	0	0	0	0
扬州大学	36	1	0.1	0	0	220	0	0	0	0	0	0	0	0	0	1	1	0	0	0	0	0	0	0	0
南京工程学院	37	0	0	0	0	0	0	0	0	0	0	0	0	0	0	0	0	0	0	0	0	0	0	0	0
南京审计学院	38	0	0	0	0	0	0	0	0	0	0	0	0	0	0	0	0	0	0	0	0	0	0	0	0
南京晓庄学院	39	0	0	0	0	0	0	0	0	0	0	0	0	0	0	0	0	0	0	0	0	0	0	0	0
江苏理工学院	40	0	0	0	0	0	0	0	0	0	0	0	0	0	0	0	0	0	0	0	0	0	0	0	0
淮海工学院	41	0	0	0	0	0	0	0	0	0	0	0	0	0	0	0	0	0	0	0	0	0	0	0	0
徐州工程学院	42	1	0.3	0	0	9	0	0	0	0	0	0	0	0	0	0	0	0	0	0	0	0	0	0	0
南京特殊教育职业技术学院	43	0	0	0	0	0	0	0	0	0	0	0	0	0	0	0	0	0	0	0	0	0	0	0	0
泰州学院	44	0	0	0	0	0	0	0	0	0	0	0	0	0	0	0	0	0	0	0	0	0	0	0	0
金陵科技学院	45	0	0	0	0	0	0	0	0	0	0	0	0	0	0	1	1	0	0	0	0	0	0	0	0
江苏第二师范学院	46	0	0	0	0	0	0	0	0	0	0	0	0	0	0	0	0	0	0	0	0	0	0	0	0

2.12 经济学人文、社会科学研究与课题成果情况表

高校名称	编号	课题数（项）	当年投入人数（人年）	其中研究生	当年投入经费（百元）	当年支出经费（百元）	出版著作（部）合计	出版著作（部）专著	出版著作（部）其中被译成外文	出版著作（部）编著教材	出版著作（部）工具书参考书合计	古籍整理（部）	译著（部）	发表译文（篇）	电子出版物（件）	发表论文（篇）合计	发表论文（篇）国内学术刊物	发表论文（篇）国外学术刊物	发表论文（篇）港澳台刊物	获奖成果数（项）合计	获奖成果数（项）国家级奖	获奖成果数（项）部级奖	获奖成果数（项）省级奖	研究与咨询报告 提交有关部门	研究与咨询报告 其中被采纳数
		L01	L02	L03	L04	L05	L06	L07	L08	L09	L10	L11	L12	L13	L14	L15	L16	L17	L18	L19	L20	L21	L22	L23	L24
合计	/	2 409	621.9	175.6	628 607.94	648 438.51	127	79	2	47	1	0	1	3	0	2 038	1 901	137	0	38	0	1	37	220	158
南京大学	1	143	28.9	13.9	61 235	79 841	17	14	1	3	0	0	0	0	0	217	203	14	0	5	0	1	4	11	11
东南大学	2	140	63.1	28.1	61 025	60 492	12	3	0	9	0	0	0	0	0	128	93	35	0	4	0	0	4	13	12
江南大学	3	184	62.6	37.4	21 140	12 927.93	3	1	0	2	0	0	0	0	0	77	75	2	0	2	0	0	2	0	0
南京农业大学	4	241	36.2	15.6	97 465	100 097.7	0	0	0	0	0	0	0	0	0	58	54	4	0	1	0	0	1	3	1
中国矿业大学	5	72	17.2	5.9	28 811	27 148.55	4	3	0	1	0	0	0	1	0	24	20	4	0	0	0	0	0	3	2
河海大学	6	71	23.4	10.2	30 560	19 024	7	5	0	1	1	0	0	0	0	101	86	15	0	1	0	0	1	41	34
南京理工大学	7	81	25	13	16 954.9	20 835.9	5	0	0	5	0	0	0	0	0	197	183	14	0	1	0	0	1	7	2
南京航空航天大学	8	22	6.1	1.9	10 240	8 646	4	2	0	2	0	0	0	0	0	53	46	7	0	0	0	0	0	5	1
中国药科大学	9	29	6	1	5 885	9 029	2	2	0	0	0	0	0	0	0	39	39	0	0	0	0	0	0	4	3
南京森林警察学院	10	2	0.4	0	340	340	0	0	0	0	0	0	0	0	0	3	3	0	0	0	0	0	0	0	0
苏州大学	11	91	16.8	2	25 530	25 363.3	9	8	0	1	0	0	0	0	0	59	53	6	0	1	0	0	1	0	0
江苏科技大学	12	10	3.8	1.2	1 840	1 783	0	0	0	0	0	0	0	0	0	9	9	0	0	0	0	0	0	0	0
南京工业大学	13	40	5.6	0.2	5 155	9 093.02	0	0	0	0	0	0	0	0	0	13	13	0	0	0	0	0	0	1	1
常州大学	14	19	6.2	0	3 120	1 980	2	1	0	1	0	0	0	0	0	25	24	1	0	0	0	0	0	0	0
南京邮电大学	15	33	7.9	4.6	4 044	3 924	0	0	0	0	0	0	0	0	0	8	8	0	0	0	0	0	0	0	0
南京林业大学	16	22	8.6	0.6	2 520	1 912	0	0	0	0	0	0	0	0	0	50	50	0	0	1	0	0	1	2	2
江苏大学	17	86	11.6	6.5	4 445	4 285	2	2	0	0	0	0	0	0	0	57	57	0	0	1	0	0	1	1	1
南京信息工程大学	18	29	7	0	10 025	8 015	0	0	0	0	0	0	1	0	0	23	22	1	0	0	0	0	0	7	5
南通大学	19	78	12.4	0	10 500	8 787.2	1	0	0	1	0	0	0	0	0	32	32	0	0	0	0	0	0	5	3
盐城工学院	20	24	6.6	0	3 630	3 463	1	0	0	1	0	0	0	0	0	39	35	4	0	0	0	0	0	0	0

续表

南京医科大学	21	5	1.3	0	2130	2050	0	0	0	0	0	0	0	0	0	8	8	0	0	0	0	0	0	0	0
徐州医学院	22	2	0.4	0	80	60	0	0	0	0	0	0	0	0	0	0	0	0	0	0	0	0	0	0	0
南京中医药大学	23	10	3	0	150	374.25	1	0	0	1	0	0	0	0	0	11	11	0	0	0	0	0	0	0	0
南京师范大学	24	83	16.2	2.4	15 328.44	15 457	5	4	1	1	0	0	0	0	0	54	52	2	0	4	0	0	4	2	2
江苏师范大学	25	87	32.9	6.4	34 240	33 214.5	0	0	0	0	0	0	0	0	0	40	38	2	0	1	0	0	1	12	8
淮阴师范学院	26	28	2.8	0	4 980	3 000	0	0	0	0	0	0	0	0	0	16	15	1	0	0	0	0	0	2	0
盐城师范学院	27	34	10.6	0	3 180	5 609	2	2	0	0	0	0	0	0	0	52	52	0	0	0	0	0	0	8	7
南京财经大学	28	188	67.9	18	93 159.48	92 833.83	14	9	0	5	0	0	0	0	0	154	143	11	0	5	0	0	5	1	0
江苏警官学院	29	2	0.6	0	0	0	1	1	0	0	0	0	0	0	0	3	3	0	0	0	0	0	0	0	0
南京体育学院	30	0	0	0	0	0	0	0	0	0	0	0	0	0	0	0	0	0	0	0	0	0	0	0	0
南京艺术学院	31	0	0	0	0	0	0	0	0	0	0	0	0	0	0	0	0	0	0	0	0	0	0	0	0
苏州科技学院	32	59	14.7	2.7	8 562	7 762	1	1	0	0	0	0	0	0	0	18	18	0	0	0	0	0	0	9	7
常熟理工学院	33	15	2.3	0	1 080	813	0	0	0	0	0	0	0	0	0	11	11	0	0	0	0	0	0	0	0
淮阴工学院	34	10	1.5	0	2 440	1 967	1	1	0	0	0	0	0	0	0	7	7	0	0	0	0	0	0	3	3
常州工学院	35	19	2.5	0	1 000	915	2	0	0	2	0	0	0	0	0	12	12	0	0	0	0	0	0	1	0
扬州大学	36	80	10.3	3.9	23 370	21 592.9	6	6	0	0	0	0	0	0	0	45	45	0	0	4	0	0	4	24	22
南京工程学院	37	16	1.9	0	3 135	2 474.01	2	0	0	2	0	0	0	0	0	19	19	0	0	0	0	0	0	0	0
南京审计学院	38	155	53.9	0.1	19 367.12	39 661.7	9	9	0	0	0	0	0	2	0	116	110	6	0	5	0	0	5	7	7
南京晓庄学院	39	6	1.7	0	300	160	8	1	0	7	0	0	0	0	0	54	54	0	0	0	0	0	0	0	0
江苏理工学院	40	50	10.5	0	2 720	3 048.23	3	2	0	1	0	0	0	0	0	80	79	1	0	2	0	0	2	24	17
淮海工学院	41	24	2.8	0	416	673.5	0	0	0	0	0	0	0	0	0	22	22	0	0	0	0	0	0	0	0
徐州工程学院	42	83	21.5	0	5 945	7 526.5	0	0	0	0	0	0	0	0	0	42	42	0	0	0	0	0	0	12	0
南京特殊教育职业技术学院	43	0	0	0	0	0	0	0	0	0	0	0	0	0	0	0	0	0	0	0	0	0	0	0	0
泰州学院	44	11	2.5	0	430	390	0	0	0	0	0	0	0	0	0	13	13	0	0	0	0	0	0	0	0
金陵科技学院	45	19	3.3	0	1 980	1 731.5	3	2	0	1	0	0	0	0	0	39	32	7	0	0	0	0	0	12	7
江苏第二师范学院	46	6	1.4	0	150	136.99	0	0	0	0	0	0	0	0	0	10	10	0	0	0	0	0	0	0	0

2.13 政治学人文、社会科学研究与课题成果情况表

高校名称	编号	课题数(项)	当年投入人数(人年)	其中研究生	当年投入经费(百元)	当年支出经费(百元)	出版著作(部) 合计	专著	其中被译成外文	编著教材	工具书参考书合计	古籍整理(部)	译著(部)	发表译文(篇)	电子出版物(件)	发表论文(篇) 合计	国内学术刊物	国外学术刊物	港澳台刊物	获奖成果数(项) 合计	国家级奖	部级奖	省级奖	研究与咨询报告 提交有关部门	其中被采纳数
		L01	L02	L03	L04	L05	L06	L07	L08	L09	L10	L11	L12	L13	L14	L15	L16	L17	L18	L19	L20	L21	L22	L23	L24
合计	/	402	117.5	30.8	77 439	82 072.33	30	26	0	4	0	0	0	1	0	326	320	4	2	19	0	0	19	26	12
南京大学	1	70	16.7	6.8	21 220	24 462	9	8	0	1	0	0	0	0	0	48	46	2	0	2	0	0	2	2	2
东南大学	2	3	0.7	0	896	1 207	1	1	0	0	0	0	0	0	0	3	3	0	0	2	0	0	2	0	0
江南大学	3	36	11.1	5.2	2 606	1 521.11	1	1	0	0	0	0	0	0	0	11	11	0	0	1	0	0	1	0	0
南京农业大学	4	14	1.9	0.2	4 340	3 840	0	0	0	0	0	0	0	0	0	12	12	0	0	0	0	0	0	0	0
中国矿业大学	5	19	3	0.6	4 130	4 404.11	0	0	0	0	0	0	0	1	0	7	7	0	0	0	0	0	0	0	0
河海大学	6	7	4.5	2	700	766	5	5	0	0	0	0	0	0	0	32	30	2	0	2	0	0	2	2	2
南京理工大学	7	7	5.4	1.7	100	100	1	1	0	0	0	0	0	0	0	2	2	0	0	1	0	0	1	0	0
南京航空航天大学	8	7	3.1	0.4	0	22	1	1	0	0	0	0	0	0	0	9	9	0	0	1	0	0	1	0	0
中国药科大学	9	0	0	0	0	0	0	0	0	0	0	0	0	0	0	0	0	0	0	0	0	0	0	0	0
南京森林警察学院	10	0	0	0	0	0	0	0	0	0	0	0	0	0	0	2	2	0	0	0	0	0	0	0	0
苏州大学	11	19	3.9	0.8	2 715	7 957.4	0	0	0	0	0	0	0	0	0	4	3	0	1	5	0	0	5	2	2
江苏科技大学	12	5	1.6	0	680	405	0	0	0	0	0	0	0	0	0	3	3	0	0	0	0	0	0	0	0
南京工业大学	13	5	0.8	0	160	401	0	0	0	0	0	0	0	0	0	6	6	0	0	0	0	0	0	0	0
常州大学	14	5	1.5	0	2 800	2 600	1	0	0	1	0	0	0	0	0	4	4	0	0	1	0	0	1	0	0
南京邮电大学	15	21	5	2.9	3 520	2 110	0	0	0	0	0	0	0	0	0	1	1	0	0	0	0	0	0	0	0
南京林业大学	16	3	0.4	0	280	90	0	0	0	0	0	0	0	0	0	4	4	0	0	0	0	0	0	0	0
江苏大学	17	6	8.8	5.4	2 245	2 245	0	0	0	0	0	0	0	0	0	10	10	0	0	1	0	0	1	0	0
南京信息工程大学	18	7	1.3	0	0	667	0	0	0	0	0	0	0	0	0	3	3	0	0	0	0	0	0	1	0
南通大学	19	18	3.7	0	6 210	4 839	0	0	0	0	0	0	0	0	0	11	11	0	0	0	0	0	0	7	4
盐城工学院	20	3	0.5	0	30	26.5	1	1	0	0	0	0	0	0	0	3	3	0	0	0	0	0	0	0	0

续表

南京医科大学	21	0	0	0	0	0	1	1	0	0	0	0	0	0	0	1	1	0	0	0	0	0	0	0	0
徐州医学院	22	0	0	0	0	0	0	0	0	0	0	0	0	0	0	1	1	0	0	0	0	0	0	0	0
南京中医药大学	23	3	1.4	0	200	311	2	2	0	0	0	0	0	0	0	1	1	0	0	0	0	0	0	0	0
南京师范大学	24	30	7.1	0.2	11 560	10 180	3	3	0	0	0	0	0	0	0	24	23	0	1	3	0	0	3	0	0
江苏师范大学	25	14	8.2	3.4	2 300	2 115	0	0	0	0	0	0	0	0	0	18	18	0	0	0	0	0	0	0	0
淮阴师范学院	26	7	1.4	0	570	1 020	0	0	0	0	0	0	0	0	0	15	15	0	0	0	0	0	0	2	0
盐城师范学院	27	8	2.7	0	720	894	0	0	0	0	0	0	0	0	0	0	0	0	0	0	0	0	0	0	0
南京财经大学	28	3	0.8	0	600	1 499.4	0	0	0	0	0	0	0	0	0	2	2	0	0	0	0	0	0	0	0
江苏警官学院	29	6	1.8	0	160	226	0	0	0	0	0	0	0	0	0	6	6	0	0	0	0	0	0	0	0
南京体育学院	30	0	0	0	0	0	0	0	0	0	0	0	0	0	0	1	1	0	0	0	0	0	0	0	0
南京艺术学院	31	0	0	0	0	0	0	0	0	0	0	0	0	0	0	0	0	0	0	0	0	0	0	0	0
苏州科技学院	32	6	2.3	0.1	1 392	1 222	1	1	0	0	0	0	0	0	0	1	1	0	0	0	0	0	0	0	0
常熟理工学院	33	2	0.3	0	300	150	0	0	0	0	0	0	0	0	0	1	1	0	0	0	0	0	0	0	0
淮阴工学院	34	3	0.3	0	220	153	0	0	0	0	0	0	0	0	0	7	7	0	0	0	0	0	0	1	1
常州工学院	35	3	0.3	0	130	80	0	0	0	0	0	0	0	0	0	0	0	0	0	0	0	0	0	0	0
扬州大学	36	24	4.8	1	4 575	4 057.5	0	0	0	0	0	0	0	0	0	15	15	0	0	0	0	0	0	1	1
南京工程学院	37	0	0	0	0	0	0	0	0	0	0	0	0	0	0	0	0	0	0	0	0	0	0	0	0
南京审计学院	38	0	0	0	0	0	1	1	0	0	0	0	0	0	0	4	4	0	0	0	0	0	0	0	0
南京晓庄学院	39	1	0.4	0	0	55	2	0	0	2	0	0	0	0	0	5	5	0	0	0	0	0	0	0	0
江苏理工学院	40	2	0.4	0	40	239	0	0	0	0	0	0	0	0	0	16	16	0	0	0	0	0	0	0	0
淮海工学院	41	5	0.5	0	90	205	0	0	0	0	0	0	0	0	0	0	0	0	0	0	0	0	0	0	0
徐州工程学院	42	21	7.1	0	1 270	1 086	0	0	0	0	0	0	0	0	0	26	26	0	0	0	0	0	0	8	0
南京特殊教育职业技术学院	43	0	0	0	0	0	0	0	0	0	0	0	0	0	0	0	0	0	0	0	0	0	0	0	0
泰州学院	44	3	1.8	0	130	160	0	0	0	0	0	0	0	0	0	0	0	0	0	0	0	0	0	0	0
金陵科技学院	45	5	0.7	0	550	400	0	0	0	0	0	0	0	0	0	1	1	0	0	0	0	0	0	0	0
江苏第二师范学院	46	1	1.3	0.1	0	356.31	0	0	0	0	0	0	0	0	0	6	6	0	0	0	0	0	0	0	0

2.14 法学人文、社会科学研究与课题成果情况表

高校名称	编号	课题数(项)	当年投入人数(人年)	其中研究生	当年投入经费(百元)	当年支出经费(百元)	出版著作(部) 合计	专著	其中被译成外文	编著教材	工具书参考书合计	古籍整理(部)	译著(部)	发表译文(篇)	电子出版物(件)	发表论文(篇) 合计	国内学术刊物	国外学术刊物	港澳台刊物	获奖成果数(项) 合计	国家级奖	部级奖	省级奖	研究与咨询报告 提交有关部门	其中被采纳数
		L01	L02	L03	L04	L05	L06	L07	L08	L09	L10	L11	L12	L13	L14	L15	L16	L17	L18	L19	L20	L21	L22	L23	L24
合计	/	1 037	268.7	48.4	179 469.95	165 373.17	82	53	1	29	0	0	8	5	0	1 006	985	18	3	21	0	0	21	36	22
南京大学	1	99	20.4	10.3	22 278	25 981	12	8	0	4	0	0	2	2	0	92	92	0	0	5	0	0	5	4	4
东南大学	2	98	32.5	5.5	33 092.95	32 870.95	3	3	0	0	0	0	0	0	0	75	73	2	0	5	0	0	5	0	0
江南大学	3	53	12.8	3.4	5 990	3 983.64	3	2	1	1	0	0	0	0	0	23	23	0	0	0	0	0	0	3	3
南京农业大学	4	18	2.3	0.7	1 420	1 420	0	0	0	0	0	0	0	0	0	17	17	0	0	0	0	0	0	0	0
中国矿业大学	5	14	3.3	1	1 007	716	0	0	0	0	0	0	0	1	0	4	4	0	0	0	0	0	0	0	0
河海大学	6	29	8.8	3.8	5 080	4 331	8	5	0	3	0	0	1	0	0	68	65	3	0	1	0	0	1	5	4
南京理工大学	7	29	9.3	3.5	2 600	2 706	3	3	0	0	0	0	0	0	0	18	18	0	0	0	0	0	0	1	0
南京航空航天大学	8	7	3.6	0.8	2 120	2 120	7	5	0	2	0	0	0	0	0	1	1	0	0	0	0	0	0	1	0
中国药科大学	9	6	0.9	0	0	2 450	0	0	0	0	0	0	0	0	0	1	1	0	0	0	0	0	0	0	0
南京森林警察学院	10	32	6.3	0	3 960	2 009.36	1	0	0	1	0	0	0	0	0	94	93	1	0	0	0	0	0	0	0
苏州大学	11	87	16.2	2.8	29 990	20 631.5	7	6	0	1	0	0	2	0	0	76	75	1	0	3	0	0	3	1	1
江苏科技大学	12	8	3.2	1	400	434	0	0	0	0	0	0	0	0	0	1	1	0	0	0	0	0	0	0	0
南京工业大学	13	34	7	1.6	4 250	4 876	3	1	0	2	0	0	0	0	0	29	20	6	3	1	0	0	1	3	1
常州大学	14	8	2.6	0	100	230	0	0	0	0	0	0	0	0	0	14	14	0	0	0	0	0	0	1	1
南京邮电大学	15	5	2.1	1	390	420	0	0	0	0	0	0	0	0	0	2	2	0	0	0	0	0	0	0	0
南京林业大学	16	4	1.4	0	30	55	1	1	0	0	0	0	0	0	0	7	7	0	0	0	0	0	0	0	0
江苏大学	17	44	10	0	4 400	4 400	1	1	0	0	0	0	1	0	0	27	27	0	0	1	0	0	1	0	0
南京信息工程大学	18	23	7	0.4	4 960	4 401	2	2	0	0	0	0	0	0	0	22	22	0	0	0	0	0	0	3	1
南通大学	19	12	2.2	0	550	1 136	0	0	0	0	0	0	0	0	0	6	6	0	0	0	0	0	0	1	1
盐城工学院	20	5	0.3	0	0	0	0	0	0	0	0	0	0	0	0	12	12	0	0	0	0	0	0	0	0

续表

南京医科大学	21	2	0.5	0	150	70	1	0	0	1	0	0	0	0	0	2	2	0	0	0	0	0	0	0	0
徐州医学院	22	2	0.2	0	0	25	0	0	0	0	0	0	0	0	0	1	1	0	0	0	0	0	0	0	0
南京中医药大学	23	5	3.7	1.6	500	254	2	0	0	2	0	0	0	0	0	10	10	0	0	0	0	0	0	1	1
南京师范大学	24	99	19.8	1.6	18 130	18 295	6	2	0	4	0	0	1	0	0	56	55	1	0	3	0	0	3	3	3
江苏师范大学	25	14	12.7	7.2	2 260	1 508	0	0	0	0	0	0	0	0	0	24	24	0	0	0	0	0	0	0	0
淮阴师范学院	26	19	3.2	0	4 160	2 660	1	1	0	0	0	0	0	0	0	5	5	0	0	0	0	0	0	0	0
盐城师范学院	27	12	3.9	0	3210	2 565	1	0	0	1	0	0	0	0	0	6	6	0	0	0	0	0	0	1	1
南京财经大学	28	19	5.9	1.4	3 560	3 545.8	4	4	0	0	0	0	0	0	0	25	24	1	0	0	0	0	0	1	0
江苏警官学院	29	144	42.2	0	8 750	6 918.13	10	4	0	6	0	0	0	1	0	143	141	2	0	0	0	0	0	6	0
南京体育学院	30	0	0	0	0	0	0	0	0	0	0	0	0	0	0	1	1	0	0	0	0	0	0	0	0
南京艺术学院	31	1	0.3	0	0	0	0	0	0	0	0	0	0	0	0	2	2	0	0	0	0	0	0	0	0
苏州科技学院	32	0	0	0	0	0	0	0	0	0	0	0	0	0	0	1	1	0	0	0	0	0	0	0	0
常熟理工学院	33	2	0.6	0	100	94.77	0	0	0	0	0	0	0	0	0	1	1	0	0	0	0	0	0	0	0
淮阴工学院	34	2	0.1	0	150	150	0	0	0	0	0	0	0	1	0	2	2	0	0	0	0	0	0	0	0
常州工学院	35	2	0.3	0	0	150	0	0	0	0	0	0	0	0	0	7	7	0	0	1	0	0	1	0	0
扬州大学	36	35	4.4	0.8	7 110	5 635.4	4	4	0	0	0	0	0	0	0	59	59	0	0	1	0	0	1	0	0
南京工程学院	37	0	0	0	0	0	0	0	0	0	0	0	0	0	0	0	0	0	0	0	0	0	0	0	0
南京审计学院	38	35	12.1	0	7 306	6 935.99	1	1	0	0	0	0	1	0	0	33	32	1	0	0	0	0	0	0	0
南京晓庄学院	39	2	0.7	0	60	96	0	0	0	0	0	0	0	0	0	8	8	0	0	0	0	0	0	0	0
江苏理工学院	40	6	1.5	0	340	272.83	0	0	0	0	0	0	0	0	0	12	12	0	0	0	0	0	0	1	1
淮海工学院	41	3	0.3	0	0	15	0	0	0	0	0	0	0	0	0	1	1	0	0	0	0	0	0	0	0
徐州工程学院	42	3	0.7	0	120	155	0	0	0	0	0	0	0	0	0	0	0	0	0	0	0	0	0	0	0
南京特殊教育职业技术学院	43	0	0	0	0	0	0	0	0	0	0	0	0	0	0	0	0	0	0	0	0	0	0	0	0
泰州学院	44	4	1.4	0	80	80	0	0	0	0	0	0	0	0	0	7	7	0	0	0	0	0	0	0	0
金陵科技学院	45	10	1.6	0	850	775	1	0	0	1	0	0	0	0	0	6	6	0	0	0	0	0	0	0	0
江苏第二师范学院	46	1	0.4	0	16	0.8	0	0	0	0	0	0	0	0	0	5	5	0	0	0	0	0	0	0	0

2.15 社会学人文、社会科学研究与课题成果情况表

高校名称	编号	课题数(项)	当年投入人数(人年)	其中研究生	当年投入经费(百元)	当年支出经费(百元)	出版著作(部) 合计	专著	其中被译成外文	编著教材	工具书参考书合计	古籍整理(部)	译著(部)	发表译文(篇)	电子出版物(件)	发表论文(篇) 合计	国内学术刊物	国外学术刊物	港澳台刊物	获奖成果数(项) 合计	国家级奖	部级奖	省级奖	研究与咨询报告 提交有关部门	其中被采纳数
		L01	L02	L03	L04	L05	L06	L07	L08	L09	L10	L11	L12	L13	L14	L15	L16	L17	L18	L19	L20	L21	L22	L23	L24
合计	/	1 191	298.4	85	41 4531	371 449.04	44	32	1	12	0	0	6	2	0	776	745	30	1	12	0	0	12	108	74
南京大学	1	140	28.5	14.3	70 884	80 311	12	8	0	4	0	0	1	0	0	160	144	15	1	7	0	0	7	12	7
东南大学	2	44	16.3	7.5	17 114	11 986	0	0	0	0	0	0	0	0	0	2	2	0	0	0	0	0	0	2	2
江南大学	3	72	21.3	10	9 498.1	6 311.02	1	1	0	0	0	0	1	1	0	33	32	1	0	0	0	0	0	2	2
南京农业大学	4	39	5.9	1.5	4 456	4 036	1	1	0	0	0	0	0	0	0	17	17	0	0	0	0	0	0	0	0
中国矿业大学	5	26	4.7	1.3	5 210	4 569.02	1	1	0	0	0	0	0	1	0	4	4	0	0	0	0	0	0	0	0
河海大学	6	155	48.3	23.5	165 903.18	144 558.18	5	5	0	0	0	0	0	0	0	150	141	9	0	0	0	0	0	49	40
南京理工大学	7	35	4.2	2.8	600	600	0	0	0	0	0	0	0	0	0	33	33	0	0	0	0	0	0	0	0
南京航空航天大学	8	8	4.9	1	4 108	4 519	0	0	0	0	0	0	0	0	0	4	4	0	0	0	0	0	0	0	0
中国药科大学	9	5	1.7	0	1 082	1 082	0	0	0	0	0	0	0	0	0	0	0	0	0	0	0	0	0	0	0
南京森林警察学院	10	4	0.8	0	5 390	1 174.16	0	0	0	0	0	0	0	0	0	3	3	0	0	0	0	0	0	0	0
苏州大学	11	43	7.7	1.3	25 550	27 015.2	3	3	0	0	0	0	1	0	0	6	6	0	0	2	0	0	2	4	3
江苏科技大学	12	10	3.2	1.1	3 500	1 105	1	1	0	0	0	0	0	0	0	14	14	0	0	0	0	0	0	0	0
南京工业大学	13	17	2	0	7 215	4 126	0	0	0	0	0	0	0	0	0	4	4	0	0	0	0	0	0	0	0
常州大学	14	9	2.9	0	2 250	2 770	0	0	0	0	0	0	0	0	0	4	4	0	0	0	0	0	0	1	1
南京邮电大学	15	38	21.6	11.5	13 710	12 800	0	0	0	0	0	0	0	0	0	18	18	0	0	0	0	0	0	12	4
南京林业大学	16	12	3.4	0	1 150	561	0	0	0	0	0	0	0	0	0	5	5	0	0	0	0	0	0	0	0
江苏大学	17	0	0	0	0	0	0	0	0	0	0	0	0	0	0	0	0	0	0	0	0	0	0	0	0
南京信息工程大学	18	28	5.7	0	5 420	3 620	0	0	0	0	0	0	0	0	0	3	3	0	0	0	0	0	0	3	0
南通大学	19	11	1.8	0.2	2 355	2 128	0	0	0	0	0	0	0	0	0	18	18	0	0	0	0	0	0	2	2
盐城工学院	20	9	2.9	0	475	443	0	0	0	0	0	0	0	0	0	3	3	0	0	0	0	0	0	0	0

续表

南京医科大学	21	16	5.4	1.5	5 480	3 850	4	4	0	0	0	0	0	0	0	26	23	3	0	0	0	0	0	0	0
徐州医学院	22	17	4.7	0	1 065	726	0	0	0	0	0	0	0	0	0	7	7	0	0	0	0	0	0	0	0
南京中医药大学	23	23	9	0.9	3 645	1 293.15	0	0	0	0	0	0	0	0	0	4	4	0	0	0	0	0	0	0	0
南京师范大学	24	99	16.1	1.4	15 110	18 090	2	0	0	2	0	0	0	0	0	15	14	1	0	2	0	0	2	4	4
江苏师范大学	25	18	9	3.2	1 688	1 792	0	0	0	0	0	0	0	0	0	9	9	0	0	1	0	0	1	0	0
淮阴师范学院	26	4	0.4	0	2 100	1 005	0	0	0	0	0	0	0	0	0	1	1	0	0	0	0	0	0	2	0
盐城师范学院	27	13	3.6	0	3 530	1 980	0	0	0	0	0	0	0	0	0	60	60	0	0	0	0	0	0	0	0
南京财经大学	28	8	3.2	1.3	6 570	5 566.45	1	1	0	0	0	0	0	0	0	9	9	0	0	0	0	0	0	0	0
江苏警官学院	29	41	8	0	3 850	562	0	0	0	0	0	0	0	0	0	7	7	0	0	0	0	0	0	0	0
南京体育学院	30	0	0	0	0	0	0	0	0	0	0	0	0	0	0	0	0	0	0	0	0	0	0	0	0
南京艺术学院	31	0	0	0	0	0	0	0	0	0	0	0	0	0	0	0	0	0	0	0	0	0	0	0	0
苏州科技学院	32	16	6.3	0.4	1 634.72	2 520	0	0	0	0	0	0	0	0	0	9	9	0	0	0	0	0	0	5	5
常熟理工学院	33	10	2.9	0	2758	1 471	0	0	0	0	0	0	0	0	0	4	4	0	0	0	0	0	0	0	0
淮阴工学院	34	32	3.7	0	8 760	6 869.5	2	1	0	1	0	0	0	0	0	8	8	0	0	0	0	0	0	3	3
常州工学院	35	6	0.6	0	0	100	0	0	0	0	0	0	0	0	0	3	2	1	0	0	0	0	0	1	1
扬州大学	36	52	6.3	0.3	3 485	3 609.8	1	0	0	1	0	0	1	0	0	24	24	0	0	0	0	0	0	0	0
南京工程学院	37	29	8.2	0	930	998.16	1	1	0	0	0	0	0	0	0	55	55	0	0	0	0	0	0	0	0
南京审计学院	38	0	0	0	0	0	3	3	1	0	0	0	0	0	0	2	2	0	0	0	0	0	0	0	0
南京晓庄学院	39	14	3.3	0	150	365	5	2	0	3	0	0	1	0	0	24	24	0	0	0	0	0	0	0	0
江苏理工学院	40	19	4.2	0	910	696.56	0	0	0	0	0	0	1	0	0	7	7	0	0	0	0	0	0	2	0
淮海工学院	41	16	1.9	0	90	241	0	0	0	0	0	0	0	0	0	2	2	0	0	0	0	0	0	0	0
徐州工程学院	42	40	10.4	0	6 145	5 104.5	0	0	0	0	0	0	0	0	0	0	0	0	0	0	0	0	0	4	0
南京特殊教育职业技术学院	43	5	1.4	0	500	260	0	0	0	0	0	0	0	0	0	4	4	0	0	0	0	0	0	0	0
泰州学院	44	4	0.9	0	130	95	1	0	0	1	0	0	0	0	0	11	11	0	0	0	0	0	0	0	0
金陵科技学院	45	2	0.4	0	0	520	0	0	0	0	0	0	0	0	0	0	0	0	0	0	0	0	0	0	0
江苏第二师范学院	46	2	0.7	0	130	19.34	0	0	0	0	0	0	0	0	0	4	4	0	0	0	0	0	0	0	0

2.16 民族学与文化学人文、社会科学研究与课题成果情况表

高校名称	编号	课题数(项)	当年投入人数(人年)	其中研究生	当年投入经费(百元)	当年支出经费(百元)	出版著作(部) 合计	专著	其中被译成外文	编著教材	工具书参考书合计	古籍整理(部)	译著(部)	发表译文(篇)	电子出版物(件)	发表论文(篇) 合计	国内学术刊物	国外学术刊物	港澳台刊物	获奖成果数(项) 合计	国家级奖	部级奖	省级奖	研究与咨询报告 提交有关部门	其中被采纳数
		L01	L02	L03	L04	L05	L06	L07	L08	L09	L10	L11	L12	L13	L14	L15	L16	L17	L18	L19	L20	L21	L22	L23	L24
合计	/	89	23.2	5.6	15 710	14 010.22	3	1	0	2	0	0	1	0	0	55	54	0	1	0	0	0	0	7	3
南京大学	1	5	0.7	0.3	0	1 999	1	1	0	0	0	0	1	0	0	11	10	0	1	0	0	0	0	0	0
东南大学	2	2	0.9	0.2	500	432	0	0	0	0	0	0	0	0	0	0	0	0	0	0	0	0	0	0	0
江南大学	3	7	0.4	0.2	4 905	3 397.91	0	0	0	0	0	0	0	0	0	1	1	0	0	0	0	0	0	0	0
南京农业大学	4	0	0	0	0	0	0	0	0	0	0	0	0	0	0	0	0	0	0	0	0	0	0	0	0
中国矿业大学	5	4	3.3	2.7	310	330	0	0	0	0	0	0	0	0	0	0	0	0	0	0	0	0	0	0	0
河海大学	6	6	2.2	1.1	800	578	0	0	0	0	0	0	0	0	0	10	10	0	0	0	0	0	0	2	2
南京理工大学	7	0	0	0	0	0	0	0	0	0	0	0	0	0	0	0	0	0	0	0	0	0	0	0	0
南京航空航天大学	8	4	0.4	0	80	80	0	0	0	0	0	0	0	0	0	0	0	0	0	0	0	0	0	0	0
中国药科大学	9	0	0	0	0	0	0	0	0	0	0	0	0	0	0	0	0	0	0	0	0	0	0	0	0
南京森林警察学院	10	2	0.2	0	0	99.4	0	0	0	0	0	0	0	0	0	0	0	0	0	0	0	0	0	0	0
苏州大学	11	0	0	0	0	0	0	0	0	0	0	0	0	0	0	0	0	0	0	0	0	0	0	0	0
江苏科技大学	12	4	1.6	0.8	360	130	0	0	0	0	0	0	0	0	0	2	2	0	0	0	0	0	0	0	0
南京工业大学	13	1	0.1	0	400	300	0	0	0	0	0	0	0	0	0	0	0	0	0	0	0	0	0	0	0
常州大学	14	0	0	0	0	0	2	0	0	2	0	0	0	0	0	1	1	0	0	0	0	0	0	0	0
南京邮电大学	15	0	0	0	0	0	0	0	0	0	0	0	0	0	0	2	2	0	0	0	0	0	0	0	0
南京林业大学	16	3	1.2	0	380	80	0	0	0	0	0	0	0	0	0	5	5	0	0	0	0	0	0	0	0
江苏大学	17	0	0	0	0	0	0	0	0	0	0	0	0	0	0	1	1	0	0	0	0	0	0	0	0
南京信息工程大学	18	1	0.2	0	0	15	0	0	0	0	0	0	0	0	0	0	0	0	0	0	0	0	0	0	0
南通大学	19	3	0.3	0	1 050	983.4	0	0	0	0	0	0	0	0	0	0	0	0	0	0	0	0	0	1	1
盐城工学院	20	0	0	0	0	0	0	0	0	0	0	0	0	0	0	0	0	0	0	0	0	0	0	0	0

续表

南京医科大学	21	0	0	0	0	0	0	0	0	0	0	0	0	0	0	0	0	0	0	0	0	0	0	0	0
徐州医学院	22	0	0	0	0	0	0	0	0	0	0	0	0	0	0	0	0	0	0	0	0	0	0	0	0
南京中医药大学	23	2	1.3	0	100	1 270	0	0	0	0	0	0	0	0	0	1	1	0	0	0	0	0	0	0	0
南京师范大学	24	1	0.1	0	0	0	0	0	0	0	0	0	0	0	0	0	0	0	0	0	0	0	0	0	0
江苏师范大学	25	8	2.8	0.2	3 860	1 181	0	0	0	0	0	0	0	0	0	4	4	0	0	0	0	0	0	0	0
淮阴师范学院	26	0	0	0	0	0	0	0	0	0	0	0	0	0	0	1	1	0	0	0	0	0	0	0	0
盐城师范学院	27	1	0.1	0	0	800	0	0	0	0	0	0	0	0	0	0	0	0	0	0	0	0	0	0	0
南京财经大学	28	0	0	0	0	0	0	0	0	0	0	0	0	0	0	0	0	0	0	0	0	0	0	0	0
江苏警官学院	29	1	0.1	0	500	7.5	0	0	0	0	0	0	0	0	0	0	0	0	0	0	0	0	0	0	0
南京体育学院	30	0	0	0	0	0	0	0	0	0	0	0	0	0	0	1	1	0	0	0	0	0	0	0	0
南京艺术学院	31	0	0	0	0	0	0	0	0	0	0	0	0	0	0	0	0	0	0	0	0	0	0	0	0
苏州科技学院	32	6	2.2	0.1	1 600	1 170	0	0	0	0	0	0	0	0	0	1	1	0	0	0	0	0	0	1	0
常熟理工学院	33	0	0	0	0	0	0	0	0	0	0	0	0	0	0	0	0	0	0	0	0	0	0	0	0
淮阴工学院	34	4	0.4	0	300	320	0	0	0	0	0	0	0	0	0	0	0	0	0	0	0	0	0	0	0
常州工学院	35	2	0.2	0	50	105	0	0	0	0	0	0	0	0	0	0	0	0	0	0	0	0	0	0	0
扬州大学	36	1	0	0	0	0	0	0	0	0	0	0	0	0	0	2	2	0	0	0	0	0	0	0	0
南京工程学院	37	0	0	0	0	0	0	0	0	0	0	0	0	0	0	0	0	0	0	0	0	0	0	0	0
南京审计学院	38	0	0	0	0	0	0	0	0	0	0	0	0	0	0	0	0	0	0	0	0	0	0	0	0
南京晓庄学院	39	0	0	0	0	0	0	0	0	0	0	0	0	0	0	0	0	0	0	0	0	0	0	0	0
江苏理工学院	40	7	1.3	0	40	332.01	0	0	0	0	0	0	0	0	0	6	6	0	0	0	0	0	0	1	0
淮海工学院	41	3	0.3	0	135	133	0	0	0	0	0	0	0	0	0	4	4	0	0	0	0	0	0	0	0
徐州工程学院	42	9	2.5	0	60	127	0	0	0	0	0	0	0	0	0	2	2	0	0	0	0	0	0	2	0
南京特殊教育职业技术学院	43	0	0	0	0	0	0	0	0	0	0	0	0	0	0	0	0	0	0	0	0	0	0	0	0
泰州学院	44	1	0.3	0	40	20	0	0	0	0	0	0	0	0	0	0	0	0	0	0	0	0	0	0	0
金陵科技学院	45	1	0.1	0	240	120	0	0	0	0	0	0	0	0	0	0	0	0	0	0	0	0	0	0	0
江苏第二师范学院	46	0	0	0	0	0	0	0	0	0	0	0	0	0	0	0	0	0	0	0	0	0	0	0	0

2.17 新闻学与传播学人文、社会科学研究与课题成果情况表

高校名称							出版著作(部)					古籍整理(部)	译著(部)	发表译文(篇)	电子出版物(件)	发表论文(篇)				获奖成果数(项)				研究与咨询报告	
		课题数(项)	当年投入人数(人年)	其中研究生	当年投入经费(百元)	当年支出经费(百元)	合计	专著	其中被译成外文	编著教材	工具书参考书合计					合计	国内学术刊物	国外学术刊物	港澳台刊物	合计	国家级奖	部级奖	省级奖	提交有关部门	其中被采纳数
	编号	L01	L02	L03	L04	L05	L06	L07	L08	L09	L10	L11	L12	L13	L14	L15	L16	L17	L18	L19	L20	L21	L22	L23	L24
合计	/	350	89.3	23.8	99 348	104 181.2	22	14	0	8	0	0	2	1	0	383	373	7	3	8	0	0	8	20	15
南京大学	1	56	12.3	5.9	37 700	39 356	2	1	0	1	0	0	0	0	0	66	65	0	1	1	0	0	1	2	2
东南大学	2	3	0.5	0	0	430	1	1	0	0	0	0	0	0	0	0	0	0	0	1	0	0	1	0	0
江南大学	3	28	5.7	2.4	7 625	5 610.18	1	1	0	0	0	0	0	0	0	13	13	0	0	0	0	0	0	0	0
南京农业大学	4	2	0.2	0	480	460	0	0	0	0	0	0	0	0	0	7	7	0	0	0	0	0	0	0	0
中国矿业大学	5	3	0.2	0.1	0	0	0	0	0	0	0	0	0	0	0	9	9	0	0	0	0	0	0	0	0
河海大学	6	6	2.3	1.2	800	1 581	1	1	0	0	0	0	0	0	0	18	14	4	0	0	0	0	0	9	9
南京理工大学	7	12	2.9	0.5	1 840	1 984	1	0	0	1	0	0	0	0	0	2	2	0	0	1	0	0	1	0	0
南京航空航天大学	8	4	2.6	0	300	300	1	1	0	0	0	0	0	0	0	12	12	0	0	0	0	0	0	0	0
中国药科大学	9	0	0	0	0	0	0	0	0	0	0	0	0	0	0	1	1	0	0	0	0	0	0	0	0
南京森林警察学院	10	2	0.6	0	680	196.8	0	0	0	0	0	0	0	0	0	6	6	0	0	0	0	0	0	0	0
苏州大学	11	47	9.7	2.5	21 275	26 733.9	7	6	0	1	0	0	0	0	0	28	27	1	0	1	0	0	1	0	0
江苏科技大学	12	0	0	0	0	0	0	0	0	0	0	0	0	0	0	0	0	0	0	0	0	0	0	0	0
南京工业大学	13	1	0.1	0	20	0	0	0	0	0	0	0	0	0	0	1	1	0	0	0	0	0	0	0	0
常州大学	14	0	0	0	0	0	0	0	0	0	0	0	0	0	0	7	7	0	0	0	0	0	0	0	0
南京邮电大学	15	17	7.5	4	3 280	2 860	0	0	0	0	0	0	0	0	0	0	0	0	0	0	0	0	0	0	0
南京林业大学	16	4	1	0	200	255	0	0	0	0	0	0	0	0	0	6	6	0	0	0	0	0	0	0	0
江苏大学	17	0	0	0	0	0	0	0	0	0	0	0	0	0	0	0	0	0	0	0	0	0	0	0	0
南京信息工程大学	18	2	1.4	0	130	130	0	0	0	0	0	0	0	0	0	4	4	0	0	0	0	0	0	2	1
南通大学	19	5	1	0	80	75	0	0	0	0	0	0	0	0	0	1	1	0	0	0	0	0	0	0	0
盐城工学院	20	5	0.4	0	0	0	1	0	0	1	0	0	0	0	0	4	4	0	0	0	0	0	0	1	0

续表

南京医科大学	21	0	0	0	0	0	0	0	0	0	0	0	0	0	0	0	0	0	0	0	0	0	0	0	0
徐州医学院	22	0	0	0	0	0	0	0	0	0	0	0	0	0	0	2	2	0	0	0	0	0	0	0	0
南京中医药大学	23	0	0	0	0	0	0	0	0	0	0	0	0	0	0	0	0	0	0	0	0	0	0	0	0
南京师范大学	24	42	9.3	0.9	2 740	4 710	5	1	0	4	0	0	0	0	0	44	41	1	2	3	0	0	3	1	1
江苏师范大学	25	26	11.2	3.9	10 590	6 479	0	0	0	0	0	0	0	0	0	33	32	1	0	0	0	0	0	2	1
淮阴师范学院	26	11	1.1	0	230	200	0	0	0	0	0	0	0	0	0	1	1	0	0	0	0	0	0	1	1
盐城师范学院	27	3	0.7	0	120	110	0	0	0	0	0	0	0	0	0	0	0	0	0	0	0	0	0	0	0
南京财经大学	28	16	6.2	2.1	4 990	4 207.8	2	2	0	0	0	0	0	0	0	15	15	0	0	0	0	0	0	0	0
江苏警官学院	29	1	0.6	0	0	10	0	0	0	0	0	0	0	0	0	4	4	0	0	0	0	0	0	0	0
南京体育学院	30	1	0.9	0	180	122	0	0	0	0	0	0	0	0	0	2	2	0	0	0	0	0	0	0	0
南京艺术学院	31	1	0.5	0	0	699.85	0	0	0	0	0	0	0	0	0	0	0	0	0	0	0	0	0	0	0
苏州科技学院	32	3	1	0	100	60	0	0	0	0	0	0	0	0	0	4	4	0	0	0	0	0	0	0	0
常熟理工学院	33	0	0	0	0	0	0	0	0	0	0	0	0	0	0	1	1	0	0	0	0	0	0	0	0
淮阴工学院	34	0	0	0	0	0	0	0	0	0	0	0	0	0	0	1	1	0	0	0	0	0	0	0	0
常州工学院	35	7	0.7	0	200	160	0	0	0	0	0	0	0	0	0	17	17	0	0	0	0	0	0	0	0
扬州大学	36	20	3	0.3	4 930	6 907.4	0	0	0	0	0	0	2	0	0	48	48	0	0	0	0	0	0	0	0
南京工程学院	37	0	0	0	0	0	0	0	0	0	0	0	0	0	0	0	0	0	0	0	0	0	0	0	0
南京审计学院	38	0	0	0	0	0	0	0	0	0	0	0	0	0	0	3	3	0	0	0	0	0	0	0	0
南京晓庄学院	39	4	1.3	0	150	75	0	0	0	0	0	0	0	1	0	5	5	0	0	0	0	0	0	1	0
江苏理工学院	40	1	0.3	0	40	40	0	0	0	0	0	0	0	0	0	9	9	0	0	0	0	0	0	0	0
淮海工学院	41	6	0.7	0	303	167	0	0	0	0	0	0	0	0	0	2	2	0	0	0	0	0	0	0	0
徐州工程学院	42	1	0.4	0	50	40	0	0	0	0	0	0	0	0	0	1	1	0	0	1	0	0	1	1	0
南京特殊教育职业技术学院	43	0	0	0	0	0	0	0	0	0	0	0	0	0	0	1	1	0	0	0	0	0	0	0	0
泰州学院	44	1	0.2	0	10	10	0	0	0	0	0	0	0	0	0	0	0	0	0	0	0	0	0	0	0
金陵科技学院	45	3	0.4	0	80	60	0	0	0	0	0	0	0	0	0	1	1	0	0	0	0	0	0	0	0
江苏第二师范学院	46	6	2.4	0	225	151.27	0	0	0	0	0	0	0	0	0	4	4	0	0	0	0	0	0	0	0

2.18 图书、情报、文献学人文、社会科学研究与课题成果情况表

高校名称	编号	课题数(项)	当年投入人数(人年)	其中研究生	当年投入经费(百元)	当年支出经费(百元)	出版著作(部) 合计	专著	其中被译成外文	编著教材	工具书参考书合计	古籍整理(部)	译著(部)	发表译文(篇)	电子出版物(件)	发表论文(篇) 合计	国内学术刊物	国外学术刊物	港澳台刊物	获奖成果数(项) 合计	国家级奖	部级奖	省级奖	研究与咨询报告 提交有关部门	其中被采纳数
		L01	L02	L03	L04	L05	L06	L07	L08	L09	L10	L11	L12	L13	L14	L15	L16	L17	L18	L19	L20	L21	L22	L23	L24
合计	/	557	152.2	38.9	274 906.8	238 837.63	26	19	1	7	0	1	3	1	1	797	764	32	1	11	0	0	11	42	31
南京大学	1	134	27.4	11.4	101 490	86 133	10	7	0	3	0	0	2	1	0	195	177	17	1	7	0	0	7	8	6
东南大学	2	13	5.6	0.2	1 428	1 403	0	0	0	0	0	0	0	0	0	11	11	0	0	0	0	0	0	1	1
江南大学	3	12	6.1	4.2	300	300	0	0	0	0	0	0	0	0	0	24	24	0	0	0	0	0	0	0	0
南京农业大学	4	72	11.2	3.2	38 120	35 652	2	2	0	0	0	0	0	0	0	57	56	1	0	1	0	0	1	0	0
中国矿业大学	5	25	3	0.4	3 675	3 568.5	0	0	0	0	0	0	0	0	0	10	10	0	0	0	0	0	0	0	0
河海大学	6	40	17.4	8.4	90 691.8	73 737.8	1	1	0	0	0	0	0	0	1	44	37	7	0	0	0	0	0	16	9
南京理工大学	7	24	14.7	6.7	11 850	12 418	0	0	0	0	0	0	0	0	0	21	15	6	0	1	0	0	1	0	0
南京航空航天大学	8	5	3.8	0.5	0	397	0	0	0	0	0	0	0	0	0	1	1	0	0	0	0	0	0	0	0
中国药科大学	9	7	1.6	0	690	1 487.41	0	0	0	0	0	0	0	0	0	18	18	0	0	0	0	0	0	0	0
南京森林警察学院	10	5	1.3	0	1 200	880	0	0	0	0	0	0	0	0	0	19	19	0	0	0	0	0	0	0	0
苏州大学	11	13	2.8	0.6	9 900	8 164	0	0	0	0	0	0	0	0	0	14	14	0	0	1	0	0	1	1	0
江苏科技大学	12	0	0	0	0	0	0	0	0	0	0	0	0	0	0	12	12	0	0	0	0	0	0	0	0
南京工业大学	13	18	2.4	0	1 800	1 182	0	0	0	0	0	0	0	0	0	15	15	0	0	0	0	0	0	0	0
常州大学	14	1	0.3	0	80	20	0	0	0	0	0	0	0	0	0	4	4	0	0	0	0	0	0	1	1
南京邮电大学	15	15	4.3	1	420	590	1	1	0	0	0	0	0	0	0	8	8	0	0	0	0	0	0	0	0
南京林业大学	16	0	0	0	0	0	0	0	0	0	0	0	0	0	0	3	3	0	0	0	0	0	0	0	0
江苏大学	17	14	11.1	2.1	2 200	3 000	1	1	1	0	0	0	0	0	0	31	31	0	0	0	0	0	0	0	0
南京信息工程大学	18	9	1.7	0	155	836	0	0	0	0	0	0	0	0	0	13	13	0	0	0	0	0	0	7	6
南通大学	19	34	4.7	0.2	2 535	2 736	2	0	0	2	0	0	0	0	0	37	37	0	0	0	0	0	0	6	6
盐城工学院	20	6	0.8	0	10	10	0	0	0	0	0	0	1	0	0	32	32	0	0	0	0	0	0	0	C

续表

南京医科大学	21	7	1.9	0	230	721	0	0	0	0	0	0	0	0	0	9	9	0	0	0	0	0	0	0	0
徐州医学院	22	0	0	0	0	0	0	0	0	0	0	0	0	0	0	6	6	0	0	0	0	0	0	0	0
南京中医药大学	23	18	11.4	0	950	557.7	6	4	0	2	0	0	0	0	0	48	48	0	0	0	0	0	0	0	0
南京师范大学	24	9	1.6	0	1 800	700	0	0	0	0	0	1	0	0	0	9	9	0	0	0	0	0	0	0	0
江苏师范大学	25	12	2.7	0	340	240	0	0	0	0	0	0	0	0	0	9	9	0	0	0	0	0	0	0	0
淮阴师范学院	26	1	0.1	0	0	60	0	0	0	0	0	0	0	0	0	5	5	0	0	0	0	0	0	0	0
盐城师范学院	27	6	1.4	0	720	411	0	0	0	0	0	0	0	0	0	15	15	0	0	0	0	0	0	0	0
南京财经大学	28	0	0	0	0	0	0	0	0	0	0	0	0	0	0	8	8	0	0	0	0	0	0	0	0
江苏警官学院	29	4	1.7	0	0	681	0	0	0	0	0	0	0	0	0	2	2	0	0	0	0	0	0	0	0
南京体育学院	30	0	0	0	0	0	0	0	0	0	0	0	0	0	0	2	2	0	0	0	0	0	0	2	2
南京艺术学院	31	8	1.3	0	60	49.94	0	0	0	0	0	0	0	0	0	11	11	0	0	0	0	0	0	0	0
苏州科技学院	32	1	0.4	0	42	42	0	0	0	0	0	0	0	0	0	6	6	0	0	0	0	0	0	0	0
常熟理工学院	33	3	1	0	60	200	0	0	0	0	0	0	0	0	0	7	7	0	0	0	0	0	0	0	0
淮阴工学院	34	2	0.2	0	560	520	0	0	0	0	0	0	0	0	0	17	17	0	0	0	0	0	0	0	0
常州工学院	35	4	0.4	0	100	80	0	0	0	0	0	0	0	0	0	6	5	1	0	0	0	0	0	0	0
扬州大学	36	10	0.8	0	450	121	0	0	0	0	0	0	0	0	0	8	8	0	0	0	0	0	0	0	0
南京工程学院	37	1	0.1	0	0	1.95	0	0	0	0	0	0	0	0	0	1	1	0	0	0	0	0	0	0	0
南京审计学院	38	5	2.4	0	200	279.46	0	0	0	0	0	0	0	0	0	11	11	0	0	0	0	0	0	0	0
南京晓庄学院	39	0	0	0	0	0	0	0	0	0	0	0	0	0	0	0	0	0	0	0	0	0	0	0	0
江苏理工学院	40	6	2	0	200	185.03	0	0	0	0	0	0	0	0	0	21	21	0	0	1	0	0	1	0	0
淮海工学院	41	5	0.5	0	0	33	1	1	0	0	0	0	0	0	0	12	12	0	0	0	0	0	0	0	0
徐州工程学院	42	1	0.2	0	120	80	0	0	0	0	0	0	0	0	0	1	1	0	0	0	0	0	0	0	0
南京特殊教育职业技术学院	43	0	0	0	0	0	0	0	0	0	0	0	0	0	0	0	0	0	0	0	0	0	0	0	0
泰州学院	44	2	0.5	0	20	20	0	0	0	0	0	0	0	0	0	4	4	0	0	0	0	0	0	0	0
金陵科技学院	45	4	1	0	2 510	1 320	2	2	0	0	0	0	0	0	0	4	4	0	0	0	0	0	0	0	0
江苏第二师范学院	46	1	0.4	0	0	19.84	0	0	0	0	0	0	0	0	0	6	6	0	0	0	0	0	0	0	0

2.19 教育学人文、社会科学研究与课题成果情况表

高校名称	编号	课题数(项)	当年投入人数(人年)	其中研究生	当年投入经费(百元)	当年支出经费(百元)	出版著作(部)合计	出版著作(部)专著	其中被译成外文	编著教材	工具书参考书合计	古籍整理(部)	译著(部)	发表译文(篇)	电子出版物(件)	发表论文(篇)合计	国内学术刊物	国外学术刊物	港澳台刊物	获奖成果数(项)合计	国家级奖	部级奖	省级奖	研究与咨询报告 提交有关部门	其中被采纳数
		L01	L02	L03	L04	L05	L06	L07	L08	L09	L10	L11	L12	L13	L14	L15	L16	L17	L18	L19	L20	L21	L22	L23	L24
合计	/	2 242	537.3	92.4	242 391.48	233 046.72	153	66	2	81	6	0	4	14	0	2 383	2 369	14	0	38	0	0	38	79	43
南京大学	1	78	16.6	8	16 922	17 819	2	1	0	1	0	0	0	0	0	34	34	0	0	4	0	0	4	2	2
东南大学	2	58	22.6	5.6	11 040	9 429.5	0	0	0	0	0	0	0	0	0	6	6	0	0	0	0	0	0	0	0
江南大学	3	144	45.7	23.2	11 510	6 187.68	6	4	0	2	0	0	0	1	0	58	57	1	0	1	0	0	1	1	1
南京农业大学	4	42	3.7	0.3	8 569.48	9 369.48	1	1	0	0	0	0	0	0	0	45	45	0	0	0	0	0	0	0	0
中国矿业大学	5	127	30.3	10.5	18 218	17 503.62	1	1	0	0	0	0	3	0	0	72	72	0	0	1	0	0	1	2	1
河海大学	6	16	5.6	2.4	1 050	2 778	3	3	0	0	0	0	0	0	0	22	22	0	0	0	0	0	0	6	5
南京理工大学	7	90	3.3	2.7	40	40	0	0	0	0	0	0	0	0	0	2	2	0	0	0	0	0	0	1	0
南京航空航天大学	8	18	5.8	0.3	0	21	0	0	0	0	0	0	0	0	0	8	8	0	0	0	0	0	0	3	1
中国药科大学	9	5	1.5	0	290	160	0	0	0	0	0	0	0	0	0	5	5	0	0	0	0	0	0	0	0
南京森林警察学院	10	9	1.4	0	560	757.84	0	0	0	0	0	0	0	0	0	20	20	0	0	0	0	0	0	1	0
苏州大学	11	35	6.3	1.1	6 900	5 255	7	5	0	2	0	0	0	0	0	48	48	0	0	1	0	0	1	0	0
江苏科技大学	12	20	6.3	1	470	580	0	0	0	0	0	0	0	0	0	33	33	0	0	0	0	0	0	0	0
南京工业大学	13	44	6.7	0	1 605	1 507	1	0	0	1	0	0	0	0	0	29	29	0	0	0	0	0	0	0	0
常州大学	14	22	5.7	0	920	315	1	1	0	0	0	0	0	0	0	15	15	0	0	2	0	0	2	0	0
南京邮电大学	15	65	26.2	17.5	6 086	4 802	0	0	0	0	0	0	0	0	0	41	41	0	0	2	0	0	2	1	0
南京林业大学	16	32	4.7	0.3	1 070	547	0	0	0	0	0	0	0	0	0	20	20	0	0	0	0	0	0	1	1
江苏大学	17	30	2.8	0	500	1 625	4	4	0	0	0	0	0	0	0	28	28	0	0	0	0	0	0	0	0
南京信息工程大学	18	64	15.8	0	9 204	8 300	0	0	0	0	0	0	0	0	0	59	59	0	0	0	0	0	0	14	11
南通大学	19	105	18.9	0.1	13 121	12 097	4	4	0	0	0	0	0	0	0	143	142	1	0	1	0	0	1	11	6
盐城工学院	20	53	14.4	0	1 806	1 463.5	2	1	0	1	0	0	0	0	0	93	93	0	0	1	0	0	1	2	2

续表

南京医科大学	21	1	0.1	0	100	20	1	1	0	0	0	0	0	0	0	9	7	2	0	0	0	0	0	0	0
徐州医学院	22	15	3.1	0	460	608	0	0	0	0	0	0	0	0	0	31	31	0	0	0	0	0	0	0	0
南京中医药大学	23	12	2.9	0	360	221	0	0	0	0	0	0	0	0	0	8	8	0	0	0	0	0	0	0	0
南京师范大学	24	267	61.5	7.4	23 156	28 440.02	39	13	1	21	5	0	0	1	0	199	199	0	0	5	0	0	5	5	5
江苏师范大学	25	104	36.4	10.7	46 330	46 797	12	2	0	10	0	0	0	0	0	180	177	3	0	5	0	0	5	3	2
淮阴师范学院	26	47	9	0	3 970	5 880	1	1	0	0	0	0	0	0	0	78	78	0	0	2	0	0	2	5	0
盐城师范学院	27	33	11.9	0	4 310	3 441	2	2	0	0	0	0	0	0	0	44	44	0	0	0	0	0	0	2	2
南京财经大学	28	3	0.5	0	100	115.5	0	0	0	0	0	0	0	0	0	16	16	0	0	0	0	0	0	0	0
江苏警官学院	29	17	4.3	0	360	325	0	0	0	0	0	0	0	0	0	24	24	0	0	0	0	0	0	0	0
南京体育学院	30	4	0.7	0.4	130	10	1	0	0	1	0	0	0	0	0	19	19	0	0	1	0	0	1	0	0
南京艺术学院	31	4	0.6	0	300	9	0	0	0	0	0	0	0	0	0	13	12	1	0	0	0	0	0	0	0
苏州科技学院	32	45	18	0.9	2 805	2 110	3	2	0	1	0	0	0	11	0	40	39	1	0	0	0	0	0	0	0
常熟理工学院	33	34	7.6	0	1 410	1 269.1	0	0	0	0	0	0	0	0	0	71	71	0	0	1	0	0	1	0	0
淮阴工学院	34	4	0.7	0	785	247	1	1	0	0	0	0	0	0	0	26	26	0	0	0	0	0	0	0	0
常州工学院	35	19	2.3	0	250	520	2	1	0	0	1	0	0	0	0	25	25	0	0	0	0	0	0	0	0
扬州大学	36	75	5.8	0	3 905	3 296.4	1	1	0	0	0	0	0	0	0	86	86	0	0	3	0	0	3	2	2
南京工程学院	37	22	7.7	0	0	220.67	0	0	0	0	0	0	0	0	0	13	13	0	0	0	0	0	0	0	0
南京审计学院	38	17	8	0	2 160	2 435.12	0	0	0	0	0	0	0	1	0	34	34	0	0	1	0	0	1	0	0
南京晓庄学院	39	32	7.6	0	1 400	1 289	25	4	0	21	0	0	0	0	0	119	116	3	0	0	0	0	0	0	0
江苏理工学院	40	167	29.6	0	28 697	26 545.88	7	7	1	0	0	0	0	0	0	142	140	2	0	3	0	0	3	8	2
淮海工学院	41	15	1.7	0	558	559	0	0	0	0	0	0	0	0	0	23	23	0	0	1	0	0	1	0	0
徐州工程学院	42	140	38.3	0	5 770	5 278	6	5	0	1	0	0	0	0	0	73	73	0	0	1	0	0	1	6	0
南京特殊教育职业技术学院	43	47	9.4	0	920	986.97	14	0	0	14	0	0	0	0	0	115	115	0	0	0	0	0	0	0	0
泰州学院	44	19	9.5	0	720	830	3	0	0	3	0	0	0	0	0	64	64	0	0	0	0	0	0	0	0
金陵科技学院	45	7	1	0	640	485.5	0	0	0	0	0	0	0	0	0	25	25	0	0	0	0	0	0	2	0
江苏第二师范学院	46	35	14.8	0	2 914	549.94	3	1	0	2	0	0	1	0	0	125	125	0	0	2	0	0	2	1	0

2.20 统计学人文、社会科学研究与课题成果情况表

高校名称	编号	课题数(项)	当年投入人数(人年)	其中研究生	当年投入经费(百元)	当年支出经费(百元)	出版著作(部) 合计	专著	其中被译成外文	编著教材	工具书参考书合计	古籍整理(部)	译著(部)	发表译文(篇)	电子出版物(件)	发表论文(篇) 合计	国内学术刊物	国外学术刊物	港澳台刊物	获奖成果数(项) 合计	国家级奖	部级奖	省级奖	研究与咨询报告 提交有关部门	其中被采纳数
		L01	L02	L03	L04	L05	L06	L07	L08	L09	L10	L11	L12	L13	L14	L15	L16	L17	L18	L19	L20	L21	L22	L23	L24
合计	/	109	28.3	9.6	75 735	77 587.63	4	2	0	2	0	0	0	0	0	95	88	7	0	0	0	0	0	16	11
南京大学	1	4	1.1	0.6	2 410	4 001	0	0	0	0	0	0	0	0	0	1	0	1	0	0	0	0	0	0	0
东南大学	2	3	1.2	0.8	100	80	0	0	0	0	0	0	0	0	0	0	0	0	0	0	0	0	0	0	0
江南大学	3	2	1.8	1.2	200	0	0	0	0	0	0	0	0	0	0	0	0	0	0	0	0	0	0	0	0
南京农业大学	4	0	0	0	0	0	0	0	0	0	0	0	0	0	0	0	0	0	0	0	0	0	0	0	0
中国矿业大学	5	4	1.2	0.6	70	35	0	0	0	0	0	0	0	0	0	2	2	0	0	0	0	0	0	0	0
河海大学	6	21	7.2	3.9	28 745	23 879	1	1	0	0	0	0	0	0	0	47	41	6	0	0	0	0	0	14	9
南京理工大学	7	2	0.2	0.2	0	0	0	0	0	0	0	0	0	0	0	1	1	0	0	0	0	0	0	0	0
南京航空航天大学	8	0	0	0	0	0	0	0	0	0	0	0	0	0	0	2	2	0	0	0	0	0	0	0	0
中国药科大学	9	2	0.3	0	100	635.75	0	0	0	0	0	0	0	0	0	0	0	0	0	0	0	0	0	0	0
南京森林警察学院	10	0	0	0	0	0	0	0	0	0	0	0	0	0	0	0	0	0	0	0	0	0	0	0	0
苏州大学	11	1	0.3	0.1	0	507	0	0	0	0	0	0	0	0	0	0	0	0	0	0	0	0	0	0	0
江苏科技大学	12	0	0	0	0	0	0	0	0	0	0	0	0	0	0	1	1	0	0	0	0	0	0	0	0
南京工业大学	13	2	0.1	0	50	50	0	0	0	0	0	0	0	0	0	0	0	0	0	0	0	0	0	0	0
常州大学	14	0	0	0	0	0	0	0	0	0	0	0	0	0	0	0	0	0	0	0	0	0	0	0	0
南京邮电大学	15	6	2.2	1.4	1 340	1 340	0	0	0	0	0	0	0	0	0	0	0	0	0	0	0	0	0	0	0
南京林业大学	16	0	0	0	0	0	0	0	0	0	0	0	0	0	0	1	1	0	0	0	0	0	0	0	0
江苏大学	17	12	0.3	0	800	800	0	0	0	0	0	0	0	0	0	19	19	0	0	0	0	0	0	0	0
南京信息工程大学	18	2	0.2	0	0	368	0	0	0	0	0	0	0	0	0	1	1	0	0	0	0	0	0	0	0
南通大学	19	2	0.5	0	400	231	0	0	0	0	0	0	0	0	0	0	0	0	0	0	0	0	0	0	0
盐城工学院	20	9	0.9	0	0	0	0	0	0	0	0	0	0	0	0	0	0	0	0	0	0	0	0	0	0

续表

南京医科大学	21	0	0	0	0	0	0	0	0	0	0	0	0	0	0	0	0	0	0	0	0	0	0	0	0
徐州医学院	22	3	0.6	0	0	90	0	0	0	0	0	0	0	0	0	0	0	0	0	0	0	0	0	0	0
南京中医药大学	23	0	0	0	0	0	0	0	0	0	0	0	0	0	0	0	0	0	0	0	0	0	0	0	0
南京师范大学	24	1	0.1	0	0	0	0	0	0	0	0	0	0	0	0	1	1	0	0	0	0	0	0	0	0
江苏师范大学	25	5	2	0.4	40 720	40 668	0	0	0	0	0	0	0	0	0	0	0	0	0	0	0	0	0	2	2
淮阴师范学院	26	0	0	0	0	0	0	0	0	0	0	0	0	0	0	0	0	0	0	0	0	0	0	0	0
盐城师范学院	27	0	0	0	0	0	0	0	0	0	0	0	0	0	0	0	0	0	0	0	0	0	0	0	0
南京财经大学	28	5	1	0.4	150	990	2	1	0	1	0	0	0	0	0	8	8	0	0	0	0	0	0	0	0
江苏警官学院	29	1	0.2	0	0	0	0	0	0	0	0	0	0	0	0	0	0	0	0	0	0	0	0	0	0
南京体育学院	30	0	0	0	0	0	0	0	0	0	0	0	0	0	0	0	0	0	0	0	0	0	0	0	0
南京艺术学院	31	0	0	0	0	0	0	0	0	0	0	0	0	0	0	0	0	0	0	0	0	0	0	0	0
苏州科技学院	32	0	0	0	0	0	0	0	0	0	0	0	0	0	0	0	0	0	0	0	0	0	0	0	0
常熟理工学院	33	1	0.1	0	0	0	0	0	0	0	0	0	0	0	0	1	1	0	0	0	0	0	0	0	0
淮阴工学院	34	2	0.2	0	100	99	0	0	0	0	0	0	0	0	0	0	0	0	0	0	0	0	0	0	0
常州工学院	35	0	0	0	0	0	0	0	0	0	0	0	0	0	0	2	2	0	0	0	0	0	0	0	0
扬州大学	36	0	0	0	0	0	0	0	0	0	0	0	0	0	0	0	0	0	0	0	0	0	0	0	0
南京工程学院	37	1	0.2	0	0	110	0	0	0	0	0	0	0	0	0	0	0	0	0	0	0	0	0	0	0
南京审计学院	38	11	5.1	0	470	3 593.88	0	0	0	0	0	0	0	0	0	5	5	0	0	0	0	0	0	0	0
南京晓庄学院	39	0	0	0	0	0	0	0	0	0	0	0	0	0	0	0	0	0	0	0	0	0	0	0	0
江苏理工学院	40	0	0	0	0	0	0	0	0	0	0	0	0	0	0	0	0	0	0	0	0	0	0	0	0
淮海工学院	41	0	0	0	0	0	0	0	0	0	0	0	0	0	0	0	0	0	0	0	0	0	0	0	0
徐州工程学院	42	5	1	0	40	65	0	0	0	0	0	0	0	0	0	0	0	0	0	0	0	0	0	0	0
南京特殊教育职业技术学院	43	0	0	0	0	0	0	0	0	0	0	0	0	0	0	0	0	0	0	0	0	0	0	0	0
泰州学院	44	2	0.3	0	40	45	0	0	0	0	0	0	0	0	0	2	2	0	0	0	0	0	0	0	0
金陵科技学院	45	0	0	0	0	0	1	0	0	1	0	0	0	0	0	1	1	0	0	0	0	0	0	0	0
江苏第二师范学院	46	0	0	0	0	0	0	0	0	0	0	0	0	0	0	0	0	0	0	0	0	0	0	0	0

2.21 心理学人文、社会科学研究与课题成果情况表

高校名称	编号	课题数(项)	当年投入人数(人年)	其中研究生	当年投入经费(百元)	当年支出经费(百元)	出版著作(部) 合计	专著	其中被译成外文	编著教材	工具书参考书合计	古籍整理(部)	译著(部)	发表译文(篇)	电子出版物(件)	发表论文(篇) 合计	国内学术刊物	国外学术刊物	港澳台刊物	获奖成果数(项) 合计	国家级奖	部级奖	省级奖	研究与咨询报告 提交有关部门	其中被采纳数
		L01	L02	L03	L04	L05	L06	L07	L08	L09	L10	L11	L12	L13	L14	L15	L16	L17	L18	L19	L20	L21	L22	L23	L24
合计	/	160	38.4	6.7	18 440	15 000.42	22	7	1	14	1	0	2	0	0	192	172	18	2	7	0	0	7	12	9
南京大学	1	14	3.5	1.2	1 190	2 384	1	0	0	0	1	0	0	0	0	12	9	3	0	0	0	0	0	0	0
东南大学	2	8	2.2	0.7	370	370	0	0	0	0	0	0	0	0	0	1	1	0	0	1	0	0	1	3	3
江南大学	3	0	0	0	0	0	0	0	0	0	0	0	0	0	0	0	0	0	0	0	0	0	0	1	1
南京农业大学	4	0	0	0	0	0	0	0	0	0	0	0	0	0	0	0	0	0	0	0	0	0	0	0	0
中国矿业大学	5	0	0	0	0	0	0	0	0	0	0	0	0	0	0	0	0	0	0	0	0	0	0	0	0
河海大学	6	6	1.5	0.5	650	599	0	0	0	0	0	0	0	0	0	10	10	0	0	0	0	0	0	2	2
南京理工大学	7	0	0	0	0	0	0	0	0	0	0	0	0	0	0	0	0	0	0	0	0	0	0	0	0
南京航空航天大学	8	1	0.1	0	0	0	1	1	1	0	0	0	0	0	0	0	0	0	0	0	0	0	0	0	0
中国药科大学	9	0	0	0	0	0	0	0	0	0	0	0	0	0	0	0	0	0	0	0	0	0	0	0	0
南京森林警察学院	10	0	0	0	0	0	0	0	0	0	0	0	0	0	0	0	0	0	0	0	0	0	0	0	0
苏州大学	11	15	3.5	0.8	8 300	4 584	4	3	0	1	0	0	0	0	0	61	50	10	1	1	0	0	1	2	2
江苏科技大学	12	2	0.8	0	0	20	0	0	0	0	0	0	0	0	0	3	3	0	0	0	0	0	0	0	0
南京工业大学	13	0	0	0	0	0	0	0	0	0	0	0	0	0	0	0	0	0	0	0	0	0	0	0	0
常州大学	14	1	0.2	0	0	10	0	0	0	0	0	0	0	0	0	0	0	0	0	0	0	0	0	0	0
南京邮电大学	15	4	1.6	0.7	200	200	0	0	0	0	0	0	0	0	0	0	0	0	0	0	0	0	0	0	0
南京林业大学	16	0	0	0	0	0	0	0	0	0	0	0	0	0	0	0	0	0	0	0	0	0	0	0	0
江苏大学	17	0	0	0	0	0	0	0	0	0	0	0	0	0	0	0	0	0	0	0	0	0	0	0	0
南京信息工程大学	18	1	0.2	0	50	50	0	0	0	0	0	0	0	0	0	3	3	0	0	0	0	0	0	0	0
南通大学	19	15	2.6	0	1 010	1 516	0	0	0	0	0	0	0	0	0	12	9	2	1	0	0	0	0	0	0
盐城工学院	20	0	0	0	0	0	0	0	0	0	0	0	0	0	0	0	0	0	0	0	0	0	0	0	0

续表

南京医科大学	21	6	1.1	0.3	1 900	575	0	0	0	0	0	0	0	0	0	4	3	1	0	0	0	0	0	0	0
徐州医学院	22	5	1.5	0	300	130	0	0	0	0	0	0	0	0	0	2	2	0	0	0	0	0	0	0	0
南京中医药大学	23	7	1.1	0	150	176	0	0	0	0	0	0	0	0	0	4	4	0	0	0	0	0	0	0	0
南京师范大学	24	16	3.9	1.5	600	1 010	9	1	0	8	0	0	1	0	0	40	39	1	0	3	0	0	3	2	1
江苏师范大学	25	8	3.5	1	100	604	0	0	0	0	0	0	0	0	0	5	5	0	0	0	0	0	0	0	0
淮阴师范学院	26	1	0.1	0	30	10	0	0	0	0	0	0	0	0	0	1	1	0	0	0	0	0	0	0	0
盐城师范学院	27	7	2.1	0	1 100	645	1	1	0	0	0	0	0	0	0	5	5	0	0	1	0	0	1	0	0
南京财经大学	28	0	0	0	0	0	0	0	0	0	0	0	0	0	0	0	0	0	0	0	0	0	0	0	0
江苏警官学院	29	0	0	0	0	0	1	0	0	1	0	0	0	0	0	2	2	0	0	0	0	0	0	0	0
南京体育学院	30	0	0	0	0	0	0	0	0	0	0	0	0	0	0	0	0	0	0	0	0	0	0	0	0
南京艺术学院	31	0	0	0	0	0	0	0	0	0	0	0	0	0	0	1	1	0	0	0	0	0	0	0	0
苏州科技学院	32	0	0	0	0	0	0	0	0	0	0	0	0	0	0	0	0	0	0	0	0	0	0	0	0
常熟理工学院	33	3	0.5	0	60	24	0	0	0	0	0	0	0	0	0	1	1	0	0	0	0	0	0	0	0
淮阴工学院	34	4	0.5	0	530	490	0	0	0	0	0	0	0	0	0	1	1	0	0	0	0	0	0	0	0
常州工学院	35	1	0.1	0	0	5	0	0	0	0	0	0	1	0	0	0	0	0	0	0	0	0	0	0	0
扬州大学	36	2	0.2	0	100	28	1	1	0	0	0	0	0	0	0	0	0	0	0	0	0	0	0	0	0
南京工程学院	37	0	0	0	0	0	0	0	0	0	0	0	0	0	0	0	0	0	0	0	0	0	0	0	0
南京审计学院	38	0	0	0	0	0	0	0	0	0	0	0	0	0	0	0	0	0	0	0	0	0	0	0	0
南京晓庄学院	39	3	1.1	0	240	95	0	0	0	0	0	0	0	0	0	8	8	0	0	0	0	0	0	0	0
江苏理工学院	40	16	3.5	0	700	767.42	0	0	0	0	0	0	0	0	0	6	5	1	0	1	0	0	1	2	0
淮海工学院	41	1	0.1	0	0	0	0	0	0	0	0	0	0	0	0	4	4	0	0	0	0	0	0	0	0
徐州工程学院	42	6	1.4	0	630	428	0	0	0	0	0	0	0	0	0	0	0	0	0	0	0	0	0	0	0
南京特殊教育职业技术学院	43	1	0.3	0	0	0	1	0	0	1	0	0	0	0	0	0	0	0	0	0	0	0	0	0	0
泰州学院	44	5	1.1	0	210	270	3	0	0	3	0	0	0	0	0	2	2	0	0	0	0	0	0	0	0
金陵科技学院	45	1	0.1	0	20	10	0	0	0	0	0	0	0	0	0	2	2	0	0	0	0	0	0	0	0
江苏第二师范学院	46	0	0	0	0	0	0	0	0	0	0	0	0	0	0	2	2	0	0	0	0	0	0	0	0

2.22 体育科学人文、社会科学研究与课题成果情况表

高校名称	编号	课题数(项)	当年投入人数(人年)	其中研究生	当年投入经费(百元)	当年支出经费(百元)	出版著作(部) 合计	专著	其中被译成外文	编著教材	工具书参考书合计	古籍整理(部)	译著(部)	发表译文(篇)	电子出版物(件)	发表论文(篇) 合计	国内学术刊物	国外学术刊物	港澳台刊物	获奖成果数(项) 合计	国家级奖	部级奖	省级奖	研究与咨询报告 提交有关部门	其中被采纳数
		L01	L02	L03	L04	L05	L06	L07	L08	L09	L10	L11	L12	L13	L14	L15	L16	L17	L18	L19	L20	L21	L22	L23	L24
合计	/	724	184.8	27.4	50 653	64 285.32	69	30	0	37	2	0	0	3	0	825	813	12	0	11	0	0	11	15	10
南京大学	1	13	3.2	1.9	1 480	1 700	0	0	0	0	0	0	0	0	0	31	31	0	0	0	0	0	0	0	0
东南大学	2	6	2.7	0.5	50	67	0	0	0	0	0	0	0	0	0	14	11	3	0	0	0	0	0	0	0
江南大学	3	58	8.9	0.4	2 328	1 874.55	4	3	0	1	0	0	0	0	0	10	10	0	0	0	0	0	0	0	0
南京农业大学	4	17	1.6	0	390	390	1	1	0	0	0	0	0	0	0	5	5	0	0	0	0	0	0	0	0
中国矿业大学	5	25	8.7	2.6	2 145	1 827.96	2	1	0	1	0	0	0	0	0	29	29	0	0	0	0	0	0	0	0
河海大学	6	10	2.8	1.2	500	355	1	1	0	0	0	0	0	0	0	10	10	0	0	0	0	0	0	2	1
南京理工大学	7	3	0.3	0	0	0	0	0	0	0	0	0	0	0	0	1	1	0	0	0	0	0	0	0	0
南京航空航天大学	8	12	2.1	0	2 990	2 924	2	2	0	0	0	0	0	0	0	0	0	0	0	0	0	0	0	1	0
中国药科大学	9	24	5.7	0	160	80	0	0	0	0	0	0	0	0	0	31	31	0	0	0	0	0	0	0	0
南京森林警察学院	10	5	1.1	0	780	780	0	0	0	0	0	0	0	0	0	17	17	0	0	0	0	0	0	0	0
苏州大学	11	61	11.7	2.4	9 575	21 186.3	4	1	0	3	0	0	0	0	0	84	83	1	0	3	0	0	3	0	0
江苏科技大学	12	12	3.4	0.2	800	626	0	0	0	0	0	0	0	0	0	19	19	0	0	0	0	0	0	0	0
南京工业大学	13	2	0.3	0	0	0	0	0	0	0	0	0	0	0	0	23	23	0	0	0	0	0	0	0	0
常州大学	14	17	4.6	0	6 290	4 200	1	0	0	1	0	0	0	0	0	34	34	0	0	0	0	0	0	1	1
南京邮电大学	15	7	4.2	1.6	350	830	0	0	0	0	0	0	0	0	0	6	6	0	0	0	0	0	0	0	0
南京林业大学	16	7	0.7	0	100	140	0	0	0	0	0	0	0	0	0	3	3	0	0	0	0	0	0	0	0
江苏大学	17	3	0	0	0	0	0	0	0	0	0	0	0	0	0	5	5	0	0	0	0	0	0	0	0
南京信息工程大学	18	13	7.4	0	1 830	1 011	0	0	0	0	0	0	0	0	0	20	20	0	0	1	0	0	1	1	0
南通大学	19	47	8.3	0.3	2 840	2 463.5	2	2	0	0	0	0	0	0	0	69	69	0	0	2	0	0	2	1	1
盐城工学院	20	4	0.5	0	0	0	7	2	0	5	0	0	0	0	0	41	39	2	0	0	0	0	0	1	1

续表

南京医科大学	21	3	1	0	100	180	0	0	0	0	0	0	0	0	0	0	0	0	0	0	0	0	0	0	0
徐州医学院	22	0	0	0	0	0	0	0	0	0	0	0	0	0	0	14	14	0	0	0	0	0	0	0	0
南京中医药大学	23	1	0.5	0	100	25	0	0	0	0	0	0	0	0	0	14	13	1	0	0	0	0	0	0	0
南京师范大学	24	80	17.7	3.5	2 890	6 920	2	2	0	0	0	0	0	1	0	18	17	1	0	2	0	0	2	0	0
江苏师范大学	25	23	10.8	4.5	500	1 084.5	3	0	0	3	0	0	0	0	0	19	15	4	0	1	0	0	1	0	0
淮阴师范学院	26	10	1	0	2 085	885	8	3	0	5	0	0	0	0	0	4	4	0	0	0	0	0	0	0	0
盐城师范学院	27	17	6.1	0	3 590	2 607	1	0	0	1	0	0	0	0	0	33	33	0	0	0	0	0	0	2	2
南京财经大学	28	0	0	0	0	0	1	1	0	0	0	0	0	0	0	1	1	0	0	0	0	0	0	0	0
江苏警官学院	29	3	1.4	0	0	43	1	1	0	0	0	0	0	0	0	14	14	0	0	0	0	0	0	1	0
南京体育学院	30	123	41.6	8	5 810	7 015	7	3	0	2	2	0	0	1	0	53	53	0	0	1	0	0	1	4	4
南京艺术学院	31	4	0.7	0	0	30	0	0	0	0	0	0	0	0	0	7	7	0	0	0	0	0	0	0	0
苏州科技学院	32	23	9.4	0	430	1 035	1	1	0	0	0	0	0	0	0	16	16	0	0	0	0	0	0	0	0
常熟理工学院	33	2	0.4	0	0	100	1	1	0	0	0	0	0	0	0	23	23	0	0	0	0	0	0	0	0
淮阴工学院	34	5	0.5	0	405	375	2	1	0	1	0	0	0	0	0	0	0	0	0	0	0	0	0	0	0
常州工学院	35	6	0.6	0	50	120	1	0	0	1	0	0	0	0	0	14	14	0	0	0	0	0	0	0	0
扬州大学	36	28	3	0.3	625	1 562.5	4	0	0	4	0	0	0	0	0	26	26	0	0	1	0	0	1	0	0
南京工程学院	37	4	1.1	0	0	79.5	1	0	0	1	0	0	0	0	0	19	19	0	0	0	0	0	0	0	0
南京审计学院	38	3	2	0	0	28.5	0	0	0	0	0	0	0	1	0	4	4	0	0	0	0	0	0	0	0
南京晓庄学院	39	3	0.7	0	0	100	7	2	0	5	0	0	0	0	0	22	22	0	0	0	0	0	0	0	0
江苏理工学院	40	11	2.1	0	140	164.01	0	0	0	0	0	0	0	0	0	7	7	0	0	0	0	0	0	0	0
淮海工学院	41	8	0.8	0	250	224	1	1	0	0	0	0	0	0	0	14	14	0	0	0	0	0	0	0	0
徐州工程学院	42	15	3.9	0	1 070	1 169	3	1	0	2	0	0	0	0	0	25	25	0	0	0	0	0	0	1	0
南京特殊教育职业技术学院	43	1	0.3	0	0	0	1	0	0	1	0	0	0	0	0	1	1	0	0	0	0	0	0	0	0
泰州学院	44	0	0	0	0	0	0	0	0	0	0	0	0	0	0	4	4	0	0	0	0	0	0	0	0
金陵科技学院	45	3	0.4	0	0	80	0	0	0	0	0	0	0	0	0	16	16	0	0	0	0	0	0	0	0
江苏第二师范学院	46	2	0.6	0	0	3	0	0	0	0	0	0	0	0	0	5	5	0	0	0	0	0	0	0	0

3. 公办专科高校人文、社会科学研究与课题成果情况表

学科门类		课题数（项）	当年投入人数（人年）		当年投入经费（百元）	当年支出经费（百元）	出版著作(部)					古籍整理(部)	译著(部)	发表译文(篇)	电子出版物(件)	发表论文(篇)				获奖成果数(项)				研究与咨询报告	
				其中研究生			合计	专著	其中被译成外文	编著教材	工具书参考书合计					合计	国内学术刊物	国外学术刊物	港澳台刊物	合计	国家级奖	部级奖	省级奖	提交有关部门	其中被采纳数
	编号	L01	L02	L03	L04	L05	L06	L07	L08	L09	L10	L11	L12	L13	L14	L15	L16	L17	L18	L19	L20	L21	L22	L23	L24
合计	/	4 483	1 061.9	0	256 226.49	205 860.17	273	51	2	222	0	7	6	3	6	7 140	7 112	27	1	11	0	0	11	416	271
管理学	1	945	222.1	0	88 362.57	63 132.87	59	12	0	47	0	0	0	2	0	1 268	1 266	2	0	1	0	0	1	158	103
马克思主义	2	121	26.6	0	2 902	2 740.15	13	3	0	10	0	0	0	0	0	162	162	0	0	1	0	0	1	3	2
哲学	3	15	4	0	280	412	0	0	0	0	0	0	0	0	0	21	21	0	0	0	0	0	0	0	0
逻辑学	4	1	0.2	0	240	90	0	0	0	0	0	0	0	0	0	6	6	0	0	0	0	0	0	1	0
宗教学	5	5	0.4	0	220	220	0	0	0	0	0	0	0	0	0	0	0	0	0	0	0	0	0	0	0
语言学	6	189	54.4	0	7 199	6 591.1	33	4	0	29	0	0	0	1	0	419	417	2	0	1	0	0	1	9	3
中国文学	7	76	21.4	0	4 285	1 989	12	7	1	5	0	7	0	0	0	166	166	0	0	2	0	0	2	0	0
外国文学	8	24	5.8	0	1 056	498.59	1	1	0	0	0	0	0	0	0	82	81	1	0	0	0	0	0	1	0
艺术学	9	313	68.6	0	12 992.3	12 853.41	35	11	0	24	0	0	2	0	3	774	764	10	0	1	0	0	1	27	19
历史学	10	19	6.6	0	660	424	1	0	0	1	0	0	0	0	0	33	33	0	0	0	0	0	0	2	1
考古学	11	0	0	0	0	0	0	0	0	0	0	0	0	0	0	1	1	0	0	0	0	0	0	0	0
经济学	12	498	125	0	31 151	28 925.7	42	1	0	41	0	0	1	0	0	590	585	5	0	1	0	0	1	80	59
政治学	13	36	8.8	0	1 565	979	5	0	0	5	0	0	0	0	0	97	97	0	0	1	0	0	1	3	1
法学	14	47	11.7	0	1 030	1 125.36	3	1	0	2	0	0	0	0	0	85	85	0	0	0	0	0	0	2	1
社会学	15	264	71.4	0	42 624	34 245.05	10	1	0	9	0	0	0	0	0	216	216	0	0	1	0	0	1	30	23
民族学与文化学	16	39	9.6	0	5 616	4 181.5	1	1	0	0	0	0	0	0	0	20	20	0	0	0	0	0	0	8	7
新闻学与传播学	17	17	4	0	336	234	1	0	0	1	0	0	0	0	1	22	22	0	0	0	0	0	0	2	2
图书、情报、文献学	18	60	14.8	0	2 125	2 099.7	0	0	0	0	0	0	0	0	1	245	245	0	0	0	0	0	0	1	1
教育学	19	1 626	360.6	0	48 226.62	40 245.45	43	7	0	36	0	0	2	0	1	2 502	2 496	5	1	2	0	0	2	76	44
统计学	20	11	1.8	0	245	113	2	0	0	2	0	0	0	0	0	16	16	0	0	0	0	0	0	2	1
心理学	21	69	15.8	0	1 560	1 227	5	1	0	4	0	0	0	0	0	93	93	0	0	0	0	0	0	4	2
体育科学	22	108	28.3	0	3 551	3 533.29	7	1	1	6	0	0	1	0	0	322	320	2	0	0	0	0	0	7	2

(注：考古学的公办专科高校的人文、社会科学研究与课题成果数的相关数据都为0，在本节将不对该学科做细分。)

3.1 管理学人文、社会科学研究与课题成果情况表

高校名称							出版著作(部)					古籍整理(部)	译著(部)	发表译文(篇)	电子出版物(件)	发表论文(篇)				获奖成果数(项)				研究与咨询报告	
		课题数(项)	当年投入人数(人年)	其中研究生	当年投入经费(百元)	当年支出经费(百元)	合计	专著	其中被译成外文	编著教材	工具书参考书合计					合计	国内学术刊物	国外学术刊物	港澳台刊物	合计	国家级奖	部级奖	省级奖	提交有关部门	其中被采纳数
	编号	L01	L02	L03	L04	L05	L06	L07	L08	L09	L10	L11	L12	L13	L14	L15	L16	L17	L18	L19	L20	L21	L22	L23	L24
合计	/	945	222.1	0	88 362.57	63 132.87	59	12	0	47	0	0	0	2	0	1 268	1 266	2	0	1	0	0	1	158	103
无锡职业技术学院	1	18	2	0	1 240	640.55	0	0	0	0	0	0	0	0	0	89	89	0	0	0	0	0	0	0	0
江苏建筑职业技术学院	2	34	5.1	0	975	883	3	1	0	2	0	0	0	0	0	10	10	0	0	0	0	0	0	0	0
南京工业职业技术学院	3	32	10.5	0	5 294	3 004.3	3	1	0	2	0	0	0	1	0	50	50	0	0	0	0	0	0	8	0
江苏工程职业技术学院	4	3	0.3	0	90	45	0	0	0	0	0	0	0	0	0	55	55	0	0	0	0	0	0	0	0
苏州工艺美术职业技术学院	5	1	0.2	0	0	15	0	0	0	0	0	0	0	0	0	10	10	0	0	0	0	0	0	0	0
连云港职业技术学院	6	17	2.7	0	1 303	743	2	0	0	2	0	0	0	0	0	21	21	0	0	0	0	0	0	9	6
镇江市高等专科学校	7	37	9.6	0	985	990	0	0	0	0	0	0	0	1	0	36	35	1	0	0	0	0	0	3	3
南通职业大学	8	9	1.9	0	60	95	0	0	0	0	0	0	0	0	0	32	32	0	0	0	0	0	0	0	0
苏州市职业大学	9	43	9.3	0	1 165	1 613.5	4	0	0	4	0	0	0	0	0	40	40	0	0	1	0	0	1	5	4
沙洲职业工学院	10	2	0.4	0	0	20	0	0	0	0	0	0	0	0	0	1	1	0	0	0	0	0	0	0	0
扬州市职业大学	11	19	7.9	0	570	570	2	0	0	2	0	0	0	0	0	15	15	0	0	0	0	0	0	5	5
连云港师范高等专科学校	12	23	0.8	0	980	570	2	1	0	1	0	0	0	0	0	19	19	0	0	0	0	0	0	0	0
江苏经贸职业技术学院	13	44	7	0	5 684	4 354	6	0	0	6	0	0	0	0	0	26	26	0	0	0	0	0	0	10	7
泰州职业技术学院	14	9	2.4	0	480	132.49	0	0	0	0	0	0	0	0	0	5	5	0	0	0	0	0	0	0	0
常州信息职业技术学院	15	4	3.2	0	7 850	1 935	3	1	0	2	0	0	0	0	0	9	9	0	0	0	0	0	0	2	1
江苏海事职业技术学院	16	4	0.5	0	120	168.15	0	0	0	0	0	0	0	0	0	0	0	0	0	0	0	0	0	0	0
无锡科技职业学院	17	6	0.7	0	80	163	1	1	0	0	0	0	0	0	0	1	1	0	0	0	0	0	0	1	1

续表

高校名称	编号	课题数(项) L01	当年投入人数(人年) L02	其中研究生 L03	当年投入经费(百元) L04	当年支出经费(百元) L05	出版著作(部) 合计 L06	出版著作(部) 专著 L07	出版著作(部) 其中被译成外文 L08	出版著作(部) 编著教材 L09	出版著作(部) 工具书参考书合计 L10	古籍整理(部) L11	译著(部) L12	发表译文(篇) L13	电子出版物(件) L14	发表论文(篇) 合计 L15	发表论文(篇) 国内学术刊物 L16	发表论文(篇) 国外学术刊物 L17	发表论文(篇) 港澳台刊物 L18	获奖成果数(项) 合计 L19	获奖成果数(项) 国家级奖 L20	获奖成果数(项) 部级奖 L21	获奖成果数(项) 省级奖 L22	研究与咨询报告 提交有关部门 L23	研究与咨询报告 其中被采纳数 L24
盐城卫生职业技术学院	18	0	0	0	0	0	0	0	0	0	0	0	0	0	0	0	0	0	0	0	0	0	0	0	0
南通科技职业学院	19	7	2.6	0	235	212	0	0	0	0	0	0	0	0	0	16	16	0	0	0	0	0	0	1	1
苏州经贸职业技术学院	20	57	12.3	0	12 585.57	11 311.07	7	2	0	5	0	0	0	0	0	45	45	0	0	0	0	0	0	38	15
苏州工业职业技术学院	21	69	13.9	0	17 416	10 268	2	0	0	2	0	0	0	0	0	46	46	0	0	0	0	0	0	19	19
苏州卫生职业技术学院	22	4	0.9	0	150	203.5	0	0	0	0	0	0	0	0	0	28	28	0	0	0	0	0	0	0	0
无锡商业职业技术学院	23	25	6.5	0	700	919	2	0	0	2	0	0	0	0	0	54	54	0	0	0	0	0	0	0	0
南通航运职业技术学院	24	41	5.9	0	1 281	693	0	0	0	0	0	0	0	0	0	28	28	0	0	0	0	0	0	3	1
南京交通职业技术学院	25	13	4.8	0	180	364.8	3	0	0	3	0	0	0	0	0	27	27	0	0	0	0	0	0	1	1
淮安信息职业技术学院	26	15	1.7	0	0	431.3	0	0	0	0	0	0	0	0	0	3	3	0	0	0	0	0	0	1	0
江苏农牧科技职业学院	27	0	0	0	0	0	0	0	0	0	0	0	0	0	0	0	0	0	0	0	0	0	0	0	0
常州纺织服装职业技术学院	28	15	4.1	0	560	595	0	0	0	0	0	0	0	0	0	126	126	0	0	0	0	0	0	0	0
苏州农业职业技术学院	29	13	2.3	0	230	434	0	0	0	0	0	0	0	0	0	20	20	0	0	0	0	0	0	0	0
南京化工职业技术学院	30	5	0.7	0	150	150	3	0	0	3	0	0	0	0	0	0	0	0	0	0	0	0	0	0	0
常州轻工职业技术学院	31	68	26.3	0	7 855	3 160	4	0	0	4	0	0	0	0	0	56	56	0	0	0	0	0	0	5	5
常州工程职业技术学院	32	11	1.4	0	0	160	0	0	0	0	0	0	0	0	0	15	15	0	0	0	0	0	0	0	0
江苏农林职业技术学院	33	2	0.7	0	130	115	0	0	0	0	0	0	0	0	0	8	8	0	0	0	0	0	0	0	0
江苏食品药品职业技术学院	34	11	6.7	0	470	1 960	1	0	0	1	0	0	0	0	0	5	5	0	0	0	0	0	0	4	4

续表

徐州工业职业技术学院	35	11	2.3	0	1 320	530	0	0	0	0	0	0	0	0	0	14	14	0	0	0	0	0	0	0	0
江苏信息职业技术学院	36	11	3.2	0	202	794.6	0	0	0	0	0	0	0	0	0	0	0	0	0	0	0	0	0	0	0
南京信息职业技术学院	37	42	5.3	0	1 808	754	0	0	0	0	0	0	0	0	0	7	7	0	0	0	0	0	0	0	0
常州机电职业技术学院	38	33	5.7	0	3 844	3 570.53	0	0	0	0	0	0	0	0	0	40	40	0	0	0	0	0	0	19	11
江阴职业技术学院	39	2	0.2	0	0	20	0	0	0	0	0	0	0	0	0	0	0	0	0	0	0	0	0	1	1
无锡城市职业技术学院	40	17	3.9	0	640	269.5	0	0	0	0	0	0	0	0	0	14	14	0	0	0	0	0	0	0	0
无锡工艺职业技术学院	41	14	2.2	0	3 450	3 450	0	0	0	0	0	0	0	0	0	21	21	0	0	0	0	0	0	1	1
苏州健雄职业技术学院	42	18	3.6	0	560	820	0	0	0	0	0	0	0	0	0	34	34	0	0	0	0	0	0	2	1
盐城工业职业技术学院	43	21	4.6	0	820	327	1	0	0	1	0	0	0	0	0	23	23	0	0	0	0	0	0	3	0
江苏财经职业技术学院	44	52	9.6	0	820	1 066.5	5	2	0	3	0	0	0	0	0	65	65	0	0	0	0	0	0	7	7
扬州工业职业技术学院	45	4	0.4	0	480	538.9	0	0	0	0	0	0	0	0	0	3	3	0	0	0	0	0	0	8	8
江苏城市职业学院	46	5	1.4	0	100	0	1	0	0	1	0	0	0	0	0	8	8	0	0	0	0	0	0	0	0
南京城市职业学院	47	5	2.1	0	60	107	0	0	0	0	0	0	0	0	0	0	0	0	0	0	0	0	0	0	0
南京机电职业技术学院	48	4	2.1	0	130	31	0	0	0	0	0	0	0	0	0	10	10	0	0	0	0	0	0	0	0
南京旅游职业学院	49	18	8.2	0	3 490	2 580	3	3	0	0	0	0	0	0	0	56	55	1	0	0	0	0	0	1	1
江苏建康职业学院	50	5	1.5	0	400	74	0	0	0	0	0	0	0	0	0	0	0	0	0	0	0	0	0	0	0
苏州信息职业技术学院	51	2	0.5	0	0	42.4	0	0	0	0	0	0	0	0	0	15	15	0	0	0	0	0	0	0	0
苏州工业园区服务外包职业学院	52	14	4.5	0	1 420	1 077.78	1	0	0	1	0	0	0	0	0	33	33	0	0	0	0	0	0	1	0
徐州幼儿师范高等专科学校	53	0	0	0	0	0	0	0	0	0	0	0	0	0	0	0	0	0	0	0	0	0	0	0	0
徐州生物工程职业技术学院	54	4	5.1	0	0	85	0	0	0	0	0	0	0	0	0	2	2	0	0	0	0	0	0	0	0
江苏经贸职业学院	55	2	0.4	0	0	76	0	0	0	0	0	0	0	0	0	27	27	0	0	0	0	0	0	0	0

3.2 马克思主义人文、社会科学研究与课题成果情况表

高校名称	编号	课题数(项) L01	当年投入人数(人年) L02	其中研究生 L03	当年投入经费(百元) L04	当年支出经费(百元) L05	出版著作(部) 合计 L06	出版著作(部) 专著 L07	出版著作(部) 其中被译成外文 L08	出版著作(部) 编著教材 L09	出版著作(部) 工具书参考书合计 L10	古籍整理(部) L11	译著(部) L12	发表译文(篇) L13	电子出版物(件) L14	发表论文(篇) 合计 L15	发表论文(篇) 国内学术刊物 L16	发表论文(篇) 国外学术刊物 L17	发表论文(篇) 港澳台刊物 L18	获奖成果数(项) 合计 L19	获奖成果数(项) 国家级奖 L20	获奖成果数(项) 部级奖 L21	获奖成果数(项) 省级奖 L22	研究与咨询报告 提交有关部门 L23	研究与咨询报告 其中被采纳数 L24
合计	/	121	26.6	0	2 902	2 740.15	13	3	0	10	0	0	0	0	0	162	162	0	0	1	0	0	1	3	2
无锡职业技术学院	1	2	0.2	0	152	0	0	0	0	0	0	0	0	0	0	5	5	0	0	0	0	0	0	0	0
江苏建筑职业技术学院	2	1	0.1	0	0	0	1	1	0	0	0	0	0	0	0	0	0	0	0	0	0	0	0	0	0
南京工业职业技术学院	3	8	2.6	0	570	315.2	0	0	0	0	0	0	0	0	0	4	4	0	0	0	0	0	0	0	0
江苏工程职业技术学院	4	3	0.6	0	0	64	0	0	0	0	0	0	0	0	0	0	0	0	0	0	0	0	0	0	0
苏州工艺美术职业技术学院	5	0	0	0	0	0	0	0	0	0	0	0	0	0	0	4	4	0	0	0	0	0	0	0	0
连云港职业技术学院	6	2	0.7	0	0	0	0	0	0	0	0	0	0	0	0	3	3	0	0	0	0	0	0	0	0
镇江市高等专科学校	7	2	1	0	0	80	0	0	0	0	0	0	0	0	0	0	0	0	0	0	0	0	0	0	0
南通职业大学	8	2	0.5	0	40	40	0	0	0	0	0	0	0	0	0	3	3	0	0	0	0	0	0	0	0
苏州市职业大学	9	7	1.4	0	340	117	0	0	0	0	0	0	0	0	0	4	4	0	0	0	0	0	0	1	1
沙洲职业工学院	10	0	0	0	0	0	0	0	0	0	0	0	0	0	0	0	0	0	0	0	0	0	0	0	0
扬州市职业大学	11	0	0	0	0	0	0	0	0	0	0	0	0	0	0	0	0	0	0	0	0	0	0	0	0
连云港师范高等专科学校	12	1	0.1	0	0	0	0	0	0	0	0	0	0	0	0	0	0	0	0	0	0	0	0	0	0
江苏经贸职业技术学院	13	0	0	0	0	0	0	0	0	0	0	0	0	0	0	10	10	0	0	0	0	0	0	1	0
泰州职业技术学院	14	2	0.7	0	150	0	0	0	0	0	0	0	0	0	0	0	0	0	0	0	0	0	0	0	0
常州信息职业技术学院	15	0	0	0	0	0	2	0	0	2	0	0	0	0	0	5	5	0	0	0	0	0	0	0	0
江苏海事职业技术学院	16	1	0.1	0	0	0	0	0	0	0	0	0	0	0	0	1	1	0	0	0	0	0	0	0	0

续表

无锡科技职业学院	17	0	0	0	0	0	0	0	0	0	0	0	0	0	0	3	3	0	0	0	0	0	0	0	0
盐城卫生职业技术学院	18	3	1.8	0	0	11	0	0	0	0	0	0	0	0	0	0	0	0	0	0	0	0	0	0	0
南通科技职业学院	19	0	0	0	0	0	0	0	0	0	0	0	0	0	0	1	1	0	0	0	0	0	0	0	0
苏州经贸职业技术学院	20	0	0	0	0	0	0	0	0	0	0	0	0	0	0	0	0	0	0	0	0	0	0	0	0
苏州工业职业技术学院	21	1	0.1	0	30	0	0	0	0	0	0	0	0	0	0	0	0	0	0	0	0	0	0	0	0
苏州卫生职业技术学院	22	0	0	0	0	0	0	0	0	0	0	0	0	0	0	0	0	0	0	0	0	0	0	0	0
无锡商业职业技术学院	23	1	0.3	0	0	20	1	1	0	0	0	0	0	0	0	0	0	0	0	1	0	0	1	0	0
南通航运职业技术学院	24	5	0.6	0	50	74	1	0	0	1	0	0	0	0	0	5	5	0	0	0	0	0	0	0	0
南京交通职业技术学院	25	1	0.1	0	0	55	0	0	0	0	0	0	0	0	0	7	7	0	0	0	0	0	0	0	0
淮安信息职业技术学院	26	8	0.8	0	0	442.1	0	0	0	0	0	0	0	0	0	0	0	0	0	0	0	0	0	0	0
江苏农牧科技职业学院	27	0	0	0	0	0	0	0	0	0	0	0	0	0	0	0	0	0	0	0	0	0	0	0	0
常州纺织服装职业技术学院	28	2	0.3	0	180	0	0	0	0	0	0	0	0	0	0	0	0	0	0	0	0	0	0	0	0
苏州农业职业技术学院	29	0	0	0	0	0	0	0	0	0	0	0	0	0	0	2	2	0	0	0	0	0	0	0	0
南京化工职业技术学院	30	0	0	0	0	0	0	0	0	0	0	0	0	0	0	3	3	0	0	0	0	0	0	0	0
常州轻工职业技术学院	31	5	1.2	0	15	160	1	0	0	1	0	0	0	0	0	8	8	0	0	0	0	0	0	0	0
常州工程职业技术学院	32	2	0.3	0	0	60	0	0	0	0	0	0	0	0	0	1	1	0	0	0	0	0	0	0	0
江苏农林职业技术学院	33	1	0.4	0	100	90	0	0	0	0	0	0	0	0	0	2	2	0	0	0	0	0	0	0	0
江苏食品药品职业技术学院	34	3	1.2	0	0	330	0	0	0	0	0	0	0	0	0	1	1	0	0	0	0	0	0	0	0
徐州工业职业技术学院	35	2	0.3	0	170	55	2	0	0	2	0	0	0	0	0	6	6	0	0	0	0	0	0	0	0
江苏信息职业技术学院	36	2	0.4	0	80	20.55	0	0	0	0	0	0	0	0	0	0	0	0	0	0	0	0	0	0	0
南京信息职业技术学院	37	6	0.6	0	200	95	0	0	0	0	0	0	0	0	0	13	13	0	0	0	0	0	0	0	0

续表

高校名称	编号	课题数(项)	当年投入人数(人年)	其中研究生	当年投入经费(百元)	当年支出经费(百元)	出版著作(部) 合计	专著	其中被译成外文	编著教材	工具书参考书合计	古籍整理(部)	译著(部)	发表译文(篇)	电子出版物(件)	发表论文(篇) 合计	国内学术刊物	国外学术刊物	港澳台刊物	获奖成果数(项) 合计	国家级奖	部级奖	省级奖	研究与咨询报告 提交有关部门	其中被采纳数
		L01	L02	L03	L04	L05	L06	L07	L08	L09	L10	L11	L12	L13	L14	L15	L16	L17	L18	L19	L20	L21	L22	L23	L24
常州机电职业技术学院	38	13	1.6	0	140	282.8	0	0	0	0	0	0	0	0	0	11	11	0	0	0	0	0	0	0	0
江阴职业技术学院	39	0	0	0	0	0	0	0	0	0	0	0	0	0	0	0	0	0	0	0	0	0	0	0	0
无锡城市职业技术学院	40	6	1.1	0	250	10	1	0	0	1	0	0	0	0	0	3	3	0	0	0	0	0	0	1	1
无锡工艺职业技术学院	41	1	0.1	0	0	0	0	0	0	0	0	0	0	0	0	2	2	0	0	0	0	0	0	0	0
苏州健雄职业技术学院	42	3	0.7	0	0	30	0	0	0	0	0	0	0	0	0	7	7	0	0	0	0	0	0	0	0
盐城工业职业技术学院	43	3	0.7	0	100	90	0	0	0	0	0	0	0	0	0	3	3	0	0	0	0	0	0	0	0
江苏财经职业技术学院	44	8	1.1	0	50	119.5	0	0	0	0	0	0	0	0	0	11	11	0	0	0	0	0	0	0	0
扬州工业职业技术学院	45	1	0.1	0	0	21	0	0	0	0	0	0	0	0	0	0	0	0	0	0	0	0	0	0	0
江苏城市职业学院	46	3	1.1	0	50	0	1	1	0	0	0	0	0	0	0	5	5	0	0	0	0	0	0	0	0
南京城市职业学院	47	0	0	0	0	0	0	0	0	0	0	0	0	0	0	0	0	0	0	0	0	0	0	0	0
南京机电职业技术学院	48	2	0.6	0	80	11	2	0	0	2	0	0	0	0	0	5	5	0	0	0	0	0	0	0	0
南京旅游职业学院	49	1	0.7	0	0	0	0	0	0	0	0	0	0	0	0	5	5	0	0	0	0	0	0	0	0
江苏建康职业学院	50	3	0.8	0	135	38.5	0	0	0	0	0	0	0	0	0	1	1	0	0	0	0	0	0	0	0
苏州信息职业技术学院	51	1	0.3	0	0	37.5	1	0	0	1	0	0	0	0	0	0	0	0	0	0	0	0	0	0	0
苏州工业园区服务外包职业学院	52	3	1.3	0	20	71	0	0	0	0	0	0	0	0	0	6	6	0	0	0	0	0	0	0	0
徐州幼儿师范高等专科学校	53	0	0	0	0	0	0	0	0	0	0	0	0	0	0	0	0	0	0	0	0	0	0	0	0
徐州生物工程职业技术学院	54	0	0	0	0	0	0	0	0	0	0	0	0	0	0	0	0	0	0	0	0	0	0	0	0
江苏经贸职业学院	55	0	0	0	0	0	0	0	0	0	0	0	0	0	0	12	12	0	0	0	0	0	0	0	0

3.3 哲学人文、社会科学研究与课题成果情况表

高校名称							出版著作(部)					古籍整理(部)	译著(部)	发表译文(篇)	电子出版物(件)	发表论文(篇)				获奖成果数(项)				研究与咨询报告	
		课题数(项)	当年投入人数(人年)	其中研究生	当年投入经费(百元)	当年支出经费(百元)	合计	专著	其中被译成外文	编著教材	工具书参考书合计					合计	国内学术刊物	国外学术刊物	港澳台刊物	合计	国家级奖	部级奖	省级奖	提交有关部门	其中被采纳数
	编号	L01	L02	L03	L04	L05	L06	L07	L08	L09	L10	L11	L12	L13	L14	L15	L16	L17	L18	L19	L20	L21	L22	L23	L24
合计	/	15	4	0	280	412	0	0	0	0	0	0	0	0	0	21	21	0	0	0	0	0	0	0	0
无锡职业技术学院	1	0	0	0	0	0	0	0	0	0	0	0	0	0	0	0	0	0	0	0	0	0	0	0	0
江苏建筑职业技术学院	2	0	0	0	0	0	0	0	0	0	0	0	0	0	0	0	0	0	0	0	0	0	0	0	0
南京工业职业技术学院	3	2	0.9	0	20	22	0	0	0	0	0	0	0	0	0	1	1	0	0	0	0	0	0	0	0
江苏工程职业技术学院	4	0	0	0	0	0	0	0	0	0	0	0	0	0	0	0	0	0	0	0	0	0	0	0	0
苏州工艺美术职业技术学院	5	0	0	0	0	0	0	0	0	0	0	0	0	0	0	0	0	0	0	0	0	0	0	0	0
连云港职业技术学院	6	0	0	0	0	0	0	0	0	0	0	0	0	0	0	2	2	0	0	0	0	0	0	0	0
镇江市高等专科学校	7	1	0.4	0	0	15	0	0	0	0	0	0	0	0	0	0	0	0	0	0	0	0	0	0	0
南通职业大学	8	1	0.3	0	50	35	0	0	0	0	0	0	0	0	0	1	1	0	0	0	0	0	0	0	0
苏州市职业大学	9	2	0.3	0	0	228	0	0	0	0	0	0	0	0	0	2	2	0	0	0	0	0	0	0	0
沙洲职业工学院	10	0	0	0	0	0	0	0	0	0	0	0	0	0	0	0	0	0	0	0	0	0	0	0	0
扬州市职业大学	11	0	0	0	0	0	0	0	0	0	0	0	0	0	0	2	2	0	0	0	0	0	0	0	0
连云港师范高等专科学校	12	0	0	0	0	0	0	0	0	0	0	0	0	0	0	0	0	0	0	0	0	0	0	0	0
江苏经贸职业技术学院	13	0	0	0	0	0	0	0	0	0	0	0	0	0	0	0	0	0	0	0	0	0	0	0	0
泰州职业技术学院	14	0	0	0	0	0	0	0	0	0	0	0	0	0	0	0	0	0	0	0	0	0	0	0	0
常州信息职业技术学院	15	1	0.5	0	50	20	0	0	0	0	0	0	0	0	0	1	1	0	0	0	0	0	0	0	0
江苏海事职业技术学院	16	0	0	0	0	0	0	0	0	0	0	0	0	0	0	0	0	0	0	0	0	0	0	0	0
无锡科技职业学院	17	0	0	0	0	0	0	0	0	0	0	0	0	0	0	0	0	0	0	0	0	0	0	0	0

续表

高校名称							出版著作(部)					古籍整理(部)	译著(部)	发表译文(篇)	电子出版物(件)	发表论文(篇)				获奖成果数(项)				研究与咨询报告	
		课题数(项)	当年投入人数(人年)	其中研究生	当年投入经费(百元)	当年支出经费(百元)	合计	专著	其中被译成外文	编著教材	工具书参考书合计					合计	国内学术刊物	国外学术刊物	港澳台刊物	合计	国家级奖	部级奖	省级奖	提交有关部门	其中被采纳数
	编号	L01	L02	L03	L04	L05	L06	L07	L08	L09	L10	L11	L12	L13	L14	L15	L16	L17	L18	L19	L20	L21	L22	L23	L24
盐城卫生职业技术学院	18	1	0.7	0	0	10	0	0	0	0	0	0	0	0	0	0	0	0	0	0	0	0	0	0	0
南通科技职业学院	19	0	0	0	0	0	0	0	0	0	0	0	0	0	0	0	0	0	0	0	0	0	0	0	0
苏州经贸职业技术学院	20	0	0	0	0	0	0	0	0	0	0	0	0	0	0	0	0	0	0	0	0	0	0	0	0
苏州工业职业技术学院	21	0	0	0	0	0	0	0	0	0	0	0	0	0	0	0	0	0	0	0	0	0	0	0	0
苏州卫生职业技术学院	22	0	0	0	0	0	0	0	0	0	0	0	0	0	0	0	0	0	C	0	0	0	0	0	0
无锡商业职业技术学院	23	0	0	0	0	0	0	0	0	0	0	0	0	0	0	0	0	0	C	0	0	0	0	0	0
南通航运职业技术学院	24	0	0	0	0	0	0	0	0	0	0	0	0	0	0	1	1	0	0	0	0	0	0	0	0
南京交通职业技术学院	25	0	0	0	0	0	0	0	0	0	0	0	0	0	0	0	0	0	0	0	0	0	0	0	0
淮安信息职业技术学院	26	0	0	0	0	0	0	0	0	0	0	0	0	0	0	0	0	0	0	0	0	0	0	0	0
江苏农牧科技职业学院	27	0	0	0	0	0	0	0	0	0	0	0	0	0	0	0	0	0	0	0	0	0	0	0	0
常州纺织服装职业技术学院	28	0	0	0	0	0	0	0	0	0	0	0	0	0	0	0	0	0	0	0	0	0	0	0	0
苏州农业职业技术学院	29	0	0	0	0	0	0	0	0	0	0	0	0	0	0	2	2	0	0	0	0	0	0	0	0
南京化工职业技术学院	30	0	0	0	0	0	0	0	0	0	0	0	0	0	0	0	0	0	0	0	0	0	0	0	0
常州轻工职业技术学院	31	0	0	0	0	0	0	0	0	0	0	0	0	0	0	0	0	0	0	0	0	0	0	0	0
常州工程职业技术学院	32	0	0	0	0	0	0	0	0	0	0	0	0	0	0	0	0	0	0	0	0	0	0	0	0
江苏农林职业技术学院	33	0	0	0	0	0	0	0	0	0	0	0	0	0	0	0	0	0	0	0	0	0	0	0	0
江苏食品药品职业技术学院	34	0	0	0	0	0	0	0	0	0	0	0	0	0	0	0	0	0	0	0	0	0	0	0	0

续表

徐州工业职业技术学院	35	0	0	0	0	0	0	0	0	0	0	0	0	0	0	0	0	0	0	0	0	0	0	0	0
江苏信息职业技术学院	36	0	0	0	0	0	0	0	0	0	0	0	0	0	0	0	0	0	0	0	0	0	0	0	0
南京信息职业技术学院	37	0	0	0	0	0	0	0	0	0	0	0	0	0	0	0	0	0	0	0	0	0	0	0	0
常州机电职业技术学院	38	1	0.2	0	100	25	0	0	0	0	0	0	0	0	0	0	0	0	0	0	0	0	0	0	0
江阴职业技术学院	39	0	0	0	0	0	0	0	0	0	0	0	0	0	0	0	0	0	0	0	0	0	0	0	0
无锡城市职业技术学院	40	0	0	0	0	0	0	0	0	0	0	0	0	0	0	0	0	0	0	0	0	0	0	0	0
无锡工艺职业技术学院	41	0	0	0	0	0	0	0	0	0	0	0	0	0	0	0	0	0	0	0	0	0	0	0	0
苏州健雄职业技术学院	42	0	0	0	0	0	0	0	0	0	0	0	0	0	0	0	0	0	0	0	0	0	0	0	0
盐城工业职业技术学院	43	1	0.1	0	50	20	0	0	0	0	0	0	0	0	0	2	2	0	0	0	0	0	0	0	0
江苏财经职业技术学院	44	3	0.3	0	10	35	0	0	0	0	0	0	0	0	0	2	2	0	0	0	0	0	0	0	0
扬州工业职业技术学院	45	0	0	0	0	0	0	0	0	0	0	0	0	0	0	0	0	0	0	0	0	0	0	0	0
江苏城市职业学院	46	0	0	0	0	0	0	0	0	0	0	0	0	0	0	2	2	0	0	0	0	0	0	0	0
南京城市职业学院	47	0	0	0	0	0	0	0	0	0	0	0	0	0	0	0	0	0	0	0	0	0	0	0	0
南京机电职业技术学院	48	0	0	0	0	0	0	0	0	0	0	0	0	0	0	0	0	0	0	0	0	0	0	0	0
南京旅游职业学院	49	0	0	0	0	0	0	0	0	0	0	0	0	0	0	0	0	0	0	0	0	0	0	0	0
江苏建康职业学院	50	2	0.3	0	0	2	0	0	0	0	0	0	0	0	0	0	0	0	0	0	0	0	0	0	0
苏州信息职业技术学院	51	0	0	0	0	0	0	0	0	0	0	0	0	0	0	0	0	0	0	0	0	0	0	0	0
苏州工业园区服务外包职业学院	52	0	0	0	0	0	0	0	0	0	0	0	0	0	0	0	0	0	0	0	0	0	0	0	0
徐州幼儿师范高等专科学校	53	0	0	0	0	0	0	0	0	0	0	0	0	0	0	0	0	0	0	0	0	0	0	0	0
徐州生物工程职业技术学院	54	0	0	0	0	0	0	0	0	0	0	0	0	0	0	1	1	0	0	0	0	0	0	0	0
江苏经贸职业学院	55	0	0	0	0	0	0	0	0	0	0	0	0	0	0	2	2	0	0	0	0	0	0	0	0

3.4 逻辑学人文、社会科学研究与课题成果情况表

高校名称	编号	课题数(项)	当年投入人数(人年)	其中研究生	当年投入经费(百元)	当年支出经费(百元)	出版著作(部) 合计	专著	其中被译成外文	编著教材	工具书参考书合计	古籍整理(部)	译著(部)	发表译文(篇)	电子出版物(件)	发表论文(篇) 合计	国内学术刊物	国外学术刊物	港澳台刊物	获奖成果数(项) 合计	国家级奖	部级奖	省级奖	研究与咨询报告 提交有关部门	其中被采纳数
		L01	L02	L03	L04	L05	L06	L07	L08	L09	L10	L11	L12	L13	L14	L15	L16	L17	L18	L19	L20	L21	L22	L23	L24
合计	/	1	0.2	0	240	90	0	0	0	0	0	0	0	0	0	6	6	0	0	0	0	0	0	1	0
无锡职业技术学院	1	0	0	0	0	0	0	0	0	0	0	0	0	0	0	0	0	0	0	0	0	0	0	0	0
江苏建筑职业技术学院	2	0	0	0	0	0	0	0	0	0	0	0	0	0	0	0	0	0	0	0	0	0	0	0	0
南京工业职业技术学院	3	0	0	0	0	0	0	0	0	0	0	0	0	0	0	1	1	0	0	0	0	0	0	1	0
江苏工程职业技术学院	4	0	0	0	0	0	0	0	0	0	0	0	0	0	0	0	0	0	0	0	0	0	0	0	0
苏州工艺美术职业技术学院	5	0	0	0	0	0	0	0	0	0	0	0	0	0	0	0	0	0	0	0	0	0	0	0	0
连云港职业技术学院	6	0	0	0	0	0	0	0	0	0	0	0	0	0	0	0	0	0	0	0	0	0	0	0	0
镇江市高等专科学校	7	0	0	0	0	0	0	0	0	0	0	0	0	0	0	0	0	0	0	0	0	0	0	0	0
南通职业大学	8	0	0	0	0	0	0	0	0	0	0	0	0	0	0	0	0	0	0	0	0	0	0	0	0
苏州市职业大学	9	0	0	0	0	0	0	0	0	0	0	0	0	0	0	0	0	0	0	0	0	0	0	0	0
沙洲职业工学院	10	0	0	0	0	0	0	0	0	0	0	0	0	0	0	0	0	0	0	0	0	0	0	0	0
扬州市职业大学	11	0	0	0	0	0	0	0	0	0	0	0	0	0	0	1	1	0	0	0	0	0	0	0	0
连云港师范高等专科学校	12	0	0	0	0	0	0	0	0	0	0	0	0	0	0	0	0	0	0	0	0	0	0	0	0
江苏经贸职业技术学院	13	0	0	0	0	0	0	0	0	0	0	0	0	0	0	0	0	0	0	0	0	0	0	0	0
泰州职业技术学院	14	0	0	0	0	0	0	0	0	0	0	0	0	0	0	0	0	0	0	0	0	0	0	0	0
常州信息职业技术学院	15	0	0	0	0	0	0	0	0	0	0	0	0	0	0	0	0	0	0	0	0	0	0	0	0
江苏海事职业技术学院	16	0	0	0	0	0	0	0	0	0	0	0	0	0	0	0	0	0	0	0	0	0	0	0	0
无锡科技职业学院	17	0	0	0	0	0	0	0	0	0	0	0	0	0	0	0	0	0	0	0	0	0	0	0	0

续表

盐城卫生职业技术学院	18	0	0	0	0	0	0	0	0	0	0	0	0	0	0	0	0	0	0	0	0	0	0	0	0
南通科技职业学院	19	0	0	0	0	0	0	0	0	0	0	0	0	0	0	0	0	0	0	0	0	0	0	0	0
苏州经贸职业技术学院	20	0	0	0	0	0	0	0	0	0	0	0	0	0	0	1	1	0	0	0	0	0	0	0	0
苏州工业职业技术学院	21	0	0	0	0	0	0	0	0	0	0	0	0	0	0	0	0	0	0	0	0	0	0	0	0
苏州卫生职业技术学院	22	0	0	0	0	0	0	0	0	0	0	0	0	0	0	0	0	0	0	0	0	0	0	0	0
无锡商业职业技术学院	23	0	0	0	0	0	0	0	0	0	0	0	0	0	0	0	0	0	0	0	0	0	0	0	0
南通航运职业技术学院	24	0	0	0	0	0	0	0	0	0	0	0	0	0	0	0	0	0	0	0	0	0	0	0	0
南京交通职业技术学院	25	0	0	0	0	0	0	0	0	0	0	0	0	0	0	0	0	0	0	0	0	0	0	0	0
淮安信息职业技术学院	26	0	0	0	0	0	0	0	0	0	0	0	0	0	0	0	0	0	0	0	0	0	0	0	0
江苏农牧科技职业学院	27	0	0	0	0	0	0	0	0	0	0	0	0	0	0	0	0	0	0	0	0	0	0	0	0
常州纺织服装职业技术学院	28	0	0	0	0	0	0	0	0	0	0	0	0	0	0	0	0	0	0	0	0	0	0	0	0
苏州农业职业技术学院	29	0	0	0	0	0	0	0	0	0	0	0	0	0	0	0	0	0	0	0	0	0	0	0	0
南京化工职业技术学院	30	0	0	0	0	0	0	0	0	0	0	0	0	0	0	0	0	0	0	0	0	0	0	0	0
常州轻工职业技术学院	31	0	0	0	0	0	0	0	0	0	0	0	0	0	0	0	0	0	0	0	0	0	0	0	0
常州工程职业技术学院	32	0	0	0	0	0	0	0	0	0	0	0	0	0	0	0	0	0	0	0	0	0	0	0	0
江苏农林职业技术学院	33	0	0	0	0	0	0	0	0	0	0	0	0	0	0	0	0	0	0	0	0	0	0	0	0
江苏食品药品职业技术学院	34	0	0	0	0	0	0	0	0	0	0	0	0	0	0	0	0	0	0	0	0	0	0	0	0
徐州工业职业技术学院	35	1	0.2	0	240	90	0	0	0	0	0	0	0	0	0	0	0	0	0	0	0	0	0	0	0
江苏信息职业技术学院	36	0	0	0	0	0	0	0	0	0	0	0	0	0	0	0	0	0	0	0	0	0	0	0	0
南京信息职业技术学院	37	0	0	0	0	0	0	0	0	0	0	0	0	0	0	3	3	0	0	0	0	0	0	0	0
常州机电职业技术学院	38	0	0	0	0	0	0	0	0	0	0	0	0	0	0	0	0	0	0	0	0	0	0	0	0

续表

高校名称		课题数(项)	当年投入人数(人年)	其中研究生	当年投入经费(百元)	当年支出经费(百元)	出版著作(部) 合计	出版著作(部) 专著	出版著作(部) 其中被译成外文	出版著作(部) 编著教材	出版著作(部) 工具书参考书合计	古籍整理(部)	译著(部)	发表译文(篇)	电子出版物(件)	发表论文(篇) 合计	发表论文(篇) 国内学术刊物	发表论文(篇) 国外学术刊物	发表论文(篇) 港澳台刊物	获奖成果数(项) 合计	获奖成果数(项) 国家级奖	获奖成果数(项) 部级奖	获奖成果数(项) 省级奖	研究与咨询报告 提交有关部门	研究与咨询报告 其中被采纳数
	编号	L01	L02	L03	L04	L05	L06	L07	L08	L09	L10	L11	L12	L13	L14	L15	L16	L17	L18	L19	L20	L21	L22	L23	L24
江阴职业技术学院	39	0	0	0	0	0	0	0	0	0	0	0	0	0	0	0	0	0	0	0	0	0	0	0	0
无锡城市职业技术学院	40	0	0	0	0	0	0	0	0	0	0	0	0	0	0	0	0	0	0	0	0	0	0	0	0
无锡工艺职业技术学院	41	0	0	0	0	0	0	0	0	0	0	0	0	0	0	0	0	0	0	0	0	0	0	0	0
苏州健雄职业技术学院	42	0	0	0	0	0	0	0	0	0	0	0	0	0	0	0	0	0	0	0	0	0	0	0	0
盐城工业职业技术学院	43	0	0	0	0	0	0	0	0	0	0	0	0	0	0	0	0	0	0	0	0	0	0	0	0
江苏财经职业技术学院	44	0	0	0	0	0	0	0	0	0	0	0	0	0	0	0	0	0	0	0	0	0	0	0	0
扬州工业职业技术学院	45	0	0	0	0	0	0	0	0	0	0	0	0	0	0	0	0	0	0	0	0	0	0	0	0
江苏城市职业学院	46	0	0	0	0	0	0	0	0	0	0	0	0	0	0	0	0	0	0	0	0	0	0	0	0
南京城市职业学院	47	0	0	0	0	0	0	0	0	0	0	0	0	0	0	0	0	0	0	0	0	0	0	0	0
南京机电职业技术学院	48	0	0	0	0	0	0	0	0	0	0	0	0	0	0	0	0	0	0	0	0	0	0	0	0
南京旅游职业学院	49	0	0	0	0	0	0	0	0	0	0	0	0	0	0	0	0	0	0	0	0	0	0	0	0
江苏建康职业学院	50	0	0	0	0	0	0	0	0	0	0	0	0	0	0	0	0	0	0	0	0	0	0	0	0
苏州信息职业技术学院	51	0	0	0	0	0	0	0	0	0	0	0	0	0	0	0	0	0	0	0	0	0	0	0	0
苏州工业园区服务外包职业学院	52	0	0	0	0	0	0	0	0	0	0	0	0	0	0	0	0	0	0	0	0	0	0	0	0
徐州幼儿师范高等专科学校	53	0	0	0	0	0	0	0	0	0	0	0	0	0	0	0	0	0	0	0	0	0	0	0	0
徐州生物工程职业技术学院	54	0	0	0	0	0	0	0	0	0	0	0	0	0	0	0	0	0	0	0	0	0	0	0	0
江苏经贸职业学院	55	0	0	0	0	0	0	0	0	0	0	0	0	0	0	0	0	0	0	0	0	0	0	0	0

3.5 宗教学人文、社会科学研究与课题成果情况表

高校名称							出版著作(部)					古籍整理(部)	译著(部)	发表译文(篇)	电子出版物(件)	发表论文(篇)				获奖成果数(项)				研究与咨询报告	
		课题数(项)	当年投入人数(人年)	其中研究生	当年投入经费(百元)	当年支出经费(百元)	合计	专著	其中被译成外文	编著教材	工具书参考书合计					合计	国内学术刊物	国外学术刊物	港澳台刊物	合计	国家级奖	部级奖	省级奖	提交有关部门	其中被采纳数
	编号	L01	L02	L03	L04	L05	L06	L07	L08	L09	L10	L11	L12	L13	L14	L15	L16	L17	L18	L19	L20	L21	L22	L23	L24
合计	/	5	0.4	0	220	220	0	0	0	0	0	0	0	0	0	0	0	0	0	0	0	0	0	0	0
无锡职业技术学院	1	0	0	0	0	0	0	0	0	0	0	0	0	0	0	0	0	0	0	0	0	0	0	0	0
江苏建筑职业技术学院	2	1	0	0	20	0	0	0	0	0	0	0	0	0	0	0	0	0	0	0	0	0	0	0	0
南京工业职业技术学院	3	0	0	0	0	0	0	0	0	0	0	0	0	0	0	0	0	0	0	0	0	0	0	0	0
江苏工程职业技术学院	4	0	0	0	0	0	0	0	0	0	0	0	0	0	0	0	0	0	0	0	0	0	0	0	0
苏州工艺美术职业技术学院	5	0	0	0	0	0	0	0	0	0	0	0	0	0	0	0	0	0	0	0	0	0	0	0	0
连云港职业技术学院	6	2	0.2	0	0	0	0	0	0	0	0	0	0	0	0	0	0	0	0	0	0	0	0	0	0
镇江市高等专科学校	7	0	0	0	0	0	0	0	0	0	0	0	0	0	0	0	0	0	0	0	0	0	0	0	0
南通职业大学	8	0	0	0	0	0	0	0	0	0	0	0	0	0	0	0	0	0	0	0	0	0	0	0	0
苏州市职业大学	9	0	0	0	0	0	0	0	0	0	0	0	0	0	0	0	0	0	0	0	0	0	0	0	0
沙洲职业工学院	10	0	0	0	0	0	0	0	0	0	0	0	0	0	0	0	0	0	0	0	0	0	0	0	0
扬州市职业大学	11	0	0	0	0	0	0	0	0	0	0	0	0	0	0	0	0	0	0	0	0	0	0	0	0
连云港师范高等专科学校	12	0	0	0	0	0	0	0	0	0	0	0	0	0	0	0	0	0	0	0	0	0	0	0	0
江苏经贸职业技术学院	13	0	0	0	0	0	0	0	0	0	0	0	0	0	0	0	0	0	0	0	0	0	0	0	0
泰州职业技术学院	14	0	0	0	0	0	0	0	0	0	0	0	0	0	0	0	0	0	0	0	0	0	0	0	0
常州信息职业技术学院	15	0	0	0	0	0	0	0	0	0	0	0	0	0	0	0	0	0	0	0	0	0	0	0	0
江苏海事职业技术学院	16	0	0	0	0	0	0	0	0	0	0	0	0	0	0	0	0	0	0	0	0	0	0	0	0
无锡科技职业学院	17	0	0	0	0	0	0	0	0	0	0	0	0	0	0	0	0	0	0	0	0	0	0	0	0

续表

高校名称	编号	课题数(项)	当年投入人数(人年)	其中研究生	当年投入经费(百元)	当年支出经费(百元)	出版著作(部) 合计	专著	其中被译成外文	编著教材	工具书参考书合计	古籍整理(部)	译著(部)	发表译文(篇)	电子出版物(件)	发表论文(篇) 合计	国内学术刊物	国外学术刊物	港澳台刊物	获奖成果数(项) 合计	国家级奖	部级奖	省级奖	研究与咨询报告 提交有关部门	其中被采纳数
		L01	L02	L03	L04	L05	L06	L07	L08	L09	L10	L11	L12	L13	L14	L15	L16	L17	L18	L19	L20	L21	L22	L23	L24
盐城卫生职业技术学院	18	0	0	0	0	0	0	0	0	0	0	0	0	0	0	0	0	0	0	0	0	0	0	0	0
南通科技职业学院	19	0	0	0	0	0	0	0	0	0	0	0	0	0	0	0	0	0	0	0	0	0	0	0	0
苏州经贸职业技术学院	20	0	0	0	0	0	0	0	0	0	0	0	0	0	0	0	0	0	0	0	0	0	0	0	0
苏州工业职业技术学院	21	1	0.1	0	200	200	0	0	0	0	0	0	0	0	0	0	0	0	0	0	0	0	0	0	0
苏州卫生职业技术学院	22	0	0	0	0	0	0	0	0	0	0	0	0	0	0	0	0	0	0	0	0	0	0	0	0
无锡商业职业技术学院	23	0	0	0	0	0	0	0	0	0	0	0	0	0	0	0	0	0	0	0	0	0	0	0	0
南通航运职业技术学院	24	0	0	0	0	0	0	0	0	0	0	0	0	0	0	0	0	0	0	0	0	0	0	0	0
南京交通职业技术学院	25	0	0	0	0	0	0	0	0	0	0	0	0	0	0	0	0	0	0	0	0	0	0	0	0
淮安信息职业技术学院	26	0	0	0	0	0	0	0	0	0	0	0	0	0	0	0	0	0	0	0	0	0	0	0	0
江苏农牧科技职业学院	27	0	0	0	0	0	0	0	0	0	0	0	0	0	0	0	0	0	0	0	0	0	0	0	0
常州纺织服装职业技术学院	28	0	0	0	0	0	0	0	0	0	0	0	0	0	0	0	0	0	0	0	0	0	0	0	0
苏州农业职业技术学院	29	0	0	0	0	0	0	0	0	0	0	0	0	0	0	0	0	0	0	0	0	0	0	0	0
南京化工职业技术学院	30	0	0	0	0	0	0	0	0	0	0	0	0	0	0	0	0	0	0	0	0	0	0	0	0
常州轻工职业技术学院	31	0	0	0	0	0	0	0	0	0	0	0	0	0	0	0	0	0	0	0	0	0	0	0	0
常州工程职业技术学院	32	0	0	0	0	0	0	0	0	0	0	0	0	0	0	0	0	0	0	0	0	0	0	0	0
江苏农林职业技术学院	33	0	0	0	0	0	0	0	0	0	0	0	0	0	0	0	0	0	0	0	0	0	0	0	0
江苏食品药品职业技术学院	34	0	0	0	0	0	0	0	0	0	0	0	0	0	0	0	0	0	0	0	0	0	0	0	0

续表

徐州工业职业技术学院	35	0	0	0	0	0	0	0	0	0	0	0	0	0	0	0	0	0	0	0	0	0	0	0	0
江苏信息职业技术学院	36	0	0	0	0	0	0	0	0	0	0	0	0	0	0	0	0	0	0	0	0	0	0	0	0
南京信息职业技术学院	37	1	0.1	0	0	20	0	0	0	0	0	0	0	0	0	0	0	0	0	0	0	0	0	0	0
常州机电职业技术学院	38	0	0	0	0	0	0	0	0	0	0	0	0	0	0	0	0	0	0	0	0	0	0	0	0
江阴职业技术学院	39	0	0	0	0	0	0	0	0	0	0	0	0	0	0	0	0	0	0	0	0	0	0	0	0
无锡城市职业技术学院	40	0	0	0	0	0	0	0	0	0	0	0	0	0	0	0	0	0	0	0	0	0	0	0	0
无锡工艺职业技术学院	41	0	0	0	0	0	0	0	0	0	0	0	0	0	0	0	0	0	0	0	0	0	0	0	0
苏州健雄职业技术学院	42	0	0	0	0	0	0	0	0	0	0	0	0	0	0	0	0	0	0	0	0	0	0	0	0
盐城工业职业技术学院	43	0	0	0	0	0	0	0	0	0	0	0	0	0	0	0	0	0	0	0	0	0	0	0	0
江苏财经职业技术学院	44	0	0	0	0	0	0	0	0	0	0	0	0	0	0	0	0	0	0	0	0	0	0	0	0
扬州工业职业技术学院	45	0	0	0	0	0	0	0	0	0	0	0	0	0	0	0	0	0	0	0	0	0	0	0	0
江苏城市职业学院	46	0	0	0	0	0	0	0	0	0	0	0	0	0	0	0	0	0	0	0	0	0	0	0	0
南京城市职业学院	47	0	0	0	0	0	0	0	0	0	0	0	0	0	0	0	0	0	0	0	0	0	0	0	0
南京机电职业技术学院	48	0	0	0	0	0	0	0	0	0	0	0	0	0	0	0	0	0	0	0	0	0	0	0	0
南京旅游职业学院	49	0	0	0	0	0	0	0	0	0	0	0	0	0	0	0	0	0	0	0	0	0	0	0	0
江苏建康职业学院	50	0	0	0	0	0	0	0	0	0	0	0	0	0	0	0	0	0	0	0	0	0	0	0	0
苏州信息职业技术学院	51	0	0	0	0	0	0	0	0	0	0	0	0	0	0	0	0	0	0	0	0	0	0	0	0
苏州工业园区服务外包职业学院	52	0	0	0	0	0	0	0	0	0	0	0	0	0	0	0	0	0	0	0	0	0	0	0	0
徐州幼儿师范高等专科学校	53	0	0	0	0	0	0	0	0	0	0	0	0	0	0	0	0	0	0	0	0	0	0	0	0
徐州生物工程职业技术学院	54	0	0	0	0	0	0	0	0	0	0	0	0	0	0	0	0	0	0	0	0	0	0	0	0
江苏经贸职业学院	55	0	0	0	0	0	0	0	0	0	0	0	0	0	0	0	0	0	0	0	0	0	0	0	0

3.6 语言学人文、社会科学研究与课题成果情况表

高校名称							出版著作(部)					古籍整理(部)	译著(部)	发表译文(篇)	电子出版物(件)	发表论文(篇)				获奖成果数(项)				研究与咨询报告	
		课题数(项)	当年投入人数(人年)	其中研究生	当年投入经费(百元)	当年支出经费(百元)	合计	专著	其中被译成外文	编著教材	工具书参考书合计					合计	国内学术刊物	国外学术刊物	港澳台刊物	合计	国家级奖	部级奖	省级奖	提交有关部门	其中被采纳数
	编号	L01	L02	L03	L04	L05	L06	L07	L08	L09	L10	L11	L12	L13	L14	L15	L16	L17	L18	L19	L20	L21	L22	L23	L24
合计	/	189	54.4	0	7 199	6 591.1	33	4	0	29	0	0	0	1	0	419	417	2	0	1	0	0	1	9	3
无锡职业技术学院	1	1	0.1	0	0	50	0	0	0	0	0	0	0	0	0	12	12	0	0	0	0	0	0	0	0
江苏建筑职业技术学院	2	5	0.8	0	0	136	0	0	0	0	0	0	0	0	0	0	0	0	0	0	0	0	0	0	0
南京工业职业技术学院	3	14	5.3	0	510	456.7	1	0	0	1	0	0	0	0	0	26	26	0	0	0	0	0	0	1	0
江苏工程职业技术学院	4	2	0.3	0	0	5	0	0	0	0	0	0	0	0	0	7	7	0	0	0	0	0	0	0	0
苏州工艺美术职业技术学院	5	1	0.2	0	0	1.5	0	0	0	0	0	0	0	0	0	1	1	0	0	0	0	0	0	0	0
连云港职业技术学院	6	9	2.8	0	260	125	0	0	0	0	0	0	0	0	0	12	12	0	0	0	0	0	0	0	0
镇江市高等专科学校	7	2	0.7	0	10	20	1	0	0	1	0	0	0	0	0	5	5	0	0	0	0	0	0	0	0
南通职业大学	8	2	0.6	0	30	30	0	0	0	0	0	0	0	0	0	14	14	0	0	0	0	0	0	0	0
苏州市职业大学	9	13	3.6	0	220	405.5	0	0	0	0	0	0	0	0	0	15	15	0	0	0	0	0	0	2	0
沙洲职业工学院	10	0	0	0	0	0	0	0	0	0	0	0	0	0	0	4	4	0	0	0	0	0	0	0	0
扬州市职业大学	11	8	4.8	0	50	50	0	0	0	0	0	0	0	0	0	21	21	0	0	0	0	0	0	0	0
连云港师范高等专科学校	12	4	0.3	0	80	60	0	0	0	0	0	0	0	0	0	4	4	0	0	0	0	0	0	0	0
江苏经贸职业技术学院	13	5	0.7	0	414	414	1	0	0	1	0	0	0	0	0	9	9	0	0	0	0	0	0	2	0
泰州职业技术学院	14	2	0.9	0	50	0	0	0	0	0	0	0	0	0	0	5	5	0	0	0	0	0	0	0	0
常州信息职业技术学院	15	0	0	0	0	0	1	0	0	1	0	0	0	0	0	8	8	0	0	0	0	0	0	0	0
江苏海事职业技术学院	16	2	0.6	0	0	120	0	0	0	0	0	0	0	0	0	7	7	0	0	0	0	0	0	0	0
无锡科技职业学院	17	1	0.1	0	0	18	1	0	0	1	0	0	0	1	0	15	15	0	0	0	0	0	0	0	0

续表

盐城卫生职业技术学院	18	5	3.9	0	80	55	0	0	0	0	0	0	0	0	0	2	2	0	0	0	0	0	0	0	0
南通科技职业学院	19	1	0.4	0	50	42	1	0	0	1	0	0	0	0	0	5	5	0	0	0	0	0	0	0	0
苏州经贸职业技术学院	20	1	0.2	0	10	75	3	0	0	3	0	0	0	0	0	6	6	0	0	0	0	0	0	0	0
苏州工业职业技术学院	21	11	1.1	0	2 000	1 419	1	0	0	1	0	0	0	0	0	10	10	0	0	0	0	0	0	0	0
苏州卫生职业技术学院	22	4	0.7	0	50	110.5	0	0	0	0	0	0	0	0	0	2	2	0	0	0	0	0	0	0	0
无锡商业职业技术学院	23	0	0	0	0	0	0	0	0	0	0	0	0	0	0	2	2	0	0	0	0	0	0	0	0
南通航运职业技术学院	24	12	1.3	0	200	144	0	0	0	0	0	0	0	0	0	36	36	0	0	0	0	0	0	1	0
南京交通职业技术学院	25	3	0.9	0	160	5	0	0	0	0	0	0	0	0	0	0	0	0	0	0	0	0	0	0	0
淮安信息职业技术学院	26	5	0.5	0	0	185	0	0	0	0	0	0	0	0	0	0	0	0	0	0	0	0	0	0	0
江苏农牧科技职业学院	27	0	0	0	0	0	0	0	0	0	0	0	0	0	0	0	0	0	0	0	0	0	0	0	0
常州纺织服装职业技术学院	28	15	3.7	0	310	93	1	1	0	0	0	0	0	0	0	2	2	0	0	0	0	0	0	0	0
苏州农业职业技术学院	29	0	0	0	0	0	0	0	0	0	0	0	0	0	0	3	3	0	0	0	0	0	0	0	0
南京化工职业技术学院	30	0	0	0	0	0	2	0	0	2	0	0	0	0	0	0	0	0	0	0	0	0	0	0	0
常州轻工职业技术学院	31	4	1.5	0	30	80	10	0	0	10	0	0	0	0	0	5	5	0	0	0	0	0	0	0	0
常州工程职业技术学院	32	0	0	0	0	0	0	0	0	0	0	0	0	0	0	2	2	0	0	0	0	0	0	0	0
江苏农林职业技术学院	33	2	0.6	0	60	50	0	0	0	0	0	0	0	0	0	7	7	0	0	0	0	0	0	0	0
江苏食品药品职业技术学院	34	2	1.7	0	590	495	1	0	0	1	0	0	0	0	0	1	1	0	0	0	0	0	0	0	0
徐州工业职业技术学院	35	0	0	0	0	0	1	0	0	1	0	0	0	0	0	6	6	0	0	0	0	0	0	0	0
江苏信息职业技术学院	36	2	0.4	0	50	60.9	0	0	0	0	0	0	0	0	0	3	3	0	0	0	0	0	0	0	0
南京信息职业技术学院	37	0	0	0	0	0	0	0	0	0	0	0	0	0	0	0	0	0	0	0	0	0	0	0	0

续表

高校名称							出版著作(部)					古籍整理(部)	译著(部)	发表译文(篇)	电子出版物(件)	发表论文(篇)				获奖成果数(项)				研究与咨询报告	
		课题数(项)	当年投入人数(人年)	其中研究生	当年投入经费(百元)	当年支出经费(百元)	合计	专著	其中被译成外文	编著教材	工具书参考书合计					合计	国内学术刊物	国外学术刊物	港澳台刊物	合计	国家级奖	部级奖	省级奖	提交有关部门	其中被采纳数
	编号	L01	L02	L03	L04	L05	L06	L07	L08	L09	L10	L11	L12	L13	L14	L15	L16	L17	L18	L19	L20	L21	L22	L23	L24
常州机电职业技术学院	38	0	0	0	0	0	0	0	0	0	0	0	0	0	0	0	0	0	0	0	0	0	0	0	0
江阴职业技术学院	39	4	0.2	0	100	100	0	0	0	0	0	0	0	0	0	2	2	0	0	0	0	0	0	0	0
无锡城市职业技术学院	40	0	0	0	0	0	1	0	0	1	0	0	0	0	0	4	4	0	0	0	0	0	0	0	0
无锡工艺职业技术学院	41	6	0.9	0	880	880	0	0	0	0	0	0	0	0	0	14	14	0	0	0	0	0	0	0	0
苏州健雄职业技术学院	42	1	0.2	0	50	25	1	1	0	0	0	0	0	0	0	20	20	0	0	0	0	0	0	2	2
盐城工业职业技术学院	43	5	1.8	0	225	65	1	0	0	1	0	0	0	0	0	8	8	0	0	0	0	0	0	0	0
江苏财经职业技术学院	44	6	0.6	0	70	45	0	0	0	0	0	0	0	0	0	16	16	0	0	0	0	0	0	0	0
扬州工业职业技术学院	45	1	0.1	0	120	30	0	0	0	0	0	0	0	0	0	8	8	0	0	0	0	0	0	0	0
江苏城市职业学院	46	0	0	0	0	0	4	2	0	2	0	0	0	0	0	17	16	1	0	1	0	0	1	0	0
南京城市职业学院	47	2	0.8	0	0	16	0	0	0	0	0	0	0	0	0	0	0	0	0	0	0	0	0	0	0
南京机电职业技术学院	48	1	0.7	0	0	18	0	0	0	0	0	0	0	0	0	1	1	0	0	0	0	0	0	0	0
南京旅游职业学院	49	5	2.3	0	0	95	0	0	0	0	0	0	0	0	0	3	3	0	0	0	0	0	0	0	0
江苏建康职业学院	50	0	0	0	0	0	0	0	0	0	0	0	0	0	0	4	3	1	0	0	0	0	0	0	0
苏州信息职业技术学院	51	0	0	0	0	0	1	0	0	1	0	0	0	0	0	1	1	0	0	0	0	0	0	0	0
苏州工业园区服务外包职业学院	52	4	1.7	0	100	126	0	0	0	0	0	0	0	0	0	11	11	0	0	0	0	0	0	0	0
徐州幼儿师范高等专科学校	53	7	1.5	0	190	162	0	0	0	0	0	0	0	0	0	15	15	0	0	0	0	0	0	0	0
徐州生物工程职业技术学院	54	3	0.3	0	100	93	0	0	0	0	0	0	0	0	0	2	2	0	0	0	0	0	0	1	1
江苏经贸职业学院	55	6	4.6	0	150	230	0	0	0	0	0	0	0	0	0	36	36	0	0	0	0	0	0	0	0

3.7 中国文学人文、社会科学研究与课题成果情况表

高校名称	编号	课题数(项)	当年投入人数(人年)	其中研究生	当年投入经费(百元)	当年支出经费(百元)	出版著作(部) 合计	专著	其中被译成外文	编著教材	工具书参考书合计	古籍整理(部)	译著(部)	发表译文(篇)	电子出版物(件)	发表论文(篇) 合计	国内学术刊物	国外学术刊物	港澳台刊物	获奖成果数(项) 合计	国家级奖	部级奖	省级奖	研究与咨询报告 提交有关部门	其中被采纳数
		L01	L02	L03	L04	L05	L06	L07	L08	L09	L10	L11	L12	L13	L14	L15	L16	L17	L18	L19	L20	L21	L22	L23	L24
合计	/	76	21.4	0	4 285	1 989	12	7	1	5	0	7	0	0	0	166	166	0	0	2	0	0	2	0	0
无锡职业技术学院	1	0	0	0	0	0	0	0	0	0	0	0	0	0	0	4	4	0	0	0	0	0	0	0	0
江苏建筑职业技术学院	2	0	0	0	0	0	1	1	0	0	0	0	0	0	0	4	4	0	0	0	0	0	0	0	0
南京工业职业技术学院	3	1	0.1	0	0	14	0	0	0	0	0	0	0	0	0	3	3	0	0	0	0	0	0	0	0
江苏工程职业技术学院	4	0	0	0	0	0	0	0	0	0	0	0	0	0	0	1	1	0	0	0	0	0	0	0	0
苏州工艺美术职业技术学院	5	1	0.2	0	0	3	0	0	0	0	0	0	0	0	0	0	0	0	0	0	0	0	0	0	0
连云港职业技术学院	6	1	0.1	0	0	5	0	0	0	0	0	0	0	0	0	2	2	0	0	0	0	0	0	0	0
镇江市高等专科学校	7	2	0.6	0	50	19	0	0	0	0	0	0	0	0	0	10	10	0	0	0	0	0	0	0	0
南通职业大学	8	0	0	0	0	0	0	0	0	0	0	0	0	0	0	0	0	0	0	0	0	0	0	0	0
苏州市职业大学	9	14	3.5	0	650	488.5	5	3	1	2	0	0	0	0	0	31	31	0	0	0	0	0	0	0	0
沙洲职业工学院	10	0	0	0	0	0	0	0	0	0	0	0	0	0	0	0	0	0	0	0	0	0	0	0	0
扬州市职业大学	11	5	3.5	0	130	120	0	0	0	0	0	7	0	0	0	4	4	0	0	0	0	0	0	0	0
连云港师范高等专科学校	12	6	0.7	0	80	50	1	1	0	0	0	0	0	0	0	17	17	0	0	0	0	0	0	0	0
江苏经贸职业技术学院	13	2	0.4	0	1 835	255	1	1	0	0	0	0	0	0	0	2	2	0	0	1	0	0	1	0	0
泰州职业技术学院	14	1	0.4	0	200	0	0	0	0	0	0	0	0	0	0	1	1	0	0	0	0	0	0	0	0
常州信息职业技术学院	15	3	2.6	0	560	345	0	0	0	0	0	0	0	0	0	11	11	0	0	0	0	0	0	0	0
江苏海事职业技术学院	16	0	0	0	0	0	0	0	0	0	0	0	0	0	0	0	0	0	0	0	0	0	0	0	0
无锡科技职业学院	17	0	0	0	0	0	1	0	0	1	0	0	0	0	0	0	0	0	0	0	0	0	0	0	0

续表

高校名称	编号	课题数(项)	当年投入人数(人年)	其中研究生	当年投入经费(百元)	当年支出经费(百元)	出版著作(部) 合计	专著	其中被译成外文	编著教材	工具书参考书合计	古籍整理(部)	译著(部)	发表译文(篇)	电子出版物(件)	发表论文(篇) 合计	国内学术刊物	国外学术刊物	港澳台刊物	获奖成果数(项) 合计	国家级奖	部级奖	省级奖	研究与咨询报告 提交有关部门	其中被采纳数
		L01	L02	L03	L04	L05	L06	L07	L08	L09	L10	L11	L12	L13	L14	L15	L16	L17	L18	L19	L20	L21	L22	L23	L24
盐城卫生职业技术学院	18	4	2.5	0	0	85	0	0	0	0	0	0	0	0	0	3	3	0	0	0	0	0	0	0	0
南通科技职业学院	19	1	0.3	0	50	26	1	1	0	0	0	0	0	0	0	6	6	0	0	0	0	0	0	0	0
苏州经贸职业技术学院	20	2	0.2	0	40	21	0	0	0	0	0	0	0	0	0	3	3	0	0	0	0	0	0	0	0
苏州工业职业技术学院	21	0	0	0	0	0	0	0	0	0	0	0	0	0	0	1	1	0	0	0	0	0	0	0	0
苏州卫生职业技术学院	22	2	0.4	0	50	93.5	0	0	0	0	0	0	0	0	0	5	5	0	0	0	0	0	0	0	0
无锡商业职业技术学院	23	1	0.2	0	0	20	0	0	0	0	0	0	0	0	0	0	0	0	0	0	0	0	0	0	0
南通航运职业技术学院	24	0	0	0	0	0	0	0	0	0	0	0	0	0	0	0	0	0	0	0	0	0	0	0	0
南京交通职业技术学院	25	2	0.6	0	100	50	0	0	0	0	0	0	0	0	0	2	2	0	0	0	0	0	0	0	0
淮安信息职业技术学院	26	0	0	0	0	0	0	0	0	0	0	0	0	0	0	0	0	0	0	0	0	0	0	0	0
江苏农牧科技职业学院	27	0	0	0	0	0	0	0	0	0	0	0	0	0	0	0	0	0	0	0	0	0	0	0	0
常州纺织服装职业技术学院	28	0	0	0	0	0	0	0	0	0	0	0	0	0	0	0	0	0	0	0	0	0	0	0	0
苏州农业职业技术学院	29	0	0	0	0	0	0	0	0	0	0	0	0	0	0	0	0	0	0	0	0	0	0	0	0
南京化工职业技术学院	30	1	0.2	0	40	40	0	0	0	0	0	0	0	0	0	2	2	0	0	0	0	0	0	0	0
常州轻工职业技术学院	31	0	0	0	0	0	0	0	0	0	0	0	0	0	0	0	0	0	0	0	0	0	0	0	0
常州工程职业技术学院	32	0	0	0	0	0	0	0	0	0	0	0	0	0	0	1	1	0	0	0	0	0	0	0	0
江苏农林职业技术学院	33	0	0	0	0	0	0	0	0	0	0	0	0	0	0	0	0	0	0	0	0	0	0	0	0
江苏食品药品职业技术学院	34	0	0	0	0	0	0	0	0	0	0	0	0	0	0	2	2	0	0	0	0	0	0	0	0

续表

徐州工业职业技术学院	35	0	0	0	0	0	0	0	0	0	0	0	0	0	0	0	0	0	0	0	0	0	0	0	0
江苏信息职业技术学院	36	0	0	0	0	0	0	0	0	0	0	0	0	0	0	0	0	0	0	0	0	0	0	0	0
南京信息职业技术学院	37	0	0	0	0	0	0	0	0	0	0	0	0	0	0	0	0	0	0	0	0	0	0	0	0
常州机电职业技术学院	38	0	0	0	0	0	0	0	0	0	0	0	0	0	0	0	0	0	0	0	0	0	0	0	0
江阴职业技术学院	39	3	0.3	0	80	60	0	0	0	0	0	0	0	0	0	3	3	0	0	0	0	0	0	0	0
无锡城市职业技术学院	40	0	0	0	0	0	0	0	0	0	0	0	0	0	0	2	2	0	0	0	0	0	0	0	0
无锡工艺职业技术学院	41	0	0	0	0	0	0	0	0	0	0	0	0	0	0	1	1	0	0	0	0	0	0	0	0
苏州健雄职业技术学院	42	0	0	0	0	0	0	0	0	0	0	0	0	0	0	4	4	0	0	0	0	0	0	0	0
盐城工业职业技术学院	43	0	0	0	0	0	0	0	0	0	0	0	0	0	0	1	1	0	0	0	0	0	0	0	0
江苏财经职业技术学院	44	13	1.5	0	260	158	0	0	0	0	0	0	0	0	0	9	9	0	0	0	0	0	0	0	0
扬州工业职业技术学院	45	0	0	0	0	0	0	0	0	0	0	0	0	0	0	0	0	0	0	0	0	0	0	0	0
江苏城市职业学院	46	0	0	0	0	0	0	0	0	0	0	0	0	0	0	2	2	0	0	0	0	0	0	0	0
南京城市职业学院	47	0	0	0	0	0	0	0	0	0	0	0	0	0	0	1	1	0	0	0	0	0	0	0	0
南京机电职业技术学院	48	1	0.3	0	30	5	2	0	0	2	0	0	0	0	0	2	2	0	0	0	0	0	0	0	0
南京旅游职业学院	49	1	0.3	0	0	5	0	0	0	0	0	0	0	0	0	4	4	0	0	0	0	0	0	0	0
江苏建康职业学院	50	0	0	0	0	0	0	0	0	0	0	0	0	0	0	2	2	0	0	0	0	0	0	0	0
苏州信息职业技术学院	51	0	0	0	0	0	0	0	0	0	0	0	0	0	0	0	0	0	0	0	0	0	0	0	0
苏州工业园区服务外包职业学院	52	2	0.6	0	0	25	0	0	0	0	0	0	0	0	0	5	5	0	0	0	0	0	0	0	0
徐州幼儿师范高等专科学校	53	5	1.1	0	80	86	0	0	0	0	0	0	0	0	0	4	4	0	0	0	0	0	0	0	0
徐州生物工程职业技术学院	54	1	0.1	0	0	0	0	0	0	0	0	0	0	0	0	1	1	0	0	1	0	0	1	0	0
江苏经贸职业学院	55	1	0.7	0	50	15	0	0	0	0	0	0	0	0	0	10	10	0	0	0	0	0	0	0	0

3.8 外国文学人文、社会科学研究与课题成果情况表

高校名称	编号	课题数(项)	当年投入人数(人年)	其中研究生	当年投入经费(百元)	当年支出经费(百元)	出版著作(部) 合计	专著	其中被译成外文	编著教材	工具书参考书合计	古籍整理(部)	译著(部)	发表译文(篇)	电子出版物(件)	发表论文(篇) 合计	国内学术刊物	国外学术刊物	港澳台刊物	获奖成果数(项) 合计	国家级奖	部级奖	省级奖	研究与咨询报告 提交有关部门	其中被采纳数
		L01	L02	L03	L04	L05	L06	L07	L08	L09	L10	L11	L12	L13	L14	L15	L16	L17	L18	L19	L20	L21	L22	L23	L24
合计	/	24	5.8	0	1 056	498.59	1	1	0	0	0	0	0	0	0	82	81	1	0	0	0	0	0	1	0
无锡职业技术学院	1	3	0.3	0	136	39.78	0	0	0	0	0	0	0	0	0	3	3	0	0	0	0	0	0	0	0
江苏建筑职业技术学院	2	0	0	0	0	0	0	0	0	0	0	0	0	0	0	0	0	0	0	0	0	0	0	0	0
南京工业职业技术学院	3	4	1.7	0	170	82.4	0	0	0	0	0	0	0	0	0	6	6	0	0	0	0	0	0	0	0
江苏工程职业技术学院	4	0	0	0	0	0	0	0	0	0	0	0	0	0	0	0	0	0	0	0	0	0	0	0	0
苏州工艺美术职业技术学院	5	0	0	0	0	0	0	0	0	0	0	0	0	0	0	3	3	0	0	0	0	0	0	0	0
连云港职业技术学院	6	0	0	0	0	0	0	0	0	0	0	0	0	0	0	0	0	0	0	0	0	0	0	0	0
镇江市高等专科学校	7	1	0.4	0	200	156	0	0	0	0	0	0	0	0	0	3	3	0	0	0	0	0	0	0	0
南通职业大学	8	0	0	0	0	0	0	0	0	0	0	0	0	0	0	1	1	0	0	0	0	0	0	0	0
苏州市职业大学	9	4	1.1	0	110	82	0	0	0	0	0	0	0	0	0	5	5	0	0	0	0	0	0	0	0
沙洲职业工学院	10	0	0	0	0	0	0	0	0	0	0	0	0	0	0	0	0	0	0	0	0	0	0	0	0
扬州市职业大学	11	0	0	0	0	0	0	0	0	0	0	0	0	0	0	2	2	0	0	0	0	0	0	0	0
连云港师范高等专科学校	12	6	0.8	0	120	70	0	0	0	0	0	0	0	0	0	4	4	0	0	0	0	0	0	0	0
江苏经贸职业技术学院	13	0	0	0	0	0	0	0	0	0	0	0	0	0	0	7	7	0	0	0	0	0	0	0	0
泰州职业技术学院	14	0	0	0	0	0	0	0	0	0	0	0	0	0	0	2	2	0	0	0	0	0	0	0	0
常州信息职业技术学院	15	0	0	0	0	0	0	0	0	0	0	0	0	0	0	0	0	0	0	0	0	0	0	0	0
江苏海事职业技术学院	16	0	0	0	0	0	0	0	0	0	0	0	0	0	0	0	0	0	0	0	0	0	0	0	0
无锡科技职业学院	17	0	0	0	0	0	0	0	0	0	0	0	0	0	0	0	0	0	0	0	0	0	0	0	0

续表

盐城卫生职业技术学院	18	0	0	0	0	0	0	0	0	0	0	0	0	0	0	0	0	0	0	0	0	0	0	0	0
南通科技职业学院	19	0	0	0	0	0	0	0	0	0	0	0	0	0	0	0	0	0	0	0	0	0	0	0	0
苏州经贸职业技术学院	20	0	0	0	0	0	0	0	0	0	0	0	0	0	0	8	8	0	0	0	0	0	0	0	0
苏州工业职业技术学院	21	0	0	0	0	0	0	0	0	0	0	0	0	0	0	1	1	0	0	0	0	0	0	0	0
苏州卫生职业技术学院	22	0	0	0	0	0	0	0	0	0	0	0	0	0	0	3	3	0	0	0	0	0	0	0	0
无锡商业职业技术学院	23	0	0	0	0	0	0	0	0	0	0	0	0	0	0	0	0	0	0	0	0	0	0	0	0
南通航运职业技术学院	24	1	0.1	0	80	44	0	0	0	0	0	0	0	0	0	4	4	0	0	0	0	0	0	0	0
南京交通职业技术学院	25	3	0.8	0	240	5	0	0	0	0	0	0	0	0	0	3	3	0	0	0	0	0	0	0	0
淮安信息职业技术学院	26	0	0	0	0	0	0	0	0	0	0	0	0	0	0	1	1	0	0	0	0	0	0	0	0
江苏农牧科技职业学院	27	0	0	0	0	0	0	0	0	0	0	0	0	0	0	0	0	0	0	0	0	0	0	0	0
常州纺织服装职业技术学院	28	0	0	0	0	0	1	1	0	0	0	0	0	0	0	0	0	0	0	0	0	0	0	0	0
苏州农业职业技术学院	29	0	0	0	0	0	0	0	0	0	0	0	0	0	0	0	0	0	0	0	0	0	0	0	0
南京化工职业技术学院	30	0	0	0	0	0	0	0	0	0	0	0	0	0	0	0	0	0	0	0	0	0	0	0	0
常州轻工职业技术学院	31	0	0	0	0	0	0	0	0	0	0	0	0	0	0	0	0	0	0	0	0	0	0	0	0
常州工程职业技术学院	32	0	0	0	0	0	0	0	0	0	0	0	0	0	0	0	0	0	0	0	0	0	0	0	0
江苏农林职业技术学院	33	0	0	0	0	0	0	0	0	0	0	0	0	0	0	0	0	0	0	0	0	0	0	0	0
江苏食品药品职业技术学院	34	0	0	0	0	0	0	0	0	0	0	0	0	0	0	0	0	0	0	0	0	0	0	0	0
徐州工业职业技术学院	35	0	0	0	0	0	0	0	0	0	0	0	0	0	0	0	0	0	0	0	0	0	0	0	0
江苏信息职业技术学院	36	0	0	0	0	0	0	0	0	0	0	0	0	0	0	0	0	0	0	0	0	0	0	0	0
南京信息职业技术学院	37	0	0	0	0	0	0	0	0	0	0	0	0	0	0	1	0	1	0	0	0	0	0	0	0

续表

高校名称	编号	课题数(项)	当年投入人数(人年)	其中研究生	当年投入经费(百元)	当年支出经费(百元)	出版著作(部) 合计	专著	其中被译成外文	编著教材	工具书参考书合计	古籍整理(部)	译著(部)	发表译文(篇)	电子出版物(件)	发表论文(篇) 合计	国内学术刊物	国外学术刊物	港澳台刊物	获奖成果数(项) 合计	国家级奖	部级奖	省级奖	研究与咨询报告 提交有关部门	其中被采纳数
		L01	L02	L03	L04	L05	L06	L07	L08	L09	L10	L11	L12	L13	L14	L15	L16	L17	L18	L19	L20	L21	L22	L23	L24
常州机电职业技术学院	38	0	0	0	0	0	0	0	0	0	0	0	0	0	0	0	0	0	0	0	0	0	0	0	0
江阴职业技术学院	39	0	0	0	0	0	0	0	0	0	0	0	0	0	0	1	1	0	0	0	0	0	0	0	0
无锡城市职业技术学院	40	0	0	0	0	0	0	0	0	0	0	0	0	0	0	0	0	0	0	0	0	0	0	0	0
无锡工艺职业技术学院	41	0	0	0	0	0	0	0	0	0	0	0	0	0	0	0	0	0	0	0	0	0	0	0	0
苏州健雄职业技术学院	42	1	0.2	0	0	10	0	0	0	0	0	0	0	0	0	4	4	0	0	0	0	0	0	1	0
盐城工业职业技术学院	43	0	0	0	0	0	0	0	0	0	0	0	0	0	0	1	1	0	0	0	0	0	0	0	0
江苏财经职业技术学院	44	0	0	0	0	0	0	0	0	0	0	0	0	0	0	0	0	0	0	0	0	0	0	0	0
扬州工业职业技术学院	45	0	0	0	0	0	0	0	0	0	0	0	0	0	0	0	0	0	0	0	0	0	0	0	0
江苏城市职业学院	46	1	0.4	0	0	9.41	0	0	0	0	0	0	0	0	0	6	6	0	0	0	0	0	0	0	0
南京城市职业学院	47	0	0	0	0	0	0	0	0	0	0	0	0	0	0	1	1	0	0	0	0	0	0	0	0
南京机电职业技术学院	48	0	0	0	0	0	0	0	0	0	0	0	0	0	0	0	0	0	0	0	0	0	0	0	0
南京旅游职业学院	49	0	0	0	0	0	0	0	0	0	0	0	0	0	0	1	1	0	0	0	0	0	0	0	0
江苏建康职业学院	50	0	0	0	0	0	0	0	0	0	0	0	0	0	0	1	1	0	0	0	0	0	0	0	0
苏州信息职业技术学院	51	0	0	0	0	0	0	0	0	0	0	0	0	0	0	5	5	0	0	0	0	0	0	0	0
苏州工业园区服务外包职业学院	52	0	0	0	0	0	0	0	0	0	0	0	0	0	0	3	3	0	0	0	0	0	0	0	0
徐州幼儿师范高等专科学校	53	0	0	0	0	0	0	0	0	0	0	0	0	0	0	0	0	0	0	0	0	0	0	0	0
徐州生物工程职业技术学院	54	0	0	0	0	0	0	0	0	0	0	0	0	0	0	0	0	0	0	0	0	0	0	0	0
江苏经贸职业学院	55	0	0	0	0	0	0	0	0	0	0	0	0	0	0	2	2	0	0	0	0	0	0	0	0

3.9 艺术学人文、社会科学研究与课题成果情况表

高校名称	编号	课题数(项)	当年投入人数(人年)	其中研究生	当年投入经费(百元)	当年支出经费(百元)	出版著作(部) 合计	专著	其中被译成外文	编著教材	工具书参考书合计	古籍整理(部)	译著(部)	发表译文(篇)	电子出版物(件)	发表论文(篇) 合计	国内学术刊物	国外学术刊物	港澳台刊物	获奖成果数(项) 合计	国家级奖	部级奖	省级奖	研究与咨询报告 提交有关部门	其中被采纳数
		L01	L02	L03	L04	L05	L06	L07	L08	L09	L10	L11	L12	L13	L14	L15	L16	L17	L18	L19	L20	L21	L22	L23	L24
合计	/	313	68.6	0	12 992.3	12 853.41	35	11	0	24	0	0	2	0	3	774	764	10	0	1	0	0	1	27	19
无锡职业技术学院	1	1	0.1	0	170	0	0	0	0	0	0	0	0	0	0	15	15	0	0	0	0	0	0	0	0
江苏建筑职业技术学院	2	21	2.5	0	190	291	0	0	0	0	0	0	0	0	0	10	10	0	0	0	0	0	0	1	1
南京工业职业技术学院	3	21	9.3	0	210	451	0	0	0	0	0	0	0	0	0	23	19	4	0	0	0	0	0	0	0
江苏工程职业技术学院	4	2	0.4	0	110	40	4	4	0	0	0	0	0	0	0	9	9	0	0	0	0	0	0	0	0
苏州工艺美术职业技术学院	5	19	4.7	0	600	471.5	10	3	0	7	0	0	2	0	0	189	185	4	0	0	0	0	0	0	0
连云港职业技术学院	6	5	0.5	0	500	500	1	0	0	1	0	0	0	0	0	4	4	0	0	0	0	0	0	0	0
镇江市高等专科学校	7	11	1.6	0	90	115	0	0	0	0	0	0	0	0	0	10	10	0	0	0	0	0	0	0	0
南通职业大学	8	6	1.6	0	70	70	0	0	0	0	0	0	0	0	0	47	47	0	0	0	0	0	0	0	0
苏州市职业大学	9	26	5	0	1 570	1 475.1	3	2	0	1	0	0	0	0	0	43	43	0	0	0	0	0	0	3	1
沙洲职业工学院	10	1	0.2	0	0	40	0	0	0	0	0	0	0	0	0	2	2	0	0	0	0	0	0	0	0
扬州市职业大学	11	6	2.2	0	110	110	1	1	0	0	0	0	0	0	0	3	3	0	0	0	0	0	0	1	0
连云港师范高等专科学校	12	12	2.2	0	80	65	0	0	0	0	0	0	0	0	0	18	18	0	0	1	0	0	1	0	0
江苏经贸职业技术学院	13	9	1.6	0	711	614	4	0	0	4	0	0	0	0	0	19	19	0	0	0	0	0	0	6	4
泰州职业技术学院	14	7	1.9	0	100	80	0	0	0	0	0	0	0	0	0	20	20	0	0	0	0	0	0	0	0
常州信息职业技术学院	15	2	1.1	0	200	115	1	0	0	1	0	0	0	0	0	8	8	0	0	0	0	0	0	0	0
江苏海事职业技术学院	16	0	0	0	0	0	0	0	0	0	0	0	0	0	0	0	0	0	0	0	0	0	0	0	0
无锡科技职业学院	17	0	0	0	0	0	0	0	0	0	0	0	0	0	0	3	3	0	0	0	0	0	0	0	0

续表

高校名称		课题数（项）	当年投入人数（人年）		当年投入经费（百元）	当年支出经费（百元）	出版著作（部）					古籍整理（部）	译著（部）	发表译文（篇）	电子出版物（件）	发表论文（篇）				获奖成果数（项）				研究与咨询报告	
				其中研究生			合计	专著	其中被译成外文	编著教材	工具书参考书合计					合计	国内学术刊物	国外学术刊物	港澳台刊物	合计	国家级奖	部级奖	省级奖	提交有关部门	其中被采纳数
	编号	L01	L02	L03	L04	L05	L06	L07	L08	L09	L10	L11	L12	L13	L14	L15	L16	L17	L18	L19	L20	L21	L22	L23	L24
盐城卫生职业技术学院	18	0	0	0	0	0	0	0	0	0	0	0	0	0	0	0	0	0	0	0	0	0	0	0	0
南通科技职业学院	19	0	0	0	0	0	0	0	0	0	0	0	0	0	0	0	0	0	0	0	0	0	0	0	0
苏州经贸职业技术学院	20	11	2.3	0	950	641.5	5	0	0	5	0	0	0	0	0	24	24	0	0	0	0	0	0	3	2
苏州工业职业技术学院	21	0	0	0	0	0	0	0	0	0	0	0	0	0	0	0	0	0	0	0	0	0	0	0	0
苏州卫生职业技术学院	22	0	0	0	0	0	0	0	0	0	0	0	0	0	0	0	0	0	0	0	0	0	0	0	0
无锡商业职业技术学院	23	6	1.7	0	270	220	1	0	0	1	0	0	0	0	0	22	22	0	0	0	0	0	0	0	0
南通航运职业技术学院	24	3	0.3	0	0	50	0	0	0	0	0	0	0	0	0	18	18	0	0	0	0	0	0	1	1
南京交通职业技术学院	25	5	1	0	190	21	0	0	0	0	0	0	0	0	0	10	10	0	0	0	0	0	0	0	0
淮安信息职业技术学院	26	6	0.6	0	0	200.1	0	0	0	0	0	0	0	0	0	6	6	0	0	0	0	0	0	0	0
江苏农牧科技职业学院	27	0	0	0	0	0	0	0	0	0	0	0	0	0	0	0	0	0	0	0	0	0	0	0	0
常州纺织服装职业技术学院	28	3	0.6	0	60	180	1	0	0	1	0	0	0	0	0	38	38	0	0	0	0	0	0	2	2
苏州农业职业技术学院	29	2	0.4	0	60	43	1	0	0	1	0	0	0	0	0	0	0	0	0	0	0	0	0	0	0
南京化工职业技术学院	30	1	0.2	0	10	10	0	0	0	0	0	0	0	0	0	0	0	0	0	0	0	0	0	0	0
常州轻工职业技术学院	31	1	0.5	0	25	0	1	0	0	1	0	0	0	0	0	9	9	0	0	0	0	0	0	0	0
常州工程职业技术学院	32	1	0.2	0	0	0	0	0	0	0	0	0	0	0	0	0	0	0	0	0	0	0	0	0	0
江苏农林职业技术学院	33	0	0	0	0	0	0	0	0	0	0	0	0	0	0	9	9	0	0	0	0	0	0	0	0
江苏食品药品职业技术学院	34	0	0	0	0	0	0	0	0	0	0	0	0	0	0	0	0	0	0	0	0	0	0	0	0

续表

徐州工业职业技术学院	35	0	0	0	0	0	0	0	0	0	0	0	0	0	0	1	1	0	0	0	0	0	0	0	0
江苏信息职业技术学院	36	2	0.8	0	0	90	0	0	0	0	0	0	0	0	0	0	0	0	0	0	0	0	0	0	0
南京信息职业技术学院	37	1	0.1	0	0	21	0	0	0	0	0	0	0	0	0	1	1	0	0	0	0	0	0	0	0
常州机电职业技术学院	38	2	0.2	0	20	14	0	0	0	0	0	0	0	0	0	4	4	0	0	0	0	0	0	0	0
江阴职业技术学院	39	6	0.7	0	280	230	0	0	0	0	0	0	0	0	0	4	4	0	0	0	0	0	0	2	2
无锡城市职业技术学院	40	4	1.9	0	0	330	0	0	0	0	0	0	0	0	0	8	8	0	0	0	0	0	0	0	0
无锡工艺职业技术学院	41	36	4.4	0	4 399.3	4 399.3	0	0	0	0	0	0	0	0	1	64	64	0	0	0	0	0	0	0	0
苏州健雄职业技术学院	42	6	1.5	0	550	510	0	0	0	0	0	0	0	0	0	18	18	0	0	0	0	0	0	3	3
盐城工业职业技术学院	43	43	8.2	0	810	852	0	0	0	0	0	0	0	0	0	32	30	2	0	0	0	0	0	2	0
江苏财经职业技术学院	44	2	0.2	0	0	20	0	0	0	0	0	0	0	0	0	8	8	0	0	0	0	0	0	0	0
扬州工业职业技术学院	45	0	0	0	0	0	1	0	0	1	0	0	0	0	0	0	0	0	0	0	0	0	0	0	0
江苏城市职业学院	46	5	2.1	0	25	130	1	1	0	0	0	0	0	0	0	33	33	0	0	0	0	0	0	0	0
南京城市职业学院	47	0	0	0	0	0	0	0	0	0	0	0	0	0	2	3	3	0	0	0	0	0	0	0	0
南京机电职业技术学院	48	4	1.5	0	222	178	0	0	0	0	0	0	0	0	0	2	2	0	0	0	0	0	0	3	3
南京旅游职业学院	49	1	0.5	0	0	25	0	0	0	0	0	0	0	0	0	4	4	0	0	0	0	0	0	0	0
江苏建康职业学院	50	0	0	0	0	0	0	0	0	0	0	0	0	0	0	1	1	0	0	0	0	0	0	0	0
苏州信息职业技术学院	51	0	0	0	0	0	0	0	0	0	0	0	0	0	0	0	0	0	0	0	0	0	0	0	0
苏州工业园区服务外包职业学院	52	4	1.5	0	100	100.91	0	0	0	0	0	0	0	0	0	11	11	0	0	0	0	0	0	0	0
徐州幼儿师范高等专科学校	53	7	1.1	0	160	115	0	0	0	0	0	0	0	0	0	4	4	0	0	0	0	0	0	0	0
徐州生物工程职业技术学院	54	0	0	0	0	0	0	0	0	0	0	0	0	0	0	0	0	0	0	0	0	0	0	0	0
江苏经贸职业学院	55	2	1.2	0	150	35	0	0	0	0	0	0	0	0	0	17	17	0	0	0	0	0	0	0	0

3.10 历史学人文、社会科学研究与课题成果情况表

高校名称	编号	课题数(项)	当年投入人数(人年)	其中研究生	当年投入经费(百元)	当年支出经费(百元)	出版著作(部) 合计	专著	其中被译成外文	编著教材	工具书参考书合计	古籍整理(部)	译著(部)	发表译文(篇)	电子出版物(件)	发表论文(篇) 合计	国内学术刊物	国外学术刊物	港澳台刊物	获奖成果数(项) 合计	国家级奖	部级奖	省级奖	研究与咨询报告 提交有关部门	其中被采纳数
		L01	L02	L03	L04	L05	L06	L07	L08	L09	L10	L11	L12	L13	L14	L15	L16	L17	L18	L19	L20	L21	L22	L23	L24
合计	/	19	6.6	0	660	424	1	0	0	1	0	0	0	0	0	33	33	0	0	0	0	0	0	2	1
无锡职业技术学院	1	0	0	0	0	0	0	0	0	0	0	0	0	0	0	1	1	0	0	0	0	0	0	0	0
江苏建筑职业技术学院	2	1	0.2	0	0	20	0	0	0	0	0	0	0	0	0	0	0	0	0	0	0	0	0	0	0
南京工业职业技术学院	3	0	0	0	0	0	0	0	0	0	0	0	0	0	0	0	0	0	0	0	0	0	0	0	0
江苏工程职业技术学院	4	0	0	0	0	0	0	0	0	0	0	0	0	0	0	0	0	0	0	0	0	0	0	0	0
苏州工艺美术职业技术学院	5	0	0	0	0	0	0	0	0	0	0	0	0	0	0	0	0	0	0	0	0	0	0	0	0
连云港职业技术学院	6	0	0	0	0	0	0	0	0	0	0	0	0	0	0	0	0	0	0	0	0	0	0	0	0
镇江市高等专科学校	7	0	0	0	0	0	0	0	0	0	0	0	0	0	0	0	0	0	0	0	0	0	0	0	0
南通职业大学	8	0	0	0	0	0	0	0	0	0	0	0	0	0	0	0	0	0	0	0	0	0	0	0	0
苏州市职业大学	9	9	3.1	0	200	224	1	0	0	1	0	0	0	0	0	4	4	0	0	0	0	0	0	2	1
沙洲职业工学院	10	0	0	0	0	0	0	0	0	0	0	0	0	0	0	0	0	0	0	0	0	0	0	0	0
扬州市职业大学	11	1	1.1	0	50	50	0	0	0	0	0	0	0	0	0	7	7	0	0	0	0	0	0	0	0
连云港师范高等专科学校	12	0	0	0	0	0	0	0	0	0	0	0	0	0	0	10	10	0	0	0	0	0	0	0	0
江苏经贸职业技术学院	13	0	0	0	0	0	0	0	0	0	0	0	0	0	0	0	0	0	0	0	0	0	0	0	0
泰州职业技术学院	14	0	0	0	0	0	0	0	0	0	0	0	0	0	0	0	0	0	0	0	0	0	0	0	0
常州信息职业技术学院	15	0	0	0	0	0	0	0	0	0	0	0	0	0	0	0	0	0	0	0	0	0	0	0	0
江苏海事职业技术学院	16	0	0	0	0	0	0	0	0	0	0	0	0	0	0	0	0	0	0	0	0	0	0	0	0
无锡科技职业学院	17	0	0	0	0	0	0	0	0	0	0	0	0	0	0	0	0	0	0	0	0	0	0	0	0

续表

盐城卫生职业技术学院	18	0	0	0	0	0	0	0	0	0	0	0	0	0	0	0	0	0	0	0	0	0	0	0	0
南通科技职业学院	19	0	0	0	0	0	0	0	0	0	0	0	0	0	0	0	0	0	0	0	0	0	0	0	0
苏州经贸职业技术学院	20	0	0	0	0	0	0	0	0	0	0	0	0	0	0	0	0	0	0	0	0	0	0	0	0
苏州工业职业技术学院	21	0	0	0	0	0	0	0	0	0	0	0	0	0	0	0	0	0	0	0	0	0	0	0	0
苏州卫生职业技术学院	22	0	0	0	0	0	0	0	0	0	0	0	0	0	0	0	0	0	0	0	0	0	0	0	0
无锡商业职业技术学院	23	0	0	0	0	0	0	0	0	0	0	0	0	0	0	2	2	0	0	0	0	0	0	0	0
南通航运职业技术学院	24	0	0	0	0	0	0	0	0	0	0	0	0	0	0	1	1	0	0	0	0	0	0	0	0
南京交通职业技术学院	25	0	0	0	0	0	0	0	0	0	0	0	0	0	0	0	0	0	0	0	0	0	0	0	0
淮安信息职业技术学院	26	0	0	0	0	0	0	0	0	0	0	0	0	0	0	1	1	0	0	0	0	0	0	0	0
江苏农牧科技职业学院	27	0	0	0	0	0	0	0	0	0	0	0	0	0	0	0	0	0	0	0	0	0	0	0	0
常州纺织服装职业技术学院	28	1	0.2	0	100	0	0	0	0	0	0	0	0	0	0	1	1	0	0	0	0	0	0	0	0
苏州农业职业技术学院	29	0	0	0	0	0	0	0	0	0	0	0	0	0	0	0	0	0	0	0	0	0	0	0	0
南京化工职业技术学院	30	0	0	0	0	0	0	0	0	0	0	0	0	0	0	0	0	0	0	0	0	0	0	0	0
常州轻工职业技术学院	31	0	0	0	0	0	0	0	0	0	0	0	0	0	0	0	0	0	0	0	0	0	0	0	0
常州工程职业技术学院	32	0	0	0	0	0	0	0	0	0	0	0	0	0	0	0	0	0	0	0	0	0	0	0	0
江苏农林职业技术学院	33	0	0	0	0	0	0	0	0	0	0	0	0	0	0	0	0	0	0	0	0	0	0	0	0
江苏食品药品职业技术学院	34	0	0	0	0	0	0	0	0	0	0	0	0	0	0	0	0	0	0	0	0	0	0	0	0
徐州工业职业技术学院	35	0	0	0	0	0	0	0	0	0	0	0	0	0	0	0	0	0	0	0	0	0	0	0	0
江苏信息职业技术学院	36	0	0	0	0	0	0	0	0	0	0	0	0	0	0	0	0	0	0	0	0	0	0	0	0
南京信息职业技术学院	37	0	0	0	0	0	0	0	0	0	0	0	0	0	0	0	0	0	0	0	0	0	0	0	0

续表

高校名称	编号	课题数(项)	当年投入人数(人年)	其中研究生	当年投入经费(百元)	当年支出经费(百元)	出版著作(部) 合计	专著	其中被译成外文	编著教材	工具书参考书合计	古籍整理(部)	译著(部)	发表译文(篇)	电子出版物(件)	发表论文(篇) 合计	国内学术刊物	国外学术刊物	港澳台刊物	获奖成果数(项) 合计	国家级奖	部级奖	省级奖	研究与咨询报告 提交有关部门	其中被采纳数
		L01	L02	L03	L04	L05	L06	L07	L08	L09	L10	L11	L12	L13	L14	L15	L16	L17	L18	L19	L20	L21	L22	L23	L24
常州机电职业技术学院	38	0	0	0	0	0	0	0	0	0	0	0	0	0	0	0	0	0	0	0	0	0	0	0	0
江阴职业技术学院	39	0	0	0	0	0	0	0	0	0	0	0	0	0	0	0	0	0	0	0	0	0	0	0	0
无锡城市职业技术学院	40	3	0.9	0	0	0	0	0	0	0	0	0	0	0	0	1	1	0	0	0	0	0	0	0	0
无锡工艺职业技术学院	41	0	0	0	0	0	0	0	0	0	0	0	0	0	0	0	0	0	0	0	0	0	0	0	0
苏州健雄职业技术学院	42	0	0	0	0	0	0	0	0	0	0	0	0	0	0	0	0	0	0	0	0	0	0	0	0
盐城工业职业技术学院	43	1	0.2	0	50	20	0	0	0	0	0	0	0	0	0	0	0	0	0	0	0	0	0	0	0
江苏财经职业技术学院	44	2	0.2	0	20	10	0	0	0	0	0	0	0	0	0	2	2	0	0	0	0	0	0	0	0
扬州工业职业技术学院	45	0	0	0	0	0	0	0	0	0	0	0	0	0	0	0	0	0	0	0	0	0	0	0	0
江苏城市职业学院	46	0	0	0	0	0	0	0	0	0	0	0	0	0	0	0	0	0	0	0	0	0	0	0	0
南京城市职业学院	47	0	0	0	0	0	0	0	0	0	0	0	0	0	0	0	0	0	0	0	0	0	0	0	0
南京机电职业技术学院	48	0	0	0	0	0	0	0	0	0	0	0	0	0	0	0	0	0	0	0	0	0	0	0	0
南京旅游职业学院	49	0	0	0	0	0	0	0	0	0	0	0	0	0	0	3	3	0	0	0	0	0	0	0	0
江苏建康职业学院	50	0	0	0	0	0	0	0	0	0	0	0	0	0	0	0	0	0	0	0	0	0	0	0	0
苏州信息职业技术学院	51	0	0	0	0	0	0	0	0	0	0	0	0	0	0	0	0	0	0	0	0	0	0	0	0
苏州工业园区服务外包职业学院	52	0	0	0	0	0	0	0	0	0	0	0	0	0	0	0	0	0	0	0	0	0	0	0	0
徐州幼儿师范高等专科学校	53	0	0	0	0	0	0	0	0	0	0	0	0	0	0	0	0	0	0	0	0	0	0	0	0
徐州生物工程职业技术学院	54	0	0	0	0	0	0	0	0	0	0	0	0	0	0	0	0	0	0	0	0	0	0	0	0
江苏经贸职业学院	55	1	0.7	0	240	100	0	0	0	0	0	0	0	0	0	0	0	0	0	0	0	0	0	0	0

3.11 经济学人文、社会科学研究与课题成果情况表

高校名称	编号	课题数(项)	当年投入人数(人年)	其中研究生	当年投入经费(百元)	当年支出经费(百元)	出版著作(部) 合计	专著	其中被译成外文	编著教材	工具书参考书合计	古籍整理(部)	译著(部)	发表译文(篇)	电子出版物(件)	发表论文(篇) 合计	国内学术刊物	国外学术刊物	港澳台刊物	获奖成果数(项) 合计	国家级奖	部级奖	省级奖	研究与咨询报告 提交有关部门	其中被采纳数
		L01	L02	L03	L04	L05	L06	L07	L08	L09	L10	L11	L12	L13	L14	L15	L16	L17	L18	L19	L20	L21	L22	L23	L24
合计	/	498	125	0	31 151	28 925.7	42	1	0	41	0	0	1	0	0	590	585	5	0	1	0	0	1	80	59
无锡职业技术学院	1	2	0.2	0	200	26.2	0	0	0	0	0	0	0	0	0	1	1	0	0	0	0	0	0	0	0
江苏建筑职业技术学院	2	22	5.5	0	1 920	1 433	7	1	0	6	0	0	0	0	0	4	4	0	0	0	0	0	0	8	8
南京工业职业技术学院	3	33	10.8	0	1 934	2 086.95	3	0	0	3	0	0	0	0	0	6	5	1	0	0	0	0	0	0	0
江苏工程职业技术学院	4	5	0.6	0	190	85	0	0	0	0	0	0	0	0	0	28	28	0	0	0	0	0	0	0	0
苏州工艺美术职业技术学院	5	0	0	0	0	0	0	0	0	0	0	0	0	0	0	0	0	0	0	0	0	0	0	0	0
连云港职业技术学院	6	13	3	0	375	372	0	0	0	0	0	0	0	0	0	7	7	0	0	0	0	0	0	0	0
镇江市高等专科学校	7	2	0.3	0	150	115	0	0	0	0	0	0	0	0	0	3	3	0	0	0	0	0	0	0	0
南通职业大学	8	23	5.5	0	805	905	0	0	0	0	0	0	0	0	0	25	25	0	0	0	0	0	0	0	0
苏州市职业大学	9	13	1.9	0	330	340.5	0	0	0	0	0	0	0	0	0	18	18	0	0	0	0	0	0	5	5
沙洲职业工学院	10	9	1.2	0	100	167	0	0	0	0	0	0	0	0	0	13	13	0	0	0	0	0	0	3	3
扬州市职业大学	11	35	17.7	0	680	610	4	0	0	4	0	0	0	0	0	34	34	0	0	0	0	0	0	9	8
连云港师范高等专科学校	12	16	2.6	0	100	50	0	0	0	0	0	0	0	0	0	2	2	0	0	0	0	0	0	1	0
江苏经贸职业技术学院	13	6	1.6	0	1 206	841.2	2	0	0	2	0	0	0	0	0	6	6	0	0	0	0	0	0	2	2
泰州职业技术学院	14	10	3.1	0	2 150	80.3	0	0	0	0	0	0	0	0	0	12	12	0	0	0	0	0	0	0	0
常州信息职业技术学院	15	5	2.6	0	180	210	1	0	0	1	0	0	0	0	0	11	11	0	0	0	0	0	0	1	1
江苏海事职业技术学院	16	4	0.4	0	0	0	0	0	0	0	0	0	0	0	0	1	1	0	0	0	0	0	0	0	0
无锡科技职业学院	17	9	1.1	0	270	208	1	0	0	1	0	0	1	0	0	6	6	0	0	0	0	0	0	1	0

续表

高校名称	编号	课题数(项)	当年投入人数(人年)	其中研究生	当年投入经费(百元)	当年支出经费(百元)	出版著作(部) 合计	专著	其中被译成外文	编著教材	工具书参考书合计	古籍整理(部)	译著(部)	发表译文(篇)	电子出版物(件)	发表论文(篇) 合计	国内学术刊物	国外学术刊物	港澳台刊物	获奖成果数(项) 合计	国家级奖	部级奖	省级奖	研究与咨询报告 提交有关部门	其中被采纳数
		L01	L02	L03	L04	L05	L06	L07	L08	L09	L10	L11	L12	L13	L14	L15	L16	L17	L18	L19	L20	L21	L22	L23	L24
盐城卫生职业技术学院	18	2	0.6	0	30	10	0	0	0	0	0	0	0	0	0	0	0	0	0	0	0	0	0	0	0
南通科技职业学院	19	6	2.6	0	125	143	1	0	0	1	0	0	0	0	0	10	10	0	0	0	0	0	0	0	0
苏州经贸职业技术学院	20	34	6.5	0	2 430	2 841	1	0	0	1	0	0	0	0	0	53	53	0	0	0	0	0	0	14	6
苏州工业职业技术学院	21	3	0.6	0	0	194	0	0	0	0	0	0	0	0	0	0	0	0	0	0	0	0	0	0	0
苏州卫生职业技术学院	22	2	0.2	0	50	18	0	0	0	0	0	0	0	0	0	0	0	0	0	0	0	0	0	0	0
无锡商业职业技术学院	23	0	0	0	0	0	2	0	0	2	0	0	0	0	0	47	47	0	0	0	0	0	0	1	1
南通航运职业技术学院	24	8	1.1	0	30	106.5	0	0	0	0	0	0	0	0	0	8	8	0	0	0	0	0	0	1	0
南京交通职业技术学院	25	6	1.3	0	520	287.5	0	0	0	0	0	0	0	0	0	4	4	0	0	0	0	0	0	2	2
淮安信息职业技术学院	26	5	0.6	0	80	329.9	0	0	0	0	0	0	0	0	0	9	9	0	0	0	0	0	0	0	0
江苏农牧科技职业学院	27	7	0.4	0	320	0	0	0	0	0	0	0	0	0	0	0	0	0	0	0	0	0	0	0	0
常州纺织服装职业技术学院	28	11	3.8	0	190	298	2	0	0	2	0	0	0	0	0	10	10	0	0	0	0	0	0	0	0
苏州农业职业技术学院	29	15	2.7	0	390	715	1	0	0	1	0	0	0	0	0	8	8	0	0	0	0	0	0	2	0
南京化工职业技术学院	30	6	0.9	0	65	75	0	0	0	0	0	0	0	0	0	1	1	0	0	0	0	0	0	0	0
常州轻工职业技术学院	31	3	1.5	0	195	0	2	0	0	2	0	0	0	0	0	3	3	0	0	0	0	0	0	0	0
常州工程职业技术学院	32	3	0.3	0	192	0	0	0	0	0	0	0	0	0	0	21	20	1	0	0	0	0	0	0	0
江苏农林职业技术学院	33	0	0	0	0	0	0	0	0	0	0	0	0	0	0	0	0	0	0	0	0	0	0	0	0
江苏食品药品职业技术学院	34	16	5.6	0	8 880	8 055	3	0	0	3	0	0	0	0	0	10	10	0	0	0	0	0	0	1	1

续表

徐州工业职业技术学院	35	3	0.6	0	0	150	0	0	0	0	0	0	0	0	0	2	2	0	0	0	0	0	0	0	0
江苏信息职业技术学院	36	15	3	0	320	415.2	3	0	0	3	0	0	0	0	0	20	20	0	0	1	0	0	1	2	1
南京信息职业技术学院	37	3	0.3	0	0	34	0	0	0	0	0	0	0	0	0	0	0	0	0	0	0	0	0	0	0
常州机电职业技术学院	38	3	0.5	0	30	239	0	0	0	0	0	0	0	0	0	2	2	0	0	0	0	0	0	0	0
江阴职业技术学院	39	17	3.4	0	1 870	1 840	1	0	0	1	0	0	0	0	0	23	23	0	0	0	0	0	0	10	10
无锡城市职业技术学院	40	8	1.9	0	50	30	0	0	0	0	0	0	0	0	0	9	7	2	0	0	0	0	0	0	0
无锡工艺职业技术学院	41	1	0.1	0	0	0	0	0	0	0	0	0	0	0	0	1	1	0	0	0	0	0	0	6	4
苏州健雄职业技术学院	42	15	3.6	0	580	545	0	0	0	0	0	0	0	0	0	11	11	0	0	0	0	0	0	2	2
盐城工业职业技术学院	43	17	4.2	0	280	551	1	0	0	1	0	0	0	0	0	19	19	0	0	0	0	0	0	1	0
江苏财经职业技术学院	44	15	2.2	0	170	241	3	0	0	3	0	0	0	0	0	19	19	0	0	0	0	0	0	2	2
扬州工业职业技术学院	45	17	1.5	0	2 520	2 806	1	0	0	1	0	0	0	0	0	22	22	0	0	0	0	0	0	3	3
江苏城市职业学院	46	6	1.9	0	70	71.39	2	0	0	2	0	0	0	0	0	5	5	0	0	0	0	0	0	0	0
南京城市职业学院	47	10	3.1	0	414	410	0	0	0	0	0	0	0	0	0	33	33	0	0	0	0	0	0	2	0
南京机电职业技术学院	48	2	0.9	0	50	15	0	0	0	0	0	0	0	0	0	1	1	0	0	0	0	0	0	0	0
南京旅游职业学院	49	18	6.4	0	210	657	0	0	0	0	0	0	0	0	0	3	3	0	0	0	0	0	0	0	0
江苏建康职业学院	50	0	0	0	0	0	0	0	0	0	0	0	0	0	0	5	5	0	0	0	0	0	0	0	0
苏州信息职业技术学院	51	4	0.6	0	60	70.5	0	0	0	0	0	0	0	0	0	8	8	0	0	0	0	0	0	0	0
苏州工业园区服务外包职业学院	52	6	2.5	0	300	177.56	1	0	0	1	0	0	0	0	0	9	9	0	0	0	0	0	0	0	0
徐州幼儿师范高等专科学校	53	0	0	0	0	0	0	0	0	0	0	0	0	0	0	0	0	0	0	0	0	0	0	0	0
徐州生物工程职业技术学院	54	2	0.2	0	40	40	0	0	0	0	0	0	0	0	0	1	1	0	0	0	0	0	0	1	0
江苏经贸职业学院	55	2	1.3	0	100	30	0	0	0	0	0	0	0	0	0	36	35	1	0	0	0	0	0	0	0

3.12 政治学人文、社会科学研究与课题成果情况表

高校名称	编号	课题数(项)	当年投入人数(人年)	其中研究生	当年投入经费(百元)	当年支出经费(百元)	出版著作(部) 合计	专著	其中被译成外文	编著教材	工具书参考书合计	古籍整理(部)	译著(部)	发表译文(篇)	电子出版物(件)	发表论文(篇) 合计	国内学术刊物	国外学术刊物	港澳台刊物	获奖成果数(项) 合计	国家级奖	部级奖	省级奖	研究与咨询报告 提交有关部门	其中被采纳数
		L01	L02	L03	L04	L05	L06	L07	L08	L09	L10	L11	L12	L13	L14	L15	L16	L17	L18	L19	L20	L21	L22	L23	L24
合计	/	36	8.8	0	1 565	979	5	0	0	5	0	0	0	0	0	97	97	0	0	1	0	0	1	3	1
无锡职业技术学院	1	2	0.2	0	100	0	0	0	0	0	0	0	0	0	0	0	0	0	0	0	0	0	0	0	0
江苏建筑职业技术学院	2	0	0	0	0	0	0	0	0	0	0	0	0	0	0	0	0	0	0	0	0	0	0	0	0
南京工业职业技术学院	3	0	0	0	0	0	0	0	0	0	0	0	0	0	0	1	1	0	0	0	0	0	0	0	0
江苏工程职业技术学院	4	0	0	0	0	0	0	0	0	0	0	0	0	0	0	8	8	0	0	0	0	0	0	0	0
苏州工艺美术职业技术学院	5	0	0	0	0	0	0	0	0	0	0	0	0	0	0	1	1	0	0	0	0	0	0	0	0
连云港职业技术学院	6	0	0	0	0	0	0	0	0	0	0	0	0	0	0	0	0	0	0	0	0	0	0	0	0
镇江市高等专科学校	7	2	0.5	0	15	5	0	0	0	0	0	0	0	0	0	3	3	0	0	0	0	0	0	0	0
南通职业大学	8	4	1.1	0	110	110	0	0	0	0	0	0	0	0	0	3	3	0	0	1	0	0	1	0	0
苏州市职业大学	9	0	0	0	0	0	0	0	0	0	0	0	0	0	0	1	1	0	0	0	0	0	0	0	0
沙洲职业工学院	10	6	0.6	0	370	189	0	0	0	0	0	0	0	0	0	9	9	0	0	0	0	0	0	2	1
扬州市职业大学	11	2	1.1	0	30	30	0	0	0	0	0	0	0	0	0	3	3	0	0	0	0	0	0	0	0
连云港师范高等专科学校	12	1	0	0	40	20	0	0	0	0	0	0	0	0	0	0	0	0	0	0	0	0	0	0	0
江苏经贸职业技术学院	13	0	0	0	0	0	0	0	0	0	0	0	0	0	0	0	0	0	0	0	0	0	0	0	0
泰州职业技术学院	14	0	0	0	0	0	0	0	0	0	0	0	0	0	0	4	4	0	0	0	0	0	0	0	0
常州信息职业技术学院	15	1	0.5	0	50	25	0	0	0	0	0	0	0	0	0	0	0	0	0	0	0	0	0	0	0
江苏海事职业技术学院	16	0	0	0	0	0	0	0	0	0	0	0	0	0	0	0	0	0	0	0	0	0	0	0	0
无锡科技职业学院	17	1	0.1	0	50	20	2	0	0	2	0	0	0	0	0	2	2	0	0	0	0	0	0	0	0

续表

盐城卫生职业技术学院	18	0	0	0	0	0	0	0	0	0	0	0	0	0	0	0	0	0	0	0	0	0	0	0	0
南通科技职业学院	19	1	0.3	0	50	40	0	0	0	0	0	0	0	0	0	0	0	0	0	0	0	0	0	0	0
苏州经贸职业技术学院	20	1	0.3	0	50	20	0	0	0	0	0	0	0	0	0	11	11	0	0	0	0	0	0	1	0
苏州工业职业技术学院	21	1	0.1	0	0	15	0	0	0	0	0	0	0	0	0	0	0	0	0	0	0	0	0	0	0
苏州卫生职业技术学院	22	0	0	0	0	0	0	0	0	0	0	0	0	0	0	1	1	0	0	0	0	0	0	0	0
无锡商业职业技术学院	23	0	0	0	0	0	0	0	0	0	0	0	0	0	0	2	2	0	0	0	0	0	0	0	0
南通航运职业技术学院	24	0	0	0	0	0	0	0	0	0	0	0	0	0	0	1	1	0	0	0	0	0	0	0	0
南京交通职业技术学院	25	1	0.5	0	0	50	0	0	0	0	0	0	0	0	0	0	0	0	0	0	0	0	0	0	0
淮安信息职业技术学院	26	0	0	0	0	0	0	0	0	0	0	0	0	0	0	1	1	0	0	0	0	0	0	0	0
江苏农牧科技职业学院	27	0	0	0	0	0	0	0	0	0	0	0	0	0	0	0	0	0	0	0	0	0	0	0	0
常州纺织服装职业技术学院	28	1	0.2	0	30	0	0	0	0	0	0	0	0	0	0	34	34	0	0	0	0	0	0	0	0
苏州农业职业技术学院	29	0	0	0	0	0	0	0	0	0	0	0	0	0	0	0	0	0	0	0	0	0	0	0	0
南京化工职业技术学院	30	2	0.2	0	40	40	0	0	0	0	0	0	0	0	0	0	0	0	0	0	0	0	0	0	0
常州轻工职业技术学院	31	0	0	0	0	0	0	0	0	0	0	0	0	0	0	0	0	0	0	0	0	0	0	0	0
常州工程职业技术学院	32	0	0	0	0	0	0	0	0	0	0	0	0	0	0	2	2	0	0	0	0	0	0	0	0
江苏农林职业技术学院	33	0	0	0	0	0	0	0	0	0	0	0	0	0	0	0	0	0	0	0	0	0	0	0	0
江苏食品药品职业技术学院	34	3	0.9	0	460	300	0	0	0	0	0	0	0	0	0	1	1	0	0	0	0	0	0	0	0
徐州工业职业技术学院	35	0	0	0	0	0	0	0	0	0	0	0	0	0	0	0	0	0	0	0	0	0	0	0	0
江苏信息职业技术学院	36	0	0	0	0	0	0	0	0	0	0	0	0	0	0	0	0	0	0	0	0	0	0	0	0
南京信息职业技术学院	37	0	0	0	0	0	0	0	0	0	0	0	0	0	0	0	0	0	0	0	0	0	0	0	0

续表

高校名称	编号	课题数(项)	当年投入人数(人年)	其中研究生	当年投入经费(百元)	当年支出经费(百元)	出版著作(部) 合计	专著	其中被译成外文	编著教材	工具书参考书合计	古籍整理(部)	译著(部)	发表译文(篇)	电子出版物(件)	发表论文(篇) 合计	国内学术刊物	国外学术刊物	港澳台刊物	获奖成果数(项) 合计	国家级奖	部级奖	省级奖	研究与咨询报告 提交有关部门	其中被采纳数
		L01	L02	L03	L04	L05	L06	L07	L08	L09	L10	L11	L12	L13	L14	L15	L16	L17	L18	L19	L20	L21	L22	L23	L24
常州机电职业技术学院	38	0	0	0	0	0	0	0	0	0	0	0	0	0	0	0	0	0	0	0	0	0	0	0	0
江阴职业技术学院	39	0	0	0	0	0	0	0	0	0	0	0	0	0	0	0	0	0	0	0	0	0	0	0	0
无锡城市职业技术学院	40	0	0	0	0	0	0	0	0	0	0	0	0	0	0	0	0	0	0	0	0	0	0	0	0
无锡工艺职业技术学院	41	0	0	0	0	0	1	0	0	1	0	0	0	0	0	1	1	0	0	0	0	0	0	0	0
苏州健雄职业技术学院	42	1	0.2	0	0	10	0	0	0	0	0	0	0	0	0	0	0	0	0	0	0	0	0	0	0
盐城工业职业技术学院	43	0	0	0	0	0	0	0	0	0	0	0	0	0	0	0	0	0	0	0	0	0	0	0	0
江苏财经职业技术学院	44	0	0	0	0	0	0	0	0	0	0	0	0	0	0	0	0	0	0	0	0	0	0	0	0
扬州工业职业技术学院	45	0	0	0	0	0	0	0	0	0	0	0	0	0	0	1	1	0	0	0	0	0	0	0	0
江苏城市职业学院	46	1	0.4	0	30	0	0	0	0	0	0	0	0	0	0	3	3	0	0	0	0	0	0	0	0
南京城市职业学院	47	0	0	0	0	0	0	0	0	0	0	0	0	0	0	0	0	0	0	0	0	0	0	0	0
南京机电职业技术学院	48	0	0	0	0	0	0	0	0	0	0	0	0	0	0	0	0	0	0	0	0	0	0	0	0
南京旅游职业学院	49	0	0	0	0	0	0	0	0	0	0	0	0	0	0	0	0	0	0	0	0	0	0	0	0
江苏建康职业学院	50	0	0	0	0	0	0	0	0	0	0	0	0	0	0	0	0	0	0	0	0	0	0	0	0
苏州信息职业技术学院	51	0	0	0	0	0	2	0	0	2	0	0	0	0	0	0	0	0	0	0	0	0	0	0	0
苏州工业园区服务外包职业学院	52	1	0.4	0	0	0	0	0	0	0	0	0	0	0	0	2	2	0	0	0	0	0	0	0	0
徐州幼儿师范高等专科学校	53	3	0.6	0	90	90	0	0	0	0	0	0	0	0	0	0	0	0	0	0	0	0	0	0	0
徐州生物工程职业技术学院	54	0	0	0	0	0	0	0	0	0	0	0	0	0	0	0	0	0	0	0	0	0	0	0	0
江苏经贸职业学院	55	1	0.6	0	50	15	0	0	0	0	0	0	0	0	0	2	2	0	0	0	0	0	0	0	0

3.13 法学人文、社会科学研究与课题成果情况表

高校名称	编号	课题数(项)	当年投入人数(人年)	其中研究生	当年投入经费(百元)	当年支出经费(百元)	出版著作(部) 合计	专著	其中被译成外文	编著教材	工具书参考书合计	古籍整理(部)	译著(部)	发表译文(篇)	电子出版物(件)	发表论文(篇) 合计	国内学术刊物	国外学术刊物	港澳台刊物	获奖成果数(项) 合计	国家级奖	部级奖	省级奖	研究与咨询报告 提交有关部门	其中被采纳数
		L01	L02	L03	L04	L05	L06	L07	L08	L09	L10	L11	L12	L13	L14	L15	L16	L17	L18	L19	L20	L21	L22	L23	L24
合计	/	47	11.7	0	1 030	1 125.36	3	1	0	2	0	0	0	0	0	85	85	0	0	0	0	0	0	2	1
无锡职业技术学院	1	0	0	0	0	0	0	0	0	0	0	0	0	0	0	0	0	0	0	0	0	0	0	0	0
江苏建筑职业技术学院	2	4	1.3	0	70	238	0	0	0	0	0	0	0	0	0	1	1	0	0	0	0	0	0	0	0
南京工业职业技术学院	3	2	0.6	0	110	64	0	0	0	0	0	0	0	0	0	4	4	0	0	0	0	0	0	0	0
江苏工程职业技术学院	4	0	0	0	0	0	0	0	0	0	0	0	0	0	0	0	0	0	0	0	0	0	0	0	0
苏州工艺美术职业技术学院	5	0	0	0	0	0	0	0	0	0	0	0	0	0	0	0	0	0	0	0	0	0	0	0	0
连云港职业技术学院	6	0	0	0	0	0	0	0	0	0	0	0	0	0	0	2	2	0	0	0	0	0	0	0	0
镇江市高等专科学校	7	5	1	0	40	50	0	0	0	0	0	0	0	0	0	0	0	0	0	0	0	0	0	0	0
南通职业大学	8	1	0.3	0	10	10	0	0	0	0	0	0	0	0	0	0	0	0	0	0	0	0	0	0	0
苏州市职业大学	9	4	1	0	0	14.37	0	0	0	0	0	0	0	0	0	5	5	0	0	0	0	0	0	0	0
沙洲职业工学院	10	0	0	0	0	0	0	0	0	0	0	0	0	0	0	0	0	0	0	0	0	0	0	0	0
扬州市职业大学	11	0	0	0	0	0	0	0	0	0	0	0	0	0	0	0	0	0	0	0	0	0	0	0	0
连云港师范高等专科学校	12	0	0	0	0	0	0	0	0	0	0	0	0	0	0	0	0	0	0	0	0	0	0	0	0
江苏经贸职业技术学院	13	3	0.5	0	180	95	0	0	0	0	0	0	0	0	0	12	12	0	0	0	0	0	0	0	0
泰州职业技术学院	14	1	0.6	0	0	20	0	0	0	0	0	0	0	0	0	1	1	0	0	0	0	0	0	0	0
常州信息职业技术学院	15	0	0	0	0	0	0	0	0	0	0	0	0	0	0	1	1	0	0	0	0	0	0	0	0
江苏海事职业技术学院	16	1	0.4	0	180	72	0	0	0	0	0	0	0	0	0	0	0	0	0	0	0	0	0	0	0
无锡科技职业学院	17	1	0.1	0	60	12	0	0	0	0	0	0	0	0	0	0	0	0	0	0	0	0	0	0	0

续表

高校名称	编号	课题数(项)	当年投入人数(人年)	其中研究生	当年投入经费(百元)	当年支出经费(百元)	出版著作(部)合计	专著	其中被译成外文	编著教材	工具书参考书合计	古籍整理(部)	译著(部)	发表译文(篇)	电子出版物(件)	发表论文(篇)合计	国内学术刊物	国外学术刊物	港澳台刊物	获奖成果数(项)合计	国家级奖	部级奖	省级奖	研究与咨询报告 提交有关部门	其中被采纳数
		L01	L02	L03	L04	L05	L06	L07	L08	L09	L10	L11	L12	L13	L14	L15	L16	L17	L18	L19	L20	L21	L22	L23	L24
盐城卫生职业技术学院	18	0	0	0	0	0	0	0	0	0	0	0	0	0	0	0	0	0	0	0	0	0	0	0	0
南通科技职业学院	19	1	0.3	0	50	41	0	0	0	0	0	0	0	0	0	3	3	0	0	0	0	0	0	0	0
苏州经贸职业技术学院	20	0	0	0	0	0	0	0	0	0	0	0	0	0	0	2	2	0	0	0	0	0	0	0	0
苏州工业职业技术学院	21	0	0	0	0	0	0	0	0	0	0	0	0	0	0	0	0	0	0	0	0	0	0	0	0
苏州卫生职业技术学院	22	0	0	0	0	0	0	0	0	0	0	0	0	0	0	0	0	0	0	0	0	0	0	0	0
无锡商业职业技术学院	23	0	0	0	0	0	0	0	0	0	0	0	0	0	0	1	1	0	0	0	0	0	0	0	0
南通航运职业技术学院	24	1	0.2	0	25	10	0	0	0	0	0	0	0	0	0	7	7	0	0	0	0	0	0	0	0
南京交通职业技术学院	25	2	0.3	0	0	43	0	0	0	0	0	0	0	0	0	1	1	0	0	0	0	0	0	0	0
淮安信息职业技术学院	26	0	0	0	0	0	0	0	0	0	0	0	0	0	0	0	0	0	0	0	0	0	0	0	0
江苏农牧科技职业学院	27	0	0	0	0	0	0	0	0	0	0	0	0	0	0	0	0	0	0	0	0	0	0	0	0
常州纺织服装职业技术学院	28	0	0	0	0	0	0	0	0	0	0	0	0	0	0	0	0	0	0	0	0	0	0	0	0
苏州农业职业技术学院	29	1	0.2	0	30	17	0	0	0	0	0	0	0	0	0	2	2	0	0	0	0	0	0	1	0
南京化工职业技术学院	30	1	0.2	0	0	10	1	0	0	1	0	0	0	0	0	4	4	0	0	0	0	0	0	0	0
常州轻工职业技术学院	31	0	0	0	0	0	0	0	0	0	0	0	0	0	0	0	0	0	0	0	0	0	0	0	0
常州工程职业技术学院	32	0	0	0	0	0	0	0	0	0	0	0	0	0	0	1	1	0	0	0	0	0	0	0	0
江苏农林职业技术学院	33	0	0	0	0	0	0	0	0	0	0	0	0	0	0	3	3	0	0	0	0	0	0	0	0
江苏食品药品职业技术学院	34	0	0	0	0	0	0	0	0	0	0	0	0	0	0	0	0	0	0	0	0	0	0	0	0

续表

徐州工业职业技术学院	35	0	0	0	0	0	0	0	0	0	0	0	0	0	0	0	0	0	0	0	0	0	0	0	0
江苏信息职业技术学院	36	0	0	0	0	0	0	0	0	0	0	0	0	0	0	0	0	0	0	0	0	0	0	0	0
南京信息职业技术学院	37	0	0	0	0	0	0	0	0	0	0	0	0	0	0	0	0	0	0	0	0	0	0	0	0
常州机电职业技术学院	38	0	0	0	0	0	0	0	0	0	0	0	0	0	0	0	0	0	0	0	0	0	0	0	0
江阴职业技术学院	39	0	0	0	0	0	0	0	0	0	0	0	0	0	0	0	0	0	0	0	0	0	0	0	0
无锡城市职业技术学院	40	0	0	0	0	0	0	0	0	0	0	0	0	0	0	0	0	0	0	0	0	0	0	0	0
无锡工艺职业技术学院	41	0	0	0	0	0	0	0	0	0	0	0	0	0	0	0	0	0	0	0	0	0	0	0	0
苏州健雄职业技术学院	42	0	0	0	0	0	0	0	0	0	0	0	0	0	0	0	0	0	0	0	0	0	0	0	0
盐城工业职业技术学院	43	0	0	0	0	0	0	0	0	0	0	0	0	0	0	0	0	0	0	0	0	0	0	0	0
江苏财经职业技术学院	44	7	0.7	0	120	32	1	1	0	0	0	0	0	0	0	12	12	0	0	0	0	0	0	0	0
扬州工业职业技术学院	45	0	0	0	0	0	0	0	0	0	0	0	0	0	0	0	0	0	0	0	0	0	0	0	0
江苏城市职业学院	46	6	2.6	0	75	167.99	1	0	0	1	0	0	0	0	0	8	8	0	0	0	0	0	0	0	0
南京城市职业学院	47	1	0.5	0	0	30	0	0	0	0	0	0	0	0	0	2	2	0	0	0	0	0	0	0	0
南京机电职业技术学院	48	0	0	0	0	0	0	0	0	0	0	0	0	0	0	0	0	0	0	0	0	0	0	0	0
南京旅游职业学院	49	4	0.8	0	30	170	0	0	0	0	0	0	0	0	0	1	1	0	0	0	0	0	0	1	1
江苏建康职业学院	50	0	0	0	0	0	0	0	0	0	0	0	0	0	0	0	0	0	0	0	0	0	0	0	0
苏州信息职业技术学院	51	0	0	0	0	0	0	0	0	0	0	0	0	0	0	0	0	0	0	0	0	0	0	0	0
苏州工业园区服务外包职业学院	52	0	0	0	0	0	0	0	0	0	0	0	0	0	0	4	4	0	0	0	0	0	0	0	0
徐州幼儿师范高等专科学校	53	0	0	0	0	0	0	0	0	0	0	0	0	0	0	0	0	0	0	0	0	0	0	0	0
徐州生物工程职业技术学院	54	1	0.1	0	50	29	0	0	0	0	0	0	0	0	0	3	3	0	0	0	0	0	0	0	0
江苏经贸职业学院	55	0	0	0	0	0	0	0	0	0	0	0	0	0	0	5	5	0	0	0	0	0	0	0	0

3.14 社会学人文、社会科学研究与课题成果情况表

高校名称	编号	课题数(项)	当年投入人数(人年)	其中研究生	当年投入经费(百元)	当年支出经费(百元)	出版著作(部) 合计	专著	其中被译成外文	编著教材	工具书参考书合计	古籍整理(部)	译著(部)	发表译文(篇)	电子出版物(件)	发表论文(篇) 合计	国内学术刊物	国外学术刊物	港澳台刊物	获奖成果数(项) 合计	国家级奖	部级奖	省级奖	研究与咨询报告 提交有关部门	其中被采纳数
		L01	L02	L03	L04	L05	L06	L07	L08	L09	L10	L11	L12	L13	L14	L15	L16	L17	L18	L19	L20	L21	L22	L23	L24
合计	/	264	71.4	0	42 624	34 245.05	10	1	0	9	0	0	0	0	0	216	216	0	0	1	0	0	1	30	23
无锡职业技术学院	1	3	0.3	0	300	0	0	0	0	0	0	0	0	0	0	3	3	0	0	0	0	0	0	0	0
江苏建筑职业技术学院	2	27	4.8	0	3 594	3 679.5	0	0	0	0	0	0	0	0	0	36	36	0	0	0	0	0	0	8	8
南京工业职业技术学院	3	1	0.1	0	0	14	0	0	0	0	0	0	0	0	0	7	7	0	0	0	0	0	0	0	0
江苏工程职业技术学院	4	5	0.8	0	210	117	0	0	0	0	0	0	0	0	0	11	11	0	0	0	0	0	0	0	0
苏州工艺美术职业技术学院	5	3	0.6	0	110	79	0	0	0	0	0	0	0	0	0	5	5	0	0	0	0	0	0	0	0
连云港职业技术学院	6	1	0.1	0	100	100	0	0	0	0	0	0	0	0	0	0	0	0	0	0	0	0	0	0	0
镇江市高等专科学校	7	3	0.7	0	60	30	0	0	0	0	0	0	0	0	0	0	0	0	0	0	0	0	0	1	1
南通职业大学	8	4	1.1	0	80	80	0	0	0	0	0	0	0	0	0	4	4	0	0	0	0	0	0	0	0
苏州市职业大学	9	16	3.3	0	700	842.75	1	0	0	1	0	0	0	0	0	9	9	0	0	0	0	0	0	4	3
沙洲职业工学院	10	5	0.9	0	350	172	0	0	0	0	0	0	0	0	0	6	6	0	0	0	0	0	0	1	0
扬州市职业大学	11	6	3.2	0	150	150	0	0	0	0	0	0	0	0	0	5	5	0	0	0	0	0	0	2	2
连云港师范高等专科学校	12	4	1.1	0	0	0	1	1	0	0	0	0	0	0	0	4	4	0	0	1	0	0	1	0	0
江苏经贸职业技术学院	13	1	0.2	0	0	0	2	0	0	2	0	0	0	0	0	2	2	0	0	0	0	0	0	0	0
泰州职业技术学院	14	1	0.3	0	0	0	0	0	0	0	0	0	0	0	0	1	1	0	0	0	0	0	0	0	0
常州信息职业技术学院	15	2	1.2	0	100	150	0	0	0	0	0	0	0	0	0	3	3	0	0	0	0	0	0	0	0
江苏海事职业技术学院	16	1	0.3	0	0	142.5	0	0	0	0	0	0	0	0	0	0	0	0	0	0	0	0	0	0	0
无锡科技职业学院	17	1	0.1	0	0	0	0	0	0	0	0	0	0	0	0	0	0	0	0	0	0	0	0	0	0

续表

盐城卫生职业技术学院	18	0	0	0	0	0	0	0	0	0	0	0	0	0	0	0	0	0	0	0	0	0	0	0	0
南通科技职业学院	19	6	2.4	0	1 469	1 439	0	0	0	0	0	0	0	0	0	8	8	0	0	0	0	0	0	1	1
苏州经贸职业技术学院	20	20	5.3	0	3 180	3 246.5	0	0	0	0	0	0	0	0	0	15	15	0	0	0	0	0	0	4	1
苏州工业职业技术学院	21	5	1	0	0	212.5	0	0	0	0	0	0	0	0	0	1	1	0	0	0	0	0	0	0	0
苏州卫生职业技术学院	22	11	1.2	0	335	181.9	0	0	0	0	0	0	0	0	0	13	13	0	0	0	0	0	0	0	0
无锡商业职业技术学院	23	7	2.1	0	420	200	1	0	0	1	0	0	0	0	0	7	7	0	0	0	0	0	0	0	0
南通航运职业技术学院	24	4	0.6	0	20	107	0	0	0	0	0	0	0	0	0	1	1	0	0	0	0	0	0	0	0
南京交通职业技术学院	25	20	8.2	0	3 300	496.7	1	0	0	1	0	0	0	0	0	1	1	0	0	0	0	0	0	0	0
淮安信息职业技术学院	26	4	0.4	0	0	255	0	0	0	0	0	0	0	0	0	0	0	0	0	0	0	0	0	0	0
江苏农牧科技职业学院	27	2	0	0	80	10	0	0	0	0	0	0	0	0	0	1	1	0	0	0	0	0	0	0	0
常州纺织服装职业技术学院	28	1	0.6	0	0	60	0	0	0	0	0	0	0	0	0	0	0	0	0	0	0	0	0	0	0
苏州农业职业技术学院	29	7	2.3	0	1 660	1 617	0	0	0	0	0	0	0	0	0	0	0	0	0	0	0	0	0	0	0
南京化工职业技术学院	30	4	0.6	0	10	10	0	0	0	0	0	0	0	0	0	0	0	0	0	0	0	0	0	0	0
常州轻工职业技术学院	31	16	10.4	0	1 280	120	1	0	0	1	0	0	0	0	0	7	7	0	0	0	0	0	0	2	2
常州工程职业技术学院	32	0	0	0	0	0	0	0	0	0	0	0	0	0	0	2	2	0	0	0	0	0	0	0	0
江苏农林职业技术学院	33	1	0.3	0	100	90	0	0	0	0	0	0	0	0	0	1	1	0	0	0	0	0	0	0	0
江苏食品药品职业技术学院	34	23	6.9	0	21 690	18 025	2	0	0	2	0	0	0	0	0	16	16	0	0	0	0	0	0	0	0
徐州工业职业技术学院	35	12	2.4	0	1170	430	0	0	0	0	0	0	0	0	0	8	8	0	0	0	0	0	0	0	0
江苏信息职业技术学院	36	2	0.2	0	220	126	1	0	0	1	0	0	0	0	0	13	13	0	0	0	0	0	0	1	1
南京信息职业技术学院	37	1	0.2	0	0	20	0	0	0	0	0	0	0	0	0	0	0	0	0	0	0	0	0	0	0

续表

高校名称	编号	课题数(项)	当年投入人数(人年)	其中研究生	当年投入经费(百元)	当年支出经费(百元)	出版著作(部) 合计	专著	其中被译成外文	编著教材	工具书参考书合计	古籍整理(部)	译著(部)	发表译文(篇)	电子出版物(件)	发表论文(篇) 合计	国内学术刊物	国外学术刊物	港澳台刊物	获奖成果数(项) 合计	国家级奖	部级奖	省级奖	研究与咨询报告 提交有关部门	其中被采纳数
		L01	L02	L03	L04	L05	L06	L07	L08	L09	L10	L11	L12	L13	L14	L15	L16	L17	L18	L19	L20	L21	L22	L23	L24
常州机电职业技术学院	38	8	1.8	0	530	429	0	0	0	0	0	0	0	0	0	2	2	0	0	0	0	0	0	2	1
江阴职业技术学院	39	2	0.5	0	200	220	0	0	0	0	0	0	0	0	0	0	0	0	0	0	0	0	0	2	2
无锡城市职业技术学院	40	0	0	0	0	0	0	0	0	0	0	0	0	0	0	0	0	0	0	0	0	0	0	0	0
无锡工艺职业技术学院	41	3	0.3	0	0	162	0	0	0	0	0	0	0	0	0	1	1	0	0	0	0	0	0	0	0
苏州健雄职业技术学院	42	4	1.2	0	350	570	0	0	0	0	0	0	0	0	0	5	5	0	0	0	0	0	0	0	0
盐城工业职业技术学院	43	0	0	0	0	0	0	0	0	0	0	0	0	0	0	0	0	0	0	0	0	0	0	0	0
江苏财经职业技术学院	44	3	0.3	0	10	30	0	0	0	0	0	0	0	0	0	3	3	0	0	0	0	0	0	0	0
扬州工业职业技术学院	45	1	0.1	0	120	30	0	0	0	0	0	0	0	0	0	4	4	0	0	0	0	0	0	0	0
江苏城市职业学院	46	0	0	0	0	0	0	0	0	0	0	0	0	0	0	0	0	0	0	0	0	0	0	0	0
南京城市职业学院	47	1	0.2	0	36	20	0	0	0	0	0	0	0	0	0	2	2	0	0	0	0	0	0	0	0
南京机电职业技术学院	48	0	0	0	0	0	0	0	0	0	0	0	0	0	0	1	1	0	0	0	0	0	0	0	0
南京旅游职业学院	49	2	0.8	0	50	270	0	0	0	0	0	0	0	0	0	0	0	0	0	0	0	0	0	0	0
江苏建康职业学院	50	4	1.3	0	500	150.2	0	0	0	0	0	0	0	0	0	0	0	0	0	0	0	0	0	0	0
苏州信息职业技术学院	51	3	0.4	0	20	40.5	0	0	0	0	0	0	0	0	0	4	4	0	0	0	0	0	0	0	0
苏州工业园区服务外包职业学院	52	0	0	0	0	0	0	0	0	0	0	0	0	0	0	1	1	0	0	0	0	0	0	0	0
徐州幼儿师范高等专科学校	53	1	0.1	0	30	30	0	0	0	0	0	0	0	0	0	0	0	0	0	0	0	0	0	0	0
徐州生物工程职业技术学院	54	2	0.2	0	90	90	0	0	0	0	0	0	0	0	0	0	0	0	0	0	0	0	0	2	1
江苏经贸职业学院	55	0	0	0	0	0	0	0	0	0	0	0	0	0	0	3	3	0	0	0	0	0	0	0	0

3.15 民族学与文化学人文、社会科学研究与课题成果情况表

高校名称							出版著作(部)					古籍整理(部)	译著(部)	发表译文(篇)	电子出版物(件)	发表论文(篇)				获奖成果数(项)				研究与咨询报告	
		课题数(项)	当年投入人数(人年)	其中研究生	当年投入经费(百元)	当年支出经费(百元)	合计	专著	其中被译成外文	编著教材	工具书参考书合计					合计	国内学术刊物	国外学术刊物	港澳台刊物	合计	国家级奖	部级奖	省级奖	提交有关部门	其中被采纳数
	编号	L01	L02	L03	L04	L05	L06	L07	L08	L09	L10	L11	L12	L13	L14	L15	L16	L17	L18	L19	L20	L21	L22	L23	L24
合计	/	39	9.6	0	5 616	4 181.5	1	1	0	0	0	0	0	0	0	20	20	0	0	0	0	0	0	8	7
无锡职业技术学院	1	0	0	0	0	0	0	0	0	0	0	0	0	0	0	0	0	0	0	0	0	0	0	0	0
江苏建筑职业技术学院	2	8	2.9	0	360	276	0	0	0	0	0	0	0	0	0	1	1	0	0	0	0	0	0	5	5
南京工业职业技术学院	3	1	0.5	0	50	50	0	0	0	0	0	0	0	0	0	0	0	0	0	0	0	0	0	0	0
江苏工程职业技术学院	4	0	0	0	0	0	0	0	0	0	0	0	0	0	0	0	0	0	0	0	0	0	0	0	0
苏州工艺美术职业技术学院	5	0	0	0	0	0	0	0	0	0	0	0	0	0	0	1	1	0	0	0	0	0	0	0	0
连云港职业技术学院	6	1	0	0	0	0	0	0	0	0	0	0	0	0	0	0	0	0	0	0	0	0	0	0	0
镇江市高等专科学校	7	0	0	0	0	0	0	0	0	0	0	0	0	0	0	0	0	0	0	0	0	0	0	1	1
南通职业大学	8	2	0.6	0	60	60	0	0	0	0	0	0	0	0	0	0	0	0	0	0	0	0	0	0	0
苏州市职业大学	9	0	0	0	0	0	0	0	0	0	0	0	0	0	0	0	0	0	0	0	0	0	0	0	0
沙洲职业工学院	10	0	0	0	0	0	0	0	0	0	0	0	0	0	0	1	1	0	0	0	0	0	0	1	1
扬州市职业大学	11	1	0.3	0	20	20	0	0	0	0	0	0	0	0	0	0	0	0	0	0	0	0	0	0	0
连云港师范高等专科学校	12	1	0	0	40	0	0	0	0	0	0	0	0	0	0	0	0	0	0	0	0	0	0	0	0
江苏经贸职业技术学院	13	1	0.3	0	56	21	0	0	0	0	0	0	0	0	0	0	0	0	0	0	0	0	0	1	0
泰州职业技术学院	14	0	0	0	0	0	0	0	0	0	0	0	0	0	0	0	0	0	0	0	0	0	0	0	0
常州信息职业技术学院	15	1	0.5	0	50	30	0	0	0	0	0	0	0	0	0	0	0	0	0	0	0	0	0	0	0
江苏海事职业技术学院	16	0	0	0	0	0	0	0	0	0	0	0	0	0	0	0	0	0	0	0	0	0	0	0	0
无锡科技职业学院	17	1	0.1	0	40	52	0	0	0	0	0	0	0	0	0	2	2	0	0	0	0	0	0	0	0

续表

高校名称		课题数(项)	当年投入人数(人年)		当年投入经费(百元)	当年支出经费(百元)	出版著作(部)					古籍整理(部)	译著(部)	发表译文(篇)	电子出版物(件)	发表论文(篇)				获奖成果数(项)				研究与咨询报告	
				其中研究生			合计	专著	其中被译成外文	编著教材	工具书参考书合计					合计	国内学术刊物	国外学术刊物	港澳台刊物	合计	国家级奖	部级奖	省级奖	提交有关部门	其中被采纳数
	编号	L01	L02	L03	L04	L05	L06	L07	L08	L09	L10	L11	L12	L13	L14	L15	L16	L17	L18	L19	L20	L21	L22	L23	L24
盐城卫生职业技术学院	18	0	0	0	0	0	0	0	0	0	0	0	0	0	0	0	0	0	0	0	0	0	0	0	0
南通科技职业学院	19	1	0.3	0	50	42	0	0	0	0	0	0	0	0	0	0	0	0	0	0	0	0	0	0	0
苏州经贸职业技术学院	20	0	0	0	0	0	0	0	0	0	0	0	0	0	0	0	0	0	0	0	0	0	0	0	0
苏州工业职业技术学院	21	7	1.2	0	590	620	0	0	0	0	0	0	0	0	0	1	1	0	0	0	0	0	0	0	0
苏州卫生职业技术学院	22	0	0	0	0	0	0	0	0	0	0	0	0	0	0	0	0	0	0	0	0	0	0	0	0
无锡商业职业技术学院	23	0	0	0	0	0	0	0	0	0	0	0	0	0	0	0	0	0	0	0	0	0	0	0	0
南通航运职业技术学院	24	1	0.1	0	60	20	0	0	0	0	0	0	0	0	0	0	0	0	0	0	0	0	0	0	0
南京交通职业技术学院	25	0	0	0	0	0	0	0	0	0	0	0	0	0	0	0	0	0	0	0	0	0	0	0	0
淮安信息职业技术学院	26	4	0.4	0	180	298.5	1	1	0	0	0	0	0	0	0	2	2	0	0	0	0	0	0	0	0
江苏农牧科技职业学院	27	0	0	0	0	0	0	0	0	0	0	0	0	0	0	0	0	0	0	0	0	0	0	0	0
常州纺织服装职业技术学院	28	0	0	0	0	0	0	0	0	0	0	0	0	0	0	0	0	0	0	0	0	0	0	0	0
苏州农业职业技术学院	29	4	1	0	110	82	0	0	0	0	0	0	0	0	0	5	5	0	0	0	0	0	0	0	0
南京化工职业技术学院	30	0	0	0	0	0	0	0	0	0	0	0	0	0	0	0	0	0	0	0	0	0	0	0	0
常州轻工职业技术学院	31	0	0	0	0	0	0	0	0	0	0	0	0	0	0	0	0	0	0	0	0	0	0	0	0
常州工程职业技术学院	32	1	0.2	0	0	0	0	0	0	0	0	0	0	0	0	0	0	0	0	0	0	0	0	0	0
江苏农林职业技术学院	33	0	0	0	0	0	0	0	0	0	0	0	0	0	0	0	0	0	0	0	0	0	0	0	0
江苏食品药品职业技术学院	34	1	0.1	0	2 000	1 700	0	0	0	0	0	0	0	0	0	0	0	0	0	0	0	0	0	0	0

续表

徐州工业职业技术学院	35	0	0	0	0	0	0	0	0	0	0	0	0	0	0	0	0	0	0	0	0	0	0	0	0
江苏信息职业技术学院	36	0	0	0	0	0	0	0	0	0	0	0	0	0	0	0	0	0	0	0	0	0	0	0	0
南京信息职业技术学院	37	0	0	0	0	0	0	0	0	0	0	0	0	0	0	0	0	0	0	0	0	0	0	0	0
常州机电职业技术学院	38	0	0	0	0	0	0	0	0	0	0	0	0	0	0	1	1	0	0	0	0	0	0	0	0
江阴职业技术学院	39	1	0.2	0	100	100	0	0	0	0	0	0	0	0	0	0	0	0	0	0	0	0	0	0	0
无锡城市职业技术学院	40	0	0	0	0	0	0	0	0	0	0	0	0	0	0	0	0	0	0	0	0	0	0	0	0
无锡工艺职业技术学院	41	0	0	0	0	0	0	0	0	0	0	0	0	0	0	0	0	0	0	0	0	0	0	0	0
苏州健雄职业技术学院	42	0	0	0	0	0	0	0	0	0	0	0	0	0	0	0	0	0	0	0	0	0	0	0	0
盐城工业职业技术学院	43	0	0	0	0	0	0	0	0	0	0	0	0	0	0	0	0	0	0	0	0	0	0	0	0
江苏财经职业技术学院	44	0	0	0	0	0	0	0	0	0	0	0	0	0	0	0	0	0	0	0	0	0	0	0	0
扬州工业职业技术学院	45	1	0.1	0	50	10	0	0	0	0	0	0	0	0	0	5	5	0	0	0	0	0	0	0	0
江苏城市职业学院	46	0	0	0	0	0	0	0	0	0	0	0	0	0	0	0	0	0	0	0	0	0	0	0	0
南京城市职业学院	47	0	0	0	0	0	0	0	0	0	0	0	0	0	0	0	0	0	0	0	0	0	0	0	0
南京机电职业技术学院	48	0	0	0	0	0	0	0	0	0	0	0	0	0	0	0	0	0	0	0	0	0	0	0	0
南京旅游职业学院	49	1	0.8	0	1 800	800	0	0	0	0	0	0	0	0	0	0	0	0	0	0	0	0	0	0	0
江苏建康职业学院	50	0	0	0	0	0	0	0	0	0	0	0	0	0	0	0	0	0	0	0	0	0	0	0	0
苏州信息职业技术学院	51	0	0	0	0	0	0	0	0	0	0	0	0	0	0	1	1	0	0	0	0	0	0	0	0
苏州工业园区服务外包职业学院	52	0	0	0	0	0	0	0	0	0	0	0	0	0	0	0	0	0	0	0	0	0	0	0	0
徐州幼儿师范高等专科学校	53	0	0	0	0	0	0	0	0	0	0	0	0	0	0	0	0	0	0	0	0	0	0	0	0
徐州生物工程职业技术学院	54	0	0	0	0	0	0	0	0	0	0	0	0	0	0	0	0	0	0	0	0	0	0	0	0
江苏经贸职业学院	55	0	0	0	0	0	0	0	0	0	0	0	0	0	0	0	0	0	0	0	0	0	0	0	0

3.16 新闻学与传播学人文、社会科学研究与课题成果情况表

高校名称							出版著作(部)					古籍整理(部)	译著(部)	发表译文(篇)	电子出版物(件)	发表论文(篇)				获奖成果数(项)				研究与咨询报告	
		课题数(项)	当年投入人数(人年)	其中研究生	当年投入经费(百元)	当年支出经费(百元)	合计	专著	其中被译成外文	编著教材	工具书参考书合计					合计	国内学术刊物	国外学术刊物	港澳台刊物	合计	国家级奖	部级奖	省级奖	提交有关部门	其中被采纳数
	编号	L01	L02	L03	L04	L05	L06	L07	L08	L09	L10	L11	L12	L13	L14	L15	L16	L17	L18	L19	L20	L21	L22	L23	L24
合计	/	17	4	0	336	234	1	0	0	1	0	0	0	0	1	22	22	0	0	0	0	0	0	2	2
无锡职业技术学院	1	0	0	0	0	0	0	0	0	0	0	0	0	0	0	0	0	0	0	0	0	0	0	0	0
江苏建筑职业技术学院	2	0	0	0	0	0	0	0	0	0	0	0	0	0	0	0	0	0	0	0	0	0	0	0	0
南京工业职业技术学院	3	1	0.4	0	20	8	0	0	0	0	0	0	0	0	0	0	0	0	0	0	0	0	0	0	0
江苏工程职业技术学院	4	2	0.7	0	0	13.5	0	0	0	0	0	0	0	0	0	5	5	0	0	0	0	0	0	0	0
苏州工艺美术职业技术学院	5	1	0.2	0	0	11	0	0	0	0	0	0	0	0	0	0	0	0	0	0	0	0	0	0	0
连云港职业技术学院	6	1	0.1	0	0	0	0	0	0	0	0	0	0	0	0	1	1	0	0	0	0	0	0	0	0
镇江市高等专科学校	7	0	0	0	0	0	0	0	0	0	0	0	0	0	0	4	4	0	0	0	0	0	0	0	0
南通职业大学	8	0	0	0	0	0	0	0	0	0	0	0	0	0	0	0	0	0	0	0	0	0	0	0	0
苏州市职业大学	9	2	0.4	0	80	34	0	0	0	0	0	0	0	0	0	0	0	0	0	0	0	0	0	0	0
沙洲职业工学院	10	0	0	0	0	0	0	0	0	0	0	0	0	0	0	0	0	0	0	0	0	0	0	0	0
扬州市职业大学	11	0	0	0	0	0	0	0	0	0	0	0	0	0	0	0	0	0	0	0	0	0	0	0	0
连云港师范高等专科学校	12	0	0	0	0	0	0	0	0	0	0	0	0	0	0	0	0	0	0	0	0	0	0	0	0
江苏经贸职业技术学院	13	1	0.3	0	30	17.5	0	0	0	0	0	0	0	0	0	0	0	0	0	0	0	0	0	0	0
泰州职业技术学院	14	0	0	0	0	0	0	0	0	0	0	0	0	0	0	2	2	0	0	0	0	0	0	0	0
常州信息职业技术学院	15	0	0	0	0	0	0	0	0	0	0	0	0	0	0	0	0	0	0	0	0	0	0	0	0
江苏海事职业技术学院	16	0	0	0	0	0	0	0	0	0	0	0	0	0	0	0	0	0	0	0	0	0	0	0	0
无锡科技职业学院	17	0	0	0	0	0	0	0	0	0	0	0	0	0	0	0	0	0	0	0	0	0	0	0	0

续表

盐城卫生职业技术学院	18	0	0	0	0	0	0	0	0	0	0	0	0	0	0	0	0	0	0	0	0	0	0	0	0
南通科技职业学院	19	0	0	0	0	0	0	0	0	0	0	0	0	0	0	0	0	0	0	0	0	0	0	0	0
苏州经贸职业技术学院	20	0	0	0	0	0	0	0	0	0	0	0	0	0	0	0	0	0	0	0	0	0	0	0	0
苏州工业职业技术学院	21	0	0	0	0	0	0	0	0	0	0	0	0	0	0	2	2	0	0	0	0	0	0	1	1
苏州卫生职业技术学院	22	0	0	0	0	0	0	0	0	0	0	0	0	0	0	0	0	0	0	0	0	0	0	0	0
无锡商业职业技术学院	23	0	0	0	0	0	0	0	0	0	0	0	0	0	0	0	0	0	0	0	0	0	0	0	0
南通航运职业技术学院	24	1	0.1	0	0	40	0	0	0	0	0	0	0	0	0	2	2	0	0	0	0	0	0	0	0
南京交通职业技术学院	25	0	0	0	0	0	0	0	0	0	0	0	0	0	0	1	1	0	0	0	0	0	0	0	0
淮安信息职业技术学院	26	0	0	0	0	0	0	0	0	0	0	0	0	0	0	0	0	0	0	0	0	0	0	0	0
江苏农牧科技职业学院	27	0	0	0	0	0	0	0	0	0	0	0	0	0	0	0	0	0	0	0	0	0	0	0	0
常州纺织服装职业技术学院	28	1	0.1	0	0	50	0	0	0	0	0	0	0	0	0	0	0	0	0	0	0	0	0	0	0
苏州农业职业技术学院	29	1	0.2	0	30	21	0	0	0	0	0	0	0	0	0	0	0	0	0	0	0	0	0	0	0
南京化工职业技术学院	30	0	0	0	0	0	0	0	0	0	0	0	0	0	0	0	0	0	0	0	0	0	0	0	0
常州轻工职业技术学院	31	0	0	0	0	0	0	0	0	0	0	0	0	0	0	0	0	0	0	0	0	0	0	0	0
常州工程职业技术学院	32	0	0	0	0	0	0	0	0	0	0	0	0	0	0	0	0	0	0	0	0	0	0	0	0
江苏农林职业技术学院	33	0	0	0	0	0	0	0	0	0	0	0	0	0	0	0	0	0	0	0	0	0	0	0	0
江苏食品药品职业技术学院	34	0	0	0	0	0	0	0	0	0	0	0	0	0	0	0	0	0	0	0	0	0	0	0	0
徐州工业职业技术学院	35	0	0	0	0	0	1	0	0	1	0	0	0	0	0	0	0	0	0	0	0	0	0	0	0
江苏信息职业技术学院	36	0	0	0	0	0	0	0	0	0	0	0	0	0	0	1	1	0	0	0	0	0	0	1	1
南京信息职业技术学院	37	0	0	0	0	0	0	0	0	0	0	0	0	0	0	0	0	0	0	0	0	0	0	0	0

续表

高校名称	编号	课题数(项)	当年投入人数(人年)	其中研究生	当年投入经费(百元)	当年支出经费(百元)	出版著作(部) 合计	专著	其中被译成外文	编著教材	工具书参考书合计	古籍整理(部)	译著(部)	发表译文(篇)	电子出版物(件)	发表论文(篇) 合计	国内学术刊物	国外学术刊物	港澳台刊物	获奖成果数(项) 合计	国家级奖	部级奖	省级奖	研究与咨询报告 提交有关部门	其中被采纳数
		L01	L02	L03	L04	L05	L06	L07	L08	L09	L10	L11	L12	L13	L14	L15	L16	L17	L18	L19	L20	L21	L22	L23	L24
常州机电职业技术学院	38	0	0	0	0	0	0	0	0	0	0	0	0	0	0	0	0	0	0	0	0	0	0	0	0
江阴职业技术学院	39	0	0	0	0	0	0	0	0	0	0	0	0	0	0	0	0	0	0	0	0	0	0	0	0
无锡城市职业技术学院	40	0	0	0	0	0	0	0	0	0	0	0	0	0	0	0	0	0	0	0	0	0	0	0	0
无锡工艺职业技术学院	41	0	0	0	0	0	0	0	0	0	0	0	0	0	1	0	0	0	0	0	0	0	0	0	0
苏州健雄职业技术学院	42	0	0	0	0	0	0	0	0	0	0	0	0	0	0	0	0	0	0	0	0	0	0	0	0
盐城工业职业技术学院	43	0	0	0	0	0	0	0	0	0	0	0	0	0	0	0	0	0	0	0	0	0	0	0	0
江苏财经职业技术学院	44	2	0.2	0	20	20	0	0	0	0	0	0	0	0	0	0	0	0	0	0	0	0	0	0	0
扬州工业职业技术学院	45	0	0	0	0	0	0	0	0	0	0	0	0	0	0	0	0	0	0	0	0	0	0	0	0
江苏城市职业学院	46	3	1	0	120	0	0	0	0	0	0	0	0	0	0	4	4	0	0	0	0	0	0	0	0
南京城市职业学院	47	1	0.3	0	36	19	0	0	0	0	0	0	0	0	0	0	0	0	0	0	0	0	0	0	0
南京机电职业技术学院	48	0	0	0	0	0	0	0	0	0	0	0	0	0	0	0	0	0	0	0	0	0	0	0	0
南京旅游职业学院	49	0	0	0	0	0	0	0	0	0	0	0	0	0	0	0	0	0	0	0	0	0	0	0	0
江苏建康职业学院	50	0	0	0	0	0	0	0	0	0	0	0	0	0	0	0	0	0	0	0	0	0	0	0	0
苏州信息职业技术学院	51	0	0	0	0	0	0	0	0	0	0	0	0	0	0	0	0	0	0	0	0	0	0	0	0
苏州工业园区服务外包职业学院	52	0	0	0	0	0	0	0	0	0	0	0	0	0	0	0	0	0	0	0	0	0	0	0	0
徐州幼儿师范高等专科学校	53	0	0	0	0	0	0	0	0	0	0	0	0	0	0	0	0	0	0	0	0	0	0	0	0
徐州生物工程职业技术学院	54	0	0	0	0	0	0	0	0	0	0	0	0	0	0	0	0	0	0	0	0	0	0	0	0
江苏经贸职业学院	55	0	0	0	0	0	0	0	0	0	0	0	0	0	0	0	0	0	0	0	0	0	0	0	0

3.17 图书、情报、文献学人文、社会科学研究与课题成果情况表

高校名称	编号	课题数(项)	当年投入人数(人年)	其中研究生	当年投入经费(百元)	当年支出经费(百元)	出版著作(部) 合计	专著	其中被译成外文	编著教材	工具书参考书合计	古籍整理(部)	译著(部)	发表译文(篇)	电子出版物(件)	发表论文(篇) 合计	国内学术刊物	国外学术刊物	港澳台刊物	获奖成果数(项) 合计	国家级奖	部级奖	省级奖	研究与咨询报告 提交有关部门	其中被采纳数
		L01	L02	L03	L04	L05	L06	L07	L08	L09	L10	L11	L12	L13	L14	L15	L16	L17	L18	L19	L20	L21	L22	L23	L24
合计	/	60	14.8	0	2 125	2 099.7	0	0	0	0	0	0	0	0	1	245	245	0	0	0	0	0	0	1	1
无锡职业技术学院	1	1	0.1	0	0	10	0	0	0	0	0	0	0	0	0	2	2	0	0	0	0	0	0	0	0
江苏建筑职业技术学院	2	4	0.5	0	80	50	0	0	0	0	0	0	0	0	0	1	1	0	0	0	0	0	0	0	0
南京工业职业技术学院	3	3	1.4	0	80	102	0	0	0	0	0	0	0	0	0	10	10	0	0	0	0	0	0	0	0
江苏工程职业技术学院	4	1	0.2	0	0	25	0	0	0	0	0	0	0	0	0	10	10	0	0	0	0	0	0	0	0
苏州工艺美术职业技术学院	5	0	0	0	0	0	0	0	0	0	0	0	0	0	0	2	2	0	0	0	0	0	0	0	0
连云港职业技术学院	6	2	0.1	0	0	0	0	0	0	0	0	0	0	0	0	9	9	0	0	0	0	0	0	0	0
镇江市高等专科学校	7	2	0.7	0	20	35	0	0	0	0	0	0	0	0	1	5	5	0	0	0	0	0	0	0	0
南通职业大学	8	1	0.3	0	10	10	0	0	0	0	0	0	0	0	0	2	2	0	0	0	0	0	0	0	0
苏州市职业大学	9	5	1	0	130	75	0	0	0	0	0	0	0	0	0	9	9	0	0	0	0	0	0	0	0
沙洲职业工学院	10	0	0	0	0	0	0	0	0	0	0	0	0	0	0	2	2	0	0	0	0	0	0	0	0
扬州市职业大学	11	0	0	0	0	0	0	0	0	0	0	0	0	0	0	8	8	0	0	0	0	0	0	0	0
连云港师范高等专科学校	12	1	0.3	0	0	0	0	0	0	0	0	0	0	0	0	0	0	0	0	0	0	0	0	0	0
江苏经贸职业技术学院	13	0	0	0	0	0	0	0	0	0	0	0	0	0	0	0	0	0	0	0	0	0	0	0	0
泰州职业技术学院	14	0	0	0	0	0	0	0	0	0	0	0	0	0	0	9	9	0	0	0	0	0	0	0	0
常州信息职业技术学院	15	0	0	0	0	0	0	0	0	0	0	0	0	0	0	5	5	0	0	0	0	0	0	0	0
江苏海事职业技术学院	16	0	0	0	0	0	0	0	0	0	0	0	0	0	0	17	17	0	0	0	0	0	0	0	0
无锡科技职业学院	17	0	0	0	0	0	0	0	0	0	0	0	0	0	0	0	0	0	0	0	0	0	0	0	0

续表

高校名称	编号	课题数(项)	当年投入人数(人年)	其中研究生	当年投入经费(百元)	当年支出经费(百元)	出版著作(部) 合计	专著	其中被译成外文	编著教材	工具书参考书合计	古籍整理(部)	译著(部)	发表译文(篇)	电子出版物(件)	发表论文(篇) 合计	国内学术刊物	国外学术刊物	港澳台刊物	获奖成果数(项) 合计	国家级奖	部级奖	省级奖	研究与咨询报告 提交有关部门	其中被采纳数
		L01	L02	L03	L04	L05	L06	L07	L08	L09	L10	L11	L12	L13	L14	L15	L16	L17	L18	L19	L20	L21	L22	L23	L24
盐城卫生职业技术学院	18	0	0	0	0	0	0	0	0	0	0	0	0	0	0	0	0	0	0	0	0	0	0	0	0
南通科技职业学院	19	0	0	0	0	0	0	0	0	0	0	0	0	0	0	2	2	0	0	0	0	0	0	0	0
苏州经贸职业技术学院	20	0	0	0	0	0	0	0	0	0	0	0	0	0	0	1	1	0	0	0	0	0	0	0	0
苏州工业职业技术学院	21	0	0	0	0	0	0	0	0	0	0	0	0	0	0	0	0	0	0	0	0	0	0	0	0
苏州卫生职业技术学院	22	2	0.2	0	0	23	0	0	0	0	0	0	0	0	0	0	0	0	0	0	0	0	0	0	0
无锡商业职业技术学院	23	1	0.3	0	20	5	0	0	0	0	0	0	0	0	0	0	0	0	0	0	0	0	0	0	0
南通航运职业技术学院	24	0	0	0	0	0	0	0	0	0	0	0	0	0	0	17	17	0	0	0	0	0	0	0	0
南京交通职业技术学院	25	3	0.3	0	90	0	0	0	0	0	0	0	0	0	0	12	12	0	0	0	0	0	0	0	0
淮安信息职业技术学院	26	2	0.2	0	30	20	0	0	0	0	0	0	0	0	0	8	8	0	0	0	0	0	0	0	0
江苏农牧科技职业学院	27	0	0	0	0	0	0	0	0	0	0	0	0	0	0	0	0	0	0	0	0	0	0	0	0
常州纺织服装职业技术学院	28	2	0.4	0	100	0	0	0	0	0	0	0	0	0	0	6	6	0	0	0	0	0	0	0	0
苏州农业职业技术学院	29	0	0	0	0	0	0	0	0	0	0	0	0	0	0	1	1	0	0	0	0	0	0	0	0
南京化工职业技术学院	30	1	0.2	0	10	10	0	0	0	0	0	0	0	0	0	0	0	0	0	0	0	0	0	0	0
常州轻工职业技术学院	31	0	0	0	0	0	0	0	0	0	0	0	0	0	0	4	4	0	0	0	0	0	0	0	0
常州工程职业技术学院	32	1	0	0	0	0	0	0	0	0	0	0	0	0	0	17	17	0	0	0	0	0	0	0	0
江苏农林职业技术学院	33	0	0	0	0	0	0	0	0	0	0	0	0	0	0	13	13	0	0	0	0	0	0	0	0
江苏食品药品职业技术学院	34	3	0.7	0	1040	785	0	0	0	0	0	0	0	0	0	19	19	0	0	0	0	0	0	1	1

续表

徐州工业职业技术学院	35	0	0	0	0	0	0	0	0	0	0	0	0	0	0	2	2	0	0	0	0	0	0	0	0
江苏信息职业技术学院	36	0	0	0	0	0	0	0	0	0	0	0	0	0	0	0	0	0	0	0	0	0	0	0	0
南京信息职业技术学院	37	0	0	0	0	0	0	0	0	0	0	0	0	0	0	1	1	0	0	0	0	0	0	0	0
常州机电职业技术学院	38	3	0.4	0	20	179	0	0	0	0	0	0	0	0	0	0	0	0	0	0	0	0	0	0	0
江阴职业技术学院	39	1	0.1	0	50	20	0	0	0	0	0	0	0	0	0	0	0	0	0	0	0	0	0	0	0
无锡城市职业技术学院	40	2	0.3	0	0	0	0	0	0	0	0	0	0	0	0	4	4	0	0	0	0	0	0	0	0
无锡工艺职业技术学院	41	0	0	0	0	0	0	0	0	0	0	0	0	0	0	2	2	0	0	0	0	0	0	0	0
苏州健雄职业技术学院	42	3	0.8	0	0	320	0	0	0	0	0	0	0	0	0	2	2	0	0	0	0	0	0	0	0
盐城工业职业技术学院	43	4	0.8	0	250	95	0	0	0	0	0	0	0	0	0	1	1	0	0	0	0	0	0	0	0
江苏财经职业技术学院	44	2	0.6	0	0	70	0	0	0	0	0	0	0	0	0	0	0	0	0	0	0	0	0	0	0
扬州工业职业技术学院	45	0	0	0	0	0	0	0	0	0	0	0	0	0	0	6	6	0	0	0	0	0	0	0	0
江苏城市职业学院	46	2	0.6	0	15	19.5	0	0	0	0	0	0	0	0	0	17	17	0	0	0	0	0	0	0	0
南京城市职业学院	47	0	0	0	0	0	0	0	0	0	0	0	0	0	0	4	4	0	0	0	0	0	0	0	0
南京机电职业技术学院	48	1	0.7	0	0	20	0	0	0	0	0	0	0	0	0	2	2	0	0	0	0	0	0	0	0
南京旅游职业学院	49	1	0.4	0	0	10	0	0	0	0	0	0	0	0	0	2	2	0	0	0	0	0	0	0	0
江苏建康职业学院	50	3	1.1	0	180	110	0	0	0	0	0	0	0	0	0	0	0	0	0	0	0	0	0	0	0
苏州信息职业技术学院	51	1	0.1	0	0	16.2	0	0	0	0	0	0	0	0	0	0	0	0	0	0	0	0	0	0	0
苏州工业园区服务外包职业学院	52	0	0	0	0	0	0	0	0	0	0	0	0	0	0	0	0	0	0	0	0	0	0	0	0
徐州幼儿师范高等专科学校	53	0	0	0	0	0	0	0	0	0	0	0	0	0	0	0	0	0	0	0	0	0	0	0	0
徐州生物工程职业技术学院	54	0	0	0	0	0	0	0	0	0	0	0	0	0	0	2	2	0	0	0	0	0	0	0	0
江苏经贸职业学院	55	2	2	0	0	90	0	0	0	0	0	0	0	0	0	9	9	0	0	0	0	0	0	0	0

3.18 教育学人文、社会科学研究与课题成果情况表

高校名称	编号	课题数(项)	当年投入人数(人年)	其中研究生	当年投入经费(百元)	当年支出经费(百元)	出版著作(部) 合计	专著	其中被译成外文	编著教材	工具书参考书合计	古籍整理(部)	译著(部)	发表译文(篇)	电子出版物(件)	发表论文(篇) 合计	国内学术刊物	国外学术刊物	港澳台刊物	获奖成果数(项) 合计	国家级奖	部级奖	省级奖	研究与咨询报告 提交有关部门	其中被采纳数
		L01	L02	L03	L04	L05	L06	L07	L08	L09	L10	L11	L12	L13	L14	L15	L16	L17	L18	L19	L20	L21	L22	L23	L24
合计	/	1 626	360.6	0	48 226.62	40 245.45	43	7	0	36	0	0	2	0	1	2 502	2 496	5	1	2	0	0	2	76	44
无锡职业技术学院	1	21	2.6	0	790	586.12	0	0	0	0	0	0	1	0	0	42	42	0	0	0	0	0	0	2	0
江苏建筑职业技术学院	2	62	6.9	0	1 535	1 140.5	3	2	0	1	0	0	0	0	0	107	107	0	0	0	0	0	0	7	7
南京工业职业技术学院	3	22	8.1	0	1 130	1 054	0	0	0	0	0	0	0	0	0	27	27	0	0	1	0	0	1	0	0
江苏工程职业技术学院	4	60	15.8	0	770	752	0	0	0	0	0	0	0	0	0	64	64	0	0	0	0	0	0	0	0
苏州工艺美术职业技术学院	5	46	9.5	0	1 380	700	1	1	0	0	0	0	0	0	0	138	138	0	0	0	0	0	0	0	0
连云港职业技术学院	6	7	0.9	0	350	360	0	0	0	0	0	0	0	0	0	7	5	2	0	0	0	0	0	0	0
镇江市高等专科学校	7	35	6.8	0	465	293	0	0	0	0	0	0	0	0	0	15	15	0	0	0	0	0	0	1	0
南通职业大学	8	22	4.4	0	60	110	0	0	0	0	0	0	0	0	0	43	43	0	0	0	0	0	0	0	0
苏州市职业大学	9	23	5.6	0	250	448.5	1	0	0	1	0	0	0	0	0	24	24	0	0	0	0	0	0	2	0
沙洲职业工学院	10	20	3.3	0	255	345	3	0	0	3	0	0	0	0	0	28	28	0	0	0	0	0	0	1	0
扬州市职业大学	11	19	11.6	0	230	220	1	0	0	1	0	0	0	0	0	59	59	0	0	0	0	0	0	4	1
连云港师范高等专科学校	12	25	5.8	0	100	40	1	0	0	1	0	0	0	0	0	7	7	0	0	1	0	0	1	0	0
江苏经贸职业技术学院	13	12	2.2	0	3 339	824	0	0	0	0	0	0	0	0	0	28	28	0	0	0	0	0	0	1	0
泰州职业技术学院	14	4	1.9	0	150	7.98	0	0	0	0	0	0	0	0	0	43	43	0	0	0	0	0	0	0	0
常州信息职业技术学院	15	10	5	0	830	823	0	0	0	0	0	0	0	0	0	24	24	0	0	0	0	0	0	0	0
江苏海事职业技术学院	16	13	3.4	0	120	402	0	0	0	0	0	0	0	0	0	43	43	0	0	0	0	0	0	0	0
无锡科技职业学院	17	9	1.4	0	360	247	0	0	0	0	0	0	0	0	0	23	23	0	0	0	0	0	0	1	1

续表

盐城卫生职业技术学院	18	24	8.9	0	800	162	0	0	0	0	0	0	0	0	0	18	18	0	0	0	0	0	0	0	0
南通科技职业学院	19	9	3.4	0	350	320	1	0	0	1	0	0	0	0	0	21	21	0	0	0	0	0	0	1	1
苏州经贸职业技术学院	20	29	6.4	0	1 750	1 075.5	0	0	0	0	0	0	0	0	0	71	71	0	0	0	0	0	0	6	4
苏州工业职业技术学院	21	10	1.4	0	450	381	3	0	0	3	0	0	0	0	0	24	24	0	0	0	0	0	0	9	9
苏州卫生职业技术学院	22	18	3	0	880	468.16	0	0	0	0	0	0	0	0	0	30	30	0	0	0	0	0	0	5	0
无锡商业职业技术学院	23	41	11.8	0	2 410	1 096	14	0	0	14	0	0	0	0	0	81	81	0	0	0	0	0	0	0	0
南通航运职业技术学院	24	65	9	0	1 655	672.5	0	0	0	0	0	0	0	0	0	72	72	0	0	0	0	0	0	0	0
南京交通职业技术学院	25	59	9.7	0	1 300	1 135.5	2	1	0	1	0	0	0	0	0	63	63	0	0	0	0	0	0	0	0
淮安信息职业技术学院	26	87	8.8	0	2 790	2 399	3	3	0	0	0	0	0	0	0	100	100	0	0	0	0	0	0	0	0
江苏农牧科技职业学院	27	7	0.4	0	300	0	0	0	0	0	0	0	0	0	0	4	4	0	0	0	0	0	0	0	0
常州纺织服装职业技术学院	28	94	25.8	0	1 750	3 287	3	0	0	3	0	0	0	0	0	69	69	0	0	0	0	0	0	0	0
苏州农业职业技术学院	29	60	13	0	1 920	2 046	1	0	0	1	0	0	0	0	0	41	41	0	0	0	0	0	0	1	0
南京化工职业技术学院	30	46	7.5	0	845	895	0	0	0	0	0	0	0	0	0	5	5	0	0	0	0	0	0	0	0
常州轻工职业技术学院	31	6	3.9	0	525	0	1	0	0	1	0	0	0	0	0	17	17	0	0	0	0	0	0	0	0
常州工程职业技术学院	32	78	6.1	0	2 460	1 160	0	0	0	0	0	0	0	0	0	148	147	1	0	0	0	0	0	2	2
江苏农林职业技术学院	33	0	0	0	0	0	0	0	0	0	0	0	0	0	0	0	0	0	0	0	0	0	0	0	0
江苏食品药品职业技术学院	34	35	13.6	0	1 550	1 926	1	0	0	1	0	0	0	0	1	58	58	0	0	0	0	0	0	2	2
徐州工业职业技术学院	35	16	3	0	270	350	0	0	0	0	0	0	0	0	0	22	22	0	0	0	0	0	0	0	0
江苏信息职业技术学院	36	13	3.7	0	180	247.55	1	0	0	1	0	0	0	0	0	10	10	0	0	0	0	0	0	0	0
南京信息职业技术学院	37	40	4.8	0	0	781	0	0	0	0	0	0	1	0	0	113	113	0	0	0	0	0	0	0	0

续表

高校名称							出版著作(部)					古籍整理(部)	译著(部)	发表译文(篇)	电子出版物(件)	发表论文(篇)				获奖成果数(项)				研究与咨询报告	
		课题数(项)	当年投入人数(人年)	其中研究生	当年投入经费(百元)	当年支出经费(百元)	合计	专著	其中被译成外文	编著教材	工具书参考书合计					合计	国内学术刊物	国外学术刊物	港澳台刊物	合计	国家级奖	部级奖	省级奖	提交有关部门	其中被采纳数
	编号	L01	L02	L03	L04	L05	L06	L07	L08	L09	L10	L11	L12	L13	L14	L15	L16	L17	L18	L19	L20	L21	L22	L23	L24
常州机电职业技术学院	38	161	21.8	0	3 370	4 302.47	0	0	0	0	0	0	0	0	0	132	132	0	0	0	0	0	0	12	5
江阴职业技术学院	39	12	1.3	0	130	240	0	0	0	0	0	0	0	0	0	56	56	0	0	0	0	0	0	1	1
无锡城市职业技术学院	40	4	1.5	0	270	110	1	0	0	1	0	0	0	0	0	32	32	0	0	0	0	0	0	0	0
无锡工艺职业技术学院	41	16	2.1	0	2 650	2 650	0	0	0	0	0	0	0	0	0	86	85	1	0	0	0	0	0	0	0
苏州健雄职业技术学院	42	19	4.4	0	540	395	0	0	0	0	0	0	0	0	0	52	52	0	0	0	0	0	0	5	5
盐城工业职业技术学院	43	16	3.2	0	475	402	0	0	0	0	0	0	0	0	0	73	73	0	0	0	0	0	0	3	0
江苏财经职业技术学院	44	6	0.6	0	180	65	0	0	0	0	0	0	0	0	0	3	3	0	0	0	0	0	0	2	0
扬州工业职业技术学院	45	14	1.2	0	1 720	1 525	0	0	0	0	0	0	0	0	0	38	38	0	0	0	0	0	0	2	2
江苏城市职业学院	46	67	26.3	0	1 147.62	708.03	2	0	0	2	0	0	0	0	0	80	78	1	1	0	0	0	0	0	0
南京城市职业学院	47	37	13.6	0	340	443	0	0	0	0	0	0	0	0	0	59	59	0	0	0	0	0	0	4	4
南京机电职业技术学院	48	12	7.2	0	250	103.9	0	0	0	0	0	0	0	0	0	46	46	0	0	0	0	0	0	0	0
南京旅游职业学院	49	9	3.8	0	60	267	0	0	0	0	0	0	0	0	0	22	22	0	0	0	0	0	0	0	0
江苏建康职业学院	50	10	2	0	915	233.5	0	0	0	0	0	0	0	0	0	12	12	0	0	0	0	0	0	0	0
苏州信息职业技术学院	51	2	0.4	0	50	48.4	0	0	0	0	0	0	0	0	0	22	22	0	0	0	0	0	0	0	0
苏州工业园区服务外包职业学院	52	6	2.3	0	150	115.64	0	0	0	0	0	0	0	0	0	19	19	0	0	0	0	0	0	0	0
徐州幼儿师范高等专科学校	53	40	8.4	0	400	770.2	0	0	0	0	0	0	0	0	0	18	18	0	0	0	0	0	0	0	0
徐州生物工程职业技术学院	54	28	4.2	0	530	511	0	0	0	0	0	0	0	0	0	11	11	0	0	0	0	0	0	2	0
江苏经贸职业学院	55	20	16.9	0	750	600	0	0	0	0	0	0	0	0	0	52	52	0	0	0	0	0	0	0	0

3.19 统计学人文、社会科学研究与课题成果情况表

高校名称	编号	课题数(项)	当年投入人数(人年)	其中研究生	当年投入经费(百元)	当年支出经费(百元)	出版著作(部) 合计	专著	其中被译成外文	编著教材	工具书参考书合计	古籍整理(部)	译著(部)	发表译文(篇)	电子出版物(件)	发表论文(篇) 合计	国内学术刊物	国外学术刊物	港澳台刊物	获奖成果数(项) 合计	国家级奖	部级奖	省级奖	研究与咨询报告 提交有关部门	其中被采纳数
		L01	L02	L03	L04	L05	L06	L07	L08	L09	L10	L11	L12	L13	L14	L15	L16	L17	L18	L19	L20	L21	L22	L23	L24
合计	/	11	1.8	0	245	113	2	0	0	2	0	0	0	0	0	16	16	0	0	0	0	0	0	2	1
无锡职业技术学院	1	0	0	0	0	0	0	0	0	0	0	0	0	0	0	0	0	0	0	0	0	0	0	0	0
江苏建筑职业技术学院	2	1	0	0	0	0	0	0	0	0	0	0	0	0	0	1	1	0	0	0	0	0	0	0	0
南京工业职业技术学院	3	0	0	0	0	0	0	0	0	0	0	0	0	0	0	1	1	0	0	0	0	0	0	0	0
江苏工程职业技术学院	4	0	0	0	0	0	0	0	0	0	0	0	0	0	0	0	0	0	0	0	0	0	0	0	0
苏州工艺美术职业技术学院	5	0	0	0	0	0	0	0	0	0	0	0	0	0	0	0	0	0	0	0	0	0	0	0	0
连云港职业技术学院	6	0	0	0	0	0	0	0	0	0	0	0	0	0	0	0	0	0	0	0	0	0	0	0	0
镇江市高等专科学校	7	1	0.2	0	0	20	0	0	0	0	0	0	0	0	0	0	0	0	0	0	0	0	0	0	0
南通职业大学	8	0	0	0	0	0	0	0	0	0	0	0	0	0	0	0	0	0	0	0	0	0	0	0	0
苏州市职业大学	9	0	0	0	0	0	0	0	0	0	0	0	0	0	0	0	0	0	0	0	0	0	0	0	0
沙洲职业工学院	10	0	0	0	0	0	0	0	0	0	0	0	0	0	0	0	0	0	0	0	0	0	0	0	0
扬州市职业大学	11	0	0	0	0	0	0	0	0	0	0	0	0	0	0	0	0	0	0	0	0	0	0	1	1
连云港师范高等专科学校	12	0	0	0	0	0	0	0	0	0	0	0	0	0	0	2	2	0	0	0	0	0	0	0	0
江苏经贸职业技术学院	13	0	0	0	0	0	0	0	0	0	0	0	0	0	0	0	0	0	0	0	0	0	0	0	0
泰州职业技术学院	14	0	0	0	0	0	0	0	0	0	0	0	0	0	0	0	0	0	0	0	0	0	0	0	0
常州信息职业技术学院	15	0	0	0	0	0	0	0	0	0	0	0	0	0	0	0	0	0	0	0	0	0	0	0	0
江苏海事职业技术学院	16	0	0	0	0	0	0	0	0	0	0	0	0	0	0	0	0	0	0	0	0	0	0	0	0
无锡科技职业学院	17	1	0.1	0	60	12	0	0	0	0	0	0	0	0	0	0	0	0	0	0	0	0	0	0	0

续表

高校名称							出版著作(部)					古籍整理(部)	译著(部)	发表译文(篇)	电子出版物(件)	发表论文(篇)				获奖成果数(项)				研究与咨询报告	
		课题数(项)	当年投入人数(人年)	其中研究生	当年投入经费(百元)	当年支出经费(百元)	合计	专著	其中被译成外文	编著教材	工具书参考书合计					合计	国内学术刊物	国外学术刊物	港澳台刊物	合计	国家级奖	部级奖	省级奖	提交有关部门	其中被采纳数
	编号	L01	L02	L03	L04	L05	L06	L07	L08	L09	L10	L11	L12	L13	L14	L15	L16	L17	L18	L19	L20	L21	L22	L23	L24
盐城卫生职业技术学院	18	0	0	0	0	0	0	0	0	0	0	0	0	0	0	0	0	0	0	0	0	0	0	0	0
南通科技职业学院	19	3	1	0	75	66	0	0	0	0	0	0	0	0	0	2	2	0	0	0	0	0	0	0	0
苏州经贸职业技术学院	20	0	0	0	0	0	0	0	0	0	0	0	0	0	0	1	1	0	0	0	0	0	0	0	0
苏州工业职业技术学院	21	0	0	0	0	0	0	0	0	0	0	0	0	0	0	0	0	0	0	0	0	0	0	0	0
苏州卫生职业技术学院	22	0	0	0	0	0	0	0	0	0	0	0	0	0	0	0	0	0	0	0	0	0	0	0	0
无锡商业职业技术学院	23	0	0	0	0	0	1	0	0	1	0	0	0	0	0	1	1	0	0	0	0	0	0	0	0
南通航运职业技术学院	24	0	0	0	0	0	0	0	0	0	0	0	0	0	0	0	0	0	0	0	0	0	0	0	0
南京交通职业技术学院	25	2	0.2	0	110	0	0	0	0	0	0	0	0	0	0	0	0	0	0	0	0	0	0	0	0
淮安信息职业技术学院	26	0	0	0	0	0	0	0	0	0	0	0	0	0	0	0	0	0	0	0	0	0	0	0	0
江苏农牧科技职业学院	27	0	0	0	0	0	0	0	0	0	0	0	0	0	0	0	0	0	0	0	0	0	0	0	0
常州纺织服装职业技术学院	28	0	0	0	0	0	0	0	0	0	0	0	0	0	0	0	0	0	0	0	0	0	0	0	0
苏州农业职业技术学院	29	0	0	0	0	0	0	0	0	0	0	0	0	0	0	2	2	0	0	0	0	0	0	0	0
南京化工职业技术学院	30	0	0	0	0	0	0	0	0	0	0	0	0	0	0	0	0	0	0	0	0	0	0	0	0
常州轻工职业技术学院	31	0	0	0	0	0	0	0	0	0	0	0	0	0	0	0	0	0	0	0	0	0	0	0	0
常州工程职业技术学院	32	0	0	0	0	0	0	0	0	0	0	0	0	0	0	1	1	0	0	0	0	0	0	0	0
江苏农林职业技术学院	33	0	0	0	0	0	0	0	0	0	0	0	0	0	0	0	0	0	0	0	0	0	0	0	0
江苏食品药品职业技术学院	34	0	0	0	0	0	0	0	0	0	0	0	0	0	0	1	1	0	0	0	0	0	0	0	0

续表

徐州工业职业技术学院	35	0	0	0	0	0	0	0	0	0	0	0	0	0	0	0	0	0	0	0	0	0	0	0	0
江苏信息职业技术学院	36	0	0	0	0	0	0	0	0	0	0	0	0	0	0	0	0	0	0	0	0	0	0	0	0
南京信息职业技术学院	37	1	0.1	0	0	7	0	0	0	0	0	0	0	0	0	0	0	0	0	0	0	0	0	0	0
常州机电职业技术学院	38	0	0	0	0	0	0	0	0	0	0	0	0	0	0	0	0	0	0	0	0	0	0	0	0
江阴职业技术学院	39	0	0	0	0	0	0	0	0	0	0	0	0	0	0	3	3	0	0	0	0	0	0	0	0
无锡城市职业技术学院	40	0	0	0	0	0	0	0	0	0	0	0	0	0	0	0	0	0	0	0	0	0	0	0	0
无锡工艺职业技术学院	41	0	0	0	0	0	0	0	0	0	0	0	0	0	0	0	0	0	0	0	0	0	0	0	0
苏州健雄职业技术学院	42	0	0	0	0	0	0	0	0	0	0	0	0	0	0	0	0	0	0	0	0	0	0	0	0
盐城工业职业技术学院	43	0	0	0	0	0	0	0	0	0	0	0	0	0	0	0	0	0	0	0	0	0	0	0	0
江苏财经职业技术学院	44	0	0	0	0	0	0	0	0	0	0	0	0	0	0	0	0	0	0	0	0	0	0	0	0
扬州工业职业技术学院	45	0	0	0	0	0	0	0	0	0	0	0	0	0	0	0	0	0	0	0	0	0	0	0	0
江苏城市职业学院	46	0	0	0	0	0	0	0	0	0	0	0	0	0	0	0	0	0	0	0	0	0	0	0	0
南京城市职业学院	47	0	0	0	0	0	0	0	0	0	0	0	0	0	0	0	0	0	0	0	0	0	0	1	0
南京机电职业技术学院	48	0	0	0	0	0	1	0	0	1	0	0	0	0	0	1	1	0	0	0	0	0	0	0	0
南京旅游职业学院	49	0	0	0	0	0	0	0	0	0	0	0	0	0	0	0	0	0	0	0	0	0	0	0	0
江苏建康职业学院	50	0	0	0	0	0	0	0	0	0	0	0	0	0	0	0	0	0	0	0	0	0	0	0	0
苏州信息职业技术学院	51	0	0	0	0	0	0	0	0	0	0	0	0	0	0	0	0	0	0	0	0	0	0	0	0
苏州工业园区服务外包职业学院	52	0	0	0	0	0	0	0	0	0	0	0	0	0	0	0	0	0	0	0	0	0	0	0	0
徐州幼儿师范高等专科学校	53	0	0	0	0	0	0	0	0	0	0	0	0	0	0	0	0	0	0	0	0	0	0	0	0
徐州生物工程职业技术学院	54	2	0.2	0	0	8	0	0	0	0	0	0	0	0	0	0	0	0	0	0	0	0	0	0	0
江苏经贸职业学院	55	0	0	0	0	0	0	0	0	0	0	0	0	0	0	0	0	0	0	0	0	0	0	0	0

3.20 心理学人文、社会科学研究与课题成果情况表

高校名称	编号	课题数(项)	当年投入人数(人年)	其中研究生	当年投入经费(百元)	当年支出经费(百元)	出版著作(部) 合计	专著	其中被译成外文	编著教材	工具书参考书合计	古籍整理(部)	译著(部)	发表译文(篇)	电子出版物(件)	发表论文(篇) 合计	国内学术刊物	国外学术刊物	港澳台刊物	获奖成果数(项) 合计	国家级奖	部级奖	省级奖	研究与咨询报告 提交有关部门	其中被采纳数
		L01	L02	L03	L04	L05	L06	L07	L08	L09	L10	L11	L12	L13	L14	L15	L16	L17	L18	L19	L20	L21	L22	L23	L24
合计	/	69	15.8	0	1 560	1 227	5	1	0	4	0	0	0	0	0	93	93	0	0	0	0	0	0	4	2
无锡职业技术学院	1	0	0	0	0	0	0	0	0	0	0	0	0	0	0	0	0	0	0	0	0	0	0	0	0
江苏建筑职业技术学院	2	4	0	0	110	60	0	0	0	0	0	0	0	0	0	1	1	0	0	0	0	0	0	0	0
南京工业职业技术学院	3	1	0.4	0	20	8	0	0	0	0	0	0	0	0	0	0	0	0	0	0	0	0	0	0	0
江苏工程职业技术学院	4	0	0	0	0	0	0	0	0	0	0	0	0	0	0	1	1	0	0	0	0	0	0	0	0
苏州工艺美术职业技术学院	5	1	0.2	0	0	10.5	0	0	0	0	0	0	0	0	0	4	4	0	0	0	0	0	0	1	0
连云港职业技术学院	6	0	0	0	0	0	0	0	0	0	0	0	0	0	0	0	0	0	0	0	0	0	0	0	0
镇江市高等专科学校	7	0	0	0	0	0	0	0	0	0	0	0	0	0	0	1	1	0	0	0	0	0	0	0	0
南通职业大学	8	0	0	0	0	0	0	0	0	0	0	0	0	0	0	1	1	0	0	0	0	0	0	0	0
苏州市职业大学	9	7	1.2	0	390	139.5	0	0	0	0	0	0	0	0	0	3	3	0	0	0	0	0	0	0	0
沙洲职业工学院	10	2	0.5	0	0	40	0	0	0	0	0	0	0	0	0	1	1	0	0	0	0	0	0	0	0
扬州市职业大学	11	0	0	0	0	0	0	0	0	0	0	0	0	0	0	0	0	0	0	0	0	0	0	0	0
连云港师范高等专科学校	12	0	0	0	0	0	0	0	0	0	0	0	0	0	0	1	1	0	0	0	0	0	0	0	0
江苏经贸职业技术学院	13	1	0.2	0	0	0	0	0	0	0	0	0	0	0	0	2	2	0	0	0	0	0	0	0	0
泰州职业技术学院	14	2	0.6	0	50	0	0	0	0	0	0	0	0	0	0	1	1	0	0	0	0	0	0	0	0
常州信息职业技术学院	15	2	1	0	50	40	0	0	0	0	0	0	0	0	0	1	1	0	0	0	0	0	0	0	0
江苏海事职业技术学院	16	0	0	0	0	0	0	0	0	0	0	0	0	0	0	0	0	0	0	0	0	0	0	0	0
无锡科技职业学院	17	2	0.3	0	60	22	0	0	0	0	0	0	0	0	0	0	0	0	0	0	0	0	0	0	0

续表

盐城卫生职业技术学院	18	1	0.6	0	0	0	0	0	0	0	0	0	0	0	0	0	0	0	0	0	0	0	0	0	0
南通科技职业学院	19	2	0.7	0	0	15	1	0	0	1	0	0	0	0	0	8	8	0	0	0	0	0	0	0	0
苏州经贸职业技术学院	20	4	0.7	0	180	33	0	0	0	0	0	0	0	0	0	3	3	0	0	0	0	0	0	0	0
苏州工业职业技术学院	21	0	0	0	0	0	1	0	0	1	0	0	0	0	0	3	3	0	0	0	0	0	0	2	2
苏州卫生职业技术学院	22	4	0.5	0	100	95	0	0	0	0	0	0	0	0	0	9	9	0	0	0	0	0	0	0	0
无锡商业职业技术学院	23	2	0.6	0	90	40	0	0	0	0	0	0	0	0	0	0	0	0	0	0	0	0	0	0	0
南通航运职业技术学院	24	4	0.5	0	65	32	1	0	0	1	0	0	0	0	0	1	1	0	0	0	0	0	0	0	0
南京交通职业技术学院	25	0	0	0	0	0	1	0	0	1	0	0	0	0	0	3	3	0	0	0	0	0	0	0	0
淮安信息职业技术学院	26	8	0.8	0	180	240	0	0	0	0	0	0	0	0	0	12	12	0	0	0	0	0	0	1	0
江苏农牧科技职业学院	27	0	0	0	0	0	0	0	0	0	0	0	0	0	0	0	0	0	0	0	0	0	0	0	0
常州纺织服装职业技术学院	28	2	0.2	0	90	0	0	0	0	0	0	0	0	0	0	5	5	0	0	0	0	0	0	0	0
苏州农业职业技术学院	29	1	0.1	0	0	13	0	0	0	0	0	0	0	0	0	1	1	0	0	0	0	0	0	0	0
南京化工职业技术学院	30	1	0.3	0	0	50	0	0	0	0	0	0	0	0	0	0	0	0	0	0	0	0	0	0	0
常州轻工职业技术学院	31	2	1.2	0	75	0	0	0	0	0	0	0	0	0	0	5	5	0	0	0	0	0	0	0	0
常州工程职业技术学院	32	1	0.4	0	0	60	0	0	0	0	0	0	0	0	0	2	2	0	0	0	0	0	0	0	0
江苏农林职业技术学院	33	0	0	0	0	0	0	0	0	0	0	0	0	0	0	0	0	0	0	0	0	0	0	0	0
江苏食品药品职业技术学院	34	1	0.8	0	0	35	1	1	0	0	0	0	0	0	0	4	4	0	0	0	0	0	0	0	0
徐州工业职业技术学院	35	1	0.2	0	0	35	0	0	0	0	0	0	0	0	0	1	1	0	0	0	0	0	0	0	0
江苏信息职业技术学院	36	0	0	0	0	0	0	0	0	0	0	0	0	0	0	0	0	0	0	0	0	0	0	0	0
南京信息职业技术学院	37	4	0.5	0	50	102	0	0	0	0	0	0	0	0	0	0	0	0	0	0	0	0	0	0	0

续表

高校名称	编号	课题数(项)	当年投入人数(人年)	其中研究生	当年投入经费(百元)	当年支出经费(百元)	出版著作(部) 合计	专著	其中被译成外文	编著教材	工具书参考书合计	古籍整理(部)	译著(部)	发表译文(篇)	电子出版物(件)	发表论文(篇) 合计	国内学术刊物	国外学术刊物	港澳台刊物	获奖成果数(项) 合计	国家级奖	部级奖	省级奖	研究与咨询报告 提交有关部门	其中被采纳数
		L01	L02	L03	L04	L05	L06	L07	L08	L09	L10	L11	L12	L13	L14	L15	L16	L17	L18	L19	L20	L21	L22	L23	L24
常州机电职业技术学院	38	1	0.1	0	0	10	0	0	0	0	0	0	0	0	0	2	2	0	0	0	0	0	0	0	0
江阴职业技术学院	39	0	0	0	0	0	0	0	0	0	0	0	0	0	0	0	0	0	0	0	0	0	0	0	0
无锡城市职业技术学院	40	1	0.3	0	0	40	0	0	0	0	0	0	0	0	0	0	0	0	0	0	0	0	0	0	0
无锡工艺职业技术学院	41	0	0	0	0	0	0	0	0	0	0	0	0	0	0	2	2	0	0	0	0	0	0	0	0
苏州健雄职业技术学院	42	0	0	0	0	0	0	0	0	0	0	0	0	0	0	2	2	0	0	0	0	0	0	0	0
盐城工业职业技术学院	43	1	0.1	0	0	40	0	0	0	0	0	0	0	0	0	2	2	0	0	0	0	0	0	0	0
江苏财经职业技术学院	44	0	0	0	0	0	0	0	0	0	0	0	0	0	0	0	0	0	0	0	0	0	0	0	0
扬州工业职业技术学院	45	0	0	0	0	0	0	0	0	0	0	0	0	0	0	0	0	0	0	0	0	0	0	0	0
江苏城市职业学院	46	0	0	0	0	0	0	0	0	0	0	0	0	0	0	0	0	0	0	0	0	0	0	0	0
南京城市职业学院	47	0	0	0	0	0	0	0	0	0	0	0	0	0	0	0	0	0	0	0	0	0	0	0	0
南京机电职业技术学院	48	4	2.5	0	50	29	0	0	0	0	0	0	0	0	0	2	2	0	0	0	0	0	0	0	0
南京旅游职业学院	49	0	0	0	0	0	0	0	0	0	0	0	0	0	0	2	2	0	0	0	0	0	0	0	0
江苏建康职业学院	50	1	0.2	0	0	30	0	0	0	0	0	0	0	0	0	1	1	0	0	0	0	0	0	0	0
苏州信息职业技术学院	51	0	0	0	0	0	0	0	0	0	0	0	0	0	0	0	0	0	0	0	0	0	0	0	0
苏州工业园区服务外包职业学院	52	0	0	0	0	0	0	0	0	0	0	0	0	0	0	0	0	0	0	0	0	0	0	0	0
徐州幼儿师范高等专科学校	53	0	0	0	0	0	0	0	0	0	0	0	0	0	0	0	0	0	0	0	0	0	0	0	0
徐州生物工程职业技术学院	54	1	0.1	0	0	8	0	0	0	0	0	0	0	0	0	0	0	0	0	0	0	0	0	0	0
江苏经贸职业学院	55	0	0	0	0	0	0	0	0	0	0	0	0	0	0	6	6	0	0	0	0	0	0	0	0

3.21 体育科学人文、社会科学研究与课题成果情况表

高校名称	编号	课题数（项）	当年投入人数（人年）	其中研究生	当年投入经费（百元）	当年支出经费（百元）	出版著作(部) 合计	专著	其中被译成外文	编著教材	工具书参考书合计	古籍整理（部）	译著（部）	发表译文（篇）	电子出版物（件）	发表论文(篇) 合计	国内学术刊物	国外学术刊物	港澳台刊物	获奖成果数(项) 合计	国家级奖	部级奖	省级奖	研究与咨询报告 提交有关部门	其中被采纳数
		L01	L02	L03	L04	L05	L06	L07	L08	L09	L10	L11	L12	L13	L14	L15	L16	L17	L18	L19	L20	L21	L22	L23	L24
合计	/	108	28.3	0	3 551	3 533.29	7	1	1	6	0	0	1	0	0	322	320	2	0	0	0	0	0	7	2
无锡职业技术学院	1	0	0	0	0	0	0	0	0	0	0	0	0	0	0	18	18	0	0	0	0	0	0	0	0
江苏建筑职业技术学院	2	6	1.9	0	300	472	2	0	0	2	0	0	0	0	0	4	4	0	0	0	0	0	0	0	0
南京工业职业技术学院	3	12	3.9	0	130	458.7	0	0	0	0	0	0	0	0	0	19	19	0	0	0	0	0	0	0	0
江苏工程职业技术学院	4	1	0.6	0	0	2	0	0	0	0	0	0	0	0	0	0	0	0	0	0	0	0	0	0	0
苏州工艺美术职业技术学院	5	0	0	0	0	0	0	0	0	0	0	0	0	0	0	8	8	0	0	0	0	0	0	0	0
连云港职业技术学院	6	0	0	0	0	0	0	0	0	0	0	0	0	0	0	4	3	1	0	0	0	0	0	0	0
镇江市高等专科学校	7	0	0	0	0	0	1	0	0	1	0	0	0	0	0	11	11	0	0	0	0	0	0	0	0
南通职业大学	8	0	0	0	0	0	0	0	0	0	0	0	0	0	0	3	3	0	0	0	0	0	0	0	0
苏州市职业大学	9	13	4.8	0	620	645.62	0	0	0	0	0	0	0	0	0	12	12	0	0	0	0	0	0	0	0
沙洲职业工学院	10	0	0	0	0	0	0	0	0	0	0	0	0	0	0	7	7	0	0	0	0	0	0	0	0
扬州市职业大学	11	2	1.2	0	30	30	0	0	0	0	0	0	0	0	0	4	4	0	0	0	0	0	0	2	1
连云港师范高等专科学校	12	2	0.3	0	0	0	0	0	0	0	0	0	0	0	0	0	0	0	0	0	0	0	0	0	0
江苏经贸职业技术学院	13	1	0.1	0	50	50	1	0	0	1	0	0	0	0	0	14	14	0	0	0	0	0	0	1	0
泰州职业技术学院	14	1	0.2	0	0	30	0	0	0	0	0	0	0	0	0	0	0	0	0	0	0	0	0	0	0
常州信息职业技术学院	15	0	0	0	0	0	0	0	0	0	0	0	1	0	0	8	8	0	0	0	0	0	0	0	0
江苏海事职业技术学院	16	1	0.2	0	0	0	0	0	0	0	0	0	0	0	0	9	9	0	0	0	0	0	0	0	0
无锡科技职业学院	17	0	0	0	0	0	0	0	0	0	0	0	0	0	0	8	8	0	0	0	0	0	0	0	0

续表

高校名称	编号	课题数(项)	当年投入人数(人年)	其中研究生	当年投入经费(百元)	当年支出经费(百元)	出版著作(部) 合计	专著	其中被译成外文	编著教材	工具书参考书合计	古籍整理(部)	译著(部)	发表译文(篇)	电子出版物(件)	发表论文(篇) 合计	国内学术刊物	国外学术刊物	港澳台刊物	获奖成果数(项) 合计	国家级奖	部级奖	省级奖	研究与咨询报告 提交有关部门	其中被采纳数
		L01	L02	L03	L04	L05	L06	L07	L08	L09	L10	L11	L12	L13	L14	L15	L16	L17	L18	L19	L20	L21	L22	L23	L24
盐城卫生职业技术学院	18	1	0.2	0	0	0	0	0	0	0	0	0	0	0	0	0	0	0	0	0	0	0	0	0	0
南通科技职业学院	19	0	0	0	0	0	0	0	0	0	0	0	0	0	0	1	1	0	0	0	0	0	0	0	0
苏州经贸职业技术学院	20	1	0.3	0	320	320	0	0	0	0	0	0	0	0	0	2	2	0	0	0	0	0	0	2	0
苏州工业职业技术学院	21	4	1.9	0	260	220	3	1	1	2	0	0	0	0	0	21	21	0	0	0	0	0	0	0	0
苏州卫生职业技术学院	22	0	0	0	0	0	0	0	0	0	0	0	0	0	0	7	7	0	0	0	0	0	0	0	0
无锡商业职业技术学院	23	0	0	0	0	0	0	0	0	0	0	0	0	0	0	1	1	0	0	0	0	0	0	0	0
南通航运职业技术学院	24	3	0.5	0	75	37	0	0	0	0	0	0	0	0	0	16	16	0	0	0	0	0	0	0	0
南京交通职业技术学院	25	2	0.8	0	30	50	0	0	0	0	0	0	0	0	0	6	6	0	0	0	0	0	0	0	0
淮安信息职业技术学院	26	2	0.2	0	0	9	0	0	0	0	0	0	0	0	0	0	0	0	0	0	0	0	0	0	0
江苏农牧科技职业学院	27	0	0	0	0	0	0	0	0	0	0	0	0	0	0	0	0	0	0	0	0	0	0	0	0
常州纺织服装职业技术学院	28	2	0.3	0	0	16	0	0	0	0	0	0	0	0	0	1	1	0	0	0	0	0	0	0	0
苏州农业职业技术学院	29	1	0.3	0	0	23	0	0	0	0	0	0	0	0	0	6	5	1	0	0	0	0	0	0	0
南京化工职业技术学院	30	7	0.9	0	105	105	0	0	0	0	0	0	0	0	0	9	9	0	0	0	0	0	0	0	0
常州轻工职业技术学院	31	0	0	0	0	0	0	0	0	0	0	0	0	0	0	3	3	0	0	0	0	0	0	0	0
常州工程职业技术学院	32	1	0.1	0	0	0	0	0	0	0	0	0	0	0	0	0	0	0	0	0	0	0	0	0	0
江苏农林职业技术学院	33	0	0	0	0	0	0	0	0	0	0	0	0	0	0	5	5	0	0	0	0	0	0	0	0
江苏食品药品职业技术学院	34	1	0.8	0	0	45	0	0	0	0	0	0	0	0	0	0	0	0	0	0	0	0	0	0	0

续表

徐州工业职业技术学院	35	1	0.1	0	50	10	0	0	0	0	0	0	0	0	0	5	5	0	0	0	0	0	0	0	0
江苏信息职业技术学院	36	0	0	0	0	0	0	0	0	0	0	0	0	0	0	0	0	0	0	0	0	0	0	0	0
南京信息职业技术学院	37	1	0.1	0	0	40	0	0	0	0	0	0	0	0	0	1	1	0	0	0	0	0	0	0	0
常州机电职业技术学院	38	5	0.9	0	50	191.97	0	0	0	0	0	0	0	0	0	8	8	0	0	0	0	0	0	0	0
江阴职业技术学院	39	8	0.8	0	770	200	0	0	0	0	0	0	0	0	0	10	10	0	0	0	0	0	0	0	0
无锡城市职业技术学院	40	1	0	0	0	0	0	0	0	0	0	0	0	0	0	4	4	0	0	0	0	0	0	0	0
无锡工艺职业技术学院	41	0	0	0	0	0	0	0	0	0	0	0	0	0	0	1	1	0	0	0	0	0	0	0	0
苏州健雄职业技术学院	42	4	0.8	0	110	110	0	0	0	0	0	0	0	0	0	1	1	0	0	0	0	0	0	0	0
盐城工业职业技术学院	43	6	1.3	0	125	43	0	0	0	0	0	0	0	0	0	11	11	0	0	0	0	0	0	1	0
江苏财经职业技术学院	44	6	0.8	0	10	75	0	0	0	0	0	0	0	0	0	16	16	0	0	0	0	0	0	0	0
扬州工业职业技术学院	45	1	0.1	0	200	200	0	0	0	0	0	0	0	0	0	12	12	0	0	0	0	0	0	0	0
江苏城市职业学院	46	0	0	0	0	0	0	0	0	0	0	0	0	0	0	1	1	0	0	0	0	0	0	0	0
南京城市职业学院	47	3	0.9	0	36	25	0	0	0	0	0	0	0	0	0	8	8	0	0	0	0	0	0	1	1
南京机电职业技术学院	48	2	0.5	0	60	10	0	0	0	0	0	0	0	0	0	3	3	0	0	0	0	0	0	0	0
南京旅游职业学院	49	2	0.8	0	120	40	0	0	0	0	0	0	0	0	0	3	3	0	0	0	0	0	0	0	0
江苏建康职业学院	50	0	0	0	0	0	0	0	0	0	0	0	0	0	0	4	4	0	0	0	0	0	0	0	0
苏州信息职业技术学院	51	0	0	0	0	0	0	0	0	0	0	0	0	0	0	6	6	0	0	0	0	0	0	0	0
苏州工业园区服务外包职业学院	52	1	0.7	0	50	35	0	0	0	0	0	0	0	0	0	5	5	0	0	0	0	0	0	0	0
徐州幼儿师范高等专科学校	53	1	0.1	0	0	10	0	0	0	0	0	0	0	0	0	0	0	0	0	0	0	0	0	0	0
徐州生物工程职业技术学院	54	1	0.1	0	0	15	0	0	0	0	0	0	0	0	0	2	2	0	0	0	0	0	0	0	0
江苏经贸职业学院	55	1	0.8	0	50	15	0	0	0	0	0	0	0	0	0	14	14	0	0	0	0	0	0	0	0

4. 民办及中外合作办学高校人文、社会科学研究与课题成果情况表

学科门类							出版著作(部)					古籍整理(部)	译著(部)	发表译文(篇)	电子出版物(件)	发表论文(篇)				获奖成果数(项)				研究与咨询报告	
		课题数(项)	当年投入人数(人年)	其中研究生	当年投入经费(百元)	当年支出经费(百元)	合计	专著	其中被译成外文	编著教材	工具书参考书合计					合计	国内学术刊物	国外学术刊物	港澳台刊物	合计	国家级奖	部级奖	省级奖	提交有关部门	其中被采纳数
	编号	L01	L02	L03	L04	L05	L06	L07	L08	L09	L10	L11	L12	L13	L14	L15	L16	L17	L18	L19	L20	L21	L22	L23	L24
合计	/	541	112.2	0.5	29 397.78	20 650.33	52	12	0	37	3	0	5	0	0	843	794	49	0	2	0	1	1	6	2
管理学	1	110	23.6	0.5	10 768.04	6 842.12	7	1	0	6	0	0	0	0	0	165	150	15	0	0	0	0	0	3	1
马克思主义	2	22	5.6	0	290	273.78	1	0	0	0	1	0	0	0	0	30	30	0	0	0	0	0	0	0	0
哲学	3	5	0.9	0	30	133	0	0	0	0	0	0	0	0	0	9	9	0	0	0	0	0	0	0	0
逻辑学	4	0	0	0	0	0	0	0	0	0	0	0	0	0	0	0	0	0	0	0	0	0	0	0	0
宗教学	5	0	0	0	0	0	0	0	0	0	0	0	0	0	0	0	0	0	0	0	0	0	0	0	0
语言学	6	54	14.2	0	2952	991.39	7	2	0	3	2	0	5	0	0	116	111	5	0	0	0	0	0	0	0
中国文学	7	14	2	0	0	108	5	3	0	2	0	0	0	0	0	23	23	0	0	1	0	0	1	0	0
外国文学	8	6	1.3	0	50	45	0	0	0	0	0	0	0	0	0	12	11	1	0	0	0	0	0	0	0
艺术学	9	30	6.3	0	750	357	7	2	0	5	0	0	0	0	0	82	82	0	0	1	0	1	0	0	0
历史学	10	3	1.1	0	1 183	2 875	2	2	0	0	0	0	0	0	0	2	2	0	0	0	0	0	0	0	0
考古学	11	0	0	0	0	0	0	0	0	0	0	0	0	0	0	0	0	0	0	0	0	0	0	0	0
经济学	12	90	16.5	0	2 452.74	1 845.55	13	1	0	12	0	0	0	0	0	119	96	23	0	0	0	0	0	2	1
政治学	13	3	0.6	0	90	13	1	0	0	1	0	0	0	0	0	10	10	0	0	0	0	0	0	0	0
法学	14	12	2	0	100	112.65	0	0	0	0	0	0	0	0	0	14	14	0	0	0	0	0	0	0	0
社会学	15	29	5.9	0	430	398.82	0	0	0	0	0	0	0	0	0	22	18	4	0	0	0	0	0	0	0
民族学与文化学	16	5	0.9	0	705	410	1	0	0	1	0	0	0	0	0	4	4	0	0	0	0	0	0	0	0
新闻学与传播学	17	7	1.1	0	150	85	0	0	0	0	0	0	0	0	0	8	8	0	0	0	0	0	0	0	0
图书、情报、文献学	18	5	1.1	0	660	205.12	1	0	0	1	0	0	0	0	0	5	5	0	0	0	0	0	0	0	0
教育学	19	116	22.7	0	2 177	1 576.46	5	1	0	4	0	0	0	0	0	180	180	0	0	0	0	0	0	1	0
统计学	20	6	1.2	0	6 220	4 096	0	0	0	0	0	0	0	0	0	4	4	0	0	0	0	0	0	0	0
心理学	21	7	2	0	110	81.44	1	0	0	1	0	0	0	0	0	7	7	0	0	0	0	0	0	0	0
体育科学	22	17	3.2	0	280	201	1	0	0	1	0	0	0	0	0	31	30	1	0	0	0	0	0	0	0

(注:逻辑学、宗教学、考古学的民办及中外合作办学高校人文、社会科学研究与课题成果的相关数据都为0,在本节将不对这三个学科做细分。)

4.1 管理学人文、社会科学研究与课题成果情况表

高校名称	编号	课题数(项)	当年投入人数(人年)	其中研究生	当年投入经费(百元)	当年支出经费(百元)	出版著作(部) 合计	专著	其中被译成外文	编著教材	工具书参考书合计	古籍整理(部)	译著(部)	发表译文(篇)	电子出版物(件)	发表论文(篇) 合计	国内学术刊物	国外学术刊物	港澳台刊物	获奖成果数(项) 合计	国家级奖	部级奖	省级奖	研究与咨询报告 提交有关部门	其中被采纳数
	编号	L01	L02	L03	L04	L05	L06	L07	L08	L09	L10	L11	L12	L13	L14	L15	L16	L17	L18	L19	L20	L21	L22	L23	L24
合计	/	110	23.6	0.5	10 768.04	6 842.12	7	1	0	6	0	0	0	0	0	165	150	15	0	0	0	0	0	3	1
三江学院	1	35	7	0.5	6 070	5 098	0	0	0	0	0	0	0	0	0	11	11	0	0	0	0	0	0	0	0
九州职业技术学院	2	3	1	0	50	45	0	0	0	0	0	0	0	0	0	1	1	0	0	0	0	0	0	0	0
南通理工学院	3	17	1.8	0	410	177	0	0	0	0	0	0	0	0	0	19	19	0	0	0	0	0	0	0	0
硅湖职业技术学院	4	3	0.4	0	30	87.77	4	0	0	4	0	0	0	0	0	6	6	0	0	0	0	0	0	0	0
应天职业技术学院	5	2	1.3	0	50	47	0	0	0	0	0	0	0	0	0	9	9	0	0	0	0	0	0	1	1
苏州托普信息职业技术学院	6	0	0	0	0	0	0	0	0	0	0	0	0	0	0	3	3	0	0	0	0	0	0	0	0
苏州工业园区职业技术学院	7	5	0.9	0	110	98.5	0	0	0	0	0	0	0	0	0	10	10	0	0	0	0	0	0	2	0
太湖创意职业技术学院	8	0	0	0	0	0	0	0	0	0	0	0	0	0	0	1	1	0	0	0	0	0	0	0	0
炎黄职业技术学院	9	0	0	0	0	0	0	0	0	0	0	0	0	0	0	0	0	0	0	0	0	0	0	0	0
正德职业技术学院	10	4	0.4	0	30	44	0	0	0	0	0	0	0	0	0	35	35	0	0	0	0	0	0	0	0
钟山职业技术学院	11	0	0	0	0	0	0	0	0	0	0	0	0	0	0	0	0	0	0	0	0	0	0	0	0
无锡南洋职业技术学院	12	1	0.6	0	50	11	1	0	0	1	0	0	0	0	0	4	4	0	0	0	0	0	0	0	0
江南影视艺术职业学院	13	0	0	0	0	0	0	0	0	0	0	0	0	0	0	0	0	0	0	0	0	0	0	0	0
金肯职业技术学院	14	5	1.4	0	30	108.82	0	0	0	0	0	0	0	0	0	3	3	0	0	0	0	0	0	0	0
建东职业技术学院	15	1	0.1	0	0	10	0	0	0	0	0	0	0	0	0	0	0	0	0	0	0	0	0	0	0
宿迁职业技术学院	16	0	0	0	0	0	0	0	0	0	0	0	0	0	0	0	0	0	0	0	0	0	0	0	0
无锡太湖学院	17	2	0.2	0	100	20	0	0	0	0	0	0	0	0	0	6	6	0	0	0	0	0	0	0	0
金山职业技术学院	18	0	0	0	0	0	0	0	0	0	0	0	0	0	0	5	5	0	0	0	0	0	0	0	0
苏州港大思培科技职业学院	19	3	1.4	0	120	87	1	1	0	0	0	0	0	0	0	0	0	0	0	0	0	0	0	0	0
昆山登云科技职业学院	20	0	0	0	0	0	0	0	0	0	0	0	0	0	0	9	9	0	0	0	0	0	0	0	0
宿迁学院	21	23	3.7	0	290	203	0	0	0	0	0	0	0	0	0	17	17	0	0	0	0	0	0	0	0
苏州高博软件技术职业学院	22	1	0.8	0	30	15	1	0	0	1	0	0	0	0	0	5	5	0	0	0	0	0	0	0	0
宿迁泽达职业技术学院	23	0	0	0	0	0	0	0	0	0	0	0	0	0	0	3	3	0	0	0	0	0	0	0	0
西交利物浦大学	24	5	2.6	0	3 398.04	790.03	0	0	0	0	0	0	0	0	0	18	3	15	0	0	0	0	0	0	0

4.2 马克思主义人文、社会科学研究与课题成果情况表

高校名称	编号	课题数(项)	当年投入人数(人年)	其中研究生	当年投入经费(百元)	当年支出经费(百元)	出版著作(部) 合计	专著	其中被译成外文	编著教材	工具书参考书合计	古籍整理(部)	译著(部)	发表译文(篇)	电子出版物(件)	发表论文(篇) 合计	国内学术刊物	国外学术刊物	港澳台刊物	获奖成果数(项) 合计	国家级奖	部级奖	省级奖	研究与咨询报告 提交有关部门	其中被采纳数
		L01	L02	L03	L04	L05	L06	L07	L08	L09	L10	L11	L12	L13	L14	L15	L16	L17	L18	L19	L20	L21	L22	L23	L24
合计	/	22	5.6	0	290	273.78	1	0	0	0	1	0	0	0	0	30	30	0	0	0	0	0	0	0	0
三江学院	1	0	0	0	0	0	0	0	0	0	0	0	0	0	0	2	2	0	0	0	0	0	0	0	0
九州职业技术学院	2	1	0.3	0	0	15	0	0	0	0	0	0	0	0	0	0	0	0	0	0	0	0	0	0	0
南通理工学院	3	0	0	0	0	0	0	0	0	0	0	0	0	0	0	0	0	0	0	0	0	0	0	0	0
硅湖职业技术学院	4	0	0	0	0	0	0	0	0	0	0	0	0	0	0	0	0	0	0	0	0	0	0	0	0
应天职业技术学院	5	0	0	0	0	0	0	0	0	0	0	0	0	0	0	2	2	0	0	0	0	0	0	0	0
苏州托普信息职业技术学院	6	0	0	0	0	0	0	0	0	0	0	0	0	0	0	0	0	0	0	0	0	0	0	0	0
苏州工业园区职业技术学院	7	0	0	0	0	0	0	0	0	0	0	0	0	0	0	0	0	0	0	0	0	0	0	0	0
太湖创意职业技术学院	8	0	0	0	0	0	0	0	0	0	0	0	0	0	0	0	0	0	0	0	0	0	0	0	0
炎黄职业技术学院	9	0	0	0	0	0	0	0	0	0	0	0	0	0	0	0	0	0	0	0	0	0	0	0	0
正德职业技术学院	10	1	0.1	0	0	0	0	0	0	0	0	0	0	0	0	0	0	0	0	0	0	0	0	0	0
钟山职业技术学院	11	0	0	0	0	0	0	0	0	0	0	0	0	0	0	0	0	0	0	0	0	0	0	0	0
无锡南洋职业技术学院	12	1	0.6	0	50	6	0	0	0	0	0	0	0	0	0	0	0	0	0	0	0	0	0	0	0
江南影视艺术职业学院	13	1	0.2	0	0	50	0	0	0	0	0	0	0	0	0	0	0	0	0	0	0	0	0	0	0
金肯职业技术学院	14	4	1.6	0	50	106.78	1	0	0	0	1	0	0	0	0	5	5	0	0	0	0	0	0	0	0
建东职业技术学院	15	0	0	0	0	0	0	0	0	0	0	0	0	0	0	1	1	0	0	0	0	0	0	0	0
宿迁职业技术学院	16	0	0	0	0	0	0	0	0	0	0	0	0	0	0	0	0	0	0	0	0	0	0	0	0
无锡太湖学院	17	1	0.1	0	50	10	0	0	0	0	0	0	0	0	0	0	0	0	0	0	0	0	0	0	0
金山职业技术学院	18	0	0	0	0	0	0	0	0	0	0	0	0	0	0	0	0	0	0	0	0	0	0	0	0
苏州港大思培科技职业学院	19	1	0.5	0	10	3	0	0	0	0	0	0	0	0	0	0	0	0	0	0	0	0	0	0	0
昆山登云科技职业学院	20	0	0	0	0	0	0	0	0	0	0	0	0	0	0	1	1	0	0	0	0	0	0	0	0
宿迁学院	21	11	1.6	0	100	68	0	0	0	0	0	0	0	0	0	15	15	0	0	0	0	0	0	0	0
苏州高博软件技术职业学院	22	1	0.6	0	30	15	0	0	0	0	0	0	0	0	0	3	3	0	0	0	0	0	0	0	0
宿迁泽达职业技术学院	23	0	0	0	0	0	0	0	0	0	0	0	0	0	0	1	1	0	0	0	0	0	0	0	0
西交利物浦大学	24	0	0	0	0	0	0	0	0	0	0	0	0	0	0	0	0	0	0	0	0	0	0	0	0

4.3 哲学人文、社会科学研究与课题成果情况表

高校名称							出版著作(部)									发表论文(篇)				获奖成果数(项)				研究与咨询报告	
		课题数(项)	当年投入人数(人年)	其中研究生	当年投入经费(百元)	当年支出经费(百元)	合计	专著	其中被译成外文	编著教材	工具书参考书合计	古籍整理(部)	译著(部)	发表译文(篇)	电子出版物(件)	合计	国内学术刊物	国外学术刊物	港澳台刊物	合计	国家级奖	部级奖	省级奖	提交有关部门	其中被采纳数
	编号	L01	L02	L03	L04	L05	L06	L07	L08	L09	L10	L11	L12	L13	L14	L15	L16	L17	L18	L19	L20	L21	L22	L23	L24
合计	/	5	0.9	0	30	133	0	0	0	0	0	0	0	0	0	9	9	0	0	0	0	0	0	0	0
三江学院	1	0	0	0	0	0	0	0	0	0	0	0	0	0	0	0	0	0	0	0	0	0	0	0	0
九州职业技术学院	2	0	0	0	0	0	0	0	0	0	0	0	0	0	0	0	0	0	0	0	0	0	0	0	0
南通理工学院	3	0	0	0	0	0	0	0	0	0	0	0	0	0	0	0	0	0	0	0	0	0	0	0	0
硅湖职业技术学院	4	0	0	0	0	0	0	0	0	0	0	0	0	0	0	2	2	0	0	0	0	0	0	0	0
应天职业技术学院	5	0	0	0	0	0	0	0	0	0	0	0	0	0	0	0	0	0	0	0	0	0	0	0	0
苏州托普信息职业技术学院	6	0	0	0	0	0	0	0	0	0	0	0	0	0	0	0	0	0	0	0	0	0	0	0	0
苏州工业园区职业技术学院	7	0	0	0	0	0	0	0	0	0	0	0	0	0	0	0	0	0	0	0	0	0	0	0	0
太湖创意职业技术学院	8	0	0	0	0	0	0	0	0	0	0	0	0	0	0	0	0	0	0	0	0	0	0	0	0
炎黄职业技术学院	9	0	0	0	0	0	0	0	0	0	0	0	0	0	0	0	0	0	0	0	0	0	0	0	0
正德职业技术学院	10	0	0	0	0	0	0	0	0	0	0	0	0	0	0	0	0	0	0	0	0	0	0	0	0
钟山职业技术学院	11	0	0	0	0	0	0	0	0	0	0	0	0	0	0	0	0	0	0	0	0	0	0	0	0
无锡南洋职业技术学院	12	0	0	0	0	0	0	0	0	0	0	0	0	0	0	0	0	0	0	0	0	0	0	0	0
江南影视艺术职业学院	13	0	0	0	0	0	0	0	0	0	0	0	0	0	0	0	0	0	0	0	0	0	0	0	0
金肯职业技术学院	14	0	0	0	0	0	0	0	0	0	0	0	0	0	0	0	0	0	0	0	0	0	0	0	0
建东职业技术学院	15	0	0	0	0	0	0	0	0	0	0	0	0	0	0	0	0	0	0	0	0	0	0	0	0
宿迁职业技术学院	16	0	0	0	0	0	0	0	0	0	0	0	0	0	0	0	0	0	0	0	0	0	0	0	0
无锡太湖学院	17	0	0	0	0	0	0	0	0	0	0	0	0	0	0	0	0	0	0	0	0	0	0	0	0
金山职业技术学院	18	0	0	0	0	0	0	0	0	0	0	0	0	0	0	0	0	0	0	0	0	0	0	0	0
苏州港大思培科技职业学院	19	0	0	0	0	0	0	0	0	0	0	0	0	0	0	0	0	0	0	0	0	0	0	0	0
昆山登云科技职业学院	20	0	0	0	0	0	0	0	0	0	0	0	0	0	0	0	0	0	0	0	0	0	0	0	0
宿迁学院	21	5	0.9	0	30	133	0	0	0	0	0	0	0	0	0	4	4	0	0	0	0	0	0	0	0
苏州高博软件技术职业学院	22	0	0	0	0	0	0	0	0	0	0	0	0	0	0	3	3	0	0	0	0	0	0	0	0
宿迁泽达职业技术学院	23	0	0	0	0	0	0	0	0	0	0	0	0	0	0	0	0	0	0	0	0	0	0	0	0
西交利物浦大学	24	0	0	0	0	0	0	0	0	0	0	0	0	0	0	0	0	0	0	0	0	0	0	0	0

4.4 语言学人文、社会科学研究与课题成果情况表

高校名称	编号	课题数(项)	当年投入人数(人年)	其中研究生	当年投入经费(百元)	当年支出经费(百元)	出版著作(部) 合计	专著	其中被译成外文	编著教材	工具书参考书合计	古籍整理(部)	译著(部)	发表译文(篇)	电子出版物(件)	发表论文(篇) 合计	国内学术刊物	国外学术刊物	港澳台刊物	获奖成果数(项) 合计	国家级奖	部级奖	省级奖	研究与咨询报告 提交有关部门	其中被采纳数
		L01	L02	L03	L04	L05	L06	L07	L08	L09	L10	L11	L12	L13	L14	L15	L16	L17	L18	L19	L20	L21	L22	L23	L24
合计	/	54	14.2	0	2 952	991.39	7	2	0	3	2	0	5	0	0	116	111	5	0	0	0	0	0	0	0
三江学院	1	6	1	0	400	385	1	0	0	1	0	0	0	0	0	21	21	0	0	0	0	0	0	0	0
九州职业技术学院	2	1	0.3	0	0	10	0	0	0	0	0	0	0	0	0	0	0	0	0	0	0	0	0	0	0
南通理工学院	3	1	0.2	0	0	20	0	0	0	0	0	0	0	0	0	1	1	0	0	0	0	0	0	0	0
硅湖职业技术学院	4	1	0.2	0	12	12	1	0	0	0	1	0	0	0	0	3	3	0	0	0	0	0	0	0	0
应天职业技术学院	5	0	0	0	0	0	1	0	0	1	0	0	0	0	0	14	14	0	0	0	0	0	0	0	0
苏州托普信息职业技术学院	6	0	0	0	0	0	0	0	0	0	0	0	0	0	0	0	0	0	0	0	0	0	0	0	0
苏州工业园区职业技术学院	7	2	0.5	0	0	15.5	0	0	0	0	0	0	0	0	0	0	0	0	0	0	0	0	0	0	0
太湖创意职业技术学院	8	0	0	0	0	0	0	0	0	0	0	0	0	0	0	0	0	0	0	0	0	0	0	0	0
炎黄职业技术学院	9	0	0	0	0	0	0	0	0	0	0	0	0	0	0	0	0	0	0	0	0	0	0	0	0
正德职业技术学院	10	1	0.4	0	0	25	0	0	0	0	0	0	0	0	0	12	12	0	0	0	0	0	0	0	0
钟山职业技术学院	11	0	0	0	0	0	0	0	0	0	0	0	2	0	0	2	2	0	0	0	0	0	0	0	0
无锡南洋职业技术学院	12	2	2.8	0	150	43	0	0	0	0	0	0	0	0	0	2	2	0	0	0	0	0	0	0	0
江南影视艺术职业学院	13	0	0	0	0	0	0	0	0	0	0	0	0	0	0	3	3	0	0	0	0	0	0	0	0
金肯职业技术学院	14	0	0	0	0	0	1	0	0	0	1	0	0	0	0	3	3	0	0	0	0	0	0	0	0
建东职业技术学院	15	0	0	0	0	0	0	0	0	0	0	0	0	0	0	0	0	0	0	0	0	0	0	0	0
宿迁职业技术学院	16	1	0.3	0	0	10	0	0	0	0	0	0	0	0	0	0	0	0	0	0	0	0	0	0	0
无锡太湖学院	17	0	0	0	0	0	0	0	0	0	0	0	3	0	0	8	8	0	0	0	0	0	0	0	0
金山职业技术学院	18	1	0.6	0	50	15	0	0	0	0	0	0	0	0	0	0	0	0	0	0	0	0	0	0	0
苏州港大思培科技职业学院	19	3	1.6	0	40	14	0	0	0	0	0	0	0	0	0	2	0	2	0	0	0	0	0	0	0
昆山登云科技职业学院	20	0	0	0	0	0	0	0	0	0	0	0	0	0	0	0	0	0	0	0	0	0	0	0	0
宿迁学院	21	33	5.1	0	170	269	0	0	0	0	0	0	0	0	0	39	39	0	0	0	0	0	0	0	0
苏州高博软件技术职业学院	22	1	0.5	0	30	15	1	0	0	1	0	0	0	0	0	0	0	0	0	0	0	0	0	0	0
宿迁泽达职业技术学院	23	0	0	0	0	0	0	0	0	0	0	0	0	0	0	3	3	0	0	0	0	0	0	0	0
西交利物浦大学	24	1	0.7	0	2 100	157.89	2	2	0	0	0	0	0	0	0	3	0	3	0	0	0	0	0	0	0

4.5 中国文学人文、社会科学研究与课题成果情况表

高校名称	编号	课题数(项)	当年投入人数(人年)	其中研究生	当年投入经费(百元)	当年支出经费(百元)	出版著作(部) 合计	专著	其中被译成外文	编著教材	工具书参考书合计	古籍整理(部)	译著(部)	发表译文(篇)	电子出版物(件)	发表论文(篇) 合计	国内学术刊物	国外学术刊物	港澳台刊物	获奖成果数(项) 合计	国家级奖	部级奖	省级奖	研究与咨询报告 提交有关部门	其中被采纳数
		L01	L02	L03	L04	L05	L06	L07	L08	L09	L10	L11	L12	L13	L14	L15	L16	L17	L18	L19	L20	L21	L22	L23	L24
合计	/	14	2	0	0	108	5	3	0	2	0	0	0	0	0	23	23	0	0	1	0	0	1	0	0
三江学院	1	2	0.4	0	0	21	1	1	0	0	0	0	0	0	0	4	4	0	0	1	0	0	1	0	0
九州职业技术学院	2	0	0	0	0	0	0	0	0	0	0	0	0	0	0	0	0	0	0	0	0	0	0	0	0
南通理工学院	3	0	0	0	0	0	0	0	0	0	0	0	0	0	0	0	0	0	0	0	0	0	0	0	0
硅湖职业技术学院	4	0	0	0	0	0	0	0	0	0	0	0	0	0	0	0	0	0	0	0	0	0	0	0	0
应天职业技术学院	5	0	0	0	0	0	0	0	0	0	0	0	0	0	0	0	0	0	0	0	0	0	0	0	0
苏州托普信息职业技术学院	6	0	0	0	0	0	0	0	0	0	0	0	0	0	0	0	0	0	0	0	0	0	0	0	0
苏州工业园区职业技术学院	7	0	0	0	0	0	0	0	0	0	0	0	0	0	0	0	0	0	0	0	0	0	0	0	0
太湖创意职业技术学院	8	0	0	0	0	0	0	0	0	0	0	0	0	0	0	0	0	0	0	0	0	0	0	0	0
炎黄职业技术学院	9	0	0	0	0	0	0	0	0	0	0	0	0	0	0	0	0	0	0	0	0	0	0	0	0
正德职业技术学院	10	0	0	0	0	0	0	0	0	0	0	0	0	0	0	2	2	0	0	0	0	0	0	0	0
钟山职业技术学院	11	0	0	0	0	0	0	0	0	0	0	0	0	0	0	0	0	0	0	0	0	0	0	0	0
无锡南洋职业技术学院	12	0	0	0	0	0	0	0	0	0	0	0	0	0	0	3	3	0	0	0	0	0	0	0	0
江南影视艺术职业学院	13	0	0	0	0	0	0	0	0	0	0	0	0	0	0	0	0	0	0	0	0	0	0	0	0
金肯职业技术学院	14	0	0	0	0	0	0	0	0	0	0	0	0	0	0	0	0	0	0	0	0	0	0	0	0
建东职业技术学院	15	0	0	0	0	0	0	0	0	0	0	0	0	0	0	0	0	0	0	0	0	0	0	0	0
宿迁职业技术学院	16	0	0	0	0	0	0	0	0	0	0	0	0	0	0	0	0	0	0	0	0	0	0	0	0
无锡太湖学院	17	0	0	0	0	0	0	0	0	0	0	0	0	0	0	0	0	0	0	0	0	0	0	0	0
金山职业技术学院	18	0	0	0	0	0	0	0	0	0	0	0	0	0	0	0	0	0	0	0	0	0	0	0	0
苏州港大思培科技职业学院	19	0	0	0	0	0	0	0	0	0	0	0	0	0	0	1	1	0	0	0	0	0	0	0	0
昆山登云科技职业学院	20	0	0	0	0	0	0	0	0	0	0	0	0	0	0	0	0	0	0	0	0	0	0	0	0
宿迁学院	21	12	1.6	0	0	87	3	2	0	1	0	0	0	0	0	12	12	0	0	0	0	0	0	0	0
苏州高博软件技术职业学院	22	0	0	0	0	0	1	0	0	1	0	0	0	0	0	1	1	0	0	0	0	0	0	0	0
宿迁泽达职业技术学院	23	0	0	0	0	0	0	0	0	0	0	0	0	0	0	0	0	0	0	0	0	0	0	0	0
西交利物浦大学	24	0	0	0	0	0	0	0	0	0	0	0	0	0	0	0	0	0	0	0	0	0	0	0	0

4.6 外国文学人文、社会科学研究与课题成果情况表

高校名称	编号	课题数(项)	当年投入人数(人年)	其中研究生	当年投入经费(百元)	当年支出经费(百元)	出版著作(部) 合计	专著	其中被译成外文	编著教材	工具书参考书合计	古籍整理(部)	译著(部)	发表译文(篇)	电子出版物(件)	发表论文(篇) 合计	国内学术刊物	国外学术刊物	港澳台刊物	获奖成果数(项) 合计	国家级奖	部级奖	省级奖	研究与咨询报告 提交有关部门	其中被采纳数
		L01	L02	L03	L04	L05	L06	L07	L08	L09	L10	L11	L12	L13	L14	L15	L16	L17	L18	L19	L20	L21	L22	L23	L24
合计	/	6	1.3	0	50	45	0	0	0	0	0	0	0	0	0	12	11	1	0	0	0	0	0	0	0
三江学院	1	0	0	0	0	0	0	0	0	0	0	0	0	0	0	4	3	1	0	0	0	0	0	0	0
九州职业技术学院	2	0	0	0	0	0	0	0	0	0	0	0	0	0	0	0	0	0	0	0	0	0	0	0	0
南通理工学院	3	0	0	0	0	0	0	0	0	0	0	0	0	0	0	0	0	0	0	0	0	0	0	0	0
硅湖职业技术学院	4	0	0	0	0	0	0	0	0	0	0	0	0	0	0	0	0	0	0	0	0	0	0	0	0
应天职业技术学院	5	1	0.7	0	50	30	0	0	0	0	0	0	0	0	0	2	2	0	0	0	0	0	0	0	0
苏州托普信息职业技术学院	6	0	0	0	0	0	0	0	0	0	0	0	0	0	0	0	0	0	0	0	0	0	0	0	0
苏州工业园区职业技术学院	7	0	0	0	0	0	0	0	0	0	0	0	0	0	0	0	0	0	0	0	0	0	0	0	0
太湖创意职业技术学院	8	0	0	0	0	0	0	0	0	0	0	0	0	0	0	0	0	0	0	0	0	0	0	0	0
炎黄职业技术学院	9	0	0	0	0	0	0	0	0	0	0	0	0	0	0	0	0	0	0	0	0	0	0	0	0
正德职业技术学院	10	0	0	0	0	0	0	0	0	0	0	0	0	0	0	3	3	0	0	0	0	0	0	0	0
钟山职业技术学院	11	0	0	0	0	0	0	0	0	0	0	0	0	0	0	0	0	0	0	0	0	0	0	0	0
无锡南洋职业技术学院	12	0	0	0	0	0	0	0	0	0	0	0	0	0	0	0	0	0	0	0	0	0	0	0	0
江南影视艺术职业学院	13	0	0	0	0	0	0	0	0	0	0	0	0	0	0	0	0	0	0	0	0	0	0	0	0
金肯职业技术学院	14	0	0	0	0	0	0	0	0	0	0	0	0	0	0	0	0	0	0	0	0	0	0	0	0
建东职业技术学院	15	0	0	0	0	0	0	0	0	0	0	0	0	0	0	0	0	0	0	0	0	0	0	0	0
宿迁职业技术学院	16	0	0	0	0	0	0	0	0	0	0	0	0	0	0	0	0	0	0	0	0	0	0	0	0
无锡太湖学院	17	0	0	0	0	0	0	0	0	0	0	0	0	0	0	2	2	0	0	0	0	0	0	0	0
金山职业技术学院	18	0	0	0	0	0	0	0	0	0	0	0	0	0	0	0	0	0	0	0	0	0	0	0	0
苏州港大思培科技职业学院	19	0	0	0	0	0	0	0	0	0	0	0	0	0	0	0	0	0	0	0	0	0	0	0	0
昆山登云科技职业学院	20	0	0	0	0	0	0	0	0	0	0	0	0	0	0	0	0	0	0	0	0	0	0	0	0
宿迁学院	21	5	0.6	0	0	15	0	0	0	0	0	0	0	0	0	1	1	0	0	0	0	0	0	0	0
苏州高博软件技术职业学院	22	0	0	0	0	0	0	0	0	0	0	0	0	0	0	0	0	0	0	0	0	0	0	0	0
宿迁泽达职业技术学院	23	0	0	0	0	0	0	0	0	0	0	0	0	0	0	0	0	0	0	0	0	0	0	0	0
西交利物浦大学	24	0	0	0	0	0	0	0	0	0	0	0	0	0	0	0	0	0	0	0	0	0	0	0	0

4.7 艺术学人文、社会科学研究与课题成果情况表

高校名称							出版著作(部)					古籍整理(部)	译著(部)	发表译文(篇)	电子出版物(件)	发表论文(篇)				获奖成果数(项)				研究与咨询报告	
		课题数(项)	当年投入人数(人年)	其中研究生	当年投入经费(百元)	当年支出经费(百元)	合计	专著	其中被译成外文	编著教材	工具书参考书合计					合计	国内学术刊物	国外学术刊物	港澳台刊物	合计	国家级奖	部级奖	省级奖	提交有关部门	其中被采纳数
	编号	L01	L02	L03	L04	L05	L06	L07	L08	L09	L10	L11	L12	L13	L14	L15	L16	L17	L18	L19	L20	L21	L22	L23	L24
合计	/	30	6.3	0	750	357	7	2	0	5	0	0	0	0	0	82	82	0	0	1	0	1	0	0	0
三江学院	1	7	1.6	0	100	61	0	0	0	0	0	0	0	0	0	7	7	0	0	0	0	0	0	0	0
九州职业技术学院	2	0	0	0	0	0	0	0	0	0	0	0	0	0	0	0	0	0	0	0	0	0	0	0	0
南通理工学院	3	0	0	0	0	0	0	0	0	0	0	0	0	0	0	0	0	0	0	0	0	0	0	0	0
硅湖职业技术学院	4	0	0	0	0	0	3	0	0	3	0	0	0	0	0	2	2	0	0	0	0	0	0	0	0
应天职业技术学院	5	0	0	0	0	0	2	1	0	1	0	0	0	0	0	2	2	0	0	0	0	0	0	0	0
苏州托普信息职业技术学院	6	1	0.4	0	0	35	0	0	0	0	0	0	0	0	0	3	3	0	0	0	0	0	0	0	0
苏州工业园区职业技术学院	7	0	0	0	0	0	0	0	0	0	0	0	0	0	0	0	0	0	0	0	0	0	0	0	0
太湖创意职业技术学院	8	0	0	0	0	0	0	0	0	0	0	0	0	0	0	6	6	0	0	1	0	1	0	0	0
炎黄职业技术学院	9	0	0	0	0	0	0	0	0	0	0	0	0	0	0	0	0	0	0	0	0	0	0	0	0
正德职业技术学院	10	2	0.4	0	30	16	0	0	0	0	0	0	0	0	0	2	2	0	0	0	0	0	0	0	0
钟山职业技术学院	11	5	1.2	0	100	31	0	0	0	0	0	0	0	0	0	1	1	0	0	0	0	0	0	0	0
无锡南洋职业技术学院	12	0	0	0	0	0	0	0	0	0	0	0	0	0	0	0	0	0	0	0	0	0	0	0	0
江南影视艺术职业学院	13	2	0.2	0	100	50	1	1	0	0	0	0	0	0	0	6	6	0	0	0	0	0	0	0	0
金肯职业技术学院	14	3	0.5	0	70	35	1	0	0	1	0	0	0	0	0	6	6	0	0	0	0	0	0	0	0
建东职业技术学院	15	0	0	0	0	0	0	0	0	0	0	0	0	0	0	1	1	0	0	0	0	0	0	0	0
宿迁职业技术学院	16	0	0	0	0	0	0	0	0	0	0	0	0	0	0	0	0	0	0	0	0	0	0	0	0
无锡太湖学院	17	5	0.5	0	190	38	0	0	0	0	0	0	0	0	0	13	13	0	0	0	0	0	0	0	0
金山职业技术学院	18	0	0	0	0	0	0	0	0	0	0	0	0	0	0	0	0	0	0	0	0	0	0	0	0
苏州港大思培科技职业学院	19	0	0	0	0	0	0	0	0	0	0	0	0	0	0	0	0	0	0	0	0	0	0	0	0
昆山登云科技职业学院	20	0	0	0	0	0	0	0	0	0	0	0	0	0	0	0	0	0	0	0	0	0	0	0	0
宿迁学院	21	4	0.8	0	140	81	0	0	0	0	0	0	0	0	0	24	24	0	0	0	0	0	0	0	0
苏州高博软件技术职业学院	22	1	0.7	0	20	10	0	0	0	0	0	0	0	0	0	6	6	0	0	0	0	0	0	0	0
宿迁泽达职业技术学院	23	0	0	0	0	0	0	0	0	0	0	0	0	0	0	3	3	0	0	0	0	0	0	0	0
西交利物浦大学	24	0	0	0	0	0	0	0	0	0	0	0	0	0	0	0	0	0	0	0	0	0	0	0	0

4.8 历史学人文、社会科学研究与课题成果情况表

高校名称	编号	课题数(项)	当年投入人数(人年)	其中研究生	当年投入经费(百元)	当年支出经费(百元)	出版著作(部) 合计	专著	其中被译成外文	编著教材	工具书参考书合计	古籍整理(部)	译著(部)	发表译文(篇)	电子出版物(件)	发表论文(篇) 合计	国内学术刊物	国外学术刊物	港澳台刊物	获奖成果数(项) 合计	国家级奖	部级奖	省级奖	研究与咨询报告 提交有关部门	其中被采纳数
		L01	L02	L03	L04	L05	L06	L07	L08	L09	L10	L11	L12	L13	L14	L15	L16	L17	L18	L19	L20	L21	L22	L23	L24
合计	/	3	1.1	0	1 183	2 875	2	2	0	0	0	0	0	0	0	2	2	0	0	0	0	0	0	0	0
三江学院	1	3	1.1	0	1 183	2 875	2	2	0	0	0	0	0	0	0	1	1	0	0	0	0	0	0	0	0
九州职业技术学院	2	0	0	0	0	0	0	0	0	0	0	0	0	0	0	0	0	0	0	0	0	0	0	0	0
南通理工学院	3	0	0	0	0	0	0	0	0	0	0	0	0	0	0	0	0	0	0	0	0	0	0	0	0
硅湖职业技术学院	4	0	0	0	0	0	0	0	0	0	0	0	0	0	0	1	1	0	0	0	0	0	0	0	0
应天职业技术学院	5	0	0	0	0	0	0	0	0	0	0	0	0	0	0	0	0	0	0	0	0	0	0	0	0
苏州托普信息职业技术学院	6	0	0	0	0	0	0	0	0	0	0	0	0	0	0	0	0	0	0	0	0	0	0	0	0
苏州工业园区职业技术学院	7	0	0	0	0	0	0	0	0	0	0	0	0	0	0	0	0	0	0	0	0	0	0	0	0
太湖创意职业技术学院	8	0	0	0	0	0	0	0	0	0	0	0	0	0	0	0	0	0	0	0	0	0	0	0	0
炎黄职业技术学院	9	0	0	0	0	0	0	0	0	0	0	0	0	0	0	0	0	0	0	0	0	0	0	0	0
正德职业技术学院	10	0	0	0	0	0	0	0	0	0	0	0	0	0	0	0	0	0	0	0	0	0	0	0	0
钟山职业技术学院	11	0	0	0	0	0	0	0	0	0	0	0	0	0	0	0	0	0	0	0	0	0	0	0	0
无锡南洋职业技术学院	12	0	0	0	0	0	0	0	0	0	0	0	0	0	0	0	0	0	0	0	0	0	0	0	0
江南影视艺术职业学院	13	0	0	0	0	0	0	0	0	0	0	0	0	0	0	0	0	0	0	0	0	0	0	0	0
金肯职业技术学院	14	0	0	0	0	0	0	0	0	0	0	0	0	0	0	0	0	0	0	0	0	0	0	0	0
建东职业技术学院	15	0	0	0	0	0	0	0	0	0	0	0	0	0	0	0	0	0	0	0	0	0	0	0	0
宿迁职业技术学院	16	0	0	0	0	0	0	0	0	0	0	0	0	0	0	0	0	0	0	0	0	0	0	0	0
无锡太湖学院	17	0	0	0	0	0	0	0	0	0	0	0	0	0	0	0	0	0	0	0	0	0	0	0	0
金山职业技术学院	18	0	0	0	0	0	0	0	0	0	0	0	0	0	0	0	0	0	0	0	0	0	0	0	0
苏州港大思培科技职业学院	19	0	0	0	0	0	0	0	0	0	0	0	0	0	0	0	0	0	0	0	0	0	0	0	0
昆山登云科技职业学院	20	0	0	0	0	0	0	0	0	0	0	0	0	0	0	0	0	0	0	0	0	0	0	0	0
宿迁学院	21	0	0	0	0	0	0	0	0	0	0	0	0	0	0	0	0	0	0	0	0	0	0	0	0
苏州高博软件技术职业学院	22	0	0	0	0	0	0	0	0	0	0	0	0	0	0	0	0	0	0	0	0	0	0	0	0
宿迁泽达职业技术学院	23	0	0	0	0	0	0	0	0	0	0	0	0	0	0	0	0	0	0	0	0	0	0	0	0
西交利物浦大学	24	0	0	0	0	0	0	0	0	0	0	0	0	0	0	0	0	0	0	0	0	0	0	0	0

4.9 经济学人文、社会科学研究与课题成果情况表

高校名称	编号	课题数(项)	当年投入人数(人年)	其中研究生	当年投入经费(百元)	当年支出经费(百元)	出版著作(部) 合计	专著	其中被译成外文	编著教材	工具书参考书合计	古籍整理(部)	译著(部)	发表译文(篇)	电子出版物(件)	发表论文(篇) 合计	国内学术刊物	国外学术刊物	港澳台刊物	获奖成果数(项) 合计	国家级奖	部级奖	省级奖	研究与咨询报告 提交有关部门	其中被采纳数
		L01	L02	L03	L04	L05	L06	L07	L08	L09	L10	L11	L12	L13	L14	L15	L16	L17	L18	L19	L20	L21	L22	L23	L24
合计	/	90	16.5	0	2 452.74	1 845.55	13	1	0	12	0	0	0	0	0	119	96	23	0	0	0	0	0	2	1
三江学院	1	10	1.4	0	630	513	1	0	0	1	0	0	0	0	0	14	14	0	0	0	0	0	0	0	0
九州职业技术学院	2	1	0.1	0	10	10	4	0	0	4	0	0	0	0	0	8	8	0	0	0	0	0	0	0	0
南通理工学院	3	6	0.7	0	180	78	0	0	0	0	0	0	0	0	0	13	13	0	0	0	0	0	0	0	0
硅湖职业技术学院	4	0	0	0	0	0	1	0	0	1	0	0	0	0	0	0	0	0	0	0	0	0	0	0	0
应天职业技术学院	5	0	0	0	0	0	1	0	0	1	0	0	0	0	0	4	4	0	0	0	0	0	0	0	0
苏州托普信息职业技术学院	6	0	0	0	0	0	0	0	0	0	0	0	0	0	0	0	0	0	0	0	0	0	0	0	0
苏州工业园区职业技术学院	7	6	1.4	0	320	211.5	0	0	0	0	0	0	0	0	0	0	0	0	0	0	0	0	0	1	0
太湖创意职业技术学院	8	0	0	0	0	0	0	0	0	0	0	0	0	0	0	0	0	0	0	0	0	0	0	0	0
炎黄职业技术学院	9	0	0	0	0	0	0	0	0	0	0	0	0	0	0	0	0	0	0	0	0	0	0	0	0
正德职业技术学院	10	5	0.8	0	30	20	0	0	0	0	0	0	0	0	0	3	3	0	0	0	0	0	0	0	0
钟山职业技术学院	11	3	0.8	0	25	44	0	0	0	0	0	0	0	0	0	4	4	0	0	0	0	0	0	0	0
无锡南洋职业技术学院	12	0	0	0	0	0	0	0	0	0	0	0	0	0	0	0	0	0	0	0	0	0	0	0	0
江南影视艺术职业学院	13	0	0	0	0	0	0	0	0	0	0	0	0	0	0	0	0	0	0	0	0	0	0	0	0
金肯职业技术学院	14	4	1	0	150	89	2	0	0	2	0	0	0	0	0	9	9	0	0	0	0	0	0	0	0
建东职业技术学院	15	2	0.1	0	30	0	0	0	0	0	0	0	0	0	0	5	5	0	0	0	0	0	0	0	0
宿迁职业技术学院	16	0	0	0	0	0	0	0	0	0	0	0	0	0	0	0	0	0	0	0	0	0	0	0	0
无锡太湖学院	17	3	0.3	0	110	22	0	0	0	0	0	0	0	0	0	0	0	0	0	0	0	0	0	0	0
金山职业技术学院	18	0	0	0	0	0	0	0	0	0	0	0	0	0	0	0	0	0	0	0	0	0	0	0	0
苏州港大思培科技职业学院	19	2	1.2	0	85	53	1	0	0	1	0	0	0	0	0	0	0	0	0	0	0	0	0	1	1
昆山登云科技职业学院	20	0	0	0	0	0	1	0	0	1	0	0	0	0	0	0	0	0	0	0	0	0	0	0	0
宿迁学院	21	43	7.1	0	200	484	0	0	0	0	0	0	0	0	0	30	30	0	0	0	0	0	0	0	0
苏州高博软件技术职业学院	22	1	0.8	0	20	10	0	0	0	0	0	0	0	0	0	3	3	0	0	0	0	0	0	0	0
宿迁泽达职业技术学院	23	0	0	0	0	0	0	0	0	0	0	0	0	0	0	1	1	0	0	0	0	0	0	0	0
西交利物浦大学	24	4	0.8	0	662.74	311.05	2	1	0	1	0	0	0	0	0	25	2	23	0	0	0	0	0	0	0

4.10 政治学人文、社会科学研究与课题成果情况表

高校名称	编号	课题数(项)	当年投入人数(人年)	其中研究生	当年投入经费(百元)	当年支出经费(百元)	出版著作(部) 合计	专著	其中被译成外文	编著教材	工具书参考书合计	古籍整理(部)	译著(部)	发表译文(篇)	电子出版物(件)	发表论文(篇) 合计	国内学术刊物	国外学术刊物	港澳台刊物	获奖成果数(项) 合计	国家级奖	部级奖	省级奖	研究与咨询报告 提交有关部门	其中被采纳数
		L01	L02	L03	L04	L05	L06	L07	L08	L09	L10	L11	L12	L13	L14	L15	L16	L17	L18	L19	L20	L21	L22	L23	L24
合计	/	3	0.6	0	90	13	1	0	0	1	0	0	0	0	0	10	10	0	0	0	0	0	0	0	0
三江学院	1	0	0	0	0	0	0	0	0	0	0	0	0	0	0	0	0	0	0	0	0	0	0	0	0
九州职业技术学院	2	0	0	0	0	0	0	0	0	0	0	0	0	0	0	0	0	0	0	0	0	0	0	0	0
南通理工学院	3	1	0.1	0	40	3	0	0	0	0	0	0	0	0	0	1	1	0	0	0	0	0	0	0	0
硅湖职业技术学院	4	0	0	0	0	0	0	0	0	0	0	0	0	0	0	0	0	0	0	0	0	0	0	0	0
应天职业技术学院	5	0	0	0	0	0	0	0	0	0	0	0	0	0	0	0	0	0	0	0	0	0	0	0	0
苏州托普信息职业技术学院	6	0	0	0	0	0	0	0	0	0	0	0	0	0	0	0	0	0	0	0	0	0	0	0	0
苏州工业园区职业技术学院	7	0	0	0	0	0	0	0	0	0	0	0	0	0	0	0	0	0	0	0	0	0	0	0	0
太湖创意职业技术学院	8	0	0	0	0	0	0	0	0	0	0	0	0	0	0	0	0	0	0	0	0	0	0	0	0
炎黄职业技术学院	9	0	0	0	0	0	0	0	0	0	0	0	0	0	0	0	0	0	0	0	0	0	0	0	0
正德职业技术学院	10	0	0	0	0	0	0	0	0	0	0	0	0	0	0	0	0	0	0	0	0	0	0	0	0
钟山职业技术学院	11	0	0	0	0	0	0	0	0	0	0	0	0	0	0	0	0	0	0	0	0	0	0	0	0
无锡南洋职业技术学院	12	0	0	0	0	0	0	0	0	0	0	0	0	0	0	0	0	0	0	0	0	0	0	0	0
江南影视艺术职业学院	13	0	0	0	0	0	1	0	0	1	0	0	0	0	0	7	7	0	0	0	0	0	0	0	0
金肯职业技术学院	14	0	0	0	0	0	0	0	0	0	0	0	0	0	0	0	0	0	0	0	0	0	0	0	0
建东职业技术学院	15	0	0	0	0	0	0	0	0	0	0	0	0	0	0	1	1	0	0	0	0	0	0	0	0
宿迁职业技术学院	16	1	0.3	0	50	10	0	0	0	0	0	0	0	0	0	0	0	0	0	0	0	0	0	0	0
无锡太湖学院	17	0	0	0	0	0	0	0	0	0	0	0	0	0	0	0	0	0	0	0	0	0	0	0	0
金山职业技术学院	18	0	0	0	0	0	0	0	0	0	0	0	0	0	0	0	0	0	0	0	0	0	0	0	0
苏州港大思培科技职业学院	19	0	0	0	0	0	0	0	0	0	0	0	0	0	0	0	0	0	0	0	0	0	0	0	0
昆山登云科技职业学院	20	0	0	0	0	0	0	0	0	0	0	0	0	0	0	1	1	0	0	0	0	0	0	0	0
宿迁学院	21	1	0.2	0	0	0	0	0	0	0	0	0	0	0	0	0	0	0	0	0	0	0	0	0	0
苏州高博软件技术职业学院	22	0	0	0	0	0	0	0	0	0	0	0	0	0	0	0	0	0	0	0	0	0	0	0	0
宿迁泽达职业技术学院	23	0	0	0	0	0	0	0	0	0	0	0	0	0	0	0	0	0	0	0	0	0	0	0	0
西交利物浦大学	24	0	0	0	0	0	0	0	0	0	0	0	0	0	0	0	0	0	0	0	0	0	0	0	0

4.11 法学人文、社会科学研究与课题成果情况表

高校名称	编号	课题数(项)	当年投入人数(人年)	其中研究生	当年投入经费(百元)	当年支出经费(百元)	出版著作(部) 合计	专著	其中被译成外文	编著教材	工具书参考书合计	古籍整理(部)	译著(部)	发表译文(篇)	电子出版物(件)	发表论文(篇) 合计	国内学术刊物	国外学术刊物	港澳台刊物	获奖成果数(项) 合计	国家级奖	部级奖	省级奖	研究与咨询报告 提交有关部门	其中被采纳数
		L01	L02	L03	L04	L05	L06	L07	L08	L09	L10	L11	L12	L13	L14	L15	L16	L17	L18	L19	L20	L21	L22	L23	L24
合计	/	12	2	0	100	112.65	0	0	0	0	0	0	0	0	0	14	14	0	0	0	0	0	0	0	0
三江学院	1	5	0.9	0	50	53	0	0	0	0	0	0	0	0	0	6	6	0	0	0	0	0	0	0	0
九州职业技术学院	2	0	0	0	0	0	0	0	0	0	0	0	0	0	0	0	0	0	0	0	0	0	0	0	0
南通理工学院	3	0	0	0	0	0	0	0	0	0	0	0	0	0	0	0	0	0	0	0	0	0	0	0	0
硅湖职业技术学院	4	0	0	0	0	0	0	0	0	0	0	0	0	0	0	2	2	0	0	0	0	0	0	0	0
应天职业技术学院	5	0	0	0	0	0	0	0	0	0	0	0	0	0	0	0	0	0	0	0	0	0	0	0	0
苏州托普信息职业技术学院	6	0	0	0	0	0	0	0	0	0	0	0	0	0	0	0	0	0	0	0	0	0	0	0	0
苏州工业园区职业技术学院	7	0	0	0	0	0	0	0	0	0	0	0	0	0	0	0	0	0	0	0	0	0	0	0	0
太湖创意职业技术学院	8	0	0	0	0	0	0	0	0	0	0	0	0	0	0	0	0	0	0	0	0	0	0	0	0
炎黄职业技术学院	9	0	0	0	0	0	0	0	0	0	0	0	0	0	0	0	0	0	0	0	0	0	0	0	0
正德职业技术学院	10	1	0.1	0	0	0	0	0	0	0	0	0	0	0	0	0	0	0	0	0	0	0	0	0	0
钟山职业技术学院	11	0	0	0	0	0	0	0	0	0	0	0	0	0	0	0	0	0	0	0	0	0	0	0	0
无锡南洋职业技术学院	12	0	0	0	0	0	0	0	0	0	0	0	0	0	0	0	0	0	0	0	0	0	0	0	0
江南影视艺术职业学院	13	0	0	0	0	0	0	0	0	0	0	0	0	0	0	0	0	0	0	0	0	0	0	0	0
金肯职业技术学院	14	2	0.3	0	20	20.65	0	0	0	0	0	0	0	0	0	0	0	0	0	0	0	0	0	0	0
建东职业技术学院	15	1	0.1	0	10	0	0	0	0	0	0	0	0	0	0	0	0	0	0	0	0	0	0	0	0
宿迁职业技术学院	16	0	0	0	0	0	0	0	0	0	0	0	0	0	0	0	0	0	0	0	0	0	0	0	0
无锡太湖学院	17	0	0	0	0	0	0	0	0	0	0	0	0	0	0	0	0	0	0	0	0	0	0	0	0
金山职业技术学院	18	0	0	0	0	0	0	0	0	0	0	0	0	0	0	0	0	0	0	0	0	0	0	0	0
苏州港大思培科技职业学院	19	0	0	0	0	0	0	0	0	0	0	0	0	0	0	0	0	0	0	0	0	0	0	0	0
昆山登云科技职业学院	20	0	0	0	0	0	0	0	0	0	0	0	0	0	0	1	1	0	0	0	0	0	0	0	0
宿迁学院	21	3	0.6	0	20	39	0	0	0	0	0	0	0	0	0	5	5	0	0	0	0	0	0	0	0
苏州高博软件技术职业学院	22	0	0	0	0	0	0	0	0	0	0	0	0	0	0	0	0	0	0	0	0	0	0	0	0
宿迁泽达职业技术学院	23	0	0	0	0	0	0	0	0	0	0	0	0	0	0	0	0	0	0	0	0	0	0	0	0
西交利物浦大学	24	0	0	0	0	0	0	0	0	0	0	0	0	0	0	0	0	0	0	0	0	0	0	0	0

4.12 社会学人文、社会科学研究与课题成果情况表

高校名称	编号	课题数(项)	当年投入人数(人年)	其中研究生	当年投入经费(百元)	当年支出经费(百元)	出版著作(部) 合计	专著	其中被译成外文	编著教材	工具书参考书合计	古籍整理(部)	译著(部)	发表译文(篇)	电子出版物(件)	发表论文(篇) 合计	国内学术刊物	国外学术刊物	港澳台刊物	获奖成果数(项) 合计	国家级奖	部级奖	省级奖	研究与咨询报告 提交有关部门	其中被采纳数
		L01	L02	L03	L04	L05	L06	L07	L08	L09	L10	L11	L12	L13	L14	L15	L16	L17	L18	L19	L20	L21	L22	L23	L24
合计	/	29	5.9	0	430	398.82	0	0	0	0	0	0	0	0	0	22	18	4	0	0	0	0	0	0	0
三江学院	1	3	0.5	0	190	90	0	0	0	0	0	0	0	0	0	13	12	1	0	0	0	0	0	0	0
九州职业技术学院	2	0	0	0	0	0	0	0	0	0	0	0	0	0	0	0	0	0	0	0	0	0	0	0	0
南通理工学院	3	0	0	0	0	0	0	0	0	0	0	0	0	0	0	0	0	0	0	0	0	0	0	0	0
硅湖职业技术学院	4	0	0	0	0	0	0	0	0	0	0	0	0	0	0	1	1	0	0	0	0	0	0	0	0
应天职业技术学院	5	0	0	0	0	0	0	0	0	0	0	0	0	0	0	1	0	1	0	0	0	0	0	0	0
苏州托普信息职业技术学院	6	0	0	0	0	0	0	0	0	0	0	0	0	0	0	0	0	0	0	0	0	0	0	0	0
苏州工业园区职业技术学院	7	0	0	0	0	0	0	0	0	0	0	0	0	0	0	0	0	0	0	0	0	0	0	0	0
太湖创意职业技术学院	8	0	0	0	0	0	0	0	0	0	0	0	0	0	0	0	0	0	0	0	0	0	0	0	0
炎黄职业技术学院	9	0	0	0	0	0	0	0	0	0	0	0	0	0	0	0	0	0	0	0	0	0	0	0	0
正德职业技术学院	10	0	0	0	0	0	0	0	0	0	0	0	0	0	0	0	0	0	0	0	0	0	0	0	0
钟山职业技术学院	11	2	0.8	0	25	8	0	0	0	0	0	0	0	0	0	0	0	0	0	0	0	0	0	0	0
无锡南洋职业技术学院	12	1	0.7	0	50	12	0	0	0	0	0	0	0	0	0	0	0	0	0	0	0	0	0	0	0
江南影视艺术职业学院	13	0	0	0	0	0	0	0	0	0	0	0	0	0	0	0	0	0	0	0	0	0	0	0	0
金肯职业技术学院	14	1	0.2	0	40	13	0	0	0	0	0	0	0	0	0	3	3	0	0	0	0	0	0	0	0
建东职业技术学院	15	1	0.1	0	0	10	0	0	0	0	0	0	0	0	0	0	0	0	0	0	0	0	0	0	0
宿迁职业技术学院	16	0	0	0	0	0	0	0	0	0	0	0	0	0	0	0	0	0	0	0	0	0	0	0	0
无锡太湖学院	17	1	0.1	0	30	6	0	0	0	0	0	0	0	0	0	0	0	0	0	0	0	0	0	0	0
金山职业技术学院	18	0	0	0	0	0	0	0	0	0	0	0	0	0	0	0	0	0	0	0	0	0	0	0	0
苏州港大思培科技职业学院	19	0	0	0	0	0	0	0	0	0	0	0	0	0	0	0	0	0	0	0	0	0	0	0	0
昆山登云科技职业学院	20	0	0	0	0	0	0	0	0	0	0	0	0	0	0	0	0	0	0	0	0	0	0	0	0
宿迁学院	21	19	3.3	0	70	235	0	0	0	0	0	0	0	0	0	0	0	0	0	0	0	0	0	0	0
苏州高博软件技术职业学院	22	0	0	0	0	0	0	0	0	0	0	0	0	0	0	2	2	0	0	0	0	0	0	0	0
宿迁泽达职业技术学院	23	0	0	0	0	0	0	0	0	0	0	0	0	0	0	0	0	0	0	0	0	0	0	0	0
西交利物浦大学	24	1	0.2	0	25	24.82	0	0	0	0	0	0	0	0	0	2	0	2	0	0	0	0	0	0	0

4.13 民族学与文化学人文、社会科学研究与课题成果情况表

高校名称	编号	课题数(项)	当年投入人数(人年)	其中研究生	当年投入经费(百元)	当年支出经费(百元)	出版著作(部) 合计	专著	其中被译成外文	编著教材	工具书参考书合计	古籍整理(部)	译著(部)	发表译文(篇)	电子出版物(件)	发表论文(篇) 合计	国内学术刊物	国外学术刊物	港澳台刊物	获奖成果数(项) 合计	国家级奖	部级奖	省级奖	研究与咨询报告 提交有关部门	其中被采纳数
		L01	L02	L03	L04	L05	L06	L07	L08	L09	L10	L11	L12	L13	L14	L15	L16	L17	L18	L19	L20	L21	L22	L23	L24
合计	/	5	0.9	0	705	410	1	0	0	1	0	0	0	0	0	4	4	0	0	0	0	0	0	0	0
三江学院	1	3	0.5	0	600	410	1	0	0	1	0	0	0	0	0	4	4	0	0	0	0	0	0	0	0
九州职业技术学院	2	0	0	0	0	0	0	0	0	0	0	0	0	0	0	0	0	0	0	0	0	0	0	0	0
南通理工学院	3	0	0	0	0	0	0	0	0	0	0	0	0	0	0	0	0	0	0	0	0	0	0	0	0
硅湖职业技术学院	4	0	0	0	0	0	0	0	0	0	0	0	0	0	0	0	0	0	0	0	0	0	0	0	0
应天职业技术学院	5	0	0	0	0	0	0	0	0	0	0	0	0	0	0	0	0	0	0	0	0	0	0	0	0
苏州托普信息职业技术学院	6	0	0	0	0	0	0	0	0	0	0	0	0	0	0	0	0	0	0	0	0	0	0	0	0
苏州工业园区职业技术学院	7	0	0	0	0	0	0	0	0	0	0	0	0	0	0	0	0	0	0	0	0	0	0	0	0
太湖创意职业技术学院	8	0	0	0	0	0	0	0	0	0	0	0	0	0	0	0	0	0	0	0	0	0	0	0	0
炎黄职业技术学院	9	0	0	0	0	0	0	0	0	0	0	0	0	0	0	0	0	0	0	0	0	0	0	0	0
正德职业技术学院	10	1	0.1	0	30	0	0	0	0	0	0	0	0	0	0	0	0	0	0	0	0	0	0	0	0
钟山职业技术学院	11	0	0	0	0	0	0	0	0	0	0	0	0	0	0	0	0	0	0	0	0	0	0	0	0
无锡南洋职业技术学院	12	0	0	0	0	0	0	0	0	0	0	0	0	0	0	0	0	0	0	0	0	0	0	0	0
江南影视艺术职业学院	13	0	0	0	0	0	0	0	0	0	0	0	0	0	0	0	0	0	0	0	0	0	0	0	0
金肯职业技术学院	14	0	0	0	0	0	0	0	0	0	0	0	0	0	0	0	0	0	0	0	0	0	0	0	0
建东职业技术学院	15	0	0	0	0	0	0	0	0	0	0	0	0	0	0	0	0	0	0	0	0	0	0	0	0
宿迁职业技术学院	16	0	0	0	0	0	0	0	0	0	0	0	0	0	0	0	0	0	0	0	0	0	0	0	0
无锡太湖学院	17	0	0	0	0	0	0	0	0	0	0	0	0	0	0	0	0	0	0	0	0	0	0	0	0
金山职业技术学院	18	0	0	0	0	0	0	0	0	0	0	0	0	0	0	0	0	0	0	0	0	0	0	0	0
苏州港大思培科技职业学院	19	0	0	0	0	0	0	0	0	0	0	0	0	0	0	0	0	0	0	0	0	0	0	0	0
昆山登云科技职业学院	20	0	0	0	0	0	0	0	0	0	0	0	0	0	0	0	0	0	0	0	0	0	0	0	0
宿迁学院	21	0	0	0	0	0	0	0	0	0	0	0	0	0	0	0	0	0	0	0	0	0	0	0	0
苏州高博软件技术职业学院	22	0	0	0	0	0	0	0	0	0	0	0	0	0	0	0	0	0	0	0	0	0	0	0	0
宿迁泽达职业技术学院	23	0	0	0	0	0	0	0	0	0	0	0	0	0	0	0	0	0	0	0	0	0	0	0	0
西交利物浦大学	24	1	0.3	0	75	0	0	0	0	0	0	0	0	0	0	0	0	0	0	0	0	0	0	0	0

4.14 新闻学与传播学人文、社会科学研究与课题成果情况表

高校名称	编号	课题数(项)	当年投入人数(人年)	其中研究生	当年投入经费(百元)	当年支出经费(百元)	出版著作(部) 合计	专著	其中被译成外文	编著教材	工具书参考书合计	古籍整理(部)	译著(部)	发表译文(篇)	电子出版物(件)	发表论文(篇) 合计	国内学术刊物	国外学术刊物	港澳台刊物	获奖成果数(项) 合计	国家级奖	部级奖	省级奖	研究与咨询报告 提交有关部门	其中被采纳数
		L01	L02	L03	L04	L05	L06	L07	L08	L09	L10	L11	L12	L13	L14	L15	L16	L17	L18	L19	L20	L21	L22	L23	L24
合计	/	7	1.1	0	150	85	0	0	0	0	0	0	0	0	0	8	8	0	0	0	0	0	0	0	0
三江学院	1	2	0.2	0	50	30	0	0	0	0	0	0	0	0	0	2	2	0	0	0	0	0	0	0	0
九州职业技术学院	2	0	0	0	0	0	0	0	0	0	0	0	0	0	0	0	0	0	0	0	0	0	0	0	0
南通理工学院	3	0	0	0	0	0	0	0	0	0	0	0	0	0	0	0	0	0	0	0	0	0	0	0	0
硅湖职业技术学院	4	0	0	0	0	0	0	0	0	0	0	0	0	0	0	0	0	0	0	0	0	0	0	0	0
应天职业技术学院	5	0	0	0	0	0	0	0	0	0	0	0	0	0	0	0	0	0	0	0	0	0	0	0	0
苏州托普信息职业技术学院	6	0	0	0	0	0	0	0	0	0	0	0	0	0	0	0	0	0	0	0	0	0	0	0	0
苏州工业园区职业技术学院	7	0	0	0	0	0	0	0	0	0	0	0	0	0	0	0	0	0	0	0	0	0	0	0	0
太湖创意职业技术学院	8	0	0	0	0	0	0	0	0	0	0	0	0	0	0	0	0	0	0	0	0	0	0	0	0
炎黄职业技术学院	9	0	0	0	0	0	0	0	0	0	0	0	0	0	0	0	0	0	0	0	0	0	0	0	0
正德职业技术学院	10	1	0.1	0	30	0	0	0	0	0	0	0	0	0	0	0	0	0	0	0	0	0	0	0	0
钟山职业技术学院	11	0	0	0	0	0	0	0	0	0	0	0	0	0	0	0	0	0	0	0	0	0	0	0	0
无锡南洋职业技术学院	12	0	0	0	0	0	0	0	0	0	0	0	0	0	0	0	0	0	0	0	0	0	0	0	0
江南影视艺术职业学院	13	0	0	0	0	0	0	0	0	0	0	0	0	0	0	3	3	0	0	0	0	0	0	0	0
金肯职业技术学院	14	0	0	0	0	0	0	0	0	0	0	0	0	0	0	0	0	0	0	0	0	0	0	0	0
建东职业技术学院	15	0	0	0	0	0	0	0	0	0	0	0	0	0	0	0	0	0	0	0	0	0	0	0	0
宿迁职业技术学院	16	0	0	0	0	0	0	0	0	0	0	0	0	0	0	0	0	0	0	0	0	0	0	0	0
无锡太湖学院	17	0	0	0	0	0	0	0	0	0	0	0	0	0	0	0	0	0	0	0	0	0	0	0	0
金山职业技术学院	18	0	0	0	0	0	0	0	0	0	0	0	0	0	0	0	0	0	0	0	0	0	0	0	0
苏州港大思培科技职业学院	19	0	0	0	0	0	0	0	0	0	0	0	0	0	0	0	0	0	0	0	0	0	0	0	0
昆山登云科技职业学院	20	0	0	0	0	0	0	0	0	0	0	0	0	0	0	0	0	0	0	0	0	0	0	0	0
宿迁学院	21	4	0.8	0	70	55	0	0	0	0	0	0	0	0	0	3	3	0	0	0	0	0	0	0	0
苏州高博软件技术职业学院	22	0	0	0	0	0	0	0	0	0	0	0	0	0	0	0	0	0	0	0	0	0	0	0	0
宿迁泽达职业技术学院	23	0	0	0	0	0	0	0	0	0	0	0	0	0	0	0	0	0	0	0	0	0	0	0	0
西交利物浦大学	24	0	0	0	0	0	0	0	0	0	0	0	0	0	0	0	0	0	0	0	0	0	0	0	0

4.15 图书、情报、文献学人文、社会科学研究与课题成果情况表

高校名称							出版著作(部)									发表论文(篇)				获奖成果数(项)				研究与咨询报告	
		课题数（项）	当年投入人数（人年）	其中研究生	当年投入经费（百元）	当年支出经费（百元）	合计	专著	其中被译成外文	编著教材	工具书参考书合计	古籍整理（部）	译著（部）	发表译文（篇）	电子出版物（件）	合计	国内学术刊物	国外学术刊物	港澳台刊物	合计	国家级奖	部级奖	省级奖	提交有关部门	其中被采纳数
	编号	L01	L02	L03	L04	L05	L06	L07	L08	L09	L10	L11	L12	L13	L14	L15	L16	L17	L18	L19	L20	L21	L22	L23	L24
合计	/	5	1.1	0	660	205.12	1	0	0	1	0	0	0	0	0	5	5	0	0	0	0	0	0	0	0
三江学院	1	1	0.2	0	0	30	0	0	0	0	0	0	0	0	0	3	3	0	0	0	0	0	0	0	0
九州职业技术学院	2	0	0	0	0	0	0	0	0	0	0	0	0	0	0	0	0	0	0	0	0	0	0	0	0
南通理工学院	3	1	0.1	0	40	4	0	0	0	0	0	0	0	0	0	2	2	0	0	0	0	0	0	0	0
硅湖职业技术学院	4	0	0	0	0	0	0	0	0	0	0	0	0	0	0	0	0	0	0	0	0	0	0	0	0
应天职业技术学院	5	0	0	0	0	0	0	0	0	0	0	0	0	0	0	0	0	0	0	0	0	0	0	0	0
苏州托普信息职业技术学院	6	0	0	0	0	0	0	0	0	0	0	0	0	0	0	0	0	0	0	0	0	0	0	0	0
苏州工业园区职业技术学院	7	0	0	0	0	0	0	0	0	0	0	0	0	0	0	0	0	0	0	0	0	0	0	0	0
太湖创意职业技术学院	8	0	0	0	0	0	0	0	0	0	0	0	0	0	0	0	0	0	0	0	0	0	0	0	0
炎黄职业技术学院	9	0	0	0	0	0	0	0	0	0	0	0	0	0	0	0	0	0	0	0	0	0	0	0	0
正德职业技术学院	10	0	0	0	0	0	0	0	0	0	0	0	0	0	0	0	0	0	0	0	0	0	0	0	0
钟山职业技术学院	11	0	0	0	0	0	0	0	0	0	0	0	0	0	0	0	0	0	0	0	0	0	0	0	0
无锡南洋职业技术学院	12	0	0	0	0	0	0	0	0	0	0	0	0	0	0	0	0	0	0	0	0	0	0	0	0
江南影视艺术职业学院	13	0	0	0	0	0	1	0	0	1	0	0	0	0	0	0	0	0	0	0	0	0	0	0	0
金肯职业技术学院	14	0	0	0	0	0	0	0	0	0	0	0	0	0	0	0	0	0	0	0	0	0	0	0	0
建东职业技术学院	15	0	0	0	0	0	0	0	0	0	0	0	0	0	0	0	0	0	0	0	0	0	0	0	0
宿迁职业技术学院	16	0	0	0	0	0	0	0	0	0	0	0	0	0	0	0	0	0	0	0	0	0	0	0	0
无锡太湖学院	17	0	0	0	0	0	0	0	0	0	0	0	0	0	0	0	0	0	0	0	0	0	0	0	0
金山职业技术学院	18	0	0	0	0	0	0	0	0	0	0	0	0	0	0	0	0	0	0	0	0	0	0	0	0
苏州港大思培科技职业学院	19	0	0	0	0	0	0	0	0	0	0	0	0	0	0	0	0	0	0	0	0	0	0	0	0
昆山登云科技职业学院	20	0	0	0	0	0	0	0	0	0	0	0	0	0	0	0	0	0	0	0	0	0	0	0	0
宿迁学院	21	2	0.4	0	20	28	0	0	0	0	0	0	0	0	0	0	0	0	0	0	0	0	0	0	0
苏州高博软件技术职业学院	22	0	0	0	0	0	0	0	0	0	0	0	0	0	0	0	0	0	0	0	0	0	0	0	0
宿迁泽达职业技术学院	23	0	0	0	0	0	0	0	0	0	0	0	0	0	0	0	0	0	0	0	0	0	0	0	0
西交利物浦大学	24	1	0.4	0	600	143.12	0	0	0	0	0	0	0	0	0	0	0	0	0	0	0	0	0	0	0

4.16 教育学人文、社会科学研究与课题成果情况表

高校名称	编号	课题数（项）	当年投入人数（人年）	其中研究生	当年投入经费（百元）	当年支出经费（百元）	出版著作（部）合计	出版著作（部）专著	出版著作（部）其中被译成外文	出版著作（部）编著教材	出版著作（部）工具书参考书合计	古籍整理（部）	译著（部）	发表译文（篇）	电子出版物（件）	发表论文（篇）合计	发表论文（篇）国内学术刊物	发表论文（篇）国外学术刊物	发表论文（篇）港澳台刊物	获奖成果数（项）合计	获奖成果数（项）国家级奖	获奖成果数（项）部级奖	获奖成果数（项）省级奖	研究与咨询报告 提交有关部门	研究与咨询报告 其中被采纳数
		L01	L02	L03	L04	L05	L06	L07	L08	L09	L10	L11	L12	L13	L14	L15	L16	L17	L18	L19	L20	L21	L22	L23	L24
合计	/	116	22.7	0	2 177	1 576.46	5	1	0	4	0	0	0	0	0	180	180	0	0	0	0	0	0	1	0
三江学院	1	12	1.5	0	380	258	2	0	0	2	0	0	0	0	0	26	26	0	0	0	0	0	0	0	0
九州职业技术学院	2	6	1.9	0	100	52	0	0	0	0	0	0	0	0	0	10	10	0	0	0	0	0	0	0	0
南通理工学院	3	0	0	0	0	0	0	0	0	0	0	0	0	0	0	6	6	0	0	0	0	0	0	0	0
硅湖职业技术学院	4	11	1.4	0	32	191.46	0	0	0	0	0	0	0	0	0	12	12	0	0	0	0	0	0	0	0
应天职业技术学院	5	1	0.7	0	50	30	3	1	0	2	0	0	0	0	0	13	13	0	0	0	0	0	0	0	0
苏州托普信息职业技术学院	6	1	0.2	0	0	10	0	0	0	0	0	0	0	0	0	2	2	0	0	0	0	0	0	0	0
苏州工业园区职业技术学院	7	12	2.5	0	330	256	0	0	0	0	0	0	0	0	0	9	9	0	0	0	0	0	0	1	0
太湖创意职业技术学院	8	0	0	0	0	0	0	0	0	0	0	0	0	0	0	0	0	0	0	0	0	0	0	0	0
炎黄职业技术学院	9	0	0	0	0	0	0	0	0	0	0	0	0	0	0	0	0	0	0	0	0	0	0	0	0
正德职业技术学院	10	7	1.4	0	60	39	0	0	0	0	0	0	0	0	0	20	20	0	0	0	0	0	0	0	0
钟山职业技术学院	11	13	2.4	0	75	147	0	0	0	0	0	0	0	0	0	7	7	0	0	0	0	0	0	0	0
无锡南洋职业技术学院	12	1	0.3	0	50	6	0	0	0	0	0	0	0	0	0	9	9	0	0	0	0	0	0	0	0
江南影视艺术职业学院	13	2	0.4	0	0	0	0	0	0	0	0	0	0	0	0	1	1	0	0	0	0	0	0	0	0
金肯职业技术学院	14	1	0.2	0	20	4	0	0	0	0	0	0	0	0	0	2	2	0	0	0	0	0	0	0	0
建东职业技术学院	15	10	1.4	0	90	50	0	0	0	0	0	0	0	0	0	16	16	0	0	0	0	0	0	0	0
宿迁职业技术学院	16	0	0	0	0	0	0	0	0	0	0	0	0	0	0	0	0	0	0	0	0	0	0	0	0
无锡太湖学院	17	5	0.5	0	280	56	0	0	0	0	0	0	0	0	0	3	3	0	0	0	0	0	0	0	0
金山职业技术学院	18	1	0.9	0	50	15	0	0	0	0	0	0	0	0	0	3	3	0	0	0	0	0	0	0	0
苏州港大思培科技职业学院	19	0	0	0	0	0	0	0	0	0	0	0	0	0	0	2	2	0	0	0	0	0	0	0	0
昆山登云科技职业学院	20	2	0.4	0	70	15	0	0	0	0	0	0	0	0	0	11	11	0	0	0	0	0	0	0	0
宿迁学院	21	11	2.1	0	130	122	0	0	0	0	0	0	0	0	0	11	11	0	0	0	0	0	0	0	0
苏州高博软件技术职业学院	22	20	4.5	0	460	325	0	0	0	0	0	0	0	0	0	17	17	0	0	0	0	0	0	0	0
宿迁泽达职业技术学院	23	0	0	0	0	0	0	0	0	0	0	0	0	0	0	0	0	0	0	0	0	0	0	0	0
西交利物浦大学	24	0	0	0	0	0	0	0	0	0	0	0	0	0	0	0	0	0	0	0	0	0	0	0	0

4.17　统计学人文、社会科学研究与课题成果情况表

高校名称	编号	课题数(项)	当年投入人数(人年)	其中研究生	当年投入经费(百元)	当年支出经费(百元)	出版著作(部) 合计	专著	其中被译成外文	编著教材	工具书参考书合计	古籍整理(部)	译著(部)	发表译文(篇)	电子出版物(件)	发表论文(篇) 合计	国内学术刊物	国外学术刊物	港澳台刊物	获奖成果数(项) 合计	国家级奖	部级奖	省级奖	研究与咨询报告 提交有关部门	其中被采纳数
		L01	L02	L03	L04	L05	L06	L07	L08	L09	L10	L11	L12	L13	L14	L15	L16	L17	L18	L19	L20	L21	L22	L23	L24
合计	/	6	1.2	0	6 220	4 096	0	0	0	0	0	0	0	0	0	4	4	0	0	0	0	0	0	0	0
三江学院	1	3	0.6	0	6 150	4 055	0	0	0	0	0	0	0	0	0	0	0	0	0	0	0	0	0	0	0
九州职业技术学院	2	0	0	0	0	0	0	0	0	0	0	0	0	0	0	0	0	0	0	0	0	0	0	0	0
南通理工学院	3	0	0	0	0	0	0	0	0	0	0	0	0	0	0	0	0	0	0	0	0	0	0	0	0
硅湖职业技术学院	4	0	0	0	0	0	0	0	0	0	0	0	0	0	0	0	0	0	0	0	0	0	0	0	0
应天职业技术学院	5	0	0	0	0	0	0	0	0	0	0	0	0	0	0	0	0	0	0	0	0	0	0	0	0
苏州托普信息职业技术学院	6	0	0	0	0	0	0	0	0	0	0	0	0	0	0	0	0	0	0	0	0	0	0	0	0
苏州工业园区职业技术学院	7	0	0	0	0	0	0	0	0	0	0	0	0	0	0	0	0	0	0	0	0	0	0	0	0
太湖创意职业技术学院	8	0	0	0	0	0	0	0	0	0	0	0	0	0	0	0	0	0	0	0	0	0	0	0	0
炎黄职业技术学院	9	0	0	0	0	0	0	0	0	0	0	0	0	0	0	0	0	0	0	0	0	0	0	0	0
正德职业技术学院	10	0	0	0	0	0	0	0	0	0	0	0	0	0	0	0	0	0	0	0	0	0	0	0	0
钟山职业技术学院	11	0	0	0	0	0	0	0	0	0	0	0	0	0	0	0	0	0	0	0	0	0	0	0	0
无锡南洋职业技术学院	12	0	0	0	0	0	0	0	0	0	0	0	0	0	0	0	0	0	0	0	0	0	0	0	0
江南影视艺术职业学院	13	0	0	0	0	0	0	0	0	0	0	0	0	0	0	0	0	0	0	0	0	0	0	0	0
金肯职业技术学院	14	1	0.2	0	20	11	0	0	0	0	0	0	0	0	0	0	0	0	0	0	0	0	0	0	0
建东职业技术学院	15	0	0	0	0	0	0	0	0	0	0	0	0	0	0	0	0	0	0	0	0	0	0	0	0
宿迁职业技术学院	16	0	0	0	0	0	0	0	0	0	0	0	0	0	0	0	0	0	0	0	0	0	0	0	0
无锡太湖学院	17	0	0	0	0	0	0	0	0	0	0	0	0	0	0	0	0	0	0	0	0	0	0	0	0
金山职业技术学院	18	0	0	0	0	0	0	0	0	0	0	0	0	0	0	0	0	0	0	0	0	0	0	0	0
苏州港大思培科技职业学院	19	0	0	0	0	0	0	0	0	0	0	0	0	0	0	0	0	0	0	0	0	0	0	0	0
昆山登云科技职业学院	20	0	0	0	0	0	0	0	0	0	0	0	0	0	0	0	0	0	0	0	0	0	0	0	0
宿迁学院	21	2	0.4	0	50	30	0	0	0	0	0	0	0	0	0	4	4	0	0	0	0	0	0	0	0
苏州高博软件技术职业学院	22	0	0	0	0	0	0	0	0	0	0	0	0	0	0	0	0	0	0	0	0	0	0	0	0
宿迁泽达职业技术学院	23	0	0	0	0	0	0	0	0	0	0	0	0	0	0	0	0	0	0	0	0	0	0	0	0
西交利物浦大学	24	0	0	0	0	0	0	0	0	0	0	0	0	0	0	0	0	0	0	0	0	0	0	0	0

4.18 心理学人文、社会科学研究与课题成果情况表

高校名称	编号	课题数（项）	当年投入人数（人年）	其中研究生	当年投入经费（百元）	当年支出经费（百元）	出版著作（部）合计	专著	其中被译成外文	编著教材	工具书参考书合计	古籍整理（部）	译著（部）	发表译文（篇）	电子出版物（件）	发表论文（篇）合计	国内学术刊物	国外学术刊物	港澳台刊物	获奖成果数（项）合计	国家级奖	部级奖	省级奖	研究与咨询报告 提交有关部门	其中被采纳数
	编号	L01	L02	L03	L04	L05	L06	L07	L08	L09	L10	L11	L12	L13	L14	L15	L16	L17	L18	L19	L20	L21	L22	L23	L24
合计	/	7	2	0	110	81.44	1	0	0	1	0	0	0	0	0	7	7	0	0	0	0	0	0	0	0
三江学院	1	0	0	0	0	0	0	0	0	0	0	0	0	0	0	0	0	0	0	0	0	0	0	0	0
九州职业技术学院	2	0	0	0	0	0	0	0	0	0	0	0	0	0	0	0	0	0	0	0	0	0	0	0	0
南通理工学院	3	0	0	0	0	0	0	0	0	0	0	0	0	0	0	0	0	0	0	0	0	0	0	0	0
硅湖职业技术学院	4	0	0	0	0	0	0	0	0	0	0	0	0	0	0	0	0	0	0	0	0	0	0	0	0
应天职业技术学院	5	0	0	0	0	0	0	0	0	0	0	0	0	0	0	1	1	0	0	0	0	0	0	0	0
苏州托普信息职业技术学院	6	0	0	0	0	0	0	0	0	0	0	0	0	0	0	0	0	0	0	0	0	0	0	0	0
苏州工业园区职业技术学院	7	0	0	0	0	0	0	0	0	0	0	0	0	0	0	0	0	0	0	0	0	0	0	0	0
太湖创意职业技术学院	8	0	0	0	0	0	0	0	0	0	0	0	0	0	0	0	0	0	0	0	0	0	0	0	0
炎黄职业技术学院	9	0	0	0	0	0	0	0	0	0	0	0	0	0	0	0	0	0	0	0	0	0	0	0	0
正德职业技术学院	10	0	0	0	0	0	0	0	0	0	0	0	0	0	0	1	1	0	0	0	0	0	0	0	0
钟山职业技术学院	11	0	0	0	0	0	0	0	0	0	0	0	0	0	0	0	0	0	0	0	0	0	0	0	0
无锡南洋职业技术学院	12	0	0	0	0	0	0	0	0	0	0	0	0	0	0	0	0	0	0	0	0	0	0	0	0
江南影视艺术职业学院	13	0	0	0	0	0	0	0	0	0	0	0	0	0	0	0	0	0	0	0	0	0	0	0	0
金肯职业技术学院	14	3	0.8	0	40	40.44	1	0	0	1	0	0	0	0	0	0	0	0	0	0	0	0	0	0	0
建东职业技术学院	15	1	0.2	0	0	10	0	0	0	0	0	0	0	0	0	1	1	0	0	0	0	0	0	0	0
宿迁职业技术学院	16	0	0	0	0	0	0	0	0	0	0	0	0	0	0	0	0	0	0	0	0	0	0	0	0
无锡太湖学院	17	0	0	0	0	0	0	0	0	0	0	0	0	0	0	0	0	0	0	0	0	0	0	0	0
金山职业技术学院	18	0	0	0	0	0	0	0	0	0	0	0	0	0	0	0	0	0	0	0	0	0	0	0	0
苏州港大思培科技职业学院	19	0	0	0	0	0	0	0	0	0	0	0	0	0	0	0	0	0	0	0	0	0	0	0	0
昆山登云科技职业学院	20	1	0.3	0	40	8	0	0	0	0	0	0	0	0	0	3	3	0	0	0	0	0	0	0	0
宿迁学院	21	1	0.2	0	0	8	0	0	0	0	0	0	0	0	0	1	1	0	0	0	0	0	0	0	0
苏州高博软件技术职业学院	22	1	0.5	0	30	15	0	0	0	0	0	0	0	0	0	0	0	0	0	0	0	0	0	0	0
宿迁泽达职业技术学院	23	0	0	0	0	0	0	0	0	0	0	0	0	0	0	0	0	0	0	0	0	0	0	0	0
西交利物浦大学	24	0	0	0	0	0	0	0	0	0	0	0	0	0	0	0	0	0	0	0	0	0	0	0	0

4.19 体育科学人文、社会科学研究与课题成果情况表

高校名称							出版著作(部)									发表论文(篇)				获奖成果数(项)				研究与咨询报告	
		课题数(项)	当年投入人数(人年)	其中研究生	当年投入经费(百元)	当年支出经费(百元)	合计	专著	其中被译成外文	编著教材	工具书参考书合计	古籍整理(部)	译著(部)	发表译文(篇)	电子出版物(件)	合计	国内学术刊物	国外学术刊物	港澳台刊物	合计	国家级奖	部级奖	省级奖	提交有关部门	其中被采纳数
	编号	L01	L02	L03	L04	L05	L06	L07	L08	L09	L10	L11	L12	L13	L14	L15	L16	L17	L18	L19	L20	L21	L22	L23	L24
合计	/	17	3.2	0	280	201	1	0	0	1	0	0	0	0	0	31	30	1	0	0	0	0	0	0	0
三江学院	1	0	0	0	0	0	0	0	0	0	0	0	0	0	0	5	5	0	0	0	0	0	0	0	0
九州职业技术学院	2	1	0.3	0	50	10	0	0	0	0	0	0	0	0	0	0	0	0	0	0	0	0	0	0	0
南通理工学院	3	3	0.3	0	80	16	0	0	0	0	0	0	0	0	0	2	2	0	0	0	0	0	0	0	0
硅湖职业技术学院	4	0	0	0	0	0	1	0	0	1	0	0	0	0	0	3	3	0	0	0	0	0	0	0	0
应天职业技术学院	5	0	0	0	0	0	0	0	0	0	0	0	0	0	0	1	1	0	0	0	0	0	0	0	0
苏州托普信息职业技术学院	6	0	0	0	0	0	0	0	0	0	0	0	0	0	0	0	0	0	0	0	0	0	0	0	0
苏州工业园区职业技术学院	7	1	0.2	0	0	10	0	0	0	0	0	0	0	0	0	0	0	0	0	0	0	0	0	0	0
太湖创意职业技术学院	8	0	0	0	0	0	0	0	0	0	0	0	0	0	0	0	0	0	0	0	0	0	0	0	0
炎黄职业技术学院	9	0	0	0	0	0	0	0	0	0	0	0	0	0	0	0	0	0	0	0	0	0	0	0	0
正德职业技术学院	10	0	0	0	0	0	0	0	0	0	0	0	0	0	0	9	8	1	0	0	0	0	0	0	0
钟山职业技术学院	11	0	0	0	0	0	0	0	0	0	0	0	0	0	0	0	0	0	0	0	0	0	0	0	0
无锡南洋职业技术学院	12	1	0.5	0	0	16	0	0	0	0	0	0	0	0	0	0	0	0	0	0	0	0	0	0	0
江南影视艺术职业学院	13	0	0	0	0	0	0	0	0	0	0	0	0	0	0	1	1	0	0	0	0	0	0	0	0
金肯职业技术学院	14	0	0	0	0	0	0	0	0	0	0	0	0	0	0	0	0	0	0	0	0	0	0	0	0
建东职业技术学院	15	0	0	0	0	0	0	0	0	0	0	0	0	0	0	1	1	0	0	0	0	0	0	0	0
宿迁职业技术学院	16	1	0.3	0	50	10	0	0	0	0	0	0	0	0	0	1	1	0	0	0	0	0	0	0	0
无锡太湖学院	17	0	0	0	0	0	0	0	0	0	0	0	0	0	0	0	0	0	0	0	0	0	0	0	0
金山职业技术学院	18	0	0	0	0	0	0	0	0	0	0	0	0	0	0	0	0	0	0	0	0	0	0	0	0
苏州港大思培科技职业学院	19	0	0	0	0	0	0	0	0	0	0	0	0	0	0	0	0	0	0	0	0	0	0	0	0
昆山登云科技职业学院	20	0	0	0	0	0	0	0	0	0	0	0	0	0	0	0	0	0	0	0	0	0	0	0	0
宿迁学院	21	10	1.6	0	100	139	0	0	0	0	0	0	0	0	0	4	4	0	0	0	0	0	0	0	0
苏州高博软件技术职业学院	22	0	0	0	0	0	0	0	0	0	0	0	0	0	0	2	2	0	0	0	0	0	0	0	0
宿迁泽达职业技术学院	23	0	0	0	0	0	0	0	0	0	0	0	0	0	0	2	2	0	0	0	0	0	0	0	0
西交利物浦大学	24	0	0	0	0	0	0	0	0	0	0	0	0	0	0	0	0	0	0	0	0	0	0	0	0

八、社科研究、课题与成果(来源情况)

1. 全省高校人文、社会科学研究与课题成果来源情况表

		课题来源															
		合计	国家社科基金项目	国家社科基金单列学科项目	教育部人文社科研究项目	高校古籍整理研究项目	国家自然科学基金项目	中央其他部门社科专门项目	省、市、自治区社科基金项目	省教育厅社科项目	地、市厅、局等政府部门项目	国际合作研究项目	与港、澳、台合作研究项目	企事业单位委托项目	学校社科项目	外资项目	其他项目
	编号	L01	L02	L03	L04	L05	L06	L07	L08	L09	L10	L11	L12	L13	L14	L15	L16
课题数(项)	1	24 167	1 305	117	1 901	40	488	689	1 876	4 642	4 033	55	6	3 366	5 551	7	24 167
当年投入人数(人/年)	2	6 063.9	499.7	40.2	584.7	12.1	164.5	158.2	565.5	1 160.8	976.4	13.1	1.5	749.5	1 116.5	1.6	6 063.9
其中研究生(人/年)	3	1 138.8	143.9	10.7	151.7	3.8	71.4	39.4	148.6	114.5	145.3	5.1	0.8	178.9	122.6	0	1 138.8
当年拨入经费(百元)	4	5 079 911.18	723 845.25	25 530	356 869	5 400	409 737.28	148 963	229 025.6	198 271	441 786.97	102 441.39	10 904	1 907 620.95	499 248.62	7 661.12	5 079 911.18
其中当年立项项目拨入经费(百元)	5	4 325 654.78	677 750	21 480	257 970	4 400	305 931.54	92 112	202 039	163 194	404 258.25	58 265.39	109 04	1 702 016.6	410 469	2 408	4 325 654.78
当年支出经费(百元)	6	4 890 748.93	657 220.79	23 637.97	328 029.5	6 615.7	483 634.18	146 249.94	206 512.39	174 534.04	396 562.28	105 344.2	9 918	1 855 133.97	478 063.18	6 689.99	4 890 748.93
当年新开课题数(项)	7	9 023	317	20	344	11	135	226	523	1 543	1 917	20	5	2 002	1 915	3	9 023
当年新开课题批准经费(百元)	8	5 625 726.08	780 300	28 280	391 910	4 900	560 700	126 267	278 275	184 898	511 498.25	107 999	12 654.13	2 137 836.65	483 756.05	2 770	5 625 726.08
当年完成课题数(项)	9	6 706	128	11	317	3	94	147	397	994	1 475	22	3	1 600	1 489	2	6 706

续表

出版著作(部)	合计	10	948	149	17	133	0	32	51	85	128	124	1	2	40	175	2	9
	专著	11	615	117	12	109	0	24	38	54	73	66	1	2	25	88	2	4
	编著教材	12	316	32	5	22	0	7	12	27	52	55	0	0	15	85	0	4
	工具书参考书	13	17	0	0	2	0	1	1	4	3	3	0	0	0	2	0	1
古籍整理(部)		14	9	0	0	1	4	0	2	0	1	1	0	0	0	0	0	0
译著(部)		15	40	13	0	7	0	1	1	4	6	2	0	0	3	2	0	1
发表译文(篇)		16	46	5	1	4	0	3	0	2	12	8	0	0	1	9	1	0
电子出版物(件)		17	7	0	0	0	0	0	1	2	0	0	0	0	3	1	0	0
发表论文(篇)	合计	18	16 107	2 077	114	1 613	7	986	415	1 172	3 270	2 049	39	21	601	3 667	8	68
	国内学术刊物	19	15 509	1 995	112	1 536	7	804	396	1 133	3 211	2 010	26	3	590	3 610	8	68
	国外学术刊物	20	560	77	2	72	0	182	19	36	54	38	13	0	11	56	0	0
	港澳台刊物	21	38	5	0	5	0	0	0	3	5	1	0	18	0	1	0	0
研究与咨询报告(篇)	合计	22	1 528	33	1	30	0	12	27	70	91	379	8	1	820	52	3	1
	其中被采纳数	23	1 014	28	1	22	0	9	22	51	49	221	6	1	570	31	2	1

2. 公办本科高校人文、社会科学研究与课题成果来源情况表

		课题来源															
		合计	国家社科基金项目	国家社科基金单列学科项目	教育部人文社科研究项目	高校古籍整理研究项目	国家自然科学基金项目	中央其他部门社科专门项目	省、市、自治区社科基金项目	省教育厅社科项目	地、市厅、局等政府部门项目	国际合作研究项目	与港、澳、台合作研究项目	企事业单位委托项目	学校社科项目	外资项目	其他项目
	编号	L01	L02	L03	L04	L05	L06	L07	L08	L09	L10	L11	L12	L13	L14	L15	L16
课题数(项)	1	19 143	1 300	117	1 870	40	484	678	1 756	3 360	2 919	55	6	2 724	3 798	6	30
当年投入人数(人/年)	2	4 889.8	497.3	40.2	573.7	12.1	161.6	154.5	533.5	841.4	705.8	13.1	1.5	606.7	739.5	1.3	7.6
其中研究生(人/年)	3	1 138.3	143.9	10.7	151.7	3.8	71.4	39.4	148.6	114.5	144.8	5.1	0.8	178.9	122.6	0	2.1
当年拨入经费(百元)	4	4 794 286.91	718 145.25	25 530	350 414	5 400	404 286.5	147 513	224 835.6	152 761	372 624.97	102 441.39	10 904	1 787 421.08	474 235	6 478.12	11 297
其中当年立项项目拨入经费(百元)	5	4 056 203.87	674 150	21 480	252 445	4 400	301 043.5	90 782	198 079	118 939	340 188.25	58 265.39	10 904	1 584 344.73	387 628	2 408	11 147
当年支出经费(百元)	6	4 664 238.43	654 712.9	23 637.97	324 376.2	6 615.7	482 448.92	144 747.94	202 046.5	141 351.2	341 346.7	105 344.2	9 918	1 758 771.17	454 104.02	5 094.99	9 722
当年新开课题数(项)	7	6 646	315	20	332	11	132	221	482	1 036	1 309	20	5	1 537	1 205	3	18
当年新开课题批准经费(百元)	8	5 323 494.21	776 300	28 280	381 710	4 900	554 500	124 937	272 605	138 699	434 377.25	107 999	12 654.13	2 011 860.78	459 530.05	2 770	12 372
当年完成课题数(项)	9	4 982	1 300	117	1 870	40	484	678	1 756	3 360	2 919	55	6	2 724	3 798	6	30

续表

出版著作(部)	合计	10	834	149	17	129	0	32	51	81	101	102	1	2	34	130	1	4
	专著	11	578	117	12	106	0	24	38	52	63	60	1	2	22	79	1	1
	编著教材	12	241	32	5	21	0	7	12	25	36	39	0	0	12	50	0	2
	工具书参考书	13	15	0	0	2	0	1	1	4	2	3	0	0	0	1	0	1
古籍整理(部)		14	9	0	0	1	4	0	2	0	1	1	0	0	0	0	0	0
译著(部)		15	38	13	0	7	0	1	1	4	5	2	0	0	3	2	0	0
发表译文(篇)		16	43	5	1	4	0	3	0	2	12	8	0	0	0	7	1	0
电子出版物(件)		17	4	0	0	0	0	0	1	1	0	0	0	0	1	1	0	0
发表论文(篇)	合计	18	12 384	2 071	114	1 578	7	978	412	1 035	2 176	1 336	39	21	451	2 143	8	15
	国内学术刊物	19	11 811	1 991	112	1 505	7	799	393	1 000	2 119	1 304	26	3	441	2 088	8	15
	国外学术刊物	20	535	75	2	68	0	179	19	32	52	31	13	0	10	54	0	0
	港澳台刊物	21	38	5	0	5	0	0	0	3	5	1	0	18	0	1	0	0
研究与咨询报告(篇)	合计	22	1 120	33	1	30	0	12	27	70	80	239	8	1	578	37	3	1
	其中被采纳数	23	751	28	1	22	0	9	22	51	46	144	6	1	391	27	2	1

2.1 南京大学人文、社会科学研究与课题成果来源情况表

		课题来源															
		合计	国家社科基金项目	国家社科基金单列学科项目	教育部人文社科研究项目	高校古籍整理研究项目	国家自然科学基金项目	中央其他部门社科专门项目	省、市、自治区社科基金项目	省教育厅社科项目	地、市厅、局等政府部门项目	国际合作研究项目	与港、澳、台合作研究项目	企事业单位委托项目	学校社科项目	外资项目	其他项目
	编号	L01	L02	L03	L04	L05	L06	L07	L08	L09	L10	L11	L12	L13	L14	L15	L16
课题数(项)	1	1 504	302	13	225	11	87	26	152	120	48	8	3	218	291	0	0
当年投入人数(人/年)	2	319.1	60.1	2	42.2	2.7	21	4.2	32.7	20.9	12.5	1.4	0.7	58.9	59.8	0	0
其中研究生(人/年)	3	149.8	26	0.7	16.7	1.6	10.8	1.8	15.4	5.9	6.6	0.6	0.4	36.2	27.1	0	0
当年拨入经费(百元)	4	762 181	168 440	120	111 035	3 700	64 610	2 880	26 140	8 320	13 238	56 003	10 474	271 721	25 500	0	0
其中当年立项项目拨入经费(百元)	5	668 926	165 600	0	109 000	2 700	48 052	2 580	25 640	7 840	13 180	32 698	10 474	225 662	25 500	0	0
当年支出经费(百元)	6	951 437	204 688	1 675	95 525	5 050	168 184	4 755	43 460	10 588	15 078	65 184	9 474	298 251	29 525	0	0
当年新开课题数(项)	7	446	59	0	24	5	22	7	42	11	23	3	3	164	83	0	0
当年新开课题批准经费(百元)	8	883 774.17	190 000	0	113 300	3 200	106 780	3 300	35 600	11 480	13 180	61 396	12 224.13	307 914.04	25 400	0	0
当年完成课题数(项)	9	417	20	1	40	1	38	8	21	47	32	6	2	161	40	0	0

续表

出版著作(部)	合计	10	89	41	1	21	0	9	2	5	0	3	0	2	0	5	0	0
	专著	11	64	31	1	16	0	5	2	1	0	2	0	2	0	4	0	0
	编著教材	12	24	10	0	4	0	4	0	4	0	1	0	0	0	1	0	0
	工具书参考书	13	1	0	0	1	0	0	0	0	0	0	0	0	0	0	0	0
古籍整理(部)		14	2	0	0	0	2	0	0	0	0	0	0	0	0	0	0	0
译著(部)		15	11	8	0	2	0	1	0	0	0	0	0	0	0	0	0	0
发表译文(篇)		16	1	0	0	0	0	1	0	0	0	0	0	0	0	0	0	0
电子出版物(件)		17	0	0	0	0	0	0	0	0	0	0	0	0	0	0	0	0
发表论文(篇)	合计	18	1 145	519	14	130	4	282	20	57	54	6	6	20	12	21	0	0
	国内学术刊物	19	1 013	506	14	124	4	201	17	55	52	6	1	2	12	19	0	0
	国外学术刊物	20	111	11	0	5	0	81	3	2	2	0	5	0	0	2	0	0
	港澳台刊物	21	21	2	0	1	0	0	0	0	0	0	0	18	0	0	0	0
研究与咨询报告(篇)	合计	22	85	3	0	4	0	4	7	9	5	21	1	1	29	1	0	0
	其中被采纳数	23	76	3	0	4	0	3	6	7	5	20	1	1	25	1	0	0

2.2 东南大学人文、社会科学研究与课题成果来源情况表

	编号	课题来源															
		合计	国家社科基金项目	国家社科基金单列学科项目	教育部人文社科研究项目	高校古籍整理研究项目	国家自然科学基金项目	中央其他部门社科专门项目	省、市、自治区社科基金项目	省教育厅社科项目	地、市厅、局等政府部门项目	国际合作研究项目	与港、澳、台合作研究项目	企事业单位委托项目	学校社科项目	外资项目	其他项目
		L01	L02	L03	L04	L05	L06	L07	L08	L09	L10	L11	L12	L13	L14	L15	L16
课题数(项)	1	747	57	7	89	1	0	24	101	129	145	7	0	64	123	0	0
当年投入人数(人/年)	2	312.5	29.6	2.6	39.4	0.1	0	9.3	46.9	54.3	61.2	2.9	0	22.9	43.3	0	0
其中研究生(人/年)	3	100.8	10	0.8	11.8	0	0	3.1	13.8	12.2	25.8	0	0	9.1	14.2	0	0
当年拨入经费(百元)	4	268 107.95	31 494	2 340	15 220	0	0	19 150	48 088	17 540	45 774	2 782	0	59 539.95	26 180	0	0
其中当年立项项目拨入经费(百元)	5	223 637	31 200	2 340	7 300	0	0	3 250	45 010	14 210	42 925	2 782	0	49 120	25 500	0	0
当年支出经费(百元)	6	243 999.25	38 054	2 505	14 441	60	0	19 943	20 164	15 672.5	43 868	2 588	0	60 523.75	26 180	0	0
当年新开课题数(项)	7	280	14	2	17	0	0	10	35	49	63	2	0	26	62	0	0
当年新开课题批准经费(百元)	8	341 543	34 500	3 100	14 400	0	0	4 300	50 600	15 750	53 190	11 723	0	128 480	25 500	0	0
当年完成课题数(项)	9	262	11	4	25	0	0	0	35	45	75	3	0	35	29	0	0

续表

出版著作(部)	合计	10	42	9	0	6	0	0	6	8	6	4	0	0	1	2	0	0
	专著	11	27	7	0	5	0	0	3	3	5	1	0	0	1	2	0	0
	编著教材	12	15	2	0	1	0	0	3	5	1	3	0	0	0	0	0	0
	工具书参考书	13	0	0	0	0	0	0	0	0	0	0	0	0	0	0	0	0
古籍整理(部)		14	1	0	0	0	0	0	0	0	1	0	0	0	0	0	0	0
译著(部)		15	3	2	0	1	0	0	0	0	0	0	0	0	0	0	0	0
发表译文(篇)		16	0	0	0	0	0	0	0	0	0	0	0	0	0	0	0	0
电子出版物(件)		17	0	0	0	0	0	0	0	0	0	0	0	0	0	0	0	0
发表论文(篇)	合计	18	405	83	5	74	0	0	30	55	53	37	0	0	16	49	0	3
	国内学术刊物	19	361	72	5	69	0	0	22	52	50	33	0	0	13	42	0	3
	国外学术刊物	20	44	11	0	5	0	0	8	3	3	4	0	0	3	7	0	0
	港澳台刊物	21	0	0	0	0	0	0	0	0	0	0	0	0	0	0	0	0
研究与咨询报告(篇)	合计	22	28	0	0	0	0	0	0	2	21	5	0	0	0	0	0	0
	其中被采纳数	23	23	0	0	0	0	0	0	2	16	5	0	0	0	0	0	0

2.3 江南大学人文、社会科学研究与课题成果来源情况表

		课题来源															
		合计	国家社科基金项目	国家社科基金单列学科项目	教育部人文社科研究项目	高校古籍整理研究项目	国家自然科学基金项目	中央其他部门社科专门项目	省、市、自治区社科基金项目	省教育厅社科项目	地、市厅、局等政府部门项目	国际合作研究项目	与港、澳、台合作研究项目	企事业单位委托项目	学校社科项目	外资项目	其他项目
	编号	L01	L02	L03	L04	L05	L06	L07	L08	L09	L10	L11	L12	L13	L14	L15	L16
课题数(项)	1	1 174	25	6	179	0	14	22	115	115	139	0	0	235	324	0	0
当年投入人数(人/年)	2	336.3	12.6	3.1	48.6	0	13.7	8.6	53.9	36	44.5	0	0	44.2	71.1	0	0
其中研究生(人/年)	3	155.4	9.2	2.2	19.2	0	11	5.4	36	11.9	27	0	0	12.7	20.8	0	0
当年拨入经费(百元)	4	273 153.91	19 900	350	23 240	0	4 915	8 540	8 601	4 400	3 630	0	0	166 977.91	32 600	0	0
其中当年立项项目拨入经费(百元)	5	241 007.91	19 800	350	10 550	0	4 335	8 070	6 865	900	3 060	0	0	166 977.91	20 100	0	0
当年支出经费(百元)	6	175 713.16	8 864.16	350	7 721.99	0	2 997.82	6 162.44	5 411.76	900	2 557.76	0	0	125 388.02	15 359.21	0	0
当年新开课题数(项)	7	362	8	1	27	0	2	10	22	20	42	0	0	168	62	0	0
当年新开课题批准经费(百元)	8	292 327.91	22 000	700	21 900	0	8 800	16 420	8 830	1 020	5 880	0	0	167 877.91	38 900	0	0
当年完成课题数(项)	9	304	1	0	20	0	2	1	24	4	32	0	0	189	31	0	0

续表

出版著作(部)	合计	10	51	1	5	15	0	3	6	3	3	3	0	0	0	12	0	0
	专著	11	31	1	1	9	0	3	4	3	2	1	0	0	0	7	0	0
	编著教材	12	19	0	4	5	0	0	2	0	1	2	0	0	0	5	0	0
	工具书参考书	13	1	0	0	1	0	0	0	0	0	0	0	0	0	0	0	0
古籍整理(部)		14	1	0	0	0	1	0	0	0	0	0	0	0	0	0	0	0
译著(部)		15	2	0	0	1	0	0	1	0	0	0	0	0	0	0	0	0
发表译文(篇)		16	4	1	1	2	0	0	0	0	0	0	0	0	0	0	0	0
电子出版物(件)		17	0	0	0	0	0	0	0	0	0	0	0	0	0	0	0	0
发表论文(篇)	合计	18	513	61	8	165	0	48	18	43	45	15	0	0	10	100	0	0
	国内学术刊物	19	502	61	8	161	0	44	18	43	44	15	0	0	10	98	0	0
	国外学术刊物	20	10	0	0	3	0	4	0	0	1	0	0	0	0	2	0	0
	港澳台刊物	21	1	0	0	1	0	0	0	0	0	0	0	0	0	0	0	0
研究与咨询报告(篇)	合计	22	57	0	0	2	0	0	0	3	0	0	0	0	52	0	0	0
	其中被采纳数	23	57	0	0	2	0	0	0	3	0	0	0	0	52	0	0	0

2.4 南京农业大学人文、社会科学研究与课题成果来源情况表

		课题来源															
		合计	国家社科基金项目	国家社科基金单列学科项目	教育部人文社科研究项目	高校古籍整理研究项目	国家自然科学基金项目	中央其他部门社科专门项目	省、市、自治区社科基金项目	省教育厅社科项目	地、市厅、局等政府部门项目	国际合作研究项目	与港、澳、台合作研究项目	企事业单位委托项目	学校社科项目	外资项目	其他项目
	编号	L01	L02	L03	L04	L05	L06	L07	L08	L09	L10	L11	L12	L13	L14	L15	L16
课题数(项)	1	1 073	33	0	59	0	75	103	75	74	186	8	0	182	278	0	0
当年投入人数(人/年)	2	147.6	7.6	0	9.9	0	13.2	14.2	12.1	9.7	26.1	1.1	0	21.1	32.6	0	0
其中研究生(人/年)	3	49.4	3.5	0	4.3	0	6.4	5.6	4.5	3.3	8.6	0.5	0	5.5	7.2	0	0
当年拨入经费(百元)	4	377 719.81	28 550	0	12 970	0	48 560	35 260	7 165	7 410	63 354	1 584.39	0	99 736.42	73 130	0	0
其中当年立项项目拨入经费(百元)	5	294 019.81	23 400	0	3 300	0	29 730	23 820	3 420	3 310	62 604	999.39	0	94 136.42	49 300	0	0
当年支出经费(百元)	6	390 458.82	28 600	0	13 190	0	58 402.7	38 385	8 720	8 276	55 899	1 501.2	0	105 804.92	71 680	0	0
当年新开课题数(项)	7	392	7	0	12	0	17	29	14	28	84	4	0	47	150	0	0
当年新开课题批准经费(百元)	8	512 176.86	26 000	0	6 400	0	58 500	34 180	7 000	7 060	101 378	1 880	0	189 778.86	80 000	0	0
当年完成课题数(项)	9	284	2	0	12	0	15	16	20	17	63	1	0	74	64	0	0

续表

出版著作(部)	合计	10	17	0	0	1	0	2	1	0	0	0	1	0	1	11	0	0
	专著	11	17	0	0	1	0	2	1	0	0	0	1	0	1	11	0	0
	编著教材	12	0	0	0	0	0	0	0	0	0	0	0	0	0	0	0	0
	工具书参考书	13	0	0	0	0	0	0	0	0	0	0	0	0	0	0	0	0
古籍整理(部)		14	0	0	0	0	0	0	0	0	0	0	0	0	0	0	0	0
译著(部)		15	0	0	0	0	0	0	0	0	0	0	0	0	0	0	0	0
发表译文(篇)		16	0	0	0	0	0	0	0	0	0	0	0	0	0	0	0	0
电子出版物(件)		17	0	0	0	0	0	0	0	0	0	0	0	0	0	0	0	0
发表论文(篇)	合计	18	441	76	0	42	0	74	20	39	28	46	6	0	41	69	0	0
	国内学术刊物	19	425	73	0	41	0	69	20	39	28	46	0	0	41	68	0	0
	国外学术刊物	20	16	3	0	1	0	5	0	0	0	0	6	0	0	1	0	0
	港澳台刊物	21	0	0	0	0	0	0	0	0	0	0	0	0	0	0	0	0
研究与咨询报告(篇)	合计	22	37	2	0	0	0	1	0	1	1	0	0	0	30	2	0	0
	其中被采纳数	23	13	2	0	0	0	1	0	1	1	0	0	0	6	2	0	0

2.5 中国矿业大学人文、社会科学研究与课题成果来源情况表

		课题来源															
		合计	国家社科基金项目	国家社科基金单列学科项目	教育部人文社科研究项目	高校古籍整理研究项目	国家自然科学基金项目	中央其他部门社科专门项目	省、市、自治区社科基金项目	省教育厅社科项目	地、市厅、局等政府部门项目	国际合作研究项目	与港、澳、台合作研究项目	企事业单位委托项目	学校社科项目	外资项目	其他项目
	编号	L01	L02	L03	L04	L05	L06	L07	L08	L09	L10	L11	L12	L13	L14	L15	L16
课题数(项)	1	766	23	0	60	0	22	9	45	81	81	2	0	137	306	0	0
当年投入人数(人/年)	2	178.6	5.2	0	27.5	0	2.8	1.6	18.6	10.9	19.8	0.2	0	26.1	65.9	0	0
其中研究生(人/年)	3	60.5	2	0	14.8	0	0.2	0.3	11.6	2.6	8.7	0	0	10.1	10.2	0	0
当年拨入经费(百元)	4	208 710.65	24 351.25	0	20 514	0	28 005	8 894	3 757	6 090	9 210	1 600	0	58 144.4	48 145	0	0
其中当年立项项目拨入经费(百元)	5	64 759	10 800	0	7 350	0	21 315	0	1 860	950	1 049	1 600	0	7 235	12 600	0	0
当年支出经费(百元)	6	188 803	20 674.74	0	19 294.35	0	22 930.61	8 894	2 139.5	5 248	8 972.3	1 020	0	57 234.89	42 394.61	0	0
当年新开课题数(项)	7	187	6	0	20	0	12	2	10	27	33	2	0	40	35	0	0
当年新开课题批准经费(百元)	8	146 564	12 000	0	14 000	0	40 900	0	3 100	1 550	2 054	3 000	0	43 560	26 400	0	0
当年完成课题数(项)	9	117	1	0	12	0	3	0	7	12	17	0	0	45	20	0	0

续表

出版著作(部)	合计	10	20	1	0	2	0	4	3	3	0	0	0	0	2	5	0	0
	专著	11	15	1	0	0	0	4	3	2	0	0	0	0	2	3	0	0
	编著教材	12	5	0	0	2	0	0	0	1	0	0	0	0	0	2	0	0
	工具书参考书	13	0	0	0	0	0	0	0	0	0	0	0	0	0	0	0	0
古籍整理(部)		14	0	0	0	0	0	0	0	0	0	0	0	0	0	0	0	0
译著(部)		15	0	0	0	0	0	0	0	0	0	0	0	0	0	0	0	0
发表译文(篇)		16	8	2	0	0	0	1	0	0	0	0	0	0	0	4	1	0
电子出版物(件)		17	0	0	0	0	0	0	0	0	0	0	0	0	0	0	0	0
发表论文(篇)	合计	18	301	50	0	38	0	56	9	22	25	11	0	0	8	82	0	0
	国内学术刊物	19	288	44	0	37	0	54	9	22	25	11	0	0	8	78	0	0
	国外学术刊物	20	13	6	0	1	0	2	0	0	0	0	0	0	0	4	0	0
	港澳台刊物	21	0	0	0	0	0	0	0	0	0	0	0	0	0	0	0	0
研究与咨询报告(篇)	合计	22	12	0	0	0	0	0	0	0	0	2	0	0	5	5	0	0
	其中被采纳数	23	7	0	0	0	0	0	0	0	0	0	0	0	5	2	0	0

2.6 河海大学人文、社会科学研究与课题成果来源情况表

		课题来源															
		合计	国家社科基金项目	国家社科基金单列学科项目	教育部人文社科研究项目	高校古籍整理研究项目	国家自然科学基金项目	中央其他部门社科专门项目	省、市、自治区社科基金项目	省教育厅社科项目	地、市厅、局等政府部门项目	国际合作研究项目	与港、澳、台合作研究项目	企事业单位委托项目	学校社科项目	外资项目	其他项目
	编号	L01	L02	L03	L04	L05	L06	L07	L08	L09	L10	L11	L12	L13	L14	L15	L16
课题数(项)	1	627	41	0	32	0	31	26	83	36	74	27	0	177	88	3	9
当年投入人数(人/年)	2	216.6	16	0	9.1	0	13.6	9.5	27	11.5	28.9	7.2	0	61.6	27.9	0.6	3.7
其中研究生(人/年)	3	102.6	6.9	0	3.9	0	6.8	4.9	11.6	3.6	14	3.9	0	28.9	16	0	2.1
当年拨入经费(百元)	4	512 951.68	19 900	0	6 110	0	73 045	12 780	24 300	5 549	69 525	39 886	0	229 324.68	19 606	3 011	9 915
其中当年立项项目拨入经费(百元)	5	425 956.68	17 500	0	2 800	0	70 045	7 780	21 970	4 863	61 932	20 186	0	190 724.68	16 943	1 448	9 765
当年支出经费(百元)	6	447 481.68	18 678	0	5 153	0	52 324	12 225	20 372	6 148	55 735	34 651	0	212 637.68	18351	2 590	8 617
当年新开课题数(项)	7	262	10	0	6	0	17	7	26	10	34	9	0	93	42	1	7
当年新开课题批准经费(百元)	8	532 956.66	22 500	0	3 700	0	99 000	9 580	27 610	5 300	77 302	30 000	0	226 364.66	18 800	1 810	10 990
当年完成课题数(项)	9	229	9	0	10	0	6	11	22	15	28	11	0	75	38	2	2

续表

出版著作(部)	合计	10	55	12	0	9	0	5	6	7	4	4	0	0	3	3	0	2
	专著	11	44	10	0	7	0	3	4	6	3	4	0	0	3	3	0	1
	编著教材	12	8	2	0	2	0	1	1	1	1	0	0	0	0	0	0	0
	工具书参考书	13	3	0	0	0	0	1	1	0	0	0	0	0	0	0	0	1
古籍整理(部)		14	0	0	0	0	0	0	0	0	0	0	0	0	0	0	0	0
译著(部)		15	3	0	0	0	0	0	0	1	1	1	0	0	0	0	0	0
发表译文(篇)		16	0	0	0	0	0	0	0	0	0	0	0	0	0	0	0	0
电子出版物(件)		17	1	0	0	0	0	0	0	0	0	0	0	0	1	0	0	0
发表论文(篇)	合计	18	723	62	0	53	0	44	52	94	38	112	24	0	154	81	6	3
	国内学术刊物	19	660	50	0	42	0	35	46	85	34	109	22	0	150	78	6	3
	国外学术刊物	20	62	12	0	11	0	9	6	9	3	3	2	0	4	3	0	0
	港澳台刊物	21	1	0	0	0	0	0	0	0	1	0	0	0	0	0	0	0
研究与咨询报告(篇)	合计	22	212	9	0	6	0	3	12	32	9	39	7	0	79	12	3	1
	其中被采纳数	23	160	5	0	4	0	2	10	20	5	36	5	0	62	8	2	1

2.7 南京理工大学人文、社会科学研究与课题成果来源情况表

	编号	课题来源															
		合计	国家社科基金项目	国家社科基金单列学科项目	教育部人文社科研究项目	高校古籍整理研究项目	国家自然科学基金项目	中央其他部门社科专门项目	省、市、自治区社科基金项目	省教育厅社科项目	地、市厅、局等政府部门项目	国际合作研究项目	与港、澳、台合作研究项目	企事业单位委托项目	学校社科项目	外资项目	其他项目
		L01	L02	L03	L04	L05	L06	L07	L08	L09	L10	L11	L12	L13	L14	L15	L16
课题数(项)	1	497	17	0	70	0	41	17	58	38	35	0	0	103	118	0	0
当年投入人数(人/年)	2	149.1	10.7	0	22.2	0	17.5	6.1	13.4	8	5.9	0	0	45.8	19.5	0	0
其中研究生(人/年)	3	64.8	5.1	0	11.5	0	8.5	2.4	5.9	3.6	4.6	0	0	19.4	3.8	0	0
当年拨入经费(百元)	4	107 239.9	13 500	0	6 290	0	18 585	1 500	4 540	3 640	3 000	0	0	45 424.9	10 760	0	0
其中当年立项项目拨入经费(百元)	5	80 994.9	12 800	0	6 290	0	3 780	1 400	4 040	800	3 000	0	0	42 734.9	6 150	0	0
当年支出经费(百元)	6	100 124.82	13 479	0	5 544	0	16 581.42	1 190	4 805	4 441	2 306	0	0	39 268.4	12 510	0	0
当年新开课题数(项)	7	81	6	0	12	0	1	4	10	2	4	0	0	29	13	0	0
当年新开课题批准经费(百元)	8	99 414.99	15 000	0	9 000	0	6 300	2 200	5 200	900	4 000	0	0	50 664.99	6 150	0	0
当年完成课题数(项)	9	169	3	0	7	0	6	3	16	28	1	0	0	39	66	0	0

续表

出版著作(部)	合计	10	24	9	0	3	0	2	0	1	2	3	0	0	0	4	0	0
	专著	11	7	0	0	2	0	0	0	0	0	1	0	0	0	4	0	0
	编著教材	12	17	9	0	1	0	2	0	1	2	2	0	0	0	0	0	0
	工具书参考书	13	0	0	0	0	0	0	0	0	0	0	0	0	0	0	0	0
古籍整理(部)		14	0	0	0	0	0	0	0	0	0	0	0	0	0	0	0	0
译著(部)		15	1	0	0	1	0	0	0	0	0	0	0	0	0	0	0	0
发表译文(篇)		16	0	0	0	0	0	0	0	0	0	0	0	0	0	0	0	0
电子出版物(件)		17	0	0	0	0	0	0	0	0	0	0	0	0	0	0	0	0
发表论文(篇)	合计	18	364	68	0	28	0	170	4	16	16	39	0	0	0	23	0	0
	国内学术刊物	19	320	63	0	28	0	134	4	16	16	37	0	0	0	22	0	0
	国外学术刊物	20	44	5	0	0	0	36	0	0	0	2	0	0	0	1	0	0
	港澳台刊物	21	0	0	0	0	0	0	0	0	0	0	0	0	0	0	0	0
研究与咨询报告(篇)	合计	22	11	0	0	0	0	0	0	0	0	0	0	0	11	0	0	0
	其中被采纳数	23	3	0	0	0	0	0	0	0	0	0	0	0	3	0	0	0

2.8 南京航空航天大学人文、社会科学研究与课题成果来源情况表

		课题来源															
		合计	国家社科基金项目	国家社科基金单列学科项目	教育部人文社科研究项目	高校古籍整理研究项目	国家自然科学基金项目	中央其他部门社科专门项目	省、市、自治区社科基金项目	省教育厅社科项目	地、市厅、局等政府部门项目	国际合作研究项目	与港、澳、台合作研究项目	企事业单位委托项目	学校社科项目	外资项目	其他项目
	编号	L01	L02	L03	L04	L05	L06	L07	L08	L09	L10	L11	L12	L13	L14	L15	L16
课题数(项)	1	278	21	2	37	0	23	9	36	88	30	0	0	20	12	0	0
当年投入人数(人/年)	2	99	11.2	2.5	13.6	0	12	1.5	17.4	27.7	7.4	0	0	2.5	3.2	0	0
其中研究生(人/年)	3	24.3	2.5	0.1	4.3	0	5.3	0.2	4.3	5.8	1.2	0	0	0.6	0	0	0
当年拨入经费(百元)	4	98 891	8 600	0	4 440	0	9 980	1 450	2 291	3 020	3 730	0	0	47 380	18 000	0	0
其中当年立项项目拨入经费(百元)	5	88 540	8 600	0	2 400	0	4 110	1 450	1 560	1 440	3 650	0	0	47 330	18 000	0	0
当年支出经费(百元)	6	96 199	10 163	133	4 995	0	10 993	1 448	2 212	2 911	3 023	0	0	41 451	18 870	0	0
当年新开课题数(项)	7	69	4	0	5	0	2	3	8	16	7	0	0	16	8	0	0
当年新开课题批准经费(百元)	8	100 550	9 500	0	4 800	0	8 400	1 450	3 000	3180	4 890	0	0	47 330	18 000	0	0
当年完成课题数(项)	9	55	1	0	10	0	6	1	3	14	6	0	0	6	8	0	0

续表

出版著作（部）	合计	10	33	2	1	3	0	1	1	2	5	1	0	0	0	17	0	0
	专著	11	31	2	1	3	0	1	1	2	5	1	0	0	0	15	0	0
	编著教材	12	2	0	0	0	0	0	0	0	0	0	0	0	0	2	0	0
	工具书参考书	13	0	0	0	0	0	0	0	0	0	0	0	0	0	0	0	0
古籍整理（部）		14	0	0	0	0	0	0	0	0	0	0	0	0	0	0	0	0
译著（部）		15	1	0	0	0	0	0	0	0	0	0	0	0	0	1	0	0
发表译文（篇）		16	0	0	0	0	0	0	0	0	0	0	0	0	0	0	0	0
电子出版物（件）		17	0	0	0	0	0	0	0	0	0	0	0	0	0	0	0	0
发表论文（篇）	合计	18	320	34	3	33	0	24	2	33	75	12	0	0	7	97	0	0
	国内学术刊物	19	244	31	3	26	0	6	2	27	53	11	0	0	7	78	0	0
	国外学术刊物	20	76	3	0	7	0	18	0	6	22	1	0	0	0	19	0	0
	港澳台刊物	21	0	0	0	0	0	0	0	0	0	0	0	0	0	0	0	0
研究与咨询报告（篇）	合计	22	32	0	0	3	0	0	0	1	20	2	0	0	6	0	0	0
	其中被采纳数	23	10	0	0	1	0	0	0	1	2	0	0	0	6	0	0	0

2.9 中国药科大学人文、社会科学研究与课题成果来源情况表

		课题来源															
		合计	国家社科基金项目	国家社科基金单列学科项目	教育部人文社科研究项目	高校古籍整理研究项目	国家自然科学基金项目	中央其他部门社科专门项目	省、市、自治区社科基金项目	省教育厅社科项目	地、市厅、局等政府部门项目	国际合作研究项目	与港、澳、台合作研究项目	企事业单位委托项目	学校社科项目	外资项目	其他项目
	编号	L01	L02	L03	L04	L05	L06	L07	L08	L09	L10	L11	L12	L13	L14	L15	L16
课题数(项)	1	157	3	0	3	0	3	15	19	13	15	0	0	65	21	0	0
当年投入人数(人/年)	2	39.5	1.1	0	0.5	0	0.5	3	5.6	2	3.7	0	0	19	4.1	0	0
其中研究生(人/年)	3	4.6	0	0	0	0	0	0.3	0.3	0	0.2	0	0	3.8	0	0	0
当年拨入经费(百元)	4	40 116.81	360	0	400	0	150	4 119	2 475	100	2 004	0	0	29 833.81	675	0	0
其中当年立项项目拨入经费(百元)	5	34 899.81	0	0	400	0	0	31 52	2 375	100	1 964	0	0	26 233.81	675	0	0
当年支出经费(百元)	6	43 902.2	540	0	240	0	1 650	4 419	2 145	115	2 647.41	0	0	31 440.79	705	0	0
当年新开课题数(项)	7	70	0	0	1	0	0	6	12	2	5	0	0	37	7	0	0
当年新开课题批准经费(百元)	8	47 219.81	0	0	800	0	0	3 652	2 535	100	1 964	0	0	37 493.81	675	0	0
当年完成课题数(项)	9	68	0	0	0	0	1	4	4	7	7	0	0	27	18	0	0

续表

出版著作(部)	合计	10	4	1	0	0	0	0	0	1	0	1	0	0	0	1	0	0
	专著	11	4	1	0	0	0	0	0	1	0	1	0	0	0	1	0	0
	编著教材	12	0	0	0	0	0	0	0	0	0	0	0	0	0	0	0	0
	工具书参考书	13	0	0	0	0	0	0	0	0	0	0	0	0	0	0	0	0
古籍整理(部)		14	0	0	0	0	0	0	0	0	0	0	0	0	0	0	0	0
译著(部)		15	0	0	0	0	0	0	0	0	0	0	0	0	0	0	0	0
发表译文(篇)		16	0	0	0	0	0	0	0	0	0	0	0	0	0	0	0	0
电子出版物(件)		17	0	0	0	0	0	0	0	0	0	0	0	0	0	0	0	0
发表论文(篇)	合计	18	93	12	0	0	0	8	4	6	5	9	0	0	18	31	0	0
	国内学术刊物	19	93	12	0	0	0	8	4	6	5	9	0	0	18	31	0	0
	国外学术刊物	20	0	0	0	0	0	0	0	0	0	0	0	0	0	0	0	0
	港澳台刊物	21	0	0	0	0	0	0	0	0	0	0	0	0	0	0	0	0
研究与咨询报告(篇)	合计	22	21	0	0	0	0	0	0	0	0	0	0	0	21	0	0	0
	其中被采纳数	23	13	0	0	0	0	0	0	0	0	0	0	0	13	0	0	0

2.10 南京森林警察学院人文、社会科学研究与课题成果来源情况表

		课题来源															
		合计	国家社科基金项目	国家社科基金单列学科项目	教育部人文社科研究项目	高校古籍整理研究项目	国家自然科学基金项目	中央其他部门社科专门项目	省、市、自治区社科基金项目	省教育厅社科项目	地、市厅、局等政府部门项目	国际合作研究项目	与港、澳、台合作研究项目	企事业单位委托项目	学校社科项目	外资项目	其他项目
	编号	L01	L02	L03	L04	L05	L06	L07	L08	L09	L10	L11	L12	L13	L14	L15	L16
课题数(项)	1	72	0	0	5	0	0	33	2	12	3	0	0	10	7	0	0
当年投入人数(人/年)	2	14.3	0	0	1	0	0	7	0.4	2.3	0.5	0	0	1.8	1.3	0	0
其中研究生(人/年)	3	0	0	0	0	0	0	0	0	0	0	0	0	0	0	0	0
当年拨入经费(百元)	4	15 780	0	0	1 200	0	0	6 440	0	200	0	0	0	7 400	540	0	0
其中当年立项项目拨入经费(百元)	5	15 780	0	0	1 200	0	0	6 440	0	200	0	0	0	7 400	540	0	0
当年支出经费(百元)	6	8 919.56	0	0	289.4	0	0	6 440	177	155	0	0	0	1 318.16	540	0	0
当年新开课题数(项)	7	42	0	0	3	0	0	28	0	4	0	0	0	4	3	0	0
当年新开课题批准经费(百元)	8	16 980	0	0	2 400	0	0	6 440	0	200	0	0	0	7 400	540	0	0
当年完成课题数(项)	9	27	0	0	1	0	0	20	1	1	0	0	0	1	3	0	0

续表

出版著作(部)	合计	10	0	0	0	0	0	0	0	0	0	0	0	0	0	0	0	0
	专著	11	0	0	0	0	0	0	0	0	0	0	0	0	0	0	0	0
	编著教材	12	0	0	0	0	0	0	0	0	0	0	0	0	0	0	0	0
	工具书参考书	13	0	0	0	0	0	0	0	0	0	0	0	0	0	0	0	0
古籍整理(部)		14	0	0	0	0	0	0	0	0	0	0	0	0	0	0	0	0
译著(部)		15	0	0	0	0	0	0	0	0	0	0	0	0	0	0	0	0
发表译文(篇)		16	0	0	0	0	0	0	0	0	0	0	0	0	0	0	0	0
电子出版物(件)		17	0	0	0	0	0	0	0	0	0	0	0	0	0	0	0	0
发表论文(篇)	合计	18	86	2	0	6	0	0	22	0	14	4	0	0	1	37	0	0
	国内学术刊物	19	86	2	0	6	0	0	22	0	14	4	0	0	1	37	0	0
	国外学术刊物	20	0	0	0	0	0	0	0	0	0	0	0	0	0	0	0	0
	港澳台刊物	21	0	0	0	0	0	0	0	0	0	0	0	0	0	0	0	0
研究与咨询报告(篇)	合计	22	1	0	0	0	0	0	0	0	0	0	0	0	1	0	0	0
	其中被采纳数	23	0	0	0	0	0	0	0	0	0	0	0	0	0	0	0	0

2.11 苏州大学人文、社会科学研究与课题成果来源情况表

		课题来源															
		合计	国家社科基金项目	国家社科基金单列学科项目	教育部人文社科研究项目	高校古籍整理研究项目	国家自然科学基金项目	中央其他部门社科专门项目	省、市、自治区社科基金项目	省教育厅社科项目	地、市厅、局等政府部门项目	国际合作研究项目	与港、澳、台合作研究项目	企事业单位委托项目	学校社科项目	外资项目	其他项目
	编号	L01	L02	L03	L04	L05	L06	L07	L08	L09	L10	L11	L12	L13	L14	L15	L16
课题数(项)	1	773	124	10	104	3	26	24	64	109	72	0	1	184	52	0	0
当年投入人数(人/年)	2	146.8	34.3	3.7	22.9	0.6	6.9	4.9	12.2	14.5	9.1	0	0.3	31.2	6.2	0	0
其中研究生(人/年)	3	28.3	8.5	1.6	5.4	0.1	1.6	1.2	2.3	1.7	0.7	0	0.2	4.3	0.7	0	0
当年拨入经费(百元)	4	258 984.06	50 800	5 940	11 970	200	14 670	3 680	5 560	4 250	14 078.06	0	400	128 158	19 278	0	0
其中当年立项项目拨入经费(百元)	5	258 614.06	50 800	5 940	11 700	200	14 670	3 680	5 560	4 250	14 078.06	0	400	128 158	19 178	0	0
当年支出经费(百元)	6	266 263.66	28 433.6	2 349	10 458.2	148	10 672	1 734	4 133	3 996.5	14 088.66	0	400	172 843.6	17 007.1	0	0
当年新开课题数(项)	7	312	25	5	15	1	9	7	13	28	43	0	1	124	41	0	0
当年新开课题批准经费(百元)	8	297 419.65	57 500	7 600	21 700	200	24 090	3 840	8 500	5 370	14 294.06	0	400	134 443.54	19 482.05	0	0
当年完成课题数(项)	9	285	12	1	16	0	5	4	10	24	46	0	1	133	33	0	0

续表

出版著作(部)	合计	10	67	19	2	7	0	2	7	8	9	7	0	0	2	4	0	0
	专著	11	51	15	2	6	0	2	6	3	7	7	0	0	2	1	0	0
	编著教材	12	11	4	0	1	0	0	1	1	2	0	0	0	0	2	0	0
	工具书参考书	13	5	0	0	0	0	0	0	4	0	0	0	0	0	1	0	0
古籍整理(部)		14	1	0	0	0	0	0	0	0	0	1	0	0	0	0	0	0
译著(部)		15	3	1	0	1	0	0	0	1	0	0	0	0	0	0	0	0
发表译文(篇)		16	0	0	0	0	0	0	0	0	0	0	0	0	0	0	0	0
电子出版物(件)		17	0	0	0	0	0	0	0	0	0	0	0	0	0	0	0	0
发表论文(篇)	合计	18	591	153	13	47	1	30	67	48	95	65	0	1	38	33	0	0
	国内学术刊物	19	572	146	13	43	1	29	66	47	93	64	0	1	37	32	0	0
	国外学术刊物	20	16	7	0	4	0	1	1	1	1	0	0	0	1	0	0	0
	港澳台刊物	21	3	0	0	0	0	0	0	0	1	1	0	0	0	1	0	0
研究与咨询报告(篇)	合计	22	23	2	1	2	0	0	0	2	3	6	0	0	3	4	0	0
	其中被采纳数	23	20	2	1	2	0	0	0	2	2	4	0	0	3	4	0	0

2.12 江苏科技大学人文、社会科学研究与课题成果来源情况表

		课题来源															
		合计	国家社科基金项目	国家社科基金单列学科项目	教育部人文社科研究项目	高校古籍整理研究项目	国家自然科学基金项目	中央其他部门社科专门项目	省、市、自治区社科基金项目	省教育厅社科项目	地、市厅、局等政府部门项目	国际合作研究项目	与港、澳、台合作研究项目	企事业单位委托项目	学校社科项目	外资项目	其他项目
	编号	L01	L02	L03	L04	L05	L06	L07	L08	L09	L10	L11	L12	L13	L14	L15	L16
课题数（项）	1	285	10	0	34	0	19	0	15	67	76	0	0	7	57	0	0
当年投入人数（人/年）	2	122.4	8.7	0	21.6	0	15.8	0	6.1	28.2	26	0	0	1.7	14.3	0	0
其中研究生（人/年）	3	55.5	4.3	0	10.7	0	9.5	0	2.8	14.1	11.7	0	0	0	2.4	0	0
当年拨入经费(百元)	4	41 975	8 350	0	6 025	0	13 510	0	1 260	1 990	7 070	0	0	3 150	620	0	0
其中当年立项项目拨入经费(百元)	5	37 660	8 200	0	3 700	0	11 910	0	1 100	1 910	7 070	0	0	3 150	620	0	0
当年支出经费(百元)	6	40 233.8	5 255	0	4 881	0	20 084	0	1 079	1 578	3 548.8	0	0	3 041	767	0	0
当年新开课题数(项)	7	90	3	0	9	0	6	0	5	23	28	0	0	4	12	0	0
当年新开课题批准经费(百元)	8	55 890	9 000	0	7 400	0	24 800	0	1 700	2 150	7 070	0	0	3 150	620	0	0
当年完成课题数(项)	9	56	1	0	7	0	3	0	1	15	16	0	0	3	10	0	0

续表

出版著作(部)	合计	10	7	0	0	3	0	0	0	1	3	0	0	0	0	0	0	0
	专著	11	7	0	0	3	0	0	0	1	3	0	0	0	0	0	0	0
	编著教材	12	0	0	0	0	0	0	0	0	0	0	0	0	0	0	0	0
	工具书参考书	13	0	0	0	0	0	0	0	0	0	0	0	0	0	0	0	0
古籍整理(部)		14	0	0	0	0	0	0	0	0	0	0	0	0	0	0	0	0
译著(部)		15	0	0	0	0	0	0	0	0	0	0	0	0	0	0	0	0
发表译文(篇)		16	0	0	0	0	0	0	0	0	0	0	0	0	0	0	0	0
电子出版物(件)		17	0	0	0	0	0	0	0	0	0	0	0	0	0	0	0	0
发表论文(篇)	合计	18	124	15	0	19	0	11	0	14	25	24	0	0	3	13	0	0
	国内学术刊物	19	122	15	0	19	0	11	0	12	25	24	0	0	3	13	0	0
	国外学术刊物	20	2	0	0	0	0	0	0	2	0	0	0	0	0	0	0	0
	港澳台刊物	21	0	0	0	0	0	0	0	0	0	0	0	0	0	0	0	0
研究与咨询报告(篇)	合计	22	3	0	0	0	0	0	0	0	0	0	0	0	3	0	0	0
	其中被采纳数	23	3	0	0	0	0	0	0	0	0	0	0	0	3	0	0	0

2.13 南京工业大学人文、社会科学研究与课题成果来源情况表

		课题来源															
		合计	国家社科基金项目	国家社科基金单列学科项目	教育部人文社科研究项目	高校古籍整理研究项目	国家自然科学基金项目	中央其他部门社科专门项目	省、市、自治区社科基金项目	省教育厅社科项目	地、市厅、局等政府部门项目	国际合作研究项目	与港、澳、台合作研究项目	企事业单位委托项目	学校社科项目	外资项目	其他项目
	编号	L01	L02	L03	L04	L05	L06	L07	L08	L09	L10	L11	L12	L13	L14	L15	L16
课题数(项)	1	353	13	2	13	0	10	34	69	83	56	2	0	26	45	0	0
当年投入人数(人/年)	2	53.1	4.8	0.5	2.6	0	1	4.6	10	11.4	7.7	0.2	0	4.2	6.1	0	0
其中研究生(人/年)	3	2.8	1.3	0	0.2	0	0	0.3	0.3	0.2	0.4	0.1	0	0	0	0	0
当年拨入经费(百元)	4	53 905	13 390	0	1 610	0	8 190	4 710	11 360	2 590	7 520	0	0	2 120	24 15	0	0
其中当年立项项目拨入经费(百元)	5	31 205	5 400	0	1 400	0	4 000	1 350	7 860	1 940	6 720	0	0	1 670	865	0	0
当年支出经费(百元)	6	48 100.02	6 331	20	1 860.02	0	12 210	4 371	10 167	2 375	7 143	100	0	1 660	1 863	0	0
当年新开课题数(项)	7	115	4	0	3	0	2	5	29	20	29	0	0	7	16	0	0
当年新开课题批准经费(百元)	8	56 855	8 000	0	2 600	0	11 600	2 000	15 385	2 590	10 760	0	0	2 470	1 450	0	0
当年完成课题数(项)	9	88	2	0	4	0	4	7	17	30	6	1	0	2	15	0	0

续表

出版著作(部)	合计	10	19	2	0	1	0	1	1	5	7	2	0	0	0	0	0	0
	专著	11	10	1	0	1	0	1	0	1	4	2	0	0	0	0	0	0
	编著教材	12	9	1	0	0	0	0	1	4	3	0	0	0	0	0	0	0
	工具书参考书	13	0	0	0	0	0	0	0	0	0	0	0	0	0	0	0	0
古籍整理(部)		14	0	0	0	0	0	0	0	0	0	0	0	0	0	0	0	0
译著(部)		15	0	0	0	0	0	0	0	0	0	0	0	0	0	0	0	0
发表译文(篇)		16	0	0	0	0	0	0	0	0	0	0	0	0	0	0	0	0
电子出版物(件)		17	0	0	0	0	0	0	0	0	0	0	0	0	0	0	0	0
发表论文(篇)	合计	18	207	10	2	13	0	11	13	43	45	42	1	0	4	23	0	0
	国内学术刊物	19	184	10	2	7	0	8	13	39	44	35	1	0	4	21	0	0
	国外学术刊物	20	20	0	0	6	0	3	0	2	0	7	0	0	0	2	0	0
	港澳台刊物	21	3	0	0	0	0	0	0	2	1	0	0	0	0	0	0	0
研究与咨询报告(篇)	合计	22	16	0	0	1	0	0	1	4	2	3	0	0	5	0	0	0
	其中被采纳数	23	13	0	0	1	0	0	1	3	2	2	0	0	4	0	0	0

2.14 常州大学人文、社会科学研究与课题成果来源情况表

		课题来源															
		合计	国家社科基金项目	国家社科基金单列学科项目	教育部人文社科研究项目	高校古籍整理研究项目	国家自然科学基金项目	中央其他部门社科专门项目	省、市、自治区社科基金项目	省教育厅社科项目	地、市厅、局等政府部门项目	国际合作研究项目	与港、澳、台合作研究项目	企事业单位委托项目	学校社科项目	外资项目	其他项目
	编号	L01	L02	L03	L04	L05	L06	L07	L08	L09	L10	L11	L12	L13	L14	L15	L16
课题数(项)	1	216	18	1	20	0	1	1	23	49	63	0	0	14	26	0	0
当年投入人数(人/年)	2	65.4	8.4	0.3	6.9	0	0.7	0.2	8.1	10.9	15.8	0	0	6.2	7.9	0	0
其中研究生(人/年)	3	0	0	0	0	0	0	0	0	0	0	0	0	0	0	0	0
当年拨入经费(百元)	4	61 595	14 400	900	2 250	0	0	200	1 840	1 795	11 090	0	0	26 720	2 400	0	0
其中当年立项项目拨入经费(百元)	5	61 595	14 400	900	2 250	0	0	200	1 840	1 795	11 090	0	0	26 720	2 400	0	0
当年支出经费(百元)	6	48 745	6 130	300	1 060	0	100	160	720	635	10 370	0	0	2 6870	2 400	0	0
当年新开课题数(项)	7	142	8	1	5	0	0	1	7	20	61	0	0	13	26	0	0
当年新开课题批准经费(百元)	8	69 675	16 000	1 800	4 500	0	0	400	3 000	1 795	11 110	0	0	26 720	4 350	0	0
当年完成课题数(项)	9	78	1	0	1	0	1	0	2	9	24	0	0	14	26	0	0

续表

出版著作(部)	合计	10	18	1	1	1	0	0	0	0	2	3	0	0	0	8	0	2
	专著	11	7	1	0	1	0	0	0	0	1	3	0	0	0	1	0	0
	编著教材	12	11	0	1	0	0	0	0	0	1	0	0	0	0	7	0	2
	工具书参考书	13	0	0	0	0	0	0	0	0	0	0	0	0	0	0	0	0
古籍整理(部)		14	0	0	0	0	0	0	0	0	0	0	0	0	0	0	0	0
译著(部)		15	1	0	0	0	0	0	0	0	0	0	0	0	0	1	0	0
发表译文(篇)		16	0	0	0	0	0	0	0	0	0	0	0	0	0	0	0	0
电子出版物(件)		17	1	0	0	0	0	0	0	0	0	0	0	0	0	1	0	0
发表论文(篇)	合计	18	237	22	0	27	0	1	1	16	43	64	0	0	1	57	1	4
	国内学术刊物	19	237	22	0	27	0	1	1	16	43	64	0	0	1	57	1	4
	国外学术刊物	20	0	0	0	0	0	0	0	0	0	0	0	0	0	0	0	0
	港澳台刊物	21	0	0	0	0	0	0	0	0	0	0	0	0	0	0	0	0
研究与咨询报告(篇)	合计	22	15	0	0	0	0	0	0	0	0	4	0	0	10	1	0	0
	其中被采纳数	23	15	0	0	0	0	0	0	0	0	4	0	0	10	1	0	0

2.15 南京邮电大学人文、社会科学研究与课题成果来源情况表

		课题来源															
		合计	国家社科基金项目	国家社科基金单列学科项目	教育部人文社科研究项目	高校古籍整理研究项目	国家自然科学基金项目	中央其他部门社科专门项目	省、市、自治区社科基金项目	省教育厅社科项目	地、市厅、局等政府部门项目	国际合作研究项目	与港、澳、台合作研究项目	企事业单位委托项目	学校社科项目	外资项目	其他项目
	编号	L01	L02	L03	L04	L05	L06	L07	L08	L09	L10	L11	L12	L13	L14	L15	L16
课题数(项)	1	410	21	0	38	0	9	6	24	118	54	0	0	31	109	0	0
当年投入人数(人/年)	2	143	15.6	0	16.4	0	5.6	1.8	10	45.9	19.5	0	0	12.4	15.8	0	0
其中研究生(人/年)	3	77.7	9.6	0	10.8	0	3.4	1.2	5.6	28	10.6	0	0	7.3	1.2	0	0
当年拨入经费(百元)	4	73 328	18 550	0	6 530	0	11 300	850	2 628	6 620	5 414	0	0	16 986	4 450	0	0
其中当年立项项目拨入经费(百元)	5	65 561	18 450	0	4 100	0	10 305	850	2 360	3 870	4 440	0	0	16 986	4 200	0	0
当年支出经费(百元)	6	62 854	13 290	0	7 866	0	6 600	850	3 298	5 740	5 844	0	0	16 656	2 710	0	0
当年新开课题数(项)	7	168	11	0	10	0	6	6	11	43	25	0	0	26	30	0	0
当年新开课题批准经费(百元)	8	88 876	21 500	0	8 200	0	20 100	850	3 800	3 870	5 170	0	0	21 186	4 200	0	0
当年完成课题数(项)	9	61	0	0	7	0	0	1	0	21	11	0	0	18	3	0	0

续表

出版著作（部）	合计	10	3	0	0	2	0	0	0	0	0	0	0	0	0	1	0	0
	专著	11	3	0	0	2	0	0	0	0	0	0	0	0	0	1	0	0
	编著教材	12	0	0	0	0	0	0	0	0	0	0	0	0	0	0	0	0
	工具书参考书	13	0	0	0	0	0	0	0	0	0	0	0	0	0	0	0	0
古籍整理（部）		14	0	0	0	0	0	0	0	0	0	0	0	0	0	0	0	0
译著（部）		15	0	0	0	0	0	0	0	0	0	0	0	0	0	0	0	0
发表译文（篇）		16	0	0	0	0	0	0	0	0	0	0	0	0	0	0	0	0
电子出版物（件）		17	0	0	0	0	0	0	0	0	0	0	0	0	0	0	0	0
发表论文（篇）	合计	18	144	13	0	23	0	0	2	15	29	23	0	0	1	38	0	0
	国内学术刊物	19	144	13	0	23	0	0	2	15	29	23	0	0	1	38	0	0
	国外学术刊物	20	0	0	0	0	0	0	0	0	0	0	0	0	0	0	0	0
	港澳台刊物	21	0	0	0	0	0	0	0	0	0	0	0	0	0	0	0	0
研究与咨询报告（篇）	合计	22	36	0	0	2	0	0	0	4	0	1	0	0	29	0	0	0
	其中被采纳数	23	10	0	0	0	0	0	0	0	0	0	0	0	10	0	0	0

2.16 南京林业大学人文、社会科学研究与课题成果来源情况表

		课题来源															
		合计	国家社科基金项目	国家社科基金单列学科项目	教育部人文社科研究项目	高校古籍整理研究项目	国家自然科学基金项目	中央其他部门社科专门项目	省、市、自治区社科基金项目	省教育厅社科项目	地、市厅、局等政府部门项目	国际合作研究项目	与港、澳、台合作研究项目	企事业单位委托项目	学校社科项目	外资项目	其他项目
	编号	L01	L02	L03	L04	L05	L06	L07	L08	L09	L10	L11	L12	L13	L14	L15	L16
课题数(项)	1	271	9	1	22	0	4	6	19	108	22	0	0	2	78	0	0
当年投入人数(人/年)	2	69	7.4	0.6	14.3	0	0.4	1.6	9.9	23.8	2.7	0	0	0.2	8.1	0	0
其中研究生(人/年)	3	4.4	0.9	0	1.2	0	0	0	1	1	0	0	0	0	0.3	0	0
当年拨入经费(百元)	4	31 882.19	3 800	150	5 390	0	3 900	980	3 760	5 800	4 922.19	0	0	300	2 880	0	0
其中当年立项项目拨入经费(百元)	5	23 072.19	2 750	0	2 790	0	2 640	880	1 200	4 730	4 902.19	0	0	300	2 880	0	0
当年支出经费(百元)	6	15 436	1 600	300	2 380	0	1 600	520	1 724	3 539	1 783	0	0	180	1 810	0	0
当年新开课题数(项)	7	118	2	0	7	0	2	4	6	35	10	0	0	2	50	0	0
当年新开课题批准经费(百元)	8	39 192.19	5 500	0	5 580	0	4 400	2 350	2 000	4 730	10 952.19	0	0	800	2 880	0	0
当年完成课题数(项)	9	45	1	0	3	0	0	0	3	18	0	0	0	0	20	0	0

续表

出版著作(部)	合计	10	5	0	0	0	0	0	1	0	2	0	0	0	0	2	0	0
	专著	11	4	0	0	0	0	0	1	0	2	0	0	0	0	1	0	0
	编著教材	12	1	0	0	0	0	0	0	0	0	0	0	0	0	1	0	0
	工具书参考书	13	0	0	0	0	0	0	0	0	0	0	0	0	0	0	0	0
古籍整理(部)		14	0	0	0	0	0	0	0	0	0	0	0	0	0	0	0	0
译著(部)		15	0	0	0	0	0	0	0	0	0	0	0	0	0	0	0	0
发表译文(篇)		16	0	0	0	0	0	0	0	0	0	0	0	0	0	0	0	0
电子出版物(件)		17	0	0	0	0	0	0	0	0	0	0	0	0	0	0	0	0
发表论文(篇)	合计	18	138	17	0	25	0	10	2	12	45	3	0	0	0	24	0	0
	国内学术刊物	19	138	17	0	25	0	10	2	12	45	3	0	0	0	24	0	0
	国外学术刊物	20	0	0	0	0	0	0	0	0	0	0	0	0	0	0	0	0
	港澳台刊物	21	0	0	0	0	0	0	0	0	0	0	0	0	0	0	0	0
研究与咨询报告(篇)	合计	22	5	0	0	0	0	0	2	0	0	1	0	0	0	2	0	0
	其中被采纳数	23	5	0	0	0	0	0	2	0	0	1	0	0	0	2	0	0

2.17 江苏大学人文、社会科学研究与课题成果来源情况表

		课题来源															
		合计	国家社科基金项目	国家社科基金单列学科项目	教育部人文社科研究项目	高校古籍整理研究项目	国家自然科学基金项目	中央其他部门社科专门项目	省、市、自治区社科基金项目	省教育厅社科项目	地、市厅、局等政府部门项目	国际合作研究项目	与港、澳、台合作研究项目	企事业单位委托项目	学校社科项目	外资项目	其他项目
	编号	L01	L02	L03	L04	L05	L06	L07	L08	L09	L10	L11	L12	L13	L14	L15	L16
课题数(项)	1	638	38	5	66	0	24	31	52	111	62	0	0	195	54	0	0
当年投入人数(人/年)	2	141.8	50	0	10.7	0	3.6	1.6	10.2	11.9	6.9	0	0	32.7	14.2	0	0
其中研究生(人/年)	3	45.6	10.9	0	5.2	0	0.7	0.3	4.2	1	4.4	0	0	16.7	2.2	0	0
当年拨入经费(百元)	4	158 748.5	18 000	0	3 520	0	16 168.5	2 200	3 550	5 640	1 275	0	0	95 620	12 775	0	0
其中当年立项项目拨入经费(百元)	5	154 908.5	18 000	0	2 800	0	16 168.5	2 200	3 390	2 680	1 275	0	0	95 620	12 775	0	0
当年支出经费(百元)	6	156 493.5	19 080	0	3 160	0	14 968.5	2 200	3 150	5 140	1 275	0	0	93 620	13 900	0	0
当年新开课题数(项)	7	152	10	0	7	0	7	5	14	22	7	0	0	60	20	0	0
当年新开课题批准经费(百元)	8	187 439	20 000	0	6 000	0	34 530	2 550	5 100	3 130	1 700	0	0	103 879	10 550	0	0
当年完成课题数(项)	9	81	4	1	13	0	1	5	4	22	13	0	0	9	9	0	0

续表

出版著作(部)	合计	10	8	3	0	2	0	0	0	0	0	2	0	0	1	0	0	0
	专著	11	8	3	0	2	0	0	0	0	0	2	0	0	1	0	0	0
	编著教材	12	0	0	0	0	0	0	0	0	0	0	0	0	0	0	0	0
	工具书参考书	13	0	0	0	0	0	0	0	0	0	0	0	0	0	0	0	0
古籍整理(部)		14	0	0	0	0	0	0	0	0	0	0	0	0	0	0	0	0
译著(部)		15	1	0	0	0	0	0	0	0	1	0	0	0	0	0	0	0
发表译文(篇)		16	0	0	0	0	0	0	0	0	0	0	0	0	0	0	0	0
电子出版物(件)		17	0	0	0	0	0	0	0	0	0	0	0	0	0	0	0	0
发表论文(篇)	合计	18	300	75	2	54	0	46	9	16	31	29	0	0	19	19	0	0
	国内学术刊物	19	300	75	2	54	0	46	9	16	31	29	0	0	19	19	0	0
	国外学术刊物	20	0	0	0	0	0	0	0	0	0	0	0	0	0	0	0	0
	港澳台刊物	21	0	0	0	0	0	0	0	0	0	0	0	0	0	0	0	0
研究与咨询报告(篇)	合计	22	4	0	0	0	0	0	0	0	0	0	0	0	4	0	0	0
	其中被采纳数	23	3	0	0	0	0	0	0	0	0	0	0	0	3	0	0	0

2.18 南京信息工程大学人文、社会科学研究与课题成果来源情况表

		课题来源															
		合计	国家社科基金项目	国家社科基金单列学科项目	教育部人文社科研究项目	高校古籍整理研究项目	国家自然科学基金项目	中央其他部门社科专门项目	省、市、自治区社科基金项目	省教育厅社科项目	地、市厅、局等政府部门项目	国际合作研究项目	与港、澳、台合作研究项目	企事业单位委托项目	学校社科项目	外资项目	其他项目
	编号	L01	L02	L03	L04	L05	L06	L07	L08	L09	L10	L11	L12	L13	L14	L15	L16
课题数(项)	1	450	44	0	49	0	23	49	24	74	61	0	0	120	6	0	0
当年投入人数(人/年)	2	112	13.2	0	20	0	7	10.6	4.3	15.5	17.4	0	0	23.2	0.8	0	0
其中研究生(人/年)	3	3.3	1.7	0	0.8	0	0	0	0	0.4	0	0	0	0.4	0	0	0
当年拨入经费(百元)	4	86 842	22 000	0	12 020	0	15 365	9 385	2 040	1 914	5 336	0	0	18 782	0	0	0
其中当年立项项目拨入经费(百元)	5	65 412	21 800	0	6 600	0	9 785	2 525	1 440	1 914	4 896	0	0	16 452	0	0	0
当年支出经费(百元)	6	78 431.5	17 654	0	10 688	0	16 257.5	7 790	2 377	3 245	3 849	0	0	16 571	0	0	0
当年新开课题数(项)	7	134	13	0	11	0	6	25	8	30	24	0	0	17	0	0	0
当年新开课题批准经费(百元)	8	100 880	27 500	0	10 200	0	19 200	5 500	2 400	1 930	5 080	0	0	29 070	0	0	0
当年完成课题数(项)	9	84	2	0	2	0	0	8	0	11	1	0	0	60	0	0	0

续表

出版著作(部)	合计	10	13	4	0	3	0	2	3	0	0	1	0	0	0	0	0	0
	专著	11	12	4	0	2	0	2	3	0	0	1	0	0	0	0	0	0
	编著教材	12	1	0	0	1	0	0	0	0	0	0	0	0	0	0	0	0
	工具书参考书	13	0	0	0	0	0	0	0	0	0	0	0	0	0	0	0	0
古籍整理(部)		14	0	0	0	0	0	0	0	0	0	0	0	0	0	0	0	0
译著(部)		15	2	0	0	0	0	0	0	0	0	0	0	0	2	0	0	0
发表译文(篇)		16	1	0	0	0	0	0	0	0	1	0	0	0	0	0	0	0
电子出版物(件)		17	0	0	0	0	0	0	0	0	0	0	0	0	0	0	0	0
发表论文(篇)	合计	18	396	56	0	59	0	31	13	27	100	41	0	0	11	58	0	0
	国内学术刊物	19	377	55	0	58	0	22	13	26	94	40	0	0	11	58	0	0
	国外学术刊物	20	19	1	0	1	0	9	0	1	6	1	0	0	0	0	0	0
	港澳台刊物	21	0	0	0	0	0	0	0	0	0	0	0	0	0	0	0	0
研究与咨询报告(篇)	合计	22	54	9	0	9	0	3	1	2	8	5	0	0	13	4	0	0
	其中被采纳数	23	44	9	0	7	0	3	0	2	7	3	0	0	10	3	0	0

2.19 南通大学人文、社会科学研究与课题成果来源情况表

	编号	课题来源															
		合计	国家社科基金项目	国家社科基金单列学科项目	教育部人文社科研究项目	高校古籍整理研究项目	国家自然科学基金项目	中央其他部门社科专门项目	省、市、自治区社科基金项目	省教育厅社科项目	地、市厅、局等政府部门项目	国际合作研究项目	与港、澳、台合作研究项目	企事业单位委托项目	学校社科项目	外资项目	其他项目
		L01	L02	L03	L04	L05	L06	L07	L08	L09	L10	L11	L12	L13	L14	L15	L16
课题数（项）	1	611	27	4	74	2	0	17	52	115	146	0	0	37	137	0	0
当年投入人数（人/年）	2	108.3	7.8	1.2	21.4	0.4	0	2.6	14	23.8	19.7	0	0	3.7	13.7	0	0
其中研究生（人/年）	3	3.2	1.1	0	1	0.2	0	0	0.8	0.1	0	0	0	0	0	0	0
当年拨入经费(百元)	4	67 051	11 300	0	10 990	500	0	1 250	5 240	3 320	5 380	0	0	26 971	2 100	0	0
其中当年立项项目拨入经费（百元）	5	58 821	9 600	0	5 300	500	0	850	4 800	3 320	5 380	0	0	2 6971	2 100	0	0
当年支出经费(百元)	6	60 688.6	11 080.6	1 583	12 029.7	273.7	0	859.4	3 900.7	4 049.7	4 392	0	0	20 933.4	1 586.4	0	0
当年新开课题数(项)	7	182	6	0	12	2	0	4	17	38	39	0	0	37	27	0	0
当年新开课题批准经费(百元)	8	68 191	12 000	0	10 100	500	0	850	6 600	3 640	5 430	0	0	26 971	2 100	0	0
当年完成课题数(项)	9	165	4	0	13	0	0	6	9	11	36	0	0	32	54	0	0

续表

出版著作(部)	合计	10	3	1	0	0	0	0	0	0	0	1	0	0	0	1	0	0
	专著	11	2	1	0	0	0	0	0	0	0	1	0	0	0	0	0	0
	编著教材	12	1	0	0	0	0	0	0	0	0	0	0	0	0	1	0	0
	工具书参考书	13	0	0	0	0	0	0	0	0	0	0	0	0	0	0	0	0
古籍整理(部)		14	0	0	0	0	0	0	0	0	0	0	0	0	0	0	0	0
译著(部)		15	0	0	0	0	0	0	0	0	0	0	0	0	0	0	0	0
发表译文(篇)		16	0	0	0	0	0	0	0	0	0	0	0	0	0	0	0	0
电子出版物(件)		17	0	0	0	0	0	0	0	0	0	0	0	0	0	0	0	0
发表论文(篇)	合计	18	350	45	2	58	0	0	9	31	59	46	0	0	0	100	0	0
	国内学术刊物	19	340	44	2	53	0	0	9	31	57	45	0	0	0	99	0	0
	国外学术刊物	20	9	1	0	4	0	0	0	0	2	1	0	0	0	1	0	0
	港澳台刊物	21	1	0	0	1	0	0	0	0	0	0	0	0	0	0	0	0
研究与咨询报告(篇)	合计	22	35	0	0	0	0	0	0	0	0	1	0	0	34	0	0	0
	其中被采纳数	23	25	0	0	0	0	0	0	0	0	1	0	0	24	0	0	0

2.20 盐城工学院人文、社会科学研究与课题成果来源情况表

		课题来源															
		合计	国家社科基金项目	国家社科基金单列学科项目	教育部人文社科研究项目	高校古籍整理研究项目	国家自然科学基金项目	中央其他部门社科专门项目	省、市、自治区社科基金项目	省教育厅社科项目	地、市厅、局等政府部门项目	国际合作研究项目	与港、澳、台合作研究项目	企事业单位委托项目	学校社科项目	外资项目	其他项目
	编号	L01	L02	L03	L04	L05	L06	L07	L08	L09	L10	L11	L12	L13	L14	L15	L16
课题数（项）	1	303	5	1	6	0	1	16	18	57	105	0	0	49	45	0	0
当年投入人数（人/年）	2	62.4	1.9	0.8	2.2	0	0	0	5.2	13.2	20.6	0	0	6.3	12.2	0	0
其中研究生（人/年）	3	0	0	0	0	0	0	0	0	0	0	0	0	0	0	0	0
当年拨入经费(百元)	4	21 201.5	2 000	100	540	0	1 200	0	600	2 270	4 400	0	0	8 965.5	1 126	0	0
其中当年立项项目拨入经费（百元）	5	1 8401.5	1 800	0	0	0	1 200	0	400	2 190	3 670	0	0	8 365.5	776	0	0
当年支出经费(百元)	6	18 984.5	1 995.5	97.5	297.5	0	1 100	0	600	2 069.5	3 185.5	0	0	8 527.5	1 111.5	0	0
当年新开课题数(项)	7	152	1	0	0	0	1	2	3	21	68	0	0	32	24	0	0
当年新开课题批准经费(百元)	8	36 239.5	2 000	0	0	0	6 200	0	600	2 220	4 929	0	0	19 377.5	913	0	0
当年完成课题数(项)	9	125	1	1	4	0	0	6	4	17	38	0	0	32	22	0	0

续表

出版著作(部)	合计	10	20	1	0	0	0	0	0	1	2	12	0	0	0	4	0	0
	专著	11	9	1	0	0	0	0	0	0	1	6	0	0	0	1	0	0
	编著教材	12	11	0	0	0	0	0	0	1	1	6	0	0	0	3	0	0
	工具书参考书	13	0	0	0	0	0	0	0	0	0	0	0	0	0	0	0	0
古籍整理(部)		14	0	0	0	0	0	0	0	0	0	0	0	0	0	0	0	0
译著(部)		15	1	0	0	0	0	0	0	0	1	0	0	0	0	0	0	0
发表译文(篇)		16	2	0	0	0	0	0	0	0	0	0	0	0	0	2	0	0
电子出版物(件)		17	0	0	0	0	0	0	0	0	0	0	0	0	0	0	0	0
发表论文(篇)	合计	18	351	13	2	20	0	2	5	16	122	55	0	0	0	116	0	0
	国内学术刊物	19	343	13	2	20	0	2	5	16	120	50	0	0	0	115	0	0
	国外学术刊物	20	8	0	0	0	0	0	0	0	2	5	0	0	0	1	0	0
	港澳台刊物	21	0	0	0	0	0	0	0	0	0	0	0	0	0	0	0	0
研究与咨询报告(篇)	合计	22	21	0	0	0	0	0	0	0	1	0	0	0	20	0	0	0
	其中被采纳数	23	16	0	0	0	0	0	0	0	1	0	0	0	15	0	0	0

2.21 南京医科大学人文、社会科学研究与课题成果来源情况表

		课题来源															
		合计	国家社科基金项目	国家社科基金单列学科项目	教育部人文社科研究项目	高校古籍整理研究项目	国家自然科学基金项目	中央其他部门社科专门项目	省、市、自治区社科基金项目	省教育厅社科项目	地、市厅、局等政府部门项目	国际合作研究项目	与港、澳、台合作研究项目	企事业单位委托项目	学校社科项目	外资项目	其他项目
	编号	L01	L02	L03	L04	L05	L06	L07	L08	L09	L10	L11	L12	L13	L14	L15	L16
课题数(项)	1	77	4	0	4	0	4	0	5	19	16	0	0	0	25	0	0
当年投入人数(人/年)	2	21.2	1.9	0	0.7	0	1.6	0	0.8	4.2	2.9	0	0	0	9.1	0	0
其中研究生(人/年)	3	3.4	1.1	0	0	0	1.2	0	0	0	0.3	0	0	0	0.8	0	0
当年拨入经费(百元)	4	22 140	5 400	0	400	0	8 300	0	400	920	5 510	0	0	0	1 210	0	0
其中当年立项项目拨入经费(百元)	5	21 300	5 400	0	400	0	8 300	0	0	540	5 510	0	0	0	1 150	0	0
当年支出经费(百元)	6	17 536.4	1 580	0	295	0	5 000	0	185	295	8 960.4	0	0	0	1 221	0	0
当年新开课题数(项)	7	43	3	0	1	0	2	0	0	9	7	0	0	0	21	0	0
当年新开课题批准经费(百元)	8	26 500	6 000	0	800	0	12 300	0	0	690	5 510	0	0	0	1 200	0	0
当年完成课题数(项)	9	40	0	0	0	0	1	0	1	3	16	0	0	0	19	0	0

续表

出版著作(部)	合计	10	14	1	0	0	0	1	0	0	1	4	0	0	0	7	0	0
	专著	11	11	1	0	0	0	1	0	0	1	2	0	0	0	6	0	0
	编著教材	12	3	0	0	0	0	0	0	0	0	2	0	0	0	1	0	0
	工具书参考书	13	0	0	0	0	0	0	0	0	0	0	0	0	0	0	0	0
古籍整理(部)		14	0	0	0	0	0	0	0	0	0	0	0	0	0	0	0	0
译著(部)		15	0	0	0	0	0	0	0	0	0	0	0	0	0	0	0	0
发表译文(篇)		16	0	0	0	0	0	0	0	0	0	0	0	0	0	0	0	0
电子出版物(件)		17	0	0	0	0	0	0	0	0	0	0	0	0	0	0	0	0
发表论文(篇)	合计	18	91	7	0	14	0	8	0	5	13	20	0	0	0	24	0	0
	国内学术刊物	19	83	7	0	11	0	6	0	5	12	19	0	0	0	23	0	0
	国外学术刊物	20	8	0	0	3	0	2	0	0	1	1	0	0	0	1	0	0
	港澳台刊物	21	0	0	0	0	0	0	0	0	0	0	0	0	0	0	0	0
研究与咨询报告(篇)	合计	22	0	0	0	0	0	0	0	0	0	0	0	0	0	0	0	0
	其中被采纳数	23	0	0	0	0	0	0	0	0	0	0	0	0	0	0	0	0

2.22 徐州医学院人文、社会科学研究与课题成果来源情况表

		课题来源															
		合计	国家社科基金项目	国家社科基金单列学科项目	教育部人文社科研究项目	高校古籍整理研究项目	国家自然科学基金项目	中央其他部门社科专门项目	省、市、自治区社科基金项目	省教育厅社科项目	地、市厅、局等政府部门项目	国际合作研究项目	与港、澳、台合作研究项目	企事业单位委托项目	学校社科项目	外资项目	其他项目
	编号	L01	L02	L03	L04	L05	L06	L07	L08	L09	L10	L11	L12	L13	L14	L15	L16
课题数(项)	1	53	0	0	4	0	0	0	0	48	0	0	0	0	1	0	0
当年投入人数(人/年)	2	12.6	0	0	1.5	0	0	0	0	10.9	0	0	0	0	0.2	0	0
其中研究生(人/年)	3	0	0	0	0	0	0	0	0	0	0	0	0	0	0	0	0
当年拨入经费(百元)	4	2 085	0	0	665	0	0	0	0	1 410	0	0	0	0	10	0	0
其中当年立项项目拨入经费(百元)	5	1 795	0	0	375	0	0	0	0	1 410	0	0	0	0	10	0	0
当年支出经费(百元)	6	1 944	0	0	550	0	0	0	0	1 384	0	0	0	0	10	0	0
当年新开课题数(项)	7	22	0	0	1	0	0	0	0	20	0	0	0	0	1	0	0
当年新开课题批准经费(百元)	8	2 170	0	0	750	0	0	0	0	1 410	0	0	0	0	10	0	0
当年完成课题数(项)	9	21	0	0	3	0	0	0	0	17	0	0	0	0	1	0	0

续表

出版著作(部)	合计	10	0	0	0	0	0	0	0	0	0	0	0	0	0	0	0	0
	专著	11	0	0	0	0	0	0	0	0	0	0	0	0	0	0	0	0
	编著教材	12	0	0	0	0	0	0	0	0	0	0	0	0	0	0	0	0
	工具书参考书	13	0	0	0	0	0	0	0	0	0	0	0	0	0	0	0	0
古籍整理(部)		14	0	0	0	0	0	0	0	0	0	0	0	0	0	0	0	0
译著(部)		15	0	0	0	0	0	0	0	0	0	0	0	0	0	0	0	0
发表译文(篇)		16	0	0	0	0	0	0	0	0	0	0	0	0	0	0	0	0
电子出版物(件)		17	0	0	0	0	0	0	0	0	0	0	0	0	0	0	0	0
发表论文(篇)	合计	18	33	0	0	5	0	0	0	0	23	0	0	0	0	5	0	0
	国内学术刊物	19	33	0	0	5	0	0	0	0	23	0	0	0	0	5	0	0
	国外学术刊物	20	0	0	0	0	0	0	0	0	0	0	0	0	0	0	0	0
	港澳台刊物	21	0	0	0	0	0	0	0	0	0	0	0	0	0	0	0	0
研究与咨询报告(篇)	合计	22	0	0	0	0	0	0	0	0	0	0	0	0	0	0	0	0
	其中被采纳数	23	0	0	0	0	0	0	0	0	0	0	0	0	0	0	0	0

2.23 南京中医药大学人文、社会科学研究与课题成果来源情况表

		课题来源															
		合计	国家社科基金项目	国家社科基金单列学科项目	教育部人文社科研究项目	高校古籍整理研究项目	国家自然科学基金项目	中央其他部门社科专门项目	省、市、自治区社科基金项目	省教育厅社科项目	地、市厅、局等政府部门项目	国际合作研究项目	与港、澳、台合作研究项目	企事业单位委托项目	学校社科项目	外资项目	其他项目
	编号	L01	L02	L03	L04	L05	L06	L07	L08	L09	L10	L11	L12	L13	L14	L15	L16
课题数（项）	1	155	5	1	14	1	1	7	21	59	9	0	0	1	36	0	0
当年投入人数（人/年）	2	63.9	2.1	0.6	6.9	1.5	0.3	6.5	7.1	26	2.7	0	0	0.1	10.1	0	0
其中研究生（人/年）	3	3	0	0	0.3	0	0	1.9	0.2	0.6	0	0	0	0	0	0	0
当年拨入经费(百元)	4	13 507.6	100	1 350	1 330	0	0	4 295	1 642.6	2 040	700	0	0	500	1 550	0	0
其中当年立项项目拨入经费（百元）	5	10 245	0	1 350	700	0	0	4 095	1 540	1 760	300	0	0	500	0	0	0
当年支出经费(百元)	6	11 051.43	2 155	68	2 108.5	0	0	1 942.75	870.8	1 677.83	762	0	0	23.8	1 442.75	0	0
当年新开课题数(项)	7	34	0	1	2	0	0	4	6	19	1	0	0	1	0	0	0
当年新开课题批准经费(百元)	8	12 355	0	1 500	1 400	0	0	4 095	2 300	1 760	300	0	0	1 000	0	0	0
当年完成课题数(项)	9	32	0	0	4	0	0	1	6	13	5	0	0	0	3	0	0

续表

出版著作(部)	合计	10	12	2	0	1	0	0	1	1	2	0	0	0	0	5	0	0
	专著	11	5	2	0	0	0	0	0	1	1	0	0	0	0	1	0	0
	编著教材	12	7	0	0	1	0	0	1	0	1	0	0	0	0	4	0	0
	工具书参考书	13	0	0	0	0	0	0	0	0	0	0	0	0	0	0	0	0
古籍整理(部)		14	0	0	0	0	0	0	0	0	0	0	0	0	0	0	0	0
译著(部)		15	0	0	0	0	0	0	0	0	0	0	0	0	0	0	0	0
发表译文(篇)		16	0	0	0	0	0	0	0	0	0	0	0	0	0	0	0	0
电子出版物(件)		17	0	0	0	0	0	0	0	0	0	0	0	0	0	0	0	0
发表论文(篇)	合计	18	173	3	1	33	1	7	3	11	64	11	0	0	1	38	0	0
	国内学术刊物	19	169	3	1	32	1	7	3	10	63	10	0	0	1	38	0	0
	国外学术刊物	20	4	0	0	1	0	0	0	1	1	1	0	0	0	0	0	0
	港澳台刊物	21	0	0	0	0	0	0	0	0	0	0	0	0	0	0	0	0
研究与咨询报告(篇)	合计	22	4	0	0	0	0	0	2	0	0	2	0	0	0	0	0	0
	其中被采纳数	23	4	0	0	0	0	0	2	0	0	2	0	0	0	0	0	0

2.24 南京师范大学人文、社会科学研究与课题成果来源情况表

		课题来源															
		合计	国家社科基金项目	国家社科基金单列学科项目	教育部人文社科研究项目	高校古籍整理研究项目	国家自然科学基金项目	中央其他部门社科专门项目	省、市、自治区社科基金项目	省教育厅社科项目	地、市厅、局等政府部门项目	国际合作研究项目	与港、澳、台合作研究项目	企事业单位委托项目	学校社科项目	外资项目	其他项目
	编号	L01	L02	L03	L04	L05	L06	L07	L08	L09	L10	L11	L12	L13	L14	L15	L16
课题数(项)	1	1132	170	25	180	10	0	72	215	194	157	1	0	60	48	0	0
当年投入人数(人/年)	2	243.2	51.5	4.9	44.1	2.1	0	17.1	48.6	32.8	29.5	0.1	0	6.4	6.1	0	0
其中研究生(人/年)	3	30	7.1	1.1	6.9	0	0	2.7	4.2	3.1	4.7	0	0	0	0.2	0	0
当年拨入经费(百元)	4	162 594.44	55 430	2 400	14 180	500	0	1 950	9 650	7 210	4 450	586	0	66 178.44	60	0	0
其中当年立项项目拨入经费(百元)	5	127 280.44	52 550	2 320	12 100	500	0	1 750	9 570	7 110	3 990	0	0	37 390.44	0	0	0
当年支出经费(百元)	6	196 903.08	65 280	4 080	19 149.83	350	0	6 455	19 404.55	6 480	6 460.7	300	0	66 693	2 100	150	0
当年新开课题数(项)	7	156	23	3	21	1	0	6	23	34	17	0	0	28	0	0	0
当年新开课题批准经费(百元)	8	156 870.44	58 000	2 580	19 700	500	0	2 350	15 050	7 210	4 040	0	0	47 440.44	0	0	0
当年完成课题数(项)	9	234	26	2	35	2	0	14	90	16	22	0	0	24	3	0	0

续表

出版著作(部)	合计	10	74	14	3	14	0	0	3	11	6	8	0	0	4	11	0	0
	专著	11	47	11	3	13	0	0	2	7	3	4	0	0	0	4	0	0
	编著教材	12	24	3	0	1	0	0	1	4	3	1	0	0	4	7	0	0
	工具书参考书	13	3	0	0	0	0	0	0	0	0	3	0	0	0	0	0	0
古籍整理(部)		14	3	0	0	1	0	0	2	0	0	0	0	0	0	0	0	0
译著(部)		15	2	1	0	1	0	0	0	0	0	0	0	0	0	0	0	0
发表译文(篇)		16	4	1	0	1	0	0	0	2	0	0	0	0	0	0	0	0
电子出版物(件)		17	0	0	0	0	0	0	0	0	0	0	0	0	0	0	0	0
发表论文(篇)	合计	18	635	211	29	123	1	0	28	68	49	21	0	0	2	103	0	0
	国内学术刊物	19	618	206	29	118	1	0	27	67	49	19	0	0	2	100	0	0
	国外学术刊物	20	15	5	0	3	0	0	1	1	0	2	0	0	0	3	0	0
	港澳台刊物	21	2	0	0	2	0	0	0	0	0	0	0	0	0	0	0	0
研究与咨询报告(篇)	合计	22	20	5	0	0	0	0	0	2	0	6	0	0	6	1	0	0
	其中被采纳数	23	17	4	0	0	0	0	0	2	0	4	0	0	6	1	0	0

2.25 江苏师范大学人文、社会科学研究与课题成果来源情况表

		课题来源															
		合计	国家社科基金项目	国家社科基金单列学科项目	教育部人文社科研究项目	高校古籍整理研究项目	国家自然科学基金项目	中央其他部门社科专门项目	省、市、自治区社科基金项目	省教育厅社科项目	地、市厅、局等政府部门项目	国际合作研究项目	与港、澳、台合作研究项目	企事业单位委托项目	学校社科项目	外资项目	其他项目
	编号	L01	L02	L03	L04	L05	L06	L07	L08	L09	L10	L11	L12	L13	L14	L15	L16
课题数(项)	1	761	101	17	92	10	5	24	101	173	59	0	1	16	162	0	0
当年投入人数(人/年)	2	298.2	58.9	8.8	36.8	4.4	3.7	12.1	47.6	65.2	15.7	0	0.4	3.7	40.9	0	0
其中研究生(人/年)	3	93.9	23.2	3.9	12.7	1.9	3.1	6.9	17	12	3.2	0	0.2	0.4	9.4	0	0
当年拨入经费(百元)	4	256 438	67 300	4 790	10 430	400	0	2 250	6 428	7 500	1 510	0	0	24 330	131 500	0	0
其中当年立项项目拨入经费(百元)	5	246 170	66 500	2 790	4 600	400	0	2 150	6 040	6 350	1 510	0	0	24 330	131 500	0	0
当年支出经费(百元)	6	233 045.5	41 411	4 259	14 034	574	510	1 188	7 053	6 273.5	1 476	0	14	24 330	131 923	0	0
当年新开课题数(项)	7	187	31	2	10	1	0	6	23	55	15	0	0	16	28	0	0
当年新开课题批准经费(百元)	8	266 902	78 500	3 100	9 000	400	0	2 350	9 000	7 102	1 620	0	0	24 330	131 500	0	0
当年完成课题数(项)	9	98	4	0	7	0	0	0	17	28	6	0	0	16	20	0	0

续表

出版著作(部)	合计	10	5	1	0	0	0	0	0	0	2	1	0	0	0	1	0	0
	专著	11	2	1	0	0	0	0	0	0	1	0	0	0	0	0	0	0
	编著教材	12	3	0	0	0	0	0	0	0	1	1	0	0	0	1	0	0
	工具书参考书	13	0	0	0	0	0	0	0	0	0	0	0	0	0	0	0	0
古籍整理(部)		14	0	0	0	0	0	0	0	0	0	0	0	0	0	0	0	0
译著(部)		15	1	0	0	0	0	0	0	1	0	0	0	0	0	0	0	0
发表译文(篇)		16	0	0	0	0	0	0	0	0	0	0	0	0	0	0	0	0
电子出版物(件)		17	1	0	0	0	0	0	0	1	0	0	0	0	0	0	0	0
发表论文(篇)	合计	18	524	167	15	101	0	18	28	51	95	10	0	0	1	38	0	0
	国内学术刊物	19	503	161	14	97	0	15	28	48	95	9	0	0	1	35	0	0
	国外学术刊物	20	17	3	1	4	0	3	0	2	0	1	0	0	0	3	0	0
	港澳台刊物	21	4	3	0	0	0	0	0	1	0	0	0	0	0	0	0	0
研究与咨询报告(篇)	合计	22	24	0	0	0	0	0	1	1	1	0	0	0	21	0	0	0
	其中被采纳数	23	18	0	0	0	0	0	1	1	1	0	0	0	15	0	0	0

2.26 淮阴师范学院人文、社会科学研究与课题成果来源情况表

		课题来源															
		合计	国家社科基金项目	国家社科基金单列学科项目	教育部人文社科研究项目	高校古籍整理研究项目	国家自然科学基金项目	中央其他部门社科专门项目	省、市、自治区社科基金项目	省教育厅社科项目	地、市厅、局等政府部门项目	国际合作研究项目	与港、澳、台合作研究项目	企事业单位委托项目	学校社科项目	外资项目	其他项目
	编号	L01	L02	L03	L04	L05	L06	L07	L08	L09	L10	L11	L12	L13	L14	L15	L16
课题数(项)	1	307	20	0	24	2	0	3	29	78	87	0	0	30	34	0	0
当年投入人数(人/年)	2	50.7	10	0	7.5	0.3	0	0.9	6.6	8.6	9.3	0	0	4.1	3.4	0	0
其中研究生(人/年)	3	0	0	0	0	0	0	0	0	0	0	0	0	0	0	0	0
当年拨入经费(百元)	4	40 801	10 950	0	3 740	100	0	250	1 900	2 020	5 030	0	0	16 811	0	0	0
其中当年立项项目拨入经费(百元)	5	38 971	10 800	0	2 400	100	0	250	1 560	2 020	5 030	0	0	16 811	0	0	0
当年支出经费(百元)	6	35 726	8 705	0	5 420	160	0	210	2 015	2 140	3 950	0	0	10 116	3 010	0	0
当年新开课题数(项)	7	106	6	0	6	1	0	2	7	28	36	0	0	20	0	0	0
当年新开课题批准经费(百元)	8	43 461	12 000	0	4 700	100	0	500	2 300	2 020	5 030	0	0	16 811	0	0	0
当年完成课题数(项)	9	113	3	0	10	0	0	0	5	21	32	0	0	8	34	0	0

续表

出版著作(部)	合计	10	9	3	0	1	0	0	1	2	1	1	0	0	0	0	0	0
	专著	11	7	3	0	1	0	0	1	2	0	0	0	0	0	0	0	0
	编著教材	12	2	0	0	0	0	0	0	0	1	1	0	0	0	0	0	0
	工具书参考书	13	0	0	0	0	0	0	0	0	0	0	0	0	0	0	0	0
古籍整理(部)		14	1	0	0	0	1	0	0	0	0	0	0	0	0	0	0	
译著(部)		15	0	0	0	0	0	0	0	0	0	0	0	0	0	0	0	
发表译文(篇)		16	0	0	0	0	0	0	0	0	0	0	0	0	0	0	0	
电子出版物(件)		17	0	0	0	0	0	0	0	0	0	0	0	0	0	0	0	
发表论文(篇)	合计	18	171	10	0	13	0	0	0	8	52	40	0	0	11	37	0	0
	国内学术刊物	19	170	10	0	13	0	0	0	8	51	40	0	0	11	37	0	0
	国外学术刊物	20	1	0	0	0	0	0	0	0	1	0	0	0	0	0	0	0
	港澳台刊物	21	0	0	0	0	0	0	0	0	0	0	0	0	0	0	0	0
研究与咨询报告(篇)	合计	22	26	0	0	0	0	0	0	0	0	17	0	0	9	0	0	0
	其中被采纳数	23	4	0	0	0	0	0	0	0	0	2	0	0	2	0	0	0

2.27 盐城师范学院人文、社会科学研究与课题成果来源情况表

		课题来源															
		合计	国家社科基金项目	国家社科基金单列学科项目	教育部人文社科研究项目	高校古籍整理研究项目	国家自然科学基金项目	中央其他部门社科专门项目	省、市、自治区社科基金项目	省教育厅社科项目	地、市厅、局等政府部门项目	国际合作研究项目	与港、澳、台合作研究项目	企事业单位委托项目	学校社科项目	外资项目	其他项目
	编号	L01	L02	L03	L04	L05	L06	L07	L08	L09	L10	L11	L12	L13	L14	L15	L16
课题数(项)	1	280	16	1	14	0	0	2	30	85	24	0	0	61	47	0	0
当年投入人数(人/年)	2	100.5	14.4	0.4	10.5	0	0	0.8	13.9	33.6	6.6	0	0	11.3	9	0	0
其中研究生(人/年)	3	0	0	0	0	0	0	0	0	0	0	0	0	0	0	0	0
当年拨入经费(百元)	4	55 990	12 750	0	2 490	0	0	0	3 980	2 560	2 080	0	0	29 800	2 330	0	0
其中当年立项项目拨入经费(百元)	5	53 130	12 600	0	900	0	0	0	2 860	2 560	2 080	0	0	29 800	2 330	0	0
当年支出经费(百元)	6	49 313	10 250	190	2 605	0	0	65	3 455	2 635	1 368	0	0	26 575	2 170	0	0
当年新开课题数(项)	7	125	7	0	2	0	0	0	11	33	13	0	0	36	23	0	0
当年新开课题批准经费(百元)	8	57 270	14 000	0	1 800	0	0	0	4 700	2 560	2 080	0	0	29 800	2 330	0	0
当年完成课题数(项)	9	91	1	0	1	0	0	1	5	23	11	0	0	25	24	0	0

续表

出版著作（部）	合计	10	14	0	0	3	0	0	0	6	4	0	0	0	0	1	0	0
	专著	11	9	0	0	3	0	0	0	5	0	0	0	0	0	1	0	0
	编著教材	12	5	0	0	0	0	0	0	1	4	0	0	0	0	0	0	0
	工具书参考书	13	0	0	0	0	0	0	0	0	0	0	0	0	0	0	0	0
古籍整理（部）		14	0	0	0	0	0	0	0	0	0	0	0	0	0	0	0	0
译著（部）		15	1	0	0	0	0	0	0	0	1	0	0	0	0	0	0	0
发表译文（篇）		16	0	0	0	0	0	0	0	0	0	0	0	0	0	0	0	0
电子出版物（件）		17	0	0	0	0	0	0	0	0	0	0	0	0	0	0	0	0
发表论文（篇）	合计	18	340	16	2	18	0	0	3	49	87	36	0	0	0	129	0	0
	国内学术刊物	19	339	16	2	18	0	0	3	48	87	36	0	0	0	129	0	0
	国外学术刊物	20	1	0	0	0	0	0	0	1	0	0	0	0	0	0	0	0
	港澳台刊物	21	0	0	0	0	0	0	0	0	0	0	0	0	0	0	0	0
研究与咨询报告（篇）	合计	22	26	0	0	0	0	0	0	0	0	0	0	0	26	0	0	0
	其中被采纳数	23	22	0	0	0	0	0	0	0	0	0	0	0	22	0	0	0

2.28 南京财经大学人文、社会科学研究与课题成果来源情况表

	编号	合计	国家社科基金项目	国家社科基金单列学科项目	教育部人文社科研究项目	高校古籍整理研究项目	国家自然科学基金项目	中央其他部门社科专门项目	省、市、自治区社科基金项目	省教育厅社科项目	地、市厅、局等政府部门项目	国际合作研究项目	与港、澳、台合作研究项目	企事业单位委托项目	学校社科项目	外资项目	其他项目
		课题来源															
		L01	L02	L03	L04	L05	L06	L07	L08	L09	L10	L11	L12	L13	L14	L15	L16
课题数(项)	1	382	25	0	26	0	32	4	38	58	32	0	0	133	34	0	0
当年投入人数(人/年)	2	138	9.5	0	11.3	0	9.1	1.2	19	11.7	14.1	0	0	53.2	8.9	0	0
其中研究生(人/年)	3	36.8	2.6	0	2.8	0	2.7	0.4	4.2	0	4.6	0	0	16.4	3.1	0	0
当年拨入经费(百元)	4	188 522.48	21 150	0	6 420	0	54 165	2 000	7 648	2 620	3 240	0	0	89 879.48	1 400	0	0
其中当年立项项目拨入经费(百元)	5	164 577.48	19 800	0	4 140	0	34 050	1 800	7 648	2 620	3 240	0	0	89 879.48	1 400	0	0
当年支出经费(百元)	6	175 678.88	17 692.6	0	5 647.45	0	44 364.5	1 757	7 294.2	3 483	3 689	0	0	90 093.13	1 658	0	0
当年新开课题数(项)	7	219	11	0	11	0	10	1	21	31	12	0	0	108	14	0	0
当年新开课题批准经费(百元)	8	201 149.48	22 000	0	8 280	0	56 750	3 000	11 280	2 620	3 560	0	0	90 859.48	2 800	0	0
当年完成课题数(项)	9	16	4	0	6	0	0	0	2	3	1	0	0	0	0	0	0

续表

出版著作(部)	合计	10	32	3	0	2	0	0	0	1	7	3	0	0	14	2	0	0
	专著	11	19	3	0	2	0	0	0	1	2	2	0	0	7	2	0	0
	编著教材	12	13	0	0	0	0	0	0	0	5	1	0	0	7	0	0	0
	工具书参考书	13	0	0	0	0	0	0	0	0	0	0	0	0	0	0	0	0
古籍整理(部)		14	0	0	0	0	0	0	0	0	0	0	0	0	0	0	0	0
译著(部)		15	0	0	0	0	0	0	0	0	0	0	0	0	0	0	0	0
发表译文(篇)		16	0	0	0	0	0	0	0	0	0	0	0	0	0	0	0	0
电子出版物(件)		17	0	0	0	0	0	0	0	0	0	0	0	0	0	0	0	0
发表论文(篇)	合计	18	328	60	0	49	0	59	4	31	56	8	2	0	29	29	1	0
	国内学术刊物	19	313	56	0	43	0	54	4	31	56	8	2	0	29	29	1	0
	国外学术刊物	20	15	4	0	6	0	5	0	0	0	0	0	0	0	0	0	0
	港澳台刊物	21	0	0	0	0	0	0	0	0	0	0	0	0	0	0	0	0
研究与咨询报告(篇)	合计	22	3	0	0	0	0	1	0	0	0	1	0	0	1	0	0	0
	其中被采纳数	23	0	0	0	0	0	0	0	0	0	0	0	0	0	0	0	0

2.29 江苏警官学院人文、社会科学研究与课题成果来源情况表

		课题来源															
		合计	国家社科基金项目	国家社科基金单列学科项目	教育部人文社科研究项目	高校古籍整理研究项目	国家自然科学基金项目	中央其他部门社科专门项目	省、市、自治区社科基金项目	省教育厅社科项目	地、市厅、局等政府部门项目	国际合作研究项目	与港、澳、台合作研究项目	企事业单位委托项目	学校社科项目	外资项目	其他项目
	编号	L01	L02	L03	L04	L05	L06	L07	L08	L09	L10	L11	L12	L13	L14	L15	L16
课题数(项)	1	278	3	1	6	0	2	20	7	51	78	0	0	7	87	0	16
当年投入人数(人/年)	2	75	1.2	0.3	2.3	0	0.3	6.3	2.3	14.9	21.8	0	0	2.2	20.2	0	3.2
其中研究生(人/年)	3	0	0	0	0	0	0	0	0	0	0	0	0	0	0	0	0
当年拨入经费(百元)	4	15 800	1 800	700	900	0	0	2 900	2 300	1 740	2 890	0	0	180	2 040	0	350
其中当年立项项目拨入经费(百元)	5	15 000	1 800	0	900	0	0	2 800	2 300	1 740	2 890	0	0	180	2 040	0	350
当年支出经费(百元)	6	11 148.63	722	744	621.5	0	0	2 314	1 841	620	2 228.23	0	0	52	1 912.9	0	93
当年新开课题数(项)	7	100	1	0	2	0	1	6	4	15	33	0	0	2	30	0	6
当年新开课题批准经费(百元)	8	15 600	2 000	0	1 300	0	0	2 800	2 300	1 740	2 890	0	0	180	2 040	0	350
当年完成课题数(项)	9	56	0	1	0	0	1	8	0	16	8	0	0	3	19	0	0

续表

出版著作(部)	合计	10	10	0	2	0	0	0	3	2	1	1	0	0	0	1	0	0
	专著	11	8	0	2	0	0	0	2	2	1	1	0	0	0	0	0	0
	编著教材	12	2	0	0	0	0	0	1	0	0	0	0	0	0	1	0	0
	工具书参考书	13	0	0	0	0	0	0	0	0	0	0	0	0	0	0	0	0
古籍整理(部)		14	0	0	0	0	0	0	0	0	0	0	0	0	0	0	0	0
译著(部)		15	0	0	0	0	0	0	0	0	0	0	0	0	0	0	0	0
发表译文(篇)		16	0	0	0	0	0	0	0	0	0	0	0	0	0	0	0	0
电子出版物(件)		17	0	0	0	0	0	0	0	0	0	0	0	0	0	0	0	0
发表论文(篇)	合计	18	133	1	2	7	0	1	1	18	34	23	0	0	2	42	0	2
	国内学术刊物	19	131	1	2	7	0	1	1	17	34	23	0	0	2	41	0	2
	国外学术刊物	20	2	0	0	0	0	0	0	1	0	0	0	0	0	1	0	0
	港澳台刊物	21	0	0	0	0	0	0	0	0	0	0	0	0	0	0	0	0
研究与咨询报告(篇)	合计	22	9	0	0	0	0	0	1	0	2	2	0	0	3	1	0	0
	其中被采纳数	23	0	0	0	0	0	0	0	0	0	0	0	0	0	0	0	0

2.30 南京体育学院人文、社会科学研究与课题成果来源情况表

		课题来源															
		合计	国家社科基金项目	国家社科基金单列学科项目	教育部人文社科研究项目	高校古籍整理研究项目	国家自然科学基金项目	中央其他部门社科专门项目	省、市、自治区社科基金项目	省教育厅社科项目	地、市厅、局等政府部门项目	国际合作研究项目	与港、澳、台合作研究项目	企事业单位委托项目	学校社科项目	外资项目	其他项目
	编号	L01	L02	L03	L04	L05	L06	L07	L08	L09	L10	L11	L12	L13	L14	L15	L16
课题数(项)	1	138	2	0	2	0	0	4	8	15	47	0	0	1	59	0	0
当年投入人数(人/年)	2	46.3	1.7	0	1.9	0	0	1.1	4	5.4	14.8	0	0	0.8	16.6	0	0
其中研究生(人/年)	3	8.8	0.2	0	0.4	0	0	0.2	0.8	1.7	4	0	0	0	1.5	0	0
当年拨入经费(百元)	4	6 840	1 800	0	800	0	0	1 800	320	280	790	0	0	0	1 050	0	0
其中当年立项项目拨入经费(百元)	5	5 060	1 800	0	800	0	0	100	240	280	790	0	0	0	1 050	0	0
当年支出经费(百元)	6	7 480	1 720	0	540	0	0	903	887	344	2 338	0	0	350	398	0	0
当年新开课题数(项)	7	33	1	0	2	0	0	1	1	3	8	0	0	0	17	0	0
当年新开课题批准经费(百元)	8	6 220	2 000	0	1 600	0	0	100	400	280	790	0	0	0	1 050	0	0
当年完成课题数(项)	9	47	0	0	0	0	0	1	1	8	15	0	0	0	22	0	0

续表

出版著作（部）	合计	10	8	1	0	0	0	0	0	2	3	2	0	0	0	0	0	0
	专著	11	3	0	0	0	0	0	0	1	1	1	0	0	0	0	0	0
	编著教材	12	3	1	0	0	0	0	0	1	0	1	0	0	0	0	0	0
	工具书参考书	13	2	0	0	0	0	0	0	0	2	0	0	0	0	0	0	0
古籍整理（部）		14	0	0	0	0	0	0	0	0	0	0	0	0	0	0	0	0
译著（部）		15	0	0	0	0	0	0	0	0	0	0	0	0	0	0	0	0
发表译文（篇）		16	1	0	0	0	0	0	0	0	1	0	0	0	0	0	0	0
电子出版物（件）		17	0	0	0	0	0	0	0	0	0	0	0	0	0	0	0	0
发表论文（篇）	合计	18	71	3	0	2	0	0	1	6	13	25	0	0	0	21	0	0
	国内学术刊物	19	71	3	0	2	0	0	1	6	13	25	0	0	0	21	0	0
	国外学术刊物	20	0	0	0	0	0	0	0	0	0	0	0	0	0	0	0	0
	港澳台刊物	21	0	0	0	0	0	0	0	0	0	0	0	0	0	0	0	0
研究与咨询报告（篇）	合计	22	6	0	0	0	0	0	0	1	4	1	0	0	0	0	0	0
	其中被采纳数	23	6	0	0	0	0	0	0	1	4	1	0	0	0	0	0	0

2.31 南京艺术学院人文、社会科学研究与课题成果来源情况表

		课题来源															
		合计	国家社科基金项目	国家社科基金单列学科项目	教育部人文社科研究项目	高校古籍整理研究项目	国家自然科学基金项目	中央其他部门社科专门项目	省、市、自治区社科基金项目	省教育厅社科项目	地、市厅、局等政府部门项目	国际合作研究项目	与港、澳、台合作研究项目	企事业单位委托项目	学校社科项目	外资项目	其他项目
	编号	L01	L02	L03	L04	L05	L06	L07	L08	L09	L10	L11	L12	L13	L14	L15	L16
课题数（项）	1	388	1	13	23	0	6	7	25	80	31	0	0	15	187	0	0
当年投入人数（人/年）	2	81.9	0.7	6.5	9.3	0	1.4	2.3	5.9	21.1	5.2	0	0	3.1	26.4	0	0
其中研究生（人/年）	3	2.3	0	0.3	0.2	0	0	0.2	0.1	0.5	0	0	0	0	1	0	0
当年拨入经费（百元）	4	22 378	1 800	5 490	500	0	1 500	1 620	1 028	1 160	2 090	0	0	5 600	1 590	0	0
其中当年立项项目拨入经费（百元）	5	21 738	1 800	5 490	0	0	1 500	1 620	960	1 160	2 018	0	0	5 600	1 590	0	0
当年支出经费（百元）	6	13 693.41	845.69	3 834.7	2 975.07	0	1 211.94	257.28	996.7	1 426.48	912.92	0	0	509.29	723.34	0	0
当年新开课题数（项）	7	77	1	4	0	0	3	3	2	14	13	0	0	3	34	0	0
当年新开课题批准经费（百元）	8	23 240	2 000	6 100	0	0	1 500	1 800	1 400	1 160	2 090	0	0	5 600	1 590	0	0
当年完成课题数（项）	9	51	0	0	3	0	1	0	2	20	3	0	0	2	20	0	0

续表

出版著作（部）	合计	10	10	0	1	3	0	0	0	0	3	0	0	0	0	3	0	0
	专著	11	8	0	1	3	0	0	0	0	1	0	0	0	0	3	0	0
	编著教材	12	2	0	0	0	0	0	0	0	2	0	0	0	0	0	0	0
	工具书参考书	13	0	0	0	0	0	0	0	0	0	0	0	0	0	0	0	0
古籍整理（部）		14	0	0	0	0	0	0	0	0	0	0	0	0	0	0	0	0
译著（部）		15	0	0	0	0	0	0	0	0	0	0	0	0	0	0	0	0
发表译文（篇）		16	0	0	0	0	0	0	0	0	0	0	0	0	0	0	0	0
电子出版物（件）		17	0	0	0	0	0	0	0	0	0	0	0	0	0	0	0	0
发表论文（篇）	合计	18	173	1	6	31	0	5	0	14	69	3	0	0	4	40	0	0
	国内学术刊物	19	169	1	5	31	0	5	0	14	66	3	0	0	4	40	0	0
	国外学术刊物	20	4	0	1	0	0	0	0	0	3	0	0	0	0	0	0	0
	港澳台刊物	21	0	0	0	0	0	0	0	0	0	0	0	0	0	0	0	0
研究与咨询报告（篇）	合计	22	0	0	0	0	0	0	0	0	0	0	0	0	0	0	0	0
	其中被采纳数	23	0	0	0	0	0	0	0	0	0	0	0	0	0	0	0	0

2.32 苏州科技学院人文、社会科学研究与课题成果来源情况表

		课题来源															
		合计	国家社科基金项目	国家社科基金单列学科项目	教育部人文社科研究项目	高校古籍整理研究项目	国家自然科学基金项目	中央其他部门社科专门项目	省、市、自治区社科基金项目	省教育厅社科项目	地、市厅、局等政府部门项目	国际合作研究项目	与港、澳、台合作研究项目	企事业单位委托项目	学校社科项目	外资项目	其他项目
	编号	L01	L02	L03	L04	L05	L06	L07	L08	L09	L10	L11	L12	L13	L14	L15	L16
课题数（项）	1	367	19	0	19	0	0	0	28	80	141	0	0	34	46	0	0
当年投入人数（人/年）	2	124.1	6.5	0	11	0	0	0	14.4	27.8	46.6	0	0	5.1	12.7	0	0
其中研究生（人/年）	3	10.1	0.7	0	1.1	0	0	0	1.5	1.2	3.5	0	0	1.7	0.4	0	0
当年拨入经费（百元）	4	39 861.72	5 820	0	2 900	0	0	0	2 355	3 860	9 814.72	0	0	14 367	745	0	0
其中当年立项项目拨入经费（百元）	5	33 328	4 800	0	1 400	0	0	0	1 980	3 860	6 905	0	0	13 767	616	0	0
当年支出经费（百元）	6	39 491.7	9 770	0	41 64.7	0	0	0	3 600	1 990	6 875	0	0	12 347	745	0	0
当年新开课题数（项）	7	190	3	0	3	0	0	0	10	36	103	0	0	23	12	0	0
当年新开课题批准经费（百元）	8	41 060.76	6 000	0	2 800	0	0	0	3 100	3 980	9 615	0	0	14 685.76	880	0	0
当年完成课题数（项）	9	153	4	0	1	0	0	0	3	14	97	0	0	26	8	0	0

续表

出版著作(部)	合计	10	11	2	0	2	0	0	0	2	1	3	0	0	1	0	0	0
	专著	11	5	2	0	0	0	0	0	1	1	0	0	0	1	0	0	0
	编著教材	12	6	0	0	2	0	0	0	1	0	3	0	0	0	0	0	0
	工具书参考书	13	0	0	0	0	0	0	0	0	0	0	0	0	0	0	0	0
古籍整理(部)		14	0	0	0	0	0	0	0	0	0	0	0	0	0	0	0	0
译著(部)		15	0	0	0	0	0	0	0	0	0	0	0	0	0	0	0	0
发表译文(篇)		16	16	0	0	1	0	0	0	0	8	7	0	0	0	0	16	0
电子出版物(件)		17	0	0	0	0	0	0	0	0	0	0	0	0	0	0	0	0
发表论文(篇)	合计	18	203	18	0	24	0	0	0	24	63	51	0	0	7	16	0	0
	国内学术刊物	19	198	17	0	23	0	0	0	24	61	50	0	0	7	16	0	0
	国外学术刊物	20	4	1	0	1	0	0	0	0	1	1	0	0	0	0	0	0
	港澳台刊物	21	1	0	0	0	0	0	0	0	1	0	0	0	0	0	0	0
研究与咨询报告(篇)	合计	22	21	0	0	0	0	0	0	2	0	15	0	0	3	1	0	0
	其中被采纳数	23	15	0	0	0	0	0	0	2	0	13	0	0	0	0	0	0

2.33 常熟理工学院人文、社会科学研究与课题成果来源情况表

		课题来源															
		合计	国家社科基金项目	国家社科基金单列学科项目	教育部人文社科研究项目	高校古籍整理研究项目	国家自然科学基金项目	中央其他部门社科专门项目	省、市、自治区社科基金项目	省教育厅社科项目	地、市厅、局等政府部门项目	国际合作研究项目	与港、澳、台合作研究项目	企事业单位委托项目	学校社科项目	外资项目	其他项目
	编号	L01	L02	L03	L04	L05	L06	L07	L08	L09	L10	L11	L12	L13	L14	L15	L16
课题数（项）	1	198	8	1	19	0	0	2	13	49	38	0	0	20	48	0	0
当年投入人数（人/年）	2	43.5	3.3	0.4	7.7	0	0	0.2	3.3	14.4	5.3	0	0	3	5.9	0	0
其中研究生（人/年）	3	0	0	0	0	0	0	0	0	0	0	0	0	0	0	0	0
当年拨入经费（百元）	4	22 015.5	2 100	0	3 050	0	0	0	908	880	4 280	0	0	9 797.5	1 000	0	0
其中当年立项项目拨入经费（百元）	5	20 897.5	1 800	0	2 300	0	0	0	840	880	4 280	0	0	9 797.5	1 000	0	0
当年支出经费（百元）	6	15 964.76	3 432.5	0	3 390.08	0	0	0	1 159.77	1 481.31	2 120	0	0	3 140	1 241.1	0	0
当年新开课题数（项）	7	95	1	0	5	0	0	2	4	14	34	0	0	20	15	0	0
当年新开课题批准经费（百元）	8	24 257.5	2 000	0	4 600	0	0	0	1 400	880	4 280	0	0	10 097.5	1 000	0	0
当年完成课题数（项）	9	78	3	0	5	0	0	0	2	11	32	0	0	14	11	0	0

续表

出版著作(部)	合计	10	6	2	0	1	0	0	0	1	1	1	0	0	0	0	0	0
	专著	11	6	2	0	1	0	0	0	1	1	1	0	0	0	0	0	0
	编著教材	12	0	0	0	0	0	0	0	0	0	0	0	0	0	0	0	0
	工具书参考书	13	0	0	0	0	0	0	0	0	0	0	0	0	0	0	0	0
古籍整理(部)		14	0	0	0	0	0	0	0	0	0	0	0	0	0	0	0	0
译著(部)		15	0	0	0	0	0	0	0	0	0	0	0	0	0	0	0	0
发表译文(篇)		16	0	0	0	0	0	0	0	0	0	0	0	0	0	0	0	0
电子出版物(件)		17	0	0	0	0	0	0	0	0	0	0	0	0	0	0	0	0
发表论文(篇)	合计	18	89	10	0	11	0	0	2	10	30	5	0	0	0	21	0	0
	国内学术刊物	19	89	10	0	11	0	0	2	10	30	5	0	0	0	21	0	0
	国外学术刊物	20	0	0	0	0	0	0	0	0	0	0	0	0	0	0	0	0
	港澳台刊物	21	0	0	0	0	0	0	0	0	0	0	0	0	0	0	0	0
研究与咨询报告(篇)	合计	22	17	0	0	0	0	0	0	0	0	7	0	0	10	0	0	0
	其中被采纳数	23	17	0	0	0	0	0	0	0	0	7	0	0	10	0	0	0

2.34 淮阴工学院人文、社会科学研究与课题成果来源情况表

		课题来源															
		合计	国家社科基金项目	国家社科基金单列学科项目	教育部人文社科研究项目	高校古籍整理研究项目	国家自然科学基金项目	中央其他部门社科专门项目	省、市、自治区社科基金项目	省教育厅社科项目	地、市厅、局等政府部门项目	国际合作研究项目	与港、澳、台合作研究项目	企事业单位委托项目	学校社科项目	外资项目	其他项目
	编号	L01	L02	L03	L04	L05	L06	L07	L08	L09	L10	L11	L12	L13	L14	L15	L16
课题数（项）	1	245	0	0	4	0	1	8	13	38	23	0	0	141	14	0	3
当年投入人数（人/年）	2	34	0	0	1.1	0	0.2	2	3.5	6.3	3.5	0	0	15.3	1.8	0	0.3
其中研究生（人/年）	3	0	0	0	0	0	0	0	0	0	0	0	0	0	0	0	0
当年拨入经费（百元）	4	36 779.49	0	0	500	0	0	560	2 020	2 360	2 305	0	0	28 224.49	720	0	90
其中当年立项项目拨入经费（百元）	5	35 039.49	0	0	500	0	0	460	1 770	2 060	1 935	0	0	28 224.49	0	0	90
当年支出经费（百元）	6	30 524.5	0	0	380	0	10	347	975	1 205.5	1 954	0	0	25 202	371	0	80
当年新开课题数（项）	7	190	0	0	1	0	0	5	7	24	10	0	0	140	0	0	3
当年新开课题批准经费（百元）	8	37 979.49	0	0	1 000	0	0	500	2 250	3 360	2 505	0	0	28 274.49	0	0	90
当年完成课题数（项）	9	36	0	0	0	0	0	2	1	3	13	0	0	17	0	0	0

续表

出版著作(部)	合计	10	11	0	0	3	0	0	1	0	3	4	0	0	0	0	0	0
	专著	11	7	0	0	3	0	0	1	0	2	1	0	0	0	0	0	0
	编著教材	12	4	0	0	0	0	0	0	0	1	3	0	0	0	0	0	0
	工具书参考书	13	0	0	0	0	0	0	0	0	0	0	0	0	0	0	0	0
古籍整理(部)		14	0	0	0	0	0	0	0	0	0	0	0	0	0	0	0	0
译著(部)		15	0	0	0	0	0	0	0	0	0	0	0	0	0	0	0	0
发表译文(篇)		16	0	0	0	0	0	0	0	0	0	0	0	0	0	0	0	0
电子出版物(件)		17	0	0	0	0	0	0	0	0	0	0	0	0	0	0	0	0
发表论文(篇)	合计	18	45	0	0	2	0	0	1	1	13	6	0	0	3	19	0	0
	国内学术刊物	19	45	0	0	2	0	0	1	1	13	6	0	0	3	19	0	0
	国外学术刊物	20	0	0	0	0	0	0	0	0	0	0	0	0	0	0	0	0
	港澳台刊物	21	0	0	0	0	0	0	0	0	0	0	0	0	0	0	0	0
研究与咨询报告(篇)	合计	22	17	0	0	0	0	0	0	0	0	0	0	0	17	0	0	0
	其中被采纳数	23	14	0	0	0	0	0	0	0	0	0	0	0	14	0	0	0

2.35 常州工学院人文、社会科学研究与课题成果来源情况表

		课题来源															
		合计	国家社科基金项目	国家社科基金单列学科项目	教育部人文社科研究项目	高校古籍整理研究项目	国家自然科学基金项目	中央其他部门社科专门项目	省、市、自治区社科基金项目	省教育厅社科项目	地、市厅、局等政府部门项目	国际合作研究项目	与港、澳、台合作研究项目	企事业单位委托项目	学校社科项目	外资项目	其他项目
	编号	L01	L02	L03	L04	L05	L06	L07	L08	L09	L10	L11	L12	L13	L14	L15	L16
课题数（项）	1	205	1	0	8	0	0	0	7	49	66	0	0	15	59	0	0
当年投入人数（人/年）	2	27.7	0.3	0	2.1	0	0	0	1.2	4.9	8.9	0	0	3.7	6.6	0	0
其中研究生（人/年）	3	0	0	0	0	0	0	0	0	0	0	0	0	0	0	0	0
当年拨入经费（百元）	4	20 540	0	0	1 300	0	0	0	800	800	4 090	0	0	12 050	1 500	0	0
其中当年立项项目拨入经费（百元）	5	7 860	0	0	800	0	0	0	640	800	3 070	0	0	1 050	1 500	0	0
当年支出经费（百元）	6	23 765	500	0	870	0	0	0	550	640	3 260	0	0	16 280	1 665	0	0
当年新开课题数（项）	7	96	0	0	2	0	0	0	3	16	43	0	0	10	22	0	0
当年新开课题批准经费（百元）	8	9 070	0	0	1 800	0	0	0	800	800	3 070	0	0	1 100	1 500	0	0
当年完成课题数（项）	9	47	1	0	0	0	0	0	0	11	13	0	0	11	11	0	0

续表

出版著作（部）	合计	10	6	1	0	0	0	0	0	0	2	1	0	0	0	2	0	0
	专著	11	3	1	0	0	0	0	0	0	1	0	0	0	0	1	0	0
	编著教材	12	3	0	0	0	0	0	0	0	1	1	0	0	0	1	0	0
	工具书参考书	13	0	0	0	0	0	0	0	0	0	0	0	0	0	0	0	0
古籍整理（部）		14	0	0	0	0	0	0	0	0	0	0	0	0	0	0	0	0
译著（部）		15	0	0	0	0	0	0	0	0	0	0	0	0	0	0	0	0
发表译文（篇）		16	0	0	0	0	0	0	0	0	0	0	0	0	0	0	0	0
电子出版物（件）		17	0	0	0	0	0	0	0	0	0	0	0	0	0	0	0	0
发表论文（篇）	合计	18	131	0	0	11	0	0	0	8	49	10	0	0	5	48	0	0
	国内学术刊物	19	131	0	0	11	0	0	0	8	49	10	0	0	5	48	0	0
	国外学术刊物	20	0	0	0	0	0	0	0	0	0	0	0	0	0	0	0	0
	港澳台刊物	21	0	0	0	0	0	0	0	0	0	0	0	0	0	0	0	0
研究与咨询报告（篇）	合计	22	25	0	0	0	0	0	0	0	0	19	0	0	3	3	0	0
	其中被采纳数	23	24	0	0	0	0	0	0	0	0	18	0	0	3	3	0	0

2.36 扬州大学人文、社会科学研究与课题成果来源情况表

	编号	课题来源															
		合计	国家社科基金项目	国家社科基金单列学科项目	教育部人文社科研究项目	高校古籍整理研究项目	国家自然科学基金项目	中央其他部门社科专门项目	省、市、自治区社科基金项目	省教育厅社科项目	地、市厅、局等政府部门项目	国际合作研究项目	与港、澳、台合作研究项目	企事业单位委托项目	学校社科项目	外资项目	其他项目
		L01	L02	L03	L04	L05	L06	L07	L08	L09	L10	L11	L12	L13	L14	L15	L16
课题数(项)	1	624	52	1	89	0	0	13	43	133	36	0	0	83	174	0	0
当年投入人数(人/年)	2	76.8	13.6	0	16.8	0	0	1.3	3.7	10.8	0.6	0	0	12.6	17.4	0	0
其中研究生(人/年)	3	16.3	5.4	0	5.3	0	0	0.1	0.2	0	0	0	0	5.3	0	0	0
当年拨入经费(百元)	4	98 325	20 760	0	13 605	0	0	2 100	7 020	2 920	1 150	0	0	48 245	2 525	0	0
其中当年立项项目拨入经费(百元)	5	93 990	20 600	0	9 700	0	0	2 100	6 900	2 920	1 150	0	0	48 245	2 375	0	0
当年支出经费(百元)	6	83 985.9	16 765	0	12 355	0	0	1 114	1 866	2 272.9	268.5	0	0	48 811	533.5	0	0
当年新开课题数(项)	7	256	11	0	12	0	0	6	14	39	4	0	0	75	95	0	0
当年新开课题批准经费(百元)	8	107 765	23 500	0	17 800	0	0	2 100	7 300	2 920	1 150	0	0	48 245	4 750	0	0
当年完成课题数(项)	9	138	4	0	16	0	0	1	3	12	0	0	0	83	19	0	0

续表

出版著作（部）	合计	10	16	6	0	7	0	0	2	1	0	0	0	0	0	0	0	0
	专著	11	15	6	0	7	0	0	1	1	0	0	0	0	0	0	0	0
	编著教材	12	1	0	0	0	0	0	1	0	0	0	0	0	0	0	0	0
	工具书参考书	13	0	0	0	0	0	0	0	0	0	0	0	0	0	0	0	0
古籍整理（部）		14	0	0	0	0	0	0	0	0	0	0	0	0	0	0	0	0
译著（部）		15	0	0	0	0	0	0	0	0	0	0	0	0	0	0	0	0
发表译文（篇）		16	0	0	0	0	0	0	0	0	0	0	0	0	0	0	0	0
电子出版物（件）		17	0	0	0	0	0	0	0	0	0	0	0	0	0	0	0	0
发表论文（篇）	合计	18	204	79	0	44	0	0	4	21	31	5	0	0	0	20	0	0
	国内学术刊物	19	204	79	0	44	0	0	4	21	31	5	0	0	0	20	0	0
	国外学术刊物	20	0	0	0	0	0	0	0	0	0	0	0	0	0	0	0	0
	港澳台刊物	21	0	0	0	0	0	0	0	0	0	0	0	0	0	0	0	0
研究与咨询报告（篇）	合计	22	45	0	0	0	0	0	0	0	0	0	0	0	45	0	0	0
	其中被采纳数	23	40	0	0	0	0	0	0	0	0	0	0	0	40	0	0	0

2.37 南京工程学院人文、社会科学研究与课题成果来源情况表

		课题来源															
		合计	国家社科基金项目	国家社科基金单列学科项目	教育部人文社科研究项目	高校古籍整理研究项目	国家自然科学基金项目	中央其他部门社科专门项目	省、市、自治区社科基金项目	省教育厅社科项目	地、市厅、局等政府部门项目	国际合作研究项目	与港、澳、台合作研究项目	企事业单位委托项目	学校社科项目	外资项目	其他项目
	编号	L01	L02	L03	L04	L05	L06	L07	L08	L09	L10	L11	L12	L13	L14	L15	L16
课题数（项）	1	119	0	0	9	0	0	1	3	47	13	0	0	7	39	0	0
当年投入人数（人/年）	2	31.7	0	0	2.1	0	0	0.1	1.8	18.3	3	0	0	1.2	5.2	0	0
其中研究生（人/年）	3	0	0	0	0	0	0	0	0	0	0	0	0	0	0	0	0
当年拨入经费（百元）	4	5 405	0	0	1 280	0	0	0	0	295	980	0	0	2 820	30	0	0
其中当年立项项目拨入经费（百元）	5	4 145	0	0	500	0	0	0	0	245	980	0	0	2 420	0	0	0
当年支出经费（百元）	6	5 725.39	0	0	975	0	0	0	112.01	561.05	935.84	0	0	2 110.33	1 031.16	0	0
当年新开课题数（项）	7	19	0	0	1	0	0	1	0	7	5	0	0	5	0	0	0
当年新开课题批准经费（百元）	8	7 472.8	0	0	800	0	0	50	0	500	3 030	0	0	3 092.8	0	0	0
当年完成课题数（项）	9	8	0	0	1	0	0	0	0	3	2	0	0	1	1	0	0

续表

出版著作（部）	合计	10	6	0	0	0	0	0	0	0	0	0	0	0	0	6	0	0
	专著	11	0	0	0	0	0	0	0	0	0	0	0	0	0	0	0	0
	编著教材	12	6	0	0	0	0	0	0	0	0	0	0	0	0	6	0	0
	工具书参考书	13	0	0	0	0	0	0	0	0	0	0	0	0	0	0	0	0
古籍整理（部）		14	0	0	0	0	0	0	0	0	0	0	0	0	0	0	0	0
译著（部）		15	0	0	0	0	0	0	0	0	0	0	0	0	0	0	0	0
发表译文（篇）		16	0	0	0	0	0	0	0	0	0	0	0	0	0	0	0	0
电子出版物（件）		17	0	0	0	0	0	0	0	0	0	0	0	0	0	0	0	0
发表论文（篇）	合计	18	148	0	0	10	0	0	4	4	47	12	0	0	8	63	0	0
	国内学术刊物	19	148	0	0	10	0	0	4	4	47	12	0	0	8	63	0	0
	国外学术刊物	20	0	0	0	0	0	0	0	0	0	0	0	0	0	0	0	0
	港澳台刊物	21	0	0	0	0	0	0	0	0	0	0	0	0	0	0	0	0
研究与咨询报告（篇）	合计	22	4	0	0	0	0	0	0	0	0	0	0	0	4	0	0	0
	其中被采纳数	23	4	0	0	0	0	0	0	0	0	0	0	0	4	0	0	0

2.38 南京审计学院人文、社会科学研究与课题成果来源情况表

		课题来源															
		合计	国家社科基金项目	国家社科基金单列学科项目	教育部人文社科研究项目	高校古籍整理研究项目	国家自然科学基金项目	中央其他部门社科专门项目	省、市、自治区社科基金项目	省教育厅社科项目	地、市厅、局等政府部门项目	国际合作研究项目	与港、澳、台合作研究项目	企事业单位委托项目	学校社科项目	外资项目	其他项目
	编号	L01	L02	L03	L04	L05	L06	L07	L08	L09	L10	L11	L12	L13	L14	L15	L16
课题数（项）	1	403	25	0	62	0	18	14	27	119	44	0	0	75	18	1	0
当年投入人数（人/年）	2	137.1	7.8	0	20.3	0	8	3.8	6.4	44.1	18	0	0	23.9	4.5	0.3	0
其中研究生（人/年）	3	0.5	0	0	0.2	0	0.2	0	0	0	0	0	0	0.1	0	0	0
当年拨入经费（百元）	4	61 227.72	15 300	0	9 010	0	5 068	300	2 900	7 736	4 450	0	0	13 806.6	150	2 507.12	0
其中当年立项项目拨入经费（百元）	5	49 754.6	15 000	0	5 600	0	4 048	300	2 480	5 540	3 830	0	0	12 956.6	0	0	0
当年支出经费（百元）	6	89 839.9	12 326.38	0	12 007.71	0	11 296.93	1 626.3	2 852.99	8 960.94	4 746.46	0	0	32 109.07	2 158.13	1 754.99	0
当年新开课题数（项）	7	113	9	0	13	0	3	3	9	40	18	0	0	18	0	0	0
当年新开课题批准经费（百元）	8	72 294	17 800	0	11 200	0	8 150	900	3 600	7 260	4 910	0	0	18 474	0	0	0
当年完成课题数（项）	9	44	1	0	1	0	0	5	3	7	6	0	0	20	1	0	0

续表

出版著作（部）	合计	10	26	3	0	6	0	0	3	1	6	3	0	0	4	0	0	0
	专著	11	26	3	0	6	0	0	3	1	6	3	0	0	4	0	0	0
	编著教材	12	0	0	0	0	0	0	0	0	0	0	0	0	0	0	0	0
	工具书参考书	13	0	0	0	0	0	0	0	0	0	0	0	0	0	0	0	0
古籍整理（部）		14	0	0	0	0	0	0	0	0	0	0	0	0	0	0	0	0
译著（部）		15	2	1	0	0	0	0	0	0	0	0	0	0	1	0	0	0
发表译文（篇）		16	3	1	0	0	0	1	0	0	1	0	0	0	0	0	0	0
电子出版物（件）		17	0	0	0	0	0	0	0	0	0	0	0	0	0	0	0	0
发表论文（篇）	合计	18	277	59	0	61	0	31	9	15	57	8	0	0	20	17	0	0
	国内学术刊物	19	272	57	0	60	0	31	9	15	56	8	0	0	19	17	0	0
	国外学术刊物	20	5	2	0	1	0	0	0	0	1	0	0	0	1	0	0	0
	港澳台刊物	21	0	0	0	0	0	0	0	0	0	0	0	0	0	0	0	0
研究与咨询报告（篇）	合计	22	9	3	0	1	0	0	0	1	0	1	0	0	3	0	0	0
	其中被采纳数	23	9	3	0	1	0	0	0	1	0	1	0	0	3	0	0	0

2.39 南京晓庄学院人文、社会科学研究与课题成果来源情况表

		课题来源															
		合计	国家社科基金项目	国家社科基金单列学科项目	教育部人文社科研究项目	高校古籍整理研究项目	国家自然科学基金项目	中央其他部门社科专门项目	省、市、自治区社科基金项目	省教育厅社科项目	地、市厅、局等政府部门项目	国际合作研究项目	与港、澳、台合作研究项目	企事业单位委托项目	学校社科项目	外资项目	其他项目
	编号	L01	L02	L03	L04	L05	L06	L07	L08	L09	L10	L11	L12	L13	L14	L15	L16
课题数（项）	1	116	2	1	7	0	0	2	10	61	25	0	0	0	8	0	0
当年投入人数（人/年）	2	32.8	0.8	0.4	2.6	0	0	0.4	3.1	18	5.5	0	0	0	2	0	0
其中研究生（人/年）	3	0	0	0	0	0	0	0	0	0	0	0	0	0	0	0	0
当年拨入经费（百元）	4	6 920	1 800	0	800	0	0	1 800	1 200	1 260	60	0	0	0	0	0	0
其中当年立项项目拨入经费（百元）	5	6 920	1 800	0	800	0	0	1 800	1 200	1 260	60	0	0	0	0	0	0
当年支出经费（百元）	6	6 106	655	610	802	0	0	700	505	1 416	893	0	0	0	525	0	0
当年新开课题数（项）	7	33	1	0	2	0	0	2	5	21	2	0	0	0	0	0	0
当年新开课题批准经费（百元）	8	8 920	2 000	0	1 600	0	0	2 000	2 000	1 260	60	0	0	0	0	0	0
当年完成课题数（项）	9	37	0	0	0	0	0	0	1	18	13	0	0	0	5	0	0

续表

出版著作(部)	合计	10	24	2	0	0	0	0	0	0	10	9	0	0	0	3	0	0
	专著	11	9	2	0	0	0	0	0	0	5	1	0	0	0	1	0	0
	编著教材	12	15	0	0	0	0	0	0	0	5	8	0	0	0	2	0	0
	工具书参考书	13	0	0	0	0	0	0	0	0	0	0	0	0	0	0	0	0
古籍整理(部)		14	0	0	0	0	0	0	0	0	0	0	0	0	0	0	0	0
译著(部)		15	2	0	0	0	0	0	0	1	1	0	0	0	0	0	0	0
发表译文(篇)		16	1	0	0	0	0	0	0	0	1	0	0	0	0	0	0	0
电子出版物(件)		17	1	0	0	0	0	0	1	0	0	0	0	0	0	0	0	0
发表论文(篇)	合计	18	199	5	0	16	0	0	0	16	113	35	0	0	0	13	0	1
	国内学术刊物	19	198	5	0	16	0	0	0	16	112	35	0	0	0	13	0	1
	国外学术刊物	20	0	0	0	0	0	0	0	0	0	0	0	0	0	0	0	0
	港澳台刊物	21	1	0	0	0	0	0	0	0	1	0	0	0	0	0	0	0
研究与咨询报告(篇)	合计	22	2	0	0	0	0	0	0	0	1	1	0	0	0	0	0	0
	其中被采纳数	23	0	0	0	0	0	0	0	0	0	0	0	0	0	0	0	0

2.40 江苏理工学院人文、社会科学研究与课题成果来源情况表

	编号	合计	国家社科基金项目	国家社科基金单列学科项目	教育部人文社科研究项目	高校古籍整理研究项目	国家自然科学基金项目	中央其他部门社科专门项目	省、市、自治区社科基金项目	省教育厅社科项目	地、市厅、局等政府部门项目	国际合作研究项目	与港、澳、台合作研究项目	企事业单位委托项目	学校社科项目	外资项目	其他项目
		课题来源															
	编号	L01	L02	L03	L04	L05	L06	L07	L08	L09	L10	L11	L12	L13	L14	L15	L16
课题数（项）	1	523	5	2	45	0	0	8	29	88	149	0	0	56	139	0	2
当年投入人数（人/年）	2	112.6	1.9	0.3	13.7	0	0	1.1	8.1	15.2	42.1	0	0	12.4	17.4	0	0.4
其中研究生（人/年）	3	0	0	0	0	0	0	0	0	0	0	0	0	0	0	0	0
当年拨入经费（百元）	4	88 243	7 200	900	7 250	0	0	250	2 160	4 810	17 660	0	0	43 071	4 000	0	942
其中当年立项项目拨入经费（百元）	5	85 963	7 200	0	7 250	0	0	250	2 160	4 810	16 280	0	0	43 071	4 000	0	942
当年支出经费（百元）	6	74 094.95	2 153	529.77	9 256.17	0	0	455.77	2 472.6	4 969.09	14 672.34	0	0	34 932.44	3 721.77	0	932
当年新开课题数（项）	7	277	4	0	16	0	0	2	10	34	122	0	0	34	53	0	2
当年新开课题批准经费（百元）	8	98 746	8 000	0	14 300	0	0	800	3 060	4 850	16 520	0	0	46 274	4 000	0	942
当年完成课题数（项）	9	222	0	0	9	0	0	2	13	25	114	0	0	18	41	0	0

续表

出版著作(部)	合计	10	16	1	1	3	0	0	0	4	0	5	0	0	0	2	0	0
	专著	11	14	1	1	3	0	0	0	4	0	4	0	0	0	1	0	0
	编著教材	12	2	0	0	0	0	0	0	0	0	1	0	0	0	1	0	0
	工具书参考书	13	0	0	0	0	0	0	0	0	0	0	0	0	0	0	0	0
古籍整理(部)		14	0	0	0	0	0	0	0	0	0	0	0	0	0	0	0	0
译著(部)		15	1	0	0	0	0	0	0	0	0	1	0	0	0	0	0	0
发表译文(篇)		16	2	0	0	0	0	0	0	0	0	1	0	0	0	1	0	0
电子出版物(件)		17	0	0	0	0	0	0	0	0	0	0	0	0	0	0	0	0
发表论文(篇)	合计	18	418	17	8	54	0	0	2	31	86	128	0	0	0	90	0	2
	国内学术刊物	19	414	17	8	53	0	0	2	31	84	128	0	0	0	89	0	2
	国外学术刊物	20	4	0	0	1	0	0	0	0	2	0	0	0	0	1	0	0
	港澳台刊物	21	0	0	0	0	0	0	0	0	0	0	0	0	0	0	0	0
研究与咨询报告(篇)	合计	22	49	0	0	0	0	0	0	3	0	28	0	0	18	0	0	0
	其中被采纳数	23	27	0	0	0	0	0	0	3	0	19	0	0	5	0	0	0

2.41 淮海工学院人文、社会科学研究与课题成果来源情况表

	编号	合计	国家社科基金项目	国家社科基金单列学科项目	教育部人文社科研究项目	高校古籍整理研究项目	国家自然科学基金项目	中央其他部门社科专门项目	省、市、自治区社科基金项目	省教育厅社科项目	地、市厅、局等政府部门项目	国际合作研究项目	与港、澳、台合作研究项目	企事业单位委托项目	学校社科项目	外资项目	其他项目
		课题来源															
		L01	L02	L03	L04	L05	L06	L07	L08	L09	L10	L11	L12	L13	L14	L15	L16
课题数（项）	1	168	2	0	6	0	0	2	23	35	33	0	0	4	63	0	0
当年投入人数（人/年）	2	19.3	0.5	0	1.2	0	0	0.2	2.8	3.7	4.1	0	0	0.5	6.3	0	0
其中研究生（人/年）	3	0	0	0	0	0	0	0	0	0	0	0	0	0	0	0	0
当年拨入经费（百元）	4	9 982	1 800	0	1 250	0	0	0	1 099	1 040	3 718	0	0	580	495	0	0
其中当年立项项目拨入经费（百元）	5	7 914	1 800	0	350	0	0	0	819	1040	2 960	0	0	450	495	0	0
当年支出经费（百元）	6	8 419.9	670	0	1 480	0	0	50	853.4	807.5	3 514.5	0	0	490.5	554	0	0
当年新开课题数（项）	7	47	1	0	1	0	0	0	12	14	11	0	0	1	7	0	0
当年新开课题批准经费（百元）	8	9 495	2 000	0	700	0	0	0	1 355	1 040	2 960	0	0	450	990	0	0
当年完成课题数（项）	9	78	1	0	3	0	0	2	8	12	14	0	0	2	36	0	0

续表

出版著作(部)	合计	10	6	0	0	1	0	0	0	0	1	1	0	0	0	3	0	0
	专著	11	6	0	0	1	0	0	0	0	1	1	0	0	0	3	0	0
	编著教材	12	0	0	0	0	0	0	0	0	0	0	0	0	0	0	0	0
	工具书参考书	13	0	0	0	0	0	0	0	0	0	0	0	0	0	0	0	0
古籍整理(部)		14	0	0	0	0	0	0	0	0	0	0	0	0	0	0	0	0
译著(部)		15	0	0	0	0	0	0	0	0	0	0	0	0	0	0	0	0
发表译文(篇)		16	0	0	0	0	0	0	0	0	0	0	0	0	0	0	0	0
电子出版物(件)		17	0	0	0	0	0	0	0	0	0	0	0	0	0	0	0	0
发表论文(篇)	合计	18	106	1	0	3	0	0	3	15	25	26	0	0	0	33	0	0
	国内学术刊物	19	106	1	0	3	0	0	3	15	25	26	0	0	0	33	0	0
	国外学术刊物	20	0	0	0	0	0	0	0	0	0	0	0	0	0	0	0	0
	港澳台刊物	21	0	0	0	0	0	0	0	0	0	0	0	0	0	0	0	0
研究与咨询报告(篇)	合计	22	2	0	0	0	0	0	0	0	0	1	0	0	1	0	0	0
	其中被采纳数	23	2	0	0	0	0	0	0	0	0	1	0	0	1	0	0	0

2.42 徐州工程学院人文、社会科学研究与课题成果来源情况表

		课题来源															
		合计	国家社科基金项目	国家社科基金单列学科项目	教育部人文社科研究项目	高校古籍整理研究项目	国家自然科学基金项目	中央其他部门社科专门项目	省、市、自治区社科基金项目	省教育厅社科项目	地、市厅、局等政府部门项目	国际合作研究项目	与港、澳、台合作研究项目	企事业单位委托项目	学校社科项目	外资项目	其他项目
	编号	L01	L02	L03	L04	L05	L06	L07	L08	L09	L10	L11	L12	L13	L14	L15	L16
课题数（项）	1	588	2	2	11	0	0	6	14	73	237	0	0	48	195	0	0
当年投入人数（人/年）	2	157.2	0.6	0.3	3.7	0	0	2.2	3.8	21.9	63.2	0	0	11.2	50.3	0	0
其中研究生（人/年）	3	0	0	0	0	0	0	0	0	0	0	0	0	0	0	0	0
当年拨入经费（百元）	4	46 150	1 800	0	1 750	0	0	800	1 200	1 380	8 480	0	0	18 200	12 540	0	0
其中当年立项项目拨入经费（百元）	5	45 080	1 800	0	14 00	0	0	800	1 200	1 380	7 760	0	0	18 200	12 540	0	0
当年支出经费（百元）	6	46 107	1 610	10	1 542	0	0	1 135	1 249	1 239	8 952	0	0	18 150	12 220	0	0
当年新开课题数（项）	7	260	1	1	4	0	0	2	5	23	123	0	0	21	80	0	0
当年新开课题批准经费（百元）	8	49 655	2 000	1 800	2 200	0	0	800	2 000	1 380	8 725	0	0	18 200	12 550	0	0
当年完成课题数（项）	9	262	0	0	1	0	0	4	4	13	122	0	0	30	88	0	0

续表

出版著作(部)	合计	10	12	0	0	1	0	0	0	2	1	7	0	0	0	1	0	0
	专著	11	11	0	0	1	0	0	0	2	1	6	0	0	0	1	0	0
	编著教材	12	1	0	0	0	0	0	0	0	0	1	0	0	0	0	0	0
	工具书参考书	13	0	0	0	0	0	0	0	0	0	0	0	0	0	0	0	0
古籍整理(部)		14	0	0	0	0	0	0	0	0	0	0	0	0	0	0	0	0
译著(部)		15	0	0	0	0	0	0	0	0	0	0	0	0	0	0	0	0
发表译文(篇)		16	0	0	0	0	0	0	0	0	0	0	0	0	0	0	0	0
电子出版物(件)		17	0	0	0	0	0	0	0	0	0	0	0	0	0	0	0	0
发表论文(篇)	合计	18	294	3	0	10	0	0	4	11	34	110	0	0	0	122	0	0
	国内学术刊物	19	294	3	0	10	0	0	4	11	34	110	0	0	0	122	0	0
	国外学术刊物	20	0	0	0	0	0	0	0	0	0	0	0	0	0	0	0	0
	港澳台刊物	21	0	0	0	0	0	0	0	0	0	0	0	0	0	0	0	0
研究与咨询报告(篇)	合计	22	80	0	0	0	0	0	0	0	1	48	0	0	31	0	0	0
	其中被采纳数	23	1	0	0	0	0	0	0	0	0	0	0	0	1	0	0	0

2.43 南京特殊教育师范学院人文、社会科学研究与课题成果来源情况表

	编号	合计	课题来源														
			国家社科基金项目	国家社科基金单列学科项目	教育部人文社科研究项目	高校古籍整理研究项目	国家自然科学基金项目	中央其他部门社科专门项目	省、市、自治区社科基金项目	省教育厅社科项目	地、市厅、局等政府部门项目	国际合作研究项目	与港、澳、台合作研究项目	企事业单位委托项目	学校社科项目	外资项目	其他项目
		L01	L02	L03	L04	L05	L06	L07	L08	L09	L10	L11	L12	L13	L14	L15	L16
课题数(项)	1	60	0	0	5	0	0	10	2	35	8	0	0	0	0	0	0
当年投入人数(人/年)	2	13.1	0	0	1.2	0	0	1.9	0.3	7.9	1.8	0	0	0	0	0	0
其中研究生(人/年)	3	0	0	0	0	0	0	0	0	0	0	0	0	0	0	0	0
当年拨入经费(百元)	4	1 820	0	0	400	0	0	340	240	800	40	0	0	0	0	0	0
其中当年立项项目拨入经费(百元)	5	1 440	0	0	400	0	0	0	240	800	0	0	0	0	0	0	0
当年支出经费(百元)	6	2 917.97	0	0	480	0	0	1 862	80	443.57	52.4	0	0	0	0	0	0
当年新开课题数(项)	7	19	0	0	1	0	0	3	1	14	0	0	0	0	0	0	0
当年新开课题批准经费(百元)	8	2 900	0	0	800	0	0	900	400	800	0	0	0	0	0	0	0
当年完成课题数(项)	9	9	0	0	0	0	0	2	0	6	1	0	0	0	0	0	0

续表

出版著作(部)	合计	10	0	0	0	0	0	0	0	0	0	0	0	0	0	0	0	0
	专著	11	0	0	0	0	0	0	0	0	0	0	0	0	0	0	0	0
	编著教材	12	0	0	0	0	0	0	0	0	0	0	0	0	0	0	0	0
	工具书参考书	13	0	0	0	0	0	0	0	0	0	0	0	0	0	0	0	0
古籍整理(部)		14	0	0	0	0	0	0	0	0	0	0	0	0	0	0	0	0
译著(部)		15	0	0	0	0	0	0	0	0	0	0	0	0	0	0	0	0
发表译文(篇)		16	0	0	0	0	0	0	0	0	0	0	0	0	0	0	0	0
电子出版物(件)		17	0	0	0	0	0	0	0	0	0	0	0	0	0	0	0	0
发表论文(篇)	合计	18	82	0	0	8	0	0	13	3	50	8	0	0	0	0	0	0
	国内学术刊物	19	82	0	0	8	0	0	13	3	50	8	0	0	0	0	0	0
	国外学术刊物	20	0	0	0	0	0	0	0	0	0	0	0	0	0	0	0	0
	港澳台刊物	21	0	0	0	0	0	0	0	0	0	0	0	0	0	0	0	0
研究与咨询报告(篇)	合计	22	0	0	0	0	0	0	0	0	0	0	0	0	0	0	0	0
	其中被采纳数	23	0	0	0	0	0	0	0	0	0	0	0	0	0	0	0	0

2.44 泰州学院人文、社会科学研究与课题成果来源情况表

		课题来源															
		合计	国家社科基金项目	国家社科基金单列学科项目	教育部人文社科研究项目	高校古籍整理研究项目	国家自然科学基金项目	中央其他部门社科专门项目	省、市、自治区社科基金项目	省教育厅社科项目	地、市厅、局等政府部门项目	国际合作研究项目	与港、澳、台合作研究项目	企事业单位委托项目	学校社科项目	外资项目	其他项目
	编号	L01	L02	L03	L04	L05	L06	L07	L08	L09	L10	L11	L12	L13	L14	L15	L16
课题数(项)	1	89	0	0	0	0	2	0	1	20	21	0	0	0	45	0	0
当年投入人数(人/年)	2	36.8	0	0	0	0	1.7	0	0.6	7.6	8.3	0	0	0	18.6	0	0
其中研究生(人/年)	3	0	0	0	0	0	0	0	0	0	0	0	0	0	0	0	0
当年拨入经费(百元)	4	8 000	0	0	0	0	3 100	0	200	640	2 480	0	0	0	1 580	0	0
其中当年立项项目拨入经费(百元)	5	4 580	0	0	0	0	1 100	0	200	520	2 130	0	0	0	630	0	0
当年支出经费(百元)	6	7 035	0	0	0	0	2 400	0	180	615	2 145	0	0	0	1 695	0	0
当年新开课题数(项)	7	54	0	0	0	0	1	0	1	13	18	0	0	0	21	0	0
当年新开课题批准经费(百元)	8	9 120	0	0	0	0	2 200	0	400	1 040	4 110	0	0	0	1 370	0	0
当年完成课题数(项)	9	29	0	0	0	0	0	0	0	1	10	0	0	0	18	0	0

续表

出版著作（部）	合计	10	3	0	0	0	0	0	0	0	0	1	0	0	0	2	0	0
	专著	11	0	0	0	0	0	0	0	0	0	0	0	0	0	0	0	0
	编著教材	12	3	0	0	0	0	0	0	0	0	1	0	0	0	2	0	0
	工具书参考书	13	0	0	0	0	0	0	0	0	0	0	0	0	0	0	0	0
古籍整理（部）		14	0	0	0	0	0	0	0	0	0	0	0	0	0	0	0	0
译著（部）		15	0	0	0	0	0	0	0	0	0	0	0	0	0	0	0	0
发表译文（篇）		16	0	0	0	0	0	0	0	0	0	0	0	0	0	0	0	0
电子出版物（件）		17	0	0	0	0	0	0	0	0	0	0	0	0	0	0	0	0
发表论文（篇）	合计	18	108	0	0	0	0	1	0	2	27	23	0	0	0	55	0	0
	国内学术刊物	19	105	0	0	0	0	0	0	2	27	23	0	0	0	53	0	0
	国外学术刊物	20	3	0	0	0	0	1	0	0	0	0	0	0	0	2	0	0
	港澳台刊物	21	0	0	0	0	0	0	0	0	0	0	0	0	0	0	0	0
研究与咨询报告（篇）	合计	22	0	0	0	0	0	0	0	0	0	0	0	0	0	0	0	0
	其中被采纳数	23	0	0	0	0	0	0	0	0	0	0	0	0	0	0	0	0

2.45 金陵科技学院人文、社会科学研究与课题成果来源情况表

	编号	合计	国家社科基金项目	国家社科基金单列学科项目	教育部人文社科研究项目	高校古籍整理研究项目	国家自然科学基金项目	中央其他部门社科专门项目	省、市、自治区社科基金项目	省教育厅社科项目	地、市、厅、局等政府部门项目	国际合作研究项目	与港、澳、台合作研究项目	企事业单位委托项目	学校社科项目	外资项目	其他项目
		课题来源															
		L01	L02	L03	L04	L05	L06	L07	L08	L09	L10	L11	L12	L13	L14	L15	L16
课题数（项）	1	177	3	0	7	0	0	1	7	40	55	0	1	40	21	2	0
当年投入人数（人/年）	2	33.2	1.1	0	2.1	0	0	0.1	1.3	8.6	9.6	0	0.1	7	2.9	0.4	0
其中研究生（人/年）	3	0	0	0	0	0	0	0	0	0	0	0	0	0	0	0	0
当年拨入经费（百元）	4	30 755	1 800	0	1 050	0	0	30	850	550	4 540	0	30	18 925	2 020	960	0
其中当年立项项目拨入经费（百元）	5	30 455	1 800	0	750	0	0	30	850	550	4 540	0	30	18 925	2 020	960	0
当年支出经费（百元）	6	30 708	1 280	0	980	0	0	20	410	640	13 182.5	0	30	12 235.5	1 330	600	0
当年新开课题数（项）	7	96	1	0	2	0	0	1	5	12	30	0	1	29	13	2	0
当年新开课题批准经费（百元）	8	45 375	2 000	0	1 500	0	0	30	1 330	600	5 110	0	30	31 215	2 600	960	0
当年完成课题数（项）	9	37	0	0	2	0	0	0	0	14	8	0	0	9	4	0	0

续表

出版著作（部）	合计	10	4	0	0	2	0	0	0	0	0	0	0	0	1	0	1	0
	专著	11	3	0	0	2	0	0	0	0	0	0	0	0	0	0	1	0
	编著教材	12	1	0	0	0	0	0	0	0	0	0	0	0	1	0	0	0
	工具书参考书	13	0	0	0	0	0	0	0	0	0	0	0	0	0	0	0	0
古籍整理（部）		14	0	0	0	0	0	0	0	0	0	0	0	0	0	0	0	0
译著（部）		15	0	0	0	0	0	0	0	0	0	0	0	0	0	0	0	0
发表译文（篇）		16	0	0	0	0	0	0	0	0	0	0	0	0	0	0	0	0
电子出版物（件）		17	0	0	0	0	0	0	0	0	0	0	0	0	0	0	0	0
发表论文（篇）	合计	18	79	10	0	6	0	0	0	6	19	17	0	0	14	7	0	0
	国内学术刊物	19	77	10	0	6	0	0	0	6	19	16	0	0	13	7	0	0
	国外学术刊物	20	2	0	0	0	0	0	0	0	0	1	0	0	1	0	0	0
	港澳台刊物	21	0	0	0	0	0	0	0	0	0	0	0	0	0	0	0	0
研究与咨询报告（篇）	合计	22	22	0	0	0	0	0	0	0	0	0	0	0	22	0	0	0
	其中被采纳数	23	11	0	0	0	0	0	0	0	0	0	0	0	11	0	0	0

2.46 江苏第二师范学院人文、社会科学研究与课题成果来源情况表

		课题来源															
		合计	国家社科基金项目	国家社科基金单列学科项目	教育部人文社科研究项目	高校古籍整理研究项目	国家自然科学基金项目	中央其他部门社科专门项目	省、市、自治区社科基金项目	省教育厅社科项目	地、市厅、局等政府部门项目	国际合作研究项目	与港、澳、台合作研究项目	企事业单位委托项目	学校社科项目	外资项目	其他项目
	编号	L01	L02	L03	L04	L05	L06	L07	L08	L09	L10	L11	L12	L13	L14	L15	L16
课题数(项)	1	105	3	0	5	0	0	0	11	36	17	0	0	1	32	0	0
当年投入人数(人/年)	2	41.6	2.8	0	2.3	0	0	0	5.4	15.1	6.8	0	0	0.2	9	0	0
其中研究生(人/年)	3	0.2	0.1	0	0	0	0	0	0	0	0	0	0	0	0.1	0	0
当年拨入经费(百元)	4	10 801	3 600	0	2 150	0	0	0	1 392	1 512	337	0	0	800	1 010	0	0
其中当年立项项目拨入经费(百元)	5	9 799	3 600	0	2 150	0	0	0	1 392	1 512	65	0	0	800	280	0	0
当年支出经费(百元)	6	2 763.06	599.13	0	673.03	0	0	0	423.55	528.32	64.48	0	0	0	474.55	0	0
当年新开课题数(项)	7	43	2	0	5	0	0	0	6	19	2	0	0	1	8	0	0
当年新开课题批准经费(百元)	8	13 481	4 000	0	4 300	0	0	0	2 320	1 512	89	0	0	800	460	0	0
当年完成课题数(项)	9	5	0	0	0	0	0	0	0	1	2	0	0	0	2	0	0

续表

出版著作(部)	合计	10	1	0	0	0	0	0	0	0	1	0	0	0	0	0	0	0
	专著	11	1	0	0	0	0	0	0	0	1	0	0	0	0	0	0	0
	编著教材	12	0	0	0	0	0	0	0	0	0	0	0	0	0	0	0	0
	工具书参考书	13	0	0	0	0	0	0	0	0	0	0	0	0	0	0	0	0
古籍整理(部)		14	0	0	0	0	0	0	0	0	0	0	0	0	0	0	0	0
译著(部)		15	0	0	0	0	0	0	0	0	0	0	0	0	0	0	0	0
发表译文(篇)		16	0	0	0	0	0	0	0	0	0	0	0	0	0	0	0	0
电子出版物(件)		17	0	0	0	0	0	0	0	0	0	0	0	0	0	0	0	0
发表论文(篇)	合计	18	100	4	0	8	0	0	0	4	30	12	0	0	0	42	0	0
	国内学术刊物	19	100	4	0	8	0	0	0	4	30	12	0	0	0	42	0	0
	国外学术刊物	20	0	0	0	0	0	0	0	0	0	0	0	0	0	0	0	0
	港澳台刊物	21	0	0	0	0	0	0	0	0	0	0	0	0	0	0	0	0
研究与咨询报告(篇)	合计	22	1	0	0	0	0	0	0	0	1	0	0	0	0	0	0	0
	其中被采纳数	23	0	0	0	0	0	0	0	0	0	0	0	0	0	0	0	0

3. 公办专科高校人文、社会科学研究与课题成果来源情况表

		课题来源															
		合计	国家社科基金项目	国家社科基金单列学科项目	教育部人文社科研究项目	高校古籍整理研究项目	国家自然科学基金项目	中央其他部门社科专门项目	省、市、自治区社科基金项目	省教育厅社科项目	地、市厅、局等政府部门项目	国际合作研究项目	与港、澳、台合作研究项目	企事业单位委托项目	学校社科项目	外资项目	其他项目
	编号	L01	L02	L03	L04	L05	L06	L07	L08	L09	L10	L11	L12	L13	L14	L15	L16
课题数（项）	1	4 483	3	0	26	0	1	10	111	1 098	954	0	0	625	1 594	0	61
当年投入人数（人/年）	2	1 061.9	1.2	0	9.8	0	0.5	3.6	30.7	282.2	237.8	0	0	136.7	347.4	0	12
其中研究生（人/年）	3	0	0	0	0	0	0	0	0	0	0	0	0	0	0	0	0
当年拨入经费(百元)	4	256 226.5	3 600	0	4 670	0	2 180	1 350	3 990	41 885	55 350	0	0	118 799.9	23 091.62	0	1 310
其中当年立项项目拨入经费（百元）	5	245 962.9	3 600	0	4 150	0	2 180	1 230	3 760	40 740	51 220	0	0	116 761.9	21 011	0	1 310
当年支出经费(百元)	6	205 860.2	1 150	0	3 046	0	800	1 467	4 031.86	30 196.39	44 511.64	0	0	95 102.3	22 674.18	0	2880.8
当年新开课题数(项)	7	2 153	2	0	9	0	1	4	40	425	543	0	0	457	648	0	24
当年新开课题批准经费(百元)	8	268 076.9	4 000	0	7 650	0	2 300	1 230	5 470	42 544	56 571	0	0	124 605.9	22 396	0	1 310
当年完成课题数(项)	9	1 597	0	0	2	0	0	3	27	265	415	0	0	332	531	0	22

续表

出版著作（部）	合计	10	89	0	0	3	0	0	0	2	23	21	0	0	5	30	0	5
	专著	11	30	0	0	2	0	0	0	1	9	5	0	0	2	8	0	3
	编著教材	12	59	0	0	1	0	0	0	1	14	16	0	0	3	22	0	2
	工具书参考书	13	0	0	0	0	0	0	0	0	0	0	0	0	0	0	0	0
古籍整理（部）		14	0	0	0	0	0	0	0	0	0	0	0	0	0	0	0	0
译著（部）		15	0	0	0	0	0	0	0	0	0	0	0	0	0	0	0	0
发表译文（篇）		16	3	0	0	0	0	0	0	0	0	0	0	0	1	2	0	0
电子出版物（件）		17	3	0	0	0	0	0	0	1	0	0	0	0	2	0	0	0
发表论文（篇）	合计	18	3421	3	0	28	0	5	3	130	953	662	0	0	146	1438	0	53
	国内学术刊物	19	3415	3	0	28	0	5	3	130	951	660	0	0	146	1436	0	53
	国外学术刊物	20	6	0	0	0	0	0	0	0	2	2	0	0	0	2	0	0
	港澳台刊物	21	0	0	0	0	0	0	0	0	0	0	0	0	0	0	0	0
研究与咨询报告（篇）	合计	22	403	0	0	0	0	0	0	0	11	138	0	0	239	15	0	0
	其中被采纳数	23	262	0	0	0	0	0	0	0	3	76	0	0	179	4	0	0

3.1 无锡职业技术学院人文、社会科学研究与课题成果来源情况表

		课题来源															
		合计	国家社科基金项目	国家社科基金单列学科项目	教育部人文社科研究项目	高校古籍整理研究项目	国家自然科学基金项目	中央其他部门社科专门项目	省、市、自治区社科基金项目	省教育厅社科项目	地、市厅、局等政府部门项目	国际合作研究项目	与港、澳、台合作研究项目	企事业单位委托项目	学校社科项目	外资项目	其他项目
	编号	L01	L02	L03	L04	L05	L06	L07	L08	L09	L10	L11	L12	L13	L14	L15	L16
课题数(项)	1	54	0	0	2	0	0	0	1	29	4	0	0	0	18	0	0
当年投入人数(人/年)	2	6.1	0	0	0.2	0	0	0	0.1	3.5	0.4	0	0	0	1.9	0	0
其中研究生(人/年)	3	0	0	0	0	0	0	0	0	0	0	0	0	0	0	0	0
当年拨入经费(百元)	4	3 088	0	0	900	0	0	0	240	948	200	0	0	0	800	0	0
其中当年立项项目拨入经费(百元)	5	3 088	0	0	900	0	0	0	240	948	200	0	0	0	800	0	0
当年支出经费(百元)	6	1 352.65	0	0	3	0	0	0	0	484.46	0	0	0	0	865.19	0	0
当年新开课题数(项)	7	19	0	0	2	0	0	0	1	9	4	0	0	0	3	0	0
当年新开课题批准经费(百元)	8	4 148	0	0	1 800	0	0	0	400	948	200	0	0	0	800	0	0
当年完成课题数(项)	9	17	0	0	0	0	0	0	0	9	0	0	0	0	8	0	0

续表

出版著作(部)	合计	10	0	0	0	0	0	0	0	0	0	0	0	0	0	0	0	0
	专著	11	0	0	0	0	0	0	0	0	0	0	0	0	0	0	0	0
	编著教材	12	0	0	0	0	0	0	0	0	0	0	0	0	0	0	0	0
	工具书参考书	13	0	0	0	0	0	0	0	0	0	0	0	0	0	0	0	0
古籍整理(部)		14	0	0	0	0	0	0	0	0	0	0	0	0	0	0	0	0
译著(部)		15	0	0	0	0	0	0	0	0	0	0	0	0	0	0	0	0
发表译文(篇)		16	0	0	0	0	0	0	0	0	0	0	0	0	0	0	0	0
电子出版物(件)		17	0	0	0	0	0	0	0	0	0	0	0	0	0	0	0	0
发表论文(篇)	合计	18	21	0	0	1	0	0	0	1	12	2	0	0	0	5	0	0
	国内学术刊物	19	21	0	0	1	0	0	0	1	12	2	0	0	0	5	0	0
	国外学术刊物	20	0	0	0	0	0	0	0	0	0	0	0	0	0	0	0	0
	港澳台刊物	21	0	0	0	0	0	0	0	0	0	0	0	0	0	0	0	0
研究与咨询报告(篇)	合计	22	2	0	0	0	0	0	0	0	1	0	0	0	0	1	0	0
	其中被采纳数	23	0	0	0	0	0	0	0	0	0	0	0	0	0	0	0	0

3.2 江苏建筑职业技术学院人文、社会科学研究与课题成果来源情况表

		课题来源															
		合计	国家社科基金项目	国家社科基金单列学科项目	教育部人文社科研究项目	高校古籍整理研究项目	国家自然科学基金项目	中央其他部门社科专门项目	省、市、自治区社科基金项目	省教育厅社科项目	地、市厅、局等政府部门项目	国际合作研究项目	与港、澳、台合作研究项目	企事业单位委托项目	学校社科项目	外资项目	其他项目
	编号	L01	L02	L03	L04	L05	L06	L07	L08	L09	L10	L11	L12	L13	L14	L15	L16
课题数（项）	1	201	0	0	0	0	0	0	0	28	54	0	0	5	110	0	4
当年投入人数（人/年）	2	32.5	0	0	0	0	0	0	0	8.4	7.9	0	0	4	11	0	1.2
其中研究生（人/年）	3	0	0	0	0	0	0	0	0	0	0	0	0	0	0	0	0
当年拨入经费（百元）	4	9 154	0	0	0	0	0	0	0	1 170	2 200	0	0	4 164	1 120	0	500
其中当年立项项目拨入经费（百元）	5	9 154	0	0	0	0	0	0	0	1 170	2 200	0	0	4 164	1 120	0	500
当年支出经费（百元）	6	8 679	0	0	0	0	0	0	0	1 244	1 699.5	0	0	4 164	1 111.5	0	460
当年新开课题数（项）	7	91	0	0	0	0	0	0	0	9	48	0	0	5	26	0	3
当年新开课题批准经费（百元）	8	9 154	0	0	0	0	0	0	0	1 170	2 200	0	0	4 164	1 120	0	500
当年完成课题数（项）	9	74	0	0	0	0	0	0	0	14	28	0	0	5	26	0	1

续表

出版著作（部）	合计	10	17	0	0	0	0	0	0	1	12	0	0	0	0	4	0	0
	专著	11	6	0	0	0	0	0	0	1	5	0	0	0	0	0	0	0
	编著教材	12	11	0	0	0	0	0	0	0	7	0	0	0	0	4	0	0
	工具书参考书	13	0	0	0	0	0	0	0	0	0	0	0	0	0	0	0	0
古籍整理（部）		14	0	0	0	0	0	0	0	0	0	0	0	0	0	0	0	0
译著（部）		15	0	0	0	0	0	0	0	0	0	0	0	0	0	0	0	0
发表译文（篇）		16	0	0	0	0	0	0	0	0	0	0	0	0	0	0	0	0
电子出版物（件）		17	0	0	0	0	0	0	0	0	0	0	0	0	0	0	0	0
发表论文（篇）	合计	18	116	0	0	0	0	0	0	1	25	9	0	0	0	80	0	1
	国内学术刊物	19	116	0	0	0	0	0	0	1	25	9	0	0	0	80	0	1
	国外学术刊物	20	0	0	0	0	0	0	0	0	0	0	0	0	0	0	0	0
	港澳台刊物	21	0	0	0	0	0	0	0	0	0	0	0	0	0	0	0	0
研究与咨询报告（篇）	合计	22	29	0	0	0	0	0	0	0	0	24	0	0	5	0	0	0
	其中被采纳数	23	29	0	0	0	0	0	0	0	0	24	0	0	5	0	0	0

3.3 南京工业职业技术学院人文、社会科学研究与课题成果来源情况表

		课题来源															
		合计	国家社科基金项目	国家社科基金单列学科项目	教育部人文社科研究项目	高校古籍整理研究项目	国家自然科学基金项目	中央其他部门社科专门项目	省、市、自治区社科基金项目	省教育厅社科项目	地、市厅、局等政府部门项目	国际合作研究项目	与港、澳、台合作研究项目	企事业单位委托项目	学校社科项目	外资项目	其他项目
	编号	L01	L02	L03	L04	L05	L06	L07	L08	L09	L10	L11	L12	L13	L14	L15	L16
课题数（项）	1	158	0	0	2	0	1	0	5	32	17	0	0	17	84	0	0
当年投入人数（人/年）	2	56.6	0	0	0.7	0	0.5	0	1.7	12.7	7	0	0	4.3	29.7	0	0
其中研究生（人/年）	3	0	0	0	0	0	0	0	0	0	0	0	0	0	0	0	0
当年拨入经费（百元）	4	10 248	0	0	550	0	2 180	0	750	1 280	1 654	0	0	1 944	1 890	0	0
其中当年立项项目拨入经费（百元）	5	9 254	0	0	550	0	2 180	0	600	1 280	1 564	0	0	1 340	1 740	0	0
当年支出经费（百元）	6	8 191.25	0	0	342	0	800	0	706	1 288.6	1 432.2	0	0	1 634.4	1 988.05	0	0
当年新开课题数（项）	7	78	0	0	2	0	1	0	4	17	8	0	0	10	36	0	0
当年新开课题批准经费（百元）	8	11 310	0	0	950	0	2 300	0	1 050	1 450	1 660	0	0	1 340	2 560	0	0
当年完成课题数（项）	9	22	0	0	0	0	0	0	1	5	3	0	0	0	13	0	0

续表

出版著作(部)	合计	10	0	0	0	0	0	0	0	0	0	0	0	0	0	0	0	0
	专著	11	0	0	0	0	0	0	0	0	0	0	0	0	0	0	0	0
	编著教材	12	0	0	0	0	0	0	0	0	0	0	0	0	0	0	0	0
	工具书参考书	13	0	0	0	0	0	0	0	0	0	0	0	0	0	0	0	0
古籍整理(部)		14	0	0	0	0	0	0	0	0	0	0	0	0	0	0	0	0
译著(部)		15	0	0	0	0	0	0	0	0	0	0	0	0	0	0	0	0
发表译文(篇)		16	1	0	0	0	0	0	0	0	0	0	0	0	0	1	0	0
电子出版物(件)		17	0	0	0	0	0	0	0	0	0	0	0	0	0	0	0	0
发表论文(篇)	合计	18	113	0	0	0	0	1	0	1	9	18	0	0	1	83	0	0
	国内学术刊物	19	111	0	0	0	0	1	0	1	8	18	0	0	1	82	0	0
	国外学术刊物	20	2	0	0	0	0	0	0	0	1	0	0	0	0	1	0	0
	港澳台刊物	21	0	0	0	0	0	0	0	0	0	0	0	0	0	0	0	0
研究与咨询报告(篇)	合计	22	10	0	0	0	0	0	0	0	0	0	0	0	5	5	0	0
	其中被采纳数	23	0	0	0	0	0	0	0	0	0	0	0	0	0	0	0	0

3.4 江苏工程职业技术学院人文、社会科学研究与课题成果来源情况表

	编号	合计	课题来源													
			国家社科基金项目	国家社科基金单列学科项目	教育部人文社科研究项目	高校古籍整理研究项目	国家自然科学基金项目	中央其他部门社科专门项目	省、市、自治区社科基金项目	省教育厅社科项目	地、市厅、局等政府部门项目	国际合作研究项目	与港、澳、台合作研究项目	企事业单位委托项目	学校社科项目	外资项目	其他项目
		L01	L02	L03	L04	L05	L06	L07	L08	L09	L10	L11	L12	L13	L14	L15	L16
课题数（项）	1	84	0	0	0	0	0	0	0	16	7	0	0	0	61	0	0
当年投入人数（人年）	2	20.3	0	0	0	0	0	0	0	2.5	1.2	0	0	0	16.6	0	0
其中研究生（人年）	3	0	0	0	0	0	0	0	0	0	0	0	0	0	0	0	0
当年拨入经费（百元）	4	1 370	0	0	0	0	0	0	0	500	150	0	0	0	720	0	0
其中当年立项项目拨入经费（百元）	5	1 240	0	0	0	0	0	0	0	420	100	0	0	0	720	0	0
当年支出经费（百元）	6	1 148.5	0	0	0	0	0	0	0	380	176	0	0	0	592.5	0	0
当年新开课题数（项）	7	47	0	0	0	0	0	0	0	6	2	0	0	0	39	0	0
当年新开课题批准经费（百元）	8	1 280	0	0	0	0	0	0	0	460	100	0	0	0	720	0	0
当年完成课题数（项）	9	19	0	0	0	0	0	0	0	4	3	0	0	0	12	0	0

续表

出版著作（部）	合计	10	0	0	0	0	0	0	0	0	0	0	0	0	0	0	0	0
	专著	11	0	0	0	0	0	0	0	0	0	0	0	0	0	0	0	0
	编著教材	12	0	0	0	0	0	0	0	0	0	0	0	0	0	0	0	0
	工具书参考书	13	0	0	0	0	0	0	0	0	0	0	0	0	0	0	0	0
古籍整理（部）		14	0	0	0	0	0	0	0	0	0	0	0	0	0	0	0	0
译著（部）		15	0	0	0	0	0	0	0	0	0	0	0	0	0	0	0	0
发表译文（篇）		16	0	0	0	0	0	0	0	0	0	0	0	0	0	0	0	0
电子出版物（件）		17	0	0	0	0	0	0	0	0	0	0	0	0	0	0	0	0
发表论文（篇）	合计	18	132	0	0	0	0	0	0	0	31	7	0	0	0	94	0	0
	国内学术刊物	19	132	0	0	0	0	0	0	0	31	7	0	0	0	94	0	0
	国外学术刊物	20	0	0	0	0	0	0	0	0	0	0	0	0	0	0	0	0
	港澳台刊物	21	0	0	0	0	0	0	0	0	0	0	0	0	0	0	0	0
研究与咨询报告（篇）	合计	22	0	0	0	0	0	0	0	0	0	0	0	0	0	0	0	0
	其中被采纳数	23	0	0	0	0	0	0	0	0	0	0	0	0	0	0	0	0

3.5 苏州工艺美术职业技术学院人文、社会科学研究与课题成果来源情况表

		课题来源															
		合计	国家社科基金项目	国家社科基金单列学科项目	教育部人文社科研究项目	高校古籍整理研究项目	国家自然科学基金项目	中央其他部门社科专门项目	省、市、自治区社科基金项目	省教育厅社科项目	地、市厅、局等政府部门项目	国际合作研究项目	与港、澳、台合作研究项目	企事业单位委托项目	学校社科项目	外资项目	其他项目
	编号	L01	L02	L03	L04	L05	L06	L07	L08	L09	L10	L11	L12	L13	L14	L15	L16
课题数(项)	1	73	0	0	0	0	0	0	0	31	16	0	0	0	26	0	0
当年投入人数(人/年)	2	15.8	0	0	0	0	0	0	0	6.6	4	0	0	0	5.2	0	0
其中研究生(人/年)	3	0	0	0	0	0	0	0	0	0	0	0	0	0	0	0	0
当年拨入经费(百元)	4	2 090	0	0	0	0	0	0	0	840	450	0	0	0	800	0	0
其中当年立项项目拨入经费(百元)	5	2 090	0	0	0	0	0	0	0	840	450	0	0	0	800	0	0
当年支出经费(百元)	6	1 291.5	0	0	0	0	0	0	0	448	449.5	0	0	0	394	0	0
当年新开课题数(项)	7	26	0	0	0	0	0	0	0	9	9	0	0	0	8	0	0
当年新开课题批准经费(百元)	8	2 090	0	0	0	0	0	0	0	840	450	0	0	0	800	0	0
当年完成课题数(项)	9	21	0	0	0	0	0	0	0	5	6	0	0	0	10	0	0

续表

出版著作（部）	合计	10	3	0	0	0	0	0	0	0	1	1	0	0	0	1	0	0
	专著	11	2	0	0	0	0	0	0	0	0	1	0	0	0	1	0	0
	编著教材	12	1	0	0	0	0	0	0	0	1	0	0	0	0	0	0	0
	工具书参考书	13	0	0	0	0	0	0	0	0	0	0	0	0	0	0	0	0
古籍整理（部）		14	0	0	0	0	0	0	0	0	0	0	0	0	0	0	0	0
译著（部）		15	0	0	0	0	0	0	0	0	0	0	0	0	0	0	0	0
发表译文（篇）		16	0	0	0	0	0	0	0	0	0	0	0	0	0	0	0	0
电子出版物（件）		17	0	0	0	0	0	0	0	0	0	0	0	0	0	0	0	0
发表论文（篇）	合计	18	59	0	0	0	0	0	0	0	24	6	0	0	0	29	0	0
	国内学术刊物	19	59	0	0	0	0	0	0	0	24	6	0	0	0	29	0	0
	国外学术刊物	20	0	0	0	0	0	0	0	0	0	0	0	0	0	0	0	0
	港澳台刊物	21	0	0	0	0	0	0	0	0	0	0	0	0	0	0	0	0
研究与咨询报告（篇）	合计	22	0	0	0	0	0	0	0	0	0	0	0	0	0	0	0	0
	其中被采纳数	23	0	0	0	0	0	0	0	0	0	0	0	0	0	0	0	0

3.6 连云港职业技术学院人文、社会科学研究与课题成果来源情况表

		课题来源															
		合计	国家社科基金项目	国家社科基金单列学科项目	教育部人文社科研究项目	高校古籍整理研究项目	国家自然科学基金项目	中央其他部门社科专门项目	省、市、自治区社科基金项目	省教育厅社科项目	地、市厅、局等政府部门项目	国际合作研究项目	与港、澳、台合作研究项目	企事业单位委托项目	学校社科项目	外资项目	其他项目
	编号	L01	L02	L03	L04	L05	L06	L07	L08	L09	L10	L11	L12	L13	L14	L15	L16
课题数（项）	1	61	0	0	0	0	0	0	1	10	33	0	0	6	11	0	0
当年投入人数（人/年）	2	11.2	0	0	0	0	0	0	0.1	1.8	6.9	0	0	1.1	1.3	0	0
其中研究生（人/年）	3	0	0	0	0	0	0	0	0	0	0	0	0	0	0	0	0
当年拨入经费（百元）	4	2 888	0	0	0	0	0	0	0	110	2 470	0	0	210	98	0	0
其中当年立项项目拨入经费（百元）	5	1 400	0	0	0	0	0	0	0	0	1 190	0	0	210	0	0	0
当年支出经费（百元）	6	2 205	0	0	0	0	0	0	0	120	1 820	0	0	210	55	0	0
当年新开课题数（项）	7	20	0	0	0	0	0	0	0	1	14	0	0	5	0	0	0
当年新开课题批准经费（百元）	8	1 760	0	0	0	0	0	0	0	0	1 450	0	0	310	0	0	0
当年完成课题数（项）	9	23	0	0	0	0	0	0	0	5	14	0	0	4	0	0	0

续表

出版著作(部)	合计	10	2	0	0	0	0	0	0	0	0	1	0	0	0	1	0	0
	专著	11	0	0	0	0	0	0	0	0	0	0	0	0	0	0	0	0
	编著教材	12	2	0	0	0	0	0	0	0	0	1	0	0	0	1	0	0
	工具书参考书	13	0	0	0	0	0	0	0	0	0	0	0	0	0	0	0	0
古籍整理(部)		14	0	0	0	0	0	0	0	0	0	0	0	0	0	0	0	0
译著(部)		15	0	0	0	0	0	0	0	0	0	0	0	0	0	0	0	0
发表译文(篇)		16	0	0	0	0	0	0	0	0	0	0	0	0	0	0	0	0
电子出版物(件)		17	0	0	0	0	0	0	0	0	0	0	0	0	0	0	0	0
发表论文(篇)	合计	18	35	0	0	0	0	0	0	0	10	20	0	0	0	5	0	0
	国内学术刊物	19	35	0	0	0	0	0	0	0	10	20	0	0	0	5	0	0
	国外学术刊物	20	0	0	0	0	0	0	0	0	0	0	0	0	0	0	0	0
	港澳台刊物	21	0	0	0	0	0	0	0	0	0	0	0	0	0	0	0	0
研究与咨询报告(篇)	合计	22	6	0	0	0	0	0	0	0	0	2	0	0	4	0	0	0
	其中被采纳数	23	6	0	0	0	0	0	0	0	0	2	0	0	4	0	0	0

3.7 镇江市高等专科学校人文、社会科学研究与课题成果来源情况表

		课题来源															
		合计	国家社科基金项目	国家社科基金单列学科项目	教育部人文社科研究项目	高校古籍整理研究项目	国家自然科学基金项目	中央其他部门社科专门项目	省、市、自治区社科基金项目	省教育厅社科项目	地、市厅、局等政府部门项目	国际合作研究项目	与港、澳、台合作研究项目	企事业单位委托项目	学校社科项目	外资项目	其他项目
	编号	L01	L02	L03	L04	L05	L06	L07	L08	L09	L10	L11	L12	L13	L14	L15	L16
课题数（项）	1	106	0	0	0	0	0	0	5	21	25	0	0	6	49	0	0
当年投入人数（人/年）	2	24.5	0	0	0	0	0	0	1.7	6	6.3	0	0	1.2	9.3	0	0
其中研究生（人/年）	3	0	0	0	0	0	0	0	0	0	0	0	0	0	0	0	0
当年拨入经费（百元）	4	2 085	0	0	0	0	0	0	180	400	510	0	0	380	615	0	0
其中当年立项项目拨入经费（百元）	5	1 655	0	0	0	0	0	0	180	240	460	0	0	380	395	0	0
当年支出经费（百元）	6	1 943	0	0	0	0	0	0	225	518	344	0	0	413	443	0	0
当年新开课题数（项）	7	51	0	0	0	0	0	0	4	6	11	0	0	4	26	0	0
当年新开课题批准经费（百元）	8	1 855	0	0	0	0	0	0	180	240	480	0	0	560	395	0	0
当年完成课题数（项）	9	54	0	0	0	0	0	0	4	14	20	0	0	2	14	0	0

续表

出版著作（部）	合计	10	2	0	0	0	0	0	0	1	0	0	0	0	0	1	0	0
	专著	11	0	0	0	0	0	0	0	0	0	0	0	0	0	0	0	0
	编著教材	12	2	0	0	0	0	0	0	1	0	0	0	0	0	1	0	0
	工具书参考书	13	0	0	0	0	0	0	0	0	0	0	0	0	0	0	0	0
古籍整理（部）		14	0	0	0	0	0	0	0	0	0	0	0	0	0	0	0	0
译著（部）		15	0	0	0	0	0	0	0	0	0	0	0	0	0	0	0	0
发表译文（篇）		16	1	0	0	0	0	0	0	0	0	0	0	0	0	1	0	0
电子出版物（件）		17	1	0	0	0	0	0	0	1	0	0	0	0	0	0	0	0
发表论文（篇）	合计	18	81	0	0	0	0	0	0	9	21	24	0	0	3	24	0	0
	国内学术刊物	19	81	0	0	0	0	0	0	9	21	24	0	0	3	24	0	0
	国外学术刊物	20	0	0	0	0	0	0	0	0	0	0	0	0	0	0	0	0
	港澳台刊物	21	0	0	0	0	0	0	0	0	0	0	0	0	0	0	0	0
研究与咨询报告（篇）	合计	22	6	0	0	0	0	0	0	0	0	1	0	0	5	0	0	0
	其中被采纳数	23	5	0	0	0	0	0	0	0	0	1	0	0	4	0	0	0

3.8 南通职业大学人文、社会科学研究与课题成果来源情况表

	编号	合计	国家社科基金项目	国家社科基金单列学科项目	教育部人文社科研究项目	高校古籍整理研究项目	国家自然科学基金项目	中央其他部门社科专门项目	省、市、自治区社科基金项目	省教育厅社科项目	地、市厅、局等政府部门项目	国际合作研究项目	与港、澳、台合作研究项目	企事业单位委托项目	学校社科项目	外资项目	其他项目
		课题来源															
		L01	L02	L03	L04	L05	L06	L07	L08	L09	L10	L11	L12	L13	L14	L15	L16
课题数（项）	1	77	0	0	0	0	0	0	0	26	29	0	0	3	19	0	0
当年投入人数（人/年）	2	18.2	0	0	0	0	0	0	0	6.5	7	0	0	0.3	4.4	0	0
其中研究生（人/年）	3	0	0	0	0	0	0	0	0	0	0	0	0	0	0	0	0
当年拨入经费（百元）	4	1 385	0	0	0	0	0	0	0	550	715	0	0	0	120	0	0
其中当年立项项目拨入经费（百元）	5	985	0	0	0	0	0	0	0	550	315	0	0	0	120	0	0
当年支出经费（百元）	6	1 555	0	0	0	0	0	0	0	520	915	0	0	0	120	0	0
当年新开课题数（项）	7	34	0	0	0	0	0	0	0	11	14	0	0	0	9	0	0
当年新开课题批准经费（百元）	8	985	0	0	0	0	0	0	0	550	315	0	0	0	120	0	0
当年完成课题数（项）	9	34	0	0	0	0	0	0	0	6	15	0	0	3	10	0	0

续表

出版著作(部)	合计	10	0	0	0	0	0	0	0	0	0	0	0	0	0	0	0	0
	专著	11	0	0	0	0	0	0	0	0	0	0	0	0	0	0	0	0
	编著教材	12	0	0	0	0	0	0	0	0	0	0	0	0	0	0	0	0
	工具书参考书	13	0	0	0	0	0	0	0	0	0	0	0	0	0	0	0	0
古籍整理(部)		14	0	0	0	0	0	0	0	0	0	0	0	0	0	0	0	0
译著(部)		15	0	0	0	0	0	0	0	0	0	0	0	0	0	0	0	0
发表译文(篇)		16	0	0	0	0	0	0	0	0	0	0	0	0	0	0	0	0
电子出版物(件)		17	0	0	0	0	0	0	0	0	0	0	0	0	0	0	0	0
发表论文(篇)	合计	18	109	0	0	1	0	0	0	0	44	37	0	0	3	24	0	0
	国内学术刊物	19	109	0	0	1	0	0	0	0	44	37	0	0	3	24	0	0
	国外学术刊物	20	0	0	0	0	0	0	0	0	0	0	0	0	0	0	0	0
	港澳台刊物	21	0	0	0	0	0	0	0	0	0	0	0	0	0	0	0	0
研究与咨询报告(篇)	合计	22	0	0	0	0	0	0	0	0	0	0	0	0	0	0	0	0
	其中被采纳数	23	0	0	0	0	0	0	0	0	0	0	0	0	0	0	0	0

3.9 苏州市职业大学人文、社会科学研究与课题成果来源情况表

	编号	合计	国家社科基金项目	国家社科基金单列学科项目	教育部人文社科研究项目	高校古籍整理研究项目	国家自然科学基金项目	中央其他部门社科专门项目	省、市、自治区社科基金项目	省教育厅社科项目	地、市厅、局等政府部门项目	国际合作研究项目	与港、澳、台合作研究项目	企事业单位委托项目	学校社科项目	外资项目	其他项目
		课题来源															
		L01	L02	L03	L04	L05	L06	L07	L08	L09	L10	L11	L12	L13	L14	L15	L16
课题数（项）	1	201	0	0	2	0	0	0	5	26	55	0	0	32	81	0	0
当年投入人数（人/年）	2	46.5	0	0	0.4	0	0	0	1	7.7	15.6	0	0	4.9	16.9	0	0
其中研究生（人/年）	3	0	0	0	0	0	0	0	0	0	0	0	0	0	0	0	0
当年拨入经费（百元）	4	6 755	0	0	0	0	0	0	400	360	2 030	0	0	2 825	1 140	0	0
其中当年立项项目拨入经费（百元）	5	6 695	0	0	0	0	0	0	400	360	1 970	0	0	2 825	1 140	0	0
当年支出经费（百元）	6	7 173.84	0	0	343	0	0	0	283	236	2 942.74	0	0	2 185.6	1 183.5	0	0
当年新开课题数（项）	7	85	0	0	0	0	0	0	2	9	27	0	0	25	22	0	0
当年新开课题批准经费（百元）	8	6 695	0	0	0	0	0	0	400	360	1 970	0	0	2 825	1 140	0	0
当年完成课题数（项）	9	82	0	0	0	0	0	0	0	3	36	0	0	15	28	0	0

续表

出版著作(部)	合计	10	13	0	0	0	0	0	0	0	1	5	0	0	2	5	0	0
	专著	11	5	0	0	0	0	0	0	0	1	0	0	0	2	2	0	0
	编著教材	12	8	0	0	0	0	0	0	0	0	5	0	0	0	3	0	0
	工具书参考书	13	0	0	0	0	0	0	0	0	0	0	0	0	0	0	0	0
古籍整理(部)		14	0	0	0	0	0	0	0	0	0	0	0	0	0	0	0	0
译著(部)		15	0	0	0	0	0	0	0	0	0	0	0	0	0	0	0	0
发表译文(篇)		16	0	0	0	0	0	0	0	0	0	0	0	0	0	0	0	0
电子出版物(件)		17	0	0	0	0	0	0	0	0	0	0	0	0	0	0	0	0
发表论文(篇)	合计	18	185	0	0	3	0	0	0	11	28	52	0	0	4	87	0	0
	国内学术刊物	19	185	0	0	3	0	0	0	11	28	52	0	0	4	87	0	0
	国外学术刊物	20	0	0	0	0	0	0	0	0	0	0	0	0	0	0	0	0
	港澳台刊物	21	0	0	0	0	0	0	0	0	0	0	0	0	0	0	0	0
研究与咨询报告(篇)	合计	22	24	0	0	0	0	0	0	0	0	11	0	0	13	0	0	0
	其中被采纳数	23	15	0	0	0	0	0	0	0	0	7	0	0	8	0	0	0

3.10 沙洲职业工学院人文、社会科学研究与课题成果来源情况表

		课题来源															
		合计	国家社科基金项目	国家社科基金单列学科项目	教育部人文社科研究项目	高校古籍整理研究项目	国家自然科学基金项目	中央其他部门社科专门项目	省、市、自治区社科基金项目	省教育厅社科项目	地、市厅、局等政府部门项目	国际合作研究项目	与港、澳、台合作研究项目	企事业单位委托项目	学校社科项目	外资项目	其他项目
	编号	L01	L02	L03	L04	L05	L06	L07	L08	L09	L10	L11	L12	L13	L14	L15	L16
课题数（项）	1	45	0	0	0	0	0	1	1	12	8	0	0	6	17	0	0
当年投入人数（人/年）	2	7.1	0	0	0	0	0	0.3	0.2	2.3	1.1	0	0	0.9	2.3	0	0
其中研究生（人/年）	3	0	0	0	0	0	0	0	0	0	0	0	0	0	0	0	0
当年拨入经费（百元）	4	1 075	0	0	0	0	0	0	80	150	165	0	0	600	80	0	0
其中当年立项项目拨入经费（百元）	5	970	0	0	0	0	0	0	0	150	150	0	0	600	70	0	0
当年支出经费（百元）	6	973	0	0	0	0	0	10	70	120	273	0	0	298	202	0	0
当年新开课题数（项）	7	14	0	0	0	0	0	0	0	3	4	0	0	2	5	0	0
当年新开课题批准经费（百元）	8	970	0	0	0	0	0	0	0	150	150	0	0	600	70	0	0
当年完成课题数（项）	9	9	0	0	0	0	0	0	1	0	3	0	0	0	5	0	0

续表

出版著作(部)	合计	10	2	0	0	0	0	0	0	0	1	1	0	0	0	0	0	0
	专著	11	0	0	0	0	0	0	0	0	0	0	0	0	0	0	0	0
	编著教材	12	2	0	0	0	0	0	0	0	1	1	0	0	0	0	0	0
	工具书参考书	13	0	0	0	0	0	0	0	0	0	0	0	0	0	0	0	0
古籍整理(部)		14	0	0	0	0	0	0	0	0	0	0	0	0	0	0	0	0
译著(部)		15	0	0	0	0	0	0	0	0	0	0	0	0	0	0	0	0
发表译文(篇)		16	0	0	0	0	0	0	0	0	0	0	0	0	0	0	0	0
电子出版物(件)		17	0	0	0	0	0	0	0	0	0	0	0	0	0	0	0	0
发表论文(篇)	合计	18	73	0	0	0	0	0	0	6	33	14	0	0	2	18	0	0
	国内学术刊物	19	73	0	0	0	0	0	0	6	33	14	0	0	2	18	0	0
	国外学术刊物	20	0	0	0	0	0	0	0	0	0	0	0	0	0	0	0	0
	港澳台刊物	21	0	0	0	0	0	0	0	0	0	0	0	0	0	0	0	0
研究与咨询报告(篇)	合计	22	8	0	0	0	0	0	0	0	0	7	0	0	1	0	0	0
	其中被采纳数	23	5	0	0	0	0	0	0	0	0	4	0	0	1	0	0	0

3.11 扬州职业大学人文、社会科学研究与课题成果来源情况表

		课题来源															
		合计	国家社科基金项目	国家社科基金单列学科项目	教育部人文社科研究项目	高校古籍整理研究项目	国家自然科学基金项目	中央其他部门社科专门项目	省、市、自治区社科基金项目	省教育厅社科项目	地、市厅、局等政府部门项目	国际合作研究项目	与港、澳、台合作研究项目	企事业单位委托项目	学校社科项目	外资项目	其他项目
	编号	L01	L02	L03	L04	L05	L06	L07	L08	L09	L10	L11	L12	L13	L14	L15	L16
课题数(项)	1	104	0	0	0	0	0	0	4	26	53	0	0	21	0	0	0
当年投入人数(人/年)	2	54.6	0	0	0	0	0	0	3.1	15.9	25	0	0	10.6	0	0	0
其中研究生(人/年)	3	0	0	0	0	0	0	0	0	0	0	0	0	0	0	0	0
当年拨入经费(百元)	4	2 050	0	0	0	0	0	0	100	120	1 160	0	0	670	0	0	0
其中当年立项项目拨入经费(百元)	5	2 050	0	0	0	0	0	0	100	120	1 160	0	0	670	0	0	0
当年支出经费(百元)	6	1 960	0	0	0	0	0	0	100	90	1 160	0	0	610	0	0	0
当年新开课题数(项)	7	68	0	0	0	0	0	0	2	4	49	0	0	13	0	0	0
当年新开课题批准经费(百元)	8	2 740	0	0	0	0	0	0	400	200	1 470	0	0	670	0	0	0
当年完成课题数(项)	9	13	0	0	0	0	0	0	0	5	1	0	0	7	0	0	0

续表

出版著作（部）	合计	10	2	0	0	0	0	0	0	0	0	2	0	0	0	0	0	0
	专著	11	0	0	0	0	0	0	0	0	0	0	0	0	0	0	0	0
	编著教材	12	2	0	0	0	0	0	0	0	0	2	0	0	0	0	0	0
	工具书参考书	13	0	0	0	0	0	0	0	0	0	0	0	0	0	0	0	0
古籍整理（部）		14	0	0	0	0	0	0	0	0	0	0	0	0	0	0	0	0
译著（部）		15	0	0	0	0	0	0	0	0	0	0	0	0	0	0	0	0
发表译文（篇）		16	0	0	0	0	0	0	0	0	0	0	0	0	0	0	0	0
电子出版物（件）		17	0	0	0	0	0	0	0	0	0	0	0	0	0	0	0	0
发表论文（篇）	合计	18	48	0	0	0	0	0	0	3	25	16	0	0	1	3	0	0
	国内学术刊物	19	48	0	0	0	0	0	0	3	25	16	0	0	1	3	0	0
	国外学术刊物	20	0	0	0	0	0	0	0	0	0	0	0	0	0	0	0	0
	港澳台刊物	21	0	0	0	0	0	0	0	0	0	0	0	0	0	0	0	0
研究与咨询报告（篇）	合计	22	23	0	0	0	0	0	0	0	0	16	0	0	7	0	0	0
	其中被采纳数	23	17	0	0	0	0	0	0	0	0	12	0	0	5	0	0	0

3.12 连云港师范高等专科学校人文、社会科学研究与课题成果来源情况表

		课题来源															
		合计	国家社科基金项目	国家社科基金单列学科项目	教育部人文社科研究项目	高校古籍整理研究项目	国家自然科学基金项目	中央其他部门社科专门项目	省、市、自治区社科基金项目	省教育厅社科项目	地、市厅、局等政府部门项目	国际合作研究项目	与港、澳、台合作研究项目	企事业单位委托项目	学校社科项目	外资项目	其他项目
	编号	L01	L02	L03	L04	L05	L06	L07	L08	L09	L10	L11	L12	L13	L14	L15	L16
课题数(项)	1	102	0	0	2	0	0	0	28	9	20	0	0	3	40	0	0
当年投入人数(人/年)	2	15	0	0	0.6	0	0	0	4.3	1.7	3.2	0	0	0.3	4.9	0	0
其中研究生(人/年)	3	0	0	0	0	0	0	0	0	0	0	0	0	0	0	0	0
当年拨入经费(百元)	4	1 620	0	0	100	0	0	0	480	120	700	0	0	220	0	0	0
其中当年立项项目拨入经费(百元)	5	1 500	0	0	0	0	0	0	480	120	700	0	0	200	0	0	0
当年支出经费(百元)	6	925	0	0	40	0	0	0	270	85	360	0	0	170	0	0	0
当年新开课题数(项)	7	47	0	0	0	0	0	0	12	3	7	0	0	1	24	0	0
当年新开课题批准经费(百元)	8	1 960	0	0	0	0	0	0	480	120	1 060	0	0	300	0	0	0
当年完成课题数(项)	9	30	0	0	0	0	0	0	7	0	4	0	0	2	17	0	0

续表

出版著作（部）	合计	10	4	0	0	1	0	0	0	0	0	0	0	0	0	3	0	0
	专著	11	3	0	0	1	0	0	0	0	0	0	0	0	0	2	0	0
	编著教材	12	1	0	0	0	0	0	0	0	0	0	0	0	0	1	0	0
	工具书参考书	13	0	0	0	0	0	0	0	0	0	0	0	0	0	0	0	0
古籍整理（部）		14	0	0	0	0	0	0	0	0	0	0	0	0	0	0	0	0
译著（部）		15	0	0	0	0	0	0	0	0	0	0	0	0	0	0	0	0
发表译文（篇）		16	0	0	0	0	0	0	0	0	0	0	0	0	0	0	0	0
电子出版物（件）		17	0	0	0	0	0	0	0	0	0	0	0	0	0	0	0	0
发表论文（篇）	合计	18	66	0	0	2	0	0	0	13	7	9	0	0	0	35	0	0
	国内学术刊物	19	66	0	0	2	0	0	0	13	7	9	0	0	0	35	0	0
	国外学术刊物	20	0	0	0	0	0	0	0	0	0	0	0	0	0	0	0	0
	港澳台刊物	21	0	0	0	0	0	0	0	0	0	0	0	0	0	0	0	0
研究与咨询报告（篇）	合计	22	1	0	0	0	0	0	0	0	0	0	0	0	1	0	0	0
	其中被采纳数	23	0	0	0	0	0	0	0	0	0	0	0	0	0	0	0	0

3.13 江苏经贸职业技术学院人文、社会科学研究与课题成果来源情况表

		课题来源															
		合计	国家社科基金项目	国家社科基金单列学科项目	教育部人文社科研究项目	高校古籍整理研究项目	国家自然科学基金项目	中央其他部门社科专门项目	省、市、自治区社科基金项目	省教育厅社科项目	地、市厅、局等政府部门项目	国际合作研究项目	与港、澳、台合作研究项目	企事业单位委托项目	学校社科项目	外资项目	其他项目
	编号	L01	L02	L03	L04	L05	L06	L07	L08	L09	L10	L11	L12	L13	L14	L15	L16
课题数（项）	1	86	1	0	0	0	0	0	2	5	6	0	0	53	19	0	0
当年投入人数（人/年）	2	15.1	0.1	0	0	0	0	0	0.3	1	1.3	0	0	8.4	4	0	0
其中研究生（人/年）	3	0	0	0	0	0	0	0	0	0	0	0	0	0	0	0	0
当年拨入经费（百元）	4	13 505	1 800	0	0	0	0	0	540	330	85	0	0	10 169	581	0	0
其中当年立项项目拨入经费（百元）	5	13 505	1 800	0	0	0	0	0	540	330	85	0	0	10 169	581	0	0
当年支出经费（百元）	6	7 485.7	220	0	0	0	0	0	188	181	129	0	0	6 314.7	453	0	0
当年新开课题数（项）	7	72	1	0	0	0	0	0	2	5	3	0	0	42	19	0	0
当年新开课题批准经费（百元）	8	13 915	2 000	0	0	0	0	0	700	380	85	0	0	10 169	581	0	0
当年完成课题数（项）	9	44	0	0	0	0	0	0	0	0	3	0	0	41	0	0	0

续表

出版著作（部）	合计	10	4	0	0	0	0	0	0	0	0	0	0	0	1	1	0	2
	专著	11	0	0	0	0	0	0	0	0	0	0	0	0	0	0	0	0
	编著教材	12	4	0	0	0	0	0	0	0	0	0	0	0	1	1	0	2
	工具书参考书	13	0	0	0	0	0	0	0	0	0	0	0	0	0	0	0	0
古籍整理（部）		14	0	0	0	0	0	0	0	0	0	0	0	0	0	0	0	0
译著（部）		15	0	0	0	0	0	0	0	0	0	0	0	0	0	0	0	0
发表译文（篇）		16	0	0	0	0	0	0	0	0	0	0	0	0	0	0	0	0
电子出版物（件）		17	0	0	0	0	0	0	0	0	0	0	0	0	0	0	0	0
发表论文（篇）	合计	18	36	0	0	0	0	0	0	0	4	2	0	0	0	30	0	0
	国内学术刊物	19	36	0	0	0	0	0	0	0	4	2	0	0	0	30	0	0
	国外学术刊物	20	0	0	0	0	0	0	0	0	0	0	0	0	0	0	0	0
	港澳台刊物	21	0	0	0	0	0	0	0	0	0	0	0	0	0	0	0	0
研究与咨询报告（篇）	合计	22	24	0	0	0	0	0	0	0	0	1	0	0	22	1	0	0
	其中被采纳数	23	13	0	0	0	0	0	0	0	0	1	0	0	11	1	0	0

3.14 泰州职业技术学院人文、社会科学研究与课题成果来源情况表

		课题来源															
		合计	国家社科基金项目	国家社科基金单列学科项目	教育部人文社科研究项目	高校古籍整理研究项目	国家自然科学基金项目	中央其他部门社科专门项目	省、市、自治区社科基金项目	省教育厅社科项目	地、市厅、局等政府部门项目	国际合作研究项目	与港、澳、台合作研究项目	企事业单位委托项目	学校社科项目	外资项目	其他项目
	编号	L01	L02	L03	L04	L05	L06	L07	L08	L09	L10	L11	L12	L13	L14	L15	L16
课题数（项）	1	40	0	0	0	0	0	0	0	10	16	0	0	1	13	0	0
当年投入人数（人/年）	2	13	0	0	0	0	0	0	0	4	4.5	0	0	0.3	4.2	0	0
其中研究生（人/年）	3	0	0	0	0	0	0	0	0	0	0	0	0	0	0	0	0
当年拨入经费（百元）	4	3 330	0	0	0	0	0	0	0	300	250	0	0	2 000	780	0	0
其中当年立项项目拨入经费（百元）	5	3 300	0	0	0	0	0	0	0	300	250	0	0	2 000	750	0	0
当年支出经费（百元）	6	350.77	0	0	0	0	0	0	0	52.98	42.5	0	0	22.8	232.49	0	0
当年新开课题数（项）	7	18	0	0	0	0	0	0	0	6	8	0	0	1	3	0	0
当年新开课题批准经费（百元）	8	3 300	0	0	0	0	0	0	0	300	250	0	0	2 000	750	0	0
当年完成课题数（项）	9	7	0	0	0	0	0	0	0	1	2	0	0	0	4	0	0

续表

出版著作（部）	合计	10	0	0	0	0	0	0	0	0	0	0	0	0	0	0	0	0
	专著	11	0	0	0	0	0	0	0	0	0	0	0	0	0	0	0	0
	编著教材	12	0	0	0	0	0	0	0	0	0	0	0	0	0	0	0	0
	工具书参考书	13	0	0	0	0	0	0	0	0	0	0	0	0	0	0	0	0
古籍整理（部）		14	0	0	0	0	0	0	0	0	0	0	0	0	0	0	0	0
译著（部）		15	0	0	0	0	0	0	0	0	0	0	0	0	0	0	0	0
发表译文（篇）		16	0	0	0	0	0	0	0	0	0	0	0	0	0	0	0	0
电子出版物（件）		17	0	0	0	0	0	0	0	0	0	0	0	0	0	0	0	0
发表论文（篇）	合计	18	17	0	0	0	0	0	0	0	11	3	0	0	0	3	0	0
	国内学术刊物	19	17	0	0	0	0	0	0	0	11	3	0	0	0	3	0	0
	国外学术刊物	20	0	0	0	0	0	0	0	0	0	0	0	0	0	0	0	0
	港澳台刊物	21	0	0	0	0	0	0	0	0	0	0	0	0	0	0	0	0
研究与咨询报告（篇）	合计	22	0	0	0	0	0	0	0	0	0	0	0	0	0	0	0	0
	其中被采纳数	23	0	0	0	0	0	0	0	0	0	0	0	0	0	0	0	0

3.15 常州信息职业技术学院人文、社会科学研究与课题成果来源情况表

	编号	课题来源															
		合计	国家社科基金项目	国家社科基金单列学科项目	教育部人文社科研究项目	高校古籍整理研究项目	国家自然科学基金项目	中央其他部门社科专门项目	省、市、自治区社科基金项目	省教育厅社科项目	地、市厅、局等政府部门项目	国际合作研究项目	与港、澳、台合作研究项目	企事业单位委托项目	学校社科项目	外资项目	其他项目
	编号	L01	L02	L03	L04	L05	L06	L07	L08	L09	L10	L11	L12	L13	L14	L15	L16
课题数（项）	1	31	0	0	1	0	0	0	7	14	6	0	0	3	0	0	0
当年投入人数（人/年）	2	18.2	0	0	1.3	0	0	0	3.3	7.6	4.6	0	0	1.4	0	0	0
其中研究生（人/年）	3	0	0	0	0	0	0	0	0	0	0	0	0	0	0	0	0
当年拨入经费（百元）	4	9 920	0	0	400	0	0	0	50	740	7 150	0	0	1 580	0	0	0
其中当年立项项目拨入经费（百元）	5	9 840	0	0	400	0	0	0	50	740	7 150	0	0	1 500	0	0	0
当年支出经费（百元）	6	3 693	0	0	250	0	0	0	105	480	1 578	0	0	1 280	0	0	0
当年新开课题数（项）	7	17	0	0	1	0	0	0	1	10	3	0	0	2	0	0	0
当年新开课题批准经费（百元）	8	10 500	0	0	800	0	0	0	50	740	7 150	0	0	1 760	0	0	0
当年完成课题数（项）	9	9	0	0	0	0	0	0	3	0	5	0	0	1	0	0	0

续表

出版著作（部）	合计	10	4	0	0	0	0	0	0	0	2	1	0	0	1	0	0	0
	专著	11	0	0	0	0	0	0	0	0	0	0	0	0	0	0	0	0
	编著教材	12	4	0	0	0	0	0	0	0	2	1	0	0	1	0	0	0
	工具书参考书	13	0	0	0	0	0	0	0	0	0	0	0	0	0	0	0	0
古籍整理（部）		14	0	0	0	0	0	0	0	0	0	0	0	0	0	0	0	0
译著（部）		15	0	0	0	0	0	0	0	0	0	0	0	0	0	0	0	0
发表译文（篇）		16	0	0	0	0	0	0	0	0	0	0	0	0	0	0	0	0
电子出版物（件）		17	0	0	0	0	0	0	0	0	0	0	0	0	0	0	0	0
发表论文（篇）	合计	18	78	0	0	7	0	0	0	13	32	18	0	0	8	0	0	0
	国内学术刊物	19	78	0	0	7	0	0	0	13	32	18	0	0	8	0	0	0
	国外学术刊物	20	0	0	0	0	0	0	0	0	0	0	0	0	0	0	0	0
	港澳台刊物	21	0	0	0	0	0	0	0	0	0	0	0	0	0	0	0	0
研究与咨询报告（篇）	合计	22	3	0	0	0	0	0	0	0	0	2	0	0	1	0	0	0
	其中被采纳数	23	2	0	0	0	0	0	0	0	0	2	0	0	0	0	0	0

3.16 江苏海事职业技术学院人文、社会科学研究与课题成果来源情况表

		课题来源															
		合计	国家社科基金项目	国家社科基金单列学科项目	教育部人文社科研究项目	高校古籍整理研究项目	国家自然科学基金项目	中央其他部门社科专门项目	省、市、自治区社科基金项目	省教育厅社科项目	地、市厅、局等政府部门项目	国际合作研究项目	与港、澳、台合作研究项目	企事业单位委托项目	学校社科项目	外资项目	其他项目
	编号	L01	L02	L03	L04	L05	L06	L07	L08	L09	L10	L11	L12	L13	L14	L15	L16
课题数（项）	1	27	0	0	0	0	0	0	1	24	1	0	0	1	0	0	0
当年投入人数（人/年）	2	5.9	0	0	0	0	0	0	0.4	4.9	0.4	0	0	0.2	0	0	0
其中研究生（人/年）	3	0	0	0	0	0	0	0	0	0	0	0	0	0	0	0	0
当年拨入经费（百元）	4	420	0	0	0	0	0	0	120	120	180	0	0	0	0	0	0
其中当年立项项目拨入经费（百元）	5	420	0	0	0	0	0	0	120	120	180	0	0	0	0	0	0
当年支出经费（百元）	6	904.65	0	0	0	0	0	0	11	821.65	72	0	0	0	0	0	0
当年新开课题数（项）	7	12	0	0	0	0	0	0	1	9	1	0	0	1	0	0	0
当年新开课题批准经费（百元）	8	1 280	0	0	0	0	0	0	200	750	300	0	0	30	0	0	0
当年完成课题数（项）	9	8	0	0	0	0	0	0	0	8	0	0	0	0	0	0	0

续表

出版著作(部)	合计	10	0	0	0	0	0	0	0	0	0	0	0	0	0	0	0	0
	专著	11	0	0	0	0	0	0	0	0	0	0	0	0	0	0	0	0
	编著教材	12	0	0	0	0	0	0	0	0	0	0	0	0	0	0	0	0
	工具书参考书	13	0	0	0	0	0	0	0	0	0	0	0	0	0	0	0	0
古籍整理(部)		14	0	0	0	0	0	0	0	0	0	0	0	0	0	0	0	0
译著(部)		15	0	0	0	0	0	0	0	0	0	0	0	0	0	0	0	0
发表译文(篇)		16	0	0	0	0	0	0	0	0	0	0	0	0	0	0	0	0
电子出版物(件)		17	0	0	0	0	0	0	0	0	0	0	0	0	0	0	0	0
发表论文(篇)	合计	18	15	0	0	0	0	0	0	0	15	0	0	0	0	0	0	0
	国内学术刊物	19	15	0	0	0	0	0	0	0	15	0	0	0	0	0	0	0
	国外学术刊物	20	0	0	0	0	0	0	0	0	0	0	0	0	0	0	0	0
	港澳台刊物	21	0	0	0	0	0	0	0	0	0	0	0	0	0	0	0	0
研究与咨询报告(篇)	合计	22	0	0	0	0	0	0	0	0	0	0	0	0	0	0	0	0
	其中被采纳数	23	0	0	0	0	0	0	0	0	0	0	0	0	0	0	0	0

3.17 无锡科技职业学院人文、社会科学研究与课题成果来源情况表

		课题来源															
		合计	国家社科基金项目	国家社科基金单列学科项目	教育部人文社科研究项目	高校古籍整理研究项目	国家自然科学基金项目	中央其他部门社科专门项目	省、市、自治区社科基金项目	省教育厅社科项目	地、市厅、局等政府部门项目	国际合作研究项目	与港、澳、台合作研究项目	企事业单位委托项目	学校社科项目	外资项目	其他项目
	编号	L01	L02	L03	L04	L05	L06	L07	L08	L09	L10	L11	L12	L13	L14	L15	L16
课题数（项）	1	32	0	0	0	0	0	0	0	17	4	0	0	11	0	0	0
当年投入人数（人/年）	2	4.1	0	0	0	0	0	0	0	2.4	0.6	0	0	1.1	0	0	0
其中研究生（人/年）	3	0	0	0	0	0	0	0	0	0	0	0	0	0	0	0	0
当年拨入经费（百元）	4	980	0	0	0	0	0	0	0	720	20	0	0	240	0	0	0
其中当年立项项目拨入经费（百元）	5	740	0	0	0	0	0	0	0	480	20	0	0	240	0	0	0
当年支出经费（百元）	6	754	0	0	0	0	0	0	0	493	74	0	0	187	0	0	0
当年新开课题数（项）	7	15	0	0	0	0	0	0	0	8	1	0	0	6	0	0	0
当年新开课题批准经费（百元）	8	740	0	0	0	0	0	0	0	480	20	0	0	240	0	0	0
当年完成课题数（项）	9	6	0	0	0	0	0	0	0	3	0	0	0	3	0	0	0

续表

出版著作（部）	合计	10	0	0	0	0	0	0	0	0	0	0	0	0	0	0	0	0
	专著	11	0	0	0	0	0	0	0	0	0	0	0	0	0	0	0	0
	编著教材	12	0	0	0	0	0	0	0	0	0	0	0	0	0	0	0	0
	工具书参考书	13	0	0	0	0	0	0	0	0	0	0	0	0	0	0	0	0
古籍整理（部）		14	0	0	0	0	0	0	0	0	0	0	0	0	0	0	0	0
译著（部）		15	0	0	0	0	0	0	0	0	0	0	0	0	0	0	0	0
发表译文（篇）		16	1	0	0	0	0	0	0	0	0	0	0	0	1	0	0	0
电子出版物（件）		17	0	0	0	0	0	0	0	0	0	0	0	0	0	0	0	0
发表论文（篇）	合计	18	11	0	0	0	0	0	0	0	10	1	0	0	0	0	0	0
	国内学术刊物	19	11	0	0	0	0	0	0	0	10	1	0	0	0	0	0	0
	国外学术刊物	20	0	0	0	0	0	0	0	0	0	0	0	0	0	0	0	0
	港澳台刊物	21	0	0	0	0	0	0	0	0	0	0	0	0	0	0	0	0
研究与咨询报告（篇）	合计	22	3	0	0	0	0	0	0	0	2	0	0	0	1	0	0	0
	其中被采纳数	23	2	0	0	0	0	0	0	0	1	0	0	0	1	0	0	0

3.18 盐城卫生职业技术学院人文、社会科学研究与课题成果来源情况表

		课题来源															
		合计	国家社科基金项目	国家社科基金单列学科项目	教育部人文社科研究项目	高校古籍整理研究项目	国家自然科学基金项目	中央其他部门社科专门项目	省、市、自治区社科基金项目	省教育厅社科项目	地、市厅、局等政府部门项目	国际合作研究项目	与港、澳、台合作研究项目	企事业单位委托项目	学校社科项目	外资项目	其他项目
	编号	L01	L02	L03	L04	L05	L06	L07	L08	L09	L10	L11	L12	L13	L14	L15	L16
课题数（项）	1	41	0	0	0	0	0	0	1	16	24	0	0	0	0	0	0
当年投入人数（人/年）	2	19.2	0	0	0	0	0	0	0.3	6.2	12.7	0	0	0	0	0	0
其中研究生（人/年）	3	0	0	0	0	0	0	0	0	0	0	0	0	0	0	0	0
当年拨入经费（百元）	4	910	0	0	0	0	0	0	0	560	350	0	0	0	0	0	0
其中当年立项项目拨入经费（百元）	5	910	0	0	0	0	0	0	0	560	350	0	0	0	0	0	0
当年支出经费（百元）	6	333	0	0	0	0	0	0	40	145	148	0	0	0	0	0	0
当年新开课题数（项）	7	18	0	0	0	0	0	0	0	8	10	0	0	0	0	0	0
当年新开课题批准经费（百元）	8	1 110	0	0	0	0	0	0	0	560	550	0	0	0	0	0	0
当年完成课题数（项）	9	11	0	0	0	0	0	0	0	1	10	0	0	0	0	0	0

续表

出版著作（部）	合计	10	0	0	0	0	0	0	0	0	0	0	0	0	0	0	0	0
	专著	11	0	0	0	0	0	0	0	0	0	0	0	0	0	0	0	0
	编著教材	12	0	0	0	0	0	0	0	0	0	0	0	0	0	0	0	0
	工具书参考书	13	0	0	0	0	0	0	0	0	0	0	0	0	0	0	0	0
古籍整理（部）		14	0	0	0	0	0	0	0	0	0	0	0	0	0	0	0	0
译著（部）		15	0	0	0	0	0	0	0	0	0	0	0	0	0	0	0	0
发表译文（篇）		16	0	0	0	0	0	0	0	0	0	0	0	0	0	0	0	0
电子出版物（件）		17	0	0	0	0	0	0	0	0	0	0	0	0	0	0	0	0
发表论文（篇）	合计	18	23	0	0	0	0	0	0	1	4	18	0	0	0	0	0	0
	国内学术刊物	19	23	0	0	0	0	0	0	1	4	18	0	0	0	0	0	0
	国外学术刊物	20	0	0	0	0	0	0	0	0	0	0	0	0	0	0	0	0
	港澳台刊物	21	0	0	0	0	0	0	0	0	0	0	0	0	0	0	0	0
研究与咨询报告（篇）	合计	22	0	0	0	0	0	0	0	0	0	0	0	0	0	0	0	0
	其中被采纳数	23	0	0	0	0	0	0	0	0	0	0	0	0	0	0	0	0

3.19 南通科技职业学院人文、社会科学研究与课题成果来源情况表

		课题来源															
		合计	国家社科基金项目	国家社科基金单列学科项目	教育部人文社科研究项目	高校古籍整理研究项目	国家自然科学基金项目	中央其他部门社科专门项目	省、市、自治区社科基金项目	省教育厅社科项目	地、市厅、局等政府部门项目	国际合作研究项目	与港、澳、台合作研究项目	企事业单位委托项目	学校社科项目	外资项目	其他项目
	编号	L01	L02	L03	L04	L05	L06	L07	L08	L09	L10	L11	L12	L13	L14	L15	L16
课题数(项)	1	38	0	0	0	0	0	0	0	20	14	0	0	3	1	0	0
当年投入人数(人/年)	2	14.3	0	0	0	0	0	0	0	7.4	5.5	0	0	1.1	0.3	0	0
其中研究生(人/年)	3	0	0	0	0	0	0	0	0	0	0	0	0	0	0	0	0
当年拨入经费(百元)	4	2 504	0	0	0	0	0	0	0	520	650	0	0	1 334	0	0	0
其中当年立项项目拨入经费(百元)	5	1 215	0	0	0	0	0	0	0	500	615	0	0	100	0	0	0
当年支出经费(百元)	6	2 386	0	0	0	0	0	0	0	518	539	0	0	1 315	14	0	0
当年新开课题数(项)	7	24	0	0	0	0	0	0	0	10	12	0	0	2	0	0	0
当年新开课题批准经费(百元)	8	1 400	0	0	0	0	0	0	0	500	800	0	0	100	0	0	0
当年完成课题数(项)	9	12	0	0	0	0	0	0	0	7	3	0	0	1	1	0	0

续表

出版著作(部)	合计	10	1	0	0	0	0	0	0	0	1	0	0	0	0	0	0	0
	专著	11	0	0	0	0	0	0	0	0	0	0	0	0	0	0	0	0
	编著教材	12	1	0	0	0	0	0	0	0	1	0	0	0	0	0	0	0
	工具书参考书	13	0	0	0	0	0	0	0	0	0	0	0	0	0	0	0	0
古籍整理(部)		14	0	0	0	0	0	0	0	0	0	0	0	0	0	0	0	0
译著(部)		15	0	0	0	0	0	0	0	0	0	0	0	0	0	0	0	0
发表译文(篇)		16	0	0	0	0	0	0	0	0	0	0	0	0	0	0	0	0
电子出版物(件)		17	0	0	0	0	0	0	0	0	0	0	0	0	0	0	0	0
发表论文(篇)	合计	18	37	0	0	0	0	0	0	0	33	1	0	0	0	3	0	0
	国内学术刊物	19	37	0	0	0	0	0	0	0	33	1	0	0	0	3	0	0
	国外学术刊物	20	0	0	0	0	0	0	0	0	0	0	0	0	0	0	0	0
	港澳台刊物	21	0	0	0	0	0	0	0	0	0	0	0	0	0	0	0	0
研究与咨询报告(篇)	合计	22	1	0	0	0	0	0	0	0	0	0	0	0	1	0	0	0
	其中被采纳数	23	1	0	0	0	0	0	0	0	0	0	0	0	1	0	0	0

3.20 苏州经贸职业技术学院人文、社会科学研究与课题成果来源情况表

		课题来源															
		合计	国家社科基金项目	国家社科基金单列学科项目	教育部人文社科研究项目	高校古籍整理研究项目	国家自然科学基金项目	中央其他部门社科专门项目	省、市、自治区社科基金项目	省教育厅社科项目	地、市厅、局等政府部门项目	国际合作研究项目	与港、澳、台合作研究项目	企事业单位委托项目	学校社科项目	外资项目	其他项目
	编号	L01	L02	L03	L04	L05	L06	L07	L08	L09	L10	L11	L12	L13	L14	L15	L16
课题数(项)	1	160	0	0	5	0	0	0	0	27	50	0	0	46	32	0	0
当年投入人数(人/年)	2	34.5	0	0	2.1	0	0	0	0	7.2	13.3	0	0	8.1	3.8	0	0
其中研究生(人/年)	3	0	0	0	0	0	0	0	0	0	0	0	0	0	0	0	0
当年拨入经费(百元)	4	21 495.57	0	0	1 050	0	0	0	0	1 400	6 940	0	0	11 745.57	360	0	0
其中当年立项项目拨入经费(百元)	5	21 335.57	0	0	900	0	0	0	0	1 400	6 930	0	0	11 745.57	360	0	0
当年支出经费(百元)	6	19 584.57	0	0	720	0	0	0	0	1 008	7 110	0	0	10 429.07	317.5	0	0
当年新开课题数(项)	7	117	0	0	2	0	0	0	0	15	46	0	0	36	18	0	0
当年新开课题批准经费(百元)	8	22 235.57	0	0	1 800	0	0	0	0	1 400	6 930	0	0	11 745.57	360	0	0
当年完成课题数(项)	9	108	0	0	1	0	0	0	0	6	50	0	0	39	12	0	0

续表

出版著作（部）	合计	10	5	0	0	2	0	0	0	0	0	2	0	0	0	1	0	0
	专著	11	1	0	0	1	0	0	0	0	0	0	0	0	0	0	0	0
	编著教材	12	4	0	0	1	0	0	0	0	0	2	0	0	0	1	0	0
	工具书参考书	13	0	0	0	0	0	0	0	0	0	0	0	0	0	0	0	0
古籍整理（部）		14	0	0	0	0	0	0	0	0	0	0	0	0	0	0	0	0
译著（部）		15	0	0	0	0	0	0	0	0	0	0	0	0	0	0	0	0
发表译文（篇）		16	0	0	0	0	0	0	0	0	0	0	0	0	0	0	0	0
电子出版物（件）		17	0	0	0	0	0	0	0	0	0	0	0	0	0	0	0	0
发表论文（篇）	合计	18	70	0	0	7	0	0	0	0	20	22	0	0	1	20	0	0
	国内学术刊物	19	70	0	0	7	0	0	0	0	20	22	0	0	1	20	0	0
	国外学术刊物	20	0	0	0	0	0	0	0	0	0	0	0	0	0	0	0	0
	港澳台刊物	21	0	0	0	0	0	0	0	0	0	0	0	0	0	0	0	0
研究与咨询报告（篇）	合计	22	68	0	0	0	0	0	0	0	0	43	0	0	25	0	0	0
	其中被采纳数	23	28	0	0	0	0	0	0	0	0	5	0	0	23	0	0	0

3.21 苏州工业职业技术学院人文、社会科学研究与课题成果来源情况表

		课题来源															
		合计	国家社科基金项目	国家社科基金单列学科项目	教育部人文社科研究项目	高校古籍整理研究项目	国家自然科学基金项目	中央其他部门社科专门项目	省、市、自治区社科基金项目	省教育厅社科项目	地、市厅、局等政府部门项目	国际合作研究项目	与港、澳、台合作研究项目	企事业单位委托项目	学校社科项目	外资项目	其他项目
	编号	L01	L02	L03	L04	L05	L06	L07	L08	L09	L10	L11	L12	L13	L14	L15	L16
课题数(项)	1	112	0	0	0	0	0	0	0	14	41	0	0	37	20	0	0
当年投入人数(人/年)	2	21.4	0	0	0	0	0	0	0	3.3	11.7	0	0	4.4	2	0	0
其中研究生(人/年)	3	0	0	0	0	0	0	0	0	0	0	0	0	0	0	0	0
当年拨入经费(百元)	4	20 946	0	0	0	0	0	0	0	366	9 020	0	0	11 300	260	0	0
其中当年立项项目拨入经费(百元)	5	20 946	0	0	0	0	0	0	0	366	9 020	0	0	11 300	260	0	0
当年支出经费(百元)	6	13 529.5	0	0	0	0	0	0	0	90.5	6 679	0	0	6 500	260	0	0
当年新开课题数(项)	7	85	0	0	0	0	0	0	0	7	35	0	0	36	7	0	0
当年新开课题批准经费(百元)	8	20 946	0	0	0	0	0	0	0	366	9 020	0	0	11 300	260	0	0
当年完成课题数(项)	9	76	0	0	0	0	0	0	0	4	33	0	0	25	14	0	0

续表

出版著作(部)	合计	10	2	0	0	0	0	0	0	0	0	2	0	0	0	0	0	0
	专著	11	1	0	0	0	0	0	0	0	0	1	0	0	0	0	0	0
	编著教材	12	1	0	0	0	0	0	0	0	0	1	0	0	0	0	0	0
	工具书参考书	13	0	0	0	0	0	0	0	0	0	0	0	0	0	0	0	0
古籍整理(部)		14	0	0	0	0	0	0	0	0	0	0	0	0	0	0	0	0
译著(部)		15	0	0	0	0	0	0	0	0	0	0	0	0	0	0	0	0
发表译文(篇)		16	0	0	0	0	0	0	0	0	0	0	0	0	0	0	0	0
电子出版物(件)		17	0	0	0	0	0	0	0	0	0	0	0	0	0	0	0	0
发表论文(篇)	合计	18	78	0	0	0	0	0	0	0	9	43	0	0	17	9	0	0
	国内学术刊物	19	78	0	0	0	0	0	0	0	9	43	0	0	17	9	0	0
	国外学术刊物	20	0	0	0	0	0	0	0	0	0	0	0	0	0	0	0	0
	港澳台刊物	21	0	0	0	0	0	0	0	0	0	0	0	0	0	0	0	0
研究与咨询报告(篇)	合计	22	31	0	0	0	0	0	0	0	0	11	0	0	17	3	0	0
	其中被采纳数	23	31	0	0	0	0	0	0	0	0	11	0	0	17	3	0	0

3.22 苏州卫生职业技术学院人文、社会科学研究与课题成果来源情况表

		课题来源															
		合计	国家社科基金项目	国家社科基金单列学科项目	教育部人文社科研究项目	高校古籍整理研究项目	国家自然科学基金项目	中央其他部门社科专门项目	省、市、自治区社科基金项目	省教育厅社科项目	地、市厅、局等政府部门项目	国际合作研究项目	与港、澳、台合作研究项目	企事业单位委托项目	学校社科项目	外资项目	其他项目
	编号	L01	L02	L03	L04	L05	L06	L07	L08	L09	L10	L11	L12	L13	L14	L15	L16
课题数（项）	1	47	0	0	0	0	0	0	0	14	14	0	0	0	19	0	0
当年投入人数（人/年）	2	7.1	0	0	0	0	0	0	0	2.3	2.8	0	0	0	2	0	0
其中研究生（人/年）	3	0	0	0	0	0	0	0	0	0	0	0	0	0	0	0	0
当年拨入经费（百元）	4	1 615	0	0	0	0	0	0	0	400	885	0	0	0	330	0	0
其中当年立项项目拨入经费（百元）	5	1 615	0	0	0	0	0	0	0	400	885	0	0	0	330	0	0
当年支出经费（百元）	6	1 193.56	0	0	0	0	0	0	0	445.01	461.5	0	0	0	287.05	0	0
当年新开课题数（项）	7	19	0	0	0	0	0	0	0	4	9	0	0	0	6	0	0
当年新开课题批准经费（百元）	8	1 615	0	0	0	0	0	0	0	400	885	0	0	0	330	0	0
当年完成课题数（项）	9	9	0	0	0	0	0	0	0	4	1	0	0	0	4	0	0

续表

出版著作(部)	合计	10	0	0	0	0	0	0	0	0	0	0	0	0	0	0	0	0
	专著	11	0	0	0	0	0	0	0	0	0	0	0	0	0	0	0	0
	编著教材	12	0	0	0	0	0	0	0	0	0	0	0	0	0	0	0	0
	工具书参考书	13	0	0	0	0	0	0	0	0	0	0	0	0	0	0	0	0
古籍整理(部)		14	0	0	0	0	0	0	0	0	0	0	0	0	0	0	0	0
译著(部)		15	0	0	0	0	0	0	0	0	0	0	0	0	0	0	0	0
发表译文(篇)		16	0	0	0	0	0	0	0	0	0	0	0	0	0	0	0	0
电子出版物(件)		17	0	0	0	0	0	0	0	0	0	0	0	0	0	0	0	0
发表论文(篇)	合计	18	26	0	0	0	0	0	0	0	13	5	0	0	0	8	0	0
	国内学术刊物	19	26	0	0	0	0	0	0	0	13	5	0	0	0	8	0	0
	国外学术刊物	20	0	0	0	0	0	0	0	0	0	0	0	0	0	0	0	0
	港澳台刊物	21	0	0	0	0	0	0	0	0	0	0	0	0	0	0	0	0
研究与咨询报告(篇)	合计	22	5	0	0	0	0	0	0	0	5	0	0	0	0	0	0	0
	其中被采纳数	23	0	0	0	0	0	0	0	0	0	0	0	0	0	0	0	0

3.23 无锡商业职业技术学院人文、社会科学研究与课题成果来源情况表

		课题来源															
		合计	国家社科基金项目	国家社科基金单列学科项目	教育部人文社科研究项目	高校古籍整理研究项目	国家自然科学基金项目	中央其他部门社科专门项目	省、市、自治区社科基金项目	省教育厅社科项目	地、市厅、局等政府部门项目	国际合作研究项目	与港、澳、台合作研究项目	企事业单位委托项目	学校社科项目	外资项目	其他项目
	编号	L01	L02	L03	L04	L05	L06	L07	L08	L09	L10	L11	L12	L13	L14	L15	L16
课题数（项）	1	84	0	0	2	0	0	0	4	35	4	0	0	5	34	0	0
当年投入人数（人/年）	2	23.5	0	0	0.6	0	0	0	1.2	10.3	1.2	0	0	0.5	9.7	0	0
其中研究生（人/年）	3	0	0	0	0	0	0	0	0	0	0	0	0	0	0	0	0
当年拨入经费（百元）	4	3 910	0	0	1 000	0	0	0	0	1 470	140	0	0	700	600	0	0
其中当年立项项目拨入经费（百元）	5	3 910	0	0	1 000	0	0	0	0	1 470	140	0	0	700	600	0	0
当年支出经费（百元）	6	2 520	0	0	500	0	0	0	240	1 030	70	0	0	370	310	0	0
当年新开课题数（项）	7	53	0	0	1	0	0	0	0	18	4	0	0	5	25	0	0
当年新开课题批准经费（百元）	8	4 410	0	0	1 500	0	0	0	0	1 470	140	0	0	700	600	0	0
当年完成课题数（项）	9	12	0	0	0	0	0	0	0	3	0	0	0	0	9	0	0

续表

出版著作（部）	合计	10	0	0	0	0	0	0	0	0	0	0	0	0	0	0	0	0
	专著	11	0	0	0	0	0	0	0	0	0	0	0	0	0	0	0	0
	编著教材	12	0	0	0	0	0	0	0	0	0	0	0	0	0	0	0	0
	工具书参考书	13	0	0	0	0	0	0	0	0	0	0	0	0	0	0	0	0
古籍整理（部）		14	0	0	0	0	0	0	0	0	0	0	0	0	0	0	0	0
译著（部）		15	0	0	0	0	0	0	0	0	0	0	0	0	0	0	0	0
发表译文（篇）		16	0	0	0	0	0	0	0	0	0	0	0	0	0	0	0	0
电子出版物（件）		17	0	0	0	0	0	0	0	0	0	0	0	0	0	0	0	0
发表论文（篇）	合计	18	59	0	0	2	0	0	0	3	23	0	0	0	0	31	0	0
	国内学术刊物	19	59	0	0	2	0	0	0	3	23	0	0	0	0	31	0	0
	国外学术刊物	20	0	0	0	0	0	0	0	0	0	0	0	0	0	0	0	0
	港澳台刊物	21	0	0	0	0	0	0	0	0	0	0	0	0	0	0	0	0
研究与咨询报告（篇）	合计	22	1	0	0	0	0	0	0	0	0	0	0	0	1	0	0	0
	其中被采纳数	23	1	0	0	0	0	0	0	0	0	0	0	0	1	0	0	0

3.24 南通航运职业技术学院人文、社会科学研究与课题成果来源情况表

		课题来源															
		合计	国家社科基金项目	国家社科基金单列学科项目	教育部人文社科研究项目	高校古籍整理研究项目	国家自然科学基金项目	中央其他部门社科专门项目	省、市、自治区社科基金项目	省教育厅社科项目	地、市厅、局等政府部门项目	国际合作研究项目	与港、澳、台合作研究项目	企事业单位委托项目	学校社科项目	外资项目	其他项目
	编号	L01	L02	L03	L04	L05	L06	L07	L08	L09	L10	L11	L12	L13	L14	L15	L16
课题数（项）	1	149	0	0	0	0	0	0	4	29	23	0	0	28	65	0	0
当年投入人数（人/年）	2	20.3	0	0	0	0	0	0	0.6	3.9	3.1	0	0	4.8	7.9	0	0
其中研究生（人/年）	3	0	0	0	0	0	0	0	0	0	0	0	0	0	0	0	0
当年拨入经费（百元）	4	3 541	0	0	0	0	0	0	140	960	486	0	0	555	1 400	0	0
其中当年立项项目拨入经费（百元）	5	3 541	0	0	0	0	0	0	140	960	486	0	0	555	1 400	0	0
当年支出经费（百元）	6	2 030	0	0	0	0	0	0	76.5	544.5	313	0	0	219	877	0	0
当年新开课题数（项）	7	99	0	0	0	0	0	0	4	13	5	0	0	23	54	0	0
当年新开课题批准经费（百元）	8	3 556	0	0	0	0	0	0	140	960	486	0	0	555	1 415	0	0
当年完成课题数（项）	9	35	0	0	0	0	0	0	0	9	7	0	0	8	11	0	0

续表

出版著作(部)	合计	10	0	0	0	0	0	0	0	0	0	0	0	0	0	0	0	0
	专著	11	0	0	0	0	0	0	0	0	0	0	0	0	0	0	0	0
	编著教材	12	0	0	0	0	0	0	0	0	0	0	0	0	0	0	0	0
	工具书参考书	13	0	0	0	0	0	0	0	0	0	0	0	0	0	0	0	0
古籍整理(部)		14	0	0	0	0	0	0	0	0	0	0	0	0	0	0	0	0
译著(部)		15	0	0	0	0	0	0	0	0	0	0	0	0	0	0	0	0
发表译文(篇)		16	0	0	0	0	0	0	0	0	0	0	0	0	0	0	0	0
电子出版物(件)		17	0	0	0	0	0	0	0	0	0	0	0	0	0	0	0	0
发表论文(篇)	合计	18	100	0	0	0	0	0	0	8	29	13	0	0	24	26	0	0
	国内学术刊物	19	100	0	0	0	0	0	0	8	29	13	0	0	24	26	0	0
	国外学术刊物	20	0	0	0	0	0	0	0	0	0	0	0	0	0	0	0	0
	港澳台刊物	21	0	0	0	0	0	0	0	0	0	0	0	0	0	0	0	0
研究与咨询报告(篇)	合计	22	6	0	0	0	0	0	0	0	0	0	0	0	6	0	0	0
	其中被采纳数	23	2	0	0	0	0	0	0	0	0	0	0	0	2	0	0	0

3.25 南京交通职业技术学院人文、社会科学研究与课题成果来源情况表

		课题来源															
		合计	国家社科基金项目	国家社科基金单列学科项目	教育部人文社科研究项目	高校古籍整理研究项目	国家自然科学基金项目	中央其他部门社科专门项目	省、市、自治区社科基金项目	省教育厅社科项目	地、市厅、局等政府部门项目	国际合作研究项目	与港、澳、台合作研究项目	企事业单位委托项目	学校社科项目	外资项目	其他项目
	编号	L01	L02	L03	L04	L05	L06	L07	L08	L09	L10	L11	L12	L13	L14	L15	L16
课题数（项）	1	122	0	0	1	0	0	0	0	24	22	0	0	8	67	0	0
当年投入人数（人/年）	2	29.5	0	0	0.6	0	0	0	0	4.7	4.2	0	0	1.3	18.7	0	0
其中研究生（人/年）	3	0	0	0	0	0	0	0	0	0	0	0	0	0	0	0	0
当年拨入经费（百元）	4	6 220	0	0	0	0	0	0	0	1 800	280	0	0	3 500	640	0	0
其中当年立项项目拨入经费（百元）	5	6 060	0	0	0	0	0	0	0	1 640	280	0	0	3 500	640	0	0
当年支出经费（百元）	6	2 563.5	0	0	122	0	0	0	0	610	488.7	0	0	432.5	910.3	0	0
当年新开课题数（项）	7	38	0	0	0	0	0	0	0	12	5	0	0	8	13	0	0
当年新开课题批准经费（百元）	8	9 060	0	0	0	0	0	0	0	1 640	3 280	0	0	3 500	640	0	0
当年完成课题数（项）	9	20	0	0	0	0	0	0	0	4	3	0	0	3	10	0	0

续表

出版著作（部）	合计	10	3	0	0	0	0	0	0	0	0	0	0	0	0	3	0	0
	专著	11	0	0	0	0	0	0	0	0	0	0	0	0	0	0	0	0
	编著教材	12	3	0	0	0	0	0	0	0	0	0	0	0	0	3	0	0
	工具书参考书	13	0	0	0	0	0	0	0	0	0	0	0	0	0	0	0	0
古籍整理（部）		14	0	0	0	0	0	0	0	0	0	0	0	0	0	0	0	0
译著（部）		15	0	0	0	0	0	0	0	0	0	0	0	0	0	0	0	0
发表译文（篇）		16	0	0	0	0	0	0	0	0	0	0	0	0	0	0	0	0
电子出版物（件）		17	0	0	0	0	0	0	0	0	0	0	0	0	0	0	0	0
发表论文（篇）	合计	18	87	0	0	0	0	0	0	0	8	21	0	0	0	58	0	0
	国内学术刊物	19	87	0	0	0	0	0	0	0	8	21	0	0	0	58	0	0
	国外学术刊物	20	0	0	0	0	0	0	0	0	0	0	0	0	0	0	0	0
	港澳台刊物	21	0	0	0	0	0	0	0	0	0	0	0	0	0	0	0	0
研究与咨询报告（篇）	合计	22	3	0	0	0	0	0	0	0	0	0	0	0	3	0	0	0
	其中被采纳数	23	3	0	0	0	0	0	0	0	0	0	0	0	3	0	0	0

3.26 淮安信息职业技术学院人文、社会科学研究与课题成果来源情况表

		课题来源															
		合计	国家社科基金项目	国家社科基金单列学科项目	教育部人文社科研究项目	高校古籍整理研究项目	国家自然科学基金项目	中央其他部门社科专门项目	省、市、自治区社科基金项目	省教育厅社科项目	地、市厅、局等政府部门项目	国际合作研究项目	与港、澳、台合作研究项目	企事业单位委托项目	学校社科项目	外资项目	其他项目
	编号	L01	L02	L03	L04	L05	L06	L07	L08	L09	L10	L11	L12	L13	L14	L15	L16
课题数(项)	1	146	0	0	0	0	0	0	0	27	32	0	0	4	65	0	18
当年投入人数(人/年)	2	15	0	0	0	0	0	0	0	2.7	3.6	0	0	0.4	6.5	0	1.8
其中研究生(人/年)	3	0	0	0	0	0	0	0	0	0	0	0	0	0	0	0	0
当年拨入经费(百元)	4	3 260	0	0	0	0	0	0	0	1 160	1 080	0	0	0	720	0	300
其中当年立项项目拨入经费(百元)	5	3 260	0	0	0	0	0	0	0	1 160	1 080	0	0	0	720	0	300
当年支出经费(百元)	6	4 809.9	0	0	0	0	0	0	0	1 631.2	1 399.8	0	0	117	480	0	1 181.9
当年新开课题数(项)	7	46	0	0	0	0	0	0	0	9	13	0	0	0	21	0	3
当年新开课题批准经费(百元)	8	3 260	0	0	0	0	0	0	0	1 160	1 080	0	0	0	720	0	300
当年完成课题数(项)	9	57	0	0	0	0	0	0	0	6	14	0	0	2	28	0	7

续表

出版著作（部）	合计	10	4	0	0	0	0	0	0	0	2	2	0	0	0	0	0	0
	专著	11	4	0	0	0	0	0	0	0	2	2	0	0	0	0	0	0
	编著教材	12	0	0	0	0	0	0	0	0	0	0	0	0	0	0	0	0
	工具书参考书	13	0	0	0	0	0	0	0	0	0	0	0	0	0	0	0	0
古籍整理（部）		14	0	0	0	0	0	0	0	0	0	0	0	0	0	0	0	0
译著（部）		15	0	0	0	0	0	0	0	0	0	0	0	0	0	0	0	0
发表译文（篇）		16	0	0	0	0	0	0	0	0	0	0	0	0	0	0	0	0
电子出版物（件）		17	0	0	0	0	0	0	0	0	0	0	0	0	0	0	0	0
发表论文（篇）	合计	18	107	0	0	0	0	0	0	0	22	23	0	0	0	47	0	15
	国内学术刊物	19	107	0	0	0	0	0	0	0	22	23	0	0	0	47	0	15
	国外学术刊物	20	0	0	0	0	0	0	0	0	0	0	0	0	0	0	0	0
	港澳台刊物	21	0	0	0	0	0	0	0	0	0	0	0	0	0	0	0	0
研究与咨询报告（篇）	合计	22	2	0	0	0	0	0	0	0	0	0	0	0	2	0	0	0
	其中被采纳数	23	0	0	0	0	0	0	0	0	0	0	0	0	0	0	0	0

3.27 江苏农牧科技职业学院人文、社会科学研究与课题成果来源情况表

		课题来源															
		合计	国家社科基金项目	国家社科基金单列学科项目	教育部人文社科研究项目	高校古籍整理研究项目	国家自然科学基金项目	中央其他部门社科专门项目	省、市、自治区社科基金项目	省教育厅社科项目	地、市厅、局等政府部门项目	国际合作研究项目	与港、澳、台合作研究项目	企事业单位委托项目	学校社科项目	外资项目	其他项目
	编号	L01	L02	L03	L04	L05	L06	L07	L08	L09	L10	L11	L12	L13	L14	L15	L16
课题数（项）	1	16	0	0	0	0	0	0	0	16	0	0	0	0	0	0	0
当年投入人数（人/年）	2	0.8	0	0	0	0	0	0	0	0.8	0	0	0	0	0	0	0
其中研究生（人/年）	3	0	0	0	0	0	0	0	0	0	0	0	0	0	0	0	0
当年拨入经费（百元）	4	700	0	0	0	0	0	0	0	700	0	0	0	0	0	0	0
其中当年立项项目拨入经费（百元）	5	700	0	0	0	0	0	0	0	700	0	0	0	0	0	0	0
当年支出经费（百元）	6	10	0	0	0	0	0	0	0	10	0	0	0	0	0	0	0
当年新开课题数（项）	7	10	0	0	0	0	0	0	0	10	0	0	0	0	0	0	0
当年新开课题批准经费（百元）	8	700	0	0	0	0	0	0	0	700	0	0	0	0	0	0	0
当年完成课题数（项）	9	0	0	0	0	0	0	0	0	0	0	0	0	0	0	0	0

续表

出版著作（部）	合计	10	0	0	0	0	0	0	0	0	0	0	0	0	0	0	0	0
	专著	11	0	0	0	0	0	0	0	0	0	0	0	0	0	0	0	0
	编著教材	12	0	0	0	0	0	0	0	0	0	0	0	0	0	0	0	0
	工具书参考书	13	0	0	0	0	0	0	0	0	0	0	0	0	0	0	0	0
古籍整理（部）		14	0	0	0	0	0	0	0	0	0	0	0	0	0	0	0	0
译著（部）		15	0	0	0	0	0	0	0	0	0	0	0	0	0	0	0	0
发表译文（篇）		16	0	0	0	0	0	0	0	0	0	0	0	0	0	0	0	0
电子出版物（件）		17	0	0	0	0	0	0	0	0	0	0	0	0	0	0	0	0
发表论文（篇）	合计	18	3	0	0	0	0	0	0	0	1	0	0	0	0	2	0	0
	国内学术刊物	19	3	0	0	0	0	0	0	0	1	0	0	0	0	2	0	0
	国外学术刊物	20	0	0	0	0	0	0	0	0	0	0	0	0	0	0	0	0
	港澳台刊物	21	0	0	0	0	0	0	0	0	0	0	0	0	0	0	0	0
研究与咨询报告（篇）	合计	22	0	0	0	0	0	0	0	0	0	0	0	0	0	0	0	0
	其中被采纳数	23	0	0	0	0	0	0	0	0	0	0	0	0	0	0	0	0

3.28 常州纺织服装职业技术学院人文、社会科学研究与课题成果来源情况表

		课题来源															
		合计	国家社科基金项目	国家社科基金单列学科项目	教育部人文社科研究项目	高校古籍整理研究项目	国家自然科学基金项目	中央其他部门社科专门项目	省、市、自治区社科基金项目	省教育厅社科项目	地、市厅、局等政府部门项目	国际合作研究项目	与港、澳、台合作研究项目	企事业单位委托项目	学校社科项目	外资项目	其他项目
	编号	L01	L02	L03	L04	L05	L06	L07	L08	L09	L10	L11	L12	L13	L14	L15	L16
课题数（项）	1	150	0	0	0	0	0	0	5	25	22	0	0	4	92	0	2
当年投入人数（人/年）	2	40.3	0	0	0	0	0	0	1.5	7.5	4.5	0	0	1.3	25.1	0	0.4
其中研究生（人/年）	3	0	0	0	0	0	0	0	0	0	0	0	0	0	0	0	0
当年拨入经费（百元）	4	3 370	0	0	0	0	0	0	0	740	1 020	0	0	150	1 410	0	50
其中当年立项项目拨入经费（百元）	5	3 090	0	0	0	0	0	0	0	740	970	0	0	150	1 180	0	50
当年支出经费（百元）	6	4 579	0	0	0	0	0	0	208	1 580	270	0	0	50	2 471	0	0
当年新开课题数（项）	7	76	0	0	0	0	0	0	0	12	16	0	0	2	44	0	2
当年新开课题批准经费（百元）	8	4 230	0	0	0	0	0	0	0	1 080	1 220	0	0	150	1 730	0	50
当年完成课题数（项）	9	58	0	0	0	0	0	0	2	5	4	0	0	2	45	0	0

续表

出版著作(部)	合计	10	6	0	0	0	0	0	0	0	0	0	0	0	0	5	0	1
	专著	11	2	0	0	0	0	0	0	0	0	0	0	0	0	1	0	1
	编著教材	12	4	0	0	0	0	0	0	0	0	0	0	0	0	4	0	0
	工具书参考书	13	0	0	0	0	0	0	0	0	0	0	0	0	0	0	0	0
古籍整理(部)		14	0	0	0	0	0	0	0	0	0	0	0	0	0	0	0	0
译著(部)		15	0	0	0	0	0	0	0	0	0	0	0	0	0	0	0	0
发表译文(篇)		16	0	0	0	0	0	0	0	0	0	0	0	0	0	0	0	0
电子出版物(件)		17	0	0	0	0	0	0	0	0	0	0	0	0	0	0	0	0
发表论文(篇)	合计	18	236	0	0	0	0	0	0	5	23	37	0	0	0	171	0	0
	国内学术刊物	19	236	0	0	0	0	0	0	5	23	37	0	0	0	171	0	0
	国外学术刊物	20	0	0	0	0	0	0	0	0	0	0	0	0	0	0	0	0
	港澳台刊物	21	0	0	0	0	0	0	0	0	0	0	0	0	0	0	0	0
研究与咨询报告(篇)	合计	22	2	0	0	0	0	0	0	0	0	0	0	0	2	0	0	0
	其中被采纳数	23	2	0	0	0	0	0	0	0	0	0	0	0	2	0	0	0

3.29 苏州农业职业技术学院人文、社会科学研究与课题成果来源情况表

		课题来源															
		合计	国家社科基金项目	国家社科基金单列学科项目	教育部人文社科研究项目	高校古籍整理研究项目	国家自然科学基金项目	中央其他部门社科专门项目	省、市、自治区社科基金项目	省教育厅社科项目	地、市厅、局等政府部门项目	国际合作研究项目	与港、澳、台合作研究项目	企事业单位委托项目	学校社科项目	外资项目	其他项目
	编号	L01	L02	L03	L04	L05	L06	L07	L08	L09	L10	L11	L12	L13	L14	L15	L16
课题数（项）	1	105	0	0	1	0	0	2	0	21	38	0	0	20	23	0	0
当年投入人数（人/年）	2	22.5	0	0	0.2	0	0	0.6	0	4.3	7.8	0	0	5.3	4.3	0	0
其中研究生（人/年）	3	0	0	0	0	0	0	0	0	0	0	0	0	0	0	0	0
当年拨入经费（百元）	4	4 430	0	0	0	0	0	1 030	0	330	2 370	0	0	520	180	0	0
其中当年立项项目拨入经费（百元）	5	4 430	0	0	0	0	0	1 030	0	330	2 370	0	0	520	180	0	0
当年支出经费（百元）	6	5 011	0	0	155	0	0	1 015	0	353	2 594	0	0	434	460	0	0
当年新开课题数（项）	7	51	0	0	0	0	0	2	0	6	19	0	0	18	6	0	0
当年新开课题批准经费（百元）	8	4 630	0	0	0	0	0	1 030	0	380	2 370	0	0	670	180	0	0
当年完成课题数（项）	9	54	0	0	0	0	0	1	0	9	23	0	0	4	17	0	0

续表

出版著作（部）	合计	10	1	0	0	0	0	0	0	0	0	0	0	0	0	1	0	0
	专著	11	0	0	0	0	0	0	0	0	0	0	0	0	0	0	0	0
	编著教材	12	1	0	0	0	0	0	0	0	0	0	0	0	0	1	0	0
	工具书参考书	13	0	0	0	0	0	0	0	0	0	0	0	0	0	0	0	0
古籍整理（部）		14	0	0	0	0	0	0	0	0	0	0	0	0	0	0	0	0
译著（部）		15	0	0	0	0	0	0	0	0	0	0	0	0	0	0	0	0
发表译文（篇）		16	0	0	0	0	0	0	0	0	0	0	0	0	0	0	0	0
电子出版物（件）		17	0	0	0	0	0	0	0	0	0	0	0	0	0	0	0	0
发表论文（篇）	合计	18	45	0	0	1	0	0	0	0	10	21	0	0	0	13	0	0
	国内学术刊物	19	45	0	0	1	0	0	0	0	10	21	0	0	0	13	0	0
	国外学术刊物	20	0	0	0	0	0	0	0	0	0	0	0	0	0	0	0	0
	港澳台刊物	21	0	0	0	0	0	0	0	0	0	0	0	0	0	0	0	0
研究与咨询报告（篇）	合计	22	4	0	0	0	0	0	0	0	0	0	0	0	4	0	0	0
	其中被采纳数	23	0	0	0	0	0	0	0	0	0	0	0	0	0	0	0	0

3.30 南京化工职业技术学院人文、社会科学研究与课题成果来源情况表

		课题来源															
		合计	国家社科基金项目	国家社科基金单列学科项目	教育部人文社科研究项目	高校古籍整理研究项目	国家自然科学基金项目	中央其他部门社科专门项目	省、市、自治区社科基金项目	省教育厅社科项目	地、市厅、局等政府部门项目	国际合作研究项目	与港、澳、台合作研究项目	企事业单位委托项目	学校社科项目	外资项目	其他项目
	编号	L01	L02	L03	L04	L05	L06	L07	L08	L09	L10	L11	L12	L13	L14	L15	L16
课题数（项）	1	75	0	0	1	0	0	0	0	31	6	0	0	0	37	0	0
当年投入人数（人/年）	2	11.9	0	0	0.3	0	0	0	0	4.4	1.2	0	0	0	6	0	0
其中研究生（人/年）	3	0	0	0	0	0	0	0	0	0	0	0	0	0	0	0	0
当年拨入经费（百元）	4	1 275	0	0	0	0	0	0	0	735	130	0	0	0	410	0	0
其中当年立项项目拨入经费（百元）	5	820	0	0	0	0	0	0	0	520	0	0	0	0	300	0	0
当年支出经费（百元）	6	1 395	0	0	50	0	0	0	0	805	130	0	0	0	410	0	0
当年新开课题数（项）	7	30	0	0	0	0	0	0	0	13	0	0	0	0	17	0	0
当年新开课题批准经费（百元）	8	880	0	0	0	0	0	0	0	580	0	0	0	0	300	0	0
当年完成课题数（项）	9	24	0	0	0	0	0	0	0	4	4	0	0	0	16	0	0

续表

出版著作（部）	合计	10	1	0	0	0	0	0	0	0	0	1	0	0	0	0	0	0
	专著	11	0	0	0	0	0	0	0	0	0	0	0	0	0	0	0	0
	编著教材	12	1	0	0	0	0	0	0	0	0	1	0	0	0	0	0	0
	工具书参考书	13	0	0	0	0	0	0	0	0	0	0	0	0	0	0	0	0
古籍整理（部）		14	0	0	0	0	0	0	0	0	0	0	0	0	0	0	0	0
译著（部）		15	0	0	0	0	0	0	0	0	0	0	0	0	0	0	0	0
发表译文（篇）		16	0	0	0	0	0	0	0	0	0	0	0	0	0	0	0	0
电子出版物（件）		17	0	0	0	0	0	0	0	0	0	0	0	0	0	0	0	0
发表论文（篇）	合计	18	20	0	0	0	0	0	0	0	3	3	0	0	0	14	0	0
	国内学术刊物	19	20	0	0	0	0	0	0	0	3	3	0	0	0	14	0	0
	国外学术刊物	20	0	0	0	0	0	0	0	0	0	0	0	0	0	0	0	0
	港澳台刊物	21	0	0	0	0	0	0	0	0	0	0	0	0	0	0	0	0
研究与咨询报告（篇）	合计	22	0	0	0	0	0	0	0	0	0	0	0	0	0	0	0	0
	其中被采纳数	23	0	0	0	0	0	0	0	0	0	0	0	0	0	0	0	0

3.31 常州轻工职业技术学院人文、社会科学研究与课题成果来源情况表

	编号	合计	课题来源														
			国家社科基金项目	国家社科基金单列学科项目	教育部人文社科研究项目	高校古籍整理研究项目	国家自然科学基金项目	中央其他部门社科专门项目	省、市、自治区社科基金项目	省教育厅社科项目	地、市厅、局等政府部门项目	国际合作研究项目	与港、澳、台合作研究项目	企事业单位委托项目	学校社科项目	外资项目	其他项目
		L01	L02	L03	L04	L05	L06	L07	L08	L09	L10	L11	L12	L13	L14	L15	L16
课题数(项)	1	105	0	0	0	0	0	0	3	29	3	0	0	29	21	0	20
当年投入人数(人/年)	2	46.5	0	0	0	0	0	0	0.4	12.1	0.7	0	0	15.8	13	0	4.5
其中研究生(人/年)	3	0	0	0	0	0	0	0	0	0	0	0	0	0	0	0	0
当年拨入经费(百元)	4	10 000	0	0	0	0	0	0	0	7 880	0	0	0	1 690	350	0	80
其中当年立项项目拨入经费(百元)	5	10 000	0	0	0	0	0	0	0	7 880	0	0	0	1 690	350	0	80
当年支出经费(百元)	6	3 520	0	0	0	0	0	0	360	1 570	170	0	0	370	70	0	980
当年新开课题数(项)	7	59	0	0	0	0	0	0	0	14	0	0	0	22	20	0	3
当年新开课题批准经费(百元)	8	10 000	0	0	0	0	0	0	0	7 880	0	0	0	1 690	350	0	80
当年完成课题数(项)	9	16	0	0	0	0	0	0	0	5	2	0	0	2	0	0	7

续表

出版著作（部）	合计	10	1	0	0	0	0	0	0	0	1	0	0	0	0	0	0	0
	专著	11	0	0	0	0	0	0	0	0	0	0	0	0	0	0	0	0
	编著教材	12	1	0	0	0	0	0	0	0	1	0	0	0	0	0	0	0
	工具书参考书	13	0	0	0	0	0	0	0	0	0	0	0	0	0	0	0	0
古籍整理（部）		14	0	0	0	0	0	0	0	0	0	0	0	0	0	0	0	0
译著（部）		15	0	0	0	0	0	0	0	0	0	0	0	0	0	0	0	0
发表译文（篇）		16	0	0	0	0	0	0	0	0	0	0	0	0	0	0	0	0
电子出版物（件）		17	0	0	0	0	0	0	0	0	0	0	0	0	0	0	0	0
发表论文（篇）	合计	18	110	0	0	0	0	0	0	3	16	3	0	0	40	40	0	8
	国内学术刊物	19	110	0	0	0	0	0	0	3	16	3	0	0	40	40	0	8
	国外学术刊物	20	0	0	0	0	0	0	0	0	0	0	0	0	0	0	0	0
	港澳台刊物	21	0	0	0	0	0	0	0	0	0	0	0	0	0	0	0	0
研究与咨询报告（篇）	合计	22	7	0	0	0	0	0	0	0	0	0	0	0	7	0	0	0
	其中被采纳数	23	7	0	0	0	0	0	0	0	0	0	0	0	7	0	0	0

3.32 常州工程职业技术学院人文、社会科学研究与课题成果来源情况表

		课题来源															
		合计	国家社科基金项目	国家社科基金单列学科项目	教育部人文社科研究项目	高校古籍整理研究项目	国家自然科学基金项目	中央其他部门社科专门项目	省、市、自治区社科基金项目	省教育厅社科项目	地、市厅、局等政府部门项目	国际合作研究项目	与港、澳、台合作研究项目	企事业单位委托项目	学校社科项目	外资项目	其他项目
	编号	L01	L02	L03	L04	L05	L06	L07	L08	L09	L10	L11	L12	L13	L14	L15	L16
课题数(项)	1	99	0	0	1	0	0	0	6	21	12	0	0	6	53	0	0
当年投入人数(人/年)	2	9	0	0	0.2	0	0	0	1	2.7	0.5	0	0	0.9	3.7	0	0
其中研究生(人/年)	3	0	0	0	0	0	0	0	0	0	0	0	0	0	0	0	0
当年拨入经费(百元)	4	2 652	0	0	0	0	0	0	0	1 180	832	0	0	0	640	0	0
其中当年立项项目拨入经费(百元)	5	2 652	0	0	0	0	0	0	0	1 180	832	0	0	0	640	0	0
当年支出经费(百元)	6	1 440	0	0	0	0	0	0	180	120	300	0	0	40	800	0	0
当年新开课题数(项)	7	39	0	0	0	0	0	0	0	8	9	0	0	0	22	0	0
当年新开课题批准经费(百元)	8	2 652	0	0	0	0	0	0	0	1 180	832	0	0	0	640	0	0
当年完成课题数(项)	9	29	0	0	0	0	0	0	2	4	2	0	0	2	19	0	0

续表

出版著作（部）	合计	10	0	0	0	0	0	0	0	0	0	0	0	0	0	0	0	0
	专著	11	0	0	0	0	0	0	0	0	0	0	0	0	0	0	0	0
	编著教材	12	0	0	0	0	0	0	0	0	0	0	0	0	0	0	0	0
	工具书参考书	13	0	0	0	0	0	0	0	0	0	0	0	0	0	0	0	0
古籍整理（部）		14	0	0	0	0	0	0	0	0	0	0	0	0	0	0	0	0
译著（部）		15	0	0	0	0	0	0	0	0	0	0	0	0	0	0	0	0
发表译文（篇）		16	0	0	0	0	0	0	0	0	0	0	0	0	0	0	0	0
电子出版物（件）		17	0	0	0	0	0	0	0	0	0	0	0	0	0	0	0	0
发表论文（篇）	合计	18	147	0	0	0	0	0	0	14	36	22	0	0	0	75	0	0
	国内学术刊物	19	146	0	0	0	0	0	0	14	36	22	0	0	0	74	0	0
	国外学术刊物	20	1	0	0	0	0	0	0	0	0	0	0	0	0	1	0	0
	港澳台刊物	21	0	0	0	0	0	0	0	0	0	0	0	0	0	0	0	0
研究与咨询报告（篇）	合计	22	2	0	0	0	0	0	0	0	0	0	0	0	2	0	0	0
	其中被采纳数	23	2	0	0	0	0	0	0	0	0	0	0	0	2	0	0	0

3.33 江苏农林职业技术学院人文、社会科学研究与课题成果来源情况表

		课题来源															
		合计	国家社科基金项目	国家社科基金单列学科项目	教育部人文社科研究项目	高校古籍整理研究项目	国家自然科学基金项目	中央其他部门社科专门项目	省、市、自治区社科基金项目	省教育厅社科项目	地、市厅、局等政府部门项目	国际合作研究项目	与港、澳、台合作研究项目	企事业单位委托项目	学校社科项目	外资项目	其他项目
	编号	L01	L02	L03	L04	L05	L06	L07	L08	L09	L10	L11	L12	L13	L14	L15	L16
课题数（项）	1	6	0	0	0	0	0	0	0	3	0	0	0	0	0	0	3
当年投入人数（人/年）	2	2	0	0	0	0	0	0	0	1	0	0	0	0	0	0	1
其中研究生（人/年）	3	0	0	0	0	0	0	0	0	0	0	0	0	0	0	0	0
当年拨入经费（百元）	4	390	0	0	0	0	0	0	0	300	0	0	0	0	0	0	90
其中当年立项项目拨入经费（百元）	5	390	0	0	0	0	0	0	0	300	0	0	0	0	0	0	90
当年支出经费（百元）	6	345	0	0	0	0	0	0	0	270	0	0	0	0	0	0	75
当年新开课题数（项）	7	6	0	0	0	0	0	0	0	3	0	0	0	0	0	0	3
当年新开课题批准经费（百元）	8	390	0	0	0	0	0	0	0	300	0	0	0	0	0	0	90
当年完成课题数（项）	9	0	0	0	0	0	0	0	0	0	0	0	0	0	0	0	0

续表

出版著作（部）	合计	10	0	0	0	0	0	0	0	0	0	0	0	0	0	0	0	0
	专著	11	0	0	0	0	0	0	0	0	0	0	0	0	0	0	0	0
	编著教材	12	0	0	0	0	0	0	0	0	0	0	0	0	0	0	0	0
	工具书参考书	13	0	0	0	0	0	0	0	0	0	0	0	0	0	0	0	0
古籍整理（部）		14	0	0	0	0	0	0	0	0	0	0	0	0	0	0	0	0
译著（部）		15	0	0	0	0	0	0	0	0	0	0	0	0	0	0	0	0
发表译文（篇）		16	0	0	0	0	0	0	0	0	0	0	0	0	0	0	0	0
电子出版物（件）		17	0	0	0	0	0	0	0	0	0	0	0	0	0	0	0	0
发表论文（篇）	合计	18	6	0	0	0	0	0	0	0	3	0	0	0	0	0	0	3
	国内学术刊物	19	6	0	0	0	0	0	0	0	3	0	0	0	0	0	0	3
	国外学术刊物	20	0	0	0	0	0	0	0	0	0	0	0	0	0	0	0	0
	港澳台刊物	21	0	0	0	0	0	0	0	0	0	0	0	0	0	0	0	0
研究与咨询报告（篇）	合计	22	0	0	0	0	0	0	0	0	0	0	0	0	0	0	0	0
	其中被采纳数	23	0	0	0	0	0	0	0	0	0	0	0	0	0	0	0	0

3.34 江苏食品药品职业技术学院人文、社会科学研究与课题成果来源情况表

		课题来源															
		合计	国家社科基金项目	国家社科基金单列学科项目	教育部人文社科研究项目	高校古籍整理研究项目	国家自然科学基金项目	中央其他部门社科专门项目	省、市、自治区社科基金项目	省教育厅社科项目	地、市厅、局等政府部门项目	国际合作研究项目	与港、澳、台合作研究项目	企事业单位委托项目	学校社科项目	外资项目	其他项目
	编号	L01	L02	L03	L04	L05	L06	L07	L08	L09	L10	L11	L12	L13	L14	L15	L16
课题数（项）	1	99	0	0	0	0	0	1	1	28	25	0	0	37	7	0	0
当年投入人数（人/年）	2	39	0	0	0	0	0	0.6	0.2	11.1	9.6	0	0	14.7	2.8	0	0
其中研究生（人/年）	3	0	0	0	0	0	0	0	0	0	0	0	0	0	0	0	0
当年拨入经费（百元）	4	36 680	0	0	0	0	0	120	100	1 340	1 580	0	0	32 920	620	0	0
其中当年立项项目拨入经费（百元）	5	35 500	0	0	0	0	0	0	100	1 340	700	0	0	32 920	440	0	0
当年支出经费（百元）	6	33 656	0	0	0	0	0	260	65	1 526	1 875	0	0	29 560	370	0	0
当年新开课题数（项）	7	48	0	0	0	0	0	0	1	8	7	0	0	28	4	0	0
当年新开课题批准经费（百元）	8	39 600	0	0	0	0	0	0	100	1 340	700	0	0	37 020	440	0	0
当年完成课题数（项）	9	26	0	0	0	0	0	1	0	10	7	0	0	8	0	0	0

续表

出版著作(部)	合计	10	1	0	0	0	0	0	0	0	1	0	0	0	0	0	0	0
	专著	11	0	0	0	0	0	0	0	0	0	0	0	0	0	0	0	0
	编著教材	12	1	0	0	0	0	0	0	0	1	0	0	0	0	0	0	0
	工具书参考书	13	0	0	0	0	0	0	0	0	0	0	0	0	0	0	0	0
古籍整理(部)		14	0	0	0	0	0	0	0	0	0	0	0	0	0	0	0	0
译著(部)		15	0	0	0	0	0	0	0	0	0	0	0	0	0	0	0	0
发表译文(篇)		16	0	0	0	0	0	0	0	0	0	0	0	0	0	0	0	0
电子出版物(件)		17	0	0	0	0	0	0	0	0	0	0	0	0	0	0	0	0
发表论文(篇)	合计	18	34	0	0	0	0	0	0	8	12	6	0	0	5	3	0	0
	国内学术刊物	19	34	0	0	0	0	0	0	8	12	6	0	0	5	3	0	0
	国外学术刊物	20	0	0	0	0	0	0	0	0	0	0	0	0	0	0	0	0
	港澳台刊物	21	0	0	0	0	0	0	0	0	0	0	0	0	0	0	0	0
研究与咨询报告(篇)	合计	22	8	0	0	0	0	0	0	0	0	1	0	0	7	0	0	0
	其中被采纳数	23	8	0	0	0	0	0	0	0	0	1	0	0	7	0	0	0

3.35 徐州工业职业技术学院人文、社会科学研究与课题成果来源情况表

		课题来源															
		合计	国家社科基金项目	国家社科基金单列学科项目	教育部人文社科研究项目	高校古籍整理研究项目	国家自然科学基金项目	中央其他部门社科专门项目	省、市、自治区社科基金项目	省教育厅社科项目	地、市厅、局等政府部门项目	国际合作研究项目	与港、澳、台合作研究项目	企事业单位委托项目	学校社科项目	外资项目	其他项目
	编号	L01	L02	L03	L04	L05	L06	L07	L08	L09	L10	L11	L12	L13	L14	L15	L16
课题数（项）	1	47	0	0	0	0	0	0	0	26	15	0	0	0	6	0	0
当年投入人数（人/年）	2	9.1	0	0	0	0	0	0	0	5.2	3.3	0	0	0	0.6	0	0
其中研究生（人/年）	3	0	0	0	0	0	0	0	0	0	0	0	0	0	0	0	0
当年拨入经费（百元）	4	3 220	0	0	0	0	0	0	0	1 820	1 300	0	0	0	100	0	0
其中当年立项项目拨入经费（百元）	5	3 220	0	0	0	0	0	0	0	1 820	1 300	0	0	0	100	0	0
当年支出经费（百元）	6	1 650	0	0	0	0	0	0	0	970	615	0	0	0	65	0	0
当年新开课题数（项）	7	25	0	0	0	0	0	0	0	12	11	0	0	0	2	0	0
当年新开课题批准经费（百元）	8	3 220	0	0	0	0	0	0	0	1 820	1 300	0	0	0	100	0	0
当年完成课题数（项）	9	6	0	0	0	0	0	0	0	2	0	0	0	0	4	0	0

续表

出版著作(部)	合计	10	0	0	0	0	0	0	0	0	0	0	0	0	0	0	0	0
	专著	11	0	0	0	0	0	0	0	0	0	0	0	0	0	0	0	0
	编著教材	12	0	0	0	0	0	0	0	0	0	0	0	0	0	0	0	0
	工具书参考书	13	0	0	0	0	0	0	0	0	0	0	0	0	0	0	0	0
古籍整理(部)		14	0	0	0	0	0	0	0	0	0	0	0	0	0	0	0	0
译著(部)		15	0	0	0	0	0	0	0	0	0	0	0	0	0	0	0	0
发表译文(篇)		16	0	0	0	0	0	0	0	0	0	0	0	0	0	0	0	0
电子出版物(件)		17	0	0	0	0	0	0	0	0	0	0	0	0	0	0	0	0
发表论文(篇)	合计	18	25	0	0	0	0	0	0	0	11	10	0	0	0	4	0	0
	国内学术刊物	19	25	0	0	0	0	0	0	0	11	10	0	0	0	4	0	0
	国外学术刊物	20	0	0	0	0	0	0	0	0	0	0	0	0	0	0	0	0
	港澳台刊物	21	0	0	0	0	0	0	0	0	0	0	0	0	0	0	0	0
研究与咨询报告(篇)	合计	22	0	0	0	0	0	0	0	0	0	0	0	0	0	0	0	0
	其中被采纳数	23	0	0	0	0	0	0	0	0	0	0	0	0	0	0	0	0

3.36 江苏信息职业技术学院人文、社会科学研究与课题成果来源情况表

		课题来源															
		合计	国家社科基金项目	国家社科基金单列学科项目	教育部人文社科研究项目	高校古籍整理研究项目	国家自然科学基金项目	中央其他部门社科专门项目	省、市、自治区社科基金项目	省教育厅社科项目	地、市厅、局等政府部门项目	国际合作研究项目	与港、澳、台合作研究项目	企事业单位委托项目	学校社科项目	外资项目	其他项目
	编号	L01	L02	L03	L04	L05	L06	L07	L08	L09	L10	L11	L12	L13	L14	L15	L16
课题数（项）	1	47	1	0	2	0	0	0	0	25	10	0	0	6	3	0	0
当年投入人数（人/年）	2	11.7	0.3	0	0.6	0	0	0	0	7.7	1.8	0	0	0.6	0.7	0	0
其中研究生（人/年）	3	0	0	0	0	0	0	0	0	0	0	0	0	0	0	0	0
当年拨入经费（百元）	4	1 052	0	0	0	0	0	0	0	420	130	0	0	502	0	0	0
其中当年立项项目拨入经费（百元）	5	1 052	0	0	0	0	0	0	0	420	130	0	0	502	0	0	0
当年支出经费（百元）	6	1 754.8	130	0	235	0	0	0	0	741.3	94	0	0	502	52.5	0	0
当年新开课题数（项）	7	20	0	0	0	0	0	0	0	7	7	0	0	6	0	0	0
当年新开课题批准经费（百元）	8	1 052	0	0	0	0	0	0	0	420	130	0	0	502	0	0	0
当年完成课题数（项）	9	19	0	0	0	0	0	0	0	6	6	0	0	6	1	0	0

续表

出版著作(部)	合计	10	0	0	0	0	0	0	0	0	0	0	0	0	0	0	0	0
	专著	11	0	0	0	0	0	0	0	0	0	0	0	0	0	0	0	0
	编著教材	12	0	0	0	0	0	0	0	0	0	0	0	0	0	0	0	0
	工具书参考书	13	0	0	0	0	0	0	0	0	0	0	0	0	0	0	0	0
古籍整理(部)		14	0	0	0	0	0	0	0	0	0	0	0	0	0	0	0	0
译著(部)		15	0	0	0	0	0	0	0	0	0	0	0	0	0	0	0	0
发表译文(篇)		16	0	0	0	0	0	0	0	0	0	0	0	0	0	0	0	0
电子出版物(件)		17	0	0	0	0	0	0	0	0	0	0	0	0	0	0	0	0
发表论文(篇)	合计	18	23	0	0	0	0	0	0	0	15	4	0	0	1	3	0	0
	国内学术刊物	19	23	0	0	0	0	0	0	0	15	4	0	0	1	3	0	0
	国外学术刊物	20	0	0	0	0	0	0	0	0	0	0	0	0	0	0	0	0
	港澳台刊物	21	0	0	0	0	0	0	0	0	0	0	0	0	0	0	0	0
研究与咨询报告(篇)	合计	22	4	0	0	0	0	0	0	0	0	0	0	0	3	1	0	0
	其中被采纳数	23	3	0	0	0	0	0	0	0	0	0	0	0	3	0	0	0

3.37 南京信息职业技术学院人文、社会科学研究与课题成果来源情况表

		课题来源															
		合计	国家社科基金项目	国家社科基金单列学科项目	教育部人文社科研究项目	高校古籍整理研究项目	国家自然科学基金项目	中央其他部门社科专门项目	省、市、自治区社科基金项目	省教育厅社科项目	地、市厅、局等政府部门项目	国际合作研究项目	与港、澳、台合作研究项目	企事业单位委托项目	学校社科项目	外资项目	其他项目
	编号	L01	L02	L03	L04	L05	L06	L07	L08	L09	L10	L11	L12	L13	L14	L15	L16
课题数(项)	1	100	0	0	0	0	0	2	8	27	6	0	0	6	51	0	0
当年投入人数(人/年)	2	12.1	0	0	0	0	0	0.5	1.1	3.6	1.2	0	0	0.6	5.1	0	0
其中研究生(人/年)	3	0	0	0	0	0	0	0	0	0	0	0	0	0	0	0	0
当年拨入经费(百元)	4	2 058	0	0	0	0	0	0	120	940	398	0	0	180	420	0	0
其中当年立项项目拨入经费(百元)	5	2 058	0	0	0	0	0	0	120	940	398	0	0	180	420	0	0
当年支出经费(百元)	6	1 874	0	0	0	0	0	67	82	836	318	0	0	60	511	0	0
当年新开课题数(项)	7	41	0	0	0	0	0	0	1	12	1	0	0	6	21	0	0
当年新开课题批准经费(百元)	8	2 058	0	0	0	0	0	0	120	940	398	0	0	180	420	0	0
当年完成课题数(项)	9	14	0	0	0	0	0	1	2	4	2	0	0	0	5	0	0

续表

出版著作(部)	合计	10	0	0	0	0	0	0	0	0	0	0	0	0	0	0	0	0
	专著	11	0	0	0	0	0	0	0	0	0	0	0	0	0	0	0	0
	编著教材	12	0	0	0	0	0	0	0	0	0	0	0	0	0	0	0	0
	工具书参考书	13	0	0	0	0	0	0	0	0	0	0	0	0	0	0	0	0
古籍整理(部)		14	0	0	0	0	0	0	0	0	0	0	0	0	0	0	0	0
译著(部)		15	0	0	0	0	0	0	0	0	0	0	0	0	0	0	0	0
发表译文(篇)		16	0	0	0	0	0	0	0	0	0	0	0	0	0	0	0	0
电子出版物(件)		17	0	0	0	0	0	0	0	0	0	0	0	0	0	0	0	0
发表论文(篇)	合计	18	37	0	0	0	0	0	1	2	14	1	0	0	0	19	0	0
	国内学术刊物	19	37	0	0	0	0	0	1	2	14	1	0	0	0	19	0	0
	国外学术刊物	20	0	0	0	0	0	0	0	0	0	0	0	0	0	0	0	0
	港澳台刊物	21	0	0	0	0	0	0	0	0	0	0	0	0	0	0	0	0
研究与咨询报告(篇)	合计	22	0	0	0	0	0	0	0	0	0	0	0	0	0	0	0	0
	其中被采纳数	23	0	0	0	0	0	0	0	0	0	0	0	0	0	0	0	0

3.38 常州机电职业技术学院人文、社会科学研究与课题成果来源情况表

		课题来源															
		合计	国家社科基金项目	国家社科基金单列学科项目	教育部人文社科研究项目	高校古籍整理研究项目	国家自然科学基金项目	中央其他部门社科专门项目	省、市、自治区社科基金项目	省教育厅社科项目	地、市厅、局等政府部门项目	国际合作研究项目	与港、澳、台合作研究项目	企事业单位委托项目	学校社科项目	外资项目	其他项目
	编号	L01	L02	L03	L04	L05	L06	L07	L08	L09	L10	L11	L12	L13	L14	L15	L16
课题数（项）	1	230	0	0	0	0	0	0	2	47	36	0	0	53	80	0	12
当年投入人数（人/年）	2	33.2	0	0	0	0	0	0	0.4	8.1	6.7	0	0	7	9	0	2
其中研究生（人/年）	3	0	0	0	0	0	0	0	0	0	0	0	0	0	0	0	0
当年拨入经费（百元）	4	8 104	0	0	0	0	0	0	0	1 030	1 820	0	0	3 984	1 070	0	200
其中当年立项项目拨入经费（百元）	5	7 884	0	0	0	0	0	0	0	1 030	1 620	0	0	3 984	1 050	0	200
当年支出经费（百元）	6	9 243.77	0	0	0	0	0	0	100.97	2 166.15	1 324.5	0	0	4 241.15	1 240	0	171
当年新开课题数（项）	7	100	0	0	0	0	0	0	0	13	23	0	0	19	37	0	8
当年新开课题批准经费（百元）	8	7 994	0	0	0	0	0	0	0	1 030	1 620	0	0	4 094	1 050	0	200
当年完成课题数（项）	9	112	0	0	0	0	0	0	2	21	18	0	0	21	43	0	7

续表

出版著作(部)	合计	10	0	0	0	0	0	0	0	0	0	0	0	0	0	0	0	0
	专著	11	0	0	0	0	0	0	0	0	0	0	0	0	0	0	0	0
	编著教材	12	0	0	0	0	0	0	0	0	0	0	0	0	0	0	0	0
	工具书参考书	13	0	0	0	0	0	0	0	0	0	0	0	0	0	0	0	0
古籍整理(部)		14	0	0	0	0	0	0	0	0	0	0	0	0	0	0	0	0
译著(部)		15	0	0	0	0	0	0	0	0	0	0	0	0	0	0	0	0
发表译文(篇)		16	0	0	0	0	0	0	0	0	0	0	0	0	0	0	0	0
电子出版物(件)		17	0	0	0	0	0	0	0	0	0	0	0	0	0	0	0	0
发表论文(篇)	合计	18	153	0	0	0	0	0	0	1	34	18	0	0	6	68	0	26
	国内学术刊物	19	153	0	0	0	0	0	0	1	34	18	0	0	6	68	0	26
	国外学术刊物	20	0	0	0	0	0	0	0	0	0	0	0	0	0	0	0	0
	港澳台刊物	21	0	0	0	0	0	0	0	0	0	0	0	0	0	0	0	0
研究与咨询报告(篇)	合计	22	33	0	0	0	0	0	0	0	2	12	0	0	15	4	0	0
	其中被采纳数	23	17	0	0	0	0	0	0	0	1	3	0	0	13	0	0	0

3.39 江阴职业技术学院人文、社会科学研究与课题成果来源情况表

		课题来源															
		合计	国家社科基金项目	国家社科基金单列学科项目	教育部人文社科研究项目	高校古籍整理研究项目	国家自然科学基金项目	中央其他部门社科专门项目	省、市、自治区社科基金项目	省教育厅社科项目	地、市厅、局等政府部门项目	国际合作研究项目	与港、澳、台合作研究项目	企事业单位委托项目	学校社科项目	外资项目	其他项目
	编号	L01	L02	L03	L04	L05	L06	L07	L08	L09	L10	L11	L12	L13	L14	L15	L16
课题数（项）	1	56	0	0	0	0	0	0	0	2	5	0	0	20	29	0	0
当年投入人数（人/年）	2	7.7	0	0	0	0	0	0	0	0.2	0.5	0	0	4	3	0	0
其中研究生（人/年）	3	0	0	0	0	0	0	0	0	0	0	0	0	0	0	0	0
当年拨入经费（百元）	4	3 580	0	0	0	0	0	0	0	80	700	0	0	2 380	420	0	0
其中当年立项项目拨入经费（百元）	5	2 980	0	0	0	0	0	0	0	80	200	0	0	2 280	420	0	0
当年支出经费（百元）	6	3 030	0	0	0	0	0	0	0	40	180	0	0	2 380	430	0	0
当年新开课题数（项）	7	37	0	0	0	0	0	0	0	1	3	0	0	17	16	0	0
当年新开课题批准经费（百元）	8	3 600	0	0	0	0	0	0	0	80	200	0	0	2 900	420	0	0
当年完成课题数（项）	9	23	0	0	0	0	0	0	0	1	1	0	0	16	5	0	0

续表

出版著作(部)	合计	10	0	0	0	0	0	0	0	0	0	0	0	0	0	0	0	0
	专著	11	0	0	0	0	0	0	0	0	0	0	0	0	0	0	0	0
	编著教材	12	0	0	0	0	0	0	0	0	0	0	0	0	0	0	0	0
	工具书参考书	13	0	0	0	0	0	0	0	0	0	0	0	0	0	0	0	0
古籍整理(部)		14	0	0	0	0	0	0	0	0	0	0	0	0	0	0	0	0
译著(部)		15	0	0	0	0	0	0	0	0	0	0	0	0	0	0	0	0
发表译文(篇)		16	0	0	0	0	0	0	0	0	0	0	0	0	0	0	0	0
电子出版物(件)		17	0	0	0	0	0	0	0	0	0	0	0	0	0	0	0	0
发表论文(篇)	合计	18	30	0	0	0	0	0	0	0	4	9	0	0	6	11	0	0
	国内学术刊物	19	30	0	0	0	0	0	0	0	4	9	0	0	6	11	0	0
	国外学术刊物	20	0	0	0	0	0	0	0	0	0	0	0	0	0	0	0	0
	港澳台刊物	21	0	0	0	0	0	0	0	0	0	0	0	0	0	0	0	0
研究与咨询报告(篇)	合计	22	16	0	0	0	0	0	0	0	0	0	0	0	16	0	0	0
	其中被采纳数	23	16	0	0	0	0	0	0	0	0	0	0	0	16	0	0	0

3.40 无锡城市职业技术学院人文、社会科学研究与课题成果来源情况表

		课题来源															
		合计	国家社科基金项目	国家社科基金单列学科项目	教育部人文社科研究项目	高校古籍整理研究项目	国家自然科学基金项目	中央其他部门社科专门项目	省、市、自治区社科基金项目	省教育厅社科项目	地、市厅、局等政府部门项目	国际合作研究项目	与港、澳、台合作研究项目	企事业单位委托项目	学校社科项目	外资项目	其他项目
	编号	L01	L02	L03	L04	L05	L06	L07	L08	L09	L10	L11	L12	L13	L14	L15	L16
课题数（项）	1	46	0	0	2	0	0	0	0	16	9	0	0	0	19	0	0
当年投入人数（人/年）	2	11.8	0	0	1	0	0	0	0	2.9	2	0	0	0	5.9	0	0
其中研究生（人/年）	3	0	0	0	0	0	0	0	0	0	0	0	0	0	0	0	0
当年拨入经费（百元）	4	1 210	0	0	670	0	0	0	0	450	. 90	0	0	0	0	0	0
其中当年立项项目拨入经费（百元）	5	940	0	0	400	0	0	0	0	450	90	0	0	0	0	0	0
当年支出经费（百元）	6	789.5	0	0	110	0	0	0	0	70	40	0	0	0	569.5	0	0
当年新开课题数（项）	7	17	0	0	1	0	0	0	0	8	8	0	0	0	0	0	0
当年新开课题批准经费（百元）	8	1 340	0	0	800	0	0	0	0	450	90	0	0	0	0	0	0
当年完成课题数（项）	9	21	0	0	0	0	0	0	0	2	8	0	0	0	11	0	0

续表

出版著作(部)	合计	10	0	0	0	0	0	0	0	0	0	0	0	0	0	0	0	0
	专著	11	0	0	0	0	0	0	0	0	0	0	0	0	0	0	0	0
	编著教材	12	0	0	0	0	0	0	0	0	0	0	0	0	0	0	0	0
	工具书参考书	13	0	0	0	0	0	0	0	0	0	0	0	0	0	0	0	0
古籍整理(部)		14	0	0	0	0	0	0	0	0	0	0	0	0	0	0	0	0
译著(部)		15	0	0	0	0	0	0	0	0	0	0	0	0	0	0	0	0
发表译文(篇)		16	0	0	0	0	0	0	0	0	0	0	0	0	0	0	0	0
电子出版物(件)		17	0	0	0	0	0	0	0	0	0	0	0	0	0	0	0	0
发表论文(篇)	合计	18	26	0	0	0	0	0	0	0	14	4	0	0	0	8	0	0
	国内学术刊物	19	26	0	0	0	0	0	0	0	14	4	0	0	0	8	0	0
	国外学术刊物	20	0	0	0	0	0	0	0	0	0	0	0	0	0	0	0	0
	港澳台刊物	21	0	0	0	0	0	0	0	0	0	0	0	0	0	0	0	0
研究与咨询报告(篇)	合计	22	0	0	0	0	0	0	0	0	0	0	0	0	0	0	0	0
	其中被采纳数	23	0	0	0	0	0	0	0	0	0	0	0	0	0	0	0	0

3.41 无锡工艺职业技术学院人文、社会科学研究与课题成果来源情况表

	编号	课题来源															
		合计	国家社科基金项目	国家社科基金单列学科项目	教育部人文社科研究项目	高校古籍整理研究项目	国家自然科学基金项目	中央其他部门社科专门项目	省、市、自治区社科基金项目	省教育厅社科项目	地、市厅、局等政府部门项目	国际合作研究项目	与港、澳、台合作研究项目	企事业单位委托项目	学校社科项目	外资项目	其他项目
		L01	L02	L03	L04	L05	L06	L07	L08	L09	L10	L11	L12	L13	L14	L15	L16
课题数(项)	1	77	0	0	0	0	0	0	0	9	0	0	0	68	0	0	0
当年投入人数(人/年)	2	10.1	0	0	0	0	0	0	0	1.2	0	0	0	8.9	0	0	0
其中研究生(人/年)	3	0	0	0	0	0	0	0	0	0	0	0	0	0	0	0	0
当年拨入经费(百元)	4	11 379.3	0	0	0	0	0	0	0	230	0	0	0	11 149.3	0	0	0
其中当年立项项目拨入经费(百元)	5	11 379.3	0	0	0	0	0	0	0	230	0	0	0	11 149.3	0	0	0
当年支出经费(百元)	6	11 541.3	0	0	0	0	0	0	0	392	0	0	0	11 149.3	0	0	0
当年新开课题数(项)	7	53	0	0	0	0	0	0	0	3	0	0	0	50	0	0	0
当年新开课题批准经费(百元)	8	11 379.3	0	0	0	0	0	0	0	230	0	0	0	11 149.3	0	0	0
当年完成课题数(项)	9	61	0	0	0	0	0	0	0	1	0	0	0	60	0	0	0

续表

出版著作（部）	合计	10	0	0	0	0	0	0	0	0	0	0	0	0	0	0	0	0
	专著	11	0	0	0	0	0	0	0	0	0	0	0	0	0	0	0	0
	编著教材	12	0	0	0	0	0	0	0	0	0	0	0	0	0	0	0	0
	工具书参考书	13	0	0	0	0	0	0	0	0	0	0	0	0	0	0	0	0
古籍整理（部）		14	0	0	0	0	0	0	0	0	0	0	0	0	0	0	0	0
译著（部）		15	0	0	0	0	0	0	0	0	0	0	0	0	0	0	0	0
发表译文（篇）		16	0	0	0	0	0	0	0	0	0	0	0	0	0	0	0	0
电子出版物（件）		17	2	0	0	0	0	0	0	0	0	0	0	0	2	0	0	0
发表论文（篇）	合计	18	23	2	0	0	0	0	0	6	15	0	0	0	0	0	0	0
	国内学术刊物	19	23	2	0	0	0	0	0	6	15	0	0	0	0	0	0	0
	国外学术刊物	20	0	0	0	0	0	0	0	0	0	0	0	0	0	0	0	0
	港澳台刊物	21	0	0	0	0	0	0	0	0	0	0	0	0	0	0	0	0
研究与咨询报告（篇）	合计	22	7	0	0	0	0	0	0	0	0	0	0	0	7	0	0	0
	其中被采纳数	23	5	0	0	0	0	0	0	0	0	0	0	0	5	0	0	0

3.42 苏州健雄职业技术学院人文、社会科学研究与课题成果来源情况表

		课题来源															
		合计	国家社科基金项目	国家社科基金单列学科项目	教育部人文社科研究项目	高校古籍整理研究项目	国家自然科学基金项目	中央其他部门社科专门项目	省、市、自治区社科基金项目	省教育厅社科项目	地、市厅、局等政府部门项目	国际合作研究项目	与港、澳、台合作研究项目	企事业单位委托项目	学校社科项目	外资项目	其他项目
	编号	L01	L02	L03	L04	L05	L06	L07	L08	L09	L10	L11	L12	L13	L14	L15	L16
课题数（项）	1	75	0	0	0	0	0	0	0	28	24	0	0	9	14	0	0
当年投入人数（人/年）	2	17.2	0	0	0	0	0	0	0	6.3	5.9	0	0	1.9	3.1	0	0
其中研究生（人/年）	3	0	0	0	0	0	0	0	0	0	0	0	0	0	0	0	0
当年拨入经费（百元）	4	2 740	0	0	0	0	0	0	0	600	1 250	0	0	890	0	0	0
其中当年立项项目拨入经费（百元）	5	2 690	0	0	0	0	0	0	0	550	1 250	0	0	890	0	0	0
当年支出经费（百元）	6	3 345	0	0	0	0	0	0	0	395	1 920	0	0	890	140	0	0
当年新开课题数（项）	7	32	0	0	0	0	0	0	0	11	14	0	0	7	0	0	0
当年新开课题批准经费（百元）	8	3 090	0	0	0	0	0	0	0	550	1 650	0	0	890	0	0	0
当年完成课题数（项）	9	34	0	0	0	0	0	0	0	10	15	0	0	9	0	0	0

续表

出版著作(部)	合计	10	1	0	0	0	0	0	0	0	0	1	0	0	0	0	0	0
	专著	11	1	0	0	0	0	0	0	0	0	1	0	0	0	0	0	0
	编著教材	12	0	0	0	0	0	0	0	0	0	0	0	0	0	0	0	0
	工具书参考书	13	0	0	0	0	0	0	0	0	0	0	0	0	0	0	0	0
古籍整理(部)		14	0	0	0	0	0	0	0	0	0	0	0	0	0	0	0	0
译著(部)		15	0	0	0	0	0	0	0	0	0	0	0	0	0	0	0	0
发表译文(篇)		16	0	0	0	0	0	0	0	0	0	0	0	0	0	0	0	0
电子出版物(件)		17	0	0	0	0	0	0	0	0	0	0	0	0	0	0	0	0
发表论文(篇)	合计	18	80	0	0	0	0	0	0	0	31	17	0	0	4	28	0	0
	国内学术刊物	19	80	0	0	0	0	0	0	0	31	17	0	0	4	28	0	0
	国外学术刊物	20	0	0	0	0	0	0	0	0	0	0	0	0	0	0	0	0
	港澳台刊物	21	0	0	0	0	0	0	0	0	0	0	0	0	0	0	0	0
研究与咨询报告(篇)	合计	22	15	0	0	0	0	0	0	0	0	0	0	0	15	0	0	0
	其中被采纳数	23	13	0	0	0	0	0	0	0	0	0	0	0	13	0	0	0

3.43 盐城工业职业技术学院人文、社会科学研究与课题成果来源情况表

		课题来源															
		合计	国家社科基金项目	国家社科基金单列学科项目	教育部人文社科研究项目	高校古籍整理研究项目	国家自然科学基金项目	中央其他部门社科专门项目	省、市、自治区社科基金项目	省教育厅社科项目	地、市厅、局等政府部门项目	国际合作研究项目	与港、澳、台合作研究项目	企事业单位委托项目	学校社科项目	外资项目	其他项目
	编号	L01	L02	L03	L04	L05	L06	L07	L08	L09	L10	L11	L12	L13	L14	L15	L16
课题数（项）	1	118	0	0	0	0	0	1	1	21	54	0	0	17	24	0	0
当年投入人数（人/年）	2	25.2	0	0	0	0	0	0.2	0.4	6	9.8	0	0	3.3	5.5	0	0
其中研究生（人/年）	3	0	0	0	0	0	0	0	0	0	0	0	0	0	0	0	0
当年拨入经费（百元）	4	3 185	0	0	0	0	0	100	0	460	1 800	0	0	550	275	0	0
其中当年立项项目拨入经费（百元）	5	3 185	0	0	0	0	0	100	0	460	1 800	0	0	550	275	0	0
当年支出经费（百元）	6	2 505	0	0	0	0	0	25	240	715	972	0	0	375	178	0	0
当年新开课题数（项）	7	64	0	0	0	0	0	1	0	6	36	0	0	11	10	0	0
当年新开课题批准经费（百元）	8	3 575	0	0	0	0	0	100	0	700	1 900	0	0	600	275	0	0
当年完成课题数（项）	9	44	0	0	0	0	0	0	0	7	17	0	0	6	14	0	0

续表

出版著作(部)	合计	10	1	0	0	0	0	0	0	0	0	1	0	0	0	0	0	0
	专著	11	0	0	0	0	0	0	0	0	0	0	0	0	0	0	0	0
	编著教材	12	1	0	0	0	0	0	0	0	0	1	0	0	0	0	0	0
	工具书参考书	13	0	0	0	0	0	0	0	0	0	0	0	0	0	0	0	0
古籍整理(部)		14	0	0	0	0	0	0	0	0	0	0	0	0	0	0	0	0
译著(部)		15	0	0	0	0	0	0	0	0	0	0	0	0	0	0	0	0
发表译文(篇)		16	0	0	0	0	0	0	0	0	0	0	0	0	0	0	0	0
电子出版物(件)		17	0	0	0	0	0	0	0	0	0	0	0	0	0	0	0	0
发表论文(篇)	合计	18	129	0	0	0	0	0	0	0	32	62	0	0	3	32	0	0
	国内学术刊物	19	127	0	0	0	0	0	0	0	32	60	0	0	3	32	0	0
	国外学术刊物	20	2	0	0	0	0	0	0	0	0	2	0	0	0	0	0	0
	港澳台刊物	21	0	0	0	0	0	0	0	0	0	0	0	0	0	0	0	0
研究与咨询报告(篇)	合计	22	10	0	0	0	0	0	0	0	0	0	0	0	10	0	0	0
	其中被采纳数	23	0	0	0	0	0	0	0	0	0	0	0	0	0	0	0	0

3.44 江苏财经职业技术学院人文、社会科学研究与课题成果来源情况表

	编号	合计	课题来源														
			国家社科基金项目	国家社科基金单列学科项目	教育部人文社科研究项目	高校古籍整理研究项目	国家自然科学基金项目	中央其他部门社科专门项目	省、市、自治区社科基金项目	省教育厅社科项目	地、市厅、局等政府部门项目	国际合作研究项目	与港、澳、台合作研究项目	企事业单位委托项目	学校社科项目	外资项目	其他项目
		L01	L02	L03	L04	L05	L06	L07	L08	L09	L10	L11	L12	L13	L14	L15	L16
课题数(项)	1	127	0	0	1	0	0	0	1	29	18	0	0	12	66	0	0
当年投入人数(人/年)	2	18.9	0	0	0.3	0	0	0	0.1	4.5	3.8	0	0	3.6	6.6	0	0
其中研究生(人/年)	3	0	0	0	0	0	0	0	0	0	0	0	0	0	0	0	0
当年拨入经费(百元)	4	1 740	0	0	0	0	0	0	0	470	230	0	0	560	480	0	0
其中当年立项项目拨入经费(百元)	5	1 740	0	0	0	0	0	0	0	470	230	0	0	560	480	0	0
当年支出经费(百元)	6	1 987	0	0	46	0	0	0	20	623.8	469	0	0	486	342.2	0	0
当年新开课题数(项)	7	58	0	0	0	0	0	0	0	6	7	0	0	7	38	0	0
当年新开课题批准经费(百元)	8	1 740	0	0	0	0	0	0	0	470	230	0	0	560	480	0	0
当年完成课题数(项)	9	60	0	0	1	0	0	0	1	12	5	0	0	10	31	0	0

续表

出版著作(部)	合计	10	4	0	0	0	0	0	0	0	1	1	0	0	0	2	0	0
	专著	11	3	0	0	0	0	0	0	0	1	0	0	0	0	2	0	0
	编著教材	12	1	0	0	0	0	0	0	0	0	1	0	0	0	0	0	0
	工具书参考书	13	0	0	0	0	0	0	0	0	0	0	0	0	0	0	0	0
古籍整理(部)		14	0	0	0	0	0	0	0	0	0	0	0	0	0	0	0	0
译著(部)		15	0	0	0	0	0	0	0	0	0	0	0	0	0	0	0	0
发表译文(篇)		16	0	0	0	0	0	0	0	0	0	0	0	0	0	0	0	0
电子出版物(件)		17	0	0	0	0	0	0	0	0	0	0	0	0	0	0	0	0
发表论文(篇)	合计	18	91	0	0	2	0	0	0	2	21	12	0	0	0	54	0	0
	国内学术刊物	19	91	0	0	2	0	0	0	2	21	12	0	0	0	54	0	0
	国外学术刊物	20	0	0	0	0	0	0	0	0	0	0	0	0	0	0	0	0
	港澳台刊物	21	0	0	0	0	0	0	0	0	0	0	0	0	0	0	0	0
研究与咨询报告(篇)	合计	22	11	0	0	0	0	0	0	0	0	0	0	0	11	0	0	0
	其中被采纳数	23	9	0	0	0	0	0	0	0	0	0	0	0	9	0	0	0

3.45 扬州工业职业技术学院人文、社会科学研究与课题成果来源情况表

		课题来源															
		合计	国家社科基金项目	国家社科基金单列学科项目	教育部人文社科研究项目	高校古籍整理研究项目	国家自然科学基金项目	中央其他部门社科专门项目	省、市、自治区社科基金项目	省教育厅社科项目	地、市厅、局等政府部门项目	国际合作研究项目	与港、澳、台合作研究项目	企事业单位委托项目	学校社科项目	外资项目	其他项目
	编号	L01	L02	L03	L04	L05	L06	L07	L08	L09	L10	L11	L12	L13	L14	L15	L16
课题数（项）	1	40	0	0	0	0	0	0	1	24	0	0	0	15	0	0	0
当年投入人数（人/年）	2	3.6	0	0	0	0	0	0	0.1	2	0	0	0	1.5	0	0	0
其中研究生（人/年）	3	0	0	0	0	0	0	0	0	0	0	0	0	0	0	0	0
当年拨入经费（百元）	4	5 210	0	0	0	0	0	0	0	950	0	0	0	4 260	0	0	0
其中当年立项项目拨入经费（百元）	5	5 210	0	0	0	0	0	0	0	950	0	0	0	4 260	0	0	0
当年支出经费（百元）	6	5 160.9	0	0	0	0	0	0	50	850.9	0	0	0	4 260	0	0	0
当年新开课题数（项）	7	25	0	0	0	0	0	0	0	10	0	0	0	15	0	0	0
当年新开课题批准经费（百元）	8	5 210	0	0	0	0	0	0	0	950	0	0	0	4 260	0	0	0
当年完成课题数（项）	9	20	0	0	0	0	0	0	1	4	0	0	0	15	0	0	0

续表

出版著作(部)	合计	10	0	0	0	0	0	0	0	0	0	0	0	0	0	0	0	0
	专著	11	0	0	0	0	0	0	0	0	0	0	0	0	0	0	0	0
	编著教材	12	0	0	0	0	0	0	0	0	0	0	0	0	0	0	0	0
	工具书参考书	13	0	0	0	0	0	0	0	0	0	0	0	0	0	0	0	0
古籍整理(部)		14	0	0	0	0	0	0	0	0	0	0	0	0	0	0	0	0
译著(部)		15	0	0	0	0	0	0	0	0	0	0	0	0	0	0	0	0
发表译文(篇)		16	0	0	0	0	0	0	0	0	0	0	0	0	0	0	0	0
电子出版物(件)		17	0	0	0	0	0	0	0	0	0	0	0	0	0	0	0	0
发表论文(篇)	合计	18	38	0	0	0	0	0	0	1	26	0	0	0	11	0	0	0
	国内学术刊物	19	38	0	0	0	0	0	0	1	26	0	0	0	11	0	0	0
	国外学术刊物	20	0	0	0	0	0	0	0	0	0	0	0	0	0	0	0	0
	港澳台刊物	21	0	0	0	0	0	0	0	0	0	0	0	0	0	0	0	0
研究与咨询报告(篇)	合计	22	13	0	0	0	0	0	0	0	0	0	0	0	13	0	0	0
	其中被采纳数	23	13	0	0	0	0	0	0	0	0	0	0	0	13	0	0	0

3.46 江苏城市职业学院人文、社会科学研究与课题成果来源情况表

		课题来源															
		合计	国家社科基金项目	国家社科基金单列学科项目	教育部人文社科研究项目	高校古籍整理研究项目	国家自然科学基金项目	中央其他部门社科专门项目	省、市、自治区社科基金项目	省教育厅社科项目	地、市厅、局等政府部门项目	国际合作研究项目	与港、澳、台合作研究项目	企事业单位委托项目	学校社科项目	外资项目	其他项目
	编号	L01	L02	L03	L04	L05	L06	L07	L08	L09	L10	L11	L12	L13	L14	L15	L16
课题数（项）	1	99	0	0	1	0	0	0	6	19	4	0	0	7	62	0	0
当年投入人数（人/年）	2	37.8	0	0	0.7	0	0	0	3.2	7.8	1.6	0	0	1.6	22.9	0	0
其中研究生（人/年）	3	0	0	0	0	0	0	0	0	0	0	0	0	0	0	0	0
当年拨入经费（百元）	4	1 632.62	0	0	0	0	0	0	50	310	20	0	0	240	1 012.62	0	0
其中当年立项项目拨入经费（百元）	5	1 040	0	0	0	0	0	0	50	300	20	0	0	240	430	0	0
当年支出经费（百元）	6	1 106.32	0	0	130	0	0	0	11.39	113.2	95.54	0	0	0	756.19	0	0
当年新开课题数（项）	7	15	0	0	0	0	0	0	1	4	1	0	0	6	3	0	0
当年新开课题批准经费（百元）	8	1 540	0	0	0	0	0	0	50	300	20	0	0	740	430	0	0
当年完成课题数（项）	9	27	0	0	0	0	0	0	0	3	0	0	0	1	23	0	0

续表

出版著作（部）	合计	10	1	0	0	0	0	0	0	0	0	0	0	0	1	0	0	0
	专著	11	0	0	0	0	0	0	0	0	0	0	0	0	0	0	0	0
	编著教材	12	1	0	0	0	0	0	0	0	0	0	0	0	1	0	0	0
	工具书参考书	13	0	0	0	0	0	0	0	0	0	0	0	0	0	0	0	0
古籍整理（部）		14	0	0	0	0	0	0	0	0	0	0	0	0	0	0	0	0
译著（部）		15	0	0	0	0	0	0	0	0	0	0	0	0	0	0	0	0
发表译文（篇）		16	0	0	0	0	0	0	0	0	0	0	0	0	0	0	0	0
电子出版物（件）		17	0	0	0	0	0	0	0	0	0	0	0	0	0	0	0	0
发表论文（篇）	合计	18	85	0	0	2	0	0	0	5	30	1	0	0	3	44	0	0
	国内学术刊物	19	85	0	0	2	0	0	0	5	30	1	0	0	3	44	0	0
	国外学术刊物	20	0	0	0	0	0	0	0	0	0	0	0	0	0	0	0	0
	港澳台刊物	21	0	0	0	0	0	0	0	0	0	0	0	0	0	0	0	0
研究与咨询报告（篇）	合计	22	0	0	0	0	0	0	0	0	0	0	0	0	0	0	0	0
	其中被采纳数	23	0	0	0	0	0	0	0	0	0	0	0	0	0	0	0	0

3.47 南京城市职业学院人文、社会科学研究与课题成果来源情况表

		课题来源															
		合计	国家社科基金项目	国家社科基金单列学科项目	教育部人文社科研究项目	高校古籍整理研究项目	国家自然科学基金项目	中央其他部门社科专门项目	省、市、自治区社科基金项目	省教育厅社科项目	地、市厅、局等政府部门项目	国际合作研究项目	与港、澳、台合作研究项目	企事业单位委托项目	学校社科项目	外资项目	其他项目
	编号	L01	L02	L03	L04	L05	L06	L07	L08	L09	L10	L11	L12	L13	L14	L15	L16
课题数（项）	1	60	0	0	0	0	0	0	0	17	1	0	0	5	37	0	0
当年投入人数（人/年）	2	21.5	0	0	0	0	0	0	0	6.2	0.1	0	0	1.2	14	0	0
其中研究生（人/年）	3	0	0	0	0	0	0	0	0	0	0	0	0	0	0	0	0
当年拨入经费（百元）	4	922	0	0	0	0	0	0	0	316	0	0	0	306	300	0	0
其中当年立项项目拨入经费（百元）	5	522	0	0	0	0	0	0	0	216	0	0	0	306	0	0	0
当年支出经费（百元）	6	1 070	0	0	0	0	0	0	0	401	0	0	0	295	374	0	0
当年新开课题数（项）	7	11	0	0	0	0	0	0	0	6	0	0	0	5	0	0	0
当年新开课题批准经费（百元）	8	710	0	0	0	0	0	0	0	360	0	0	0	350	0	0	0
当年完成课题数（项）	9	29	0	0	0	0	0	0	0	5	0	0	0	3	21	0	0

续表

出版著作（部）	合计	10	0	0	0	0	0	0	0	0	0	0	0	0	0	0	0	0
	专著	11	0	0	0	0	0	0	0	0	0	0	0	0	0	0	0	0
	编著教材	12	0	0	0	0	0	0	0	0	0	0	0	0	0	0	0	0
	工具书参考书	13	0	0	0	0	0	0	0	0	0	0	0	0	0	0	0	0
古籍整理（部）		14	0	0	0	0	0	0	0	0	0	0	0	0	0	0	0	0
译著（部）		15	0	0	0	0	0	0	0	0	0	0	0	0	0	0	0	0
发表译文（篇）		16	0	0	0	0	0	0	0	0	0	0	0	0	0	0	0	0
电子出版物（件）		17	0	0	0	0	0	0	0	0	0	0	0	0	0	0	0	0
发表论文（篇）	合计	18	19	0	0	0	0	0	0	0	8	0	0	0	0	11	0	0
	国内学术刊物	19	19	0	0	0	0	0	0	0	8	0	0	0	0	11	0	0
	国外学术刊物	20	0	0	0	0	0	0	0	0	0	0	0	0	0	0	0	0
	港澳台刊物	21	0	0	0	0	0	0	0	0	0	0	0	0	0	0	0	0
研究与咨询报告（篇）	合计	22	3	0	0	0	0	0	0	0	0	0	0	0	3	0	0	0
	其中被采纳数	23	0	0	0	0	0	0	0	0	0	0	0	0	0	0	0	0

3.48 南京机电职业技术学院人文、社会科学研究与课题成果来源情况表

		课题来源															
		合计	国家社科基金项目	国家社科基金单列学科项目	教育部人文社科研究项目	高校古籍整理研究项目	国家自然科学基金项目	中央其他部门社科专门项目	省、市、自治区社科基金项目	省教育厅社科项目	地、市厅、局等政府部门项目	国际合作研究项目	与港、澳、台合作研究项目	企事业单位委托项目	学校社科项目	外资项目	其他项目
	编号	L01	L02	L03	L04	L05	L06	L07	L08	L09	L10	L11	L12	L13	L14	L15	L16
课题数（项）	1	33	0	0	0	0	0	0	0	7	0	0	0	5	19	0	2
当年投入人数（人/年）	2	17	0	0	0	0	0	0	0	4.5	0	0	0	1.8	9.6	0	1.1
其中研究生（人/年）	3	0	0	0	0	0	0	0	0	0	0	0	0	0	0	0	0
当年拨入经费（百元）	4	872	0	0	0	0	0	0	0	150	0	0	0	232	400	0	90
其中当年立项项目拨入经费（百元）	5	872	0	0	0	0	0	0	0	150	0	0	0	232	400	0	90
当年支出经费（百元）	6	420.9	0	0	0	0	0	0	0	77	0	0	0	199	132	0	12.9
当年新开课题数（项）	7	21	0	0	0	0	0	0	0	3	0	0	0	5	11	0	2
当年新开课题批准经费（百元）	8	872	0	0	0	0	0	0	0	150	0	0	0	232	400	0	90
当年完成课题数（项）	9	12	0	0	0	0	0	0	0	2	0	0	0	3	7	0	0

续表

出版著作（部）	合计	10	0	0	0	0	0	0	0	0	0	0	0	0	0	0	0	0
	专著	11	0	0	0	0	0	0	0	0	0	0	0	0	0	0	0	0
	编著教材	12	0	0	0	0	0	0	0	0	0	0	0	0	0	0	0	0
	工具书参考书	13	0	0	0	0	0	0	0	0	0	0	0	0	0	0	0	0
古籍整理（部）		14	0	0	0	0	0	0	0	0	0	0	0	0	0	0	0	0
译著（部）		15	0	0	0	0	0	0	0	0	0	0	0	0	0	0	0	0
发表译文（篇）		16	0	0	0	0	0	0	0	0	0	0	0	0	0	0	0	0
电子出版物（件）		17	0	0	0	0	0	0	0	0	0	0	0	0	0	0	0	0
发表论文（篇）	合计	18	17	0	0	0	0	0	0	0	4	0	0	0	0	13	0	0
	国内学术刊物	19	17	0	0	0	0	0	0	0	4	0	0	0	0	13	0	0
	国外学术刊物	20	0	0	0	0	0	0	0	0	0	0	0	0	0	0	0	0
	港澳台刊物	21	0	0	0	0	0	0	0	0	0	0	0	0	0	0	0	0
研究与咨询报告（篇）	合计	22	3	0	0	0	0	0	0	0	0	0	0	0	3	0	0	0
	其中被采纳数	23	3	0	0	0	0	0	0	0	0	0	0	0	3	0	0	0

3.49 南京旅游职业学院人文、社会科学研究与课题成果来源情况表

	编号	合计	课题来源														
			国家社科基金项目	国家社科基金单列学科项目	教育部人文社科研究项目	高校古籍整理研究项目	国家自然科学基金项目	中央其他部门社科专门项目	省、市、自治区社科基金项目	省教育厅社科项目	地、市厅、局等政府部门项目	国际合作研究项目	与港、澳、台合作研究项目	企事业单位委托项目	学校社科项目	外资项目	其他项目
		L01	L02	L03	L04	L05	L06	L07	L08	L09	L10	L11	L12	L13	L14	L15	L16
课题数(项)	1	63	1	0	0	0	0	0	2	21	13	0	0	3	23	0	0
当年投入人数(人/年)	2	25.8	0.8	0	0	0	0	0	1.1	8.8	5.4	0	0	1.6	8.1	0	0
其中研究生(人/年)	3	0	0	0	0	0	0	0	0	0	0	0	0	0	0	0	0
当年拨入经费(百元)	4	5 760	1 800	0	0	0	0	0	0	380	230	0	0	3 000	350	0	0
其中当年立项项目拨入经费(百元)	5	5 560	1 800	0	0	0	0	0	0	380	30	0	0	3 000	350	0	0
当年支出经费(百元)	6	4 919	800	0	0	0	0	0	90	603	730	0	0	2 100	596	0	0
当年新开课题数(项)	7	17	1	0	0	0	0	0	1	6	1	0	0	2	6	0	0
当年新开课题批准经费(百元)	8	7 160	2 000	0	0	0	0	0	400	380	30	0	0	4 000	350	0	0
当年完成课题数(项)	9	20	0	0	0	0	0	0	0	4	7	0	0	2	7	0	0

续表

出版著作(部)	合计	10	2	0	0	0	0	0	0	0	0	0	0	0	0	0	0	2
	专著	11	2	0	0	0	0	0	0	0	0	0	0	0	0	0	0	2
	编著教材	12	0	0	0	0	0	0	0	0	0	0	0	0	0	0	0	0
	工具书参考书	13	0	0	0	0	0	0	0	0	0	0	0	0	0	0	0	0
古籍整理(部)		14	0	0	0	0	0	0	0	0	0	0	0	0	0	0	0	
译著(部)		15	0	0	0	0	0	0	0	0	0	0	0	0	0	0	0	
发表译文(篇)		16	0	0	0	0	0	0	0	0	0	0	0	0	0	0	0	
电子出版物(件)		17	0	0	0	0	0	0	0	0	0	0	0	0	0	0	0	
发表论文(篇)	合计	18	42	1	0	0	0	4	0	2	21	6	0	0	0	8	0	0
	国内学术刊物	19	42	1	0	0	0	4	0	2	21	6	0	0	0	8	0	0
	国外学术刊物	20	0	0	0	0	0	0	0	0	0	0	0	0	0	0	0	0
	港澳台刊物	21	0	0	0	0	0	0	0	0	0	0	0	0	0	0	0	0
研究与咨询报告(篇)	合计	22	2	0	0	0	0	0	0	0	1	1	0	0	0	0	0	0
	其中被采纳数	23	2	0	0	0	0	0	0	0	1	1	0	0	0	0	0	0

3.50 江苏建康职业学院人文、社会科学研究与课题成果来源情况表

		课题来源															
		合计	国家社科基金项目	国家社科基金单列学科项目	教育部人文社科研究项目	高校古籍整理研究项目	国家自然科学基金项目	中央其他部门社科专门项目	省、市、自治区社科基金项目	省教育厅社科项目	地、市厅、局等政府部门项目	国际合作研究项目	与港、澳、台合作研究项目	企事业单位委托项目	学校社科项目	外资项目	其他项目
	编号	L01	L02	L03	L04	L05	L06	L07	L08	L09	L10	L11	L12	L13	L14	L15	L16
课题数(项)	1	28	0	0	0	0	0	0	4	16	6	0	0	0	2	0	0
当年投入人数(人/年)	2	7.2	0	0	0	0	0	0	1	4.5	1.2	0	0	0	0.5	0	0
其中研究生(人/年)	3	0	0	0	0	0	0	0	0	0	0	0	0	0	0	0	0
当年拨入经费(百元)	4	2 130	0	0	0	0	0	0	400	1 340	390	0	0	0	0	0	0
其中当年立项项目拨入经费(百元)	5	1 990	0	0	0	0	0	0	400	1 340	250	0	0	0	0	0	0
当年支出经费(百元)	6	638.2	0	0	0	0	0	0	130	283.2	220	0	0	0	5	0	0
当年新开课题数(项)	7	13	0	0	0	0	0	0	2	7	4	0	0	0	0	0	0
当年新开课题批准经费(百元)	8	2 040	0	0	0	0	0	0	400	1 340	300	0	0	0	0	0	0
当年完成课题数(项)	9	4	0	0	0	0	0	0	0	2	0	0	0	0	2	0	0

续表

出版著作(部)	合计	10	0	0	0	0	0	0	0	0	0	0	0	0	0	0	0	0
	专著	11	0	0	0	0	0	0	0	0	0	0	0	0	0	0	0	0
	编著教材	12	0	0	0	0	0	0	0	0	0	0	0	0	0	0	0	0
	工具书参考书	13	0	0	0	0	0	0	0	0	0	0	0	0	0	0	0	0
古籍整理(部)		14	0	0	0	0	0	0	0	0	0	0	0	0	0	0	0	0
译著(部)		15	0	0	0	0	0	0	0	0	0	0	0	0	0	0	0	0
发表译文(篇)		16	0	0	0	0	0	0	0	0	0	0	0	0	0	0	0	0
电子出版物(件)		17	0	0	0	0	0	0	0	0	0	0	0	0	0	0	0	0
发表论文(篇)	合计	18	22	0	0	0	0	0	0	2	16	3	0	0	0	1	0	0
	国内学术刊物	19	21	0	0	0	0	0	0	2	15	3	0	0	0	1	0	0
	国外学术刊物	20	1	0	0	0	0	0	0	0	1	0	0	0	0	0	0	0
	港澳台刊物	21	0	0	0	0	0	0	0	0	0	0	0	0	0	0	0	0
研究与咨询报告(篇)	合计	22	0	0	0	0	0	0	0	0	0	0	0	0	0	0	0	0
	其中被采纳数	23	0	0	0	0	0	0	0	0	0	0	0	0	0	0	0	0

3.51 苏州信息职业技术学院人文、社会科学研究与课题成果来源情况表

		课题来源															
		合计	国家社科基金项目	国家社科基金单列学科项目	教育部人文社科研究项目	高校古籍整理研究项目	国家自然科学基金项目	中央其他部门社科专门项目	省、市、自治区社科基金项目	省教育厅社科项目	地、市厅、局等政府部门项目	国际合作研究项目	与港、澳、台合作研究项目	企事业单位委托项目	学校社科项目	外资项目	其他项目
	编号	L01	L02	L03	L04	L05	L06	L07	L08	L09	L10	L11	L12	L13	L14	L15	L16
课题数（项）	1	13	0	0	0	0	0	0	0	7	4	0	0	0	2	0	0
当年投入人数（人/年）	2	2.3	0	0	0	0	0	0	0	1.2	1	0	0	0	0.1	0	0
其中研究生（人/年）	3	0	0	0	0	0	0	0	0	0	0	0	0	0	0	0	0
当年拨入经费（百元）	4	130	0	0	0	0	0	0	0	0	80	0	0	0	50	0	0
其中当年立项项目拨入经费（百元）	5	130	0	0	0	0	0	0	0	0	80	0	0	0	50	0	0
当年支出经费（百元）	6	255.5	0	0	0	0	0	0	0	127.1	118.6	0	0	0	9.8	0	0
当年新开课题数（项）	7	4	0	0	0	0	0	0	0	0	3	0	0	0	1	0	0
当年新开课题批准经费（百元）	8	130	0	0	0	0	0	0	0	0	80	0	0	0	50	0	0
当年完成课题数（项）	9	7	0	0	0	0	0	0	0	3	3	0	0	0	1	0	0

续表

出版著作（部）	合计	10	0	0	0	0	0	0	0	0	0	0	0	0	0	0	0	0
	专著	11	0	0	0	0	0	0	0	0	0	0	0	0	0	0	0	0
	编著教材	12	0	0	0	0	0	0	0	0	0	0	0	0	0	0	0	0
	工具书参考书	13	0	0	0	0	0	0	0	0	0	0	0	0	0	0	0	0
古籍整理（部）		14	0	0	0	0	0	0	0	0	0	0	0	0	0	0	0	0
译著（部）		15	0	0	0	0	0	0	0	0	0	0	0	0	0	0	0	0
发表译文（篇）		16	0	0	0	0	0	0	0	0	0	0	0	0	0	0	0	0
电子出版物（件）		17	0	0	0	0	0	0	0	0	0	0	0	0	0	0	0	0
发表论文（篇）	合计	18	17	0	0	0	0	0	0	0	13	3	0	0	0	1	0	0
	国内学术刊物	19	17	0	0	0	0	0	0	0	13	3	0	0	0	1	0	0
	国外学术刊物	20	0	0	0	0	0	0	0	0	0	0	0	0	0	0	0	0
	港澳台刊物	21	0	0	0	0	0	0	0	0	0	0	0	0	0	0	0	0
研究与咨询报告（篇）	合计	22	0	0	0	0	0	0	0	0	0	0	0	0	0	0	0	0
	其中被采纳数	23	0	0	0	0	0	0	0	0	0	0	0	0	0	0	0	0

3.52 苏州工业园区服务外包职业学院人文、社会科学研究与课题成果来源情况表

		课题来源															
		合计	国家社科基金项目	国家社科基金单列学科项目	教育部人文社科研究项目	高校古籍整理研究项目	国家自然科学基金项目	中央其他部门社科专门项目	省、市、自治区社科基金项目	省教育厅社科项目	地、市厅、局等政府部门项目	国际合作研究项目	与港、澳、台合作研究项目	企事业单位委托项目	学校社科项目	外资项目	其他项目
	编号	L01	L02	L03	L04	L05	L06	L07	L08	L09	L10	L11	L12	L13	L14	L15	L16
课题数（项）	1	41	0	0	0	0	0	0	0	19	4	0	0	3	15	0	0
当年投入人数（人/年）	2	15.5	0	0	0	0	0	0	0	7.3	1.4	0	0	1.4	5.4	0	0
其中研究生（人/年）	3	0	0	0	0	0	0	0	0	0	0	0	0	0	0	0	0
当年拨入经费（百元）	4	2 140	0	0	0	0	0	0	0	400	200	0	0	1 100	440	0	0
其中当年立项项目拨入经费（百元）	5	1 990	0	0	0	0	0	0	0	400	200	0	0	1 100	290	0	0
当年支出经费（百元）	6	1 728.89	0	0	0	0	0	0	0	341.64	147.56	0	0	809.78	429.91	0	0
当年新开课题数（项）	7	15	0	0	0	0	0	0	0	4	4	0	0	3	4	0	0
当年新开课题批准经费（百元）	8	2 590	0	0	0	0	0	0	0	400	200	0	0	1 700	290	0	0
当年完成课题数（项）	9	16	0	0	0	0	0	0	0	9	2	0	0	1	4	0	0

续表

出版著作(部)	合计	10	2	0	0	0	0	0	0	0	0	0	0	0	0	2	0	0
	专著	11	0	0	0	0	0	0	0	0	0	0	0	0	0	0	0	0
	编著教材	12	2	0	0	0	0	0	0	0	0	0	0	0	0	2	0	0
	工具书参考书	13	0	0	0	0	0	0	0	0	0	0	0	0	0	0	0	0
古籍整理(部)		14	0	0	0	0	0	0	0	0	0	0	0	0	0	0	0	0
译著(部)		15	0	0	0	0	0	0	0	0	0	0	0	0	0	0	0	0
发表译文(篇)		16	0	0	0	0	0	0	0	0	0	0	0	0	0	0	0	0
电子出版物(件)		17	0	0	0	0	0	0	0	0	0	0	0	0	0	0	0	0
发表论文(篇)	合计	18	62	0	0	0	0	0	0	0	19	4	0	0	0	39	0	0
	国内学术刊物	19	62	0	0	0	0	0	0	0	19	4	0	0	0	39	0	0
	国外学术刊物	20	0	0	0	0	0	0	0	0	0	0	0	0	0	0	0	0
	港澳台刊物	21	0	0	0	0	0	0	0	0	0	0	0	0	0	0	0	0
研究与咨询报告(篇)	合计	22	1	0	0	0	0	0	0	0	0	0	0	0	1	0	0	0
	其中被采纳数	23	0	0	0	0	0	0	0	0	0	0	0	0	0	0	0	0

3.53 徐州幼儿师范高等专科学校人文、社会科学研究与课题成果来源情况表

		课题来源															
		合计	国家社科基金项目	国家社科基金单列学科项目	教育部人文社科研究项目	高校古籍整理研究项目	国家自然科学基金项目	中央其他部门社科专门项目	省、市、自治区社科基金项目	省教育厅社科项目	地、市厅、局等政府部门项目	国际合作研究项目	与港、澳、台合作研究项目	企事业单位委托项目	学校社科项目	外资项目	其他项目
	编号	L01	L02	L03	L04	L05	L06	L07	L08	L09	L10	L11	L12	L13	L14	L15	L16
课题数（项）	1	64	0	0	0	0	0	1	0	16	43	0	0	0	4	0	0
当年投入人数（人/年）	2	12.9	0	0	0	0	0	0.5	0	4.7	7.3	0	0	0	0.4	0	0
其中研究生（人/年）	3	0	0	0	0	0	0	0	0	0	0	0	0	0	0	0	0
当年拨入经费（百元）	4	950	0	0	0	0	0	0	0	640	310	0	0	0	0	0	0
其中当年立项项目拨入经费（百元）	5	950	0	0	0	0	0	0	0	640	310	0	0	0	0	0	0
当年支出经费（百元）	6	1 263.2	0	0	0	0	0	60	0	456.2	723	0	0	0	24	0	0
当年新开课题数（项）	7	16	0	0	0	0	0	0	0	8	8	0	0	0	0	0	0
当年新开课题批准经费（百元）	8	950	0	0	0	0	0	0	0	640	310	0	0	0	0	0	0
当年完成课题数（项）	9	19	0	0	0	0	0	0	0	3	16	0	0	0	0	0	0

续表

出版著作（部）	合计	10	0	0	0	0	0	0	0	0	0	0	0	0	0	0	0	0
	专著	11	0	0	0	0	0	0	0	0	0	0	0	0	0	0	0	0
	编著教材	12	0	0	0	0	0	0	0	0	0	0	0	0	0	0	0	0
	工具书参考书	13	0	0	0	0	0	0	0	0	0	0	0	0	0	0	0	0
古籍整理（部）		14	0	0	0	0	0	0	0	0	0	0	0	0	0	0	0	0
译著（部）		15	0	0	0	0	0	0	0	0	0	0	0	0	0	0	0	0
发表译文（篇）		16	0	0	0	0	0	0	0	0	0	0	0	0	0	0	0	0
电子出版物（件）		17	0	0	0	0	0	0	0	0	0	0	0	0	0	0	0	0
发表论文（篇）	合计	18	41	0	0	0	0	0	2	0	16	20	0	0	0	3	0	0
	国内学术刊物	19	41	0	0	0	0	0	2	0	16	20	0	0	0	3	0	0
	国外学术刊物	20	0	0	0	0	0	0	0	0	0	0	0	0	0	0	0	0
	港澳台刊物	21	0	0	0	0	0	0	0	0	0	0	0	0	0	0	0	0
研究与咨询报告（篇）	合计	22	0	0	0	0	0	0	0	0	0	0	0	0	0	0	0	0
	其中被采纳数	23	0	0	0	0	0	0	0	0	0	0	0	0	0	0	0	0

3.54 徐州生物工程职业技术学院人文、社会科学研究与课题成果来源情况表

	编号	合计	国家社科基金项目	国家社科基金单列学科项目	教育部人文社科研究项目	高校古籍整理研究项目	国家自然科学基金项目	中央其他部门社科专门项目	省、市、自治区社科基金项目	省教育厅社科项目	地、市厅、局等政府部门项目	国际合作研究项目	与港、澳、台合作研究项目	企事业单位委托项目	学校社科项目	外资项目	其他项目
		课题来源															
		L01	L02	L03	L04	L05	L06	L07	L08	L09	L10	L11	L12	L13	L14	L15	L16
课题数（项）	1	45	0	0	0	0	0	0	0	3	14	0	0	1	27	0	0
当年投入人数（人/年）	2	10.6	0	0	0	0	0	0	0	0.3	1.5	0	0	0.1	8.7	0	0
其中研究生（人/年）	3	0	0	0	0	0	0	0	0	0	0	0	0	0	0	0	0
当年拨入经费（百元）	4	810	0	0	0	0	0	0	0	0	400	0	0	50	360	0	0
其中当年立项项目拨入经费（百元）	5	770	0	0	0	0	0	0	0	0	360	0	0	50	360	0	0
当年支出经费（百元）	6	879	0	0	0	0	0	0	0	85	384	0	0	29	381	0	0
当年新开课题数（项）	7	17	0	0	0	0	0	0	0	0	8	0	0	1	8	0	0
当年新开课题批准经费（百元）	8	770	0	0	0	0	0	0	0	0	360	0	0	50	360	0	0
当年完成课题数（项）	9	14	0	0	0	0	0	0	0	1	6	0	0	0	7	0	0

续表

出版著作(部)	合计	10	0	0	0	0	0	0	0	0	0	0	0	0	0	0	0	0
	专著	11	0	0	0	0	0	0	0	0	0	0	0	0	0	0	0	0
	编著教材	12	0	0	0	0	0	0	0	0	0	0	0	0	0	0	0	0
	工具书参考书	13	0	0	0	0	0	0	0	0	0	0	0	0	0	0	0	0
古籍整理(部)		14	0	0	0	0	0	0	0	0	0	0	0	0	0	0	0	0
译著(部)		15	0	0	0	0	0	0	0	0	0	0	0	0	0	0	0	0
发表译文(篇)		16	0	0	0	0	0	0	0	0	0	0	0	0	0	0	0	0
电子出版物(件)		17	0	0	0	0	0	0	0	0	0	0	0	0	0	0	0	0
发表论文(篇)	合计	18	18	0	0	0	0	0	0	0	1	8	0	0	3	6	0	0
	国内学术刊物	19	18	0	0	0	0	0	0	0	1	8	0	0	3	6	0	0
	国外学术刊物	20	0	0	0	0	0	0	0	0	0	0	0	0	0	0	0	0
	港澳台刊物	21	0	0	0	0	0	0	0	0	0	0	0	0	0	0	0	0
研究与咨询报告(篇)	合计	22	6	0	0	0	0	0	0	0	0	6	0	0	0	0	0	0
	其中被采纳数	23	2	0	0	0	0	0	0	0	0	2	0	0	0	0	0	0

3.55 江苏经贸职业学院人文、社会科学研究与课题成果来源情况表

		课题来源															
		合计	国家社科基金项目	国家社科基金单列学科项目	教育部人文社科研究项目	高校古籍整理研究项目	国家自然科学基金项目	中央其他部门社科专门项目	省、市、自治区社科基金项目	省教育厅社科项目	地、市厅、局等政府部门项目	国际合作研究项目	与港、澳、台合作研究项目	企事业单位委托项目	学校社科项目	外资项目	其他项目
	编号	L01	L02	L03	L04	L05	L06	L07	L08	L09	L10	L11	L12	L13	L14	L15	L16
课题数（项）	1	38	0	0	0	0	0	2	2	3	4	0	0	0	27	0	0
当年投入人数（人/年）	2	29.2	0	0	0	0	0	0.9	1.9	1.8	3.9	0	0	0	20.7	0	0
其中研究生（人/年）	3	0	0	0	0	0	0	0	0	0	0	0	0	0	0	0	0
当年拨入经费（百元）	4	1 540	0	0	0	0	0	100	240	300	150	0	0	0	750	0	0
其中当年立项项目拨入经费（百元）	5	1540	0	0	0	0	0	100	240	300	150	0	0	0	750	0	0
当年支出经费（百元）	6	1 206	0	0	0	0	0	30	180	90	145	0	0	0	761	0	0
当年新开课题数（项）	7	20	0	0	0	0	0	1	1	3	1	0	0	0	14	0	0
当年新开课题批准经费（百元）	8	1 700	0	0	0	0	0	100	400	300	150	0	0	0	750	0	0
当年完成课题数（项）	9	16	0	0	0	0	0	0	1	0	3	0	0	0	12	0	0

续表

出版著作(部)	合计	10	0	0	0	0	0	0	0	0	0	0	0	0	0	0	0	0
	专著	11	0	0	0	0	0	0	0	0	0	0	0	0	0	0	0	0
	编著教材	12	0	0	0	0	0	0	0	0	0	0	0	0	0	0	0	0
	工具书参考书	13	0	0	0	0	0	0	0	0	0	0	0	0	0	0	0	0
古籍整理(部)		14	0	0	0	0	0	0	0	0	0	0	0	0	0	0	0	0
译著(部)		15	0	0	0	0	0	0	0	0	0	0	0	0	0	0	0	0
发表译文(篇)		16	0	0	0	0	0	0	0	0	0	0	0	0	0	0	0	0
电子出版物(件)		17	0	0	0	0	0	0	0	0	0	0	0	0	0	0	0	0
发表论文(篇)	合计	18	60	0	0	0	0	0	0	9	2	4	0	0	0	45	0	0
	国内学术刊物	19	60	0	0	0	0	0	0	9	2	4	0	0	0	45	0	0
	国外学术刊物	20	0	0	0	0	0	0	0	0	0	0	0	0	0	0	0	0
	港澳台刊物	21	0	0	0	0	0	0	0	0	0	0	0	0	0	0	0	0
研究与咨询报告(篇)	合计	22	0	0	0	0	0	0	0	0	0	0	0	0	0	0	0	0
	其中被采纳数	23	0	0	0	0	0	0	0	0	0	0	0	0	0	0	0	0

4. 民办及中外合作办学高校人文、社会科学研究与课题成果来源情况表

		课题来源															
		合计	国家社科基金项目	国家社科基金单列学科项目	教育部人文社科研究项目	高校古籍整理研究项目	国家自然科学基金项目	中央其他部门社科专门项目	省、市、自治区社科基金项目	省教育厅社科项目	地、市厅、局等政府部门项目	国际合作研究项目	与港、澳、台合作研究项目	企事业单位委托项目	学校社科项目	外资项目	其他项目
	编号	L01	L02	L03	L04	L05	L06	L07	L08	L09	L10	L11	L12	L13	L14	L15	L16
课题数（项）	1	541	2	0	5	0	3	1	9	184	160	0	0	17	159	1	0
当年投入人数（人/年）	2	112.2	1.2	0	1.2	0	2.4	0.1	1.3	37.2	32.8	0	0	6.1	29.6	0.3	0
其中研究生（人/年）	3	0.5	0	0	0	0	0	0	0	0	0.5	0	0	0	0	0	0
当年拨入经费（百元）	4	29 397.78	2 100	0	1 785	0	3 270.78	100	200	3 625	13 812	0	0	1 400	1 922	1 183	0
其中当年立项项目拨入经费（百元）	5	23 488.04	0	0	1 375	0	2 708.04	100	200	3 515	12 850	0	0	910	1 830	0	0
当年支出经费（百元）	6	20 650.33	1 357.89	0	607.3	0	385.26	35	434	2 986.46	10 703.94	0	0	1 260.5	1 284.98	1 595	0
当年新开课题数（项）	7	224	0	0	3	0	2	1	1	82	65	0	0	8	62	0	0
当年新开课题批准经费（百元）	8	34 155	0	0	2 550	0	3 900	100	200	3 655	20 550	0	0	1 370	1 830	0	0
当年完成课题数（项）	9	127	0	0	0	0	0	0	0	42	42	0	0	4	39	0	0

续表

出版著作（部）	合计	10	25	0	0	1	0	0	0	2	4	1	0	0	1	15	1	0
	专著	11	7	0	0	1	0	0	0	1	1	1	0	0	1	1	1	0
	编著教材	12	16	0	0	0	0	0	0	1	2	0	0	0	0	13	0	0
	工具书参考书	13	2	0	0	0	0	0	0	0	1	0	0	0	0	1	0	0
古籍整理（部）		14	0	0	0	0	0	0	0	0	0	0	0	0	0	0	0	0
译著（部）		15	2	0	0	0	0	0	0	0	1	0	0	0	0	0	0	1
发表译文（篇）		16	0	0	0	0	0	0	0	0	0	0	0	0	0	0	0	0
电子出版物（件）		17	0	0	0	0	0	0	0	0	0	0	0	0	0	0	0	0
发表论文（篇）	合计	18	302	3	0	7	0	3	0	7	141	51	0	0	4	86	0	0
	国内学术刊物	19	283	1	0	3	0	0	0	3	141	46	0	0	3	86	0	0
	国外学术刊物	20	19	2	0	4	0	3	0	4	0	5	0	0	1	0	0	0
	港澳台刊物	21	0	0	0	0	0	0	0	0	0	0	0	0	0	0	0	0
研究与咨询报告（篇）	合计	22	5	0	0	0	0	0	0	0	0	2	0	0	3	0	0	0
	其中被采纳数	23	1	0	0	0	0	0	0	0	0	1	0	0	0	0	0	0

注：太湖创意职业技术学院、炎黄职业技术学院、宿迁泽达职业技术学院的人文、社会科学研究与课题成果来源情况相关数据全为 0，在本节将不对这三个学校做细分。

4.1 三江学院人文、社会科学研究与课题成果来源情况表

		课题来源															
		合计	国家社科基金项目	国家社科基金单列学科项目	教育部人文社科研究项目	高校古籍整理研究项目	国家自然科学基金项目	中央其他部门社科专门项目	省、市、自治区社科基金项目	省教育厅社科项目	地、市厅、局等政府部门项目	国际合作研究项目	与港、澳、台合作研究项目	企事业单位委托项目	学校社科项目	外资项目	其他项目
	编号	L01	L02	L03	L04	L05	L06	L07	L08	L09	L10	L11	L12	L13	L14	L15	L16
课题数（项）	1	92	1	0	3	0	0	1	3	37	36	0	0	10	0	1	0
当年投入人数（人/年）	2	16.9	0.5	0	0.8	0	0	0.1	0.3	5.9	6.7	0	0	2.3	0	0.3	0
其中研究生（人/年）	3	0.5	0	0	0	0	0	0	0	0	0.5	0	0	0	0	0	0
当年拨入经费（百元）	4	15 803	0	0	975	0	0	100	200	750	11 465	0	0	1 130	0	1 183	0
其中当年立项项目拨入经费（百元）	5	13 205	0	0	775	0	0	100	200	750	10 640	0	0	740	0	0	0
当年支出经费（百元）	6	13 879	1 200	0	395	0	0	35	135	836	8 538	0	0	1 145	0	1 595	0
当年新开课题数（项）	7	34	0	0	2	0	0	1	1	15	13	0	0	2	0	0	0
当年新开课题批准经费（百元）	8	21 800	0	0	1 550	0	0	100	200	750	18 000	0	0	1 200	0	0	0
当年完成课题数（项）	9	24	0	0	0	0	0	0	0	11	12	0	0	1	0	0	0

续表

出版著作(部)	合计	10	2	0	0	0	0	0	0	0	0	0	0	0	1	0	1	0
	专著	11	2	0	0	0	0	0	0	0	0	0	0	0	1	0	1	0
	编著教材	12	0	0	0	0	0	0	0	0	0	0	0	0	0	0	0	0
	工具书参考书	13	0	0	0	0	0	0	0	0	0	0	0	0	0	0	0	0
古籍整理(部)		14	0	0	0	0	0	0	0	0	0	0	0	0	0	0	0	0
译著(部)		15	0	0	0	0	0	0	0	0	0	0	0	0	0	0	0	0
发表译文(篇)		16	0	0	0	0	0	0	0	0	0	0	0	0	0	0	0	0
电子出版物(件)		17	0	0	0	0	0	0	0	0	0	0	0	0	0	0	0	0
发表论文(篇)	合计	18	35	1	0	3	0	0	0	0	18	9	0	0	4	0	0	0
	国内学术刊物	19	34	1	0	3	0	0	0	0	18	9	0	0	3	0	0	0
	国外学术刊物	20	1	0	0	0	0	0	0	0	0	0	0	0	1	0	0	0
	港澳台刊物	21	0	0	0	0	0	0	0	0	0	0	0	0	0	0	0	0
研究与咨询报告(篇)	合计	22	0	0	0	0	0	0	0	0	0	0	0	0	0	0	0	0
	其中被采纳数	23	0	0	0	0	0	0	0	0	0	0	0	0	0	0	0	0

4.2 九州职业技术学院人文、社会科学研究与课题成果来源情况表

		课题来源															
		合计	国家社科基金项目	国家社科基金单列学科项目	教育部人文社科研究项目	高校古籍整理研究项目	国家自然科学基金项目	中央其他部门社科专门项目	省、市、自治区社科基金项目	省教育厅社科项目	地、市厅、局等政府部门项目	国际合作研究项目	与港、澳、台合作研究项目	企事业单位委托项目	学校社科项目	外资项目	其他项目
	编号	L01	L02	L03	L04	L05	L06	L07	L08	L09	L10	L11	L12	L13	L14	L15	L16
课题数（项）	1	13	0	0	0	0	0	0	0	4	2	0	0	0	7	0	0
当年投入人数（人/年）	2	3.9	0	0	0	0	0	0	0	1	0.3	0	0	0	2.6	0	0
其中研究生（人/年）	3	0	0	0	0	0	0	0	0	0	0	0	0	0	0	0	0
当年拨入经费（百元）	4	210	0	0	0	0	0	0	0	0	60	0	0	0	150	0	0
其中当年立项项目拨入经费（百元）	5	210	0	0	0	0	0	0	0	0	60	0	0	0	150	0	0
当年支出经费（百元）	6	142	0	0	0	0	0	0	0	52	25	0	0	0	65	0	0
当年新开课题数（项）	7	5	0	0	0	0	0	0	0	0	2	0	0	0	3	0	0
当年新开课题批准经费（百元）	8	210	0	0	0	0	0	0	0	0	60	0	0	0	150	0	0
当年完成课题数（项）	9	7	0	0	0	0	0	0	0	2	1	0	0	0	4	0	0

续表

出版著作(部)	合计	10	0	0	0	0	0	0	0	0	0	0	0	0	0	0	0	0
	专著	11	0	0	0	0	0	0	0	0	0	0	0	0	0	0	0	0
	编著教材	12	0	0	0	0	0	0	0	0	0	0	0	0	0	0	0	0
	工具书参考书	13	0	0	0	0	0	0	0	0	0	0	0	0	0	0	0	0
古籍整理(部)		14	0	0	0	0	0	0	0	0	0	0	0	0	0	0	0	0
译著(部)		15	0	0	0	0	0	0	0	0	0	0	0	0	0	0	0	0
发表译文(篇)		16	0	0	0	0	0	0	0	0	0	0	0	0	0	0	0	0
电子出版物(件)		17	0	0	0	0	0	0	0	0	0	0	0	0	0	0	0	0
发表论文(篇)	合计	18	9	0	0	0	0	0	0	0	2	3	0	0	0	4	0	0
	国内学术刊物	19	9	0	0	0	0	0	0	0	2	3	0	0	0	4	0	0
	国外学术刊物	20	0	0	0	0	0	0	0	0	0	0	0	0	0	0	0	0
	港澳台刊物	21	0	0	0	0	0	0	0	0	0	0	0	0	0	0	0	0
研究与咨询报告(篇)	合计	22	0	0	0	0	0	0	0	0	0	0	0	0	0	0	0	0
	其中被采纳数	23	0	0	0	0	0	0	0	0	0	0	0	0	0	0	0	0

4.3 南通理工学院人文、社会科学研究与课题成果来源情况表

	编号	课题来源															
		合计	国家社科基金项目	国家社科基金单列学科项目	教育部人文社科研究项目	高校古籍整理研究项目	国家自然科学基金项目	中央其他部门社科专门项目	省、市、自治区社科基金项目	省教育厅社科项目	地、市厅、局等政府部门项目	国际合作研究项目	与港、澳、台合作研究项目	企事业单位委托项目	学校社科项目	外资项目	其他项目
		L01	L02	L03	L04	L05	L06	L07	L08	L09	L10	L11	L12	L13	L14	L15	L16
课题数(项)	1	29	0	0	0	0	0	0	0	7	1	0	0	0	21	0	0
当年投入人数(人/年)	2	3.2	0	0	0	0	0	0	0	0.8	0.1	0	0	0	2.3	0	0
其中研究生(人/年)	3	0	0	0	0	0	0	0	0	0	0	0	0	0	0	0	0
当年拨入经费(百元)	4	750	0	0	0	0	0	0	0	0	150	0	0	0	600	0	0
其中当年立项项目拨入经费(百元)	5	750	0	0	0	0	0	0	0	0	150	0	0	0	600	0	0
当年支出经费(百元)	6	298	0	0	0	0	0	0	0	83	20	0	0	0	195	0	0
当年新开课题数(项)	7	15	0	0	0	0	0	0	0	0	1	0	0	0	14	0	0
当年新开课题批准经费(百元)	8	750	0	0	0	0	0	0	0	0	150	0	0	0	600	0	0
当年完成课题数(项)	9	7	0	0	0	0	0	0	0	4	0	0	0	0	3	0	0

续表

出版著作（部）	合计	10	0	0	0	0	0	0	0	0	0	0	0	0	0	0	0	0
	专著	11	0	0	0	0	0	0	0	0	0	0	0	0	0	0	0	0
	编著教材	12	0	0	0	0	0	0	0	0	0	0	0	0	0	0	0	0
	工具书参考书	13	0	0	0	0	0	0	0	0	0	0	0	0	0	0	0	0
古籍整理（部）		14		0	0	0	0	0	0	0	0	0	0	0	0	0	0	0
译著（部）		15		0	0	0	0	0	0	0	0	0	0	0	0	0	0	0
发表译文（篇）		16		0	0	0	0	0	0	0	0	0	0	0	0	0	0	0
电子出版物（件）		17		0	0	0	0	0	0	0	0	0	0	0	0	0	0	0
发表论文（篇）	合计	18	21	0	0	0	0	0	0	0	6	0	0	0	0	15	0	0
	国内学术刊物	19	21	0	0	0	0	0	0	0	6	0	0	0	0	15	0	0
	国外学术刊物	20	0	0	0	0	0	0	0	0	0	0	0	0	0	0	0	0
	港澳台刊物	21	0	0	0	0	0	0	0	0	0	0	0	0	0	0	0	0
研究与咨询报告（篇）	合计	22	0	0	0	0	0	0	0	0	0	0	0	0	0	0	0	0
	其中被采纳数	23	0	0	0	0	0	0	0	0	0	0	0	0	0	0	0	0

4.4 硅湖职业技术学院人文、社会科学研究与课题成果来源情况表

		课题来源															
		合计	国家社科基金项目	国家社科基金单列学科项目	教育部人文社科研究项目	高校古籍整理研究项目	国家自然科学基金项目	中央其他部门社科专门项目	省、市、自治区社科基金项目	省教育厅社科项目	地、市厅、局等政府部门项目	国际合作研究项目	与港、澳、台合作研究项目	企事业单位委托项目	学校社科项目	外资项目	其他项目
	编号	L01	L02	L03	L04	L05	L06	L07	L08	L09	L10	L11	L12	L13	L14	L15	L16
课题数(项)	1	15	0	0	0	0	0	0	0	5	9	0	0	0	1	0	0
当年投入人数(人/年)	2	2	0	0	0	0	0	0	0	0.5	1.3	0	0	0	0.2	0	0
其中研究生(人/年)	3	0	0	0	0	0	0	0	0	0	0	0	0	0	0	0	0
当年拨入经费(百元)	4	74	0	0	0	0	0	0	0	60	12	0	0	0	2	0	0
其中当年立项项目拨入经费(百元)	5	60	0	0	0	0	0	0	0	60	0	0	0	0	0	0	0
当年支出经费(百元)	6	291.23	0	0	0	0	0	0	0	117.77	160.98	0	0	0	12.48	0	0
当年新开课题数(项)	7	4	0	0	0	0	0	0	0	4	0	0	0	0	0	0	0
当年新开课题批准经费(百元)	8	200	0	0	0	0	0	0	0	200	0	0	0	0	0	0	0
当年完成课题数(项)	9	0	0	0	0	0	0	0	0	0	0	0	0	0	0	0	0

续表

出版著作（部）	合计	10	5	0	0	0	0	0	0	0	0	0	0	0	0	5	0	0
	专著	11	0	0	0	0	0	0	0	0	0	0	0	0	0	0	0	0
	编著教材	12	5	0	0	0	0	0	0	0	0	0	0	0	0	5	0	0
	工具书参考书	13	0	0	0	0	0	0	0	0	0	0	0	0	0	0	0	0
古籍整理（部）		14	0	0	0	0	0	0	0	0	0	0	0	0	0	0	0	0
译著（部）		15	0	0	0	0	0	0	0	0	0	0	0	0	0	0	0	0
发表译文（篇）		16	0	0	0	0	0	0	0	0	0	0	0	0	0	0	0	0
电子出版物（件）		17	0	0	0	0	0	0	0	0	0	0	0	0	0	0	0	0
发表论文（篇）	合计	18	4	0	0	0	0	0	0	0	2	1	0	0	0	1	0	0
	国内学术刊物	19	4	0	0	0	0	0	0	0	2	1	0	0	0	1	0	0
	国外学术刊物	20	0	0	0	0	0	0	0	0	0	0	0	0	0	0	0	0
	港澳台刊物	21	0	0	0	0	0	0	0	0	0	0	0	0	0	0	0	0
研究与咨询报告（篇）	合计	22	0	0	0	0	0	0	0	0	0	0	0	0	0	0	0	0
	其中被采纳数	23	0	0	0	0	0	0	0	0	0	0	0	0	0	0	0	0

4.5 应天职业技术学院人文、社会科学研究与课题成果来源情况表

		课题来源															
		合计	国家社科基金项目	国家社科基金单列学科项目	教育部人文社科研究项目	高校古籍整理研究项目	国家自然科学基金项目	中央其他部门社科专门项目	省、市、自治区社科基金项目	省教育厅社科项目	地、市厅、局等政府部门项目	国际合作研究项目	与港、澳、台合作研究项目	企事业单位委托项目	学校社科项目	外资项目	其他项目
	编号	L01	L02	L03	L04	L05	L06	L07	L08	L09	L10	L11	L12	L13	L14	L15	L16
课题数（项）	1	4	0	0	0	0	0	0	0	4	0	0	0	0	0	0	0
当年投入人数（人/年）	2	2.7	0	0	0	0	0	0	0	2.7	0	0	0	0	0	0	0
其中研究生（人/年）	3	0	0	0	0	0	0	0	0	0	0	0	0	0	0	0	0
当年拨入经费（百元）	4	150	0	0	0	0	0	0	0	150	0	0	0	0	0	0	0
其中当年立项项目拨入经费（百元）	5	150	0	0	0	0	0	0	0	150	0	0	0	0	0	0	0
当年支出经费（百元）	6	107	0	0	0	0	0	0	0	107	0	0	0	0	0	0	0
当年新开课题数（项）	7	3	0	0	0	0	0	0	0	3	0	0	0	0	0	0	0
当年新开课题批准经费（百元）	8	150	0	0	0	0	0	0	0	150	0	0	0	0	0	0	0
当年完成课题数（项）	9	0	0	0	0	0	0	0	0	0	0	0	0	0	0	0	0

续表

出版著作（部）	合计	10	0	0	0	0	0	0	0	0	0	0	0	0	0	0	0	0
	专著	11	0	0	0	0	0	0	0	0	0	0	0	0	0	0	0	0
	编著教材	12	0	0	0	0	0	0	0	0	0	0	0	0	0	0	0	0
	工具书参考书	13	0	0	0	0	0	0	0	0	0	0	0	0	0	0	0	0
古籍整理（部）		14	0	0	0	0	0	0	0	0	0	0	0	0	0	0	0	0
译著（部）		15	0	0	0	0	0	0	0	0	0	0	0	0	0	0	0	0
发表译文（篇）		16	0	0	0	0	0	0	0	0	0	0	0	0	0	0	0	0
电子出版物（件）		17	0	0	0	0	0	0	0	0	0	0	0	0	0	0	0	0
发表论文（篇）	合计	18	11	0	0	0	0	0	0	0	11	0	0	0	0	0	0	0
	国内学术刊物	19	11	0	0	0	0	0	0	0	11	0	0	0	0	0	0	0
	国外学术刊物	20	0	0	0	0	0	0	0	0	0	0	0	0	0	0	0	0
	港澳台刊物	21	0	0	0	0	0	0	0	0	0	0	0	0	0	0	0	0
研究与咨询报告（篇）	合计	22	0	0	0	0	0	0	0	0	0	0	0	0	0	0	0	0
	其中被采纳数	23	0	0	0	0	0	0	0	0	0	0	0	0	0	0	0	0

4.6 苏州托普信息职业技术学院人文、社会科学研究与课题成果来源情况表

		课题来源															
		合计	国家社科基金项目	国家社科基金单列学科项目	教育部人文社科研究项目	高校古籍整理研究项目	国家自然科学基金项目	中央其他部门社科专门项目	省、市、自治区社科基金项目	省教育厅社科项目	地、市厅、局等政府部门项目	国际合作研究项目	与港、澳、台合作研究项目	企事业单位委托项目	学校社科项目	外资项目	其他项目
	编号	L01	L02	L03	L04	L05	L06	L07	L08	L09	L10	L11	L12	L13	L14	L15	L16
课题数（项）	1	2	0	0	0	0	0	0	0	2	0	0	0	0	0	0	0
当年投入人数（人/年）	2	0.6	0	0	0	0	0	0	0	0.6	0	0	0	0	0	0	0
其中研究生（人/年）	3	0	0	0	0	0	0	0	0	0	0	0	0	0	0	0	0
当年拨入经费（百元）	4	0	0	0	0	0	0	0	0	0	0	0	0	0	0	0	0
其中当年立项项目拨入经费（百元）	5	0	0	0	0	0	0	0	0	0	0	0	0	0	0	0	0
当年支出经费（百元）	6	45	0	0	0	0	0	0	0	45	0	0	0	0	0	0	0
当年新开课题数（项）	7	0	0	0	0	0	0	0	0	0	0	0	0	0	0	0	0
当年新开课题批准经费（百元）	8	0	0	0	0	0	0	0	0	0	0	0	0	0	0	0	0
当年完成课题数（项）	9	0	0	0	0	0	0	0	0	0	0	0	0	0	0	0	0

续表

出版著作(部)	合计	10	0	0	0	0	0	0	0	0	0	0	0	0	0	0	0	0
	专著	11	0	0	0	0	0	0	0	0	0	0	0	0	0	0	0	0
	编著教材	12	0	0	0	0	0	0	0	0	0	0	0	0	0	0	0	0
	工具书参考书	13	0	0	0	0	0	0	0	0	0	0	0	0	0	0	0	0
古籍整理(部)		14	0	0	0	0	0	0	0	0	0	0	0	0	0	0	0	0
译著(部)		15	0	0	0	0	0	0	0	0	0	0	0	0	0	0	0	0
发表译文(篇)		16	0	0	0	0	0	0	0	0	0	0	0	0	0	0	0	0
电子出版物(件)		17	0	0	0	0	0	0	0	0	0	0	0	0	0	0	0	0
发表论文(篇)	合计	18	0	0	0	0	0	0	0	0	0	0	0	0	0	0	0	0
	国内学术刊物	19	0	0	0	0	0	0	0	0	0	0	0	0	0	0	0	0
	国外学术刊物	20	0	0	0	0	0	0	0	0	0	0	0	0	0	0	0	0
	港澳台刊物	21	0	0	0	0	0	0	0	0	0	0	0	0	0	0	0	0
研究与咨询报告(篇)	合计	22	0	0	0	0	0	0	0	0	0	0	0	0	0	0	0	0
	其中被采纳数	23	0	0	0	0	0	0	0	0	0	0	0	0	0	0	0	0

4.7 苏州工业园区职业技术学院人文、社会科学研究与课题成果来源情况表

		课题来源															
		合计	国家社科基金项目	国家社科基金单列学科项目	教育部人文社科研究项目	高校古籍整理研究项目	国家自然科学基金项目	中央其他部门社科专门项目	省、市、自治区社科基金项目	省教育厅社科项目	地、市厅、局等政府部门项目	国际合作研究项目	与港、澳、台合作研究项目	企事业单位委托项目	学校社科项目	外资项目	其他项目
	编号	L01	L02	L03	L04	L05	L06	L07	L08	L09	L10	L11	L12	L13	L14	L15	L16
课题数(项)	1	26	0	0	0	0	0	0	0	5	6	0	0	4	11	0	0
当年投入人数(人/年)	2	5.5	0	0	0	0	0	0	0	1	1.3	0	0	0.7	2.5	0	0
其中研究生(人/年)	3	0	0	0	0	0	0	0	0	0	0	0	0	0	0	0	0
当年拨入经费(百元)	4	760	0	0	0	0	0	0	0	190	330	0	0	70	170	0	0
其中当年立项项目拨入经费(百元)	5	760	0	0	0	0	0	0	0	190	330	0	0	70	170	0	0
当年支出经费(百元)	6	591.5	0	0	0	0	0	0	0	121	227.5	0	0	66.5	176.5	0	0
当年新开课题数(项)	7	20	0	0	0	0	0	0	0	5	6	0	0	4	5	0	0
当年新开课题批准经费(百元)	8	760	0	0	0	0	0	0	0	190	330	0	0	70	170	0	0
当年完成课题数(项)	9	11	0	0	0	0	0	0	0	0	2	0	0	3	6	0	0

续表

出版著作(部)	合计	10	0	0	0	0	0	0	0	0	0	0	0	0	0	0	0	0
	专著	11	0	0	0	0	0	0	0	0	0	0	0	0	0	0	0	0
	编著教材	12	0	0	0	0	0	0	0	0	0	0	0	0	0	0	0	0
	工具书参考书	13	0	0	0	0	0	0	0	0	0	0	0	0	0	0	0	0
古籍整理(部)		14	0	0	0	0	0	0	0	0	0	0	0	0	0	0	0	0
译著(部)		15	0	0	0	0	0	0	0	0	0	0	0	0	0	0	0	0
发表译文(篇)		16	0	0	0	0	0	0	0	0	0	0	0	0	0	0	0	0
电子出版物(件)		17	0	0	0	0	0	0	0	0	0	0	0	0	0	0	0	0
发表论文(篇)	合计	18	18	0	0	0	0	0	0	0	2	3	0	0	0	13	0	0
	国内学术刊物	19	18	0	0	0	0	0	0	0	2	3	0	0	0	13	0	0
	国外学术刊物	20	0	0	0	0	0	0	0	0	0	0	0	0	0	0	0	0
	港澳台刊物	21	0	0	0	0	0	0	0	0	0	0	0	0	0	0	0	0
研究与咨询报告(篇)	合计	22	4	0	0	0	0	0	0	0	0	1	0	0	3	0	0	0
	其中被采纳数	23	0	0	0	0	0	0	0	0	0	0	0	0	0	0	0	0

4.8 正德职业技术学院人文、社会科学研究与课题成果来源情况表

		课题来源															
		合计	国家社科基金项目	国家社科基金单列学科项目	教育部人文社科研究项目	高校古籍整理研究项目	国家自然科学基金项目	中央其他部门社科专门项目	省、市、自治区社科基金项目	省教育厅社科项目	地、市厅、局等政府部门项目	国际合作研究项目	与港、澳、台合作研究项目	企事业单位委托项目	学校社科项目	外资项目	其他项目
	编号	L01	L02	L03	L04	L05	L06	L07	L08	L09	L10	L11	L12	L13	L14	L15	L16
课题数（项）	1	23	0	0	0	0	0	0	0	20	0	0	0	0	3	0	0
当年投入人数（人/年）	2	3.8	0	0	0	0	0	0	0	3.5	0	0	0	0	0.3	0	0
其中研究生（人/年）	3	0	0	0	0	0	0	0	0	0	0	0	0	0	0	0	0
当年拨入经费（百元）	4	210	0	0	0	0	0	0	0	120	0	0	0	0	90	0	0
其中当年立项项目拨入经费（百元）	5	120	0	0	0	0	0	0	0	120	0	0	0	0	0	0	0
当年支出经费（百元）	6	144	0	0	0	0	0	0	0	144	0	0	0	0	0	0	0
当年新开课题数（项）	7	4	0	0	0	0	0	0	0	4	0	0	0	0	0	0	0
当年新开课题批准经费（百元）	8	120	0	0	0	0	0	0	0	120	0	0	0	0	0	0	0
当年完成课题数（项）	9	4	0	0	0	0	0	0	0	4	0	0	0	0	0	0	0

续表

出版著作(部)	合计	10	0	0	0	0	0	0	0	0	0	0	0	0	0	0	0	0
	专著	11	0	0	0	0	0	0	0	0	0	0	0	0	0	0	0	0
	编著教材	12	0	0	0	0	0	0	0	0	0	0	0	0	0	0	0	0
	工具书参考书	13	0	0	0	0	0	0	0	0	0	0	0	0	0	0	0	0
古籍整理(部)		14	0	0	0	0	0	0	0	0	0	0	0	0	0	0	0	0
译著(部)		15	0	0	0	0	0	0	0	0	0	0	0	0	0	0	0	0
发表译文(篇)		16	0	0	0	0	0	0	0	0	0	0	0	0	0	0	0	0
电子出版物(件)		17	0	0	0	0	0	0	0	0	0	0	0	0	0	0	0	0
发表论文(篇)	合计	18	16	0	0	0	0	0	0	0	16	0	0	0	0	0	0	0
	国内学术刊物	19	16	0	0	0	0	0	0	0	16	0	0	0	0	0	0	0
	国外学术刊物	20	0	0	0	0	0	0	0	0	0	0	0	0	0	0	0	0
	港澳台刊物	21	0	0	0	0	0	0	0	0	0	0	0	0	0	0	0	0
研究与咨询报告(篇)	合计	22	0	0	0	0	0	0	0	0	0	0	0	0	0	0	0	0
	其中被采纳数	23	0	0	0	0	0	0	0	0	0	0	0	0	0	0	0	0

4.9 钟山职业技术学院人文、社会科学研究与课题成果来源情况表

		课题来源															
		合计	国家社科基金项目	国家社科基金单列学科项目	教育部人文社科研究项目	高校古籍整理研究项目	国家自然科学基金项目	中央其他部门社科专门项目	省、市、自治区社科基金项目	省教育厅社科项目	地、市厅、局等政府部门项目	国际合作研究项目	与港、澳、台合作研究项目	企事业单位委托项目	学校社科项目	外资项目	其他项目
	编号	L01	L02	L03	L04	L05	L06	L07	L08	L09	L10	L11	L12	L13	L14	L15	L16
课题数（项）	1	23	0	0	0	0	0	0	0	18	0	0	0	0	5	0	0
当年投入人数（人/年）	2	5.2	0	0	0	0	0	0	0	4.1	0	0	0	0	1.1	0	0
其中研究生（人/年）	3	0	0	0	0	0	0	0	0	0	0	0	0	0	0	0	0
当年拨入经费（百元）	4	225	0	0	0	0	0	0	0	225	0	0	0	0	0	0	0
其中当年立项项目拨入经费（百元）	5	225	0	0	0	0	0	0	0	225	0	0	0	0	0	0	0
当年支出经费（百元）	6	230	0	0	0	0	0	0	0	178	0	0	0	0	52	0	0
当年新开课题数（项）	7	9	0	0	0	0	0	0	0	9	0	0	0	0	0	0	0
当年新开课题批准经费（百元）	8	225	0	0	0	0	0	0	0	225	0	0	0	0	0	0	0
当年完成课题数（项）	9	8	0	0	0	0	0	0	0	3	0	0	0	0	5	0	0

续表

出版著作(部)	合计	10	0	0	0	0	0	0	0	0	0	0	0	0	0	0	0	0
	专著	11	0	0	0	0	0	0	0	0	0	0	0	0	0	0	0	0
	编著教材	12	0	0	0	0	0	0	0	0	0	0	0	0	0	0	0	0
	工具书参考书	13	0	0	0	0	0	0	0	0	0	0	0	0	0	0	0	0
古籍整理(部)		14	0	0	0	0	0	0	0	0	0	0	0	0	0	0	0	0
译著(部)		15	1	0	0	0	0	0	0	0	0	0	0	0	0	0	0	1
发表译文(篇)		16	0	0	0	0	0	0	0	0	0	0	0	0	0	0	0	0
电子出版物(件)		17	0	0	0	0	0	0	0	0	0	0	0	0	0	0	0	0
发表论文(篇)	合计	18	11	0	0	0	0	0	0	0	6	0	0	0	0	5	0	0
	国内学术刊物	19	11	0	0	0	0	0	0	0	6	0	0	0	0	5	0	0
	国外学术刊物	20	0	0	0	0	0	0	0	0	0	0	0	0	0	0	0	0
	港澳台刊物	21	0	0	0	0	0	0	0	0	0	0	0	0	0	0	0	0
研究与咨询报告(篇)	合计	22	0	0	0	0	0	0	0	0	0	0	0	0	0	0	0	0
	其中被采纳数	23	0	0	0	0	0	0	0	0	0	0	0	0	0	0	0	0

4.10 无锡南洋职业技术学院人文、社会科学研究与课题成果来源情况表

		课题来源															
		合计	国家社科基金项目	国家社科基金单列学科项目	教育部人文社科研究项目	高校古籍整理研究项目	国家自然科学基金项目	中央其他部门社科专门项目	省、市、自治区社科基金项目	省教育厅社科项目	地、市厅、局等政府部门项目	国际合作研究项目	与港、澳、台合作研究项目	企事业单位委托项目	学校社科项目	外资项目	其他项目
	编号	L01	L02	L03	L04	L05	L06	L07	L08	L09	L10	L11	L12	L13	L14	L15	L16
课题数（项）	1	7	0	0	0	0	0	0	0	3	1	0	0	3	0	0	0
当年投入人数（人/年）	2	5.5	0	0	0	0	0	0	0	1.9	0.5	0	0	3.1	0	0	0
其中研究生（人/年）	3	0	0	0	0	0	0	0	0	0	0	0	0	0	0	0	0
当年拨入经费（百元）	4	350	0	0	0	0	0	0	0	150	0	0	0	200	0	0	0
其中当年立项项目拨入经费（百元）	5	250	0	0	0	0	0	0	0	150	0	0	0	100	0	0	0
当年支出经费（百元）	6	94	0	0	0	0	0	0	0	29	16	0	0	49	0	0	0
当年新开课题数（项）	7	5	0	0	0	0	0	0	0	3	0	0	0	2	0	0	0
当年新开课题批准经费（百元）	8	250	0	0	0	0	0	0	0	150	0	0	0	100	0	0	0
当年完成课题数（项）	9	1	0	0	0	0	0	0	0	0	1	0	0	0	0	0	0

续表

出版著作（部）	合计	10	0	0	0	0	0	0	0	0	0	0	0	0	0	0	0	0
	专著	11	0	0	0	0	0	0	0	0	0	0	0	0	0	0	0	0
	编著教材	12	0	0	0	0	0	0	0	0	0	0	0	0	0	0	0	0
	工具书参考书	13	0	0	0	0	0	0	0	0	0	0	0	0	0	0	0	0
古籍整理（部）		14		0	0	0	0	0	0	0	0	0	0	0	0	0	0	0
译著（部）		15		0	0	0	0	0	0	0	0	0	0	0	0	0	0	0
发表译文（篇）		16		0	0	0	0	0	0	0	0	0	0	0	0	0	0	0
电子出版物（件）		17		0	0	0	0	0	0	0	0	0	0	0	0	0	0	0
发表论文（篇）	合计	18	1	0	0	0	0	0	0	0	0	1	0	0	0	0	0	0
	国内学术刊物	19	1	0	0	0	0	0	0	0	0	1	0	0	0	0	0	0
	国外学术刊物	20	0	0	0	0	0	0	0	0	0	0	0	0	0	0	0	0
	港澳台刊物	21	0	0	0	0	0	0	0	0	0	0	0	0	0	0	0	0
研究与咨询报告（篇）	合计	22	0	0	0	0	0	0	0	0	0	0	0	0	0	0	0	0
	其中被采纳数	23	0	0	0	0	0	0	0	0	0	0	0	0	0	0	0	0

4.11 江南影视艺术职业学院人文、社会科学研究与课题成果来源情况表

		课题来源															
		合计	国家社科基金项目	国家社科基金单列学科项目	教育部人文社科研究项目	高校古籍整理研究项目	国家自然科学基金项目	中央其他部门社科专门项目	省、市、自治区社科基金项目	省教育厅社科项目	地、市厅、局等政府部门项目	国际合作研究项目	与港、澳、台合作研究项目	企事业单位委托项目	学校社科项目	外资项目	其他项目
	编号	L01	L02	L03	L04	L05	L06	L07	L08	L09	L10	L11	L12	L13	L14	L15	L16
课题数（项）	1	5	0	0	0	0	0	0	0	4	0	0	0	0	1	0	0
当年投入人数（人/年）	2	0.8	0	0	0	0	0	0	0	0.6	0	0	0	0	0.2	0	0
其中研究生（人/年）	3	0	0	0	0	0	0	0	0	0	0	0	0	0	0	0	0
当年拨入经费（百元）	4	100	0	0	0	0	0	0	0	100	0	0	0	0	0	0	0
其中当年立项项目拨入经费（百元）	5	100	0	0	0	0	0	0	0	100	0	0	0	0	0	0	0
当年支出经费（百元）	6	100	0	0	0	0	0	0	0	100	0	0	0	0	0	0	0
当年新开课题数（项）	7	2	0	0	0	0	0	0	0	2	0	0	0	0	0	0	0
当年新开课题批准经费（百元）	8	100	0	0	0	0	0	0	0	100	0	0	0	0	0	0	0
当年完成课题数（项）	9	1	0	0	0	0	0	0	0	1	0	0	0	0	0	0	0

续表

出版著作（部）	合计	10	3	0	0	0	0	0	0	0	0	0	0	0	0	3	0	0
	专著	11	1	0	0	0	0	0	0	0	0	0	0	0	0	1	0	0
	编著教材	12	2	0	0	0	0	0	0	0	0	0	0	0	0	2	0	0
	工具书参考书	13	0	0	0	0	0	0	0	0	0	0	0	0	0	0	0	0
古籍整理（部）		14	0	0	0	0	0	0	0	0	0	0	0	0	0	0	0	0
译著（部）		15	0	0	0	0	0	0	0	0	0	0	0	0	0	0	0	0
发表译文（篇）		16	0	0	0	0	0	0	0	0	0	0	0	0	0	0	0	0
电子出版物（件）		17	0	0	0	0	0	0	0	0	0	0	0	0	0	0	0	0
发表论文（篇）	合计	18	4	0	0	0	0	0	0	0	2	0	0	0	0	2	0	0
	国内学术刊物	19	4	0	0	0	0	0	0	0	2	0	0	0	0	2	0	0
	国外学术刊物	20	0	0	0	0	0	0	0	0	0	0	0	0	0	0	0	0
	港澳台刊物	21	0	0	0	0	0	0	0	0	0	0	0	0	0	0	0	0
研究与咨询报告（篇）	合计	22	0	0	0	0	0	0	0	0	0	0	0	0	0	0	0	0
	其中被采纳数	23	0	0	0	0	0	0	0	0	0	0	0	0	0	0	0	0

4.12 金肯职业技术学院人文、社会科学研究与课题成果来源情况表

		课题来源															
		合计	国家社科基金项目	国家社科基金单列学科项目	教育部人文社科研究项目	高校古籍整理研究项目	国家自然科学基金项目	中央其他部门社科专门项目	省、市、自治区社科基金项目	省教育厅社科项目	地、市厅、局等政府部门项目	国际合作研究项目	与港、澳、台合作研究项目	企事业单位委托项目	学校社科项目	外资项目	其他项目
	编号	L01	L02	L03	L04	L05	L06	L07	L08	L09	L10	L11	L12	L13	L14	L15	L16
课题数（项）	1	24	0	0	0	0	0	0	0	16	0	0	0	0	8	0	0
当年投入人数（人/年）	2	6.2	0	0	0	0	0	0	0	4.5	0	0	0	0	1.7	0	0
其中研究生（人/年）	3	0	0	0	0	0	0	0	0	0	0	0	0	0	0	0	0
当年拨入经费（百元）	4	440	0	0	0	0	0	0	0	280	0	0	0	0	160	0	0
其中当年立项项目拨入经费（百元）	5	410	0	0	0	0	0	0	0	250	0	0	0	0	160	0	0
当年支出经费（百元）	6	428.69	0	0	0	0	0	0	0	359.69	0	0	0	0	69	0	0
当年新开课题数（项）	7	12	0	0	0	0	0	0	0	5	0	0	0	0	7	0	0
当年新开课题批准经费（百元）	8	410	0	0	0	0	0	0	0	250	0	0	0	0	160	0	0
当年完成课题数（项）	9	9	0	0	0	0	0	0	0	8	0	0	0	0	1	0	0

续表

出版著作(部)	合计	10	6	0	0	0	0	0	0	0	3	0	0	0	0	3	0	0
	专著	11	0	0	0	0	0	0	0	0	0	0	0	0	0	0	0	0
	编著教材	12	4	0	0	0	0	0	0	0	2	0	0	0	0	2	0	0
	工具书参考书	13	2	0	0	0	0	0	0	0	1	0	0	0	0	1	0	0
古籍整理(部)		14	0	0	0	0	0	0	0	0	0	0	0	0	0	0	0	0
译著(部)		15	0	0	0	0	0	0	0	0	0	0	0	0	0	0	0	0
发表译文(篇)		16	0	0	0	0	0	0	0	0	0	0	0	0	0	0	0	0
电子出版物(件)		17	0	0	0	0	0	0	0	0	0	0	0	0	0	0	0	0
发表论文(篇)	合计	18	21	0	0	0	0	0	0	0	14	0	0	0	0	7	0	0
	国内学术刊物	19	21	0	0	0	0	0	0	0	14	0	0	0	0	7	0	0
	国外学术刊物	20	0	0	0	0	0	0	0	0	0	0	0	0	0	0	0	0
	港澳台刊物	21	0	0	0	0	0	0	0	0	0	0	0	0	0	0	0	0
研究与咨询报告(篇)	合计	22	0	0	0	0	0	0	0	0	0	0	0	0	0	0	0	0
	其中被采纳数	23	0	0	0	0	0	0	0	0	0	0	0	0	0	0	0	0

4.13 建东职业技术学院人文、社会科学研究与课题成果来源情况表

		课题来源															
		合计	国家社科基金项目	国家社科基金单列学科项目	教育部人文社科研究项目	高校古籍整理研究项目	国家自然科学基金项目	中央其他部门社科专门项目	省、市、自治区社科基金项目	省教育厅社科项目	地、市厅、局等政府部门项目	国际合作研究项目	与港、澳、台合作研究项目	企事业单位委托项目	学校社科项目	外资项目	其他项目
	编号	L01	L02	L03	L04	L05	L06	L07	L08	L09	L10	L11	L12	L13	L14	L15	L16
课题数（项）	1	16	0	0	0	0	0	0	1	4	0	0	0	0	11	0	0
当年投入人数（人/年）	2	2	0	0	0	0	0	0	0.2	0.6	0	0	0	0	1.2	0	0
其中研究生（人/年）	3	0	0	0	0	0	0	0	0	0	0	0	0	0	0	0	0
当年拨入经费（百元）	4	130	0	0	0	0	0	0	0	80	0	0	0	0	50	0	0
其中当年立项项目拨入经费（百元）	5	130	0	0	0	0	0	0	0	80	0	0	0	0	50	0	0
当年支出经费（百元）	6	80	0	0	0	0	0	0	20	0	0	0	0	0	60	0	0
当年新开课题数（项）	7	9	0	0	0	0	0	0	0	4	0	0	0	0	5	0	0
当年新开课题批准经费（百元）	8	130	0	0	0	0	0	0	0	80	0	0	0	0	50	0	0
当年完成课题数（项）	9	6	0	0	0	0	0	0	0	0	0	0	0	0	6	0	0

续表

出版著作(部)	合计	10	0	0	0	0	0	0	0	0	0	0	0	0	0	0	0	0
	专著	11	0	0	0	0	0	0	0	0	0	0	0	0	0	0	0	0
	编著教材	12	0	0	0	0	0	0	0	0	0	0	0	0	0	0	0	0
	工具书参考书	13	0	0	0	0	0	0	0	0	0	0	0	0	0	0	0	0
古籍整理(部)		14	0	0	0	0	0	0	0	0	0	0	0	0	0	0	0	0
译著(部)		15	0	0	0	0	0	0	0	0	0	0	0	0	0	0	0	0
发表译文(篇)		16	0	0	0	0	0	0	0	0	0	0	0	0	0	0	0	0
电子出版物(件)		17	0	0	0	0	0	0	0	0	0	0	0	0	0	0	0	0
发表论文(篇)	合计	18	17	0	0	0	0	0	0	2	4	0	0	0	0	11	0	0
	国内学术刊物	19	17	0	0	0	0	0	0	2	4	0	0	0	0	11	0	0
	国外学术刊物	20	0	0	0	0	0	0	0	0	0	0	0	0	0	0	0	0
	港澳台刊物	21	0	0	0	0	0	0	0	0	0	0	0	0	0	0	0	0
研究与咨询报告(篇)	合计	22	0	0	0	0	0	0	0	0	0	0	0	0	0	0	0	0
	其中被采纳数	23	0	0	0	0	0	0	0	0	0	0	0	0	0	0	0	0

4.14 宿迁职业技术学院人文、社会科学研究与课题成果来源情况表

		课题来源															
		合计	国家社科基金项目	国家社科基金单列学科项目	教育部人文社科研究项目	高校古籍整理研究项目	国家自然科学基金项目	中央其他部门社科专门项目	省、市、自治区社科基金项目	省教育厅社科项目	地、市厅、局等政府部门项目	国际合作研究项目	与港、澳、台合作研究项目	企事业单位委托项目	学校社科项目	外资项目	其他项目
	编号	L01	L02	L03	L04	L05	L06	L07	L08	L09	L10	L11	L12	L13	L14	L15	L16
课题数（项）	1	3	0	0	0	0	0	0	0	3	0	0	0	0	0	0	0
当年投入人数（人/年）	2	0.9	0	0	0	0	0	0	0	0.9	0	0	0	0	0	0	0
其中研究生（人/年）	3	0	0	0	0	0	0	0	0	0	0	0	0	0	0	0	0
当年拨入经费（百元）	4	100	0	0	0	0	0	0	0	100	0	0	0	0	0	0	0
其中当年立项项目拨入经费（百元）	5	100	0	0	0	0	0	0	0	100	0	0	0	0	0	0	0
当年支出经费（百元）	6	30	0	0	0	0	0	0	0	30	0	0	0	0	0	0	0
当年新开课题数（项）	7	2	0	0	0	0	0	0	0	2	0	0	0	0	0	0	0
当年新开课题批准经费（百元）	8	100	0	0	0	0	0	0	0	100	0	0	0	0	0	0	0
当年完成课题数（项）	9	0	0	0	0	0	0	0	0	0	0	0	0	0	0	0	0

续表

出版著作(部)	合计	10	0	0	0	0	0	0	0	0	0	0	0	0	0	0	0	0
	专著	11	0	0	0	0	0	0	0	0	0	0	0	0	0	0	0	0
	编著教材	12	0	0	0	0	0	0	0	0	0	0	0	0	0	0	0	0
	工具书参考书	13	0	0	0	0	0	0	0	0	0	0	0	0	0	0	0	0
古籍整理(部)		14		0	0	0	0	0	0	0	0	0	0	0	0	0	0	0
译著(部)		15		0	0	0	0	0	0	0	0	0	0	0	0	0	0	0
发表译文(篇)		16		0	0	0	0	0	0	0	0	0	0	0	0	0	0	0
电子出版物(件)		17		0	0	0	0	0	0	0	0	0	0	0	0	0	0	0
发表论文(篇)	合计	18	1	0	0	0	0	0	0	0	1	0	0	0	0	0	0	0
	国内学术刊物	19	1	0	0	0	0	0	0	0	1	0	0	0	0	0	0	0
	国外学术刊物	20	0	0	0	0	0	0	0	0	0	0	0	0	0	0	0	0
	港澳台刊物	21	0	0	0	0	0	0	0	0	0	0	0	0	0	0	0	0
研究与咨询报告(篇)	合计	22	0	0	0	0	0	0	0	0	0	0	0	0	0	0	0	0
	其中被采纳数	23	0	0	0	0	0	0	0	0	0	0	0	0	0	0	0	0

4.15 无锡太湖学院人文、社会科学研究与课题成果来源情况表

	编号	合计	国家社科基金项目	国家社科基金单列学科项目	教育部人文社科研究项目	高校古籍整理研究项目	国家自然科学基金项目	中央其他部门社科专门项目	省、市、自治区社科基金项目	省教育厅社科项目	地、市厅、局等政府部门项目	国际合作研究项目	与港、澳、台合作研究项目	企事业单位委托项目	学校社科项目	外资项目	其他项目
		课题来源															
		L01	L02	L03	L04	L05	L06	L07	L08	L09	L10	L11	L12	L13	L14	L15	L16
课题数(项)	1	17	0	0	0	0	0	0	0	10	1	0	0	0	6	0	0
当年投入人数(人/年)	2	1.7	0	0	0	0	0	0	0	1	0.1	0	0	0	0.6	0	0
其中研究生(人/年)	3	0	0	0	0	0	0	0	0	0	0	0	0	0	0	0	0
当年拨入经费(百元)	4	760	0	0	0	0	0	0	0	550	30	0	0	0	180	0	0
其中当年立项项目拨入经费(百元)	5	760	0	0	0	0	0	0	0	550	30	0	0	0	180	0	0
当年支出经费(百元)	6	152	0	0	0	0	0	0	0	110	6	0	0	0	36	0	0
当年新开课题数(项)	7	17	0	0	0	0	0	0	0	10	1	0	0	0	6	0	0
当年新开课题批准经费(百元)	8	760	0	0	0	0	0	0	0	550	30	0	0	0	180	0	0
当年完成课题数(项)	9	0	0	0	0	0	0	0	0	0	0	0	0	0	0	0	0

续表

出版著作（部）	合计	10	0	0	0	0	0	0	0	0	0	0	0	0	0	0	0	0
	专著	11	0	0	0	0	0	0	0	0	0	0	0	0	0	0	0	0
	编著教材	12	0	0	0	0	0	0	0	0	0	0	0	0	0	0	0	0
	工具书参考书	13	0	0	0	0	0	0	0	0	0	0	0	0	0	0	0	0
古籍整理（部）		14		0	0	0	0	0	0	0	0	0	0	0	0	0	0	0
译著（部）		15		1	0	0	0	0	0	0	0	1	0	0	0	0	0	0
发表译文（篇）		16		0	0	0	0	0	0	0	0	0	0	0	0	0	0	0
电子出版物（件）		17		0	0	0	0	0	0	0	0	0	0	0	0	0	0	0
发表论文（篇）	合计	18	17	0	0	0	0	0	0	0	9	0	0	0	0	8	0	0
	国内学术刊物	19	17	0	0	0	0	0	0	0	9	0	0	0	0	8	0	0
	国外学术刊物	20	0	0	0	0	0	0	0	0	0	0	0	0	0	0	0	0
	港澳台刊物	21	0	0	0	0	0	0	0	0	0	0	0	0	0	0	0	0
研究与咨询报告（篇）	合计	22	0	0	0	0	0	0	0	0	0	0	0	0	0	0	0	0
	其中被采纳数	23	0	0	0	0	0	0	0	0	0	0	0	0	0	0	0	0

4.16 金山职业技术学院人文、社会科学研究与课题成果来源情况表

		课题来源															
		合计	国家社科基金项目	国家社科基金单列学科项目	教育部人文社科研究项目	高校古籍整理研究项目	国家自然科学基金项目	中央其他部门社科专门项目	省、市、自治区社科基金项目	省教育厅社科项目	地、市厅、局等政府部门项目	国际合作研究项目	与港、澳、台合作研究项目	企事业单位委托项目	学校社科项目	外资项目	其他项目
	编号	L01	L02	L03	L04	L05	L06	L07	L08	L09	L10	L11	L12	L13	L14	L15	L16
课题数（项）	1	2	0	0	0	0	0	0	0	0	2	0	0	0	0	0	0
当年投入人数（人/年）	2	1.5	0	0	0	0	0	0	0	0	1.5	0	0	0	0	0	0
其中研究生（人/年）	3	0	0	0	0	0	0	0	0	0	0	0	0	0	0	0	0
当年拨入经费（百元）	4	100	0	0	0	0	0	0	0	0	100	0	0	0	0	0	0
其中当年立项项目拨入经费（百元）	5	100	0	0	0	0	0	0	0	0	100	0	0	0	0	0	0
当年支出经费（百元）	6	30	0	0	0	0	0	0	0	0	30	0	0	0	0	0	0
当年新开课题数（项）	7	2	0	0	0	0	0	0	0	0	2	0	0	0	0	0	0
当年新开课题批准经费（百元）	8	100	0	0	0	0	0	0	0	0	100	0	0	0	0	0	0
当年完成课题数（项）	9	0	0	0	0	0	0	0	0	0	0	0	0	0	0	0	0

续表

出版著作(部)	合计	10	0	0	0	0	0	0	0	0	0	0	0	0	0	0	0	0
	专著	11	0	0	0	0	0	0	0	0	0	0	0	0	0	0	0	0
	编著教材	12	0	0	0	0	0	0	0	0	0	0	0	0	0	0	0	0
	工具书参考书	13	0	0	0	0	0	0	0	0	0	0	0	0	0	0	0	0
古籍整理(部)		14	0	0	0	0	0	0	0	0	0	0	0	0	0	0	0	0
译著(部)		15	0	0	0	0	0	0	0	0	0	0	0	0	0	0	0	0
发表译文(篇)		16	0	0	0	0	0	0	0	0	0	0	0	0	0	0	0	0
电子出版物(件)		17	0	0	0	0	0	0	0	0	0	0	0	0	0	0	0	0
发表论文(篇)	合计	18	0	0	0	0	0	0	0	0	0	0	0	0	0	0	0	0
	国内学术刊物	19	0	0	0	0	0	0	0	0	0	0	0	0	0	0	0	0
	国外学术刊物	20	0	0	0	0	0	0	0	0	0	0	0	0	0	0	0	0
	港澳台刊物	21	0	0	0	0	0	0	0	0	0	0	0	0	0	0	0	0
研究与咨询报告(篇)	合计	22	0	0	0	0	0	0	0	0	0	0	0	0	0	0	0	0
	其中被采纳数	23	0	0	0	0	0	0	0	0	0	0	0	0	0	0	0	0

4.17 苏州港大思培科技职业学院人文、社会科学研究与课题成果来源情况表

		课题来源															
		合计	国家社科基金项目	国家社科基金单列学科项目	教育部人文社科研究项目	高校古籍整理研究项目	国家自然科学基金项目	中央其他部门社科专门项目	省、市、自治区社科基金项目	省教育厅社科项目	地、市厅、局等政府部门项目	国际合作研究项目	与港、澳、台合作研究项目	企事业单位委托项目	学校社科项目	外资项目	其他项目
	编号	L01	L02	L03	L04	L05	L06	L07	L08	L09	L10	L11	L12	L13	L14	L15	L16
课题数（项）	1	9	0	0	0	0	0	0	0	1	1	0	0	0	7	0	0
当年投入人数（人/年）	2	4.7	0	0	0	0	0	0	0	0	0.4	0	0	0	4.3	0	0
其中研究生（人/年）	3	0	0	0	0	0	0	0	0	0	0	0	0	0	0	0	0
当年拨入经费（百元）	4	255	0	0	0	0	0	0	0	80	75	0	0	0	100	0	0
其中当年立项项目拨入经费（百元）	5	175	0	0	0	0	0	0	0	0	75	0	0	0	100	0	0
当年支出经费（百元）	6	157	0	0	0	0	0	0	0	75	48	0	0	0	34	0	0
当年新开课题数（项）	7	8	0	0	0	0	0	0	0	0	1	0	0	0	7	0	0
当年新开课题批准经费（百元）	8	175	0	0	0	0	0	0	0	0	75	0	0	0	100	0	0
当年完成课题数（项）	9	2	0	0	0	0	0	0	0	1	1	0	0	0	0	0	0

续表

出版著作（部）	合计	10	2	0	0	0	0	0	0	0	1	0	0	0	0	1	0	0
	专著	11	1	0	0	0	0	0	0	0	1	0	0	0	0	0	0	0
	编著教材	12	1	0	0	0	0	0	0	0	0	0	0	0	0	1	0	0
	工具书参考书	13	0	0	0	0	0	0	0	0	0	0	0	0	0	0	0	0
古籍整理（部）		14	0	0	0	0	0	0	0	0	0	0	0	0	0	0	0	0
译著（部）		15	0	0	0	0	0	0	0	0	0	0	0	0	0	0	0	0
发表译文（篇）		16	0	0	0	0	0	0	0	0	0	0	0	0	0	0	0	0
电子出版物（件）		17	0	0	0	0	0	0	0	0	0	0	0	0	0	0	0	0
发表论文（篇）	合计	18	1	0	0	0	0	0	0	0	0	0	0	0	0	1	0	0
	国内学术刊物	19	1	0	0	0	0	0	0	0	0	0	0	0	0	1	0	0
	国外学术刊物	20	0	0	0	0	0	0	0	0	0	0	0	0	0	0	0	0
	港澳台刊物	21	0	0	0	0	0	0	0	0	0	0	0	0	0	0	0	0
研究与咨询报告（篇）	合计	22	1	0	0	0	0	0	0	0	0	1	0	0	0	0	0	0
	其中被采纳数	23	1	0	0	0	0	0	0	0	0	1	0	0	0	0	0	0

4.18 昆山登云科技职业学院人文、社会科学研究与课题成果来源情况表

		课题来源															
		合计	国家社科基金项目	国家社科基金单列学科项目	教育部人文社科研究项目	高校古籍整理研究项目	国家自然科学基金项目	中央其他部门社科专门项目	省、市、自治区社科基金项目	省教育厅社科项目	地、市厅、局等政府部门项目	国际合作研究项目	与港、澳、台合作研究项目	企事业单位委托项目	学校社科项目	外资项目	其他项目
	编号	L01	L02	L03	L04	L05	L06	L07	L08	L09	L10	L11	L12	L13	L14	L15	L16
课题数（项）	1	3	0	0	0	0	0	0	0	1	2	0	0	0	0	0	0
当年投入人数（人/年）	2	0.7	0	0	0	0	0	0	0	0.2	0.5	0	0	0	0	0	0
其中研究生（人/年）	3	0	0	0	0	0	0	0	0	0	0	0	0	0	0	0	0
当年拨入经费（百元）	4	110	0	0	0	0	0	0	0	50	60	0	0	0	0	0	0
其中当年立项项目拨入经费（百元）	5	110	0	0	0	0	0	0	0	50	60	0	0	0	0	0	0
当年支出经费（百元）	6	23	0	0	0	0	0	0	0	10	13	0	0	0	0	0	0
当年新开课题数（项）	7	3	0	0	0	0	0	0	0	1	2	0	0	0	0	0	0
当年新开课题批准经费（百元）	8	110	0	0	0	0	0	0	0	50	60	0	0	0	0	0	0
当年完成课题数（项）	9	0	0	0	0	0	0	0	0	0	0	0	0	0	0	0	0

续表

出版著作(部)	合计	10	0	0	0	0	0	0	0	0	0	0	0	0	0	0	0	0
	专著	11	0	0	0	0	0	0	0	0	0	0	0	0	0	0	0	0
	编著教材	12	0	0	0	0	0	0	0	0	0	0	0	0	0	0	0	0
	工具书参考书	13	0	0	0	0	0	0	0	0	0	0	0	0	0	0	0	0
古籍整理(部)		14	0	0	0	0	0	0	0	0	0	0	0	0	0	0	0	0
译著(部)		15	0	0	0	0	0	0	0	0	0	0	0	0	0	0	0	0
发表译文(篇)		16	0	0	0	0	0	0	0	0	0	0	0	0	0	0	0	0
电子出版物(件)		17	0	0	0	0	0	0	0	0	0	0	0	0	0	0	0	0
发表论文(篇)	合计	18	1	0	0	0	0	0	0	0	1	0	0	0	0	0	0	0
	国内学术刊物	19	1	0	0	0	0	0	0	0	1	0	0	0	0	0	0	0
	国外学术刊物	20	0	0	0	0	0	0	0	0	0	0	0	0	0	0	0	0
	港澳台刊物	21	0	0	0	0	0	0	0	0	0	0	0	0	0	0	0	0
研究与咨询报告(篇)	合计	22	0	0	0	0	0	0	0	0	0	0	0	0	0	0	0	0
	其中被采纳数	23	0	0	0	0	0	0	0	0	0	0	0	0	0	0	0	0

4.19 宿迁学院人文、社会科学研究与课题成果来源情况表

		课题来源															
		合计	国家社科基金项目	国家社科基金单列学科项目	教育部人文社科研究项目	高校古籍整理研究项目	国家自然科学基金项目	中央其他部门社科专门项目	省、市、自治区社科基金项目	省教育厅社科项目	地、市厅、局等政府部门项目	国际合作研究项目	与港、澳、台合作研究项目	企事业单位委托项目	学校社科项目	外资项目	其他项目
	编号	L01	L02	L03	L04	L05	L06	L07	L08	L09	L10	L11	L12	L13	L14	L15	L16
课题数（项）	1	189	0	0	0	0	0	0	2	38	92	0	0	0	57	0	0
当年投入人数（人/年）	2	31	0	0	0	0	0	0	0.4	7	16.7	0	0	0	6.9	0	0
其中研究生（人/年）	3	0	0	0	0	0	0	0	0	0	0	0	0	0	0	0	0
当年拨入经费（百元）	4	1 390	0	0	0	0	0	0	0	650	710	0	0	0	30	0	0
其中当年立项项目拨入经费（百元）	5	1 390	0	0	0	0	0	0	0	650	710	0	0	0	30	0	0
当年支出经费（百元）	6	1 996	0	0	0	0	0	0	142	544	1 015	0	0	0	295	0	0
当年新开课题数（项）	7	48	0	0	0	0	0	0	0	13	32	0	0	0	3	0	0
当年新开课题批准经费（百元）	8	1 410	0	0	0	0	0	0	0	650	730	0	0	0	30	0	0
当年完成课题数（项）	9	41	0	0	0	0	0	0	0	8	25	0	0	0	8	0	0

续表

出版著作(部)	合计	10	0	0	0	0	0	0	0	0	0	0	0	0	0	0	0	0
	专著	11	0	0	0	0	0	0	0	0	0	0	0	0	0	0	0	0
	编著教材	12	0	0	0	0	0	0	0	0	0	0	0	0	0	0	0	0
	工具书参考书	13	0	0	0	0	0	0	0	0	0	0	0	0	0	0	0	0
古籍整理(部)		14	0	0	0	0	0	0	0	0	0	0	0	0	0	0	0	0
译著(部)		15	0	0	0	0	0	0	0	0	0	0	0	0	0	0	0	0
发表译文(篇)		16	0	0	0	0	0	0	0	0	0	0	0	0	0	0	0	0
电子出版物(件)		17	0	0	0	0	0	0	0	0	0	0	0	0	0	0	0	0
发表论文(篇)	合计	18	83	0	0	0	0	0	0	0	46	28	0	0	0	9	0	0
	国内学术刊物	19	83	0	0	0	0	0	0	0	46	28	0	0	0	9	0	0
	国外学术刊物	20	0	0	0	0	0	0	0	0	0	0	0	0	0	0	0	0
	港澳台刊物	21	0	0	0	0	0	0	0	0	0	0	0	0	0	0	0	0
研究与咨询报告(篇)	合计	22	0	0	0	0	0	0	0	0	0	0	0	0	0	0	0	0
	其中被采纳数	23	0	0	0	0	0	0	0	0	0	0	0	0	0	0	0	0

4.20 苏州高博软件技术职业学院人文、社会科学研究与课题成果来源情况表

		课题来源															
		合计	国家社科基金项目	国家社科基金单列学科项目	教育部人文社科研究项目	高校古籍整理研究项目	国家自然科学基金项目	中央其他部门社科专门项目	省、市、自治区社科基金项目	省教育厅社科项目	地、市厅、局等政府部门项目	国际合作研究项目	与港、澳、台合作研究项目	企事业单位委托项目	学校社科项目	外资项目	其他项目
	编号	L01	L02	L03	L04	L05	L06	L07	L08	L09	L10	L11	L12	L13	L14	L15	L16
课题数（项）	1	26	0	0	0	0	0	0	0	2	3	0	0	0	21	0	0
当年投入人数（人/年）	2	8.4	0	0	0	0	0	0	0	0.4	2.3	0	0	0	5.7	0	0
其中研究生（人/年）	3	0	0	0	0	0	0	0	0	0	0	0	0	0	0	0	0
当年拨入经费（百元）	4	620	0	0	0	0	0	0	0	90	140	0	0	0	390	0	0
其中当年立项项目拨入经费（百元）	5	620	0	0	0	0	0	0	0	90	140	0	0	0	390	0	0
当年支出经费（百元）	6	405	0	0	0	0	0	0	0	45	70	0	0	0	290	0	0
当年新开课题数（项）	7	17	0	0	0	0	0	0	0	2	3	0	0	0	12	0	0
当年新开课题批准经费（百元）	8	620	0	0	0	0	0	0	0	90	140	0	0	0	390	0	0
当年完成课题数（项）	9	6	0	0	0	0	0	0	0	0	0	0	0	0	6	0	0

续表

出版著作(部)	合计	10	3	0	0	0	0	0	0	0	0	0	0	0	0	3	0	0
	专著	11	0	0	0	0	0	0	0	0	0	0	0	0	0	0	0	0
	编著教材	12	3	0	0	0	0	0	0	0	0	0	0	0	0	3	0	0
	工具书参考书	13	0	0	0	0	0	0	0	0	0	0	0	0	0	0	0	0
古籍整理(部)		14	0	0	0	0	0	0	0	0	0	0	0	0	0	0	0	0
译著(部)		15	0	0	0	0	0	0	0	0	0	0	0	0	0	0	0	0
发表译文(篇)		16	0	0	0	0	0	0	0	0	0	0	0	0	0	0	0	0
电子出版物(件)		17	0	0	0	0	0	0	0	0	0	0	0	0	0	0	0	0
发表论文(篇)	合计	18	12	0	0	0	0	0	0	0	1	1	0	0	0	10	0	0
	国内学术刊物	19	12	0	0	0	0	0	0	0	1	1	0	0	0	10	0	0
	国外学术刊物	20	0	0	0	0	0	0	0	0	0	0	0	0	0	0	0	0
	港澳台刊物	21	0	0	0	0	0	0	0	0	0	0	0	0	0	0	0	0
研究与咨询报告(篇)	合计	22	0	0	0	0	0	0	0	0	0	0	0	0	0	0	0	0
	其中被采纳数	23	0	0	0	0	0	0	0	0	0	0	0	0	0	0	0	0

4.21 西交利物浦大学人文、社会科学研究与课题成果来源情况表

		课题来源															
		合计	国家社科基金项目	国家社科基金单列学科项目	教育部人文社科研究项目	高校古籍整理研究项目	国家自然科学基金项目	中央其他部门社科专门项目	省、市、自治区社科基金项目	省教育厅社科项目	地、市厅、局等政府部门项目	国际合作研究项目	与港、澳、台合作研究项目	企事业单位委托项目	学校社科项目	外资项目	其他项目
	编号	L01	L02	L03	L04	L05	L06	L07	L08	L09	L10	L11	L12	L13	L14	L15	L16
课题数（项）	1	13	1	0	2	0	3	0	3	0	4	0	0	0	0	0	0
当年投入人数（人/年）	2	5	0.7	0	0.4	0	2.4	0	0.4	0	1.1	0	0	0	0	0	0
其中研究生（人/年）	3	0	0	0	0	0	0	0	0	0	0	0	0	0	0	0	0
当年拨入经费（百元）	4	6 860.78	2 100	0	810	0	3 270.78	0	0	0	680	0	0	0	0	0	0
其中当年立项项目拨入经费（百元）	5	3 863.04	0	0	600	0	2 708.04	0	0	0	555	0	0	0	0	0	0
当年支出经费（百元）	6	1 426.91	157.89	0	212.3	0	385.26	0	137	0	534.46	0	0	0	0	0	0
当年新开课题数（项）	7	5	0	0	1	0	2	0	0	0	2	0	0	0	0	0	0
当年新开课题批准经费（百元）	8	5 775	0	0	1 000	0	3 900	0	0	0	875	0	0	0	0	0	0
当年完成课题数（项）	9	0	0	0	0	0	0	0	0	0	0	0	0	0	0	0	0

续表

出版著作(部)	合计	10	4	0	0	1	0	0	0	2	0	1	0	0	0	0	0	0
	专著	11	3	0	0	1	0	0	0	1	0	1	0	0	0	0	0	0
	编著教材	12	1	0	0	0	0	0	0	1	0	0	0	0	0	0	0	0
	工具书参考书	13	0	0	0	0	0	0	0	0	0	0	0	0	0	0	0	0
古籍整理(部)		14		0	0	0	0	0	0	0	0	0	0	0	0	0	0	0
译著(部)		15		0	0	0	0	0	0	0	0	0	0	0	0	0	0	0
发表译文(篇)		16		0	0	0	0	0	0	0	0	0	0	0	0	0	0	0
电子出版物(件)		17		0	0	0	0	0	0	0	0	0	0	0	0	0	0	0
发表论文(篇)	合计	18	19	2	0	4	0	3	0	5	0	5	0	0	0	0	0	0
	国内学术刊物	19	1	0	0	0	0	0	0	1	0	0	0	0	0	0	0	0
	国外学术刊物	20	18	2	0	4	0	3	0	4	0	5	0	0	0	0	0	0
	港澳台刊物	21	0	0	0	0	0	0	0	0	0	0	0	0	0	0	0	0
研究与咨询报告(篇)	合计	22	0	0	0	0	0	0	0	0	0	0	0	0	0	0	0	0
	其中被采纳数	23	0	0	0	0	0	0	0	0	0	0	0	0	0	0	0	0

九、社科研究成果获奖

成果名称	编号	合计 L01	成果形式 L02	主要作者 L03	奖励名称 L04	奖励等级 L05
合计	/	/	/	/	/	/
1. 南京大学	/	/	/	/	/	/
“门户私计”的社会逻辑——从孙本文有关门阀的论述讲起	001	/	论文	成伯清	江苏省第十三届哲学社会科学优秀成果奖	二等
本土装备制造业市场空间障碍分析——基于下游行业全球价值链的视角	002	/	论文	巫强	江苏省第十三届哲学社会科学优秀成果奖	三等
波斯时期的犹大社会与圣经编纂	003	/	专著	孟振华	江苏省第十三届哲学社会科学优秀成果奖	三等
传播学科的奠定:1922～1949	004	/	专著	胡翼青	江苏省第十三届哲学社会科学优秀成果奖	一等
创新范式转型与中国大学——企业协同创新机制的深化	005	/	论文	宗晓华	江苏省第十三届哲学社会科学优秀成果奖	三等
当代西方动漫发展的若干趋势	006	/	论文	周安华	江苏省第十三届哲学社会科学优秀成果奖	二等
档案网站信息资源组织研究	007	/	专著	吴建华	江苏省第十三届哲学社会科学优秀成果奖	三等
风险领域理论与侵权法二元归责体系	008	/	论文	叶金强	江苏省第十三届哲学社会科学优秀成果奖	三等
符合性审计抽样方式及抽样规模	009	/	专著	耿修林	江苏省第十三届哲学社会科学优秀成果奖	三等
服务业生产率与服务业发展研究	010	/	专著	刘丹鹭	江苏省第十三届哲学社会科学优秀成果奖	三等
高校课程结构调整与大学生就业问题研究	011	/	专著	汪霞	江苏省第十三届哲学社会科学优秀成果奖	一等
格式条款内容规制的规范体系	012	/	论文	解亘	江苏省第十三届哲学社会科学优秀成果奖	三等
公共行政的概念	013	/	专著	张康之	江苏省第十三届哲学社会科学优秀成果奖	二等
股权集中下的控股股东侵占与公司治理研究	014	/	专著	俞红海	江苏省第十三届哲学社会科学优秀成果奖	三等
归纳悖论研究	015	/	专著	顿新国	江苏省第十三届哲学社会科学优秀成果奖	三等
国际比较视野下中国研究型大学学科建设的全面反思	016	/	论文	张红霞	江苏省第十三届哲学社会科学优秀成果奖	三等
和刻本中国古逸书丛刊(全七十卷)	017	/	专著	金程宇	江苏省第十三届哲学社会科学优秀成果奖	二等

续表

汇率制度选择:经济学文献贡献了什么	018	/	专著	范从来	江苏省第十三届哲学社会科学优秀成果奖	一等
记忆的政治	019	/	专著	周海燕	江苏省第十三届哲学社会科学优秀成果奖	三等
建立与完善公务员职位聘任制:基于深圳实践的理论思考	020	/	论文	周建国	江苏省第十三届哲学社会科学优秀成果奖	三等
教育分流体制与中国的教育分层(1978—2008)	021	/	论文	吴愈晓	江苏省第十三届哲学社会科学优秀成果奖	三等
解放还是侵略?——评《大东亚战争的总结》	022	/	专著	王云骏	江苏省第十三届哲学社会科学优秀成果奖	三等
近代前期英国崛起的历史逻辑	023	/	论文	计秋枫	江苏省第十三届哲学社会科学优秀成果奖	三等
近代中国的主权、法权与社会	024	/	专著	张仁善	江苏省第十三届哲学社会科学优秀成果奖	二等
扩大内需条件下的经济全球化战略——长三角新时期的对外开放问题研究	025	/	专著	刘志彪	第十八届安子介国际贸易研究奖	二等
历史唯物主义的方法论视角及学术意义——从对西方学界的几种社会批判理论的批判入手	026	/	论文	唐正东	江苏省第十三届哲学社会科学优秀成果奖	一等
鲁德亚德·吉卜林研究	027	/	专著	陈兵	江苏省第十三届哲学社会科学优秀成果奖	三等
论当代苏格兰诗歌中的民族性	028	/	论文	何宁	江苏省第十三届哲学社会科学优秀成果奖	三等
民国对外关系史论(1927—1949)	029	/	专著	陈谦平	江苏省第十三届哲学社会科学优秀成果奖	二等
南京大屠杀期间市民财产损失的调查与统计——基于国内现存档案资料的分析	030	/	论文	姜良芹	江苏省第十三届哲学社会科学优秀成果奖	三等
南京大屠杀全史(上、中、下)	031	/	专著	张宪文	江苏省第十三届哲学社会科学优秀成果奖	一等
南京大屠杀史研究	032	/	专著	张生	江苏省第十三届哲学社会科学优秀成果奖	二等
南京历代碑刻集成	033	/	专著	夏维中	江苏省第十三届哲学社会科学优秀成果奖	二等
农业政策改革、要素市场发育与农户土地利用行为研究	034	/	专著	黄贤金	江苏省第十三届哲学社会科学优秀成果奖	二等
批评与临床	035	/	译著	刘云虹	江苏省第十三届哲学社会科学优秀成果奖	二等
普通语言学手稿	036	/	译著	于秀英	江苏省第十三届哲学社会科学优秀成果奖	三等
企业组织结构刚性与战略变革:理论与实证研究	037	/	专著	刘海建	江苏省第十三届哲学社会科学优秀成果奖	三等
全清词·雍乾卷(全十六册)	038	/	专著	张宏生	江苏省第十三届哲学社会科学优秀成果奖	二等
人口结构变化与经常项目收支调整:基于跨国面板数据的研究	039	/	论文	谢建国	江苏省第十三届哲学社会科学优秀成果奖	二等

续表

成果名称	编号	合计 L01	成果形式 L02	主要作者 L03	奖励名称 L04	奖励等级 L05
如来藏经典与中国佛教(上下)	040	/	专著	杨维中	江苏省第十三届哲学社会科学优秀成果奖	二等
涉诉舆论的面相与本相——十大经典案例分析	041	/	论文	周安平	江苏省第十三届哲学社会科学优秀成果奖	二等
收益管理方法与应用	042	/	专著	周晶	江苏省第十三届哲学社会科学优秀成果奖	三等
数学理解性学习与教学:文化的视角	043	/	专著	吕林海	江苏省第十三届哲学社会科学优秀成果奖	三等
数字图书馆建设体制与发展模式	044	/	专著	郑建明	江苏省第十三届哲学社会科学优秀成果奖	二等
司法的公共理性:超越政治理性与技艺理性	045	/	论文	吴英姿	江苏省第十三届哲学社会科学优秀成果奖	三等
图书馆学期刊质量“全评价”探讨及启示	046	/	论文	叶继元	江苏省第十三届哲学社会科学优秀成果奖	二等
网络信息资源评价指标体系的建立和测定	047	/	专著	朱庆华	江苏省第十三届哲学社会科学优秀成果奖	一等
文化反哺与器物文明的代际传承	048	/	论文	周晓虹	江苏省第十三届哲学社会科学优秀成果奖	一等
无声的革命:北京大学、苏州大学学生社会来源研究(1949—2002)	049	/	专著	梁晨	江苏省第十三届哲学社会科学优秀成果奖	三等
西方经济学的意识形态反思	050	/	论文	张谊浩	江苏省第十三届哲学社会科学优秀成果奖	三等
系统原理下的语言问题	051	/	专著	马清华	江苏省第十三届哲学社会科学优秀成果奖	三等
峡江地区考古学文化的互动与诸要素的适应性研究	052	/	专著	水涛	江苏省第十三届哲学社会科学优秀成果奖	三等
英国文学批评史	053	/	专著	王守仁	江苏省第十三届哲学社会科学优秀成果奖	一等
英语写作教学与研究	054	/	专著	徐昉	江苏省第十三届哲学社会科学优秀成果奖	三等
影响中国文化的十大经典	055	/	普及成果	王月清	江苏省第十三届哲学社会科学优秀成果奖	二等
语图互仿的顺势与逆势——文学与图像关系新论	056	/	论文	赵宪章	江苏省第十三届哲学社会科学优秀成果奖	一等
战略人力资源管理研究	057	/	专著	张正堂	江苏省第十三届哲学社会科学优秀成果奖	三等
正名中国:胡阿祥说国号	058	/	普及成果	胡阿祥	江苏省第十三届哲学社会科学优秀成果奖	一等
制度与范式:中国图书馆学的历史考察(1909—2009)	059	/	专著	李刚	江苏省第十三届哲学社会科学优秀成果奖	三等
中国出版业发展报告——新千年来的中国出版业	060	/	专著	张志强	江苏省第十三届哲学社会科学优秀成果奖	二等
中国独生子女问题研究	061	/	专著	风笑天	江苏省第十三届哲学社会科学优秀成果奖	一等

续表

中国式分权下的地方官员治理研究	062	/	论文	皮建才	江苏省第十三届哲学社会科学优秀成果奖	三等
中国乡土小说的世纪转型研究	063	/	专著	丁帆	江苏省第十三届哲学社会科学优秀成果奖	一等
中国新型城镇化理论与实践创新	064	/	论文	张鸿雁	江苏省第十三届哲学社会科学优秀成果奖	二等
中国应急管理:理论、实践、政策	065	/	专著	童星	江苏省第十三届哲学社会科学优秀成果奖	一等
中华佛教史·隋唐五代佛教史卷	066	/	专著	洪修平	江苏省第十三届哲学社会科学优秀成果奖	二等
中原音韵校本:附中州乐府音韵类编校本	067	/	专著	张玉来	江苏省第十三届哲学社会科学优秀成果奖	二等
转企改制背景下我国科技期刊信息增值服务问题研究	068	/	论文	杨海平	江苏省第十三届哲学社会科学优秀成果奖	三等
自我行动的逻辑:当代中国人的市场实践	069	/	专著	汪和建	江苏省第十三届哲学社会科学优秀成果奖	二等
自主创新与经济增长	070	/	专著	沈坤荣	江苏省第十三届哲学社会科学优秀成果奖	一等
宗教传统与公司治理	071	/	论文	陈冬华	江苏省第十三届哲学社会科学优秀成果奖	二等
走出社会矛盾冲突的漩涡——中国重大社会性突发事件及其管理	072	/	专著	朱力	江苏省第十三届哲学社会科学优秀成果奖	一等
作格动词的性质和作格结构的构造	073	/	论文	沈阳	江苏省第十三届哲学社会科学优秀成果奖	二等
2. 东南大学	/	/	/	/	/	/
裁量基准司法审查研究	001	/	论文	周佑勇	江苏省第十三届哲学社会科学优秀成果奖	一等
出口学习抑或自选择:来自中国制造业的倍差匹配检验	002	/	论文	邱斌	江苏省第十三届哲学社会科学优秀成果奖	二等
出口专业化、出口多样化与地区经济增长	003	/	论文	刘修岩	江苏省第十三届哲学社会科学优秀成果奖	二等
当前我国伦理道德与意识形态互动规律的研究	004	/	研究报告	樊和平	江苏省第十三届哲学社会科学优秀成果奖	二等
法律洞的司法跨越——关系密切群体法律治理的社会网络分析	005	/	论文	张洪涛	江苏省第十三届哲学社会科学优秀成果奖	三等
父母元情绪理念、情绪表达与儿童社会能力的关系	006	/	论文	梁宗保	江苏省第十三届哲学社会科学优秀成果奖	二等
国家竞争论:富国的遏制与穷国的赶超	007	/	专著	周勤	江苏省第十三届哲学社会科学优秀成果奖	三等
汉墓壁画的宗教信仰与图像表现	008	/	专著	汪小洋	江苏省第十三届哲学社会科学优秀成果奖	一等
基础设施特许经营 PPP 项目的绩效管理与评估	009	/	专著	袁竞峰	江苏省第十三届哲学社会科学优秀成果奖	三等
基于 PCA—DEA 的英语有效学习过程评价模型研究	010	/	论文	陈美华	江苏省第十三届哲学社会科学优秀成果奖	三等
集体主义价值观的当代阐释	011	/	专著	刘波	江苏省第十三届哲学社会科学优秀成果奖	三等

续表

成果名称	编号	合计 L01	成果形式 L02	主要作者 L03	奖励名称 L04	奖励等级 L05
加快江苏网络经济发展	012	/	研究报告	徐盈之	江苏省第十三届哲学社会科学优秀成果奖	二等
金融市场中传染风险建模与分析	013	/	专著	何建敏	江苏省第十三届哲学社会科学优秀成果奖	一等
论联合演算	014	/	专著	马雷	江苏省第十三届哲学社会科学优秀成果奖	三等
论社会权的经济发展价值	015	/	论文	龚向和	江苏省第十三届哲学社会科学优秀成果奖	三等
论中国政府会计概念框架的选择	016	/	论文	陈志斌	江苏省第十三届哲学社会科学优秀成果奖	三等
民俗艺术学	017	/	专著	陶思炎	江苏省第十三届哲学社会科学优秀成果奖	二等
欧盟单一市场政策调整对我国商品出口的影响及对策研究	018	/	专著	陈淑梅	江苏省第十三届哲学社会科学优秀成果奖	二等
企业创新能力研究——基于江苏省工业企业创新调查结果分析	019	/	专著	袁健红	江苏省第十三届哲学社会科学优秀成果奖	三等
社会失信行为的法律规制——基于外部性内在化的法经济学分析	020	/	论文	胡朝阳	江苏省第十三届哲学社会科学优秀成果奖	三等
著作体系的中国灵根——中华民族精神新论	021	/	专著	袁久红	江苏省第十三届哲学社会科学优秀成果奖	一等
双边激励、融资方式与风险企业控制权配置:理论与实证研究	022	/	专著	吴斌	江苏省第十三届哲学社会科学优秀成果奖	三等
艺术策划学	023	/	专著	倪进	江苏省第十三届哲学社会科学优秀成果奖	三等
意义批判的逻辑——马克思辩证法的存在论阐释	024	/	专著	高广旭	江苏省第十三届哲学社会科学优秀成果奖	三等
中外高等工程教育课程研究	025	/	专著	崔军	江苏省第十三届哲学社会科学优秀成果奖	三等
注意规范保护目的与交通过失犯的成立	026	/	论文	刘艳红	江苏省第十三届哲学社会科学优秀成果奖	二等
转型背景下的中国企业组织复杂性:动因、成长及应对	027	/	专著	吕鸿江	江苏省第十三届哲学社会科学优秀成果奖	三等
3. 江南大学	/	/	/	/	/	/
城市·记忆·形态:心理学与社会学视维中的历史文化保护与发展	001	/	专著	朱蓉	江苏省第十三届哲学社会科学优秀成果奖	三等
城市公共管理与旅游企业绩效研究	002	/	专著	李武武	中国商业联合会科学技术进步奖	二等
“电影化”之去留:中日动画艺术的比较	003	/	论文	殷俊	江苏省第十三届哲学社会科学优秀成果奖	三等

续表

近代齐鲁与江南汉族民间衣装文化	004	/	专著	崔荣荣	江苏省第十三届哲学社会科学优秀成果奖	三等
梦窗词集校笺	005	/	专著	孙虹	江苏省第十三届哲学社会科学优秀成果奖	二等
小额信贷发展比较研究	006	/	专著	谢玉梅	江苏省第十三届哲学社会科学优秀成果奖	三等
中国设计全集·第1卷,建筑类编·人居篇	007	/	专著	过伟敏	江苏省第十三届哲学社会科学优秀成果奖	三等
中国食品安全发展报告(2013)	008	/	专著	吴林海	江苏省第十三届哲学社会科学优秀成果奖	二等
中国特色社会主义民主政治制度创新研究	009	/	专著	刘焕明	江苏省第十三届哲学社会科学优秀成果奖	二等
中国最美云肩·情思回味之文化	010	/	普及成果	梁惠娥	江苏省第十三届哲学社会科学优秀成果奖	三等
中学语文理解性教学设计原理与应用	011	/	专著	陈明选	江苏省第十三届哲学社会科学优秀成果奖	三等
中印佛教造像源流与传播	012	/	专著	张同标	江苏省第十三届哲学社会科学优秀成果奖	二等
4. 南京农业大学	/	/	/	/	/	/
财政分权、地方政府竞争与土地财政	001	/	论文	吴群	江苏省第十三届哲学社会科学优秀成果奖	三等
江苏省农民专业合作社发展情况调研报告	002	/	研究报告	应瑞瑶	江苏省第十三届哲学社会科学优秀成果奖	二等
面向用户需求的图书馆移动信息服务研究	003	/	论文	茆意宏	江苏省第十三届哲学社会科学优秀成果奖	三等
明清时期淮河水患与生态、社会关系研究	004	/	专著	卢勇	江苏省第十三届哲学社会科学优秀成果奖	三等
农村发展中环境管理研究	005	/	专著	冯淑怡	江苏省第十三届哲学社会科学优秀成果奖	一等
农机服务市场与农机支持政策的选择研究	006	/	专著	纪月清	江苏省第十三届哲学社会科学优秀成果奖	三等
现代农业发展战略研究	007	/	专著	周应恒	江苏省第十三届哲学社会科学优秀成果奖	一等
学科的内在建构路径与知识运行机制	008	/	论文	龚怡祖	江苏省第十三届哲学社会科学优秀成果奖	二等
支持中小企业发展的金融体系研究报告	009	/	研究报告	林乐芬	江苏省第十三届哲学社会科学优秀成果奖	三等
中国土地税费的资源配置效应与制度优化	010	/	专著	邹伟	江苏省第十三届哲学社会科学优秀成果奖	二等
转基因作物知识产权及其共享研究报告	011	/	研究报告	刘志民	江苏省第十三届哲学社会科学优秀成果奖	二等

续表

成果名称	编号	合计 L01	成果形式 L02	主要作者 L03	奖励名称 L04	奖励等级 L05
5. 中国矿业大学	/	/	/	/	/	/
积极安全管理视域下的煤矿安全管理制度有效性研究	001	/	专著	陈红	江苏省第十三届哲学社会科学优秀成果奖	一等
我国煤矿安全文化系统研究	002	/	专著	李爽	江苏省第十三届哲学社会科学优秀成果奖	二等
新农村心理健康读本(四册)	003	/	普及成果	段鑫星	江苏省第十三届哲学社会科学优秀成果奖	三等
中国能源相关的二氧化碳减排策略研究	004	/	专著	张明 1	江苏省第十三届哲学社会科学优秀成果奖	三等
6. 河海大学	/	/	/	/	/	/
A Theoretical Analysis of the Diaoyu Islands Disputes from the Perspective of Pure Theory of Law	001	/	论文	梁志建	江苏省第十三届哲学社会科学优秀成果奖	三等
思想政治教育学科范式的哲学沉思	002	/	专著	金林南	江苏省第十三届哲学社会科学优秀成果奖	三等
思想政治教育学前沿研究	003	/	专著	孙其昂	江苏省第十三届哲学社会科学优秀成果奖	二等
迈向“场域”脉络下的本土“关系”理论探析	004	/	论文	沈毅	江苏省第十三届哲学社会科学优秀成果奖	二等
水旱灾害风险管理理论方法及应用	005	/	专著	陈军飞	江苏省第十三届哲学社会科学优秀成果奖	三等
水污染控制的管理理论方法及应用	006	/	专著	王慧敏	江苏省第十三届哲学社会科学优秀成果奖	一等
7. 南京理工大学	/	/	/	/	/	/
财政困境与乡镇治理	001	/	专著	章荣君	江苏省第十三届哲学社会科学优秀成果奖	二等
产业集聚、资源环境与区域发展研究	002	/	专著	朱英明	江苏省第十三届哲学社会科学优秀成果奖	二等
广播电视学引论	003	/	专著	孙宜君	江苏省第十三届哲学社会科学优秀成果奖	三等
环境艺术手绘表现史(中、外卷)	004	/	专著	徐伟	江苏省第十三届哲学社会科学优秀成果奖	二等
主题聚类及其应用研究	005	/	专著	章成志	江苏省第十三届哲学社会科学优秀成果奖	三等
8. 南京航空航天大学	/	/	/	/	/	/
“意识形态终结论”批判与我国意识形态安全	001	/	论文	王岩	江苏省第十三届哲学社会科学优秀成果奖	三等
家族企业融资行为机理与特性	002	/	专著	耿成轩	江苏省第十三届哲学社会科学优秀成果奖	三等
羌族造物艺术研究	003	/	专著	张犇	江苏省第十三届哲学社会科学优秀成果奖	二等
制造业 R&D 效率测度及其对策研究——基于中国 17 个制造行业的数据	004	/	论文	吴和成	江苏省第十三届哲学社会科学优秀成果奖	三等

续表

中国能源效率研究	005	/	专著	周德群	江苏省第十三届哲学社会科学优秀成果奖	一等
9. 苏州大学	/	/	/	/	/	/
20 世纪俄罗斯语言学遗产:理论、方法及流派	001	/	专著	赵爱国	江苏省第十三届哲学社会科学优秀成果奖	二等
“理论”之后的当代澳大利亚文学批评	002	/	论文	王腊宝	江苏省第十三届哲学社会科学优秀成果奖	三等
明代早中晚期三部白话小说虚拟计量研究三种	003	/	专著	曹炜	江苏省第十三届哲学社会科学优秀成果奖	三等
法学流派的人学之维	004	/	专著	胡玉鸿	江苏省第十三届哲学社会科学优秀成果奖	一等
科学发展观与苏南发展模式问题研究	005	/	专著	姜建成	江苏省第十三届哲学社会科学优秀成果奖	三等
论构建社会主义和谐社会的历史必然性	006	/	论文	陆树程	江苏省第十三届哲学社会科学优秀成果奖	三等
马克思恩格斯弱者权益保护思想	007	/	专著	方世南	江苏省第十三届哲学社会科学优秀成果奖	一等
区域生态治理中的府际关系研究	008	/	专著	施从美	江苏省第十三届哲学社会科学优秀成果奖	三等
红十字文化丛书(全十册)	009	/	专著	池子华	江苏省第十三届哲学社会科学优秀成果奖	三等
霸主的陨落	010	/	普及成果	王卫平	江苏省第十三届哲学社会科学优秀成果奖	二等
传统工匠现代转型研究—以江南早期工业化中工匠技术转型与角色转换为中心	011	/	专著	余同元	江苏省第十三届哲学社会科学优秀成果奖	二等
家族文学研究的逻辑起点与问题视阈	012	/	论文	罗时进	江苏省第十三届哲学社会科学优秀成果奖	二等
昆剧折子戏研究	013	/	专著	王宁	江苏省第十三届哲学社会科学优秀成果奖	三等
论中国当代文学史的“过渡状态”——以 1975—1983 年为中心	014	/	论文	王尧	江苏省第十三届哲学社会科学优秀成果奖	一等
论社会治理原理与原则	015	/	论文	乔耀章	江苏省第十三届哲学社会科学优秀成果奖	二等
民生伦理:关于民生问题的伦理学诠释	016	/	论文	陈进华	江苏省第十三届哲学社会科学优秀成果奖	三等
农民集中居住与移民文化适应	017	/	专著	叶继红	江苏省第十三届哲学社会科学优秀成果奖	三等
权利客体论—历史和逻辑的双重视角	018	/	专著	方新军	江苏省第十三届哲学社会科学优秀成果奖	三等
双层区分制下正犯与共犯的区分	019	/	论文	钱叶六	江苏省第十三届哲学社会科学优秀成果奖	三等
我国职业体育的市场准入制度	020	/	论文	李燕领	江苏省第十三届哲学社会科学优秀成果奖	三等
现代转型之痛苦“肉身”:鲁迅思想与文学新论	021	/	专著	汪卫东	江苏省第十三届哲学社会科学优秀成果奖	三等

续表

成果名称	编号	合计 L01	成果形式 L02	主要作者 L03	奖励名称 L04	奖励等级 L05
效率视角下的中国节能减排问题研究	022	/	专著	王群伟	江苏省第十三届哲学社会科学优秀成果奖	三等
信息资源开放与开发问题研究:基于信息权利全面保护的视域	023	/	专著	周毅	江苏省第十三届哲学社会科学优秀成果奖	三等
养生史话	024	/	普及成果	罗时铭	江苏省第十三届哲学社会科学优秀成果奖	三等
照料孙子女对农村老年人认知功能的影响	025	/	论文	宋璐	江苏省第十三届哲学社会科学优秀成果奖	三等
政治文明建设与权力监督机制研究	026	/	专著	金太军	江苏省第十三届哲学社会科学优秀成果奖	一等
知识分子与大众传媒	027	/	专著	徐国源	江苏省第十三届哲学社会科学优秀成果奖	二等
中国近现代高等教育人物辞典	028	/	专著	周川	江苏省第十三届哲学社会科学优秀成果奖	一等
中国武术文化要义	029	/	专著	王岗	江苏省第十三届哲学社会科学优秀成果奖	二等
中小企业社会资本与创业绩效关系研究——基于动态能力视野	030	/	专著	田晓明	江苏省第十三届哲学社会科学优秀成果奖	二等
10. 江苏科技大学	/	/	/	/	/	/
论核心价值观	001	/	专著	黄进	江苏省第十三届哲学社会科学优秀成果奖	二等
11. 南京工业大学	/	/	/	/	/	/
江苏沿海发展战略的立法思考	001	/	研究报告	刘小冰	江苏省第十三届哲学社会科学优秀成果奖	三等
南京经验:技术创新的驱动机制与支撑体系	002	/	专著	朱跃钊	江苏省第十三届哲学社会科学优秀成果奖	二等
试论利益妥协与阶层合作	003	/	论文	张仲涛	江苏省第十三届哲学社会科学优秀成果奖	三等
政府信息资源生命周期管理	004	/	专著	朱晓峰	江苏省第十三届哲学社会科学优秀成果奖	三等
12. 常州大学	/	/	/	/	/	/
“跟进式教育”的理论与实践研究	001	/	专著	浦玉忠	江苏省第十三届哲学社会科学优秀成果奖	二等
高等学校审核评估的理论与实践	002	/	专著	史国栋	江苏省第十三届哲学社会科学优秀成果奖	二等
行政学本土化:理论与方法	003	/	专著	芮国强	江苏省第十三届哲学社会科学优秀成果奖	三等
中国制造企业创新与转型研究	004	/	专著	卢锐	江苏省第十三届哲学社会科学优秀成果奖	三等
转型与升级:基于心理资本视角的人力资源管理与开发	005	/	专著	张宏如	江苏省第十三届哲学社会科学优秀成果奖	二等

续表

13.　南京邮电大学	/	/	/	/	/	/
大学理念的发展、功能及其当代启示	001	/	论文	王亚南	江苏省第十三届哲学社会科学优秀成果奖	三等
提高江苏企业自主创新能力研究	002	/	研究或咨询报告	殷群	江苏省第十三届哲学社会科学优秀成果奖	二等
信息消费促进江苏产业发展战略研究报告	003	/	研究或咨询报告	杨震	江苏省第十三届哲学社会科学优秀成果奖	二等
中国社会企业研究	004	/	专著	沙勇	江苏省第十三届哲学社会科学优秀成果奖	二等
转型社会中的高考政策研究——基于利益相关者理论的分析	005	/	专著	李峻	江苏省第十三届哲学社会科学优秀成果奖	三等
14.　南京林业大学	/	/	/	/	/	/
中国木材资源安全论	001	/	专著	杨红强	江苏省第十三届哲学社会科学优秀成果奖	二等
15.　江苏大学	/	/	/	/	/	/
江苏省创建实施国家知识产权战略示范省研究报告	001	/	研究或咨询报告	唐恒	江苏省第十三届哲学社会科学优秀成果奖	一等
科学主义在中国	002	/	专著	李丽	江苏省第十三届哲学社会科学优秀成果奖	三等
能源碳排放系统分析	003	/	专著	田立新	江苏省第十三届哲学社会科学优秀成果奖	一等
排污权交易系统分析及优化研究——复杂性科学视角	004	/	专著	金帅	江苏省第十三届哲学社会科学优秀成果奖	三等
全球化时代的世界主义规范诉求：林克莱特国际关系批判理论研究	005	/	专著	阎静	江苏省第十三届哲学社会科学优秀成果奖	三等
新农村法律文化创新的解释框架：转型空间·知识命题·图景样式	006	/	专著	刘同君	江苏省第十三届哲学社会科学优秀成果奖	三等
中国三种模式信用担保机构研究	007	/	专著	文学舟	江苏省第十三届哲学社会科学优秀成果奖	三等
中小企业创业研究——基于产业集群视角	008	/	专著	梅强	江苏省第十三届哲学社会科学优秀成果奖	一等

续表

成果名称		合计	成果形式	主要作者	奖励名称	奖励等级
	编号	L01	L02	L03	L04	L05
16. 南京信息工程大学	/	/	/	/	/	/
从“被动全球化”到“主动全球化”：全球化视野中的中国社会主义历史演进	001	/	专著	龚培河	第十三届江苏省哲学社会科学优秀成果奖	三等
金融复杂性——实证与建模	002	/	专著	杨春霞	第十三届江苏省哲学社会科学优秀成果奖	二等
模块化生产网络的形成机理及治理机制研究：以大型客机复杂产品为例	003	/	专著	彭本红	第十三届江苏省哲学社会科学优秀成果奖	三等
气象服务效益评估技术与方法：理论与实证研究	004	/	专著	李廉水	第十三届江苏省哲学社会科学优秀成果奖	二等
索尔·贝娄成长小说中的引路人研究	005	/	专著	张军	第十三届江苏省哲学社会科学优秀成果奖	三等
语言具身认知研究	006	/	专著	许先文	第十三届江苏省哲学社会科学优秀成果奖	三等
整体性体育课程研究：实践反思与理论构建	007	/	专著	于晓东	第十三届江苏省哲学社会科学优秀成果奖	二等
中国汇市和股市的关系研究——基于分形长记忆模型	008	/	专著	曹广喜	第十三届江苏省哲学社会科学优秀成果奖	三等
17. 南通大学	/	/	/	/	/	/
侯方域全集校笺(上、中、下)	001	/	专著	王树林	江苏省第十三届哲学社会科学优秀成果奖	三等
身边人身边事的力量—以大学生先进典型为视角	002	/	专著	彭怀祖	江苏省第十三届哲学社会科学优秀成果奖	三等
神经：西游成功学	003	/	普及成果	成云雷	江苏省第十三届哲学社会科学优秀成果奖	三等
在历史与未来中穿行—多维视域中的威廉福克纳研究	004	/	专著	周文娟	江苏省第十三届哲学社会科学优秀成果奖	二等
中国大学生体育锻炼行为研究	005	/	专著	常生	江苏省第十三届哲学社会科学优秀成果奖	二等
中国近现代体育思想的传承与演变	006	/	专著	何叙	江苏省第十三届哲学社会科学优秀成果奖	三等
18. 盐城工学院	/	/	/	/	/	/
《中国古代碑之设计》	001	/	专著	王文广	江苏省第十三届哲学社会科学优秀成果奖	三等
大学生创业能力构成及培育体系建设	002	/	研究报告	姚冠新	江苏省第十三届哲学社会科学优秀成果奖	三等
19. 南京师范大学	/	/	/	/	/	/
“五四”后中国佛教文学思想的现代转型	001	/	论文	谭桂林	江苏省第十三届哲学社会科学优秀成果奖	二等
“筑造”美丽中国：后期海德格尔生存空间思想的中国意蕴	002	/	论文	张海防	江苏省第十三届哲学社会科学优秀成果奖	三等

续表

走向真理的探索——白银时代俄罗斯宗教文化批评理论研究	003	/	专著	张杰	江苏省第十三届哲学社会科学优秀成果奖	一等
知性乃道德职责	004	/	译著	严志军	江苏省第十三届哲学社会科学优秀成果奖	三等
城乡公共服务一体化的理论与实践	005	/	专著	吴业苗	江苏省第十三届哲学社会科学优秀成果奖	二等
道德经营论	006	/	专著	张志丹	江苏省第十三届哲学社会科学优秀成果奖	三等
地方先行法治化的基本路径及其法理限度	007	/	论文	倪斐	江苏省第十三届哲学社会科学优秀成果奖	一等
点校本二十四史修订本·史记(全十册)	008	/	专著	赵生群	江苏省第十三届哲学社会科学优秀成果奖	一等
多元方法论——对传统方法论的批判与解构	009	/	专著	张之沧	江苏省第十三届哲学社会科学优秀成果奖	一等
儿童对社会规则的认知发展与教育	010	/	专著	刘国雄	江苏省第十三届哲学社会科学优秀成果奖	三等
儿童心理的畸变与皈依——与教育大师蒙台梭利对话	011	/	专著	邱学青	江苏省第十三届哲学社会科学优秀成果奖	二等
二战后东亚地区社会变迁的政治分析:东亚威权政治及其转型研究	012	/	专著	许开轶	江苏省第十三届哲学社会科学优秀成果奖	三等
伏尔加河的呻吟:高尔基的最后二十年	013	/	专著	汪介之	江苏省第十三届哲学社会科学优秀成果奖	二等
古代斯巴达政制研究	014	/	专著	祝宏俊	江苏省第十三届哲学社会科学优秀成果奖	三等
管理通胀和通胀预期的货币政策研究	015	/	专著	封思贤	江苏省第十三届哲学社会科学优秀成果奖	二等
桂林抗战新闻史(上、下)	016	/	专著	靖鸣	江苏省第十三届哲学社会科学优秀成果奖	三等
化解义务教育择校矛盾为什么这么难	017	/	论文	邵泽斌	江苏省第十三届哲学社会科学优秀成果奖	二等
江苏国民休闲体系构建与发展对策研究	018	/	研究报告	黄震方	江苏省第十三届哲学社会科学优秀成果奖	二等
江苏省高等院校学费结构性调整政策研究报告	019	/	研究报告	唐万宏	江苏省第十三届哲学社会科学优秀成果奖	二等
江苏省海岸滩涂及其利用潜力	020	/	专著	王建	江苏省第十三届哲学社会科学优秀成果奖	二等
蒋藏本《唐韵》研究	021	/	专著	徐朝东	江苏省第十三届哲学社会科学优秀成果奖	二等
教育管理学的方法体系	022	/	专著	张新平	江苏省第十三届哲学社会科学优秀成果奖	二等
教育转型:理论、机制与建构	023	/	专著	冯建军	江苏省第十三届哲学社会科学优秀成果奖	二等
经济道德观视阈中的"囚徒困境"博弈论批判	024	/	论文	王小锡	江苏省第十三届哲学社会科学优秀成果奖	二等
劳动权保障与《劳动法》的修改	025	/	专著	秦国荣	江苏省第十三届哲学社会科学优秀成果奖	三等

续表

成果名称	编号	合计 L01	成果形式 L02	主要作者 L03	奖励名称 L04	奖励等级 L05
列宁与普列汉诺夫在党内民主问题上的争论及其现实启示	026	/	论文	王进芬	江苏省第十三届哲学社会科学优秀成果奖	二等
论中国食品安全问题的根源及其治理体系的再建构	027	/	论文	杨嵘均	江苏省第十三届哲学社会科学优秀成果奖	三等
明清雅俗文学创作与理论批评	028	/	专著	陈书录	江苏省第十三届哲学社会科学优秀成果奖	二等
青藏高原旧石器时代晚期至新石器时代初期的考古学文化及经济形态	029	/	论文	汤惠生	江苏省第十三届哲学社会科学优秀成果奖	三等
青少年体质健康标准构建方法研究	030	/	论文	陈培友	江苏省第十三届哲学社会科学优秀成果奖	三等
人向自然的生成	031	/	专著	曹孟勤	江苏省第十三届哲学社会科学优秀成果奖	三等
三十年来中俄政治改革与政治发展比较研究	032	/	专著	王立新	江苏省第十三届哲学社会科学优秀成果奖	二等
陕西神德寺塔出土文献(八开精装四册)	033	/	古籍整理著作	黄征	江苏省第十三届哲学社会科学优秀成果奖	二等
声旁位置对形声字命名规则性效应的影响	034	/	论文	蔡厚德	江苏省第十三届哲学社会科学优秀成果奖	三等
生死场中的跋涉者:萧红女性文学研究	035	/	专著	林敏洁	江苏省第十三届哲学社会科学优秀成果奖	三等
外语磨蚀的影响因素研究	036	/	专著	倪传斌	江苏省第十三届哲学社会科学优秀成果奖	一等
微博实名制:"错装在政府身上的手"——兼论基于"成本—收益"分析的网络空间规制理念与管理战略	037	/	论文	顾理平	江苏省第十三届哲学社会科学优秀成果奖	二等
我国优秀武术散打运动员竞技能力特征与评价研究	038	/	专著	高亮	江苏省第十三届哲学社会科学优秀成果奖	三等
我们时代的大学转型	039	/	专著	王建华	江苏省第十三届哲学社会科学优秀成果奖	一等
先秦文献信息处理	040	/	专著	陈小荷	江苏省第十三届哲学社会科学优秀成果奖	二等
现代汉语构式语法研究	041	/	专著	段业辉	江苏省第十三届哲学社会科学优秀成果奖	二等
刑事司法错误——以刑事错案为中心的研究	042	/	专著	李建明	江苏省第十三届哲学社会科学优秀成果奖	二等
英国殖民统治时期香港地区新闻法制的历史考察	043	/	论文	张晓锋	江苏省第十三届哲学社会科学优秀成果奖	三等
应用随机前沿模型评测中国区域研发创新效率	044	/	论文	白俊红	江苏省第十三届哲学社会科学优秀成果奖	二等
中国文化心理学(增订本)	045	/	专著	汪凤炎	江苏省第十三届哲学社会科学优秀成果奖	一等
走进弗吉尼亚·伍尔夫的经典创作空间	046	/	专著	吕洪灵	江苏省第十三届哲学社会科学优秀成果奖	三等
20. 江苏师范大学	/	/	/	/	/	/
汉语话题句中语迹的神经机制研究	001	/	论文	杨亦鸣	江苏省第十三届哲学社会科学优秀成果奖	一等

续表

朝贡与入附:明代西域人来华研究	002	/	专著	张文德	江苏省第十三届哲学社会科学优秀成果奖	二等
当代中国马克思主义哲学研究范式的创新与转换	003	/	论文	任平	江苏省第十三届哲学社会科学优秀成果奖	一等
哥伦布神话的改写与第三空间生存——评维兹诺的《哥伦布后裔》	004	/	论文	邹惠玲	江苏省第十三届哲学社会科学优秀成果奖	三等
汉语宾语关系从句加工优势——来自神经电生理学研究的证据	005	/	论文	张强	江苏省第十三届哲学社会科学优秀成果奖	二等
教学理念向教学行为转化的内隐机制	006	/	论文	段作章	江苏省第十三届哲学社会科学优秀成果奖	二等
旅游地竞争力理论、方法与实证研究	007	/	专著	史春云	江苏省第十三届哲学社会科学优秀成果奖	三等
论清词的经典化	008	/	论文	沙先一	江苏省第十三届哲学社会科学优秀成果奖	三等
马克思《人类学笔记》研究读本	009	/	专著	曹典顺	江苏省第十三届哲学社会科学优秀成果奖	三等
美国院校研究的质量旨趣——基于高等教育问责制背景的历史考察	010	/	论文	蔡国春	江苏省第十三届哲学社会科学优秀成果奖	一等
培养完满的职业人——关于现代职业教育的理论构思	011	/	论文	陈鹏	江苏省第十三届哲学社会科学优秀成果奖	三等
省际边界区域协调发展研究	012	/	专著	朱传耿	江苏省第十三届哲学社会科学优秀成果奖	二等
我国职业体育产业政府规制的现状分析	013	/	论文	周武	江苏省第十三届哲学社会科学优秀成果奖	三等
语文教育评价	014	/	专著	魏本亚	江苏省第十三届哲学社会科学优秀成果奖	三等
赵翼年谱长编(全五册)	015	/	专著	赵兴勤	江苏省第十三届哲学社会科学优秀成果奖	二等
中国高校教育信息化发展战略与路径选择	016	/	论文	陈琳	江苏省第十三届哲学社会科学优秀成果奖	二等
21. 淮阴师范学院	/	/	/	/	/	/
大学本科教育目标的审视与建构	001	/	论文	蒋亦华	江苏省第十三届哲学社会科学优秀成果奖	二等
科学教学通论	002	/	专著	袁维新	江苏省第十三届哲学社会科学优秀成果奖	三等
钱锺书文学批评话语研究	003	/	专著	焦亚东	江苏省第十三届哲学社会科学优秀成果奖	三等
上海沦陷时期文学期刊研究	004	/	专著	李相银	江苏省第十三届哲学社会科学优秀成果奖	三等
世俗历史的真实写照:说明清小说	005	/	普及成果	张强	江苏省第十三届哲学社会科学优秀成果奖	三等
现代汉语语法研究	006	/	专著	力量	江苏省第十三届哲学社会科学优秀成果奖	三等
22. 盐城师范学院	/	/	/	/	/	/
儿童青少年分类发展实验研究	001	/	专著	戴斌荣	江苏省第十三届哲学社会科学优秀成果奖	二等

续表

成果名称	编号	合计 L01	成果形式 L02	主要作者 L03	奖励名称 L04	奖励等级 L05
凯萝·邱吉尔戏剧美学论	002	/	专著	毕凤珊	江苏省第十三届哲学社会科学优秀成果奖	三等
生态劳动与生态文明	003	/	专著	徐海红	江苏省第十三届哲学社会科学优秀成果奖	三等
语文教科书中学习活动的设计	004	/	专著	乔晖	江苏省第十三届哲学社会科学优秀成果奖	三等
23. 南京财经大学	/	/	/	/	/	/
2011年江苏省物流指数研究报告	001	/	专著	乔均	江苏省第十三届哲学社会科学优秀成果奖	三等
财政分权、地方政府竞争与土地财政	002	/	论文	李永乐	江苏省第十三届哲学社会科学优秀成果奖	三等
分工演进、组织创新与经济进步	003	/	专著	钱书法	江苏省第十三届哲学社会科学优秀成果奖	一等
高收入个人税收遵从与管理研究	004	/	专著	李林木	江苏省第十三届哲学社会科学优秀成果奖	三等
基于S—C—P范式的中国环境规制问题研究	005	/	专著	张成	江苏省第十三届哲学社会科学优秀成果奖	三等
江苏省现代服务业商标战略研究	006	/	专著	王开田	江苏省第十三届哲学社会科学优秀成果奖	一等
企业战略变革认知论	007	/	专著	杨林	江苏省第十三届哲学社会科学优秀成果奖	二等
社会保障统计国际比较与中国建构	008	/	专著	林治芬	江苏省第十三届哲学社会科学优秀成果奖	二等
外部学习、独占与创新——技术并购边界的作用	009	/	专著	于成永	江苏省第十三届哲学社会科学优秀成果奖	三等
我国服务业地区协同、区域聚集及产业升级	010	/	论文	宣烨	江苏省第十三届哲学社会科学优秀成果奖	三等
央行信息披露、实际干预与通胀预期管理	011	/	论文	卞志村	江苏省第十三届哲学社会科学优秀成果奖	一等
24. 南京体育学院	/	/	/	/	/	/
社会性别视域中的近代中国女子体育	001	/	专著	王云	江苏省第十三届哲学社会科学优秀成果奖	一等
体育法学研究:法理·方法·应用	002	/	专著	李江	江苏省第十三届哲学社会科学优秀成果奖	二等
25. 南京艺术学院	/	/	/	/	/	/
大众趣味与文人审美——两宋风俗画研究	001	/	专著	吕少卿	江苏省第十三届哲学社会科学优秀成果奖	二等
归纳逻辑与中国古典艺术理论体系建构的理路探讨	002	/	论文	夏燕靖	江苏省第十三届哲学社会科学优秀成果奖	三等
民国书画市场中的代笔与作伪问题	003	/	论文	陶小军	江苏省第十三届哲学社会科学优秀成果奖	三等
王鑑《梦境图》研究	004	/	专著	李安源	江苏省第十三届哲学社会科学优秀成果奖	三等

续表

西方艺术史研究中的图像学概念、内涵、谱系及其在中国学界的传播	005	/	论文	刘伟冬	江苏省第十三届哲学社会科学优秀成果奖	一等
现实主义电影美学研究	006	/	专著	沈义贞	江苏省第十三届哲学社会科学优秀成果奖	二等
中国佛教艺术中的佛衣样式研究	007	/	专著	费泳	江苏省第十三届哲学社会科学优秀成果奖	一等
中国美术经济史	008	/	专著	李向民	江苏省第十三届哲学社会科学优秀成果奖	二等
26. 苏州科技学院	/	/	/	/	/	/
俄国革命	001	/	专著	姚海	江苏省第十三届哲学社会科学优秀成果奖	一等
基于语料库的政治话语语用预设研究	002	/	专著	支永碧	江苏省第十三届哲学社会科学优秀成果奖	三等
诗与感觉的命运	003	/	译著	史惠风	江苏省第十三届哲学社会科学优秀成果奖	三等
27. 常熟理工学院	/	/	/	/	/	/
新建本科院校转型发展论	001	/	专著	顾永安	江苏省第十三届哲学社会科学优秀成果奖	三等
中国新诗发生论稿	002	/	专著	许霆	江苏省第十三届哲学社会科学优秀成果奖	三等
28. 常州工学院	/	/	/	/	/	/
城镇化进程中农民土地财产权保护的制度完善——基于苏南农村的视角	001	/	论文	何虹	江苏省第十三届哲学社会科学优秀成果奖	三等
李伯元评传	002	/	专著	陆克寒	江苏省第十三届哲学社会科学优秀成果奖	三等
世态一角　高门精魂：现代女作家凌淑华研究	003	/	专著	崔涛	江苏省第十三届哲学社会科学优秀成果奖	三等
29. 扬州大学	/	/	/	/	/	/
读书杂志研究（上、下册）	001	/	专著	张其昀	第十三届江苏省哲学社会科学优秀成果奖	二等
播火者的使命：幸德秋水的社会主义思想及其对中国的影响	002	/	专著	张陟遥	第十三届江苏省哲学社会科学优秀成果奖	二等
城镇低收入人群粮食安全保障：价格补贴 VS 收入补贴	003	/	专著	黄春燕	第十三届江苏省哲学社会科学优秀成果奖	三等
合法性与民营企业主的社会责任	004	/	专著	王晓燕	第十三届江苏省哲学社会科学优秀成果奖	三等
环境污染与农民环境抗争——基于苏北 N 村事件的分析	005	/	专著	朱海忠	第十三届江苏省哲学社会科学优秀成果奖	三等
教师职业生涯高原研究	006	/	专著	寇冬泉	第十三届江苏省哲学社会科学优秀成果奖	三等

续表

成果名称	编号	合计 L01	成果形式 L02	主要作者 L03	奖励名称 L04	奖励等级 L05
今文《尚书》词汇研究	007	/	专著	钱宗武	第十三届江苏省哲学社会科学优秀成果奖	一等
累积投票制的引入与实践	008	/	论文	钱玉林	第十三届江苏省哲学社会科学优秀成果奖	二等
太平天国史学述论	009	/	专著	吴善中	第十三届江苏省哲学社会科学优秀成果奖	三等
体育课程导论	010	/	专著	郭太玮	第十三届江苏省哲学社会科学优秀成果奖	三等
文类基本问题研究	011	/	专著	陈军	第十三届江苏省哲学社会科学优秀成果奖	二等
扬州艺术史	012	/	专著	贺万里	第十三届江苏省哲学社会科学优秀成果奖	三等
《庄子》结构艺术研究	013	/	专著	贾学鸿	第十三届江苏省哲学社会科学优秀成果奖	三等
汉语移动域框架语义分析	014	/	专著	周领顺	第十三届江苏省哲学社会科学优秀成果奖	一等
论"十七年"戏曲改革的新文人模式	015	/	论文	陈军	第十三届江苏省哲学社会科学优秀成果奖	三等
论毛泽东的社会有机体思想	016	/	论文	周建超	第十三届江苏省哲学社会科学优秀成果奖	三等
清代常州学派《论语》诠释特点新论	017	/	论文	柳宏	第十三届江苏省哲学社会科学优秀成果奖	三等
认知技能获得研究	018	/	专著	王映学	第十三届江苏省哲学社会科学优秀成果奖	三等
土地市场化是否必然导致城乡居民收入差距扩大——基于中国23个省(自治区、直辖市)面板数据的检验	019	/	论文	钱忠好	第十三届江苏省哲学社会科学优秀成果奖	二等
新型农民培训模式的绩效评估与政策优化研究——基于江苏省的实证	020	/	专著	徐金海	第十三届江苏省哲学社会科学优秀成果奖	二等
扬州音乐文化简史	021	/	专著	张美林	第十三届江苏省哲学社会科学优秀成果奖	三等
中国经济高速增长与服务业滞后并存之谜——基于部门全要素生产率的研究	022	/	论文	谭洪波	第十三届江苏省哲学社会科学优秀成果奖	三等
30. 南京审计学院	/	/	/	/	/	/
创业导向与组织绩效的双元能力转化路径研究	001	/	专著	李乾文	江苏省第十三届哲学社会科学优秀成果奖	二等
大学行政化的组织分析	002	/	专著	徐波	江苏省第十三届哲学社会科学优秀成果奖	三等
高一涵五四时期的政治思想研究	003	/	专著	吴汉全	江苏省第十三届哲学社会科学优秀成果奖	二等
关于农村饮水安全工程绩效审计的调研报告——以江苏农村饮水安全工程为例	004	/	研究报告	刘卫国	江苏省第十三届哲学社会科学优秀成果奖	三等

续表

国家审计的政治经济分析	005	/	专著	王家新	江苏省第十三届哲学社会科学优秀成果奖	三等
会计人才能力需求与本科会计教育改革：利益相关者的调查分析	006	/	论文	杨政	江苏省第十三届哲学社会科学优秀成果奖	三等
劳动力流动、经济增长与区域协调发展研究	007	/	专著	樊士德	江苏省第十三届哲学社会科学优秀成果奖	二等
政府审计协同治理研究	008	/	专著	王会金	江苏省第十三届哲学社会科学优秀成果奖	三等
中国区域居民收入流动性的实证分析	009	/	论文	王洪亮	江苏省第十三届哲学社会科学优秀成果奖	二等
资源环境约束下中国经济增长绩效变化趋势与因素分析——基于一种新型生产率指数构建和分解方法的研究	010	/	论文	刘瑞翔	江苏省第十三届哲学社会科学优秀成果奖	一等
31.　南京晓庄学院	/	/	/	/	/	/
丁玲评传	001	/	专著	秦林芳	江苏省第十三届哲学社会科学优秀成果奖	三等
公务员录用考试的信度和效度研究	002	/	专著	陈社育	江苏省第十三届哲学社会科学优秀成果奖	三等
关于城市语言调查的几点思考	003	/	论文	郭骏	江苏省第十三届哲学社会科学优秀成果奖	三等
艺术设计：隐喻诉求与伦理彰显	004	/	专著	王志强	江苏省第十三届哲学社会科学优秀成果奖	三等
中国古代民间俗曲曲牌、曲词及曲谱考释	005	/	专著	板俊荣	江苏省第十三届哲学社会科学优秀成果奖	三等
32.　江苏理工学院	/	/	/	/	/	/
CALIS贮存图书馆现状与联合存储中心的建立	001	/	论文	熊太纯	江苏省第十三届哲学社会科学优秀成果奖	三等
创新效率动态演化——基于中国高技术产业的实证研究	002	/	专著	李向东	江苏省第十三届哲学社会科学优秀成果奖	三等
基于创新型人才培养的现代教学观念初探	003	/	论文	汤建石	江苏省第十三届哲学社会科学优秀成果奖	三等
社会转型与中国农村职业教育发展道路的选择	004	/	专著	马建富	江苏省第十三届哲学社会科学优秀成果奖	二等
苏南模式嬗变	005	/	专著	陈晓雪	江苏省第十三届哲学社会科学优秀成果奖	二等
网络文化视角下大学生道德人格的培育	006	/	论文	俞亚萍	江苏省第十三届哲学社会科学优秀成果奖	三等
形式作为艺术本体——创作视角中的艺术形式问题释义	007	/	论文	邰杰	江苏省第十三届哲学社会科学优秀成果奖	三等
永不消逝的笑声——常州滑稽戏研究	008	/	专著	张丽芬	江苏省第十三届哲学社会科学优秀成果奖	三等
与万籁鸣同时代的海上时尚设计圈	009	/	专著	施茜	江苏省第十三届哲学社会科学优秀成果奖	二等
职校生心理教育论纲	010	/	专著	崔景贵	江苏省第十三届哲学社会科学优秀成果奖	一等

续表

成果名称	编号	合计 L01	成果形式 L02	主要作者 L03	奖励名称 L04	奖励等级 L05
33. 淮海工学院	/	/	/	/	/	/
文化视域下马克思主义在中国的早期传播与发展	001	/	专著	尹德树	江苏省第十三届哲学社会科学优秀成果奖	三等
大学生村官发展研究	002	/	专著	李义良	江苏省第十三届哲学社会科学优秀成果奖	二等
论美丽中国视域中的国民生态责任	003	/	论文	黄治东	江苏省第十三届哲学社会科学优秀成果奖	三等
宋代笔记词语研究与《汉语大词典》商补	004	/	专著	王恩建	江苏省第十三届哲学社会科学优秀成果奖	三等
34. 徐州工程学院	/	/	/	/	/	/
基于高等教育大众化的我国农村人口城市化发展趋势与策略研究	001	/	专著	袁兴国	江苏省第十三届哲学社会科学优秀成果奖	三等
解密《泰山刻石》	002	/	普及成果	仇高驰	江苏省第十三届哲学社会科学优秀成果奖	二等
江苏低碳产业体系构建的思路与对策研究	003	/	研究报告	上官敬芝	江苏省第十三届哲学社会科学优秀成果奖	三等
新中国大学生思想政治教育研究	004	/	专著	徐锋	江苏省第十三届哲学社会科学优秀成果奖	三等
中国乡村学前教育发展研究	005	/	专著	宋农村	江苏省第十三届哲学社会科学优秀成果奖	二等
35. 泰州学院	/	/	/	/	/	/
王梵志诗词汇研究	001	/	专著	曹翔	江苏省第十三届哲学社会科学优秀成果奖	三等
36. 金陵科技学院	/	/	/	/	/	/
荀子“分”义研究	001	/	专著	陈光连	江苏省第十三届哲学社会科学优秀成果奖	二等
37. 江苏第二师范学院	/	/	/	/	/	/
诞生与危机:独立学院制度运行的案例研究	001	/	专著	彭华安	江苏省第十三届哲学社会科学优秀成果奖	三等
论当代技术教育的四种可能进路	002	/	论文	陈向阳	江苏省第十三届哲学社会科学优秀成果奖	三等
马克思主义大众化民族文化路径选择的方法论	003	/	论文	胡相峰	江苏省第十三届哲学社会科学优秀成果奖	三等
人文社会科学通识文丛·文学江苏读本(第一辑)	004	/	普及成果	冯保善	江苏省第十三届哲学社会科学优秀成果奖	二等
38. 南京工业职业技术学院	/	/	/	/	/	/
传承“做学合一”理念　彰显高职人才培养特色	001	/	论文	孙爱武	江苏省第十三届哲学社会科学优秀成果奖	三等

续表

39. 南通职业大学	/	/	/	/	/	/
中国家族企业继任研究——新资本理论视角	001	/	专著	王海岳	江苏省第十三届哲学社会科学优秀成果奖	三等
40. 苏州市职业大学	/	/	/	/	/	/
劳模的力量	001	/	专著	韩承敏	江苏省第十三届哲学社会科学优秀成果奖	三等
41. 连云港高等师范专科学校	/	/	/	/	/	/
大学生发展风险研究	001	/	专著	庞波	江苏省第十三届哲学社会科学优秀成果奖	三等
文化夹缝谈	002	/	专著	朱其训	江苏省第十三届哲学社会科学优秀成果奖	三等
中国音乐艺术对西方的影响	003	/	专著	李琼	江苏省第十三届哲学社会科学优秀成果奖	三等
42. 江苏经贸职业技术学院	/	/	/	/	/	/
敦煌佛典语词和俗字研究——以敦煌古佚和疑伪经为中心	001	/	专著	于淑健	江苏省第十三届哲学社会科学优秀成果奖	三等
43. 无锡商业职业技术学院	/	/	/	/	/	/
大学文化生存与发展	001	/	专著	杨建新	江苏省第十三届哲学社会科学优秀成果奖	三等
44. 江苏信息职业技术学院	/	/	/	/	/	/
市场 VS 政府，什么力量影响了我国菜农农药用量的选择？	001	/	论文	王常伟	江苏省第十三届哲学社会科学优秀成果奖	三等
45. 江苏城市职业技术学院	/	/	/	/	/	/
中华字源	001	/	专著	徐四海	江苏省第十三届哲学社会科学优秀成果评奖	三等
46. 徐州生物工程职业技术学院	/	/	/	/	/	/
五年制高职学生创业教育与创业实践研究	001	/	专著	蒋留生	江苏省第十三届哲学社会科学优秀成果奖	三等
47. 三江学院	/	/	/	/	/	/
激流与残冰	001	/	专著	王勇	江苏省第十三届哲学社会科学优秀成果奖	三等

十、社科学术交流

1. 全省高校人文、社会科学学术交流情况表

学术交流类别	编号	校办学术会议		学术会议			受聘讲学		社科考察		进修学习		合作研究		
		本校独办数	与外单位合办数	参加人次		提交论文（篇）	派出人次	来校人次	派出人次	来校人次	派出人次	来校人次	派出人次	来校人次	课题数（项）
				合计	其中赴境外人次										
		L01	L02	L03	L04	L05	L06	L07	L08	L09	L10	L11	L12	L13	L14
合计	/	482	355	12 296	2 124	9 252	1 729	4 871	3 236	3 814	4 241	3 044	1 079	1 021	620
国际学术交流	001	91	62	2 161	956	1 488	308	804	532	780	858	652	150	135	54
国内学术交流	002	353	263	9 281	875	7 311	1 296	3 726	2 499	2 803	3 020	2 260	893	860	558
与港澳台地区学校交流	003	38	30	854	293	453	125	341	205	231	363	132	36	26	8

2. 公办本科高校人文、社会科学学术交流情况表

学术交流类别	编号	校办学术会议		学术会议			受聘讲学		社科考察		进修学习		合作研究		
		本校独办数	与外单位合办数	参加人次		提交论文（篇）	派出人次	来校人次	派出人次	来校人次	派出人次	来校人次	派出人次	来校人次	课题数（项）
				合计	其中赴境外人次										
		L01	L02	L03	L04	L05	L06	L07	L08	L09	L10	L11	L12	L13	L14
合计	/	430	344	11 384	1 978	8 749	1 613	4 606	2 427	3 326	2 440	2 751	975	888	579
国际学术交流	001	84	61	1 998	873	1 352	302	784	485	664	598	636	150	135	54
国内学术交流	002	310	255	8 557	832	6 959	1 186	3 481	1 795	2 455	1 674	1 983	789	727	517
与港澳台地区学校交流	003	36	28	829	273	438	125	341	147	207	168	132	36	26	8

续表

1.	南京大学	/	38	36	536	413	458	88	187	56	60	115	104	53	86	56
	国际学术交流	001	12	10	156	119	117	29	60	20	21	41	35	18	29	5
	国内学术交流	002	23	16	283	209	205	47	107	27	34	71	67	28	53	46
	与港澳台地区学校交流	003	3	10	97	85	136	12	20	9	5	3	2	7	4	5
2.	东南大学	/	27	21	880	386	375	95	173	101	377	102	448	62	114	21
	国际学术交流	001	7	6	352	95	118	8	22	12	7	39	124	34	15	5
	国内学术交流	002	18	15	523	289	256	86	144	54	360	50	296	26	99	15
	与港澳台地区学校交流	003	2	0	5	2	1	1	7	35	10	13	28	2	0	1
3.	江南大学	/	14	4	356	41	353	60	174	206	121	42	53	47	26	21
	国际学术交流	001	3	1	27	21	19	3	12	6	12	9	9	3	3	0
	国内学术交流	002	9	3	319	10	324	57	156	200	69	33	44	39	23	21
	与港澳台地区学校交流	003	2	0	10	10	10	0	6	0	40	0	0	5	0	0
4.	南京农业大学	/	36	30	1 060	269	921	35	48	103	150	60	35	42	43	35
	国际学术交流	001	6	5	124	84	95	10	13	30	33	5	10	14	22	4
	国内学术交流	002	30	25	930	185	820	23	34	72	116	55	25	28	21	31
	与港澳台地区学校交流	003	0	0	6	0	6	2	1	1	1	0	0	0	0	0
5.	中国矿业大学	/	3	5	313	0	275	22	34	88	33	62	19	0	0	0
	国际学术交流	001	1	1	34	0	30	3	11	11	11	13	3	0	0	0
	国内学术交流	002	2	4	279	0	245	19	23	77	22	49	16	0	0	0
	与港澳台地区学校交流	003	0	0	0	0	0	0	0	0	0	0	0	0	0	0
6.	河海大学	/	13	12	341	42	300	35	64	66	96	49	44	108	94	123
	国际学术交流	001	6	5	48	39	32	12	19	32	58	21	23	37	36	30
	国内学术交流	002	5	4	287	0	263	21	41	32	35	25	19	71	58	93
	与港澳台地区学校交流	003	2	3	6	3	5	2	4	2	3	3	2	0	0	0

续表

学术交流类别	编号	校办学术会议		学术会议			受聘讲学		社科考察		进修学习		合作研究		
		本校独办数	与外单位合办数	参加人次		提交论文（篇）	派出人次	来校人次	派出人次	来校人次	派出人次	来校人次	派出人次	来校人次	课题数（项）
				合计	其中赴境外人次										
		L01	L02	L03	L04	L05	L06	L07	L08	L09	L10	L11	L12	L13	L14
7. 南京理工大学	/	8	11	280	41	235	81	216	131	98	77	80	96	60	76
国际学术交流	001	2	1	79	20	62	17	35	46	53	29	18	13	15	3
国内学术交流	002	6	10	201	21	173	64	181	85	45	48	62	83	45	73
与港澳台地区学校交流	003	0	0	0	0	0	0	0	0	0	0	0	0	0	0
8. 南京航空航天大学	/	7	2	113	44	110	13	85	0	6	5	0	2	5	4
国际学术交流	001	2	2	48	44	46	0	33	0	6	0	0	0	0	0
国内学术交流	002	5	0	65	0	64	13	52	0	0	5	0	2	5	4
与港澳台地区学校交流	003	0	0	0	0	0	0	0	0	0	0	0	0	0	0
9. 中国药科大学	/	11	3	72	2	58	10	37	43	37	26	60	13	6	4
国际学术交流	001	0	0	3	2	0	2	2	3	1	1	0	0	0	0
国内学术交流	002	11	3	69	0	58	8	35	39	35	25	60	13	6	4
与港澳台地区学校交流	003	0	0	0	0	0	0	0	1	1	0	0	0	0	0
10. 南京森林警察学院	/	0	0	40	0	15	0	0	0	0	0	0	0	0	0
国际学术交流	001	0	0	0	0	0	0	0	0	0	0	0	0	0	0
国内学术交流	002	0	0	40	0	15	0	0	0	0	0	0	0	0	0
与港澳台地区学校交流	003	0	0	0	0	0	0	0	0	0	0	0	0	0	0
11. 苏州大学	/	76	13	906	122	898	240	577	70	573	151	139	67	50	12
国际学术交流	001	3	2	90	36	81	18	72	12	48	15	10	0	0	0
国内学术交流	002	63	8	697	24	717	165	406	50	453	114	103	62	42	11
与港澳台地区学校交流	003	10	3	119	62	100	57	99	8	72	22	26	5	8	1

续表

12. 江苏科技大学	/	1	0	47	0	49	0	34	37	30	27	16	10	16	8
国际学术交流	001	1	0	20	0	25	0	6	13	11	12	0	0	0	0
国内学术交流	002	0	0	21	0	21	0	28	24	19	15	16	10	16	8
与港澳台地区学校交流	003	0	0	6	0	3	0	0	0	0	0	0	0	0	0
13. 南京工业大学	/	0	0	1	1	0	0	0	0	0	0	0	6	10	2
国际学术交流	001	0	0	0	0	0	0	0	0	0	0	0	6	10	2
国内学术交流	002	0	0	1	1	0	0	0	0	0	0	0	0	0	0
与港澳台地区学校交流	003	0	0	0	0	0	0	0	0	0	0	0	0	0	0
14. 常州大学	/	5	11	132	15	106	48	53	155	135	60	8	0	0	0
国际学术交流	001	0	1	23	15	23	0	3	70	40	50	3	0	0	0
国内学术交流	002	5	10	109	0	83	48	50	85	95	10	5	0	0	0
与港澳台地区学校交流	003	0	0	0	0	0	0	0	0	0	0	0	0	0	0
15. 南京邮电大学	/	1	2	56	0	56	26	58	15	9	49	23	0	0	0
国际学术交流	001	0	0	3	0	3	0	2	3	3	13	1	0	0	0
国内学术交流	002	1	2	53	0	53	26	56	12	6	36	22	0	0	0
与港澳台地区学校交流	003	0	0	0	0	0	0	0	0	0	0	0	0	0	0
16. 南京林业大学	/	6	0	132	21	59	34	27	71	85	29	15	6	15	7
国际学术交流	001	2	0	36	18	19	4	4	0	5	17	10	0	0	0
国内学术交流	002	4	0	96	3	40	30	23	71	80	12	5	6	15	7
与港澳台地区学校交流	003	0	0	0	0	0	0	0	0	0	0	0	0	0	0
17. 江苏大学	/	2	0	47	12	33	0	27	18	25	33	0	18	18	18
国际学术交流	001	0	0	24	6	15	0	11	10	15	15	0	0	0	0
国内学术交流	002	2	0	23	6	18	0	7	8	10	18	0	18	18	18
与港澳台地区学校交流	003	0	0	0	0	0	0	9	0	0	0	0	0	0	0

续表

学术交流类别	编号	校办学术会议		学术会议			受聘讲学		社科考察		进修学习		合作研究		
		本校独办数	与外单位合办数	参加人次		提交论文（篇）	派出人次	来校人次	派出人次	来校人次	派出人次	来校人次	派出人次	来校人次	课题数（项）
				合计	其中赴境外人次										
		L01	L02	L03	L04	L05	L06	L07	L08	L09	L10	L11	L12	L13	L14
18. 南京信息工程大学	/	8	1	398	25	317	42	100	104	75	105	90	31	26	29
国际学术交流	001	2	1	68	25	72	2	34	16	0	17	0	0	0	0
国内学术交流	002	5	0	330	0	245	40	66	88	75	88	90	31	26	29
与港澳台地区学校交流	003	1	0	0	0	0	0	0	0	0	0	0	0	0	0
19. 南通大学	/	2	0	120	46	98	75	173	208	174	130	320	32	12	4
国际学术交流	001	1	0	62	36	54	45	150	12	70	24	218	0	0	0
国内学术交流	002	1	0	42	0	25	18	15	189	86	89	79	32	12	4
与港澳台地区学校交流	003	0	0	16	10	19	12	8	7	18	17	23	0	0	0
20. 盐城工学院	/	0	25	105	2	96	61	123	52	42	71	22	32	42	10
国际学术交流	001	0	5	6	1	4	0	0	0	0	0	0	0	0	0
国内学术交流	002	0	20	99	1	92	61	123	52	42	71	22	32	42	10
与港澳台地区学校交流	003	0	0	0	0	0	0	0	0	0	0	0	0	0	0
21. 南京医科大学	/	3	0	10	0	8	0	0	2	0	3	0	0	0	0
国际学术交流	001	0	0	0	0	0	0	0	0	0	0	0	0	0	0
国内学术交流	002	3	0	10	0	8	0	0	2	0	3	0	0	0	0
与港澳台地区学校交流	003	0	0	0	0	0	0	0	0	0	0	0	0	0	0
22. 徐州医学院	/	0	0	14	1	14	7	15	8	4	4	0	0	0	0
国际学术交流	001	0	0	2	0	2	1	3	0	2	0	0	0	0	0
国内学术交流	002	0	0	11	0	11	5	12	7	2	4	0	0	0	0
与港澳台地区学校交流	003	0	0	1	1	1	1	0	1	0	0	0	0	0	0

续表

23. 南京中医药大学	/	5	1	62	2	60	6	20	43	25	10	6	0	0	0
国际学术交流	001	3	1	32	2	30	3	12	21	15	5	6	0	0	0
国内学术交流	002	2	0	30	0	30	3	8	22	10	5	0	0	0	0
与港澳台地区学校交流	003	0	0	0	0	0	0	0	0	0	0	0	0	0	0
24. 南京师范大学	/	82	130	1 323	252	888	127	949	75	276	203	279	99	17	16
国际学术交流	001	22	11	228	183	190	94	160	10	47	24	20	25	5	5
国内学术交流	002	45	110	955	0	632	13	635	59	209	165	221	68	9	11
与港澳台地区学校交流	003	15	9	140	69	66	20	154	6	20	14	38	6	3	0
25. 江苏师范大学	/	14	2	730	21	530	55	296	125	94	152	120	20	17	9
国际学术交流	001	2	0	120	16	110	8	6	35	18	42	90	0	0	0
国内学术交流	002	12	2	560	0	420	40	290	80	76	70	30	15	13	8
与港澳台地区学校交流	003	0	0	50	5	0	7	0	10	0	40	0	5	4	1
26. 淮阴师范大学	/	5	3	510	0	200	55	140	45	56	100	25	0	0	0
国际学术交流	001	0	0	0	0	0	0	10	15	6	10	0	0	0	0
国内学术交流	002	5	2	210	0	160	55	130	20	50	90	25	0	0	0
与港澳台地区学校交流	003	0	1	300	0	40	0	0	10	0	0	0	0	0	0
27. 盐城师范大学	/	2	0	172	10	194	65	96	65	45	83	39	38	29	25
国际学术交流	001	0	0	22	10	19	0	0	0	0	0	0	0	0	0
国内学术交流	002	2	0	150	0	175	65	96	65	45	83	39	38	29	25
与港澳台地区学校交流	003	0	0	0	0	0	0	0	0	0	0	0	0	0	0
28. 南京财经大学	/	0	0	530	96	414	35	309	90	140	140	10	15	20	10
国际学术交流	001	0	0	150	20	0	5	27	40	60	80	0	0	0	0
国内学术交流	002	0	0	360	72	397	30	282	50	80	60	10	15	20	10
与港澳台地区学校交流	003	0	0	20	4	17	0	0	0	0	0	0	0	0	0

续表

学术交流类别	编号	校办学术会议		学术会议			受聘讲学		社科考察		进修学习		合作研究		
		本校独办数	与外单位合办数	参加人次		提交论文（篇）	派出人次	来校人次	派出人次	来校人次	派出人次	来校人次	派出人次	来校人次	课题数（项）
				合计	其中赴境外人次										
		L01	L02	L03	L04	L05	L06	L07	L08	L09	L10	L11	L12	L13	L14
29. 江苏警官学院	/	4	0	125	3	62	15	46	21	116	50	0	15	0	10
国际学术交流	001	0	0	3	3	0	0	7	1	27	8	0	0	0	0
国内学术交流	002	4	0	122	0	62	15	39	20	89	42	0	15	0	10
与港澳台地区学校交流	003	0	0	0	0	0	0	0	0	0	0	0	0	0	0
30. 南京体育学院	/	1	0	63	5	63	25	58	56	69	39	36	17	25	6
国际学术交流	001	0	0	6	3	6	2	8	13	21	6	8	0	0	0
国内学术交流	002	1	0	53	0	53	18	35	31	36	22	20	11	18	6
与港澳台地区学校交流	003	0	0	4	2	4	5	15	12	12	11	8	6	7	0
31. 南京艺术学院	/	4	2	488	11	413	78	65	41	58	23	20	51	17	25
国际学术交流	001	0	0	29	9	20	8	15	15	23	4	15	0	0	0
国内学术交流	002	4	2	455	0	392	70	47	26	35	19	5	51	17	25
与港澳台地区学校交流	003	0	0	4	2	1	0	3	0	0	0	0	0	0	0
32. 苏州科技学院	/	0	3	133	0	101	15	19	17	16	19	14	0	0	0
国际学术交流	001	0	1	32	0	20	7	9	7	7	5	5	0	0	0
国内学术交流	002	0	2	101	0	81	8	10	10	9	14	9	0	0	0
与港澳台地区学校交流	003	0	0	0	0	0	0	0	0	0	0	0	0	0	0
33. 常熟理工学院	/	3	4	21	6	16	6	13	12	16	15	6	2	2	1
国际学术交流	001	0	1	7	6	4	0	3	0	0	3	0	0	0	0
国内学术交流	002	3	3	12	0	10	6	8	12	16	12	6	2	2	1
与港澳台地区学校交流	003	0	0	2	0	2	0	2	0	0	0	0	0	0	0
34. 淮阴工学院	/	2	3	43	9	25	3	10	8	6	13	3	11	3	13
国际学术交流	001	0	0	21	6	25	0	2	0	0	3	0	0	0	0
国内学术交流	002	1	2	13	0	0	3	5	6	4	9	3	11	3	13

续表

	与港澳台地区学校交流	003	1	1	9	3	0	0	3	2	2	1	0	0	0	0
35.	常州工学院	/	1	1	75	25	65	19	45	55	77	40	8	0	0	0
	国际学术交流	001	0	0	3	3	3	5	9	10	20	8	2	0	0	0
	国内学术交流	002	1	0	60	10	50	8	28	35	45	25	4	0	0	0
	与港澳台地区学校交流	003	0	1	12	12	12	6	8	10	12	7	2	0	0	0
36.	扬州大学	/	26	4	266	5	258	55	47	64	45	47	53	8	6	2
	国际学术交流	001	5	4	21	5	35	10	8	8	6	9	11	0	0	0
	国内学术交流	002	21	0	245	0	223	45	39	56	39	38	42	8	6	2
	与港澳台地区学校交流	003	0	0	0	0	0	0	0	0	0	0	0	0	0	0
37.	南京工程学院	/	0	0	0	0	0	0	0	20	15	27	10	0	0	0
	国际学术交流	001	0	0	0	0	0	0	0	0	0	0	0	0	0	0
	国内学术交流	002	0	0	0	0	0	0	0	20	15	27	10	0	0	0
	与港澳台地区学校交流	003	0	0	0	0	0	0	0	0	0	0	0	0	0	0
38.	南京审计学院	/	2	7	244	10	80	18	111	47	38	65	553	56	121	18
	国际学术交流	001	2	1	44	10	22	2	10	12	13	25	10	0	0	0
	国内学术交流	002	0	6	194	0	56	16	100	16	19	17	542	56	121	18
	与港澳台地区学校交流	003	0	0	6	0	2	0	1	19	6	23	1	0	0	0
39.	南京晓庄学院	/	3	0	269	28	228	26	17	12	16	35	56	0	0	0
	国际学术交流	001	1	0	49	28	28	3	3	0	1	11	3	0	0	0
	国内学术交流	002	2	0	220	0	200	23	14	12	15	21	53	0	0	0
	与港澳台地区学校交流	003	0	0	0	0	0	0	0	0	0	3	0	0	0	0
40.	江苏理工学院	/	2	0	129	0	129	18	69	17	39	15	25	0	0	0
	国际学术交流	001	0	0	8	0	8	0	0	0	0	0	0	0	0	0
	国内学术交流	002	2	0	121	0	121	18	69	17	39	15	25	0	0	0
	与港澳台地区学校交流	003	0	0	0	0	0	0	0	0	0	0	0	0	0	0
41.	淮海工学院	/	0	1	50	0	52	4	10	8	12	8	0	0	0	0
	国际学术交流	001	0	0	0	0	0	0	0	0	0	0	0	0	0	0

续表

学术交流类别	编号	校办学术会议		学术会议			受聘讲学		社科考察		进修学习		合作研究		
		本校独办数	与外单位合办数	参加人次 合计	参加人次 其中赴境外人次	提交论文（篇）	派出人次	来校人次	派出人次	来校人次	派出人次	来校人次	派出人次	来校人次	课题数（项）
		L01	L02	L03	L04	L05	L06	L07	L08	L09	L10	L11	L12	L13	L14
国内学术交流	002	0	1	50	0	52	4	10	8	12	8	0	0	0	0
与港澳台地区学校交流	003	0	0	0	0	0	0	0	0	0	0	0	0	0	0
42. 徐州工程学院	/	2	2	73	0	35	3	16	22	16	65	0	5	5	5
国际学术交流	001	0	0	0	0	0	0	0	0	0	23	0	0	0	0
国内学术交流	002	2	2	73	0	35	3	16	22	16	42	0	5	5	5
与港澳台地区学校交流	003	0	0	0	0	0	0	0	0	0	0	0	0	0	0
43. 南京特殊教育师范学院	/	7	0	53	5	50	4	7	20	10	30	8	0	0	0
国际学术交流	001	0	0	5	5	5	0	0	0	0	6	0	0	0	0
国内学术交流	002	7	0	36	0	35	4	7	12	5	15	6	0	0	0
与港澳台地区学校交流	003	0	0	12	0	10	0	0	8	5	9	2	0	0	0
44. 泰州学院	/	3	5	12	1	3	4	22	16	11	15	3	5	2	1
国际学术交流	001	1	2	2	1	1	1	3	2	4	3	1	0	0	0
国内学术交流	002	2	3	9	0	2	3	18	13	7	10	2	5	2	1
与港澳台地区学校交流	003	0	0	1	0	0	0	1	1	0	2	0	0	0	0
45. 金陵科技学院	/	0	0	31	3	26	5	30	0	0	19	0	8	1	8
国际学术交流	001	0	0	11	2	9	0	0	0	0	0	0	0	0	0
国内学术交流	002	0	0	20	1	17	5	30	0	0	19	0	8	1	8
与港澳台地区学校交流	003	0	0	0	0	0	0	0	0	0	0	0	0	0	0
46. 江苏第二师范学院	/	1	0	23	3	23	0	6	14	0	27	1	0	0	0
国际学术交流	001	0	0	0	0	0	0	0	0	0	2	1	0	0	0
国内学术交流	002	1	0	20	0	20	0	6	9	0	25	0	0	0	0
与港澳台地区学校交流	003	0	0	3	3	3	0	0	5	0	0	0	0	0	0

3. 公办专科高校人文、社会科学学术交流情况表

学术交流类别	编号	校办学术会议		学术会议			受聘讲学		社科考察		进修学习		合作研究		
		本校独办数	与外单位合办数	参加人次		提交论文（篇）	派出人次	来校人次	派出人次	来校人次	派出人次	来校人次	派出人次	来校人次	课题数（项）
				合计	其中赴境外人次										
		L01	L02	L03	L04	L05	L06	L07	L08	L09	L10	L11	L12	L13	L14
合计	/	48	11	792	76	396	109	206	653	336	1 654	278	102	131	39
国际学术交流	001	5	1	103	23	76	6	19	47	47	254	16	0	0	0
国内学术交流	002	41	8	666	33	305	103	187	555	272	1 207	262	102	131	39
与港澳台地区学校交流	003	2	2	23	20	15	0	0	51	17	193	0	0	0	0
1. 无锡职业技术学院	/	0	0	2	0	2	0	2	25	20	23	0	0	0	0
国际学术交流	001	0	0	0	0	0	0	1	8	8	3	0	0	0	0
国内学术交流	002	0	0	2	0	2	0	1	15	12	20	0	0	0	0
与港澳台地区学校交流	003	0	0	0	0	0	0	0	2	0	0	0	0	0	0
2. 江苏建筑职业技术学院	/	1	3	16	16	15	10	13	20	18	22	21	19	16	12
国际学术交流	001	0	0	0	0	0	0	0	0	0	0	0	0	0	0
国内学术交流	002	1	3	16	16	15	10	13	20	18	22	21	19	16	12
与港澳台地区学校交流	003	0	0	0	0	0	0	0	0	0	0	0	0	0	0
3. 南京工业职业技术学院	/	0	0	22	2	23	18	36	33	21	36	2	0	0	0
国际学术交流	001	0	0	4	0	6	0	2	0	0	11	0	0	0	0
国内学术交流	002	0	0	16	0	15	18	34	22	14	25	2	0	0	0
与港澳台地区学校交流	003	0	0	2	2	2	0	0	11	7	0	0	0	0	0
4. 江苏工程职业技术学院	/	2	0	8	0	6	0	0	4	0	26	0	8	6	5
国际学术交流	001	0	0	0	0	0	0	0	0	0	0	0	0	0	0
国内学术交流	002	2	0	8	0	6	0	0	4	0	26	0	8	6	5
与港澳台地区学校交流	003	0	0	0	0	0	0	0	0	0	0	0	0	0	0

续表

学术交流类别	编号	校办学术会议		学术会议			受聘讲学		社科考察		进修学习		合作研究		
		本校独办数	与外单位合办数	参加人次		提交论文（篇）	派出人次	来校人次	派出人次	来校人次	派出人次	来校人次	派出人次	来校人次	课题数（项）
				合计	其中赴境外人次										
		L01	L02	L03	L04	L05	L06	L07	L08	L09	L10	L11	L12	L13	L14
5. 苏州工艺美术职业技术学院	/	0	0	6	1	1	0	1	5	1	34	1	18	56	1
国际学术交流	001	0	0	3	1	1	0	1	2	1	34	1	0	0	0
国内学术交流	002	0	0	3	0	0	0	0	0	0	0	0	18	56	1
与港澳台地区学校交流	003	0	0	0	0	0	0	0	3	0	0	0	0	0	0
6. 连云港职业技术学院	/	0	0	20	1	15	0	0	2	0	5	0	0	0	0
国际学术交流	001	0	0	0	0	0	0	0	0	0	0	0	0	0	0
国内学术交流	002	0	0	20	1	15	0	0	2	0	5	0	0	0	0
与港澳台地区学校交流	003	0	0	0	0	0	0	0	0	0	0	0	0	0	0
7. 镇江市高等专科学校	/	0	0	0	0	0	0	0	44	0	0	7	0	0	0
国际学术交流	001	0	0	0	0	0	0	0	6	0	0	0	0	0	0
国内学术交流	002	0	0	0	0	0	0	0	38	0	0	7	0	0	0
与港澳台地区学校交流	003	0	0	0	0	0	0	0	0	0	0	0	0	0	0
8. 南通职业大学	/	0	0	3	0	0	0	0	2	0	5	0	0	0	0
国际学术交流	001	0	0	0	0	0	0	0	0	0	0	0	0	0	0
国内学术交流	002	0	0	3	0	0	0	0	2	0	5	0	0	0	0
与港澳台地区学校交流	003	0	0	0	0	0	0	0	0	0	0	0	0	0	0
9. 苏州市职业大学	/	0	0	2	0	2	0	0	0	0	47	0	0	0	0
国际学术交流	001	0	0	0	0	0	0	0	0	0	0	0	0	0	0
国内学术交流	002	0	0	2	0	2	0	0	0	0	47	0	0	0	0
与港澳台地区学校交流	003	0	0	0	0	0	0	0	0	0	0	0	0	0	0
10. 沙洲职业工学院	/	0	0	7	0	11	0	2	0	0	2	0	2	0	2
国际学术交流	001	0	0	0	0	0	0	0	0	0	0	0	0	0	0

续表

国内学术交流	002	0	0	7	0	11	0	2	0	0	2	0	2	0	2
与港澳台地区学校交流	003	0	0	0	0	0	0	0	0	0	0	0	0	0	0
11. 扬州职业大学	/	5	0	30	0	30	0	0	40	0	50	0	3	0	3
国际学术交流	001	0	0	0	0	0	0	0	0	0	0	0	0	0	0
国内学术交流	002	5	0	30	0	30	0	0	40	0	50	0	3	0	3
与港澳台地区学校交流	003	0	0	0	0	0	0	0	0	0	0	0	0	0	0
12. 连云港师范高等专科学校	/	0	1	2	0	1	4	5	2	0	3	0	2	2	1
国际学术交流	001	0	0	0	0	0	0	0	0	0	0	0	0	0	0
国内学术交流	002	0	1	2	0	1	4	5	2	0	3	0	2	2	1
与港澳台地区学校交流	003	0	0	0	0	0	0	0	0	0	0	0	0	0	0
13. 江苏经贸职业技术学院	/	4	1	52	7	50	0	0	3	4	337	0	0	0	0
国际学术交流	001	4	0	47	2	45	0	0	0	0	46	0	0	0	0
国内学术交流	002	0	0	0	0	0	0	0	0	0	139	0	0	0	0
与港澳台地区学校交流	003	0	1	5	5	5	0	0	3	4	152	0	0	0	0
14. 泰州职业技术学院	/	1	0	0	0	0	0	0	26	36	13	0	0	0	0
国际学术交流	001	0	0	0	0	0	0	0	4	30	3	0	0	0	0
国内学术交流	002	1	0	0	0	0	0	0	0	0	0	0	0	0	0
与港澳台地区学校交流	003	0	0	0	0	0	0	0	22	6	10	0	0	0	0
15. 常州信息职业技术学院	/	0	0	0	0	0	0	0	0	0	55	0	0	0	0
国际学术交流	001	0	0	0	0	0	0	0	0	0	15	0	0	0	0
国内学术交流	002	0	0	0	0	0	0	0	0	0	40	0	0	0	0
与港澳台地区学校交流	003	0	0	0	0	0	0	0	0	0	0	0	0	0	0
16. 江苏海事职业技术学院	/	0	0	7	2	3	12	25	20	30	40	10	0	0	0
国际学术交流	001	0	0	2	2	1	0	0	0	0	15	10	0	0	0
国内学术交流	002	0	0	5	0	2	12	25	20	30	25	0	0	0	0

续表

学术交流类别	编号	校办学术会议		学术会议			受聘讲学		社科考察		进修学习		合作研究		
		本校独办数	与外单位合办数	参加人次		提交论文（篇）	派出人次	来校人次	派出人次	来校人次	派出人次	来校人次	派出人次	来校人次	课题数（项）
				合计	其中赴境外人次										
		L01	L02	L03	L04	L05	L06	L07	L08	L09	L10	L11	L12	L13	L14
与港澳台地区学校交流	003	0	0	0	0	0	0	0	0	0	0	0	0	0	0
17. 无锡科技职业学院	/	1	0	4	0	2	0	0	7	5	3	0	0	0	0
国际学术交流	001	0	0	0	0	0	0	0	3	2	0	0	0	0	0
国内学术交流	002	1	0	4	0	2	0	0	4	3	3	0	0	0	0
与港澳台地区学校交流	003	0	0	0	0	0	0	0	0	0	0	0	0	0	0
18. 盐城卫生职业技术学院	/	0	3	0	0	0	0	1	0	0	11	0	0	0	0
国际学术交流	001	0	1	0	0	0	0	0	0	0	1	0	0	0	0
国内学术交流	002	0	1	0	0	0	0	1	0	0	10	0	0	0	0
与港澳台地区学校交流	003	0	1	0	0	0	0	0	0	0	0	0	0	0	0
19. 南通科技职业学院	/	1	0	4	0	4	12	6	12	5	10	6	8	2	4
国际学术交流	001	0	0	1	0	1	0	0	0	0	0	0	0	0	0
国内学术交流	002	0	0	3	0	3	12	6	12	5	8	6	8	2	4
与港澳台地区学校交流	003	1	0	0	0	0	0	0	0	0	2	0	0	0	0
20. 苏州经贸职业技术学院	/	0	0	4	0	2	0	0	0	0	73	0	0	0	0
国际学术交流	001	0	0	0	0	0	0	0	0	0	0	0	0	0	0
国内学术交流	002	0	0	4	0	2	0	0	0	0	73	0	0	0	0
与港澳台地区学校交流	003	0	0	0	0	0	0	0	0	0	0	0	0	0	0
21. 苏州工业职业技术学院	/	0	0	2	0	2	0	0	0	0	0	0	0	0	0
国际学术交流	001	0	0	0	0	0	0	0	0	0	0	0	0	0	0
国内学术交流	002	0	0	2	0	2	0	0	0	0	0	0	0	0	0
与港澳台地区学校交流	003	0	0	0	0	0	0	0	0	0	0	0	0	0	0

续表

22. 苏州卫生职业技术学院	/	0	0	4	1	4	0	0	0	0	35	5	0	0	0
国际学术交流	001	0	0	1	1	1	0	0	0	0	2	0	0	0	0
国内学术交流	002	0	0	3	0	3	0	0	0	0	33	5	0	0	0
与港澳台地区学校交流	003	0	0	0	0	0	0	0	0	0	0	0	0	0	0
23. 无锡商业职业技术学院	/	0	0	17	0	0	0	0	12	0	78	0	0	0	0
国际学术交流	001	0	0	0	0	0	0	0	0	0	0	0	0	0	0
国内学术交流	002	0	0	17	0	0	0	0	12	0	78	0	0	0	0
与港澳台地区学校交流	003	0	0	0	0	0	0	0	0	0	0	0	0	0	0
24. 南通航运职业技术学院	/	10	0	21	0	12	5	0	46	0	28	0	12	25	2
国际学术交流	001	0	0	0	0	0	0	0	0	0	0	0	0	0	0
国内学术交流	002	10	0	21	0	12	5	0	46	0	28	0	12	25	2
与港澳台地区学校交流	003	0	0	0	0	0	0	0	0	0	0	0	0	0	0
25. 南京交通职业技术学院	/	0	0	24	1	24	0	19	39	39	46	0	0	0	0
国际学术交流	001	0	0	1	1	1	0	8	12	0	21	0	0	0	0
国内学术交流	002	0	0	23	0	23	0	11	22	39	23	0	0	0	0
与港澳台地区学校交流	003	0	0	0	0	0	0	0	5	0	2	0	0	0	0
26. 淮安信息职业技术学院	/	3	2	30	10	20	8	10	40	30	50	12	15	5	3
国际学术交流	001	0	0	0	0	0	0	0	0	0	0	0	0	0	0
国内学术交流	002	3	2	30	10	20	8	10	40	30	50	12	15	5	3
与港澳台地区学校交流	003	0	0	0	0	0	0	0	0	0	0	0	0	0	0
27. 江苏农牧科技职业学院	/	0	0	2	0	0	0	0	1	0	4	0	0	0	0
国际学术交流	001	0	0	0	0	0	0	0	0	0	1	0	0	0	0
国内学术交流	002	0	0	2	0	0	0	0	1	0	3	0	0	0	0
与港澳台地区学校交流	003	0	0	0	0	0	0	0	0	0	0	0	0	0	0
28. 常州纺织服装职业技术学院	/	3	0	99	9	36	0	0	60	43	216	156	6	3	1
国际学术交流	001	0	0	9	9	6	0	0	0	0	10	0	0	0	0

续表

学术交流类别	编号	校办学术会议		学术会议			受聘讲学		社科考察		进修学习		合作研究		
		本校独办数	与外单位合办数	参加人次		提交论文(篇)	派出人次	来校人次	派出人次	来校人次	派出人次	来校人次	派出人次	来校人次	课题数(项)
				合计	其中赴境外人次										
		L01	L02	L03	L04	L05	L06	L07	L08	L09	L10	L11	L12	L13	L14
国内学术交流	002	3	0	90	0	30	0	0	60	43	206	156	6	3	1
与港澳台地区学校交流	003	0	0	0	0	0	0	0	0	0	0	0	0	0	0
29. 苏州农业职业技术学院	/	0	0	7	0	5	0	0	0	0	10	0	0	0	0
国际学术交流	001	0	0	0	0	0	0	0	0	0	4	0	0	0	0
国内学术交流	002	0	0	7	0	5	0	0	0	0	6	0	0	0	0
与港澳台地区学校交流	003	0	0	0	0	0	0	0	0	0	0	0	0	0	0
30. 江苏农林职业技术学院	/	0	0	0	0	0	0	0	0	0	28	0	0	0	0
国际学术交流	001	0	0	0	0	0	0	0	0	0	5	0	0	0	0
国内学术交流	002	0	0	0	0	0	0	0	0	0	23	0	0	0	0
与港澳台地区学校交流	003	0	0	0	0	0	0	0	0	0	0	0	0	0	0
31. 江苏食品药品职业技术学院	/	0	0	10	5	5	12	8	10	9	19	5	0	0	0
国际学术交流	001	0	0	2	1	2	6	5	4	6	11	5	0	0	0
国内学术交流	002	0	0	7	4	3	6	3	6	3	8	0	0	0	0
与港澳台地区学校交流	003	0	0	1	0	0	0	0	0	0	0	0	0	0	0
32. 徐州工业职业技术学院	/	1	0	15	0	4	0	9	13	15	12	10	5	7	2
国际学术交流	001	0	0	0	0	0	0	0	0	0	0	0	0	0	0
国内学术交流	002	1	0	15	0	4	0	9	13	15	12	10	5	7	2
与港澳台地区学校交流	003	0	0	0	0	0	0	0	0	0	0	0	0	0	0
33. 江苏信息职业技术学院	/	2	1	5	0	3	2	4	5	4	4	0	1	1	1
国际学术交流	001	0	0	0	0	0	0	0	0	0	0	0	0	0	0
国内学术交流	002	2	1	5	0	3	2	4	5	4	4	0	1	1	1
与港澳台地区学校交流	003	0	0	0	0	0	0	0	0	0	0	0	0	0	0

续表

34. 南京信息职业技术学院	/	0	0	4	4	2	0	0	18	0	28	0	0	0	0
国际学术交流	001	0	0	2	2	1	0	0	8	0	15	0	0	0	0
国内学术交流	002	0	0	2	2	1	0	0	5	0	0	0	0	0	0
与港澳台地区学校交流	003	0	0	0	0	0	0	0	5	0	13	0	0	0	0
35. 常州机电职业技术学院	/	0	0	8	0	6	0	0	0	0	19	0	0	0	0
国际学术交流	001	0	0	0	0	0	0	0	0	0	0	0	0	0	0
国内学术交流	002	0	0	8	0	6	0	0	0	0	19	0	0	0	0
与港澳台地区学校交流	003	0	0	0	0	0	0	0	0	0	0	0	0	0	0
36. 江阴职业技术学院	/	4	0	10	0	25	5	3	5	2	10	0	0	0	0
国际学术交流	001	0	0	0	0	0	0	0	0	0	0	0	0	0	0
国内学术交流	002	4	0	10	0	25	5	3	5	2	10	0	0	0	0
与港澳台地区学校交流	003	0	0	0	0	0	0	0	0	0	0	0	0	0	0
37. 无锡城市职业技术学院	/	0	0	7	0	3	0	12	48	29	42	0	0	0	0
国际学术交流	001	0	0	0	0	0	0	0	0	0	21	0	0	0	0
国内学术交流	002	0	0	5	0	3	0	12	48	29	7	0	0	0	0
与港澳台地区学校交流	003	0	0	2	0	0	0	0	0	0	14	0	0	0	0
38. 无锡工艺职业技术学院	/	0	0	10	4	7	0	8	0	0	3	0	0	0	0
国际学术交流	001	0	0	0	0	0	0	0	0	0	0	0	0	0	0
国内学术交流	002	0	0	6	0	6	0	8	0	0	3	0	0	0	0
与港澳台地区学校交流	003	0	0	4	4	1	0	0	0	0	0	0	0	0	0
39. 苏州健雄职业技术学院	/	0	0	5	0	4	0	0	0	0	18	0	0	0	0
国际学术交流	001	0	0	0	0	0	0	0	0	0	0	0	0	0	0
国内学术交流	002	0	0	5	0	4	0	0	0	0	18	0	0	0	0
与港澳台地区学校交流	003	0	0	0	0	0	0	0	0	0	0	0	0	0	0

续表

学术交流类别	编号	校办学术会议		学术会议			受聘讲学		社科考察		进修学习		合作研究		
		本校独办数	与外单位合办数	参加人次		提交论文（篇）	派出人次	来校人次	派出人次	来校人次	派出人次	来校人次	派出人次	来校人次	课题数（项）
				合计	其中赴境外人次										
		L01	L02	L03	L04	L05	L06	L07	L08	L09	L10	L11	L12	L13	L14
40. 盐城工业职业技术学院	/	0	0	10	0	10	0	0	8	0	0	0	0	0	0
国际学术交流	001	0	0	0	0	0	0	0	0	0	0	0	0	0	0
国内学术交流	002	0	0	10	0	10	0	0	8	0	0	0	0	0	0
与港澳台地区学校交流	003	0	0	0	0	0	0	0	0	0	0	0	0	0	0
41. 江苏财经职业技术学院	/	3	0	8	0	10	15	19	23	4	57	43	0	0	0
国际学术交流	001	0	0	0	0	0	0	0	0	0	0	0	0	0	0
国内学术交流	002	3	0	8	0	10	15	19	23	4	57	43	0	0	0
与港澳台地区学校交流	003	0	0	0	0	0	0	0	0	0	0	0	0	0	0
42. 江苏城市职业学院	/	1	0	38	13	19	5	6	22	16	46	0	0	0	0
国际学术交流	001	0	0	16	4	4	0	0	0	0	15	0	0	0	0
国内学术交流	002	1	0	13	0	8	5	6	22	16	31	0	0	0	0
与港澳台地区学校交流	003	0	0	9	9	7	0	0	0	0	0	0	0	0	0
43. 南京城市职业学院	/	0	0	1	0	1	0	0	0	0	5	0	0	0	0
国际学术交流	001	0	0	0	0	0	0	0	0	0	0	0	0	0	0
国内学术交流	002	0	0	1	0	1	0	0	0	0	5	0	0	0	0
与港澳台地区学校交流	003	0	0	0	0	0	0	0	0	0	0	0	0	0	0
44. 南京机电职业技术学院	/	0	0	0	0	0	0	0	0	0	46	0	0	0	0
国际学术交流	001	0	0	0	0	0	0	0	0	0	0	0	0	0	0
国内学术交流	002	0	0	0	0	0	0	0	0	0	46	0	0	0	0
与港澳台地区学校交流	003	0	0	0	0	0	0	0	0	0	0	0	0	0	0

续表

45. 南京旅游职业学院	/	0	0	20	0	25	0	0	35	5	30	0	0	0	0
国际学术交流	001	0	0	5	0	5	0	0	0	0	15	0	0	0	0
国内学术交流	002	0	0	15	0	20	0	0	35	5	15	0	0	0	0
与港澳台地区学校交流	003	0	0	0	0	0	0	0	0	0	0	0	0	0	0
46. 江苏建康职业学院	/	1	0	3	0	0	1	1	2	0	12	0	0	0	0
国际学术交流	001	0	0	0	0	0	0	0	0	0	0	0	0	0	0
国内学术交流	002	1	0	3	0	0	1	1	2	0	12	0	0	0	0
与港澳台地区学校交流	003	0	0	0	0	0	0	0	0	0	0	0	0	0	0
47. 苏州工业园区服务外包职业学院	/	1	0	0	0	0	0	0	16	0	4	0	0	0	0
国际学术交流	001	0	0	0	0	0	0	0	0	0	0	0	0	0	0
国内学术交流	002	1	0	0	0	0	0	0	16	0	4	0	0	0	0
与港澳台地区学校交流	003	0	0	0	0	0	0	0	0	0	0	0	0	0	0
48. 徐州幼儿师范高等专科学校	/	3	0	122	0	0	0	10	0	0	3	0	3	8	2
国际学术交流	001	1	0	10	0	0	0	2	0	0	2	0	0	0	0
国内学术交流	002	1	0	112	0	0	0	8	0	0	1	0	3	8	2
与港澳台地区学校交流	003	1	0	0	0	0	0	0	0	0	0	0	0	0	0
49. 徐州生物工程职业技术学院	/	0	0	1	0	0	0	0	0	0	2	0	0	0	0
国际学术交流	001	0	0	0	0	0	0	0	0	0	0	0	0	0	0
国内学术交流	002	0	0	1	0	0	0	0	0	0	2	0	0	0	0
与港澳台地区学校交流	003	0	0	0	0	0	0	0	0	0	0	0	0	0	0
50. 江苏商贸职业学院	/	1	0	120	0	2	0	6	5	0	4	0	0	0	0
国际学术交流	001	0	0	0	0	2	0	0	0	0	4	0	0	0	0
国内学术交流	002	1	0	120	0	0	0	6	5	0	0	0	0	0	0
与港澳台地区学校交流	003	0	0	0	0	0	0	0	0	0	0	0	0	0	0

注：此表仅列举了人文、社会科学学术交流有发生数的高校，没有列举相关数据全为0的高校。

4. 民办及中外合作办学高校人文、社会科学学术交流情况表

学术交流类别	编号	校办学术会议		学术会议			受聘讲学		社科考察		进修学习		合作研究		
		本校独办数	与外单位合办数	参加人次		提交论文（篇）	派出人次	来校人次	派出人次	来校人次	派出人次	来校人次	派出人次	来校人次	课题数（项）
				合计	其中赴境外人次										
		L01	L02	L03	L04	L05	L06	L07	L08	L09	L10	L11	L12	L13	L14
合计	/	4	0	120	70	107	7	59	156	152	147	15	2	2	2
国际学术交流	001	2	0	60	60	60	0	1	0	69	6	0	0	0	0
国内学术交流	002	2	0	58	10	47	7	58	149	76	139	15	2	2	2
与港澳台地区学校交流	003	0	0	2	0	0	0	0	7	7	2	0	0	0	0
1. 三江学院	/	2	0	22	0	22	0	0	7	20	2	0	2	2	2
国际学术交流	001	0	0	0	0	0	0	0	0	0	0	0	0	0	0
国内学术交流	002	2	0	22	0	22	0	0	7	20	2	0	2	2	2
与港澳台地区学校交流	003	0	0	0	0	0	0	0	0	0	0	0	0	0	0
2. 九州职业技术学院	/	0	0	2	0	2	4	12	52	0	73	0	0	0	0
国际学术交流	001	0	0	0	0	0	0	0	0	0	0	0	0	0	0
国内学术交流	002	0	0	2	0	2	4	12	52	0	73	0	0	0	0
与港澳台地区学校交流	003	0	0	0	0	0	0	0	0	0	0	0	0	0	0
3. 南通理工学院	/	0	0	2	0	2	2	0	2	10	3	0	0	0	0
国际学术交流	001	0	0	0	0	0	0	0	0	0	0	0	0	0	0
国内学术交流	002	0	0	2	0	2	2	0	2	10	3	0	0	0	0
与港澳台地区学校交流	003	0	0	0	0	0	0	0	0	0	0	0	0	0	0
4. 苏州托普信息职业技术学院	/	0	0	0	0	0	0	0	0	0	1	0	0	0	0
国际学术交流	001	0	0	0	0	0	0	0	0	0	0	0	0	0	0
国内学术交流	002	0	0	0	0	0	0	0	0	0	1	0	0	0	0
与港澳台地区学校交流	003	0	0	0	0	0	0	0	0	0	0	0	0	0	0

续表

5. 正德职业技术学院	/	0	0	0	0	0	0	0	0	0	5	0	0	0	0
国际学术交流	001	0	0	0	0	0	0	0	0	0	3	0	0	0	0
国内学术交流	002	0	0	0	0	0	0	0	0	0	1	0	0	0	0
与港澳台地区学校交流	003	0	0	0	0	0	0	0	0	0	1	0	0	0	0
6. 钟山职业技术学院	/	0	0	0	0	0	0	0	0	0	2	0	0	0	0
国际学术交流	001	0	0	0	0	0	0	0	0	0	2	0	0	0	0
国内学术交流	002	0	0	0	0	0	0	0	0	0	0	0	0	0	0
与港澳台地区学校交流	003	0	0	0	0	0	0	0	0	0	0	0	0	0	0
7. 江南影视艺术职业学院	/	0	0	3	0	2	1	12	5	0	2	1	0	0	0
国际学术交流	001	0	0	0	0	0	0	0	0	0	0	0	0	0	0
国内学术交流	002	0	0	3	0	2	1	12	5	0	2	1	0	0	0
与港澳台地区学校交流	003	0	0	0	0	0	0	0	0	0	0	0	0	0	0
8. 金肯职业技术学院	/	0	0	0	0	0	0	0	30	0	7	0	0	0	0
国际学术交流	001	0	0	0	0	0	0	0	0	0	0	0	0	0	0
国内学术交流	002	0	0	0	0	0	0	0	30	0	7	0	0	0	0
与港澳台地区学校交流	003	0	0	0	0	0	0	0	0	0	0	0	0	0	0
9. 建东职业技术学院	/	0	0	0	0	0	0	0	3	2	11	0	0	0	0
国际学术交流	001	0	0	0	0	0	0	0	0	0	1	0	0	0	0
国内学术交流	002	0	0	0	0	0	0	0	3	2	10	0	0	0	0
与港澳台地区学校交流	003	0	0	0	0	0	0	0	0	0	0	0	0	0	0
10. 无锡太湖学院	/	0	0	2	0	0	0	0	0	0	0	0	0	0	0
国际学术交流	001	0	0	0	0	0	0	0	0	0	0	0	0	0	0
国内学术交流	002	0	0	2	0	0	0	0	0	0	0	0	0	0	0
与港澳台地区学校交流	003	0	0	0	0	0	0	0	0	0	0	0	0	0	0

续表

学术交流类别	编号	校办学术会议		学术会议			受聘讲学		社科考察		进修学习		合作研究		
		本校独办数	与外单位合办数	参加人次		提交论文（篇）	派出人次	来校人次	派出人次	来校人次	派出人次	来校人次	派出人次	来校人次	课题数（项）
				合计	其中赴境外人次										
		L01	L02	L03	L04	L05	L06	L07	L08	L09	L10	L11	L12	L13	L14
11. 苏州港大思培科技职业学院	11	0	0	2	0	0	0	14	7	7	0	0	0	0	0
国际学术交流	001	0	0	0	0	0	0	1	0	0	0	0	0	0	0
国内学术交流	002	0	0	2	0	0	0	13	0	0	0	0	0	0	0
与港澳台地区学校交流	003	0	0	0	0	0	0	0	7	7	0	0	0	0	0
12. 昆山登云科技职业学院	/	0	0	7	0	0	0	0	0	0	6	0	0	0	0
国际学术交流	001	0	0	0	0	0	0	0	0	0	0	0	0	0	0
国内学术交流	002	0	0	5	0	0	0	0	0	0	5	0	0	0	0
与港澳台地区学校交流	003	0	0	2	0	0	0	0	0	0	1	0	0	0	0
13. 宿迁学院	/	0	0	10	0	10	0	11	0	0	35	0	0	0	0
国际学术交流	001	0	0	0	0	0	0	0	0	0	0	0	0	0	0
国内学术交流	002	0	0	10	0	10	0	11	0	0	35	0	0	0	0
与港澳台地区学校交流	003	0	0	0	0	0	0	0	0	0	0	0	0	0	0
14. 苏州高博软件技术职业学院	/	0	0	2	2	1	0	10	50	113	0	14	0	0	0
国际学术交流	001	0	0	0	0	0	0	0	0	69	0	0	0	0	0
国内学术交流	002	0	0	2	2	1	0	10	50	44	0	14	0	0	0
与港澳台地区学校交流	003	0	0	0	0	0	0	0	0	0	0	0	0	0	0
15. 西交利物浦大学	/	2	0	68	68	68	0	0	0	0	0	0	0	0	0
国际学术交流	001	2	0	60	60	60	0	0	0	0	0	0	0	0	0
国内学术交流	002	0	0	8	8	8	0	0	0	0	0	0	0	0	0
与港澳台地区学校交流	003	0	0	0	0	0	0	0	0	0	0	0	0	0	0

注：此表仅列举了人文、社会科学学术交流有发生数的高校，没有列举相关数据全为0的高校。

十一、社科专利

1. 全省高校人文、社会科学专利情况表

指标名称	专利申请数(件)	其中发明专利(件)	有效发明专利数(件)	专利所有权转让及许可数(件)	专利所有权转让与许可收入(百元)	专利授权数(件)	其中发明专利(件)	集成电路布图设计登记数(件)	植物新品种权授予数(项)	形成国家或行业标准数(项)
合计	1197	71	24	9	7 000	399	21	0	0	0

2. 公办本科高校人文、社会科学专利情况表

指标名称	编号	专利申请数(件)	其中发明专利(件)	有效发明专利数(件)	专利所有权转让及许可数(件)	专利所有权转让与许可收入(百元)	专利授权数(件)	其中发明专利(件)	集成电路布图设计登记数(件)	植物新品种权授予数(项)	形成国家或行业标准数(项)
合计	/	1 076	60	19	9	7 000	317	14	0	0	0
南京大学	1	15	15	4	5	5 000	5	5	0	0	0
东南大学	2	9	9	1	0	0	2	1	0	0	0
江南大学	3	411	3	0	0	0	132	1	0	0	0
河海大学	4	37	21	13	4	2 000	20	4	0	0	0
南京理工大学	5	301	0	0	0	0	18	0	0	0	0
苏州大学	6	26	5	0	0	0	21	2	0	0	0
江苏师范大学	7	11	0	0	0	0	11	0	0	0	0
南京体育学院	8	5	0	0	0	0	2	0	0	0	0
南京艺术学院	9	56	0	0	0	0	56	0	0	0	0
江苏理工学院	10	4	0	0	0	0	4	0	0	0	0
徐州工程学院	11	8	0	0	0	0	6	0	0	0	0

续表

指标名称	编号	专利申请数（件）	其中发明专利（件）	有效发明专利数（件）	专利所有权转让及许可数（件）	专利所有权转让与许可收入（百元）	专利授权数（件）	其中发明专利（件）	集成电路布图设计登记数（件）	植物新品种权授予数（项）	形成国家或行业标准数（项）
南京特殊教育师范学院	12	6	0	0	0	0	6	0	0	0	0
泰州学院	13	2	1	1	0	0	1	1	0	0	0
金陵科技学院	14	185	6	0	0	0	33	0	0	0	0

注：此表仅列举了人文、社会科学专利有发生数的高校，没有列举相关数据全为0的高校。

3. 公办专科高校人文、社会科学专利情况表

指标名称	编号	专利申请数（件）	其中发明专利（件）	有效发明专利数（件）	专利所有权转让及许可数（件）	专利所有权转让与许可收入（百元）	专利授权数（件）	其中发明专利（件）	集成电路布图设计登记数（件）	植物新品种权授予数（项）	形成国家或行业标准数（项）
合计	/	118	8	4	0	0	79	4	0	0	0
南京工业职业技术学院	1	34	0	0	0	0	6	0	0	0	0
苏州工艺美术职业技术学院	2	19	5	0	0	0	17	4	0	0	0
南通职业大学	3	7	0	0	0	0	7	0	0	0	0
沙洲职业工学院	4	3	0	0	0	0	1	0	0	0	0
泰州职业技术学院	5	0	0	0	0	0	3	0	0	0	0
江苏海事职业技术学院	6	6	0	0	0	0	4	0	0	0	0
南京交通职业技术学院	7	7	0	0	0	0	2	0	0	0	0
常州纺织服装职业技术学院	8	10	3	3	0	0	0	0	0	0	0
无锡工艺职业技术学院	9	19	0	0	0	0	27	0	0	0	0
盐城工业职业技术学院	10	9	0	0	0	0	9	0	0	0	0
江苏建康职业学院	11	3	0	0	0	0	1	0	0	0	0
苏州信息职业技术学院	12	1	0	1	0	0	1	0	0	0	0
江苏商贸职业学院	13	0	0	0	0	0	1	0	0	0	0

注：此表仅列举了人文、社会科学专利有发生数的高校，没有列举相关数据全为0的高校。

4. 民办及中外合作办学高校人文、社会科学专利情况表

指标名称	编号	专利申请数（件）	其中发明专利(件)	有效发明专利数(件)	专利所有权转让及许可数(件)	专利所有权转让与许可收入(百元)	专利授权数(件)	其中发明专利(件)	集成电路布图设计登记数(件)	植物新品种权授予数（项）	形成国家或行业标准数（项）
合计	/	3	3	1	0	0	3	3	0	0	0
江南影视艺术职业学院	1	1	1	1	0	0	1	1	0	0	0
苏州高博软件技术职业学院	2	2	2	0	0	0	2	2	0	0	0

注:此表仅列举了人文、社会科学专利有发生数的高校,没有列举相关数据全为0的高校。